Pharmabetriebslehre

Zweite Auflage

Oliver Schöffski · Frank-Ulrich Fricke
Werner Guminski
Editor

Pharmabetriebslehre

Zweite, vollständig überarbeitete
und erweiterte Auflage

Springer

Prof. Dr. Oliver Schöffski
Universität Erlangen-Nürnberg
Lehrstuhl für Gesundheitsmanagement
Lange Gasse 20
90403 Nürnberg
oliver.schoeffski@wiso.uni-erlangen.de

Dr. Werner Guminski
TNS Healthcare GmbH
Landsberger Straße 338
80687 München
werner.guminski@tns-global.com

Dr. Frank-Ulrich Fricke
IMS GmbH & Co. OHG
Health Economics & Outcomes Research
Hefnersplatz 10
90402 Nürnberg
fufricke@de.imshealth.com

ISBN 978-3-540-79550-6 e-ISBN 978-3-540-79551-3

DOI 10.1007/978-3-540-79551-3

Bibliografische Information der Deutschen Nationalbibliothek
Die Deutsche Nationalbibliothek verzeichnet diese Publikation in der Deutschen Nationalbibliografie; detaillierte bibliografische Daten sind im Internet über http://dnb.d-nb.de abrufbar.

Herstellung: le-tex publishing services oHG, Leipzig
Einbandgestaltung: WMXDesign GmbH, Heidelberg

Gedruckt auf säurefreiem Papier

9 8 7 6 5 4 3 2 1

springer.de

Vorwort zur ersten Auflage

Die pharmazeutische Industrie ist ein bedeutender und weiter wachsender Wirtschaftsbereich mit mehr als 110.000 hochqualifizierten Mitarbeitern in Deutschland. Jährlich werden viele Personen mit unterschiedlichem akademischen oder nicht-akademischen Hintergrund neu eingestellt. Nur exemplarisch seien hier Mediziner, Wirtschaftswissenschaftler, Pharmazeuten, Biologen, Chemiker und Veterinäre zu nennen. All diesen Personengruppen ist eines gemeinsam: Sie verfügen nach Abschluss der Ausbildung nur über geringe Kenntnisse bezüglich der institutionellen Gegebenheiten innerhalb des deutschen Gesundheitssystems und auch die Besonderheiten der pharmazeutischen Industrie gehören nicht zum allgemeinen Wissensstand. Um ihre Aufgabe im Unternehmen oder auch in Verbänden wahrnehmen zu können, müssen sie erst aufwändig intern mit den Besonderheiten und Rahmenbedingungen vertraut gemacht werden. Dieses ist nicht einfach, denn eine allgemeine „Pharmabetriebslehre“, die den notwendigen Stoff systematisch, aktuell und insbesondere auch Deutschland-spezifisch abdeckt, existiert bislang noch nicht.

Das vorliegende Buch soll diese Lücke schließen. Es umfasst sich gegenseitig ergänzende Beiträge von Praktikern, Beratern, Wissenschaftlern, gesundheitspolitisch tätigen Personen sowie Vertretern von Verbänden und gibt damit erstmals einen umfassenden und verständlichen Überblick über nahezu alle für die pharmazeutische Industrie relevanten Bereiche.

Teil A des Buchs befasst sich insbesondere mit den Rahmenbedingungen, innerhalb derer die Pharmaindustrie agieren muss. Es werden beispielsweise das System der Krankenversicherung (GKV, PKV), die Institution der Bundesausschüsse, der Krankenhausbereich, das Nachfrageverhalten nach Gesundheitsleistungen, Steuerungsmechanismen, die Evaluationsforschung, die Konzertierte Aktion im Gesundheitswesen sowie alternative Gesundheitsversorgungssysteme diskutiert. Teil B beschäftigt sich dagegen insbesondere mit den Prozessen, die innerhalb eines pharmazeutischen Unternehmens ablaufen. Hier wird in verschiedenen Beiträgen insbesondere auf die Phasen bis zur Zulassung eines Arzneimittels und die Vermarktung ab der Zulassung eingegangen. Strategische Planung, Arzneimittelentwicklung, Zulassungsfragen, Preisbildung und Erstattung, Vertriebskanäle, Marketing und Marktforschung sowie die Rolle der verschiedenen beteiligten Abteilungen im Unternehmen sind einige Stichworte, die hier sehr umfassend dargestellt werden. Teil C ist schließlich einigen Spezialfragen der pharmazeutischen Industrie gewidmet, hier werden beispielsweise verschiedene rechtliche Aspekte dargestellt, die Frage der Finanzierung pharmazeutischer Forschung aufgeworfen, der Konzentrationsprozess in dieser Industrie beleuchtet sowie abschließend die Frage der europäischen Entwicklung diskutiert.

Das Manuskript für dieses Buch wurde im Jahr 2001 fertiggestellt, das Buch erscheint allerdings erst im Jahr 2002, d. h. nach der Einführung des Euros. In diesem Buch wird nicht durchgängig die neue Währungseinheit verwendet, da im Laufe des Jahres 2001 noch nicht absehbar war, wie beispielsweise die amtlichen Statistiken (z. B. Zeitreihen) umgerechnet werden. Außerdem haben sich im zweiten Halbjahr 2001 die Rahmenbedingungen des Pharmamarktes weiter verändert. Diese Veränderungen konnten nicht vollständig eingearbeitet werden. In späteren Auflagen wird dieses nachgeholt.

Die Herausgeber bedanken sich auf diesem Wege ganz herzlich bei allen Autoren, die zum Gelingen dieses Buchs beigetragen haben. Der Anreiz, an einem wirklich notwendigen Buch mitzuwirken, war für alle ausreichend, einen großen Teil ihrer Arbeitskraft diesem Projekt zu widmen, obwohl bei allen Beteiligten die Belastungen des Alltagsgeschäfts dieses eigentlich nicht erlaubt hätten. Wir bedanken uns auch bei Frau Diplom-Kauffrau Daniela Marschall und Frau Barbara Winter für ihre monatelange inhaltliche und formale Arbeit, mit der sie das Entstehen des endgültigen Manuskripts überhaupt erst ermöglicht haben. Wir hoffen, dass die Bemühungen aller Beteiligten, die zum vorliegenden Buch geführt haben, durch den Nutzen der Leser weit mehr als ausgeglichen werden.

Nürnberg,	Oliver Schöffski
München,	Frank-Ulrich Fricke
Wiesbaden,	Werner Guminski
Dezember 2001	Wolfgang Hartmann

Vorwort zur zweiten Auflage

Nachdem die 1. Auflage der „Pharmabetriebslehre" bereits seit einiger Zeit vergriffen war, haben wir uns im Jahr 2007 entschieden, die Arbeiten an der 2. Auflage zu beginnen. Die Rahmenbedingungen im Gesundheitswesen und insbesondere auch im Pharmabereich ändern sich mit einer solch hohen Geschwindigkeit, dass bereits kurz nach Erscheinen eines Buchs bereits wieder Ergänzungen notwendig wären. So wartet man mit der nächsten Auflage immer gern noch ein wenig länger, um bezüglich einiger aktueller Tatbestände etwas klarer zu sehen, was natürlich nie gelingt, denn in der Zwischenzeit tauchen schon wieder neue Baustellen auf. Aktuelle Baustellen, bei denen man erst in den nächsten Monaten klarer sehen wird, sind beispielsweise die Regelungen des IQWiG bezüglich der Methodik der Kosten-Nutzen-Bewertung von Arzneimitteln sowie die Auswirkungen und Weiterentwicklungen im Bereich der Rabattverträge.

Die hier vorliegende 2. Auflage des Buchs ist im Vergleich zur ersten Auflage wesentlich verändert worden. Insbesondere Teil A des Buchs, der in der 1. Auflage sehr umfangreich allgemeine Rahmenbedingungen des Gesundheitswesens thematisiert hat, ist fast vollständig entfallen. In der Zwischenzeit existieren einige Bücher zu diesen eher allgemeinen Themen, auf die hier verwiesen sei. Durch den Wegfall dieser Themen waren wir in der Lage uns wesentlich stärker auf die tatsächlichen Probleme der Pharmaindustrie zu konzentrieren. Es sind viele spezielle Themen neu mit aufgenommen worden, für die in der 1. Auflage kein Platz mehr war. Nur exemplarisch sind hier zu nennen das Management der Neuprodukteinführung und des Patentauslaufs, Kommunikation, umfangreichere Ausführungen zu den Vertriebswegen, die Vertriebs- und Außendienststeuerung, Parallel- und Reimporte, Orphan Drugs und viele andere mehr. Trotz der Kürzungen in Teil A hat das Buch jetzt einen um ca. 25 % größeren Umfang. Die bislang schon in der 1. Auflage enthaltenen Beiträge wurden jeweils wesentlich überarbeitet und aktualisiert.

Beibehalten wurde in der 2. Auflage die bewährte Strategie Praktiker, Berater, Verbandsvertreter und Wissenschaftler als Autoren für die einzelnen Beiträge zu gewinnen, oft in gemischten Autorenteams. Damit wird die Praxisrelevanz, aber auch die wissenschaftliche Präzision der Aussagen sichergestellt. Wir möchten uns bei allen beteiligten Autoren ganz herzlich für Ihre Unterstützung bedanken. Wir konnten uns bei allen auf die zuverlässige Anfertigung der Manuskripte verlassen, obwohl der Druck des täglichen Geschäfts überall groß war. Insbesondere möchten wir uns auch bei Frau Lydia Rybizki bedanken, die in absolut präziser und effizienter Art und Weise die formale Überarbeitung der Manuskripte übernommen hat. Wir hoffen, dass mit diesem Buch die Pharmabetriebslehre in Deutschland einen weiteren Schub erhält und diese ökonomisch und gesellschaftlich relevante Branche an den Hochschulen und sonstigen Bildungsinstitutionen stärker sichtbar wird.

Nürnberg, München, Mai 2008

Oliver Schöffski
Frank-Ulrich Fricke
Werner Guminski

Inhaltsverzeichnis

Teil D: Rechtliche Aspekte

Teil E: Spezielle Fragen zu Markt und Unternehmenssteuerung

Teil A:

Rahmenbedingungen unternehmerischen Handelns in der pharmazeutischen Industrie

1 Das Krankenversicherungssystem in Deutschland

Oliver Schöffski

Universität Erlangen-Nürnberg, Lehrstuhl für Gesundheitsmanagement

1.1 Das Sozialversicherungssystem in Deutschland

Die Grundlage des sozialen Engagements unseres Staates ist das *Sozialstaatsprinzip*, das im Art. 20 des Grundgesetzes kodifiziert ist. In der über hundertzwanzigjährigen Geschichte der deutschen Sozialgesetzgebung sind eine Vielzahl von Einzelgesetzen entstanden, die in der Rechtssystematik kaum nachvollziehbar eingegliedert wurden. Seit vielen Jahren ist der Gesetzgeber dabei, diese Einzelgesetze zu einem großen Gesamtwerk, dem *Sozialgesetzbuch*, zusammenzufassen. Die im Sozialgesetzbuch enthaltenen Vorschriften sollen der Verwirklichung sozialer Gerechtigkeit und sozialer Sicherheit dienen. Gerade in den letzten Jahren sind bei der Systematisierung erhebliche Fortschritte erzielt worden. Der derzeitige Stand des Sozialgesetzbuchs stellt sich wie folgt dar:

SGB I	: Allgemeiner Teil des Sozialgesetzbuchs (vom 11.12.1975)
SGB II	: Grundsicherung für Arbeitssuchende (vom 24.12.2003)
SGB III	: Arbeitsförderung (vom 24.03.1997)
SGB IV	: Gemeinsame Vorschriften für die Sozialversicherung (vom 23.12.1976)
SGB V	: Gesetzliche Krankenversicherung (vom 20.12.1988)
SGB VI	: Gesetzliche Rentenversicherung (vom 18.12.1989)
SGB VII	: Gesetzliche Unfallversicherung (vom 07.08.1996)
SGB VIII	: Kinder- und Jugendhilfe (vom 15.03.1996)
SGB IX	: Rehabilitation und Teilhabe behinderter Menschen (vom 19.06.2001)

SGB X	:	Sozialverwaltungsverfahren und Sozialdatenschutz (vom 18.01.2001)
SGB XI	:	Soziale Pflegeversicherung (vom 26.05.1994)
SGB XII	:	Sozialhilfe (vom 27.12.2003)

Die jeweils aktuellsten Fassungen der Gesetze findet man im Internet unter: http://www.sozialgesetzbuch-bundessozialhilfegesetz.de.

1.2 Finanzierung des Gesundheitswesens und Mittelverwendung im Überblick

Im Gesundheitswesen sind neben den Sozialversicherungsträgern auch andere Kostenträger an der Finanzierung beteiligt. Abbildung 1.1 zeigt dabei die unterschiedlichen Anteile.

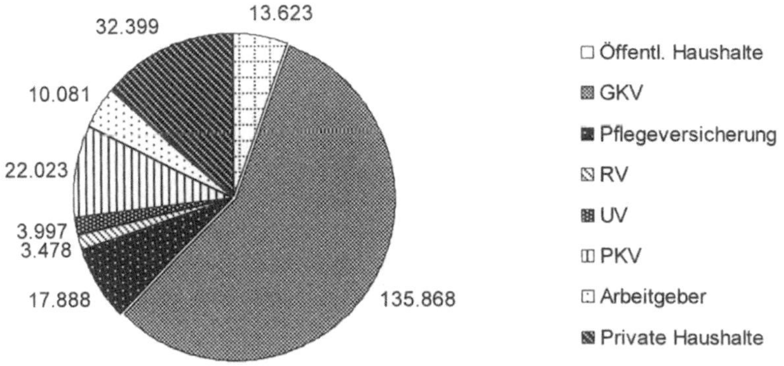

Abb. 1.1. Ausgaben für Gesundheit nach Ausgabenträgern (Deutschland, 2005, in Mio. Euro, insgesamt 239.357 Mio. Euro)[1]

Die Gesetzliche Krankenversicherung (GKV) hat einen Anteil von über 50 % der gesamten Ausgaben für die Gesundheitsversorgung und ist damit der größte (direkte) Finanzierungsträger. Das bedeutet aber auch gleichzeitig, dass die GKV nicht mit dem Gesundheitswesen gleichgesetzt werden darf. Werden staatliche Eingriffe in das Gesundheitswesen geplant, so muss als erstes die Frage gestellt werden, was damit eigentlich beeinflusst werden soll: Die Ausgaben für das Gesundheitswesen als Ganzes oder nur der Teil, der von der GKV finanziert wird? Dieses wird in der öffentlichen Diskussion häufig nicht ausreichend berücksichtigt. Entlastet man die Krankenkassen (beispielsweise durch höhere Selbstbeteili-

[1] Quelle: Statistisches Bundesamt (Hrsg.) (2007), S. 251.

gungen), so werden die Ausgaben im Gesundheitswesen (zumindest direkt) erst einmal nicht tangiert, sondern es findet nur eine Verschiebung von einem Kostenträger zum anderen statt.

Die private Krankenversicherung (PKV) spielt neben den Sozialversicherungsträgern und den öffentlichen Haushalten ebenfalls eine wesentliche Rolle bei der Finanzierung. Man kann in Deutschland von einem Größenverhältnis zwischen GKV und PKV von ca. 6:1 bezüglich der Ausgaben ausgehen. Die privaten Haushalte zeichnen noch für ein Ausgabenvolumen von mehr als 32 Mrd. Euro verantwortlich. Hier sind insbesondere die Selbstbeteiligungen und die „out of pocket"-Käufe zu nennen. Bei dieser Abgrenzung muss aber beachtet werden, dass im Endeffekt natürlich der Verbraucher die gesamten Ausgaben im Gesundheitswesen zu tragen hat, da er die Sozialversicherungen finanziert und auf Lohnbestandteile verzichtet.

Es stellt sich die Frage, wofür dieses Geld im Gesundheitswesen ausgegeben wird. Gemäß der neuen Abgrenzung des Statistischen Bundesamts dominieren drei Leistungsarten (s. Abb. 1.2): die ärztlichen Leistungen mit einem Anteil von gut 27 %, die Waren (z. B. Arzneimittel, Medizintechnik oder Geräte) auch mit etwa 27 % und die pflegerischen Leistungen mit rund 24 %. Damit sind nahezu 80 % der insgesamt zur Verfügung stehenden Mittel bereits ausgeschöpft. Die restlichen 20 % verteilen sich beispielsweise auf Prävention, Verpflegung und Unterkunft, Transporte, Verwaltungsleistungen sowie Forschung, Ausbildung und Investitionen.

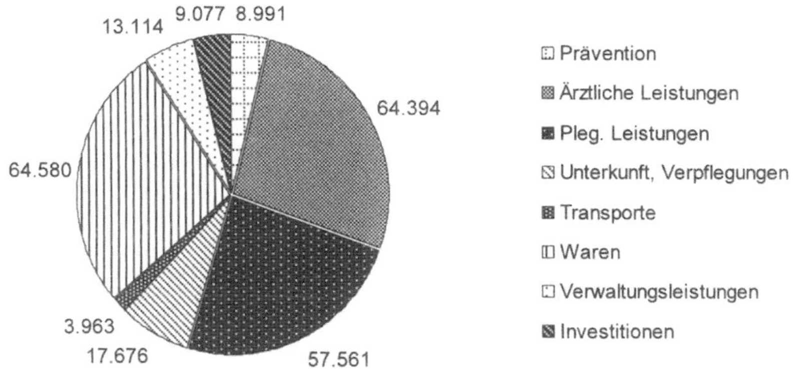

Abb. 1.2. Ausgaben für Gesundheit nach Leistungsarten (Deutschland, 2005, in Mio. Euro, insgesamt 239.357 Mio. Euro)[2]

Betrachtet man diese Ausgaben nach den Institutionen geordnet, in denen die oben erwähnten Leistungen erbracht werden, so ergibt sich folgendes Bild (s. Abb. 1.3): 48 % der Mittel werden in ambulanten Einrichtungen (z. B. Arztpraxen) verbraucht, fast 37 % in stationären Einrichtungen (z. B. Akutkrankenhäuser, Rehabi-

[2] Quelle: Statistisches Bundesamt (Hrsg.) (2007), S. 251.

litationskliniken). Die restlichen etwa 15 % der verfügbaren Mittel werden beispielsweise beim Gesundheitsschutz, beim Rettungsdienst, in der Verwaltung oder den privaten Haushalten verbraucht.

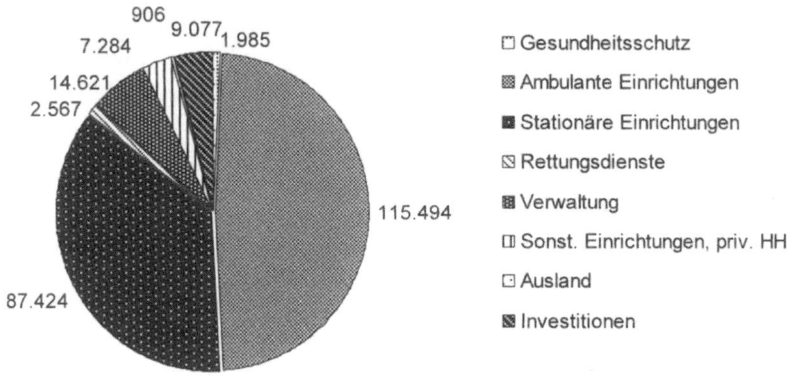

Abb. 1.3. Ausgaben für Gesundheit nach Einrichtungen (Deutschland, 2005, in Mio. €, insgesamt 239.357 Mio. Euro)[3]

Als Ergebnis dieser Auflistung kann festgehalten werden, dass die Gesamtausgaben für das Gesundheitswesen fast 240 Mrd. Euro betragen. Die großen „Spieler" sind Ärzte und Pfleger, auf stationäre und ambulante Einrichtungen entfällt der größte Anteil der Ausgaben. Der Großteil der Kosten wird von den Krankenkassen und Krankenversicherungen getragen, also der GKV und der PKV.

1.3 Die Anbieter von Krankenversicherungsschutz

Der Krankenversicherungsschutz wird in Deutschland von verschiedenen Institutionen gewährleistet. Insbesondere sind hier die beiden großen Gruppen Gesetzliche Krankenversicherung (GKV) und private Krankenversicherung (PKV) zu nennen. Obwohl das deutsche Krankenversicherungssystem nicht staatlich organisiert ist (wie beispielsweise in Großbritannien), ist doch die ganz überwiegende Mehrheit der Bevölkerung gegen das Krankheitsrisiko geschützt (s. Abb. 1.4).

Die GKV besteht aus den Allgemeinen Ortskrankenkassen (AOKn), den Betriebskrankenkassen (BKKn), den Innungskrankenkassen (IKKn), den Landwirtschaftlichen Krankenkassen, der Seekasse, der Bundesknappschaft und den Ersatzkassen (EKn). Sie ist für den Versicherungsschutz von 86 % der deutschen Bevölkerung verantwortlich, die PKV für etwa 9,7 %. Somit genießt fast jeder zehnte Versicherte in Deutschland privaten Versicherungsschutz.

[3] Quelle: Statistisches Bundesamt (Hrsg.) (2007), S. 251.

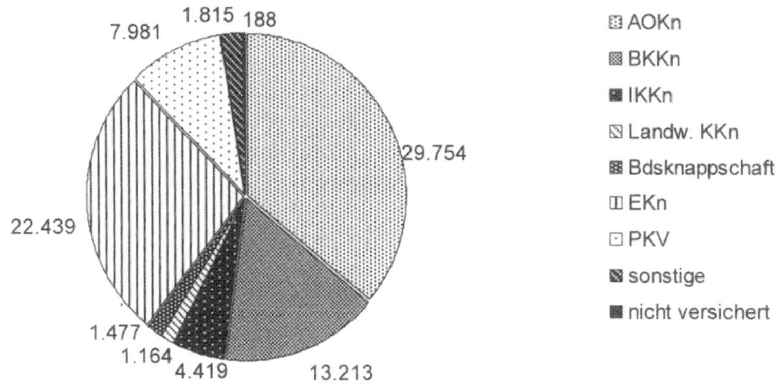

Abb. 1.4. Bevölkerung nach Krankenversicherungsschutz (Deutschland, Mai 2003, in 1.000, insgesamt 82.502)[4]

Etwa 188.000 Personen genossen gemäß den letzten verfügbaren amtlichen Daten in Deutschland stichtagsbezogen überhaupt keinen Krankenversicherungsschutz (etwa 0,2 %), eine relativ kleine Zahl, die allerdings von Jahr zu Jahr angestiegen ist. Betrachtet man die Personen in Deutschland ohne einen Krankenversicherungsschutz, so sind dies nicht, wie meist angenommen, die ganz Armen, die sich keinen Krankenversicherungsschutz leisten können. Für sie tritt als letzte Auffanginstanz die Sozialhilfe ein. Es sind eher junge Selbstständige, die häufig auf Grund von Kapitalmangel bewusst auf den Krankenversicherungsschutz verzichten. Zu den Nichtversicherten gehören außerdem Studenten, die nach einer gewissen Anzahl von Semestern aus der Versicherungspflicht (Familienversicherung) fallen und die Frist einer neuen Versicherung versäumen. Auch geschiedene Ehepartner, die bisher familienversichert waren, versäumen oft sich nach der Scheidung um einen eigenen Versicherungsschutz zu bemühen. Auch bei Nichtzahlen der PKV-Prämien können Versicherte ihren Versichertenschutz verlieren.

Durch das GKV-WSG (GKV-Wettbewerbsstärkungsgesetz), das am 1. April 2007 in Kraft getreten ist, soll die Zahl der Nicht-Versicherten in den nächsten Jahren reduziert werden. Alle Personen in Deutschland erhalten künftig das Recht auf Versicherung in dem System (GKV, PKV), in dem sie früher einmal versichert gewesen sind. Die PKV wird künftig verpflichtet, einen Basistarif zu bezahlbaren Prämien anzubieten, dessen Leistungsumfang mit dem der GKV vergleichbar ist. Risikozuschläge dürfen nicht erhoben werden. Er kann von allen gewählt werden, die in der PKV versichert sind oder dort versichert sein können (z. B. freiwillige Mitglieder der GKV). Dabei gilt ein Kontrahierungszwang für die privaten Versicherer. Können sich die Interessenten die Prämien nicht leisten, so werden diese subventioniert.

4 Quelle: Statistisches Bundesamt (Hrsg.) (2007), S. 65.

Im Folgenden wird speziell auf den größten direkten Finanzierungsträger des Gesundheitswesens der Bundesrepublik Deutschland eingegangen: Die Gesetzliche Krankenversicherung.

1.4 Die Gesetzliche Krankenversicherung (GKV)

1.4.1 Die Finanzierung der Gesetzlichen Krankenversicherung

Die Finanzierung der Gesetzlichen Krankenversicherung ist nach dem Umlageverfahren organisiert. Die Einnahmen in jedem Jahr müssen den Ausgaben im selben Jahr entsprechen, Ausnahmen können nur kurzfristige, relativ geringe Kassenbestände oder -fehlbeträge sein. Die Beiträge, die das einzelne Kassenmitglied zu zahlen hat, richten sich (anders als in der PKV) nicht nach dem individuellen Risiko, sondern sie sind einkommensbezogen. Damit soll eine Berücksichtigung der Leistungsfähigkeit erreicht werden: eine Person mit einem hohen Einkommen wird zur Finanzierung der GKV stärker herangezogen (bei im Prinzip gleichem Leistungsanspruch) als eine Person mit einem geringen Einkommen.

Da die Leistungen der GKV zu 90 bis 95 % gesetzlich im SGB V determiniert sind, haben die Krankenkassen auf der Ausgabenseite kaum Einflussmöglichkeiten. Die Verwaltungskosten der Krankenkassen, die häufig als wesentlich überzogen kritisiert werden, betragen etwa 5 bis 6 % der gesamten Ausgaben. Selbst eine Halbierung dieses Ausgabenblocks (was natürlich völlig unrealistisch ist) hätte nur eine Beitragssatzsenkung von etwa 0,4 Prozentpunkten zur Folge. Auf der Einnahmenseite kann innerhalb der Gesetzlichen Krankenversicherung das der Beitragserhebung zugrundeliegende Einkommen der Versicherten nicht beeinflusst werden, es existiert damit für die Krankenkassen bislang nur eine einzige Stellschraube, um Einnahmen und Ausgaben, wie beim Umlageverfahren gefordert, zum Ausgleich zu bringen: der *Beitragssatz*.[5] Dieser muss regelmäßig angepasst, d. h. erhöht oder gesenkt werden, wenn die finanzielle Situation dies erfordert. Diese Situation wird sich allerdings gemäß den Vorgaben des GKV-WSG in den kommenden Jahren ändern: Der Beitragssatz wird bundesweit einheitlich gesetzlich festgelegt und über den neu zu gründenden Gesundheitsfonds auf die Krankenkassen verteilt. Wenn diese mit den zugewiesenen Geldern nicht auskommen, müssen sie einen kassenindividuellen Zusatzbetrag erheben, der in Zukunft der wichtigste Wettbewerbsparameter der Krankenkassen sein wird.

Wie im deutschen Sozialversicherungssystem üblich, werden auch die Beiträge zur Gesetzlichen Krankenversicherung hälftig zwischen Arbeitnehmer und Arbeitgeber aufgeteilt. Dieses ist allerdings zwischenzeitlich nur noch die halbe Wahrheit, da Krankengeld und Zahnersatz mit einem Beitragssatz von 0,9 Prozentpunkten allein von den Versicherten finanziert werden müssen. Weitere Einnahmen stammen aus den Beiträgen der Rentner (hier zahlt die Rentenversiche-

[5] Vgl. Lampert, H. , Althammer, J. (2004), S. 250.

rung den hälftigen Beitrag), der Studenten und der Bundesanstalt für Arbeit, die die Bezieher von Lohnersatzleistungen (z. B. Arbeitslosengeld, Arbeitslosenhilfe, Unterhaltsgeld, Eingliederungsgeld) gegen Krankheit weiterversichert.

In der Gesetzlichen Krankenversicherung existiert eine *Beitragsbemessungsgrenze*, die 2008 auf den Monat gerechnet 3.600 Euro beträgt. Nur bis zu dieser Grenze werden die prozentualen Beiträge erhoben, darüber hinausgehende Einkommen werden mit Beiträgen zur GKV nicht belastet. Der Grund für die Festlegung einer Beitragsbemessungsgrenze ist die Vermeidung einer zu großen Diskrepanz zwischen Beitragszahlung und in Anspruch genommenen Leistungen im Einzelfall, das Leistungsfähigkeitsprinzip soll nicht überstrapaziert werden.

1.4.2 Die Träger der Gesetzlichen Krankenversicherung

Die GKV wird von selbständig kalkulierenden Krankenkassen getragen. Während noch vor einigen Jahren weit mehr als 1.000 Krankenkassen existierten, hat sich in der letzten Zeit ein sehr starker Konzentrationsprozess ergeben, der immer noch nicht abgeschlossen ist. 1992 gab es 1.367 Krankenkassen, 1998 noch 483 und im Jahr 2006 waren es bereits nur noch 266 (s. Abb. 1.5).

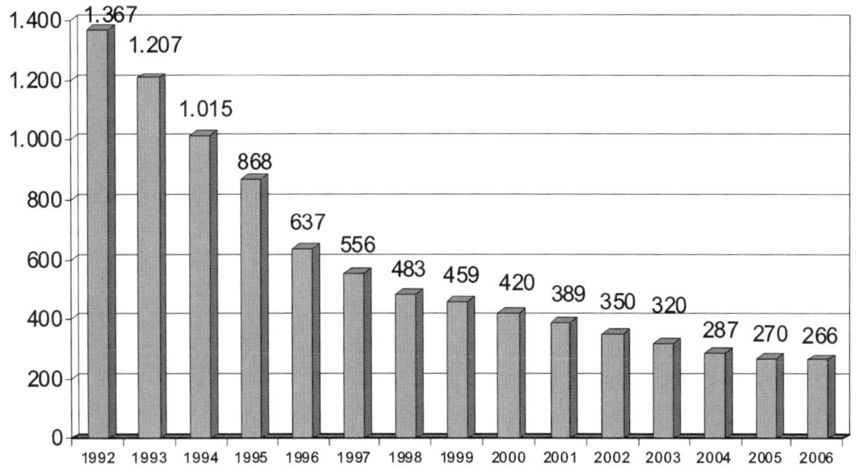

Abb. 1.5. Anzahl der Krankenkassen im Zeitablauf (Deutschland)[6]

Bei einigen Kassenarten ist der Konzentrationsprozess mittlerweile weitgehend abgeschlossen, dieses gilt insbesondere für die Allgemeinen Ortskrankenkassen (AOKn), von denen es mittlerweile im Normalfall nur noch pro Bundesland eine gibt (Ausnahme: Nordrhein-Westfalen ist in die Regionen Rheinland und Westfa-

6 Quelle: Statistisches Bundesamt (Hrsg.) (2007), S. 199.

len-Lippe unterteilt) (s. Abb. 1.6). Allerdings ist auch hier die erste bundesland-übergreifende Fusion bereits festzustellen: Ende 2006 hat die AOK Rheinland mit der AOK Hamburg fusioniert. Auch die Anzahl der Ersatzkassen für Angestellte ist seit Jahren mit 7 konstant. Mitten im Konzentrationsprozess befinden sich derzeit noch die Innungs- und insbesondere die Betriebskrankenkassen. Deren Zahl dominiert die übrigen Kassen zwar noch gewaltig, ist aber seit Jahren rückläufig.

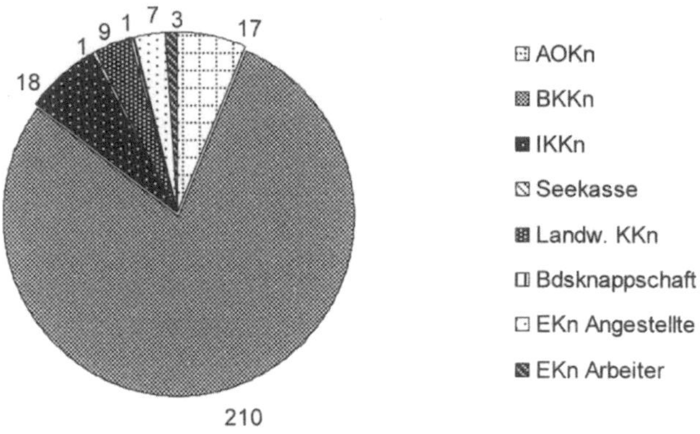

Abb. 1.6. Anzahl der Krankenkassen nach Kassenarten (Deutschland, 2006, insgesamt 266)[7]

1.4.3 Die Versicherten

In der Gesetzlichen Krankenversicherung müssen mindestens drei verschiedene Gruppen von Leistungsberechtigten unterschieden werden: die Pflichtversicherten, die freiwillig Versicherten und die Familienversicherten. Die Regelungen zur *Versicherungspflicht* sollen insbesondere dazu dienen, den Schutzbedürftigen in der Bevölkerung eine Absicherung des Krankheitsrisikos zu ermöglichen. Die Versicherungspflicht knüpft insbesondere am Einkommen aus unselbständiger Tätigkeit an. So sind Arbeitnehmer, d. h. Arbeiter, Angestellte und zu ihrer Berufsausbildung Beschäftigte, deren regelmäßiges Arbeitsentgelt 48.150 € (Jahresarbeitentgeltgrenze 2008) nicht übersteigt, zwangsweise in der Gesetzlichen Krankenversicherung versichert.

Aber auch andere Personen außer den genannten Arbeitnehmern werden als schutzbedürftig definiert und daher der Versicherungspflicht unterworfen (§ 5 SGB V). Beispielhaft seien die folgenden Gruppen genannt:

[7] Quelle: Statistisches Bundesamt (Hrsg.) (2007), S. 45.

- zu ihrer Berufsausbildung gegen Entgelt Beschäftigte,
- Rentner, wenn sie bestimmte Versicherungszeiten in der GKV als Arbeitnehmer zurückgelegt haben,
- Studenten bis zum Abschluss des 14. Fachsemesters, längstens jedoch bis zum vollendeten 30. Lebensjahr,
- Landwirte, ihre mitarbeitenden Familienangehörigen und Altenteiler,
- Künstler und Publizisten,
- Arbeitslose, die vor Eintritt der Arbeitslosigkeit versichert waren,
- Personen, die in Jugendhilfe-, Behinderten- und Rehabilitationseinrichtungen zur Vermittlung beruflicher Fähigkeiten tätig sind und
- Empfänger von laufender Hilfe zum Lebensunterhalt.

Insgesamt ist zu fragen, ob die sehr stark ausgedehnte Definition der Schutzbedürftigkeit heute noch Sinn macht. Seit der Gründung der Gesetzlichen Krankenversicherung am 15. Juni 1883 ist der Mitgliederstamm immer weiter ausgedehnt worden mit der Folge, dass heute im System vielleicht auch Personen erfasst werden, die nicht unbedingt schutzbedürftig sind. Hier wäre zu überlegen, ob eine stärkere Selbstverantwortung nicht positive Signale für das gesamte Krankenversicherungssystem geben könnte.

Personen, die aus der Versicherungspflicht ausscheiden, können als *freiwillige Mitglieder* in der GKV verbleiben, wenn sie bestimmte Mindestversicherungszeiten vorweisen können (§ 9 SGB V). Sie haben allerdings ebenso wie die übrigen Personengruppen, die nicht versicherungspflichtig sind, die Möglichkeit, sich privat gegen das Krankheitsrisiko zu versichern.

Die dritte Gruppe der Leistungsberechtigten innerhalb der GKV sind die *Familienversicherten*. Hierbei handelt es sich um Ehegatten und Kinder von Mitgliedern einer Krankenkasse, die nicht selbst versicherungspflichtig sind. Für diese Familienversicherten muss kein gesonderter Beitrag an die Krankenkasse abgeführt werden, sie haben trotzdem einen nahezu identischen Leistungsanspruch.

1.4.4 Die Wahlmöglichkeiten der Versicherten und aktuelle Beitragssätze

Während noch vor wenigen Jahren für den Großteil der Bevölkerung die Krankenkasse verbindlich vorgeschrieben war und insbesondere nur die Angestellten zwischen ihrer Primärkasse und einer Ersatzkasse wählen konnten, existieren heute Wahlrechte für fast alle Versicherten. Versicherungspflichtige und Versicherungsberechtigte können generell wählen (§ 173 SGB V)

- die Ortskrankenkasse des Beschäftigungs- oder Wohnorts,
- jede Ersatzkasse, deren Zuständigkeit sich nach der Satzung auf den Beschäftigungs- oder Wohnort erstreckt,
- die Betriebs- oder Innungskrankenkasse des Betriebs, in dem man beschäftigt ist,

- die Betriebs- oder Innungskrankenkasse, wenn die jeweilige Satzung es vorsieht (so genannte „geöffnete" Kassen),
- die Krankenkasse, bei der vor Beginn der Versicherungspflicht oder Versicherungsberechtigung zuletzt eine Mitgliedschaft bestanden hat,
- die Krankenkasse, bei der der Ehegatte versichert ist.

Für die Krankenkassen besteht dabei ein Kontrahierungszwang, d. h. sie dürfen die Mitgliedschaft nicht ablehnen, wenn der Antragsteller zu dem satzungsmäßigen Mitgliederkreis zählt. Eine Risikoselektion durch die Krankenkasse ist im Gegensatz zu privaten Krankenversicherungen zumindest wesentlich erschwert. Der Versicherungspflichtige ist für mindestens 18 Monate an die Wahl seiner Krankenkasse gebunden. Mit einer Frist von zwei Monaten zum Monatswechsel ist eine Kündigung möglich.

Von den aktuell über 200 Krankenkassen ist gemäß den oben dargestellten Prinzipien nicht jede für jedermann wählbar. Die meisten sind zwar generell geöffnet, bei den übrigen ist die Mitgliedschaft an Bedingungen, meist an die Zugehörigkeit zu einem bestimmten Unternehmen, geknüpft („geschlossene" Betriebs- oder Innungskrankenkassen). Aber auch bei der der Seekasse und den Landwirtschaftlichen Krankenkassen und anderen ist kein allgemeiner Beitritt möglich. Von den allgemein wählbaren Krankenkassen haben viele eine regionale Gebietsbeschränkung, d. h. nur ein Gebietsansässiger (Wohnung oder Arbeitsplatz) kann beitreten. Die kleinste regionale Beschränkung beträgt dabei ein Bundesland (Ausnahme Nordrhein-Westfalen). Wegen der regionalen Begrenzung ist die Zahl der wählbaren Krankenkassen in den einzelnen Bundesländern daher unterschiedlich (ca. 100).

Die bundesweit allgemein zugänglichen Krankenkassen verlangten zu Beginn des Jahres 2008 Beitragssätze zwischen 12,3 und 15,3 %, d. h. eine Beitragssatzdifferenz von 3,0 Prozentpunkten. Es handelt sich dabei allerdings um eine linksschiefe Verteilung, da die günstigen Beitragssätze von vielen kleinen Krankenkassen angeboten werden, die großen, bundesweit agierenden Krankenkassen (Ersatzkassen) und die örtlichen AOKn haben meist Beitragssätze um die 14 % und höher. Hinzu kommt für die Versicherten immer noch der Zusatzbeitrag in Höhe von 0,9 % zur Finanzierung von Krankengeld und Zahnersatz.

1.4.5 Die Aufgaben und Leistungen

Generell ist in § 12 SGB V festgelegt, dass die Leistungen der Krankenkassen *ausreichend, zweckmäßig und wirtschaftlich* sein müssen. Das Maß des Notwendigen darf dabei nicht überschritten werden. Mit diesen Vorgaben bleibt die GKV hinter den entsprechenden Vorschriften der Gesetzlichen Unfallversicherung zurück, wo in den §§ 14 und 26 SGB VII festgelegt ist, dass die Unfallversicherungsträger *mit allen geeigneten Mitteln* für die Verhütung und die Behandlung von Arbeitsunfällen und Berufskrankheiten zu sorgen haben. Im Einzelfall kann sich daraus eine sehr unterschiedliche Versorgung von Personen mit gleichem Gesundheitszustand ergeben, je nachdem worauf die gesundheitliche Beeinträchtigung zurückzuführen ist (arbeitsbedingt oder nicht arbeitsbedingt).

Die GKV ist prinzipiell gemäß dem Sachleistungsprinzip aufgebaut, das bedeutet, dass die Versicherten Anspruch auf nahezu kostenlose Versorgung mit den notwendigen Gesundheitsgütern und -dienstleistungen haben. Die Abrechnung mit den Leistungserbringern erfolgt dann direkt durch die Krankenkassen. Das Sachleistungsprinzip ist für den Patienten sehr komfortabel, da er nicht erst die Leistungserbringer bezahlen und sich das verauslagte Geld von den Krankenkassen erstatten lassen muss. Verloren geht durch das Sachleistungsprinzip aber der Patient als Kontrollinstanz, da er in der Regel nicht weiß, was von den Leistungserbringern den Krankenkassen in Rechnung gestellt wird. Zusätzlich kann der Patient auch kein Kostenbewusstsein entwickeln, das ihn eventuell von der Inanspruchnahme nicht notwendiger Leistungen abhalten würde.

Die durch die GKV gewährten Leistungen sind relativ umfassend, zu nennen sind beispielsweise die folgenden Bereiche (§§ 20–60 SGB V):

- Leistungen zur Verhütung von Krankheiten
- Leistungen zur Früherkennung von Krankheiten
- Leistungen zur Behandlung von Krankheiten
  - Ärztliche Behandlung
  - Zahnärztliche Behandlung
  - Versorgung mit Arznei-, Verband-, Heil- und Hilfsmitteln
  - Häusliche Krankenpflege und Haushaltshilfe
  - Krankenhausbehandlung
  - Medizinische Rehabilitation
- Krankengeld

Für bestimmte Leistungen existieren allerdings Ausschlüsse (z. B. Negativliste) und generell sind alle Leistungen mit mehr oder weniger hohen Selbstbeteiligungen unterlegt, es existieren aber obere Belastungsgrenzen (vgl. §§ 61, 62 SGB V).

1.4.6 Einflussfaktoren auf den Beitragssatz und Risikostrukturausgleich

Gründe für die unterschiedlich hohen Beitragssätze der Krankenkassen sind in der Risikostruktur der Mitglieder, der Grundlohnsumme und in der Struktur und Anzahl der Leistungsanbieter in einer bestimmten Region zu sehen. Dieses führte dazu, dass sich Anfang der 90er Jahre die Beitragssätze zwischen einzelnen Krankenkassen um mehr als acht Prozentpunkte (zwischen weniger als 8 und mehr als 16 %) unterschieden. Dieser Differenz von mehr als 100% stand ein nahezu identischer Leistungsanspruch der Versicherten gegenüber. Dieses wurde als sozialpolitisch nicht erwünscht betrachtet, da es zu einer Ungleichbehandlung einzelner Versicherter führte, denn nur ein Teil der Versicherten (insbesondere die Angestellten) hatte eine Wahlmöglichkeit zwischen verschiedenen Kassen.

Aus diesem Grund wurde 1994 ein bundesweiter, kassenartenübergreifender *Risikostrukturausgleich (RSA)* eingeführt (§ 266 SGB V). Kassen mit einer guten

Risikostruktur und einer hohen Grundlohnsumme der Versicherten zahlen seitdem an Kassen mit einer schlechten Risikostruktur (hohe Anzahl von Familienversicherten, hohes durchschnittliches Alter der Versicherten, überproportional viele Frauen) und einer niedrigen Grundlohnsumme ihrer Versicherten. Historisch gewachsene Benachteiligungen einzelner Kassen(-arten) werden damit zum großen Teil ausgeglichen, so dass im nun verstärkt herrschenden Wettbewerb der Kassen untereinander im Wesentlichen nur noch die unterschiedliche Leistungsfähigkeit eine Rolle spielt. Seit der Einführung des Risikostrukturausgleichs haben sich die Beitragssatzunterschiede innerhalb der GKV wesentlich verringert. Die Morbidität wird dabei bislang auch schon zum Teil mit einkalkuliert (z. B. Hochrisikopool, Teilnahme an einem Disease Management Programm), soll aber in den nächsten Jahren durch die Einführung des so genannten Morbi-RSA noch umfänglicher berücksichtigt werden.

1.4.7 Die Steuerung der Gesetzlichen Krankenversicherung

Im System der Gesetzlichen Krankenversicherung sind wichtige Marktprinzipien außer Kraft gesetzt. Insbesondere die Mengen und Preise der Gesundheitsgüter und -dienstleistungen folgen nicht dem Prinzip von Angebot und Nachfrage. Da das Gesundheitswesen nicht dem freien Spiel der Marktkräfte überlassen werden kann, sind umfangreiche staatliche Regulierungen notwendig, die immer nur unbefriedigend sein können.[8] Regulierungslücken und -fehlsteuerungen werden von den rational handelnden Marktteilnehmern konsequent ausgenutzt und ziehen dann weitergehende gesetzliche Eingriffe nach sich, so dass die Regulierungsdichte im Zeitablauf immer weiter zunimmt.

Insbesondere der niedergelassene Arzt spielt als *Gatekeeper* eine besondere Rolle im Gesundheitswesen, da er nicht nur für seine eigenen Leistungen Kosten verursacht, sondern auch Leistungen im Bereich der Arzneimittelversorgung, der stationären Versorgung und in den anderen Leistungsbereichen veranlasst. Während sich in einem marktwirtschaftlichen System nur zwei Marktparteien gegenüberstehen (Anbieter und Nachfrager), sind es im Gesundheitswesen im wesentlichen drei Parteien: Der Arzt, der Patient und die Krankenkasse. Daraus ergibt sich die folgende Situation: Der Arzt verordnet Leistungen, konsumiert oder bezahlt sie aber nicht; der Patient konsumiert die Leistung, fragt sie aber selbst nicht nach und bezahlt sie auch nicht (zumindest nicht direkt); die Krankenkasse hat mit der Verordnung und Konsumierung der Leistung nichts zu tun, sie muss aber dafür bezahlen. Dieser Mechanismus führt dazu, dass mehr Gesundheitsleistungen als nötig konsumiert werden, da die Grenzkosten für die Inanspruchnahme einer Leistung beim Patienten nahe Null sind.

Ein ähnliches Problem wirft auch das Phänomen der angebotsinduzierten Nachfrage auf. Die Leistungserbringer im Gesundheitswesen (und hier insbesondere die ambulant tätigen Ärzte) haben es zu einem großen Teil in der Hand, die Nachfrage

[8] Vgl. zu den Inhalten der Gesundheitsreformgesetze seit 1988 Lampert, H., Althammer, J. (2004), S. 258–263.

nach ihren Leistungen selbst zu schaffen. Dadurch nimmt die Leistungsmenge im Gesundheitswesen immer weiter zu. Damit dieses nicht zu explodierenden Gesundheitsausgaben führt, wird im Gesundheitswesen immer stärker mit Budgets und Gesamtvergütungen gearbeitet. Dadurch wird das Risiko der Leistungsausweitung auf die Leistungserbringer abgewälzt.

1.4.8 (Immer wieder diskutierte) Reformvorschläge

Bezüglich der Finanzierung der GKV werden in regelmäßigen Abständen Reformvorschläge gemacht, dabei dreht man sich allerdings meist im Kreis und kommt in der Diskussion nicht weiter. Nur selten wird tatsächlich einmal eine bedeutende Entscheidung getroffen und in das System implementiert.

Die erste Reformoption wäre eine (wesentliche) *Veränderung der Beitragsbemessungs- und / oder Versicherungspflichtgrenze* über das Maß hinaus, in dem jährlich gemäß der Einkommensentwicklung angepasst wird. Beide Grenzen haben inhaltlich eine vollkommen unterschiedliche Bedeutung, waren allerdings jahrzehntelang immer gleich hoch. Seit 2003 fallen die Beitragsbemessungs- und Versicherungspflichtgrenze auseinander. Wesentliche Änderungen bezüglich der Höhe einer oder beider Grenzen hätten erhebliche Auswirkungen auf die Krankenkassen, die privaten Krankenversicherungsunternehmen, die Beitragssätze und die absoluten Beiträge der Versicherten.

Die Beiträge zur Sozialversicherung und damit auch zur Gesetzlichen Krankenversicherung knüpfen ausschließlich am Einkommen aus unselbstständiger Beschäftigung an. Ausnahmen existieren bei den freiwillig Versicherten. Es wird häufig bezweifelt, dass diese Beschränkung zu dem bereits oben erwähnten Leistungsfähigkeitsprinzip passt. Durch eine *Erweiterung der Bemessungsgrundlage* auf die sieben Einkunftsarten gemäß dem Steuerrecht (Einkünfte aus nichtselbstständiger Arbeit, selbstständiger Arbeit, Gewerbebetrieb, Kapitalvermögen, Vermietung und Verpachtung, Land- und Forstwirtschaft, sonstige Einkünfte) könnte man eine stärkere Orientierung an der Leistungsfähigkeit erreichen. Zusätzlich würde die zurzeit noch existierende Ungleichbehandlung zwischen Pflichtversicherten und freiwillig Versicherten aufgehoben. Der Beitragssatz würde durch eine entsprechende Maßnahme sinken, man hätte eine etwas geringere konjunkturelle Abhängigkeit der Beitragseinnahmen, eine Entlastung der Arbeitsentgelte (gerade die hohen Lohnnebenkosten werden häufig als Negativfaktor für den Wirtschaftsstandort Deutschland angeführt) und Renten sowie eine Belastung der Bezieher von Nicht-Arbeitseinkommen (Stichwort: reiche Erben). Daher wird auch diese Reformoption regelmäßig in die Diskussion gebracht. Allerdings ist eine Erweiterung der Bemessungsgrundlage, so plausibel sie auf den ersten Blick erscheint, nicht problemlos möglich:

- Wer soll die Einkünfte erfassen? Bislang sind das Abführen der Beiträge und die Überprüfung relativ problemlos möglich. Die Gesamteinkünfte könnten nur vom Finanzamt gemeldet werden, damit wäre die steuerfinanzierte Sozialversicherung ein Stück näher.

- Die Begründung für den Arbeitgeberbeitrag würde entfallen. Die Arbeitgeber würden sich weigern 50 % des Beitrags zu tragen, der aufgrund von Zinseinkünften anfällt.
- Es entstehen regressive Verteilungseffekte, da zusätzliche Einkommen nur bei Personen unterhalb der Beitragsbemessungsgrenze relevant wären. Die vorher schon darüber liegenden Personen würden von Beitragssatzsenkungen profitieren. Dieses könnte nur durch eine Erhöhung der Grenzen vermieden werden, die allerdings auch unerwünschte Effekte aufweisen kann.
- Es sind massive Umgehungsstrategien der Versicherten zu befürchten, die beispielsweise zu einer Kapitalflucht ins Ausland führen würden.
- Mehr Personen hätten die Möglichkeit des Übertritts zur PKV, wodurch sich möglicherweise auch unbeabsichtigte Verteilungseffekte ergeben würden.

Eine weitere Reformoption bezüglich der Finanzierung besteht in der *Änderung der Vorschriften zur beitragsfreien Familienversicherung*. Nicht-berufstätige Familienmitglieder (Ehegatte, Kinder) sind in der Gesetzlichen Krankenversicherung beitragsfrei bei prinzipiell gleichen Leistungen mitversichert. Hier ist allerdings in vielen Fällen eine massive Ungleichbehandlung von Familien mit gleichem Familieneinkommen zu verzeichnen. Verdienen beide Ehepartner exakt in der Höhe der Beitragsbemessungsgrenze, zahlen sie doppelt so hohe Beiträge bei fast identischen Leistungen wie eine Familie, bei der nur ein Ehegatte das Doppelte der Beitragsbemessungsgrenze verdient. Durch die Einführung eines Ehegattensplitting könnte man diese Ungleichbehandlung vermeiden. Vom Splitting unberührt blieben Familien mit einem Einkommen unterhalb der Beitragsbemessungsgrenze, es führt nur zu einer höheren Beitragsbelastung, wenn ein Ehepartner über und der andere unter der Beitragsbemessungsgrenze verdient. Es käme dadurch zu Mehreinnahmen und zu Beitragssatzsenkungen zum Vorteil der übrigen Versicherten und der Arbeitgeber. Aber auch dieser Vorschlag ist nicht problemlos umsetzbar:

- Nichteheliche Lebensgemeinschaften würden bevorzugt.
- Was passiert, wenn ein Ehepartner privat versichert ist? Die konzeptionelle Grundlage des Ehegattensplitting wäre damit hinfällig.
- Durch die Reduzierung der Bemessungsgrundlage würden viele bislang privat Versicherte wieder in die Versicherungspflicht fallen mit den entsprechenden Auswirkungen für die PKV.
- Was passiert mit den Familien, bei denen ein Ehepartner nicht arbeitet um die Kinder zu erziehen? Familienpolitisch wäre eine „Bestrafung" mit höheren Beiträgen nicht akzeptabel, daher müssten Kindererziehungszeiten Ausnahmetatbestände für das Splitting sein. Dann wäre allerdings zu fragen, was mit den Familien passiert, die Kinder haben, bei denen aber trotzdem beide Ehepartner berufstätig sind. Diese dürften auch nicht benachteiligt werden.

Ein vierter aktuell diskutierter Reformansatz ist die *Differenzierung des Leistungskatalogs* der Krankenkassen nach Grund- und Wahlleistungen. Hintergrund dieser Diskussion ist die Schaffung von Finanzierungsspielräumen, um Beitragssatzsteigerungen zu vermeiden und zukünftigen Finanzbedarf aufgrund des medizinisch-technischen Fortschritts und der demographischen Entwicklung decken zu können. Das größte Problem am Konzept der Grund- und Wahlleistungen ist darin zu sehen, dass kaum finanziell bedeutende Teile aus dem bisherigen Erstattungskatalog als nicht unbedingt notwendig definiert werden können. Alle medizinischen Leistungen, an die man denken würde, sind bereits heute von der Erstattung ausgenommen oder mit einer mehr oder weniger hohen Selbstbeteiligung belegt (z. B. Arzneimittel gegen geringfügige Gesundheitsstörungen, Sterbegeld). Eine massive Reduzierung der Beitragssätze ist kaum denkbar.

1.5 Die private Krankenversicherung (PKV)

1.5.1 Die PKV-Unternehmen

Die private Krankenversicherung stellt mit Beitragseinnahmen in Höhe von 28,48 Mrd. Euro (2006) nach der Lebensversicherung und der Schaden- und Unfallversicherung die drittstärkste Versicherungssparte in Deutschland dar.[9] Privater Krankenversicherungsschutz wird von rechtlich selbständigen Unternehmen angeboten, die heute aber in der Regel als Mutter- oder Tochtergesellschaften Bestandteil von Versicherungsgruppen sind, zu denen auch Lebens- und Schadensversicherer gehören. Die Unternehmen, die in Deutschland privaten Krankenversicherungsschutz anbieten, sind im Verband der privaten Krankenversicherung e. V. (PKV-Verband) organisiert, der die gemeinsamen Interessen wahrnimmt. Während der PKV-Verband 1950 noch 100 Mitgliedsunternehmen hatte, ging diese Zahl bis Ende der 70er Jahre durch Zusammenschlüsse und Bestandsübertragungen auf 37 zurück. Ende 2006 gehörten dem Verband 48 Unternehmen als ordentliches und ein Unternehmen als außerordentliches Mitglied an.[10] Diese repräsentierten über 99 % der Jahresprämieneinnahmen. Daneben existiert noch eine Reihe von kleineren und kleinsten Krankenversicherungsunternehmen mit regionaler bzw. berufsständischer Orientierung, deren Beitragsanteil weniger als 1 % beträgt.

Die neun größten PKV-Unternehmen erzielen jeweils mehr als 1 Milliarde Euro Beitragseinnahmen. Die drei größten Unternehmen (DKV, Debeka, Allianz) können einen Beitragsanteil von knapp 40 % auf sich vereinen. Insgesamt gesehen existieren wenige große, einige mittlere und zahlreiche kleinere Unternehmen, damit ist bei der PKV die Marktform des Teiloligopols gegeben (s. Tabelle 1.1).

---

9 Vgl. Verband der privaten Krankenversicherung e. V. (Hrsg.) (2007), S. 13.

10 Vgl. Verband der privaten Krankenversicherung e. V. (Hrsg.) (2007), S. 9.

Tabelle 1.1. Marktanteile ausgewählter PKV-Unternehmen (Durchschnitt im Zeitraum 2000–2004, bezüglich der Beitragseinnahmen, in %)[11]

Rang	Unternehmen	Rechtsform	Marktanteil einfach	Marktanteil kumuliert
1	DKV	AG	13,22	13,22
2	Debeka	VVaG	13,18	26,40
3	Allianz	AG	12,06	38,46
4	Signal	VVaG	7,45	45,91
5	Central	AG	5,46	51,37
6	Continentale	VVaG	4,35	55,72
7	BBKK	AG	4,34	60,06
8	Barmenia	VVaG	4,09	64,15
9	DBV	AG	3,65	67,80
10	Gothaer	VVaG	3,17	70,97

1.5.2 Die Versicherten

Durch die PKV-Unternehmen werden sowohl Krankheitskostenvollversicherungen als auch Zusatzversicherungen angeboten. Da es sich um privatrechtliche Verträge handelt, kann prinzipiell jeder einen Krankheitskostenvollversicherungsvertrag abschließen, sofern er ein PKV-Unternehmen findet, das ebenfalls dazu bereit ist. Tatsächlich Sinn macht solch ein Vertrag aber nur, wenn nicht gleichzeitig eine Versicherungspflicht in der GKV besteht, da sonst Beiträge und Prämien gezahlt werden müssten, die Leistung allerdings nur einmal erfolgen würde. Prinzipiell kann man daher davon ausgehen, dass insbesondere die versicherungsfreien Personengruppen zur Klientel der PKV gehören. Bei der Krankheitskostenvollversicherung spricht man auch von der *substitutiven Krankenversicherung*, da diese den GKV-Schutz in mindestens gleichem Umfang ersetzt. Nur wenn eine substitutive Krankenversicherung vorliegt (i. d. R. durch den Abschluss eines ambulanten, stationären und Zahntarifs), sind die Arbeitgeber verpflichtet, die hälftige Prämie zu bezahlen.

Der Versicherungsvertrag kommt aufgrund der Vertragsfreiheit nur zustande, wenn beide Vertragspartner dieses wollen. Es gibt allerdings einige Ausnahmen, bei denen eine Kontrahierung und die Vertragsbedingungen gesetzlich vorgeschrieben sind bzw. sich die Versicherungsunternehmen dazu selbst verpflichtet haben. Hierzu zählt beispielsweise die Versicherung von neugeborenen Kindern, bei denen ein Elternteil wenigstens drei Monate bei einem PKV-Unternehmen versichert ist. Die Versicherung erfolgt in diesen Fällen ohne Risikoprüfung und Wartezeiten. Weitere Ausnahmen bezüglich der Vertragsfreiheit sind der so genannte Standardtarif und der Basistarif. Die PKV-Unternehmen wurden gesetzlich verpflichtet, einen entsprechenden Tarif anzubieten, wenn sie als substitutiver Krankenversicherungsschutz gelten wollen. Der Standardtarif ist ein branchenein-

[11] Quelle: PKV24 (o. J.).

heitlicher Tarif in der privaten Krankenversicherung mit einem gesetzlich begrenzten Höchstbeitrag (max. der durchschnittliche Höchstbetrag zur GKV, im Jahr 2007 betrug dieser 505,88 Euro). Der Beitrag kann, abhängig vom Eintrittsalter, aber auch variieren und niedriger ausfallen.

Mit dem GKV-Wettbewerbsstärkungsgesetz (GKV-WSG) sind die privaten Versicherungsunternehmen verpflichtet worden, ab dem 1. Juli 2007 bis zum 31. Dezember 2008 für spezielle Personengruppen einen neuen Standardtarif anzubieten, einen so genannten modifizierten Standardtarif. Das gilt für alle Nichtversicherten, die nicht in der GKV versicherungspflichtig sind, also der PKV beizuordnen sind (Beamte, Selbständige und ehemals PKV-Versicherte). Die privaten Versicherungsunternehmen sind verpflichtet, alle berechtigten Personen aufzunehmen. Die Aufnahme in den modifizierten Standardtarif muss ohne Risikozuschläge oder Leistungsausschlüsse geschehen, auch bei Vorerkrankungen. Die Leistungen des Standardtarifs müssen genau definiert und mit denen der GKV vergleichbar sein. Der Standardtarif übernimmt vor allem eine Schutzfunktion für finanziell schwache Personengruppen (insbesondere Rentner). Besonders Versicherte, die aufgrund ihres finanziellen Hintergrunds auf niedrige Tarife angewiesen sind, profitieren von dieser neuen Regelung. Entsteht durch die Zahlung des Versicherungsbeitrags finanzielle Hilfebedürftigkeit oder besteht diese schon generell, muss der Versicherte nur die Hälfte des Höchstbeitrags zahlen (im Jahr 2007 betrug dieser 252,94 Euro). Ist auch das finanziell unmöglich kann beim Sozialamt ein Zuschuss beantragt werden. Ende 2006 waren insgesamt 24.819 Personen im Standardtarif der PKV versichert.[12]

Die Versicherungsverträge im modifizierten Standardtarif werden ab dem 1. Januar 2009 zwangsläufig auf den dann geltenden Basistarif umgestellt. Der Leistungsumfang des Basistarifs ist bei allen Anbietern gleich und ähnelt dem der GKV. Auch die Aufnahme in den Basistarif muss ohne Risikozuschläge und Leistungsausschlüsse erfolgen. Der Basistarif kann ab dem 1. Januar 2009 von allen gewählt werden, die in der PKV versichert sind oder dort versichert sein können (z. B. freiwillige Mitglieder der GKV). Für bereits privat Versicherte muss der Wechsel in den Basistarif (bei der eigenen oder einer anderen Kasse) innerhalb von 6 Monaten geschehen, danach können sie nur noch in den Basistarif der eigenen PKV eintreten und das nur wenn das 55. Lebensjahr überschritten wurde oder nachgewiesen werden kann, dass die Zahlung der Krankenversicherungsprämie nicht mehr möglich ist. Nichtversicherte, die zuletzt bei der PKV versichert waren, erhalten ein Rückkehrrecht in den Basistarif. Weiterhin gilt ein Kontrahierungszwang für die privaten Versicherer. Zusatzversicherungen sind entgegen dem modifizierten Standardtarif nicht verboten.

Eine Selbstverpflichtung der größten PKV-Unternehmen stellt die dauernde Öffnung der PKV für Beamtenanfänger dar. Da die PKV für diese Gruppe häufig (neben der Beihilfe) die einzige Quelle für Versicherungsschutz ist, musste eine entsprechende Regelung gefunden werden, um den Versicherungsschutz zu garantieren. Andernfalls wäre schnell das zweigeteilte Krankenversicherungssystem in Frage gestellt worden (gerade die Beamten sind eine wichtige Gruppe in den gesetzgebenden Körperschaften). Die erleichterten Bedingungen laufen darauf

[12] Vgl. Verband der privaten Krankenversicherung e. V. (Hrsg.) (2007), S. 30.

hinaus, dass kein Antragsteller aus Risikogründen abgelehnt wird. Leistungsausschlüsse werden nicht vorgenommen und die Zuschläge zum Ausgleich erschwerter Risiken werden auf maximal 30 % des tariflichen Beitrags begrenzt. Zusatztarife (z. B. Auslandsreiseversicherungen, höhere Leistungen bei Zahnersatz) werden dann aber verweigert. Auch die Pflegeversicherung ist für alle Mitglieder der PKV gesetzlich vorgeschrieben, auch hier kann man sich nicht auf die Vertragsfreiheit berufen. Höhere Ansprüche und die damit verbundenen Mehrleistungen können mit einer Pflegezusatzversicherung realisiert werden, welche separat oder als Bestandteil privat abgeschlossen werden. Die Beiträge werden nicht in Abhängigkeit vom Einkommen erhoben. Die Prämienberechnung der privaten Pflegeversicherung läuft im Wesentlichen nach den gleichen Grundsätzen wie für die Prämienkalkulation in der privaten Krankenversicherung ab. Um das steigende Pflegerisiko mit zunehmendem Alter abdecken zu können werden in der privaten Pflegeversicherung Alterungsrückstellungen zur Stabilisierung der Beiträge gebildet.

1.5.3 Die Prämienkalkulation

Während die Beiträge in der Gesetzlichen Krankenversicherung nach dem Umlageverfahren und gemäß dem Leistungsfähigkeitsprinzip erhoben werden, folgt die Prämienkalkulation in der PKV nach dem *Äquivalenzprinzip* (*Anwartschaftsdeckungsverfahren*). Die kalkulierte Prämie jedes einzelnen Versicherten soll dem Risiko entsprechen, das er in die Versichertengemeinschaft einbringt. Obwohl die Leistungsausgaben pro Jahr steigen, soll die Prämie so kalkuliert werden, dass sie prinzipiell ein Leben lang konstant gehalten werden kann.

Das Prinzip der konstant bleibenden Prämien führt dazu, dass in jungen Jahren eine höhere Prämie verlangt wird als dem tatsächlichen Schadenserwartungswert entspricht. Die nicht benötigte Differenz wird in eine Alterungsrückstellung eingebracht. Diese wird abgeschmolzen, sobald die jährlichen Ausgaben höher sind als die Prämie. Während sich im Einzelfall die lebenslangen Prämieneinnahmen und Krankheitskosten nicht decken müssen, wird bei guter Kalkulation die Alterungsrückstellung für alle Mitglieder eines Tarifs genau dann aufgebraucht sein, wenn der letzte Versicherte verstorben ist.

Dieses Kalkulationssystem profitiert von zwei Faktoren. Der erste ist die verzinsliche Ansammlung der Alterungsrückstellung. Durch den Zinseszinseffekt ergeben sich generelle Vorteile des Anwartschaftsdeckungsverfahrens gegenüber dem Umlageverfahren. Viel wesentlicher ist allerdings der zweite Faktor, die „Vererbung" der Alterungsrückstellung an das Versichertenkollektiv durch Tod oder Storno. Jemand der freiwillig (durch Kündigung) oder unfreiwillig (durch vorzeitigen Tod) das Kollektiv verlässt, hat keinen Anspruch auf Mitnahme (oder Vererbung an Angehörige) seiner individuellen Alterungsrückstellung. Dieses wird in jüngster Zeit als wesentliches Problem der PKV angesehen. Da das Eintrittsalter die Hauptkomponente bei der Prämienkalkulation ist, wird durch diesen Mechanismus quasi ein Wechsel zu einem anderen PKV-Unternehmen verhindert.

Das neue Unternehmen würde gemäß dem höheren Eintrittsalter eine neue risikoäquivalente Prämie kalkulieren, die (zumindest nach einigen Jahren) wesentlich über derjenigen des alten Versicherers liegt. De facto sind damit die Versicherungsnehmer gezwungen, ihrem Versicherungsunternehmen quasi lebenslang die Treue zu halten. Damit greift der einzige Sanktionsmechanismus der Versicherungsnehmer (die Abwanderung) völlig ins Leere. Im Gegenteil: Je höher die Stornoquote ist, desto günstigere Prämien kann ein Krankenversicherungsunternehmen kalkulieren und zieht damit viel Neugeschäft an sich. Eine kundenfeindliche Geschäftspolitik (z. B. fehlende Kulanz, starke Beitragserhöhungen) kann damit zu einem Wettbewerbsvorteil führen.

Bislang wurde dargestellt, dass prinzipiell lebenslang gleich hohe Prämien in der PKV kalkuliert werden. Da die PKV-Unternehmen auf ihr ordentliches Kündigungsrecht verzichtet haben (damit niemand im Alter ohne Versicherungsschutz dasteht), wurde ihnen quasi als Kompensation zugebilligt, die Prämien zu erhöhen, wenn sich die Kalkulationsgrundlagen verändern. Dieses kann beispielsweise durch eine längere durchschnittliche Lebenserwartung oder den medizinisch-technischen Fortschritt geschehen. Entsprechend können die Prämien (nach Genehmigung durch einen Treuhänder) angepasst werden. Je älter ein Versicherungsnehmer zum Zeitpunkt der Prämienerhöhung ist, desto härter trifft ihn die Erhöhung. Die zusätzlichen (d. h. bislang nicht richtig kalkulierten) Kosten können bei ihm nur noch auf die Jahre verteilt werden, die noch vor ihm liegen und nicht auf die bereits abgelaufenen Jahre. Daher wurde gerade in den letzten Jahren in den Medien von exorbitant hohen PKV-Prämien für Rentner berichtet.

Die *Risikoprämie* (*Nettoprämie*) stellt nur einen Teil der gesamten zu zahlenden Prämie dar. Hinzu kommen noch ein Sicherheitszuschlag für die unsicheren Annahmen und ein Beitrag für die Verwaltungskosten des Versicherungsunternehmens. Diese *Bruttoprämie* ist der Betrag, der in den Prämientabellen der Unternehmen, differenziert nach Alter, Geschlecht und Tarif, abgedruckt ist. Es ist aber nicht unbedingt der Betrag, den ein individueller Versicherter auch bezahlen muss. Denn bisher ist immer nur von einem „normalen" Risiko (differenziert nach Alter und Geschlecht) ausgegangen worden. Gemäß der *Risikoprüfung* bei der Antragsannahme kann sich aber ergeben, dass beim Antragsteller ein erhöhtes Risiko vorliegt (z. B. durch Vorerkrankungen). Das Versicherungsunternehmen kann den Vertragsabschluss dann komplett ablehnen, einen Risikoausschluss formulieren oder einen Risikozuschlag zur Prämie fordern. Dabei ist es für die Versicherungsunternehmen weniger relevant, welche medizinische Bedeutung eine Diagnose hat, sondern vielmehr welche kostenmäßigen Implikationen damit verbunden sind. Eine Erkrankung mag medizinisch unbedeutend sein, da sie gut und sicher behandelbar ist, aber gerade diese Behandlungskosten sind natürlich für den Versicherer relevant.

1.6 Abschließende Bemerkungen

Das gegliederte Krankenversicherungssystem in Deutschland hat sich seit Jahrzehnten erfolgreich gegen alle größeren Änderungs- und Reformvorschläge behauptet. Es ist ein Status quo erreicht worden, mit dem sowohl die GKV als auch die PKV zufrieden ist. Beide Systeme haben ihre Vor- und Nachteile und sind sicherlich verbesserungswürdig. Die steigenden Kosten im Gesundheitswesen bauen seit einigen Jahren einen enormen Druck im System auf, so dass eine große Systemänderung nicht unwahrscheinlich ist, Anfänge davon sind bereits durch das GKV-WSG deutlich geworden.

Auf der anderen Seite ist im deutschen Gesundheitswesen das zu verzeichnen, was auch in anderen Ländern deutlich wird: Die Bevölkerung schimpft über das Gesundheitssystem, die Leistungen sind zu schlecht und die Kosten zu hoch. Trotzdem hängt man an dem eigenen System und möchte weder wesentlich mehr marktwirtschaftliche Komponenten einführen (wie beispielsweise in Amerika), noch ein rein staatliches Gesundheitswesen haben (wie beispielsweise in Großbritannien). Daher werden auch in Zukunft die Reformen wahrscheinlich keine massive Systemänderung bringen, sondern eher an den Symptomen ansetzen und Änderungen im Kleinen bringen. Vielleicht ist das aber auch nicht die schlechteste Lösung.

2 Die pharmazeutische Industrie und der Arzneimittelmarkt

Frank-Ulrich Fricke, Oliver Schöffski

IMS GmbH & Co. OHG, Health Economics & Outcomes Research, Nürnberg
Universität Erlangen-Nürnberg, Lehrstuhl für Gesundheitsmanagement

2.1 Einführung

Die Nachfrage nach Arzneimitteln steigt weltweit, die Menschen werden älter, die Weltbevölkerung nimmt zu, die Gesundheitsausgaben steigen in den Ländern mit wirtschaftlicher Entwicklung und immer noch sind viele Krankheiten nicht kausal behandelbar.[13] Gleichzeitig gibt es Studien, die den deutschen Niedergang von der „Apotheke der Welt" hin zu einer eher untergeordneten Rolle auf den internationalen Pharma-Märkten und mit Blick auf Forschung und Entwicklung vorhersagen.[14] Vor diesem Hintergrund wird in diesem Kapitel ein Überblick über die pharmazeutische Industrie in Deutschland und den deutschen Arzneimittelmarkt gegeben sowie die Probleme des Marktes und der Industrie skizziert.[15] Zunächst wird die pharmazeutische Industrie in Deutschland beschrieben. Die Industriestruktur und wesentliche Kenngrößen wie Umsätze, Beschäftigte, Aufwand für Forschung und Entwicklung sowie Marketing werden dargestellt. Im nächsten Schritt wird der Arzneimittelmarkt vorgestellt. Dabei wird auf einzelne, teilweise sich überschneidende Teilmärkte (verschreibungspflichtige Arzneimittel, Generika, Parallelimporte, verschreibungsfreie Arzneimittel) eingegangen. Danach werden die aktuellen Probleme der Industrie und des Arzneimittelmarkts diskutiert.

---

[13] Vgl. Apo-Bank (2004), S. 5.

[14] Siehe dazu beispielhaft Apo-Bank (2004), S. 11, Boston Consulting Group (2001), S. 13.

[15] Einen internationalen Überblick über die Trends in der pharmazeutischen Industrie bietet das Kap. F 1 in diesem Buch.

2.2 Die pharmazeutische Industrie in Deutschland

2.2.1 Historische Entwicklung

Bis zum 13. Jahrhundert war der Arzt für die Zubereitung von Arzneimitteln zuständig. Danach entstand der Beruf des Apothekers durch die Abtrennung der Herstellung von Arzneimitteln vom Arztberuf. Die Apotheke gilt heute als Ursprung der pharmazeutischen Industrie.[16]

Aufgrund steigender Nachfrage Mitte des 19. Jahrhunderts spalteten die Apotheker die Herstellung der Medikamente ab.[17] Viele pharmazeutische Hersteller, die heute noch bekannt sind, stammen aus dieser Zeit. So legte der Besitzer der damaligen Engel-Apotheke in Darmstadt, Emmanuel Merck, 1827 den Grundstein für das Unternehmen Merck Darmstadt.[18] Aus dieser Zeit stammen auch Hoffmann-La Roche, Basel, Burroughs Wellcome, England, heute aufgegangen in dem Unternehmen GlaxoSmithKline, oder Eli Lilly in den Vereinigten Staaten.

Mit der Begründung der chemischen Industrie in der Schweiz ab 1859 (CIBA, Geigy) und in Deutschland ab 1863 (Bayer, Hoechst) waren auch die Ursprünge der pharmazeutischen Industrie gelegt. Ende des 19. Jahrhunderts galt Deutschland als Zentrum der pharmazeutischen Industrie.[19]

Infolge der beiden Weltkriege entwickelte sich die amerikanische pharmazeutische Industrie. Sie war abhängig vom Know-how der deutschen Arzneimittelentwickler. Die heutige starke Stellung amerikanischer pharmazeutischer Unternehmen beruht wesentlich auf staatlichen Beihilfen während des zweiten Weltkriegs. Die amerikanische Regierung unterstützte Forschungsprogramme zur Entwicklung von Malaria-Medikamenten, Kortison und Penizillin. Damit erhielten die amerikanischen Unternehmen hervorragende Ausgangspositionen für die Vermarktung von Arzneimitteln nach dem zweiten Weltkrieg: In den späten 40er Jahren kam die halbe Weltproduktion von Arzneimitteln bereits aus den Vereinigten Staaten. Ein Drittel des Welthandels mit den Arzneimitteln wurde von amerikanischen Unternehmen betrieben.[20]

Die Phase der Entdeckung und Entwicklung von Antibiotika (Streptomycin (Merck), Chlortetracyclin (Lederle), Chloramphenicol (Parke-Davis), Erythromycin (Abbott and Lilly) und Tetracyclin (Pfizer)) erlaubte den Unternehmen eine erfolgreiche wirtschaftliche Entwicklung. Ab den 50er Jahren waren die Unternehmen in der pharmazeutischen Industrie strukturiert wie wir sie heute kennen: Alle Phasen der Entwicklung und Vermarktung einer Substanz waren im Unternehmen

[16] Siehe zu einem historischen Überblick auch Erbacher, M. (2006), S. 5., Fischer, D., Breitenbach, J. (2003).

[17] Vgl. Dämmrich, A., Bowden, M. E. (2005a).

[18] Merck Darmstadt bezeichnet sich selbst als das älteste pharmazeutisch-chemische Unternehmen der Welt, vgl. http://www.merck.de/servlet/PB/menu/1012850/index.html (zuletzt abgerufen 05.04.2008).

[19] Vgl. Fischer, D., Breitenbach, J. (2003), S. 2.

[20] Vgl. Dämmrich, A., Bowden, M. E. (2005b).

integriert. Die Aktivitäten der Unternehmen erstreckten sich bereits auf viele Länder.

In den 70er Jahren fand erste Konsolidierung der Unternehmen vornehmlich in den Vereinigten Staaten und in der Schweiz statt. Gerade die Anforderungen in Forschung und Entwicklung bewegten die Unternehmen, nach großen Einheiten zu streben. Nur so sollten die hohen finanziellen Anforderungen für Forschung und Entwicklung noch zu meistern sein. Weitere Fusionen und Übernahmen folgten. Der Konzentrationsprozess in der pharmazeutischen Industrie hält bis heute an.

2.2.2
Die Industriestruktur und ihre Entwicklung

In Deutschland waren im Jahr 2006 etwa 1.000 pharmazeutische Unternehmen gemeldet.[21] Davon hatten lediglich 336 Betriebe mehr als 20 Beschäftigte. 63,9 % der Betriebe hatten weniger als 100 Mitarbeiter, 27,5 % der Betriebe hatten zwischen 100 und 499 Mitarbeiter und nur 8,6 % der Betriebe hatten 500 und mehr Mitarbeiter wie Abb. 2.1 zeigt.[22]

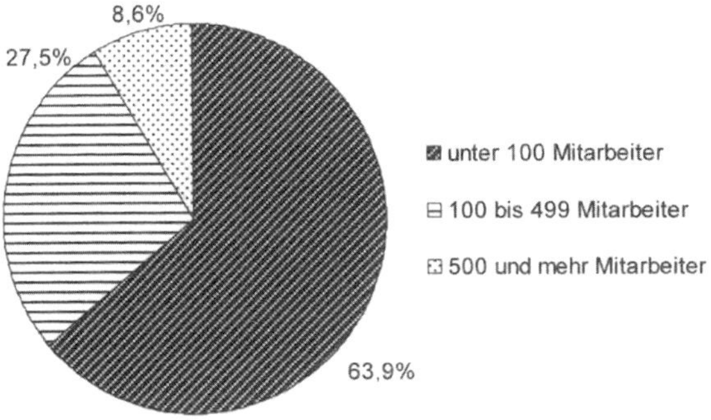

Abb. 2.1. Pharmazeutische Hersteller nach Größenklassen im Jahr 2006[23]

Damit ist die Marktstruktur immer noch von einer großen Zahl eher kleiner, mittelständischer Unternehmen geprägt. Allerdings liegt die Produktion überwiegend in der Hand der großen Unternehmen: So erbringen 6 % der Betriebe 66 % der Produktionsleistung.[24]

Wie oben bereits angeführt, begann in den 70er Jahren eine Konsolidierung der Unternehmen zunächst in den Vereinigten Staaten und in der Schweiz fusionierten im Jahr 1970 Ciba und Geigy zur Ciba-Geigy. Die steigenden Anforderungen in Forschung und Entwicklung sowie in der Vermarktung neuer Arzneimittel waren die Gründe für die Konsolidierung. Weitere Fusionen und Übernahmen folgten

[21] Vgl. Bundesverband der Pharmazeutischen Industrie e. V. (2007), S. 6.
[22] Vgl. Bundesverband der Pharmazeutischen Industrie e. V. (2007), S. 6.
[23] Quelle: Bundesverband der Pharmazeutischen Industrie e. V. (2007), S. 6.
[24] Vgl. Verband Forschender Arzneimittelhersteller (2007a), S. 10.

und der Konzentrationsprozess in der pharmazeutischen Industrie hält bis heute an. Einen Ausschnitt der Fusionen der jüngeren Vergangenheit zeigt Tabelle 2.1 (s. auch Kap. F 2).

Tabelle 2.1. Die größten Fusionen und Übernahmen von 1989 bis 2003[25]

	Käuferfirma	**Erworbene Firma**	**Art der Transaktion in US-Dollar**
1989	Beecham (UK) Smith Kline	Beckmann (US)	Fusion 7,9 Mrd.
1989	Bristol Myers (US)	Squibb (US)	Fusion 12,1 Mrd.
1989	Dow Merrell (US)	Marion (US)	Fusion 7,7 Mrd.
1990	Hoffmann-La Roche (CH)	Genentech (US)	2,021 Mrd., Beteil. 60 %
1990	Rhône-Poulenc (F)	Rorer (US)	3,476 Mrd.
1991	Sanofi Europ. Operationen (F)	Sterling Drug European Ops (US)	Übernahme 4,5 Mrd.
1993	Merck (US)	Medco Containment Services (US)	Übernahme 6,6 Mrd.
1993	Warner-Lambert OTC Prod (US)	Wellcome (OTC Prod) (GB)	Übernahme 4,397 Mrd.
1994	American Home Products (US)	American Cyanamid (US)	Übernahme 9,561 Mrd.
1994	Ciba-Geigy (CH)	Chiron (US)	Anteil 47% 2 Mrd.
1994	Eli Lilly (US)	PCS Health Systems (US)	Übernahme 4,000 Mrd.
1994	Hoffmann-La Roche	Syntex	Übernahme 5,307 Mrd.
1994	SmithKline Beecham (UK/US)	Diversified Pharmac. Serv. (US)	Übernahme 2,3 Mrd.
1994	SmithKline Beecham UK/US)	Sterlling (OTC unit) (US)	Übernahme 2,925 Mrd.
1995	Glaxo (GB)	Borroughs Wellcome (GB)	Übernahme 14,1 Mrd.
1995	Hoechst-Roussel (D)	Marion Merrell Dow (US)	Übernahme 7,121 Mrd.
1996	Ciba-Geigy (CH)	Sandoz (CH)	Fusion 30,1 Mrd.
1998	Hoffmann-La Roche (CH)	Boehringer Mannheim (D)	Übernahme 11 Mrd.
1999	Astra (S)	Zeneca (GB)	Fusion 35 Mrd.
1999	Hoechst Marion Roussel (D)	Rhône-Poulenc Rorer (F)	Fusion 26 Mrd.
1999	Hoffmann-La Roche	Genentech (nach Übernahme)	Public Offering 7,8 Mrd.
1999	Johnson&Johnson	Centocor	Übernahme 4,9 Mrd.
1999	Sanofi SI (F)	Synthélabo (F)	Fusion 8 Mrd.
1999	Warner-Lambert	Agouron	Übernahme 2,1 Mrd.

[25] Quelle: Zeller, C. (2005).

Tabelle 2.1. *(Fortsetzung)*

	Käuferfirma	Erworbene Firma	Art der Transaktion in US-Dollar
2000	GlaxoWellcome (GB)	Smithkline Beecham (GB/US)	Fusion 115 Mrd.
2000	Pfizer (US)	Warner Lambert (US)	Übernahme 92,5 Mrd.
2000	Pharmacia UpJohn (S/US)	Monsanto (US)	Fusion 23 Mrd.
2001	Abbott Laboratories	BASF Pharma / Knoll	Kauf 6,9 Mrd.
2002	Amgen	Immunex Corp.	Übernahme 10 Mrd.
2003	Pfizer	Pharmacia Corp.	Übernahme 57 Mrd.

Die 10 größten pharmazeutischen Unternehmen der Welt haben von 1983 bis 2003 ihren Marktanteil mehr als verdoppelt. Zusammengefasst stieg er von rund 24 % auf 51 % des Weltmarktumsatzes.[26] Mit einem Umsatz von mehr als 44,6 Mrd. US-Dollar im Jahr 2007 hat Pfizer einen Marktanteil allein von 6,9 %.[27]

Vergleicht man damit die deutschen pharmazeutischen Hersteller, dann zeigt sich der Wandel seit Beginn des 20. Jahrhunderts deutlich: Bayer (13,5 Mrd. US-Dollar), Boehringer Ingelheim (12,1 Mrd. US-Dollar), Merck Darmstadt (7,8 Mrd. US-Dollar), Ratiopharm (3,0 Mrd. US-Dollar), Solvay (2,7 Mrd. US-Dollar) und Stada (1,7 Mrd. US-Dollar) erzielten im Jahr 2007 zusammen nicht soviel Umsatz wie Pfizer allein.[28] Das größte deutsche Pharma-Unternehmen, BayerSchering, mit einem Umsatz von 13,5 Mrd. US-Dollar steht auf Platz 13 der Weltrangliste der pharmazeutischen Hersteller. Außerdem zeigt sich der Wandel der Geschäftsanteile auch in der Rangliste: Unter den größten deutschen pharmazeutischen Herstellern befinden sich mit Ratiopharm und Stada zwei Generikahersteller. Hexal gehört zum Konzernkreis von Novartis und taucht damit nicht mehr eigenständig in dieser Rangliste auf.

Tabelle 2.2. Die weltweit größten pharmazeutischen Hersteller im Jahr 2007[29]

Rang	Unternehmen	Weltweiter Umsatz, 12 Monate bis Q3 2007, in Mio. US-$	Marktanteil (weltweit, nach Umsätzen), 12 Monate bis Q3 2007
1	Pfizer	44.592	6,9
2	GlaxoSmithKline	37.271	5,7
3	Novartis	33.625	5,2
4	Sanofi-Aventis	32.855	5,1
5	AstraZeneca	29.317	4,5
6	Johnson & Johnson	28.556	4,4
7	Roche	26.579	4,1
8	Merck & Co	26.175	4,0
9	Abbott	18.699	2,9

26 Vgl. Hoffmann, W., Roventa, R., Weichsel, D. (2003), S. 2.
27 IMS Health 12-Monatsdaten bis zum 3. Quartal 2007.
28 IMS Health 12-Monatsdaten bis zum 3. Quartal 2007.
29 IMS Health.

Tabelle 2.2. *(Fortsetzung)*

Rang	Unternehmen	Weltweiter Umsatz, 12 Monate bis Q3 2007, in Mio. US-$	Marktanteil (weltweit, nach Umsätzen), 12 Monate bis Q3 2007
10	Amgen	16.649	2,6
11	Lilly	16.110	2,5
12	Wyeth	15.741	2,4
13	Bayer	13.519	2,1
14	Bristol-Myers Squibb	12.139	1,9
15	Boehringer Ingelheim	12.077	1,9
16	Takeda	10.672	1,6
17	Teva	10.573	1,6
18	Schering-Plough	9.402	1,4
19	Merck KGaA	7.764	1,2
20	Novo Nordisk	6.347	1,0
21	Eisai	5.717	0,9
22	Daiichi Sankyo	5.699	0,9
24	Astellas	5.115	0,8
25	Otsuka	5.062	0,8
26	Servier	4.038	0,6
27	Nestle (Alcon, Galderma)	3.936	0,6
28	Baxtr International	3.803	0,6
29	Forest	3.702	0,6
30	UCB	3.701	0,6
31	Nycomed Pharma	3.520	0,5
32	Procter & Gamble	3.370	0,5
33	Gilead Sciences	3.214	0,5
34	Watson	3.072	0,5
35	ratiopharm	2.988	0,5
36	Mylan	2.849	0,4
37	Menarini	2.785	0,4
38	Apotex	2.722	0,4
39	Barr	2.654	0,4
40	Solvay	2.652	0,4
41	Akzo Nobel	2.625	0,4
42	King	2.237	0,3
43	Shire	2.148	0,3
44	Purdue/Mundipharma	1.992	0,3
45	Allergan	1.980	0,3
46	Stada	1.715	0,3
47	Genzyme	1.682	0,3
48	Biogen Idec	1.676	0,3
49	Cephalon	1.581	0,3
50	Dainippon Sumitomo	1.560	0,2
51	Mitsubishi Pharma	1.501	0,2

Die deutsche pharmazeutische Industrie ist offensichtlich in der Vergangenheit weniger stark gewachsen als ihre internationale Konkurrenz. Außerdem stammt zumindest ein Teil des Wachstums von Generikaherstellern. Die Nachahmung von Arzneimitteln war in Deutschland erfolgreicher als die Entwicklung innovativer Arzneimittel.

Trotz dieser Konzentrationsprozesse ist die pharmazeutische Industrie noch immer relativ stark fragmentiert, wenn man die Industriestruktur mit anderen Industrien vergleicht. Im Durchschnitt besitzen die größten drei Unternehmen einer Industrie einen kumulativen Marktanteil von 45 %[30], in der pharmazeutischen Industrie kommen Pfizer, GlaxoSmithKline und Novartis auf lediglich 18 % (s. Tabelle 2.2). Dies gilt national wie international. Der Marktanteil von Pfizer in Höhe von 6,9 % am Weltmarkt ist vergleichsweise klein. Bereits ab dem 20. Platz auf der Rangliste liegen die Marktanteile bei 1 % und weniger.

2.2.3 Wirtschaftliche Aktivitäten

Der weltweite Umsatz mit Arzneimitteln betrug im Jahre 2006 642,8 Mrd. US-Dollar und wies eine Wachstumsrate von 7 % im Vergleich zum Vorjahr auf. 83 % des Umsatzes der Branche wurde in Nordamerika, Europa und Japan erzielt.[31] Fast die Hälfte (45 %) des weltweiten Umsatzes mit Arzneimitteln kommt im Jahr 2006 aus den Vereinigten Staaten, 30 % aus Europa und 9 % aus Japan.[32] Der nordamerikanische Markt wuchs um 8 %. Der europäische Markt wuchs um 5 %. Zweistelliges Marktwachstum kam aus Ländern wie Spanien, China, Südkorea, Brasilien, der Türkei, Indien, Russland und Griechenland (s. Tabelle 2.3).

Tabelle 2.3. Die Länder mit den größten Umsätzen im Arzneimittelmarkt im Jahr 2007[33]

Land	Weltweiter Umsatz, 12 Monate bis Q3 2007 (in Mio. US-$)	Marktanteil (weltweit, nach Umsätzen), 12 Monate bis Q3 2007 (%)	Wachstum, 12 Monate bis Q3 2007 (%)	Wachstum, 12 Monate bis Q3 2007/2006 (%, fester Wechselkurs)
USA	285.849	44,0	6	6
Japan	56.759	8,7	0	2
Frankreich	37.499	5,8	14	6
Deutschland	35.089	5,4	12	3
GB	22.880	3,5	15	5
Italien	21.811	2,4	7	–1
Spanien	18.578	2,9	19	10
Kanada	16.585	2,6	9	7

30 Vgl. Deans, G. K., Kröger, F., Zeisel, S. (2002).
31 Vgl. Bundesverband der Pharmazeutischen Industrie e. V. (2007), S. 24.
32 Vgl. Verband Forschender Arzneimittelhersteller (2007a), S. 39.
33 Quelle: IMS Health.

Tabelle 2.3. *(Fortsetzung)*

Land	Weltweiter Umsatz, 12 Monate bis Q3 2007 (in Mio. US-$)	Marktanteil (weltweit, nach Umsätzen), 12 Monate bis Q3 2007 (%)	Wachstum, 12 Monate bis Q3 2007 (%)	Wachstum, 12 Monate bis Q3 2007/2006 (%, fester Wechselkurs)
China	13.152	2,0	27	22
Südkorea	9.751	1,5	15	10
Brasilien	9.620	1,5	19	10
Türkei	8.714	1,3	21	18
Mexiko	8.531	1,3	7	8
Australien	7.555	1,2	16	7
Indien	6.409	1,0	20	12
Polen	5.486	0,8	19	8
Russland	5.287	0,8	18	11
Belgien	5.067	0,8	12	3
Griechenland	4.763	0,7	28	18
Niederlande	4.250	0,7	13	5

Die pharmazeutische Industrie in Deutschland hat im Jahr 2006 einen Gesamtumsatz von 29,4 Mrd. Euro erzielt. Davon stammen 16,2 Mrd. Euro aus Exporten. Lediglich 13,2 Mrd. Euro gehen auf Inlandsumsatz zu Herstellerabgabepreisen zurück. Die Exportquote betrug 55 % verglichen mit 36 % im Jahr 1995.[35] Der Inlandsmarkt verliert damit offensichtlich an Bedeutung für die pharmazeutischen Hersteller in Deutschland.

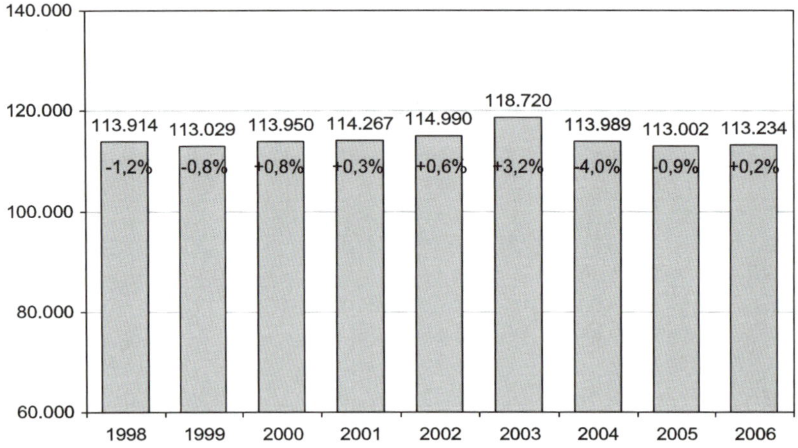

Abb. 2.2. Zahl der Beschäftigten in der pharmazeutischen Industrie von 1998 bis 2006 (Veränderungen gegenüber dem Vorjahr in %)[34]

[34] Quelle: Bundesverband der Pharmazeutischen Industrie e. V. (2007), S. 9.

[35] Vgl. Verband Forschender Arzneimittelhersteller (2007a), S. 12.

113.200 Arbeitnehmer waren in der pharmazeutischen Industrie beschäftigt, davon 95.100 bei forschenden Arzneimittelherstellern. Nach den Beschäftigungsrückgängen in den Vorjahren stieg die Zahl der Beschäftigten im Jahr 2006 um 0,2 % wieder leicht an. Wie man Abb. 2.2 entnehmen kann, ist damit die Zahl der Beschäftigten relativ konstant, sieht man vom Jahr 2003 ab.
Die pharmazeutische Industrie hat im Jahr 2006 4,2 % ihres Umsatzes investiert. Damit ist sie die Industrie mit der höchsten Investitionsquote im Vergleich zu anderen bedeutenden Industriezweigen in Deutschland, wie die Abb. 2.3 zeigt.

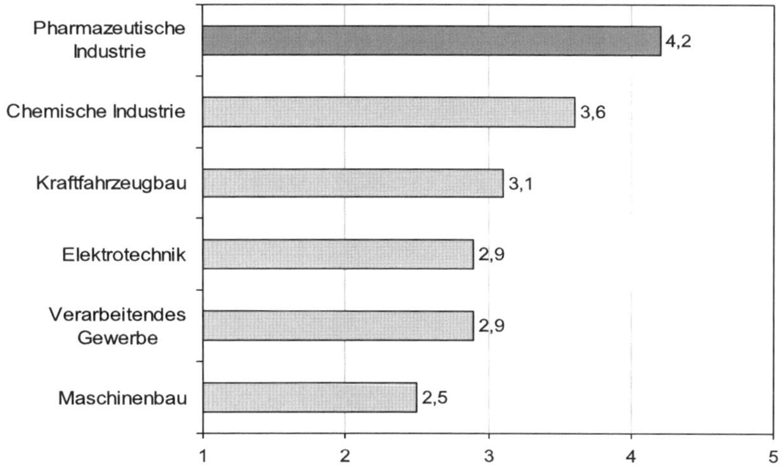

Abb. 2.3. Investitionen in % des Umsatzes im Jahr 2006[36]

Die Aufwendungen im Bereich Forschung und Entwicklung lagen bei etwa 4,3 Mrd. Euro im Jahr 2006. Dies entspricht einer Steigerung von etwa 3,8 % gegenüber dem Vorjahr. Das entspricht etwa 9 % der gesamten Aufwendungen der deutschen Wirtschaft für Forschung und Entwicklung.[37] Der Anteil der Aufwendungen für Forschung und Entwicklung am gesamten Umsatz der pharmazeutischen Hersteller liegt bei etwa 18,5 %.[38] Im Vergleich der Branchen untereinander ist das viel: So geben die Unternehmen im Verband der forschenden Arzneimittelhersteller nach eigenen Angaben 14,2 % des Bruttoproduktionswertes für Forschung und Entwicklung aus, während die Unternehmen im Kraftfahrzeugbau bei 5,1 % und die Unternehmen in der Elektrotechnik bei 5,8 % liegen.[39]

[36] Quelle: Verband Forschender Arzneimittelhersteller (2007a), S. 14.
[37] Vgl. Bundesverband der Pharmazeutischen Industrie e. V. (2007), S. 12.
[38] Vgl. Bundesverband der Pharmazeutischen Industrie e. V. (2007), S. 13.
[39] Vgl. Verband Forschender Arzneimittelhersteller (2007a), S. 25.

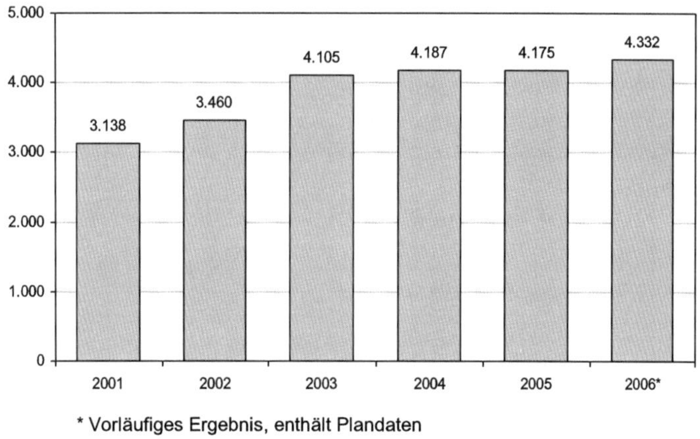

Abb. 2.4. Aufwendungen für Forschung und Entwicklung der pharmazeutischen Industrie in Deutschland in den Jahren 2001 bis 2006 (in Mio. Euro)[40]

2.2.4 Die Verbände der pharmazeutischen Industrie

Die Marktstruktur und die relevanten Teilmärkte spiegeln sich auch in der Verbandsstruktur der pharmazeutischen Industrie wider: Der Verband der Forschenden Arzneimittelhersteller (VFA) hatte im Jahr 2006 45 Mitglieder.[41] Die Mitgliedsunternehmen des VFA sind im Wesentlichen weltweit forschende und vermarktende Arzneimittelhersteller.[42]

Der Bundesverband der Pharmazeutischen Industrie (BPI) berichtet von 260 Mitgliedsunternehmen.[43] Darunter befinden sich klassische mittelständische Arzneimittelhersteller, Biotechnologie-Unternehmen sowie Hersteller pflanzlicher Arzneimittel sowie Homöopathika und Anthroposophika.[44]

Der Bundesverband der Arzneimittel-Hersteller e. V. (BAH) hat derzeit 444 Mitgliedsunternehmen, darunter 319 Arzneimittel-Hersteller. Der BAH nimmt für sich in Anspruch, den Bereich der Selbstmedikation und den Bereich der erstattungsfähigen, also der rezeptpflichtigen Arzneimittel zu vertreten. Von der Vertretung ausgenommen sind die patentgeschützten Arzneimittel. Neben den Arzneimittelherstellern sind im BAH Apotheker, Rechtsanwälte, Verlage, Agenturen sowie Markt- und Meinungsforschungsinstitute mit Interessen im Gesundheitsmarkt vertreten.[45]

---

[40] Quelle: Bundesverband der Pharmazeutischen Industrie e. V. (2007), S. 12.
[41] Vgl. Verband Forschender Arzneimittelhersteller (2007a).
[42] Vgl. dazu mit zahlreichen Details www.vfa.de.
[43] Vgl. Bundesverband der Pharmazeutischen Industrie e. V. (2007), S. 7.
[44] Vgl. dazu mit zahlreichen Details www.bpi.de.
[45] Vgl. dazu mit zahlreichen Details www.bah-bonn.de.

Pro Generika ist der Verband von 18 Generikaherstellern in Deutschland und vertritt deren Interessen. Der Verband will neben der Interessenvertretung für die Mitglieder auch an einem bezahlbaren Gesundheitswesen in Deutschland mitarbeiten und gibt die Einsparungen in der Arzneimittelversorgung durch das Angebot von generischen Arzneimitteln mit 3,4 Mrd. Euro an. Neben diesem Verband gibt es noch den deutschen Generikaverband, der für sich die Vertretung mittlerer und kleiner Generikahersteller in Anspruch nimmt.[46] Die Tatsache, dass es zwei Generikaverbände gibt, weist darauf hin, dass offensichtlich die Interessenlagen zwischen großen und mittleren sowie kleineren Generikaunternehmen hinreichend differieren.

Neben diesen Verbänden gibt es noch den Verband der Arzneimittelimporteure Deutschlands (VAD).[47] Die sechs Mitglieder des VAD vereinigen etwa. 75 % des Umsatzes mit Parallel- und Reimporten. Der VAD nimmt für sich in Anspruch zur „Entwicklung und Beibehaltung einer überzeugenden, kohärenten und transparenten Politik, die sicherstellt, dass die durch den Parallel- und Reimport erzielten sozialen und wirtschaftlichen Gewinne von Regierungen, Behörden und der Öffentlichkeit wahrgenommen und akzeptiert werden“[48] beizutragen. Darüber hinaus will der Verband den Wettbewerb und den freien Warenverkehr, wie in den Römischen Verträgen festgelegt, fördern und Beschränkungen der freien Wahl des Verbrauchers entgegenwirken.

2.3 Der Arzneimittelmarkt in Deutschland

Der deutsche Arzneimittelmarkt ist je nach Zählung der dritt- oder viertgrößte Arzneimittelmarkt im internationalen Vergleich, wie man der Tabelle 2.3 entnehmen konnte.[49]

Der Arzneimittelumsatz pro Kopf beträgt in Deutschland im Jahr 2005 286 US-Dollar kaufkraftbereinigt. Deutschland nimmt damit einen guten Mittelplatz ein wie Abb. 2.5 zeigt.

---

[46] Vgl. dazu im Detail www.generika.de.

[47] Vgl. zum VAD www.vad-news.de.

[48] http://www.vad-news.de/frame.html (zuletzt abgerufen am 06.04.08).

[49] Der VFA spricht in seinen „statistics“ vom drittgrößten Markt (vgl. Verband Forschender Arzneimittelhersteller (2007a), S. 40), während die IMS Daten Frankreich in Bezug auf die Marktgröße vorn sehen.

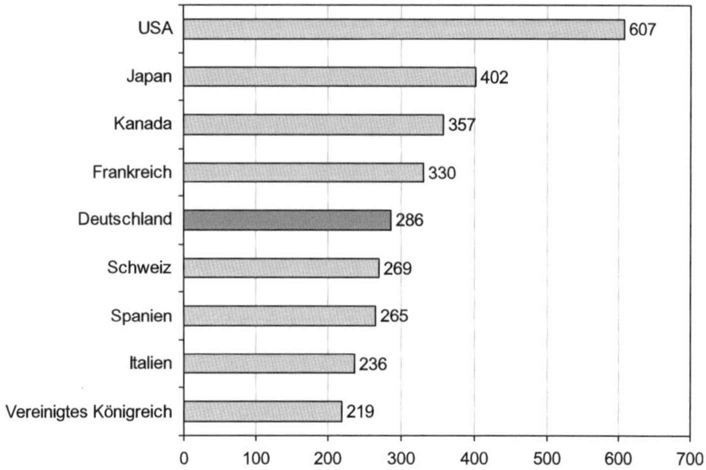

Abb. 2.5. Arzneimittelumsatz pro Kopf im Jahr 2005 (in US-$ kaufkraftbereinigt)[50]

In der Berichterstattung ist häufig von 40.000 und mehr Arzneimitteln auf dem deutschen Markt die Rede. Diese hohe Zahl war in der Vergangenheit immer ein Grund für die kritische Frage gewesen, ob man denn so viele Arzneimittel benötige. Allerdings kommt es bei Arzneimitteln immer darauf an, wie man zählt: So finden sich in der Roten Liste[51] etwa 9.000 eingetragene Präparate mit verschiedenen Wirkstärken und Darreichungsformen. Zählt man diese gesondert, steigt die Zahl der Arzneimittel auf die genannten 40.000 Arzneimittel an. Außerdem werden nicht alle eingetragenen Arzneimittel gleich häufig eingesetzt. So entfallen etwa 90 % der Arzneimittelverordnungen auf 1.850 Arzneimittel.[52]

2.3.1 Teilmärkte im Arzneimittelmarkt

Im Jahr 2006 wurden in der ambulanten Versorgung Arzneimittel im Wert von 21,8 Mrd. Euro (zu Herstellerabgabepreisen) oder im Wert von 37,6 Mrd. Euro (zu Apothekenverkaufspreisen) über die öffentlichen Apotheken abgegeben. Davon entfielen 5,4 Mrd. Euro (14 %) auf die Selbstmedikation, 4,1 Mrd. Euro (11 %) auf ärztliche Verordnungen außerhalb der Gesetzlichen Krankenversicherung (GKV) und 28,1 Mrd. Euro (75 %) auf Verordnungen im Bereich der GKV. In den Verordnungen zu Lasten der GKV sind neben rezeptpflichtigen Originalpräparaten auch Generikaverordnungen und Parallelimporte enthalten. Diese Arzneimittelkategorien sind nicht überschneidungsfrei. So können Generika ver-

[50] Quelle: Verband Forschender Arzneimittelhersteller (2007a), S. 41.

[51] Die Rote Liste ist ein Verzeichnis von Arzneimitteln für Deutschland (einschließlich EU-Zulassungen) und wird von der Rote Liste Service GmbH herausgegeben.

[52] Vgl. Verband Forschender Arzneimittelhersteller (2007a), S. 43.

schreibungspflichtig oder verschreibungsfrei sein. Importierte Arzneimittel sind in der Regel verschreibungspflichtig.

Generika sind nachgeahmte Arzneimittel. Nachgeahmte Arzneimittel dürfen nach Ablauf der Patentschutzfrist in den Markt gebracht werden. Sie spielen eine erhebliche Rolle beim Preiswettbewerb zwischen dem Originalpräparat mit abgelaufenem Patent und Nachahmer-Produkten. So sind Preissenkungen nach Patentablauf um 30 bis 50 % und teilweise mehr heute nicht mehr ungewöhnlich. Fasst man das alte Original und die Nachahmerprodukte in einem Marktsegment zusammen, so spricht man vom generikafähigen Markt. Auf diesen entfallen in Deutschland 77 % der Verordnungen in der GKV und 51 % des Umsatzes des gesamten Arzneimittelmarktes.[53] Dieses hohe Niveau wurde erheblich durch den Einsatz staatlicher Steuerungsinstrumente und Eingriffe im Arzneimittelmarkt erreicht.[54] Dies erklärt auch zu einem nicht ganz kleinen Teil den Aufstieg von Generikaherstellern wie ratiopharm und Stada in die Weltrangliste der pharmazeutischen Industrie.

Mit Parallel- oder Reimporten bezeichnet man im Arzneimittelmarkt solche Arzneimittel, die aus dem Ausland importiert werden. Der Marktanteil der Parallelimporte ist von 1998 bis 2006 im Apothekenmarkt von knapp 2 % auf fast 8 % gestiegen. Auch das lag im Wesentlichen an den staatlichen Förderungsmaßnahmen von Parallel- und Reimporten. Parallel importiert werden in der Regel hochpreisige patentgeschützte Innovationen, die in anderen, europäischen Märkten zu geringeren Preisen angeboten werden. Der Parallelimport konzentriert sich meist auf patentgeschützte Innovationen. Im Jahr 2006 betrug der Umsatz der Arzneimittelimporteure etwa 1,7 Mrd. Euro.[55]

2.3.2 Die verordnungsstärksten Arzneimittel

Die Darstellung von „Hitlisten" von Arzneimitteln nach Umsatz oder nach Verordnungen bildet zunächst nur einmal das Verordnungsgeschehen im Arzneimittelmarkt ab. In Verbindung mit epidemiologischen Informationen kann man dann erste Überlegungen zur Plausibilität der Häufigkeit von Verordnungen anstellen. In der gesundheitspolitischen Diskussion insbesondere um Einsparpotenziale in der Arzneimittelversorgung wird dabei häufig dieser Zusammenhang zwischen Epidemiologie und Verordnungshäufigkeit vernachlässigt und lediglich auf den mengenmäßigen Verbrauch von oder den Umsatz mit Arzneimitteln abgehoben. Mit den Tabellen 2.4 und 2.5 soll lediglich ein Eindruck zur Verordnungshäufigkeit und den damit verbundenen Umsätzen der Unternehmen bzw. Ausgaben der Gesetzlichen Krankenversicherung vermittelt werden.

In Tabelle 2.4 sind die verordnungsstärksten Arzneimittelgruppen des Jahres 2006 zusammengefasst und die Veränderungen gegenüber dem Vorjahr dargestellt. Die Daten sind dem Arzneiverordnungsreport entnommen, der jährlich ver-

---

[53] Vgl. Verband Forschender Arzneimittelhersteller (2007a), S. 53.

[54] Vgl. dazu das Kap. A 3 in diesem Buch.

[55] Vgl. Verband Forschender Arzneimittelhersteller (2007a), S. 46.

öffentlicht wird.[56] Eine zweite, umfassende Darstellung des Geschehens im Arzneimittelmarkt ist der Arzneimittelatlas, der vom IGES-Institut herausgegeben wird. In der Tabelle 2.4 ist zu erkennen, dass bei den Arzneimittelgruppen Herz-Kreislauf-Präparate den ersten Rang einnehmen gefolgt von Antibiotika und Schmerzmitteln zur Behandlung von rheumatischen Erkrankungen.

Tabelle 2.4. Die verordnungsstärksten Arzneimittelgruppen in Deutschland im Jahr 2006[57]

Rang 2006	Arzneimittel-gruppe	ATC	Verordnungen Mio. €	% Änd.	Umsatz Mio. €	% Änd.	DDD Mio. €	% Änd.
1	Angiotensin-hemmstoffe	C09	40,0	4,8	1.778,9	–0,6	4.815,7	11,3
2	Antibiotika	J01	37,3	-9,3	799,6	–13,1	327,4	-6,4
3	Antiphlogistika/ Antirheumatika	M01	34,5	–4,0	571,8	–6,7	904,1	–1,0
4	Betarezeptoren-blocker	C07	32,7	4,7	847,2	–3,0	1.983,0	5,1
5	Antidiabetika	N02	31,9	–4,4	1.290,4	1,4	484,1	4,2
6	Analgetika	A10	26,9	1,2	1.455,3	1,6	1.698,7	3,6
7	Psycholeptika	N05	25,9	–3,6	1.081,4	8,3	575,1	–1,5
8	Antiasthmatika	R03	24,7	–3,3	1.274,8	2,6	1.173,3	0,3
9	Ulkusthcrapeutika	A02	21,2	2,5	1.069,9	-9,9	1.311,9	9,2
10	Diuretika	C03	19,9	0,9	407,7	–3,6	1.810,9	1,7
11	Psychoanaleptika	N06	18,5	–0,02	996,2	2,6	912,4	4,7
12	Schilddrüsenthe-rapeutika	H03	18,2	4,4	281,2	5,0	1.328,2	2,9
13	Husten- und Er-kältungspräparate	R05	18,1	–24,5	181,4	–23,8	183,3	-23,6
14	Calciumantago-nisten	C08	16,6	0,0	403,0	–17,8	1.523,6	8,1
15	Ophthalmika	S01	15,4	–2,4	402,1	1,3	662,4	–1,7
16	Lipidsenker	C10	14,1	8,8	786,0	–0,7	1.911,8	16,8
17	Herztherapeutika	C01	13,7	–10,3	321,4	-9,6	914,7	–10,3
18	Sexualhormone	G03	13,5	–4,7	422,1	–2,3	1.145,8	–4,0
19	Antithrombotika	B01	13,5	1,5	754,8	1,3	1.035,8	1,9
20	Rhinologika	R01	10,8	-8,6	75,7	–4,0	247,0	-7,4
21	Corticosteroide (dermatologisch)	D07	9,2	–4,7	163,4	–5,6	250,8	–2,1
22	Spasmolytika	A03	8,0	–3,1	108,7	–5,3	85,0	–2,9
23	Corticosteroide (systemisch)	H02	7,7	–1,0	154,9	–1,9	358,2	3,1
24	Antiepileptika	N03	6,7	5,0	490,9	4,7	238,9	2,3
25	Gichtmittel	M04	6,2	–1,7	89,0	–1,9	353,2	–1,0

[56] Vgl. Schwabe, U., Paffrath, D. (2008).

[57] Quelle: Schwabe, U., Paffrath, D. (2008), S. 9.

Tabelle 2.4. *(Fortsetzung)*

Rang 2006	Arzneimittel-gruppe	ATC	Verordnungen Mio. €	% Änd.	Umsatz Mio. €	% Änd.	DDD Mio. €	% Änd.
26	Urologika	G04	5,4	−1,2	335,9	−11,0	347,6	3,9
27	Parkinsonmittel	N04	5,4	4,0	397,7	10,2	128,7	3,5
28	Antidiarrhoika	A07	4,2	−2,9	159,2	1,3	70,1	1,3
29	Antihypertonika	C02	4,2	1,0	212,9	3,7	320,7	1,6
30	Antimykotika (topisch)	D01	4,1	−4,5	91,4	−11,9	72,5	−3,6
Summe der Ränge 1 bis 30			508,5	−2,4	17.404,7	−1,8	27.175,0	4,0
Anteil an Gesamt			88,6 %		73,8 %		92,3 %	
Gesamtmarkt GKV-Rezepte mit Fertigarzneimitteln			573,7	−3,0	23.691,8	0,6	29.426,4	2,7

Das Bild ändert sich, wenn man einzelne Präparate nach Umsatzstärke betrachtet wie in Tabelle 2.5, dann wirken sich die Arzneimittelpreise aus. Das umsatzstärkste Arzneimittel in Deutschland ist Pantozol, ein Arzneimittel zur Behandlung von Entzündungen und Geschwüren im Magen-Darm-Trakt, die durch Magensäure verursacht oder verstärkt werden. Durch den Einsatz des Arzneimittels wird die Magensäure gehemmt. An zweiter Stelle steht Risperdal, ein Arzneimittel zur Behandlung der Schizophrenie aus der Gruppe der atypischen Neuroleptika. Mit Zyprexa steht an dritter Stelle der umsatzstärksten Arzneimittel in Deutschland ein weiteres atypisches Neuroleptikum zur Behandlung der Schizophrenie.

Während bei der Betrachtung nach Verordnungszahlen die Häufigkeit der Erkrankungen eine erhebliche Rolle spielt, kommt bei der Betrachtung nach Umsatz ein weiterer Faktor hinzu: der Arzneimittelpreis. Während bei den Verordnungen aus den Wirkstoffgruppen der Angiotensinhemmer und Antibiotika zahlreiche Wirkstoffe generisch und damit sehr preiswert verschrieben werden, sind bei den Umsätzen einzelner Arzneimittel wie Pantozol und den genannten Neuroleptika neben den Verordnungszahlen auch die Preise der Substanzen relevant. Die genannten Substanzen stehen bislang nicht generisch zur Verfügung.

Tabelle 2.5. Die umsatzstärksten Präparate in Deutschland im Jahr 2006[58]

Rang	Präparat	Wirkstoff	Umsatz 2006 in Mio. €	Änderung in %	Änderung in Mio. €
1	Pantozol	Pantoprazol	226,6	−19,4	−54,5
2	Risperdal	Risperidon	218,8	16,9	31,6
3	Zyprexa	Olanzapin	216,4	12,8	24,5
4	Plavix	Clopidogrel	211,1	2,6	5,4
5	Nexium	Esomeprazol	203,3	−21,8	−56,6
6	Enbrel	Etanecept	198,8	18,5	31,0

58 Quelle: Schwabe, U., Paffrath, D. (2008), S. 12.

Tabelle 2.5. *(Fortsetzung)*

Rang	Präparat	Wirkstoff	Umsatz 2006 in Mio. €	Änderung in %	Änderung in Mio. €
7	Rebif	Interferon beta-1a	197,6	11,2	19,9
8	Viani	Salmeterol + Fluticason	191,4	7,1	12,6
9	Symbicort	Formoterol + Budesonid	186,1	14,6	23,7
10	Glivec	Imatinib	181,3	16,8	26,0
11	Betaferon	Interferon beta-1b	173,1	8,8	13,9
12	Iscover	Clopidogrel	163,7	–4,1	–7,0
13	Avonex	Interferon beta-1a	158,7	18,8	25,1
14	Spiriva	Tiotropiumbromid	153,2	22,7	28,3
15	Humira	Adalimumab	152,8	68,5	62,1
16	Aranesp	Darbepoetin alfa	145,2	10,6	13,9
17	Durogesic	Fentanyl	140,6	–54,1	–165,6
18	Lantus	Insulin glargin	139,0	5,3	6,9
19	Neorecormon	Epoetin beta	132,6	4,2	5,4
20	Actrapid human	Humaninsulin	130,2	12,4	14,4
21	Oxygesic	Oxycodon	129,6	16,2	18,0
22	Copaxone	Glatirameracetat	127,6	17,4	18,9
23	Seroquel	Quetiapin	126,2	40,8	36,5
24	Inegy	Simvastatin + Ezetimib	118,7	49,5	39,3
25	Clexane	Enoxaparin	116,2	4,9	5,4
26	Trevilor	Venlafaxin	116,1	21,5	20,6
27	Omep	Omeprazol	115,4	1,2	1,4
28	Actraphane	Humaninsulin	114,2	–3,8	–4,6
29	Erypo	Epoetin alfa	112,9	2,2	2,4
30	Arimidex	Anastrozol	107,1	25,3	21,6
Summe Rang 1–30			4.704,3	4,9	220,4
Anteil an Gesamt			19,9		
Gesamtmarkt			23.691,8	0,6	130,4

2.3.3 Arzneimittelpreise im Vergleich

Blickt man auf die öffentliche Diskussion, müsste man erwarten, dass die Arzneimittelpreise laufend steigen und Preisstopps unabdingbar sind.[59] Allerdings sind die Arzneimittelpreise in den letzten Jahren eher gesunken wie Abb. 2.6 zeigt.

[59] Vgl. zu den Steuerungsinstrumenten der Arzneimittelversorgung das Kap. A 3 in diesem Buch.

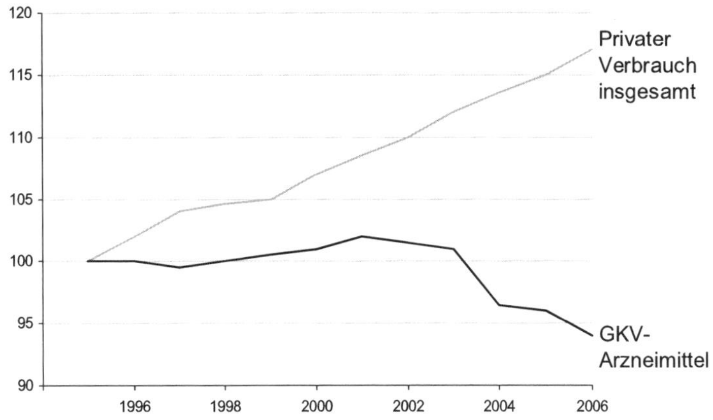

Abb. 2.6. Preisentwicklung der Arzeimittel seit 1995[60]

In der Abbildung wird Durchschnittspreis eines Korbs von Arzneimitteln im Ausgangsjahr 1996 auf 100 gesetzt und dann die Preissteigerung des Arzneimittelkorbs über die Zeit als relative Veränderung gegenüber dem Ausgangswert betrachtet. Dabei können die Inhalte des Arzneimittelkorbs konstant gehalten werden oder sich über die Zeit verändern. Dem wird die Preisentwicklung des privaten Verbrauchs, ebenfalls gemessen als die Entwicklung eines Durchschnittspreises eines Warenkorbs, gegenübergestellt. Für eine differenzierte Betrachtung einzelner Arzneimittelgruppen wäre eine gesonderte Betrachtung erforderlich. Das ist im Rahmen dieses Kapitels nicht möglich. Außerdem reflektiert die Darstellung auch die Folgen der Regulierung hinsichtlich der Erstattung wie etwa die Festsetzung von Festbeträgen. Insofern lässt sich nichts darüber sagen, wie die Preise sich entwickelt hätten, wenn die Preisgestaltung von staatlichen Maßnahmen unbeeinflusst gewesen wäre.

Vergleicht man die Arzneimittelpreise europaweit, dann lässt sich offenbar kein höheres deutsches Preisniveau im Vergleich zu anderen europäischen Staaten feststellen wie Abb. 2.7 zeigt.

[60] Quelle: Verband Forschender Arzneimittelhersteller (2007a), S. 16.

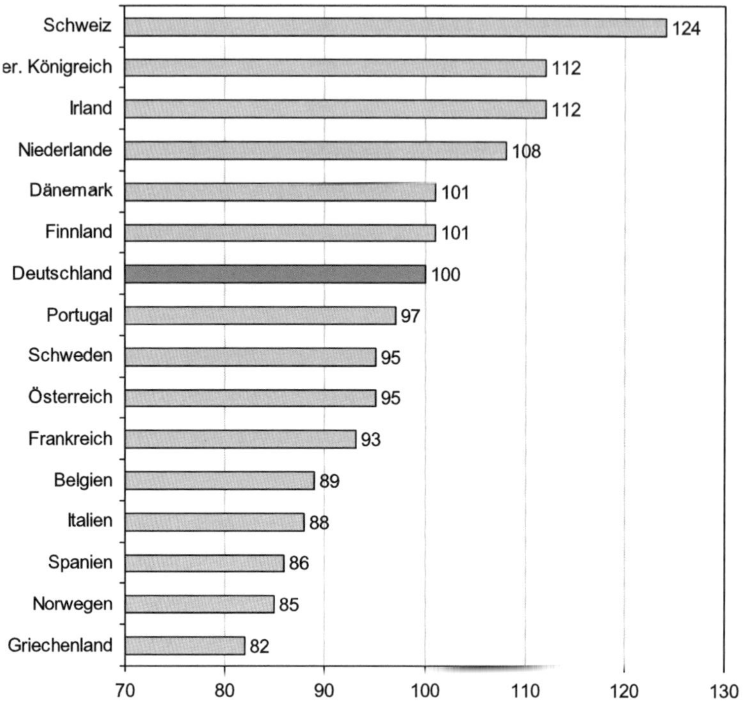

Abb. 2.7. Arzneimittelpreise im europäischen Vergleich[61]

2.3.4 Folgen der Regulierung

Die oben dargestellten Marktverhältnisse können zumindest in einigen Fällen als das Ergebnis der Regulierung im deutschen Arzneimittelmarkt bezeichnet werden. Als Anhaltspunkt kann man die Entwicklung des deutschen Markts im Vergleich zu internationalen Märkten, wie in Abb. 2.8 dargestellt, nehmen. Dabei muss man berücksichtigen, dass im Jahr 2003 das Beitragssatzsicherungsgesetz Zwangsrabatte für Hersteller, Großhandel und Apotheken einführte und im Jahr 2004 das GKV-Modernisierungsgesetz (GMG) seine Wirkung entfaltete. Mit dem GMG wurden im Bereich der Arzneimittel die verschreibungsfreien Präparate und die so genannten Life-Style-Präparate von der Verordnung zu Lasten der GKV ausgeschlossen, der Herstellerzwangsrabatt von 6 % auf 16 % angehoben und die Zuzahlung zu Arzneimitteln auf 10 %, mindestens 5 Euro und höchsten 10 Euro festgelegt.

[61] Quelle: Verband Forschender Arzneimittelhersteller (2007a), S. 18.

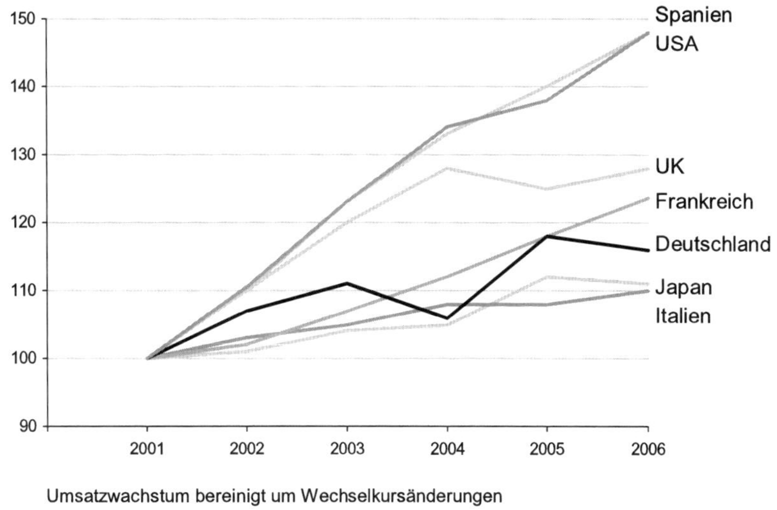

Abb. 2.8. Entwicklung der größten Pharma-Märkte von 2001 bis 2006[62]

Im Jahr 2006 hatte das Arzneimittelversorgungs-Wirtschaftlichkeitsgesetz (AVWG) erheblichen Einfluss auf die Marktentwicklung. Ab 1. April 2006 bis zum 31. März 2008 galt ein zweijähriger Preisstopp für Arzneimittel, die zu Lasten der Gesetzlichen Krankenversicherung verordnet werden. Weiter wurden Rabattverträge zwischen Krankenkassen und Arzneimittelherstellern besonders gefördert und weitere Zwangsrabatte für generikafähige Arzneimittel eingeführt. Zur verschärften Steuerung der Verordnungstätigkeit niedergelassener Vertragsärzte in Richtung billige Generika wurde eine Bonus-Malus-Regelung für die Verordnung bestimmter Substanzgruppen eingeführt.

Diese Maßnahmen des Gesetzgebers haben die aus Herstellersicht positive Entwicklung im Arzneimittelmarkt zumindest vorübergehend aufgehalten.

Generell schlagen sich die Regulierungsansätze wie im Abschn. A 3 dieses Buchs dargestellt auch erheblich auf den Einsatz innovativer Produkte nieder. So fällt die Verbreitung neuer Wirkstoffe im europäischen Vergleich, gemessen am Anteil innovativer Arzneimittel an den gesamten Arzneimittelausgaben in den jeweiligen Ländern, relativ geringer aus, wie die Abb. 2.9 zeigt.

[62] Quelle: Verband Forschender Arzneimittelhersteller (2007a), S. 40.

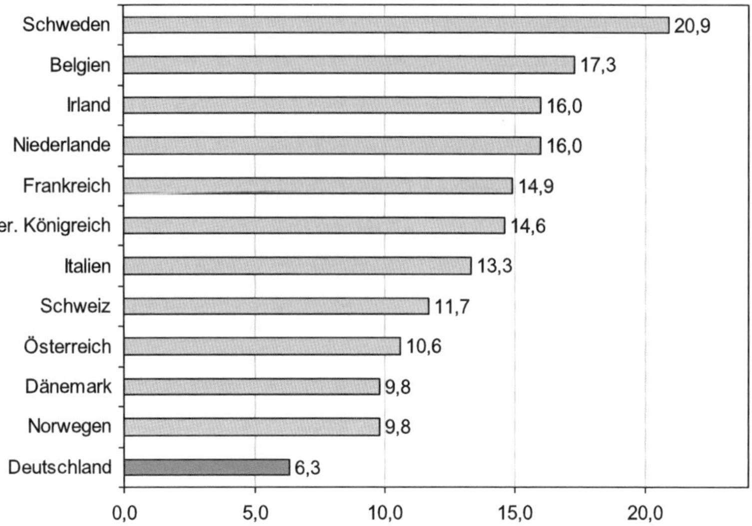

Abb. 2.9. Neue Wirkstoffe im europäischen Vergleich im Jahr 2005[63]

Auch einzelne Regulierungsinstrumente wie etwa die Festbeträge begleiten den Arzneimittelmarkt seit 1989 und haben tiefe Spuren hinterlassen. So unterlagen im Jahr 2006 70 % aller Arzneimittelverordnungen in Deutschland dem Festbetragssystem während der Umsatzanteil der festbetragsregulierten Arzneimittel im Jahr 2006 44 % betrug.[64] Rein formal besteht für die Arzneimittelhersteller keine Notwendigkeit, ihre Preise den Festbeträgen anzupassen. Seit Beginn der Festsetzung von Festbeträgen mussten jedoch einige Hersteller erfahren, dass Preise oberhalb der Festbeträge zu erheblichen Umsatzeinbußen führen können. Die Hersteller sehen sich also gezwungen, ihre Preise den Festbeträgen anzupassen. Seit dem Jahr 2005 beziehen einige neue Festbetragsgruppen auch patentgeschützte Wirkstoffe ein. Dies ist für die Arzneimittelhersteller besonders schmerzlich, weil so patentgeschützte Arzneimittel in Konkurrenz zu patentfreien Arzneimittel stehen. Das kann zu erheblichem generischen Wettbewerb und starkem Preisverfall führen. Die Festbetragsregelung hat seit 1989 auch zu einem erheblichen Aufschwung der Generikahersteller beigetragen. Ebenso haben die Arzneimittelimporteure erheblich von der „staatlichen Förderung" für Arzneimittelimporte profitiert wie Abb. 2.10 zeigt. So hat sich der Marktanteil der Parallelimporte von 2 % im Jahr 1998 auf 8 % im Jahr 2006 vervierfacht.

---

[63] Quelle: Verband Forschender Arzneimittelhersteller (2007a), S. 42.
[64] Vgl. Verband Forschender Arzneimittelhersteller (2007a), S. 52.

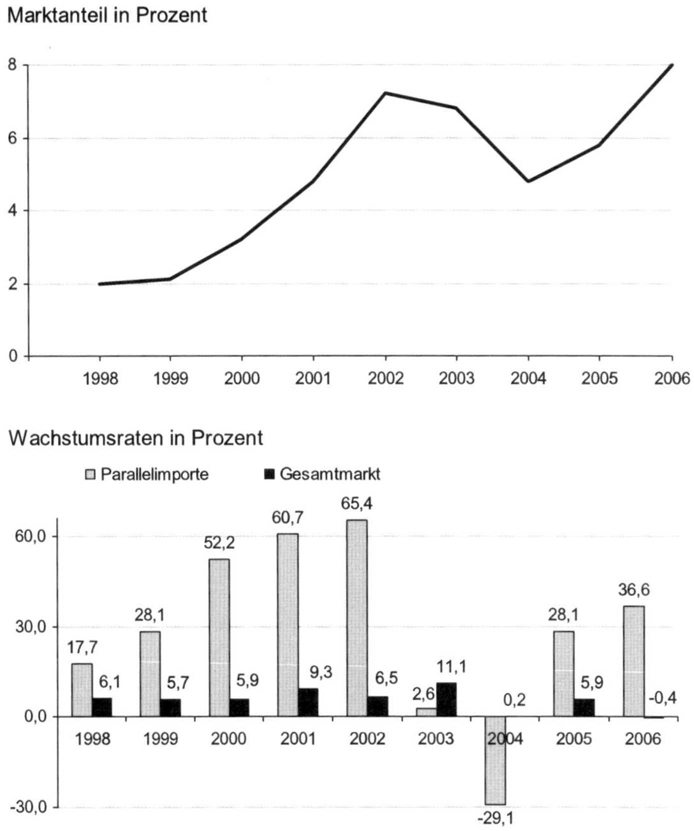

Abb. 2.10. Die Entwicklung der Parallelimporte von 1998 bis 2006[65]

Vor dem Hintergrund der zahlreichen Regulierungen im deutschen Arzneimittelmarkt und der anhaltenden Regulierungsdynamik werden sich pharmazeutische Unternehmen in Deutschland darum bemühen, mit möglichst hohen Arzneimittelpreisen in einer kurzen Phase weitgehend freier Verordnung ihrer neuen Produkte ihre Aufwendungen in Forschung und Entwicklung sowie bei der Vermarktung wieder hereinzuholen.

Wenn diese Phase immer kürzer wird, dann werden auch die Preise für innovative Substanzen in der verkürzten Phase höher ausfallen, als sie bei einer längeren Phase ausfallen müssten. Insofern setzt eine Regulierungsspirale ein mit folgender Logik: Die Arzneimittelpreise sind hoch, also muss möglichst rasch nach Markteinführung der Preis oder die Erstattung reguliert werden. Die Verkürzung der Phase der vollständigen Erstattung bzw. nicht-regulierten Preisbildung führt zu noch höheren Preisen für die verbleibende „freie Phase". Das ist ein Teufelskreis, der aus Sicht der Unternehmen und der Gesetzlichen Krankenversicherung kaum zu durchbrechen ist.

[65] Quelle: Verband Forschender Arzneimittelhersteller (2007a), S. 46.

2.4 Aktuelle Probleme der Industrie und im Arzneimittelmarkt

Das Spannungsfeld Gesetzliche Krankenversicherung – Arzneimittelmarkt ist gekennzeichnet durch die Tatsache, dass die Ausgaben der Gesetzlichen Krankenversicherung für Arzneimittel zwar 100 % betragen, von diesen 100 % aber nur etwa 60 % als Umsätze bei der pharmazeutischen Industrie ankommen. Die restlichen 40 % bestehen aus Mehrwertsteuer, Großhandelszuschlag und Apothekenzuschlag. Da weiterhin der Markt der Gesetzlichen Krankenversicherung einen sehr großen Teil des deutschen Gesamtmarkts für Arzneimittel ausmacht, ist unmittelbar nachvollziehbar, dass eine positive Entwicklung der pharmazeutischen Industrie gesellschaftspolitisch anders bewertet wird als eine positive Entwicklung der Automobilindustrie. Etwa eine Förderung des Absatzes von Arzneimitteln – wie etwa bei Kraftfahrzeugen durch die Pauschalversteuerung der Privatnutzung von Dienstwagen – ist undenkbar.

Vielmehr wird die Entwicklung des Arzneimittelmarkts begrenzt durch eine Vielzahl von Steuerungsinstrumenten in der Arzneimittelversorgung. Cassel und Wille sprechen in diesem Zusammenhang von „einem inadäquaten Regulierungssystem zur Steuerung der Arzneimittelversorgung [...], das einer besseren Ausschöpfung der pharmaindustriellen Entwicklungspotenziale entgegensteht."[66] In Deutschland besteht ein kaum noch zu durchschauendes Regulierungsgeflecht zur Ausgabendämpfung in der Gesetzlichen Krankenversicherung, dessen Effekte auf den einzelnen Hersteller kaum noch zu übersehen sind. Die Berechenbarkeit des Systems aufgrund seiner Intransparenz und der Möglichkeit, täglich mit einer neuen Regelung zu überraschen, ist nicht mehr gegeben.[67]

Cassel und Wille kommen zu dem Schluss, dass das Übermaß an Regulierung und seine Folgen die deutsche, forschende pharmazeutische Industrie auf das Abstellgleis geführt haben könnte, auch wenn das empirisch nicht eindeutig nachgewiesen werden kann.[68]

Allerdings gilt, dass das Ausmaß der Regulierung im Arzneimittelmarkt die Industrie vor erhebliche Planungsprobleme stellt. Dazu kommt noch ein gesellschaftspolitisches Umfeld, in dem Forschung kritisch gesehen wird und bürokratische Regelungen, die Unternehmensprozesse behindern.[69] Dazu gehört auch der inzwischen schlechte Ruf des Standorts Deutschland in internationalen Konzernen, die lieber in Ländern investieren, die dem Investitionserfolg aufgeschlossen gegenüberstehen.

---

[66] Cassel, D., Wille, E. (2007), S. 25.
[67] Vgl. Cassel, D., Wille, E. (2007), S. 25.
[68] Vgl. Cassel, D., Wille, E. (2007), S. 25.
[69] Vgl. Cassel, D., Wille, E. (2007), S. 25.

2.5 Zusammenfassung und Ausblick

Die deutsche pharmazeutische Industrie hat im Lauf des 20. Jahrhunderts erheblich an Bedeutung verloren. Der Weg von der Apotheke der Welt zu einem der größten Arzneimittelimporteure mit nur wenigen international bedeutenden pharmazeutischen Unternehmen bei gleichzeitig geringem Konzentrationsgrad hat kaum 100 Jahre gebraucht. Dabei geholfen hat die Gesundheitsgesetzgebung der letzten 25 Jahre unabhängig davon, welche Partei die Regierung gestellt hat.

Die pharmazeutische Industrie in Deutschland ist immer noch ein bedeutender Wirtschaftszweig mit hohen Investitionen in Forschung und Entwicklung und einer hohen Zahl von direkt und indirekt Beschäftigten. Gleichzeitig hat die hohe Regulierungsdichte in diesem Markt auch zu einer relativ großen Zahl von Interessenvertretungen geführt.

Die Regulierung des Arzneimittelmarkts hat ferner die Entwicklung einzelner Marktsegmente zur Folge gehabt, die so in anderen Arzneimittelmärkten der Welt nicht beobachtbar waren. So haben sich die Generikahersteller im Windschatten der Festbetragsgesetzgebung „rasant" entwickeln können und sind heute in der Weltrangliste der pharmazeutischen Hersteller mit zwei deutschen Unternehmen (Ratiopharm und Stada) vertreten. Die Arzneimittelimporteure haben sich ebenfalls ein eigenes Marktsegment aufgebaut, das politisch gefördert wird. Die Sozialgesetzgebung im Gesundheitsbereich trägt damit zur Förderung des Handels bei.

Bei alledem ist es nicht verwunderlich, dass die pharmazeutische Industrie die Regelungsdichte und die Unberechenbarkeit der Gesetzgebung beklagt und Konsequenzen zieht. Der Pharmastandort Deutschland hat an Attraktivität verloren und die jüngsten Entwicklungen im Regulierungsdschungel könnten dazu führen, dass pharmazeutische Hersteller mit ihren Produkten in Deutschland nur noch nominal vertreten sind. Das hätte auch Folgen für den Patientenzugang zu innovativen Arzneimitteln.

3 Steuerungsinstrumente in der Arzneimittelversorgung

Frank-Ulrich Fricke

IMS GmbH & Co. OHG, Health Economics & Outcomes Research, Nürnberg

3.1 Problemstellung

Die Ausgaben für die Gesundheitsversorgung der Mitglieder in der Gesetzlichen Krankenversicherung sind in den vergangenen Jahren beständig gestiegen, ohne dass die Einnahmen, gekoppelt an die Grundlohnentwicklung, in gleicher Weise mitgestiegen wären. Die daraus resultierenden Defizite haben den Gesetzgeber immer wieder bewogen, nach Instrumenten zur Steuerung der Ausgaben zu suchen, die einerseits die Ausgaben wirksam begrenzen und andererseits die Wirtschaftlichkeit des Mitteleinsatzes, wie in § 12 SGB V gefordert, sicherstellen. Bei diesen Bemühungen des Gesetzgebers standen in der Vergangenheit häufig die Arzneimittel und deren Einsatz zu Lasten der Gesetzlichen Krankenversicherung im Mittelpunkt. Dies verwundert auf den ersten Blick, denn man könnte vermuten, dass bei rationaler Vorgehensweise diejenigen Ressourcen im Mittelpunkt stünden, deren Ausgaben den größten Anteil an den Gesundheitsausgaben insgesamt ausmachen. Auf den zweiten Blick wird deutlich, dass andere, politische Gesichtspunkte eine nicht unerhebliche Rolle spielen.[70] Relevant ist in diesem Zusammenhang die vermeintlich leichte Steuerbarkeit und Kontrollierbarkeit der Ausgaben für Arzneimittel. Ferner dürfte eine Rolle spielen, dass pharmazeutische Unternehmen, die durch Steuerungsmaßnahmen belastet werden, nicht so viele Wahlstimmen aufbringen können wie etwa die Gemeinschaft der gesetzlich Krankenversicherten, die etwa unter Veränderungen im Leistungskatalog der Gesetzlichen Krankenversicherung „leiden“ müssen.

In diesem Kapitel werden die aktuellen Steuerungsinstrumente, die in der Arzneimittelversorgung in Deutschland im Jahr 2007/2008 eingesetzt werden, vorge-

[70] Vgl. Fricke, F.-U. (2000a), S. 486–487.

stellt und kritisch betrachtet. Vor der Darstellung der Steuerungsinstrumente ist zu klären, welcher Teil der Bevölkerung von dieser Steuerung betroffen ist und aus welchen Gründen.

Neben der Darstellung ist die kritische Diskussion der Instrumente wichtig, um ihre Wirksamkeit und Nebenwirkungen beurteilen zu können. Die Kritik zielt auf grundsätzliche Probleme beim Einsatz der Steuerungsinstrumente und die Auswirkungen auf Absatz und Umsatz von Arzneimitteln. Abschließend für dieses Kapitel wird in einem kurzen Ausblick skizziert, wohin die Reise in Sachen Steuerung der Arzneimittelausgaben gehen könnte. Das ist im Jahr 2008 nicht ganz einfach, da dieser Beitrag in einer Phase entsteht, in der weitere Regulierungsmaßnahmen gerade erst in der Entwicklung sind.

3.2 Steuerung der Arzneimittelversorgung – Begründungen, Ziele und Betroffene

3.2.1 Wozu Steuerungsinstrumente in der Arzneimittelversorgung?

Wer sich mit der Darstellung der Steuerungsinstrumente in der Arzneimittelversorgung befasst und dabei im Stillen Vergleiche mit anderen Bereichen des Wirtschaftens zieht, der stolpert zunächst über die Frage: „Warum dieser Wust an Regelungen? Was ist das Ziel?“

Ausgangspunkt der Steuerung der Arzneimittelversorgung ist der Grundtatbestand der Knappheit. Damit ist ein effizienter Einsatz der verfügbaren Mittel unabdingbar. Die Frage ist, wie dieser effiziente Mitteleinsatz erreicht werden kann. Je nach Glaubensrichtung fällt die Antwort aus: Die einen glauben an Regulierungen und positive Vorgaben, die anderen glauben an den Wettbewerb als dezentrales Such- und Entdeckungsverfahren[71] für effiziente Problemlösungen. Allerdings setzen Wettbewerbslösungen individuelle Handlungsfreiheit, das Zusammenfallen von Handlung und Handlungsfolgen und das Fehlen von wettbewerbsbeschränkender Marktmacht einzelner Marktteilnehmer voraus.

Gleichzeitig wird häufig von Gesundheit als einem besonderen Gut gesprochen. Gesundheit sei etwas Besonderes, so dass effiziente Lösungen in der Arzneimittelversorgung besser durch Regulierung als durch Wettbewerb erreicht würden.

Warum soll das so sein? Was kennzeichnet Gesundheit als besonderes Gut, so dass der Produktionsprozess, aber auch die Menge und Qualität der eingesetzten Gesundheitsgüter und -dienstleistungen der Regulierung bedürfen?[72] Häufig sind Werturteile zu hören: „Gesundheit ist unser höchstes Gut.“ „Für ein Menschenleben gibt es keinen Preis.“ Sofern es sich dabei um individuelle Urteile handelt, die dann darin münden, dass der Einzelne hohe Anteile seines Einkommens für Ge-

---

[71] Vgl. Hayek, F. A. v. (1968).

[72] Vgl. Oberender, P., Hebborn, A. (1994), S. 21–25.

sundheit aufwendet, ist diese Wertung folgenlos für die gesellschaftliche Einordnung von Gesundheit als einem besonderen Gut. Außerdem ist es legitim, wenn der Einzelne hohe Anteile seines Einkommens für die individuelle Nachfrage nach Gesundheitsgütern reserviert und im Gegenzug auf den Konsum anderer Güter verzichtet.

Allerdings gibt es auch eine Reihe von Menschen, denen die eigene Gesundheit nicht so sehr am Herzen liegt, dass sie Einschränkungen im Konsum anderer Güter hinnähmen. Mit Blick auf bestimmte Konsumgewohnheiten im Nahrungs- und Genussmittelbereich drängt sich teilweise sogar der Eindruck auf, dass Gesundheit in der individuellen Wertschätzung auch nachrangig eingeordnet werden kann. Dies mag daran liegen, dass der Einzelne nicht vollständig die gesundheitlichen Konsequenzen seines Konsumverhaltens tragen muss (moral hazard), sondern auf die Versichertengemeinschaft zurückgreifen kann. Dies zeigt, dass die individuelle Wertschätzung der Gesundheit unterschiedlich ausfallen kann und damit auch die individuelle Zahlungsbereitschaft für Gesundheit.

Ein anderes Argument für Gesundheit als einem besonderen Gut ist die Kennzeichnung als öffentliches Gut. Öffentliche Güter zeichnen sich dadurch aus, dass der individuelle Konsum des Gutes Mitbürger nicht im Konsum desselben Gutes beeinträchtigt (Nichtrivalität im Konsum). Ferner können aber auch Mitbürger nicht vom Konsum ausgeschlossen werden (Nicht-Ausschließbarkeit im Konsum). Private Güter (wie etwa ein Eis) können nicht von zwei Personen gleichzeitig in gleichem Ausmaß konsumiert werden, weshalb vermutlich jeder Beteiligte versuchen wird, den jeweils anderen vom Eisverzehr auszuschließen. Erfahrungsgemäß führt dies zu Streit. Klassische Beispiele für öffentliche Güter sind die Landesverteidigung oder die innere Sicherheit, wobei Letzteres mit Blick auf die Kriterien schon fraglich ist. Gesundheit bzw. der Erhalt derselben ist vor dem Hintergrund dieser Definition eines öffentlichen Gutes sicher keins: Es besteht Rivalität im Konsum gesundheitserhaltender Güter etwa bei der Belegung eines Krankenhausbetts und in der Regel ist der Arztbesuch auch keine Gruppenveranstaltung. Weitere Argumente für Gesundheit als einem besonderen Gut sind:

- Gesundheit „produziert" positive externe Effekte. So führt etwa die erfolgreiche Impfung bei ansteckenden Krankheiten nicht nur zum Erhalt der eigenen Gesundheit, sondern auch dazu, dass andere nicht angesteckt werden können. Dies ist eine Folge des Impfens, von der andere profitieren. Außerdem tragen gesunde Menschen zum Wohlstand einer Gesellschaft bei.
- Ferner wird behauptet, dass künftige Leiden und ihre Konsequenzen aufgrund des zeitlichen Abstands von uns Menschen unterschätzt werden. Damit bleibt eine Bildung hinreichender finanzieller Reserven für künftige Erkrankungen aus. Dem Einzelnen fehlen so in der Zukunft die Mittel, im Erkrankungsfall die Behandlung und Einkommensausfälle zu finanzieren.
- Die Informationen über Krankheiten und deren angemessene, erfolgreiche Behandlung sind ungleich zwischen den Anbietern von Gesundheitsleistungen und den Nachfragern verteilt. Damit fehlt dem Einzelnen insbesondere in Notfallsituationen die so genannte Konsumentensouveränität, die notwendig für unabhängige Entscheidungen ist. Der Einzelne ist damit aufgrund des Informa-

tionsnachteils den Anbietern von Gesundheitsleistungen ausgeliefert, was einen entsprechenden Regulierungsbedarf verursacht.

Diese Argumente werden häufig als Grund für die Einordnung von Gesundheit als einem besonderen Gut angegeben. Die Konsequenz aus dieser Bewertung ist, dass die Versorgung mit Gesundheitsgütern und -dienstleistungen und damit auch die Versorgung mit Arzneimitteln zum Schutz der Mitglieder einer Gesellschaft gesellschaftlich zu regeln ist und nicht allein den Marktkräften überlassen werden darf. Dabei wird jedoch häufig übersehen, dass Regulierungen die menschliche Kreativität dazu anreizen, nach „Schlupflöchern" zu suchen. Der Versuch, diese „Schlupflöcher" dann zu stopfen, führt zu weiteren Regulierungen. Eine so genannte Regulierungsspirale entsteht.

An dieser Stelle kann die Diskussion um den Charakter des Guts „Gesundheit" nicht vertieft werden, es stellt sich allerdings Frage, ob Regulierung anstelle marktlicher Prozesse zu effizienten Lösungen in der Arzneimittelversorgung führt. Denn selbst wenn die Regulierungsmotive akzeptabel wären, heißt dies nicht, dass die Regulierungsergebnisse dies auch sein müssen.

3.2.2
Ziele der Steuerung in der Arzneimittelversorgung

Wenn Gesundheit ein besonderes Gut ist, stellt sich die Frage, mit welchem Ziel in diesem Fall die Arzneimittelversorgung zu regulieren ist. Was sollen die Ergebnisse der Regulierung sein? Allgemein müsste man Regeln erwarten, die der Internalisierung externer Effekte dienen, den Zugang zur Gesundheitsversorgung sichern, Informationsdefizite beheben und die Konsumentensouveränität steigern. Allerdings sieht dies zumindest das Sozialgesetzbuch nicht vor. Im Sozialgesetzbuch werden abstrakt die Ansprüche und Pflichten des gesetzlich Krankenversicherten geregelt. Seine Handlungsmöglichkeiten zur Erhaltung oder Wiedererlangung von Gesundheit werden beschrieben und auf diejenigen beschränkt, die nach § 12 SGB V „... ausreichend, zweckmäßig und wirtschaftlich sind". Ferner dürfen sie „das Maß des Notwendigen nicht überschreiten. Leistungen, die nicht notwendig oder unwirtschaftlich sind, können Versicherte nicht beanspruchen, dürfen die Leistungserbringer nicht bewirken und die Krankenkassen nicht bewilligen." Ausgenommen von diesem Gebot der Wirtschaftlichkeit ist die Leistungserbringung bei lebensbedrohlicher Erkrankung.[73] Hier verlangt das Bundesverfassungsgericht mit dem so genannten Nikolaus-Urteil von den Sozialgerichten zu prüfen, ob es „ernsthafte Hinweise auf einen nicht ganz entfernt liegenden Heilungserfolg oder auch nur auf eine spürbare positive Einwirkung auf den Krankheitsverlauf im konkreten Einzelfall"[74] für diese Behandlung gibt.

Zentrales Element der Paragraphen im SGB V ist die Wirtschaftlichkeit in der Versorgung. Wirtschaftlichkeit heißt aus ökonomischer Sicht, dass die Versor-

---

[73] Vgl. dazu und zu der Einordnung des Lebens als „Höchstwert innerhalb der grundgesetzlichen Ordnung" Bahner, B. (2006), S. 14–17.

[74] Bundesverfassungsgericht (2005).

gungsergebnisse für die Betroffenen besser werden oder dass ein bestimmtes Versorgungsniveau für eine größere Gruppe von Versicherten erreicht werden kann. Je höher die Wirtschaftlichkeit der Versorgung, ökonomisch definiert als Verhältnis der eingesetzten Güter und Dienstleistungen zu den damit erzielten Ergebnissen,[75] umso größer die Chance des Zugangs des Einzelnen zu Versorgungsmöglichkeiten und umso größer die Chance für die Versicherten auf bessere Versorgungsmöglichkeiten. Mithin müsste das Kriterium der Wirtschaftlichkeit entscheidend auch für die Beurteilung von Regulierungsmaßnahmen sein. Die Frage müsste lauten: „Ist die jeweilige Regulierungsmaßnahme geeignet, die Wirtschaftlichkeit in der Gesundheitsversorgung zu verbessern?"

Die Argumente zur Gesundheit als einem besonderen Gut spielen folglich für die Ausgestaltung der Steuerungsinstrumente keine größere Rolle, da sie in den Zielvorstellungen des SGB V nicht mehr auftauchen. Wirtschaftlichkeit wird zum einzigen Zielkriterium für die Gestaltung der Steuerungsinstrumente.

3.2.3 Wer ist der Steuerung in der Gesundheitsversorgung unterworfen?

Eine wirtschaftliche Versorgung mit Arzneimitteln sollte alle Mitglieder einer Gesellschaft erfreuen. Betrachtet man ferner die oben angeschnittene Diskussion zur Gesundheit als einem besonderen Gut, so müsste man davon ausgehen, dass jedes Mitglied unserer Gesellschaft den Regulierungen der Gesundheitsversorgung in gleicher Weise unterworfen ist. Dem ist nicht so. So betreffen die Regulierungen zwingend nur jene Menschen, die aufgrund ihres Einkommens der Versicherungspflicht in der Gesetzlichen Krankenversicherung (GKV) unterliegen. Ab einer bestimmten Einkommenshöhe scheint das Argument von der Gesundheit als einem besonderen Gut nicht mehr zu gelten und Wirtschaftlichkeit in der Versorgung eine freie individuelle Willensentscheidung zu sein. Menschen, die oberhalb der Beitragsbemessungsgrenze verdienen, bedürfen offenbar nicht mehr des Schutzes durch Regulierungen auf der Basis des Sozialgesetzbuches V (SGB V). Oberhalb der Beitragsbemessungsgrenze von monatlich 3.600 Euro für das Jahr 2008 kann man sich diesen Normen freiwillig unterwerfen. Aufgrund dieser Regelung sind etwa 90 % der deutschen Bevölkerung den Auswirkungen der Steuerungsinstrumente im Gesundheitswesen ausgesetzt, während etwa 10 % der Bevölkerung ihre Gesundheitsversorgung privat absichern. Die Wirtschaftlichkeit in der Versorgung ist in den Fällen privater Absicherung damit auch „Privatvergnügen". Wenn im Folgenden die Steuerungsinstrumente dargestellt und diskutiert werden, dann gelten die Aussagen immer nur für die Versorgung der Versicherten in der Gesetzlichen Krankenversicherung (GKV). Darüber hinaus greifen diese Steuerungsinstrumente in der Regel nur im Bereich der ambulanten Versorgung.

---

[75] Vgl. zur Definition von Wirtschaftlichkeit Fricke, F.-U. (2000a), S. 473–474.

3.3 Steuerungsinstrumente im Arzneimittelmarkt

Im Arzneimittelmarkt gibt es zahlreiche Steuerungsinstrumente, die auf die Arzneimittelausgaben wirken. Dabei sind die Wirkungsbeziehungen aufgrund der gegenseitigen Abhängigkeiten dieser Instrumente unklar und mindern die Transparenz des Steuerungssystems insgesamt.[76] Cassel und Wille identifizieren in diesem Zusammenhang 18 Instrumente, die in der nachfolgenden Tabelle 3.1 dargestellt sind, und sprechen von „ausgabenorientierter Überregulierung".[77]

Tabelle 3.1. Ansatzpunkte und Wirkungsebenen der Regulierungsinstrumente der GKV-Arzneimittelversorgung[78]

Ansatzpunkte **Wirkungsebenen**	**Preis / Kosten**	**Kosten und Qualität**	**Wirksamkeit und therapeutische Qualität**
Makroebene: Gesamter GKV-Arzneimittelmarkt, alle Kassen, Leistungserbringer, Hersteller, Apotheken	• Arzneimittelvereinbarungen • Importförderung • Preissenkungen und temporärer Preisstopp • Festlegung von Preisspannen für Apotheken und Großhandel • Zwangsrabattierung • Verbot von Naturalrabatten	• Zielvereinbarungen • GKV-Negativliste	• Nutzenbewertung des Gemeinsamen Bundesausschusses
Mesoebene: Gruppen von Ärzten und Patienten, Kassenarten, einzelne Indikationsgebiete, Arzneimittelgruppen	• Arztgruppenspezifische Richtgrößen • Festbeträge • Bonusregelung für Ärzte		• Arzneimittelrichtlinien • Einschränkung der Verordnungsfähigkeit auf einen Teil der Patienten oder Indikationsgebiete
Mikroebene: Einzelne Ärzte, Patienten, Kassen, Hersteller, Indikationen, Arzneimittel	• Aut-idem-Regelung • Preisvergleichsliste • Bonuszahlungen an Ärzte • Malus-Regelung für Ärzte • Wirtschaftlichkeitsprüfung		• Nutzenbewertung der Ärzte

[76] Vgl. Cassel, D., Wille, E. (2007), S. 25.
[77] Vgl. Cassel, D., Wille, E. (2007), S. 25.
[78] Quelle: Cassel, D., Wille, E. (2007), S. 24.

Sieht man von den Wirkungsebenen der Instrumente ab, dann sind die von Cassel und Wille zusammengetragenen Regulierungsinstrumente nur noch nach ihren Ansatzpunkten geordnet. Die Modifikation ist in Tabelle 3.2 abgebildet.

Tabelle 3.2. Ansatzpunkte der Regulierungsinstrumente der GKV-Arzneimittelversorgung

Preisregulierung	Regulierung des Ausgabenvolumens	Regulierung der Qualität
Aut-idem-Regelung	Negativliste	Arzneimittelrichtlinien
Festbeträge	Arzneimittelvereinbarungen	Zielvereinbarungen
Importförderung	Zielvereinbarungen	Negativliste
Preissenkungen und temporärer Preisstopp	Richtgrößen	Nutzenbewertung
Preisvergleichsliste	Wirtschaftlichkeitsprüfung	
Festlegung von Preisspannen für Apotheken und Großhandel		
Zwangsrabattierung		
Rabattverhandlungen		
Zuzahlungen		
Verbot von Naturalrabatten		

Nachfolgend werden die wichtigsten dieser Regulierungsinstrumente dargestellt.

3.3.1 Preisregulierung

3.3.1.1 Aut-idem-Regelung

Die Aut-idem-Regelung wurde im Rahmen des Gesetzes zur Begrenzung der Arzneimittelausgaben der Gesetzlichen Krankenversicherung (Arzneimittelausgaben-Begrenzungsgesetz – AABG) eingeführt und trat im Februar 2002 in Kraft. Danach sind Apotheken verpflichtet, ein preisgünstigeres Arzneimittel abzugeben, wenn der Arzt ein Arzneimittel nur unter Angabe der Wirkstoffbezeichnung auf dem Rezept verordnet oder den Ersatz des verordneten Arzneimittels durch ein wirkstoffgleiches Arzneimittel nicht ausgeschlossen hat. Wirkstoffgleich im Sinne dieser Regelung ist ein Arzneimittel dann, wenn Wirkstärke und Packungsgröße identisch sind und die Darreichungsform gleich oder austauschbar ist. Außerdem muss das Arzneimittel für den gleichen Indikationsbereich zugelassen sein. Zur Wahl stehen die drei preisgünstigsten Arzneimittel der Substanzgruppe bei einer Wirkstoffverordnung bzw. das verordnete Arzneimittel und die drei preisgünstigsten.

Der verordnende Arzt kann Aut-idem ausschließen, indem er auf dem Rezept in einem dafür vorgesehenen Kästchen ein Kreuz setzt.

Darüber hinaus räumt das GKV-Wettbewerbsstärkungsgesetz den wirkstoffgleichen Arzneimitteln, für die ein Rabattvertrag nach § 130a Abs. 8 SGB V zwischen einer Krankenkasse und einem pharmazeutischen Hersteller besteht, ein „Vorfahrtsrecht" ein. Gibt es keinen Rabattvertrag, muss die Apotheke eines der drei jeweils preisgünstigsten Arzneimittel abgeben.

Aut-idem ist grundsätzlich in § 129 Abs. 1 Nr. 1 SGB V, Einzelheiten der Aut-idem-Regelung sind darüber hinaus im Rahmenvertrag zwischen den GKV-Spitzenverbänden und dem Deutschen Apothekerverband (DAV) nach § 129 Abs. 2 SGB V geregelt. Diese spezifische Regelung ergänzt die generelle Verpflichtung der Apotheken zur wirtschaftlichen Versorgung der Versicherten mit Arzneimitteln, wie sie sich aus den §§ 12 und 70 SGB V ergibt.

Die Aut-idem-Regelung hat bei Einführung im Jahr 2002 zu erheblicher Kritik von verschiedenen Seiten geführt. Gegen die Regelung wurde eingewandt, dass sie für bestimmte Substanzgruppen grundsätzlich nicht anwendbar und medizinisch problematisch sei, weil sie die Patienten hohen Risiken aussetzte. Genannt wurden beispielhaft für diese Substanzgruppen unter anderem Betäubungsmittel, Impfstoffe und allgemein Arzneimittel mit geringer therapeutischer Breite.[79] Darüber hinaus wurde vor den Folgen für die Therapietreue (Compliance) der Patienten gewarnt und die ökonomische Vorteilhaftigkeit der Regelung mit Blick auf etwaige Kosten, die mit einer Umstellung von Patienten verbunden sind, kritisch diskutiert.[80] Inzwischen ist die Diskussion weitgehend abgeebbt. Allenfalls die Therapietreue der Patienten wird immer wieder mal thematisiert.

3.3.1.2 Festbeträge

Festbeträge[81] nach § 35 SGB V sind Erstattungshöchstbeträge für erstattungsfähige Arzneimittel in der GKV. Festbetragsgruppen werden vom Gemeinsamen Bundesausschuss gebildet. In den Festbetragsgruppen sind

- Präparate mit denselben Wirkstoffen (Stufe 1),
- Präparate mit pharmakologisch-therapeutisch vergleichbaren Wirkstoffen (Stufe 2) und
- Präparate mit therapeutisch vergleichbarer Wirkung (Stufe 3) enthalten.

Ausgenommen von dieser Regelung sind patentgeschützte Arzneimittel, deren Wirkungsweise neuartig ist oder die eine therapeutische Verbesserung, auch wegen geringerer Nebenwirkungen, bedeuten.[82] Allerdings kann auch für Arzneimittel mit patentgeschützten Wirkstoffen eine Festbetragsgruppe gebildet und ein Festbetrag festgesetzt werden, wenn eine Gruppe mit mindestens drei patentgeschützten Arzneimitteln gebildet werden kann und nur patentgeschützte Arz-

---

[79] Vgl. hierzu im Einzelnen die Stellungnahme des BPI vom 22. Februar 2002 sowie die DPhG-Leitlinie „Gute Substitutionspraxis" vom 5. März 2002 (Blume, H. u. a. (2002)).

[80] Vgl. dazu zum Beispiel Fricke, F.-U. u. a. (2002).

[81] Vgl. zu Festbeträgen auch das Kap. B 5 in diesem Buch.

[82] § 35 Abs. 1 Satz 3 SGB V.

neimittel in der Gruppe sind.[83] Damit ist grundsätzlich die Möglichkeit entstanden, auch Festbetragsgruppen zu bilden, die patentgeschützte ebenso wie patentfreie Arzneimittel enthalten. Dies führt für neue, patentgeschützte Arzneimittel, für die der Gemeinsame Bundesausschuss das Vorliegen der oben genannten Ausnahmebedingungen bestreitet, zu erheblichem Preisdruck aufgrund der meist erheblich geringeren Preise der anderen, teilweise nicht patent-geschützten Arzneimittel. Wird trotz der Festbetragsgruppenbildung ein Preis oberhalb des Festbetrags festgesetzt, verschlechtern sich die Vermarktungschancen für das neue, patentgeschützte Produkt meist erheblich.

Im Gegensatz zur Bildung der Arzneimittelgruppen durch den Gemeinsamen Bundesausschuss obliegt die Festsetzung der Festbeträge allein den Spitzenverbänden der Gesetzlichen Krankenversicherung (GKV). Die Festsetzung der Festbeträge soll nach § 35 Abs. 5 SGB V eine ausreichende, zweckmäßige und wirtschaftliche sowie in der Qualität gesicherte Versorgung gewährleisten. Wirtschaftlichkeitsreserven sollen ausgeschöpft, Preiswettbewerb ausgelöst und eine für die Therapie hinreichende Arzneimittelauswahl sichergestellt werden. Die Festbeträge sollen den höchsten Abgabepreis des unteren Drittels des Intervalls zwischen dem niedrigsten und dem höchsten Preis einer Standardpackung nicht übersteigen. Die Standardpackung ist die am häufigsten verordnete Packung. Eine Reihe weiterer Anforderungen im § 35 SGB V soll die Marktversorgung sicherstellen. Festbeträge sind einmal jährlich zu überprüfen.

Können Festbeträge der Steigerung der Wirtschaftlichkeit in der Gesundheitsversorgung dienen? Festbeträge beeinflussen den Preiswettbewerb insbesondere bei patentfreien Substanzen, aber auch bei patentierten Substanzen, sofern patentfreie Substanzen, die dem Festbetragssystem unterliegen, als therapeutische Alternativen in Frage kommen. Da in die Preisbildung von Arzneimitteln nicht direkt eingegriffen wird, sondern lediglich Einfluss auf die Erstattungshöhe für das jeweilige Präparat ausgeübt wird, wird der Produktionsprozess von Gesundheit nicht direkt berührt. Allerdings mindert das Festbetragssystem auch Unsicherheit über das Verhalten von Wettbewerbern, so dass der Festbetrag als Preissignal verstanden werden kann und möglicherweise weitergehende Preissenkungen verhindert.

3.3.1.3 Importförderung

Die Förderung der Abgabe von Parallelimporten erfolgt über den § 129 SGB V und in Verbindung mit dem Rahmenvertrag zwischen den Spitzenverbänden der GKV und dem deutschen Apothekerverband. Danach sind Apotheken zur Abgabe auch von preisgünstigen namensgleichen importierten Arzneimitteln verpflichtet. Preisgünstig nach dem Verständnis der Vertragspartner heißt, dass der Apothekenabgabepreis des importierten Arzneimittels mindestens 15 % oder mindestens 15 Euro unter dem des inländischen Arzneimittels liegt.

Kann die Förderung von Parallelimporten der Steigerung der Wirtschaftlichkeit in der Gesundheitsversorgung dienen? Parallelimporte beeinflussen den Preiswettbewerb insbesondere bei patentierten Substanzen. Der Gesetzgeber unternimmt

[83] § 35 Abs. 1a SGB V.

hier den Versuch, Preisdifferenzen bei einzelnen Arzneimitteln zwischen den verschiedenen Ländern, in denen diese Produkte auf dem Markt sind, zu nutzen. Die Wirkung dieses Instruments hängt stark von den nationalen Systemen zur Preisbildung und Erstattung von Arzneimittelausgaben und dem Verhalten der Apotheker und der pharmazeutischen Unternehmen in der internationalen Preisbildung ab.

Da in die Preisbildung von Arzneimitteln nicht direkt eingegriffen wird, sondern lediglich der Wettbewerbsraum vergrößert wird, sofern die Apotheken ihrer Abgabeverpflichtung nachkommen, kann dieses Instrument die Wirtschaftlichkeit in der Gesundheitsversorgung steigern. Die langfristigen Effekte auf die Innovationsanreize und die Geschwindigkeit in der Ausbreitung des medizinisch-pharmakologischen Fortschritts bleiben hier jedoch ausdrücklich unberücksichtigt.[84]

Wie wirken sich Parallelimporte auf Absatz und Umsatz von Arzneimitteln aus? Aus Sicht der inländischen Vertriebsgesellschaft umsatzmindernd, aus Sicht der Muttergesellschaft könnten sich Umsatzsteigerungen ergeben. Von den Vertriebsanstrengungen der Außendienstmitarbeiter der Unternehmen im Inland profitieren Tochtergesellschaften des Unternehmens oder einer gemeinsamen Muttergesellschaft im Ausland. Es entsteht ein Druck auf die inländische Preispolitik des Unternehmens. Aber auch die Konditionenpolitik etwa im Krankenhausgeschäft wird durch die Erweiterung des Wettbewerbsraumes beschränkt. Die Unternehmen versuchen hier gegenzusteuern, indem die Preisdifferenzierung insbesondere bei Neueinführungen in den verschiedenen Märkten nicht allzu groß ausfällt. Es werden Preisbänder für die Gruppe der Länder mit Handelsbeziehungen definiert, innerhalb derer der Anreiz zu Handel aufgrund der damit verbundenen Transaktionskosten gering geschätzt wird. Sofern die Preispolitik für Krankenhäuser in das jeweilige Preisband einbezogen wird, kann das Ausmaß des Handels beschränkt werden.

3.3.1.4
Preissenkungen und temporärer Preisstopp

Preissenkungen und Preisstopps waren in der Vergangenheit immer wieder in der Diskussion zur Kostendämpfung in der Gesetzlichen Krankenversicherung. So wurde im Jahr 2002 im Rahmen des Gesetzgebungsprozesses zum „Arzneimittelausgaben-Begrenzungsgesetz" vom 16. Februar 2002 eine 4 %-ige Preissenkung sowie ein Preismoratorium in den Jahren 2002 und 2003 für nicht der Festbetragsregelung unterliegende verschreibungspflichtige Arzneimittel diskutiert. Das damit verbundene Einsparvolumen wurde damals auf insgesamt etwa 960 Mio. DM geschätzt. Der Verband der forschenden Arzneimittelhersteller (VFA) konnte damals den Markteingriff mit einer Einmalzahlung von 400 Mio. DM verhindern.

Im zweiten Anlauf gelang es jedoch dem Gesetzgeber, die Arzneimittelpreise für den Zeitraum von zwei Jahren „einzufrieren": Mit Inkrafttreten des Arzneimittelversorgungs-Wirtschaftlichkeitsgesetzes (AVWG) am 1. Mai 2006 wurden die Preise für alle Arzneimittel, die zu Lasten der gesetzlichen Krankenversicherung

[84] Vgl. Danzon, P. M. (1998).

verordnet werden, eingefroren. Der Preisstopp bezieht sich auf den Herstellerabgabepreis ohne Mehrwertsteuer.

Staatlich verordnete Preissenkungen und Preisstopps sind mit einem marktwirtschaftlichen System grundsätzlich nicht vereinbar. Darüber hinaus wirken solche Eingriffe nicht nur auf die Gesundheitsversorgung, indem sie kurzfristig die Ausgaben für Arzneimittel begrenzen, sondern darüber hinaus auch auf die Entwicklung der pharmazeutischen Unternehmen und deren Wirtschaftsaktivität. Die Standortattraktivität sinkt und der Anreiz zu Forschung und Entwicklung ebenfalls, so dass mittelfristig mit einem Nachlassen der Innovationsaktivität gerechnet werden muss. Außerdem reizen die künstlich niedrig gehaltenen Preise für den Faktor „Arzneimittel“ zu einer Mengenausweitung, so dass der billigere Faktor relativ häufiger eingesetzt wird. Damit könnte eine Ausgabensteigerung verbunden sein, da die Ausgabensenkung durch den Preisstopp mehr als ausgeglichen werden könnte durch die Ausweitung der eingesetzten Arzneimittelmenge. Insofern sind staatlich verordnete Preissenkungen und Preisstopps eher untaugliche Mittel zur Kostendämpfung im Gesundheitswesen.

3.3.1.5 Preisvergleichsliste

Die Preisvergleichsliste ist eine Liste nach § 92 Abs. 2 SGB V, die dem Arzt den Preisvergleich und die Auswahl therapiegerechter Verordnungsmengen ermöglichen soll. Dabei sind Festbeträge zu berücksichtigen. Die Zusammenstellung der Arzneimittel ist nach Indikationsgebieten und Stoffgruppen gegliedert. Für die einzelnen Indikationsgebiete können die Arzneimittel in folgenden Gruppen zusammengefasst werden:

1. Mittel, die allgemein zur Behandlung geeignet sind,
2. Mittel, die nur bei einem Teil der Patienten oder in besonderen Fällen zur Behandlung geeignet sind,
3. Mittel, bei deren Verordnung wegen bekannter Risiken oder zweifelhafter therapeutischer Zweckmäßigkeit besondere Aufmerksamkeit geboten ist.

Der Vertragsarzt soll bei der Verordnung von Arzneimitteln im Rahmen der Wirtschaftlichkeit auch den Preis des Arzneimittels berücksichtigen. Dies bedeutet nicht, dass nur preisgünstige Arzneimittel verordnet werden dürfen. Auch teure Arzneimittel können nach ärztlichem Ermessen mit Blick auf die Art der Erkrankung und die Umstände des Krankheitsfalls erforderlich sein. Andererseits soll der Vertragsarzt auch unterhalb von Festbeträgen Preisvergleiche vornehmen. Die nach § 92 Abs. 2 SGB V vorgeschriebene Zusammenstellung von Arzneimitteln erfolgt auf der Basis eines Musters der „Preisvergleichsliste“ mit Vorbemerkungen und Grundsätzen für deren Aufstellung. Das Muster beschließt der Gemeinsame Bundesausschuss.

Damit der Vertragsarzt therapie- und preisgerecht Arzneimittel auswählen kann, sind in der Preisvergleichsliste zu den einzelnen Indikationsgebieten Hinweise aufzunehmen, mit denen die Wirtschaftlichkeit der Verordnung beurteilt werden kann. Darunter versteht der Gesetzgeber eine Darstellung des therapeutischen Nutzens auch im Verhältnis zum jeweiligen Apothekenabgabepreis unter Berücksichtigung von Zwangsrabatten[85].

Preisvergleichslisten sind grundsätzlich nicht Sache des Gesetzgebers bzw. seiner „Erfüllungsgehilfen". Auf der anderen Seite können Preisvergleichslisten die Transparenz bei der Auswahl von zu verordnenden Arzneimitteln steigern und die Informationskosten für den verordnenden Vertragsarzt senken. Die gleichzeitige Bewertung unter Nutzenaspekten ist ebenfalls unschädlich, solange daran keine Konsequenzen für den Verordner gekoppelt sind, falls er zu einer anderen Nutzenbewertung bzw. Wirtschaftlichkeitsbewertung kommt. In diesem Fall jedoch wird die Preisvergleichsliste im Rahmen der Wirtschaftlichkeitsprüfung zur Beurteilung der Wirtschaftlichkeit des Verordnungsverhaltens des niedergelasssenen Vertragsarztes herangezogen werden (§ 106 Abs. 2a SGB V).

3.3.1.6
Festlegung von Preisspannen für Apotheken und Großhandel

Preisspannen für Apotheken und Großhandel werden ausführlich im Beitrag C 1 in diesem Buch behandelt, so dass an dieser Stelle keine weiteren Ausführungen erfolgen. Lediglich zur vollständigen Darstellung der Regulierungsinstrumente im deutschen Gesundheitswesen sind die Preisspannen hier aufgeführt.

3.3.1.7
Zwangsrabatte

Zwangsrabatte sind in der Gesetzlichen Krankenversicherung seit langem eingeführte Instrumente der Kostendämpfung und grundsätzlich geregelt im § 130 SGB V. Je nach Bedarfslage werden Apotheken, Großhändler und pharmazeutische Hersteller zur Rabattgewährung gezwungen. Das Argument des Gesetzgebers bzw. des Gesundheitsministeriums zur Rechtfertigung lautet dabei: Die Gesetzliche Krankenversicherung ist ein Großkunde und Großkunden gibt man Rabatt.[86]

Für Apotheken galt bis Ende des Jahres 1988 ein Zwangsrabatt von fünf Prozent (§ 376 Abs 1 Satz 1 RVO).[87] Dieser Rabatt wurde im Gesetz zur Strukturreform im Gesundheitswesen (GRG) vom 20. Dezember 1988 übernommen und behielt seine Gültigkeit bis zum Ende des Jahres 2001. Im Jahr 2002 galten sechs Prozent aufgrund des Arzneimittelausgaben-Begrenzungsgesetzes (AABG) und im Jahr 2003 galten aufgrund des Beitragssatzsicherungsgesetz (BSSichG) zwischen sechs und zehn Prozent abhängig vom Apothekenverkaufspreis des Arzneimittels.

Mit der Gesundheitsreform 2004 wurde der Apothekenrabatt auf zwei Euro je Packung für verschreibungspflichtige Arzneimittel und für nicht verschreibungspflichtige Arzneimittel auf fünf Prozent des Apothekenabgabepreises festgesetzt. Seit dem GKV-Wettbewerbsstärkungsgesetz im Jahr 2007 beträgt der Apotheken-

[85] Vgl. dazu Kap. 3.3.1.7.
[86] Vgl. dazu http://www.die-gesundheitsreform.de/glossar/apothekenrabatt.html.
[87] Vgl. zur Entwicklung des Apothekenrabatts auch das Urteil des BSG vom 1. September 2005 Az: B 3 KR 34/04 R, II.

rabatt für verschreibungspflichtige Arzneimittel 2,30 Euro je Packung. Der Apothekenrabatt für nicht verschreibungspflichtige aber erstattungsfähige Arzneimittel hat sich nicht geändert.

Für Hersteller gelten Zwangsrabatte seit dem Beitragssatzsicherungsgesetz im Jahr 2003. Mit dem neu eingeführten § 130a SGB V wurde ein Rabatt in der Höhe von 6 % auf den Herstellerabgabepreis festgelegt. Der Rabatt galt nicht für Arzneimittel unter Festbetrag bzw. Arzneimittel, die unter die Aut-idem-Regelung fallen. Dieser Rabatt wurde für die Jahre 2003 und 2004 um etwaige Preiserhöhungen der Herstellerabgabepreise noch erhöht.

Mit dem Gesundheitssystemmodernisierungsgesetz (GMG) im Jahr 2004 wurde der Herstellerrabatt für ein Jahr auf 16 % für nicht-festbetragsgeregelte, verschreibungspflichtige Präparate erhöht. Die aktuell gültigen Zwangsrabatte sind mit dem Arzneimittelversorgungs-Wirtschaftlichkeitsgesetz (AVWG) im Jahr 2006 eingeführt worden. Danach unterliegen die pharmazeutischen Hersteller bei nichtfestbetragsgeregelten Arzneimitteln einem Zwangsrabatt von 6 % auf den Herstellerabgabepreis. Dieser Rabatt erhöht sich für generikafähige Arzneimittel mit gleichen Inhaltsstoffen, die von mehreren Unternehmen angeboten werden, auf 10 %. Ist ein Arzneimittel generikafähig und nicht festbetragsgeregelt, steigt der Zwangsrabatt auf 16 %. Generikafähig sind alle Generika und Arzneimittel, deren Patent abgelaufen ist. Davon sind Arzneimittel ausgenommen, deren Preis 30 % unter Festbetrag liegt.

Auch Großhändler leisteten Zwangsrabatte. Für sie ist im Rahmen des Beitragssatzsicherungsgesetzes im Artikel 11 ein „Gesetz zur Einführung von Abschlägen der pharmazeutischen Großhändler“ eingeführt worden. Danach leisten Großhändler auf verschreibungspflichtige Präparate einen Rabatt von 3 %. Dieses Gesetz ist im Rahmen des Gesundheitssystemmodernisierungsgesetzes Artikel 19 wieder aufgehoben worden.

Ein System von administrierten Zwangsrabatten kann zwar zu hohen Einsparungen führen, dem steht aber zumindest ein hoher legislativer Aufwand gegenüber, wie die obige Darstellung zeigt. Ausgabensenkungen in der Gesetzlichen Krankenversicherung wären möglicherweise einfacher zu erreichen gewesen, indem frühzeitig Rabattverhandlungen gesetzgeberisch angereizt worden wären, wie das dann auch mit dem GKV-Wettbewerbsstärkungsgesetz im Jahr 2007 geschehen ist. Die Möglichkeit zu Rabattverhandlungen ist im SGB V schon länger gegeben. Aktiv geworden sind Unternehmen und Krankenkassen bis auf Ausnahmen erst im Jahr 2007. Dann ging es allerdings schnell. So waren bereits im Dezember 2007 etwa 27 % des GKV-Markts und 38 % des generikafähigen Markts unter Rabattvertrag. Allein für das Jahr 2007 wird die Rabattbelastung der Hersteller aus Rabattverhandlungen und damit die Einsparung der Gesetzlichen Krankenversicherung auf 140 Mio. Euro geschätzt.[88]

[88] Vgl. dazu IMS Health (2008).

3.3.1.8
Rabattverhandlungen

Rabattverhandlungen zwischen Krankenkassen und pharmazeutischen Herstellern werden ausführlich im Beitrag B 5 in diesem Buch behandelt, so dass an dieser Stelle keine weiteren Ausführungen erfolgen. Lediglich zur vollständigen Darstellung der Regulierungsinstrumente im deutschen Gesundheitswesen sind die Rabattverhandlungen nach § 130a Abs. 8 SGB V hier aufgeführt. Grundsätzlich bleibt noch anzumerken, dass Rabattverhandlungen normale Vorgänge in Marktwirtschaften sind. Erst wenn die Verhandlungsmacht zwischen den Beteiligten ungleich verteilt ist und missbraucht werden kann, ist der Gesetzgeber mit einer entsprechenden Gestaltung des Ordnungsrahmens gefordert. In der Bundesrepublik Deutschland sind dafür grundsätzlich die Kartellgerichte zuständig. Für Rabattverhandlungen nach § 130a Abs. 8 SBG V hat der Gesetzgeber § 130a Abs. 9 SBG V die Sozialgerichtsbarkeit bestimmt.

3.3.1.9
Zuzahlungen

Seit dem Inkrafttreten des GKV-Modernisierungsgesetzes gilt für Arzneimittel generell, dass jeder Versicherte ab Vollendung des 18. Lebensjahrs eine Zuzahlung von 10 % je verordnete Packung, mindestens 5 Euro und höchstens 10 Euro, zu leisten hat (§ 31 Abs. 3 SGB V in Verbindung mit § 61 SGB V). Die Krankenkassen können die Zuzahlung erlassen, wenn der Apothekeneinkaufspreis eines Arzneimittels einschließlich Mehrwertsteuer mindestens 30 % niedriger als der jeweils gültige Festbetrag ist. Ferner kann eine Krankenkasse für Arzneimittel, zu denen sie Rabattverträge mit einem pharmazeutischen Hersteller geschlossen hat, die Zuzahlung für die rabattierten Arzneimittel ermäßigen oder ganz aufheben, wenn daraus Einsparungen zu erwarten sind.

3.3.1.10
Verbot von Naturalrabatten

Die Abgabe kostenloser Arzneimittelpackungen an Apotheken wird als Naturalrabatt bezeichnet. Mit dem Arzneimittelversorgungs-Wirtschaftlichkeitsgesetz (AVWG Artikel 2) hat der Gesetzgeber im Jahr 2006 die Abgabe von Naturalrabatten nach § 7 Abs. 1 Heilmittelwerbegesetz (HWG) untersagt. Darin sind auch Krankenhausapotheken eingeschlossen. Gleichzeitig hat der Gesetzgeber den Zwangsrabatt auf den Herstellerabgabepreis für generikafähige Arzneimittel auf 10 % erhöht. Das Verbot gilt auch für Krankenhausapotheken. Hierdurch will der Gesetzgeber verhindern, dass im Krankenhaus kostenlos gelieferte hochpreisige Arzneimittel für die Einstellung von Patienten genutzt werden, die dann im niedergelassenen Bereich weiterverordnet werden und zu hohen Folgeausgaben führen.

3.3.2 Regulierung des Ausgabenvolumens

3.3.2.1 Verordnungsausschlüsse und Negativlisten

In der Gesetzlichen Krankenversicherung gibt es eine Reihe von Arzneimitteln, die von der Verordnung zu Lasten der Gesetzlichen Krankenversicherung ausgeschlossen sind.[89] So sind seit 1983 für erwachsene Versicherte

- Mittel bei Erkältungskrankheiten und grippalen Infekten
- Mund- und Rachentherapeutika
- Abführmittel
- Mittel gegen Reisekrankheiten

von der Erstattung ausgeschlossen (§ 34 Absatz 1 SGB V). Außerdem sind Arzneimittel von der Erstattung ausgeschlossen, die der Vorbeugung von Erkrankungen dienen, ohne dass Risikofaktoren erkennbar sind. Präparate zur Schwangerschaftsverhütung sind für Frauen ab dem 20. Lebensjahr ebenfalls nicht erstattungsfähig.

Mit dem GKV-Modernisierungsgesetz wurden im Jahr 2004 nicht-verschreibungspflichtige Arzneimittel von der Verordnung zu Lasten der Gesetzlichen Krankenversicherung ausgeschlossen (§ 34 Abs. 1 SGB V). Ausgenommen von diesem Ausschluss wurden nicht-verschreibungspflichtige Arzneimittel (OTC), die bei der Behandlung schwerwiegender Erkrankungen als Therapiestandard gelten. Diese Ausnahmen muss der Gemeinsame Bundesausschuss festlegen. Macht der niedergelassene Vertragsarzt von der Ausnahme Gebrauch, muss er die Verordnung begründen.

Mit dem gleichen Gesetz im Jahr 2004 wurden Arzneimittel von der Verordnung ausgeschlossen, bei deren Anwendung der Gesetzgeber vermutet, dass sie die Lebensqualität erhöhen sollen (§ 34 Abs. 1 SGB V). Ausgeschlossen worden sind insbesondere Arzneimittel zur Behandlung der erektilen Dysfunktion, zur Potenzsteigerung, zur Raucherentwöhnung, zur Gewichtsreduktion oder zur Verbesserung des Haarwuchses.

Grundsätzlich ist in der Gesetzlichen Krankenversicherung die Verordnung von Arzneimitteln außerhalb der zugelassenen Indikation nur sehr eingeschränkt möglich (§ 31 Abs. 1 SGB V). Die Zulässigkeit solcher Verordnungen ist in den Arzneimittelrichtlinien Abschn. H geregelt. Maßgebend für den off-label-use sind die Anlagen 9A und 9B der Arzneimittelrichtlinien.

Seit 1990 sind in einer Negativliste so genannte unwirtschaftliche Arzneimittel unabhängig von der Verschreibungspflicht von der Erstattung ausgeschlossen. Unwirtschaftlichkeit wird vom Gesetzgeber dann angenommen, wenn das Arzneimittel:

---

89 Vgl. Marx, P. (2000).

- für das Therapieziel nicht erforderliche Bestandteile enthält,
- die Wirkung der Bestandteile wegen der Vielzahl der enthaltenen Wirkstoffe nicht mit ausreichender Sicherheit beurteilt werden kann,
- der therapeutische Nutzen der Bestandteile bzw. ihrer Kombination nicht nachgewiesen werden kann.

Die „negativ" gelisteten Wirkstoffe und ihre Kombinationen sind per Rechtsverordnung veröffentlicht. Es sind etwa 2.500 Arzneimittel. Auch Negativlisten beschränken die Einsatzfaktoren in der Gesundheitsversorgung gesetzlich Krankenversicherter. Gleichzeitig ist das Ausmaß der Beschränkung bei Negativlisten kleiner als bei Positivlisten, da Neuerungen zunächst erstattungsfähig sind und erst durch Aufnahme auf der Negativliste im Einsatz beschränkt werden.

Problematisch an Negativlisten ist der Kriterienkatalog, der für ein Arzneimittel zum Ausschluss aus der Verordnungsfähigkeit für gesetzlich Krankenversicherte führt. So ist aus ökonomischer Sicht kaum einzusehen, warum die Anzahl der enthaltenen Bestandteile relevant sein soll. Vielmehr lassen sich für bestimmte fixe Kombinationen gute Gründe finden wie etwa die Therapietreue oder auch Compliance der Patienten, die langfristig eher zur Steigerung der Wirtschaftlichkeit in der Gesundheitsversorgung führt. Die genannten Kriterien für Unwirtschaftlichkeit, die der Gesetzgeber nutzt, mögen aus pharmakologischer Sicht gute Gründe für den Verzicht auf fixe Kombinationen sein, aus ökonomischer Sicht zählt das Ergebnis im Versorgungsalltag.

Wie wirkt sich eine Negativliste auf Absatz und Umsatz von Arzneimitteln aus? Arzneimittel, die auf der Liste enthalten sind, werden von der Gesetzlichen Krankenversicherung nicht erstattet. Damit fehlt diesen Arzneimitteln das größte Marktsegment (90 %) im deutschen Gesundheitsmarkt, da die Bereitschaft zur Verordnung und anschließendem Kauf dieser Produkte bei Vertragsärzten und gesetzlich krankenversicherten Patienten gering eingeschätzt werden darf. Absatz und Umsatz gelisteter Produkte dürfte damit relativ gering ausfallen. Für diese Produkte wurde in der Vergangenheit häufig die „Entlassung" aus der Verschreibungspflicht angestrebt, um einer größeren Zielgruppe gegenüber werben zu dürfen und so Absatz- und Umsatzverluste ausgleichen zu können. Insofern ist der Wegfall der Verordnungsfähigkeit nicht-verschreibungspflichtiger Präparate mit dem GKV-Modernisierungsgesetz nur konsequent. Mit Blick auf diese Ausführungen haben Negativlisten damit nicht nur Auswirkungen auf das Ausgabenvolumen sondern auch auf die Qualität der Versorgung. Insofern könnte man das Instrument auch unter das Kapitel zur Regulierung der Qualität fassen.

3.3.2.2 Arzneimittelvereinbarungen und Zielvereinbarungen

Mit dem Gesetz zur Ablösung des Arznei- und Heilmittelbudgets (Arzneimittelbudget-Ablösungsgesetz – ABAG) aus dem Jahr 2001 wurde das kollektive Arzneimittelbudget und der Kollektivregress zugunsten von Arzneimittelvereinbarungen auf der Ebene der einzelnen Kassenärztlichen Vereinigungen, die neben einem Ausgabenvolumen konkrete Zielvereinbarungen enthalten, abgelöst.

Arzneimittelbudgets bildeten seit 1993 die Obergrenze für die Ausgaben für Arzneimittel (§ 84 Sozialgesetzbuch V). Das jährliche, aggregierte Budgetvolumen liegt heute bei etwa 26 Mrd. Euro. Die Ausgabenvolumina werden regional auf der Ebene der Kassenärztlichen Vereinigungen (KV) verhandelt. Diese Verhandlungen müssen jeweils zum 30.11. eines Jahres abgeschlossen sein. Das Gesamtvolumen entsteht erst aus der Zusammenfassung. Nach dem Willen des Gesetzgebers sind die Budgets regelmäßig anzupassen. Anpassungskriterien sind

- Veränderungen der Zahl und der Altersstruktur der Versicherten,
- Veränderung der Preise der Arznei-, Verband- und Heilmittel,
- Veränderungen der gesetzlichen Leistungspflicht der Krankenkassen und
- bestehende Wirtschaftlichkeitsreserven und Innovationen.
- Änderungen der Richtlinien des Bundesausschusses nach § 92 Abs. 1 Nr. 6 SGB V
- Veränderungen der sonstigen indikationsbezogenen Notwendigkeit und Qualität bei der Arzneimittelverordnung entsprechend den Zielvereinbarungen
- Veränderungen des Verordnungsumfangs von Arznei- und Verbandmitteln aufgrund von Verlagerungen zwischen den Leistungsbereichen

Neben den Ausgabenvolumina sind die Zielvereinbarungen wichtiger Bestandteil der Arzneimittelvereinbarungen nach § 84 SGB V. Die Spitzenverbände der Gesetzlichen Krankenversicherung auf der Landesebene vereinbaren mit den jeweiligen Kassenärztlichen Vereinigungen Ziele und Vorgehensweise zur Bewältigung von Zielabweichungen. Typische Ziele sind Zielquoten zur Verordnung von Generika, zur Verordnung von Importarzneimitteln und zur Verordnung von Me-too-Produkten. Abweichungen von Zielvereinbarungen im Arznei- und Heilmittelbereich können auf die Gesamthonorare der niedergelassenen Vertragsärzte positiv wie negativ wirken.

Können Arzneimittelbudgets oder Ausgabenvolumina der Steigerung der Wirtschaftlichkeit in der Gesundheitsversorgung dienen? Zunächst ist festzustellen, dass grundsätzlich die Produktion von Gesundheit ein Produktionsprozess ist, für den nach effizienten Lösungen gesucht wird. In diesem Produktionsprozess sind Arzneimittel nur ein Einsatzfaktor. Weitere Einsatzfaktoren sind ärztliche Leistungen in der niedergelassenen Praxis, ärztliche Leistungen im Krankenhaus, medizintechnische Leistungen oder auch Heil- und Hilfsmittel. Der Produktionsprozess für Gesundheit stellt sich schematisch vereinfacht wie folgt dar:

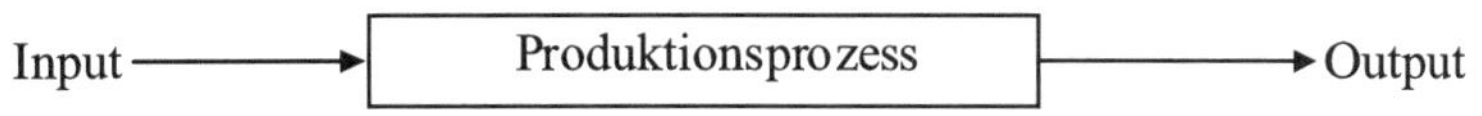

Als Input kann man die Menge der eingesetzten Gesundheitsgüter und -dienstleistungen bezeichnen. Der Output ist Gesundheit oder Verbesserung des Gesundheitszustands und kann in verschiedener Weise gemessen werden. Verbesserungen der Effizienz beziehen sich nun sowohl auf die möglichen einsetzbaren Gesundheitsgüter und -dienstleistungen als auch auf die Kombination dieser Einsatzfaktoren im Produktionsprozess.

Durch Arzneimittelbudgets kombiniert mit Zielvereinbarungen werden Menge, Qualität und Kombinierbarkeit der Einsatzfaktoren im Produktionsprozess beeinflusst. Die Bemühungen um Effizienzsteigerungen durch veränderte Faktorkombination sind begrenzt durch die Höhe des Arzneimittelbudgets. Damit können diese kaum zur Steigerung der Wirtschaftlichkeit in der Gesundheitsversorgung beitragen. Vielmehr ist zu erwarten, dass die starre Obergrenze für einen Einsatzfaktor und die Fixierung auf bestimmte Einsatzfaktorqualitäten (Produktimitationen, Importe, Verzicht auf Substanzweiterentwicklungen) zu Verschwendung im Produktionsprozess führen. Folgende Konsequenzen eines Arzneimittelbudgets kombiniert mit Zielvereinbarungen sind zu erwarten, wenn das Einsatzverhältnis der Faktoren untereinander in der Ausgangssituation optimal zur Erlangung eines bestimmten Ergebnisses war:

- Bei notwendig höherer Produktion von Gesundheit müssen andere Produktionsfaktoren zur Erzielung eines höheren Ergebnisses stärker eingesetzt werden. Das Faktoreinsatzverhältnis wird suboptimal.
- Bei Festlegung der Obergrenze unterhalb eines optimalen Einsatzverhältnisses der Faktoren untereinander müssen andere Produktionsfaktoren zur Erzielung eines vorgegebenen Ergebnisses stärker eingesetzt werden.
- Die Beteiligten im Produktionsprozess entwickeln Umgehungsstrategien, um nicht die Obergrenze zu erreichen oder zu überschreiten.
- Mit einer Verschlechterung der Ergebnisse der Produktion ist zu rechnen, sofern nicht durch andere Maßnahmen die Ergebnisqualität sichergestellt werden kann.

Leider lassen sich diese Effekte nicht systematisch beobachten. Allerdings gibt es Indizien für Umgehungsverhalten nach Einführung eines Budgets bzw. für den stärkeren Einsatz anderer Produktionsfaktoren nach Einführung eines Budgets.[90] Unter produktionstheoretischen Aspekten können Arzneimittelbudgets und Zielvereinbarungen kaum zu den Instrumenten gezählt werden, die die Wirtschaftlichkeit der Gesundheitsversorgung verbessern können.

Welche Wirkungen gehen von Arzneimittelbudgets und Zielvereinbarungen auf Absatz und Umsatz von Arzneimitteln aus? Zunächst ist damit zu rechnen, dass das individuelle Faktoreinsatzverhalten beeinflusst wird. Arzneimittelverordnungen werden voraussichtlich zu Beginn eines Budgetzeitraums weniger restriktiv erfolgen als zum Ende. Ferner entsteht ein Anreiz, ein bestimmtes Spektrum von Präparaten einzusetzen, auch wenn damit Ergebnisveränderungen beim Patienten einhergehen können. Die Ausbreitung des Einsatzes von neuen, in der Regel teureren Produkten verzögert sich. Der Prozess der Marktpenetration verlangsamt sich. Der Preis als ein Wettbewerbsparameter im Arzneimittelmarkt bekommt ein stärkeres Gewicht. Andere Wettbewerbsparameter wie etwa die Wirksamkeit oder das Nebenwirkungsprofil eines Präparates verlieren an Bedeutung.

Mit Blick auf diese Ausführungen haben Zielvereinbarungen auch Auswirkungen auf die Qualität der Versorgung. Insofern könnte man das Instrument auch unter das Kapitel zur Regulierung der Qualität (3.3.3) fassen.

---

90 Vgl. Schöffski, O. (1996).

3.3.2.4 Wirtschaftlichkeitsprüfung und Richtgrößen

Für Wirtschaftlichkeitsprüfungen nach § 106 SGB V können die zu Prüfenden unterschiedlich ausgewählt werden und in den Prüfungen können unterschiedliche Prüfmaßstäbe angelegt werden. So können die zu Prüfenden auffällig werden (Richtgrößenprüfung nach § 84 Abs. 6 SGB V in Verbindung mit § 106 Abs. 5a SGB V (nicht mehr als 5 % der Ärzte einer Fachgruppe), Einzelfallprüfung, statistische Vergleichsprüfung) oder sie werden zufällig der Prüfung unterzogen (mindestens 2 % der Ärzte je Quartal; Zufälligkeitsprüfung oder Stichprobenprüfung).[91] Die statistische Vergleichsprüfung war in der Vergangenheit die „Regelprüfmethode".[92]

Mit der Stichprobenprüfung sollen insbesondere „statistisch unauffällige" Unwirtschaftlichkeiten aufgedeckt werden. Die Daten werden behandlungsfallbezogen analysiert. Der zugrunde gelegte Untersuchungszeitraum beträgt mindestens ein Jahr.[93] Wirtschaftlichkeitsprüfungen nach Durchschnittswerten (statistische Vergleichsprüfung) für den Zeitraum eines Quartals werden heute in den Facharztgruppen durchgeführt, für die es keine Richtgrößen gibt. Die statistische Vergleichsprüfung muss explizit in der Prüfvereinbarung für die jeweilige Kassenärztliche Vereinigung aufgenommen werden.[94] Die Richtgrößenprüfung löst in den meisten Fällen die Durchschnittsprüfung ab.[95]

Richtgrößen sind rechnerische Durchschnittsbeträge, die sich auf alle von einem Arzt in einem Kalenderjahr behandelten Patienten beziehen. Richtgrößen sind keine Obergrenze für das Verordnungsvolumen eines Arztes; sie sind auch keine Budgets pro Patient. Es handelt sich um Orientierungspunkte, abgeleitet aus den Arzneimittelbudgets als „Obergrenze für die insgesamt von den Vertragsärzten veranlassten Ausgaben für Arznei-, Verband- und Heilmittel" (§ 84 SGB V).

Richtgrößen dienen dem Gesetzgeber zufolge der Ermittlung von Unwirtschaftlichkeit in der Arzneimittelverordnung. Bei einer Überschreitung der Richtgrößen um mehr als 25 % hat der Vertragsarzt den Mehraufwand, der sich aus der Überschreitung der Richtgrößen ergibt, zu erstatten, soweit er keine Praxisbesonderheiten geltend machen kann. Es wird also von vornherein Unwirtschaftlichkeit unterstellt und der Arzt muss antreten, das Gegenteil zu beweisen.

Bei einer Überschreitung der Richtgrößen um 15 % und mehr löst eine Richtgrößenprüfung aus. Allerdings wird ein Prüfungsverfahren nur dann durchgeführt, wenn auf Grund der vorliegenden Daten über die Verordnungen des Arztes nicht davon auszugehen ist, dass die Überschreitung durch Praxisbesonderheiten begründet ist. Was Praxisbesonderheiten sind, regeln häufig Richtgrößenvereinbarungen in den Kassenärztlichen Vereinigungen. Auch Arzneimittel, die bei der Ermittlung von Richtgrößen außer Betracht bleiben, werden dort genannt. Diese Ausnahmen sind teilweise in den Anhängen zu den Vereinbarungen aufgelistet.

---

[91] Vgl. zu der Vielzahl der verwandten Begriffe Bahner, B. (2006), S. 138.
[92] Vgl. Bahner, B. (2006), S. 137.
[93] Vgl. zur Stichprobenprüfung Bahner, B. (2006), S. 111 ff.
[94] Vgl. zur statistischen Vergleichsprüfung Bahner, B. (2006), S. 137 ff.
[95] Vgl. zur Richtgrößenprüfung Bahner, B. (2006), S. 189 ff.

Abgeleitet werden die Richtgrößen aus den jeweils zur Verfügung stehenden Arzneimittelbudgets unter Berücksichtigung von Versichertenzuzahlungen, Apothekenrabatt und weiteren Korrekturfaktoren, die je nach Budgetregion unterschiedlich ermittelt werden.

In der Wirtschaftlichkeitsprüfung nach Richtgrößen werden ärztliche und ärztlich verordnete Leistungen, Überweisungen, Krankenhauseinweisungen, Arbeitsunfähigkeit sowie sonstige veranlasste Leistungen geprüft. Die erbrachten oder veranlassten Leistungen müssen

- medizinisch notwendig,
- zur Zielerreichung geeignet,
- mit anerkannter Qualität insbesondere den Richtlinien der Bundesausschüsse übereinstimmend und
- bezüglich ihrer Kosten angemessen sein.

Die bisher theoretischen Ausführungen insbesondere zur Wirtschaftlichkeitsprüfung nach Richtgrößen bergen praktisch eine Reihe von Problemen: Technisch schwierig ist die Zuordnung der Verordnungsdaten zum jeweiligen Verordner, da die Rezepte über die Apotheken in die Apothekenrechenzentren gelangen und von dort zu den gesetzlichen Krankenversicherungen. Außerdem haben Krankenkassen Probleme, zwischen Arznei-, Heil- und Hilfsmitteln zu trennen und anrechnungspflichtige und anrechnungsfreie Verordnungen (Praxisbesonderheiten, Wirkstoffausnahmen, Rabattverträge) herauszurechnen.[96]

Können Wirtschaftlichkeitsprüfung oder Richtgrößen der Steigerung der Wirtschaftlichkeit in der Gesundheitsversorgung dienen? Da das Verfahren und die Richtgrößen eine Konsequenz der Einführung von Arzneimittelbudgets sind, zeigen sie vielmehr den Umlenkungsprozess von Ressourcen aus der Versorgung heraus in die Administration des Budgets. Ein administrativer Kontroll- und Verhandlungsprozess ersetzt das Such- und Entdeckungsverfahren nach besseren Lösungen für den Faktoreinsatz. Zusätzliche Ressourcen sind für die Durchführung des Kontroll- und Verhandlungsprozesses erforderlich. Mithin wäre eine Steigerung der Wirtschaftlichkeit nur dann zu erwarten, wenn der Wirtschaftlichkeitsgewinn die Kosten des Kontrollprozesses übersteigt. Da bereits die Einführung des Arzneimittelbudgets produktionstheoretisch keine Steigerung der Wirtschaftlichkeit erwarten lässt, stehen hier keine Wirtschaftlichkeitsgewinne den Kontrollkosten gegenüber. Somit können Wirtschaftlichkeitsprüfung und Richtgrößen kaum zu den Instrumenten gezählt werden, die die Wirtschaftlichkeit der Gesundheitsversorgung verbessern können.[97]

Welche Wirkungen gehen von Richtgrößen und der Wirtschaftlichkeitsprüfung auf Absatz und Umsatz von Arzneimitteln aus? Da Richtgrößen lediglich „Übersetzungshilfe" für das Arzneimittelbudget auf die individuelle Praxis sind, gelten hier die Ausführungen zum Arzneimittelbudget analog. Teile dieser Auswirkun-

[96] Vgl. Bahner, B. (2006), S. 94.

[97] Das hat wohl der Gesetzgeber auch erkannt. Die Kontrollkosten sollen entsprechend gesenkt werden, indem die Zahl der zu Prüfenden in der Auffälligkeitsprüfung auf 5 % der Ärzte einer Fachgruppe beschränkt worden ist (§ 106 Abs. 2 SGB V).

gen sollen über die Wirtschaftlichkeitsprüfung wieder eingefangen werden. So dient die Berücksichtigung von ärztlichen und ärztlich verordneten Leistungen, Überweisungen, Krankenhauseinweisungen, Arbeitsunfähigkeit sowie sonstigen veranlasste Leistungen im Rahmen der Wirtschaftlichkeitsprüfung dem Ausschluss von „Umgehungsstrategien" seitens der Leistungserbringer bei der Versorgung ihrer Patienten und dem Ausschluss von Qualitätsminderungen in der Versorgung, die sich in weiteren Leistungsinanspruchnahmen niederschlagen können. Ergebnisverschlechterungen auf der medizinischen Seite bzw. bei der Lebensqualität der Patienten können nicht berücksichtigt werden.

3.3.3 Regulierung der Qualität

3.3.3.1 Arzneimittelrichtlinien

Die Arzneimittelrichtlinien (AMR) gemäß § 92 Absatz 1 Satz 2 Nr. 6 konkretisieren das Wirtschaftlichkeitsgebot gemäß §§ 2, 12, 70 SGB V. Sie gelten für Vertragsärzte, Kassenärztliche Vereinigungen und gesetzliche Krankenkassen und werden vom Bundesausschuss der Ärzte und Krankenkassen gemäß § 91 SGB V beschlossen. Werden diese Richtlinien zur Konkretisierung des Wirtschaftlichkeitsgebots beachtet, so hat das auch Folgen für die Versorgungsqualität.

Grundsätzlich schreiben die Arzneimittelrichtlinien vor, vor dem Einsatz von Arzneimitteln zu prüfen, ob „entsprechend dem Gebot der Wirtschaftlichkeit ein vergleichbarer Behandlungserfolg durch andere Maßnahmen (z. B. hygienische, diätetische) erreicht werden kann." (Nr. 10 AMR) Ferner schreiben sie vor, dass Arzneimittel nur in der zugelassenen Indikation zu verordnen sind.

Neben diesen grundsätzlichen Einschränkungen für die medikamentöse Therapie wird in der Nr. 12 AMR darauf hingewiesen, dass der therapeutische Nutzen von Arzneimitteln „gewichtiger" ist als deren Kosten. Der therapeutische Nutzen setzt nach Nr. 13 AMR eine Nutzen-Risiko-Abwägung mit günstigem Ergebnis für das Arzneimittel voraus, welches eingesetzt werden soll. Therapeutischer Nutzen ist gegeben, wenn nach dem allgemein anerkannten Stand der medizinischen Erkenntnis ein relevantes Ausmaß an Wirksamkeit bei einer definierten Indikation erreicht wird. Allerdings finden sich keine Hinweise, wann von einem relevanten Ausmaß an Wirksamkeit gesprochen werden kann. Nr. 14 AMR weist die Vertragsärzte an, bei dieser Risiko-Nutzen-Abwägung die Anlage 4 der AMR zu beachten. In der Anlage 4 werden Hinweise zu bestimmten Arzneimitteln gegeben. In Anlage 4 sind unter anderem zu folgenden Wirkstoffen Hinweise gegeben: Acamprosat, Clopidogrel, Etanercept, Insulin Lispro, Interferon beta-1a und -1b, Leflunomid, Repaglinide, Rofecoxib und Zanamivir. Die Konsequenzen aus der Aufnahme eines Wirkstoffes in der Anlage 4 sind in der Regel die Notwendigkeit einer individuellen Kosten-Nutzen-Analyse, die zum Nachweis in der Wirtschaftlichkeitsprüfung dokumentiert werden sollte.

Können Arzneimittelrichtlinien der Steigerung der Wirtschaftlichkeit in der Gesundheitsversorgung dienen? Grundsätzlich formulieren die Arzneimittelrichtlinien aus ökonomischer Sicht einen normalen Entscheidungsprozess bei wirtschaftlicher Vorgehensweise: Es ist zu prüfen, ob nicht auch andere, nicht-medikamentöse Maßnahmen zum Erfolg führen können, und wenn dies nicht der Fall ist, ist die Kosten-Nutzen-Relation der eingesetzten Präparate im Vergleich zu Alternativen zu bewerten. Diese Vorgehensweise entspricht der Auswahl effizienter Einsatzfaktoren. Außerdem ist so die Qualität der Arzneimittelversorgung einigermaßen sichergestellt. Allerdings stellt sich das Problem erst bei der Bewertung der Kosten-Nutzen-Relation:

- Welche Kosten und Nutzen sind bei der Abwägung zu berücksichtigen?
- Ist die Bewertung aus arzt-individueller Sicht, aus Sicht der Gesetzlichen Krankenversicherung oder aus gesellschaftlicher Sicht vorzunehmen?

Die einschlägige Diskussion zu diesen Fragen kann hier nicht nachgezeichnet werden.[98] Diese Fragen spielen in der Diskussion um die Bewertungsmethoden des Instituts für Qualität und Wirtschaftlichkeit im Gesundheitswesen (IQWiG), ein Institut des privaten Rechts, das von den Spitzenverbänden der Krankenkassen, der Kassenärztlichen Bundesvereinigung, der Kassenzahnärztlichen Bundesvereinigung und der Deutschen Krankenhausgesellschaft getragen wird, eine erhebliche Rolle. Das Institut beschäftigt sich mit der Nutzenbewertung und der Kosten-Nutzen-Bewertung (§ 35b SGB V). Im Kap. 3.3.3.2 wird auf das Institut und die Nutzenbewertung näher eingegangen.[99]

Erst in der Durchführung der Richtlinien zeigen sich somit die Auswirkungen auf die Wirtschaftlichkeit in der Gesundheitsversorgung. Grundsätzlich könnten Arzneimittelrichtlinien die Wirtschaftlichkeit in der Gesundheitsversorgung steigern. Dies hängt von der Ausgestaltung der Bewertung von Kosten und Nutzen ab. Außerdem stellt sich die Frage, ob sich Wirtschaftlichkeit in der Versorgung nicht mit effizienteren Verfahren erreichen lässt.

Wie wirken sich Arzneimittelrichtlinien auf Absatz und Umsatz von Arzneimitteln aus? Grundsätzlich sollten absatz- und umsatzmindernde Wirkungen zu verzeichnen sein, wenn nicht-medikamentöse Maßnahmen in den jeweiligen Indikationen vorrangig sind. Bei der Bewertung der jeweiligen Kosten und Nutzen des Einsatzes der Präparate hängen die Auswirkungen vom gesundheitsökonomischen Profil des jeweiligen Produkts und der methodischen Vorgehensweise bei der Bewertung ab. Werden aus gesellschaftlicher Perspektive solche Bewertungen vorgenommen, so haben auch Produkte gute Chancen, die etwa zu Ausgabensteigerungen in der Gesetzlichen Krankenversicherung und Ausgabenminderungen in der Gesetzlichen Pflegeversicherung oder Rentenversicherung führen. Bei Beschränkung der Perspektive auf die Gesetzliche Krankenversicherung fielen diese Produkte aus der Anwendung in vielen Fällen heraus.

[98] Vgl. Greiner, W. (2000), und Greiner, W., Schöffski, O. (2000).

[99] Zur Kosten-Nutzen-Bewertung siehe in diesem Buch das Kap. A 4.

3.3.3.2 Nutzenbewertung

Aus ökonomischer Perspektive ist der Nutzen eines Gutes nur deshalb ein wichtiger Maßstab, weil wir Menschen nicht mehr im Paradies leben. Im Paradies wird im Prinzip kein Nutzenbegriff benötigt, da Güter im Überfluss für die Bedürfnisbefriedigung zur Verfügung stehen. Erst in einer Situation, in der die Güter knapp sind, wird dem Gut, das der Bedürfnisbefriedigung dient, ein Wert zugewiesen. Dieser Wert markiert den Nutzen. Mit Hilfe des Nutzens ist es dann möglich eine Liste der Güter und ihrer Bedarfsmengen anzufertigen, mit deren Hilfe wir Menschen unsere Bedürfnisse bei Mittelknappheit bestmöglich befriedigen können.

Der Nutzen eines Gutes ist sein Wert für die individuelle Bedürfnisbefriedigung. Nutzen ist ein subjektiver Begriff. Damit entsteht der Nutzen eines Gutes beim Nutzer und ist abhängig von den jeweiligen Bedürfnissen.

Die Nutzenbewertung verhilft jedem einzelnen Menschen zu Auswahlentscheidungen. Dieser Bewertungsprozess findet explizit oder implizit statt. Nutzenbewertung ist folglich ein alltäglicher Vorgang. Schwieriger wird es, wenn die Nutzenbewertung nicht mehr jeder für sich selbst vornimmt. Schon die Nutzen-Bewertung in kleinen Gruppen wie etwa der Familie ist ein komplexer Prozess, wenn die Interessen aller Beteiligten berücksichtigt werden sollen.

Auch der Gesetzgeber sieht das Instrument der Nutzenbewertung als Grundlage für Auswahlentscheidungen etwa bei neuen Untersuchungs- und Behandlungsmethoden durch den Gemeinsamen Bundesausschuss (G-BA) vor. Dabei bedient sich der Ausschuss des Instituts für Qualität und Wirtschaftlichkeit im Gesundheitswesen (IQWiG) als seinem Erfüllungsgehilfen. Es entscheidet also nicht mehr der Einzelne für sich über die Verwendung seiner Mittel, sondern es entscheidet ein zentrales Komitee des deutschen Gesundheitswesens, der Gemeinsame Bundesausschuss, über die Verwendung der Mittel der Versicherten.

Ziel der Entscheidung aus individueller Sicht ist die Verbesserung des persönlichen Wohlergehens, aus kollektiver Sicht sind es der Selbsterhalt des Systems und – vorgegeben durch das Sozialgesetzbuch V – die Beitragssatzstabilität (§ 71 SGB V). Die finanziellen Folgen von Entscheidungen werden bei individuellen Entscheidungen zu einem großen Teil selbst getragen, bei Entscheidungen des Gemeinsamen Bundesausschussses tragen die Entscheidungsfolgen Dritte.

Das Institut für Qualität und Wirtschaftlichkeit im Gesundheitswesen (IQWiG) als Erfüllungsgehilfe des G-BA wurde mit dem GKV-Modernisierungsgesetz (GMG) im Jahr 2004 als ein unabhängiges wissenschaftliches Institut, das den Nutzen medizinischer Leistungen für den Patienten untersucht, gesetzlich verankert. Das Institut soll erforschen, was therapeutisch und diagnostisch möglich und sinnvoll ist und Ärzte und Patienten darüber informieren. Es ist im Auftrag des G-BA oder des Bundesgesundheitsministeriums (BMG) tätig. Finanziert wird das IQWiG über die Gelder der Versicherten in der Gesetzlichen Krankenversicherung.

Die Vorgehensweise bei der Nutzenbewertung hat das IQWiG erstmals Ende Februar 2005 in einem Methodenpapier definiert und veröffentlicht. Das Methodenpapier wird jährlich wiederkehrend aktualisiert.

In diesem Methodenpapier versucht das IQWiG, Nutzen losgelöst von seinem subjektiven Kontext zu definieren: „Mit dem Begriff „Nutzen" werden kausal begründete positive Effekte, mit dem Begriff „Schaden" kausal begründete negative Effekte einer medizinischen Intervention auf patientenrelevante Endpunkte (s. u.) bezeichnet. Die Beschreibung von Nutzen und Schaden erfolgt dabei immer ausgehend von der zu evaluierenden Intervention.

Nutzen bzw. Schaden wird im Vergleich zu Placebo (oder einer andersartigen Scheinbehandlung) oder keiner Behandlung festgestellt."[100]

Der Nutzen eines bestimmten Gutes oder einer Methode wird im Berichtsplan einer Nutzenbewertung beschrieben. Dabei soll je nach Auftrag die Perspektive der Betroffenen im Vordergrund stehen. Diese Vorgehensweise kann für den Einzelnen unbefriedigend sein. Am Ende des Prozesses der Nutzenbewertung durch das IQWiG und der entsprechenden Schlussfolgerungen durch den Gemeinsamen Bundesausschuss steht zumindest teilweise eine Rangfolge der einsetzbaren Güter und Dienstleistungen fest. Die Umsetzung in konkrete Entscheidungen wird vom Gemeinsamen Bundesausschuss etwa durch Therapiehinweise und damit mit Hilfe der Ärzte, die am Versorgungsprozess beteiligt sind, festgelegt.

Der Prozess der Nutzenbewertung gliedert sich dabei im wesentlichen in drei oder vier Schritte:[101]

- Entwicklung des Berichtsplans
- Vorlage des Vorberichts
- Anhörung zum Vorbericht
- Abschlussbericht an den G-BA

Nach der Auftragsvergabe durch den G-BA oder das BMG bildet das IQWiG eine interne Projektgruppe und konkretisiert den Auftrag durch die Formulierung einer Untersuchungsfrage. Anschließend erfolgt die Erstellung eines Berichtsplans.

Der Berichtsplan enthält die Fragestellung einschließlich der Zielkriterien (z. B. patientenrelevante Endpunkte), die Ein- und Ausschlusskriterien der zu verwendenden Informationen sowie die Beschreibung der projektspezifischen Methode der Informationsbeschaffung und -verwertung. Der vorläufge Berichtsplan wird veröffentlicht und der Öffentlichkeit Gelegenheit zur schriftlichen Stellungnahme gegeben. Sofern das IQWiG dies für sinnvoll hält, wird eine mündliche wissenschaftliche Erörterung mit den Stellungnehmenden durchgeführt. Ziel der mündlichen Anhörung ist nach Auffassung des IQWiG die Klarstellung schriftlich vorgebrachter Inhalte zur Verbesserung der Qualität des Berichtsplans. Dieser Berichtsplan ist Grundlage für die Erstellung des Vorberichts.

Im Vorbericht werden die vorläufigen Ergebnisse der Nutzenbewertung dargestellt und die vorläufige Empfehlung an den G-BA dargestellt. Der Vorbericht wird veröffentlicht und der Öffentlichkeit wird Gelegenheit zur Stellungnahme gegeben. Auch zum Vorbericht kann es eine mündliche wissenschaftliche Erörterung mit den Verfassern schriftlicher Stellungnahmen geben.

[100] IQWiG (2007), S. 32.
[101] Siehe zum Bewertungsprozess im Einzelnen IQWiG (2007), S. 17ff.

Der Abschlussbericht baut auf dem Vorbericht auf und soll gegebenenfalls Argumente aus der wissenschaftlichen Diskussion des Vorberichts berücksichtigen. Auch der Abschlussbericht wird veröffentlicht. Er bildet die Basis des weiteren Entscheidungsprozesses im G-BA.

Grundsätzlich können Nutzenbewertungen der Steigerung der Wirtschaftlichkeit in der Gesundheitsversorgung dienen. Allerdings stellt sich die Frage, ob Bewertungsprozesse sinnvoll in der Hand eines einzelnen Instituts und einer einzelnen Institution liegen sollten. Damit werden alle Zwangsmitglieder der Gesetzlichen Krankenversicherung der Nutzenbewertung, durchgeführt durch eine kleine Gruppe, unterworfen. Die Befriedigung individueller Bedürfnisse wird dabei zum nachrangigen Kriterium der Gesundheitsversorgung. Dies mag in kollektiven Sicherungssystemen unumgänglich sein, wirft aber die Frage auf, ob die Durchlässigkeit des kollektiven Systems nicht gesteigert werden sollte. Mit Durchlässigkeit sei hier die Möglichkeit bezeichnet, Leistungen der Gesetzlichen Krankenversicherung in Anspruch zu nehmen und gegebenenfalls durch privat erbrachte Leistungen zu ergänzen, die aufgrund der Nutzenbewertung nicht Gegenstand des Leistungskatalogs der Gesetzlichen Krankenversicherung sind.

Auf Absatz und Umsatz von Arzneimitteln wirken sich Nutzenbewertungen je nach Ergebnis positiv oder negativ aus. Das gilt grundsätzlich für alle Güter und Dienstleistungen und entspricht den Marktmechanismen. Was nichts nützt, sollte wohl auch kaum Verbreitung finden. Allerdings sollte diese Nutzenbewertung den einzelnen Versicherten Wahlmöglichkeiten erhalten. Das ist nicht der Fall, wenn eine zentrale Instanz durch ihr Verdikt den Einsatz von Gütern und Dienstleistungen aus finanziellen Gründen unterbindet. Für den Fall der lebensbedrohlichen Erkrankung hat das Bundesverfassungsgericht[102] hier Ausnahmetatbestände geschaffen. Für die Mehrzahl der gesetzlichen Krankenversicherten sollten hier mehr Wahlmöglichkeiten geschaffen werden, indem Nutzenbewertungen und daraus abgeleitete Entscheidungen zu einem kassenspezifischen Leistungskatalog den einzelnen Krankenkassen überlassen werden.

3.4 Zusammenfassung und Ausblick

In diesem Kapitel sind die Instrumente der Steuerung der Arzneimittelversorgung vorgestellt worden. Die Versorgung wird durch Regulierungen der Preise, des Ausgabenvolumens und der Qualität gesteuert bzw. beeinflusst. Diese Regelungen wirken auf die Wirtschaftlichkeit in der Gesundheitsversorgung, aber auch auf Absatz und Umsatz von Arzneimitteln. Diese wurden kurz skizziert.

Die Gesetzesvorhaben der Bundesregierung in der jüngeren Vergangenheit deuten nicht an, dass das Regulierungsausmaß zurückgeschraubt werden soll, wie es etwa Cassel und Wille in ihrem Gutachten für die Bundesregierung nahelegen.[103] Alternative Steuerungsansätze, die kurz- bis mittelfristig entwickelt und er-

---

[102] Vgl. Kap. 3.2.2.
[103] Vgl. Cassel, D., Wille, E. (2007).

probt werden könnten, haben in der aktuellen Diskussion kaum eine Chance.[104] Vielmehr steht derzeit die Weiterentwicklung der Nutzenbewertung zu einer Kosten-Nutzenbewertung als Basis für die Festsetzung von Höchsterstattungsbeträgen durch den Spitzenverband Bund der Krankenkassen[105], eine neue Institution, die die Spitzenverbände der Gesetzlichen Krankenversicherung ablösen wird, im Mittelpunkt der Diskussion.[106]

Mit dieser Aussicht lässt sich kaum vermuten, dass der Arzneimittelmarkt dereguliert werden könnte. Daher ist es auch in Zukunft unerlässlich, sich mit den Auswirkungen von Regulierungsinstrumenten auf die Wirtschaftlichkeit in der Arzneimittelversorgung auseinander zu setzen. Gleichzeitig stellt sich jedem Verantwortlichen in der pharmazeutischen Industrie die Frage, welche Auswirkungen solche Regulierungen oder deren Veränderung für sein Produkt haben könnten. Basierend auf solchen Wirkungshypothesen lassen sich Strategien zur Bewältigung entwickeln. Dieses Kapitel bietet einen ersten Einstieg in die Auseinandersetzung mit den Steuerungsinstrumenten der Arzneimittelversorgung und legt die Grundlagen für eine Entwicklung von Bewältigungsstrategien.

[104] Vgl. hierzu Fricke, F.-U. (2000b).

[105] Der Spitzenverband Bund der Krankenkassen ist eine neue Institution, die die Spitzenverbände der Gesetzlichen Krankenversicherung zur Jahresmitte 2008 ablösen wird (§ 217a ff. SGB V).

[106] Vgl. hierzu auch Kap. B 5 in diesem Buch.

4 Evaluationsforschung

Oliver Schöffski, Frank-Ulrich Fricke

Universität Erlangen-Nürnberg, Lehrstuhl für Gesundheitsmanagement
IMS GmbH & Co. OHG, Health Economics & Outcomes Research, Nürnberg

4.1 Das wirtschaftliche Umfeld

In den letzten Jahren ist zu beobachten, dass bei Fragen, die das Gesundheitswesen betreffen, nicht mehr ausschließlich Ärzte gehört werden, sondern auch die Kompetenz von Wirtschaftswissenschaftlern gefragt ist. Gesundheitsökonomische Studien gehören mittlerweile zum festen Repertoire bei der Beurteilung von Innovationen bei Arzneimitteln. Von ärztlicher Seite wird häufig kritisiert, dass dadurch fachfremde Personen bei Entscheidungen beteiligt werden, die eine medizinische Domäne sind und auch bleiben sollten. Der Einsatz von Ökonomen im Gesundheitswesen wäre tatsächlich unnötig, wenn die zur Verfügung stehenden Mittel für das Gesundheitswesen unbegrenzt wären. Dieses ist leider nicht der Fall. Die Mittel, die für das Gesundheitswesen eingesetzt werden können, sind limitiert. In einer Volkswirtschaft können auf lange Sicht nur die Ressourcen verbraucht werden, die auch produziert worden sind. Wie viel von diesen Ressourcen im Gesundheitswesen eingesetzt werden sollen, sollte nach wirtschaftswissenschaftlicher Theorie allein von den Präferenzen der Bürger abhängen. Die politischen Entscheidungsträger sind aber augenscheinlich als gewählte Vertreter des Volkes zu dem Entschluss gekommen, dass mit dem derzeitigen Beitragssatz zur gesetzlichen Krankenversicherung eine kritische Grenze der Belastung der Bürger (und der Arbeitgeber mit Lohnnebenkosten) erreicht wurde.

Man muss sich dabei immer vor Augen halten, dass die in einer Volkswirtschaft verfügbaren Ressourcen auch in Bereichen außerhalb des Gesundheitswesens sinnvoll eingesetzt werden können. Jeder Euro, der im Gesundheitswesen ausgegeben wird, steht beispielsweise nicht mehr für das Bildungswesen, die Landesverteidigung, die innere Sicherheit oder den sozialen Wohnungsbau zur Verfügung. Wie weit man auch bereit ist die Ausgaben für das Gesundheitswesen auszudehnen, irgendwann kommt man an eine Grenze, wo andere Dinge wichtiger werden als die Gesundheit. Ökonomen sprechen hier vom abnehmenden Grenznutzen, der auch für Gesundheitsgüter und -dienstleistungen existiert. Spätestens, wenn das gesamte Sozialprodukt des Landes in die Gesundheit der Bevölkerung investiert wird, wird man an die Grenze stoßen, obwohl auch darüber hinaus noch sinnvolle Gesundheitsausgaben möglich wären. Abbildung 4.1 verdeutlicht, dass auf jeder Ebene der Zuteilung von knappen Mitteln Verteilungskonflikte entstehen. Gesundheitsökonomische Evaluationen können prinzipiell auf jeder dieser Ebenen ansetzen. Je weiter oben in der Hierarchie eine Fragestellung angesiedelt ist, desto schwieriger wird die Beantwortung aufgrund der Komplexität und der kaum verfügbaren Daten. Je eingegrenzter eine Fragestellung allerdings ist, desto eher können auch valide Aussagen getroffen werden. Der Vergleich zweier Interventionsmöglichkeiten in einer Indikation kann sicherlich durchgeführt werden und stellt derzeit auch den Standardfall einer gesundheitsökonomischen (pharmakoökonomischen) Evaluationsstudie dar.

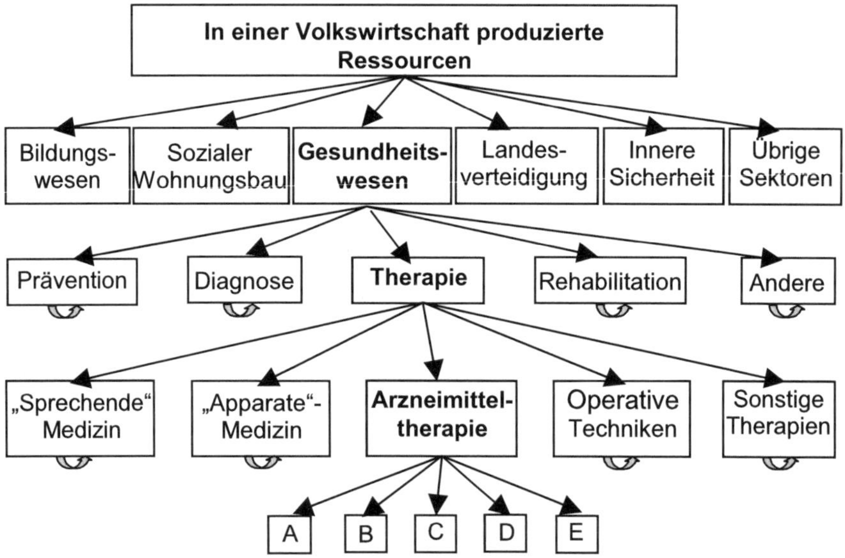

Abb. 4.1. Ebenen der Zuteilung von knappen Mitteln und Ansatzpunkte für ökonomische Evaluationen

Geht man davon aus, dass die Politiker tatsächlich im Sinne ihrer Wähler gehandelt haben, als sie die Beitragssatzstabilität für die Gesetzliche Krankenversicherung 1988 im Sozialgesetzbuch (SGB V) festgeschrieben haben, kann es jetzt nur darum gehen, die zur Verfügung stehenden, knappen Mittel dort im Gesundheitswesen einzusetzen, wo das beste Ergebnis zu erwarten ist. Hier ist das Betätigungsfeld von Wirtschaftswissenschaftlern. Sie beschäftigen sich insbesondere mit Fragen der Knappheit und wie die negativen Auswirkungen der Knappheit möglichst gering gehalten werden können. Jede Geldeinheit, die für das Gesundheitswesen ausgegeben wird, sollte in dem Bereich verwendet werden, wo sie den größten Nutzen stiftet. Dazu ist die Relation von Kosten und Nutzen zu ermitteln. Dabei stehen beispielsweise präventive Maßnahmen in Konkurrenz zu Therapie und Rehabilitation, Arzneimitteltherapien in Konkurrenz zu operativen oder verhaltensmedizinischen Maßnahmen und bei Operationen ist nachzuweisen, ob es sinnvoller ist, diese ambulant oder stationär bzw. offen oder minimalinvasiv durchzuführen. Es wird klar, dass der rein medizinische Nutzen zur Beurteilung einer Maßnahme nicht ausreichend ist. Anstelle der *Effektivität* (= medizinisches Ergebnis) der Maßnahme muss der Ökonom die *Effizienz*, d. h. die Relation von Kosten und Ergebnis, beurteilen.

In diesem Kapitel werden die Grundlagen von ökonomischen Evaluationsstudien im Gesundheitswesen dargestellt. Dabei wird insbesondere erörtert, wie die beiden Hauptzielgrößen jeglicher medizinischer Maßnahme, nämlich die Lebenserwartung und die Lebensqualität der Patienten, in diese Untersuchungen mit einbezogen werden können.[107]

4.2 Grundformen gesundheitsökonomischer Evaluationen

Hinter dem Begriff *gesundheitsökonomische Evaluation* verbirgt sich kein einheitliches Studiendesign. Es sind vielmehr verschiedene Studienformen zu unterscheiden, die insbesondere die Kosten- und Nutzenkomponenten unterschiedlich berücksichtigen. Die Wahl der Analyseart hängt dabei vom Untersuchungsgegenstand und dem Zweck der Studie ab.[108]

Grob unterscheiden kann man Studien ohne vergleichenden und Studien mit vergleichendem Charakter (s. Abb. 4.2). Obwohl für eine Optimierung der Ressourcenallokation im Gesundheitswesen generell vergleichende Studien erforderlich sind, haben für bestimmte Fragestellungen auch nicht vergleichende Studien ihre Berechtigung. Problematisch ist, dass die Bezeichnungen für die einzelnen Studienformen in der Literatur nicht einheitlich verwendet werden. Die im Folgenden verwendete Klassifizierung setzt sich aber immer weiter durch.

---

[107] Einen umfassenden Überblick zu dieser Thematik geben die drei Standardlehrbücher zum Thema Schöffski, O., Schulenburg, J.-M. Graf v. d. (Hrsg.) (2007), Drummond, M. F., Sculpher, M. J., Torrance, G. W., O'Brian, B. J., Stoddart, G. L. (2005) und Gold, M. R., Siegel, J. E., Russel, L. B., Weinstein, M. C. (Hrsg.) (1996).

[108] Vgl. Schulenburg, J.-M. Graf v.d., Greiner, W., Jost, F. u. a. (2007), S. 286.

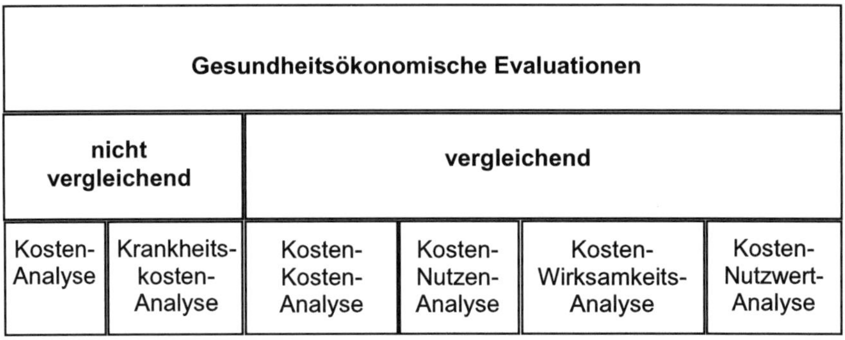

Abb. 4.2. Systematik der Studienformen[109]

Die einfachste Form einer ökonomischen Evaluation ohne vergleichenden Charakter ist die reine *Kosten-Analyse.* Diese umfasst, wie der Name schon sagt, ausschließlich die Kosten einer bestimmten Maßnahme, d. h. den Input (z. B. Ermittlung der Kosten einer Nierentransplantation). Als Ergebnis einer Kosten-Analyse erhält man beispielsweise, dass eine bestimmte Behandlungsmethode (z. B. Einsatz eines Stents) oder eine diagnostische Maßnahme (z. B. ein Gentest) x € kostet. Allein aus der Kenntnis dieser Kosten lässt sich allerdings keine Entscheidung für oder gegen die Methode treffen, da dazu ein Vergleich mit Alternativen notwendig ist.

Bei der *Krankheitskosten-Analyse* handelt es sich um einen Spezialfall der Kosten-Analyse. Krankheitskostenstudien werden eingesetzt, um die gesamtgesellschaftliche Bedeutung von Krankheiten zu ermitteln. Es erfolgt keine Differenzierung nach einzelnen alternativen medizinischen Maßnahmen, sondern vielmehr werden die Kosten einer Krankheit als Ganzes evaluiert (z. B. Studie zu den Krankheitskosten der Psoriasis in Deutschland). Ziel dabei ist es die volkswirtschaftlichen Kosten verschiedener Krankheiten zu erkennen und Anhaltspunkte für eine sinnvolle Verwendung von Forschungsgeldern zu ermitteln. Krankheitskostenstudien zeigen allerdings nicht, welche medizinische Maßnahme bei mehreren Alternativen zu präferieren ist. Vielmehr sollen mittels Krankheitskostenstudien quantitative Relationen deutlich gemacht und somit eine gute Grundlage für eine rationale gesundheitspolitische Allokationsdiskussion geschaffen werden.[110] Diese könnte beispielsweise zum Ergebnis haben, dass mehr öffentliche Mittel zur Bekämpfung der Krankheit (z. B. Forschung, Intensivierung von präventiven Maßnahmen) zur Verfügung gestellt werden. Auch die pharmazeutische und medizintechnische Industrie kann anhand der gewonnenen Erkenntnisse abschätzen, ob Investitionen in diesem Bereich der Medizin sinnvoll sind. Dieses ist insbesondere dann der Fall, wenn eine Erkrankung zu hohen finanziellen Belastungen führt und damit das Interesse innerhalb der GKV an Neuerungen relativ hoch ist.

[109] Vgl. Schöffski, O. (2007a), S. 66.
[110] Vgl. Schulenburg, J.-M. Graf v. d. (1995), S. 40.

Bei der *Kosten-Kosten-Analyse* handelt es sich im Prinzip um nichts anderes, als um die separate Kosten-Analyse von zwei oder mehr alternativen Maßnahmen (z. B. Bewertung der Nierentransplantation und der Dialyse). Ziel der Analyse ist es die kostengünstigere Alternative zu ermitteln. Aus diesem Grund wird häufig auch von einer *Kostenminimierungs-Analyse* gesprochen.[111] Wichtig ist dabei, dass die Bewertung der verschiedenen Maßnahmen im gleichen Kontext erfolgt, d. h. man darf nicht die Ergebnisse einer Kosten-Analyse mit den Ergebnissen einer anderen Kosten-Analyse vergleichen. Die Annahmen, die bei beiden Studien getroffen worden sind, werden sich im Regelfall unterscheiden. Dieses würde bei der Interpretation der Ergebnisse zu Verzerrungen führen. Eine Kosten-Kosten-Analyse macht im Gesundheitswesen daher nur unter ganz bestimmten, sehr stringenten Annahmen einen Sinn. Um tatsächlich am Studienende eine Aussage über die Vorteilhaftigkeit einer der Maßnahmen treffen zu können, ist es unbedingt erforderlich, dass die Maßnahmen vom Ergebnis (Output, Outcome) her identisch sind. Wenn dieses gegeben ist, kann die Beurteilung der Vorteilhaftigkeit auf einen reinen Kostenvergleich reduziert werden.[112] Diese Situation ist im Gesundheitswesen allerdings eher selten anzutreffen.

Die *Kosten-Nutzen-Analyse* ist weitreichender als die Kosten-Kosten-Analyse. Es handelt sich um die klassische Form einer ökonomischen Evaluation. Sie wird regelmäßig in Bereichen außerhalb des Gesundheitswesens angewendet. Hauptkennzeichen ist, dass sämtliche Kosten und der gesamte Nutzen der zu evaluierenden Maßnahme in Geldeinheiten bewertet werden. Auch die so genannten *intangiblen* Komponenten, die bei der Kosten-Kosten-Analyse nicht berücksichtigt bzw. höchstens „unter dem Strich" genannt werden, werden hier monetär bewertet. Dieses gilt für Änderungen in der Lebensqualität genauso wie für klinische Effekte der Behandlung und die Auswirkungen auf die Morbidität und Mortalität. Die Ordnung der Alternativen ist eindimensional in Geldeinheiten und deshalb in der Regel eindeutig. Bei der Bewertung dieser Effekte in Geldeinheiten existiert aber eine Reihe von methodischen und ethischen Problemen, darum muss bei der Anwendung dieser Studienform besonders sorgfältig vorgegangen werden.[113] Insbesondere die Zuweisung eines bestimmten Geldbetrags für ein menschliches Lebensjahr oder ein menschliches Leben insgesamt wird in der Öffentlichkeit häufig als Provokation angesehen. Die Reduzierung aller Effekte im Gesundheitswesen auf monetäre Größen hat sich bislang als nicht gangbarer Weg zur Allokationsverbesserung im Gesundheitswesen erwiesen.

Wie können aber die medizinischen Ergebnisse einer Maßnahme im Gesundheitswesen in ökonomischen Evaluationsstudien berücksichtigt werden, ohne dass eine problematische Bewertung in Geldeinheiten notwendig ist? Es ist unbestritten, dass diese Einbeziehung erforderlich ist, da der Sinn des Gesundheitswesens nicht darin besteht, Kosten einzusparen, sondern Krankheiten zu heilen und den Gesundheitszustand der Bevölkerung zu verbessern. Die Annahme, dass die medizinischen Ergebnisse zweier Maßnahmen identisch sind und daher ein reiner Kostenvergleich ausreichend ist, ist sicherlich nur in Ausnahmefällen akzeptabel. Im

[111] Vgl. Kori-Lindner, C., Berlin, M., Eberhardt, R. u. a. (1996), S. 2.
[112] Vgl. Schöffski, O. (1990), S. 23.
[113] Vgl. Schulenburg, J.-M. Graf v.d., Greiner, W., Jost, F. u. a. (2007), S. 286.

Regelfall werden sich sowohl die Kosten als auch die Ergebnisse zweier Maßnahmen unterscheiden. Mit der Kosten-Wirksamkeits-Analyse wird auch in diesen Fällen ein Vergleich möglich.

Die *Kosten-Wirksamkeits-Analyse* (häufig auch *Kosten-Effektivitäts-Analyse* genannt) bietet die Möglichkeit, auch die nicht problemlos in monetären Einheiten zu bewertenden Effekte einer medizinischen Maßnahme in gesundheitsökonomischen Evaluationen zu berücksichtigen. Dabei werden die nicht in monetären Einheiten bewertbaren Komponenten in *naheliegenden natürlichen Einheiten* gemessen.[114] Die Beurteilung des Erfolgs der Maßnahme erfolgt dabei anhand von Größen, die von Medizinern festgelegt werden. Dabei kann es sich um sehr spezifische Erfolgsgrößen handeln, die anhand von physischen Einheiten quantifiziert werden (z. B. entdeckte Fälle, Senkung des Blutdrucks, Reduzierung des Cholesterinspiegels, Verlängerung der schmerzfreien Gehstrecke, Reduzierung der Tumorgröße, Vergrößerung des Gefäßvolumens), oder um eher globale Erfolgskriterien (z. B. Anzahl der erfolgreich behandelten Fälle, Lebensverlängerung in Jahren).

Diesem messbaren Erfolg der Maßnahme werden die Kosten gegenübergestellt. Dadurch ist eine Vergleichbarkeit zweier unterschiedlich wirksamer Maßnahmen im Gesundheitswesen möglich. Das Ergebnis einer Kosten-Wirksamkeitsstudie kann dann beispielsweise folgendermaßen aussehen: „Eine durchschnittliche Senkung des Blutdrucks um 10 % kostet bei der einen Maßnahme x € und bei der anderen Maßnahme y €“ oder „die Entfernung von Nierensteinen kostet bei der einen Methode x €, bei Verwendung einer anderen Technik y €“. Durch das Gleichnamigmachen des Kosten-Wirksamkeits-Quotienten hat man die Möglichkeit den Vergleich beider Maßnamen auf die Kosten zu reduzieren, die zum Erreichen des standardisierten medizinischen Erfolgs notwendig sind. Da in klinischen Studien standardisierte, gut messbare Erfolgsparameter definiert werden, stellt die Kosten-Wirksamkeits-Analyse eine gute Möglichkeit zum Vergleich von unterschiedlichen Maßnahmen dar, die auf den jeweiligen Erfolgsparameter gerichtet sind. Sie wird derzeit am häufigsten von allen Studienformen durchgeführt.[115]

Kritik an der Kosten-Wirksamkeits-Analyse setzt allerdings an zwei Punkten an. Es wird behauptet, dass die medizinische Sicht des Behandlungserfolgs für den Patienten irrelevant ist, da es sich dabei nur um intermediäre Erfolgskriterien handelt. Für den Patienten ist es erst einmal unerheblich, wie hoch sein Blutdruck oder wie groß der Tumor ist. Für ihn ist einzig und allein relevant, wie sich seine Lebensqualität und seine Lebenserwartung entwickelt. Wenn tatsächlich die Patientensicht bei der Entscheidung über Behandlungsmethoden im Gesundheitswesen von Bedeutung ist, so müssen als Erfolgskriterien andere Faktoren zur Beurteilung herangezogen werden, z. B. Schmerzen, soziale Kontakte oder die Fähigkeit, für sich selbst zu sorgen. Dieses leistet eine Kosten-Wirksamkeits-Analyse nicht, da sie sich auf eher technisch definierte Erfolgskriterien stützt.

Ein weiterer Kritikpunkt an Kosten-Wirksamkeits-Analysen lautet, dass mit ihnen nur sehr eingeschränkte Vergleiche innerhalb des Gesundheitswesens möglich

[114] Vgl. Drummond, M. F., Teeling Smith, G., Wells, N. (1989), S. 23.

[115] Vgl. dazu eine Übersicht über die Ergebnisse von 500 Kosten-Wirksamkeits-Analysen bei Tengs, T. O., Adams, M. E., Pliskin, J. S. u. a. (1995).

sind.[116] Man kann sie nur innerhalb einer Indikation einsetzen, da nur hier auch die gleichen medizinischen Erfolgskriterien aussagekräftig sind. Mit einer Kosten-Wirksamkeits-Analyse kann beispielsweise die Frage beantwortet werden, welche Behandlung bei Brustkrebs effizient ist, nicht aber die Frage, ob eine Brustkrebsbehandlung effizienter ist als eine Nichtraucherkampagne. Da entsprechende globale Vergleiche für eine effiziente Allokation im Gesundheitswesen immer relevanter werden, wurden die bisher dargestellten Studienformen weiterentwickelt.

Mit der *Kosten-Nutzwert-Analyse* wurde den beiden Kritikpunkten an der Kosten-Wirksamkeits-Analyse begegnet und es wurde (zumindest theoretisch) eine Lösung gefunden. Hier erfolgt die Bewertung des Behandlungserfolgs einer medizinischen Maßnahme aus Patientensicht, d. h. es werden die Effekte auf die Lebensqualität und die Lebenserwartung des Patienten berücksichtigt. Zusätzlich erfolgt eine Normierung des Behandlungsergebnisses für alle Indikationen, d. h. jede medizinische Maßnahme ist nach dem gleichen Muster bewertbar. Damit werden sehr weitreichende Vergleiche innerhalb des Gesundheitswesens, auch über Indikationen hinweg, möglich. Aus unterschiedlich dimensionierten Ergebnisgrößen werden bei dieser Studienform Nutzwerte ermittelt, die den Kosten gegenübergestellt werden. Das am häufigsten verwendete Verfahren zur Ermittlung von Nutzwerten ist das QALY-Konzept. Dieses wird später noch ausführlicher dargestellt und diskutiert.

4.3
Kosten und Nutzen im Gesundheitswesen

Neben den direkten Kosten einer Gesundheitsleistung und dem direkten Nutzen werden in ökonomischen Evaluationsstudien auch indirekte Wirkungen bei den Berechnungen berücksichtigt. Mit indirekten Kosten und Nutzen werden die negativen und positiven externen Effekte einer medizinischen Maßnahme bezeichnet.

Zu den *direkten Kosten und Nutzen* wird derjenige bewertete zusätzliche Ressourcenverzehr gezählt, der unmittelbar mit der Anwendung bzw. Ausführung der Behandlung verbunden ist bzw. vermieden werden kann. Dabei ist beispielsweise an Kosten für Personal, Arzneimittel, Labor- und Verwaltungstätigkeiten zu denken. Unter diese Kategorie fallen aber auch die Kosten für Tests und Behandlungen, die veranlasst bzw. vermieden werden aufgrund der Information, die sich aus der evaluierten Gesundheitsleistung ergeben oder durch die Behandlung bzw. Vermeidung von Nebenwirkungen und Komplikationen entstehen.

Insbesondere für das deutsche Gesundheitswesen ist kennzeichnend, dass die tatsächlichen Kosten von medizinischen Leistungen häufig nicht bekannt sind. Daher muss man sich bei Wirtschaftlichkeitsuntersuchungen in der Regel auf amtliche Gebührenordnungen beschränken, die keine direkten Kosten enthalten, sondern durch Verhandlungen und politische Faktoren hervorgegangene Größen darstellen. Dieses ist unproblematisch, wenn die Studie aus der Perspektive der Krankenkassen erfolgt, da für diese die Gebühren kassenwirksam sind. Bei anderen

[116] Vgl. Wille, E. (1996), S. 8.

Perspektiven (z. B. der volkswirtschaftlichen oder der eines Krankenhauses) müsste man sehr aufwendig die tatsächlichen Kosten erfassen.

Zur Berechnung der *indirekten Kosten und Nutzen* wird häufig gemäß dem *Humankapitalansatz* vorgegangen. Dabei wird unterstellt, dass Gesundheitsausgaben aus volkswirtschaftlicher Sicht immer auch Investitionen in die Arbeitskraft des Patienten, also in das Humankapital, darstellen. Die indirekten Kosten einer Krankheit sind demnach gerade so groß wie der Verlust an Arbeitspotential, der einer Volkswirtschaft durch krankheitsbedingtes Fernbleiben oder nur eingeschränkte Leistung am Arbeitsplatz entsteht. Auch der vorzeitige Tod einer erwerbstätigen Person bedeutet nach diesem Ansatz einen volkswirtschaftlichen Produktivitätsverlust. Zur Berechnung dieser Verluste wird der bis an das statistisch zu erwartende Lebensende zukünftige Einkommensstrom des Patienten auf den Gegenwartszeitpunkt diskontiert. Die Humankapitalmethode geht von der Annahme der Vollbeschäftigung in einer Volkswirtschaft aus und wird daher häufig kritisiert. Mit neueren Verfahren wie dem *Friktionskostenansatz* soll diese Überschätzung von Produktivitätsverlusten vermieden werden.[117] Hier wird pro Patient und Krankheitsperiode ein Produktivitätsverlust höchstens für die Dauer der durchschnittlichen Vakanz unbesetzter Stellen angenommen. Die durchschnittliche Laufzeit offener Stellen, die den Arbeitsämtern gemeldet wurden (etwa drei Monate), stellt einen Näherungswert für die mittlere Friktionsperiode aller offenen Stellen am Arbeitsmarkt dar.

Mit *intangiblen Kosten und Nutzen* werden monetär nicht messbare Effekte wie Schmerz, Freude oder physische Beschränkung bezeichnet. Sie sind als Folge von Krankheit bzw. dem Einsatz von Gesundheitsleistungen auch aus gesundheitsökonomischer Sicht bedeutsam. Gerade bei chronischen Erkrankungen, bei denen es keine vollständige Heilung oder Verminderung von Mortalität gibt, ist es für die Beurteilung einer Leistung wichtig die Wohlbefindensverbesserungen für den Patienten transparent zu machen, um den Nutzen einer Maßnahme korrekt anzugeben. Die Relevanz der Einbeziehung entsprechender Effekte gilt in erster Linie aus Patientensicht, kann aber auch für seine Sachwalter, wie beispielsweise Ärzte, Krankenhäuser und Krankenkassen, wichtig sein, wenn sie das Ziel haben, für ihre beschränkten Ressourcen einen möglichst hohen Nutzen (der im Gesundheitswesen nicht immer einen monetären Wert hat) zu realisieren. In den letzten Jahren haben zur Abschätzung der intangiblen Effekte daher auch Lebensqualitätswirkungen von Gesundheitsleistungen Eingang in ökonomische Wirtschaftlichkeitsanalysen gefunden.

---

[117] Vgl. Koopmanschap, M. A. (1994).

4.4 Prinzipien einer gesundheitsökonomischen Evaluationsstudie

Bei der Anlage von Wirtschaftlichkeitsuntersuchungen ist eine Reihe von methodischen Mindeststandards einzuhalten, damit die Studienergebnisse transparent, nachvollziehbar und vergleichbar sind. Einige dieser Prinzipien werden im Folgenden kurz vorgestellt.

Die Ergebnisse einer ökonomischen Evaluation hängen ganz entscheidend von der gewählten Perspektive (Standpunkt) der Analyse ab. Es ist daher unabdingbar, dass die Perspektive zu Beginn der Studienpublikation offengelegt wird, da nur so gewährleistet ist, dass der Leser die Ergebnisse auch richtig interpretieren kann. Prinzipiell haben alle Individuen oder Gruppen, die Entscheidungen im Gesundheitswesen beeinflussen können, ein Interesse an Wirtschaftlichkeitsuntersuchungen, die ihren Standpunkt einnehmen. Die gewählten Perspektiven unterscheiden sich dadurch, welche Kosten- und Nutzenkomponenten berücksichtigt werden. Generell lässt sich sagen, dass die relevanten Kosten und Nutzen auf die Grenzen jenes Kollektivs hin zu definieren sind, dessen Repräsentanten mit der Entscheidungsfindung beauftragt wurden.[118] So wird etwa der Chef einer Krankenkasse nur die Kosten berücksichtigen, die von seiner Kasse zu tragen sind. Gleiches gilt für den Nutzen. Eine andere Perspektive kann in der Regel durch Weglassen oder Berücksichtigung von einzelnen Kosten- oder Nutzenkomponenten eingenommen werden. Daher ist es in Studien oft wenig aufwändig, zusätzliche Perspektiven zu berücksichtigen.

Die Perspektive, die bei jeder Studie eingenommen werden sollte, ist die gesellschaftliche (soziale) Sichtweise. Diese Perspektive sehen auch alle bislang international publizierten Guidelines vor. Sie ist die umfassendste und berücksichtigt alle Kosten- und Nutzenkomponenten, ganz gleich wer sie trägt oder wem sie zugute kommen. So wird der gesamte, aus gesamtwirtschaftlicher Sicht relevante Ressourcenverzehr berücksichtigt, d. h. sowohl direkte als auch indirekte Kosten- und Nutzeneffekte. Auch die intangiblen Effekte spielen bei der gesellschaftlichen Perspektive eine Rolle. Eine zweite Perspektive, die in ökonomischen Evaluationen häufig gewählt wird, ist die der Kostenträger, d. h. in Deutschland der Krankenkassen. Für die Krankenkassen sind nicht mehr alle Kosten- und Nutzenkomponenten der gesellschaftlichen Sichtweise von Bedeutung, da hier bestimmte Budgetverantwortungen vorliegen. Für die Krankenkassen ist es in erster Linie relevant mit den ihnen zur Verfügung gestellten Mitteln wirtschaftlich zu agieren. Einsparungen, die außerhalb des eigenen Budgets liegen, sind für die Krankenkassen nicht entscheidungsrelevant und dürfen auch nicht entscheidungsrelevant sein, wenn sie die ihnen übertragenen Aufgaben erfüllen sollen. Ist ein Arbeitnehmer ceteris paribus (d. h. bei Konstanz aller weiteren Einflussgrößen) durch eine neue Behandlungsform statt nach drei Wochen bereits nach zwei Wochen wieder arbeitsfähig, so ist dieser indirekte Nutzen der Maßnahme zwar volkswirtschaftlich und für den Arbeitgeber bedeutungsvoll, für die Krankenkassen aber nicht ent-

[118] Vgl. Andreae, C.-A. (1981), S. 10–11.

scheidungsrelevant, da er für sie nicht budgetwirksam ist (Krankengeldzahlung erst ab dem 43. Tag der Arbeitsunfähigkeit). Diese Überlegungen zeigen deutlich ein zentrales Problem der optimalen Ressourcenallokation im deutschen Sozialversicherungssystem auf: die sektorale Untergliederung. Jeder Kostenträger optimiert sein eigenes Budget, ohne dass dadurch auch ein gesamtwirtschaftliches Optimum entsteht. Solange die sektorale Trennung der verschiedenen Zweige der Sozialversicherung bestehen bleibt, werden kaum Entscheidungen von den Verantwortlichen dieser Zweige getroffen werden, die das Gesamtsystem optimieren.

Bei der Durchführung von Wirtschaftlichkeitsanalysen werden meist Durchschnittskosten bzw. -nutzen (z. B. Kosten pro Operation, Lebensqualitätsgewinn pro Patient) einer *Marginal-* oder *Grenzbetrachtung* aus praktischen Erwägungen vorgezogen. Da aber beispielsweise bei Entscheidungen über den Aufbau von Kapazitäten im Gesundheitswesen solche Durchschnittswertberechnungen zu verzerrten Ergebnissen führen, ist die Betrachtung der Kosten und Nutzen einer zusätzlichen produzierten Einheit (z. B. der Behandlung eines weiteren Patienten) sinnvoller. Nur so können die finanziellen Effekte einer Maßnahme korrekt abgeschätzt werden, da Durchschnittskosten und -nutzen sowie Grenzkosten und -nutzen sich häufig nicht unerheblich unterscheiden.[119]

Beim Vergleich zweier unterschiedlicher Behandlungsformen fallen die Kosten und der Nutzen in der Regel zu unterschiedlichen Zeitpunkten an. So gibt es viele medizinische Maßnahmen, die durch hohe sofortige Kosten gekennzeichnet sind. In den folgenden Jahren fallen dann nur geringe Kosten an. Bei anderen Behandlungen verteilen sich die Kosten relativ gleichmäßig über die Jahre. Auch die Verteilung des Nutzens kann in ähnlicher Weise auf einen bestimmten Zeitpunkt konzentriert sein (z. B. bei Schmerzmitteln) oder sich auf einen längeren Zeitraum verteilen (z. B. Transplantation einer Niere). Nun ist weder der Einzelne noch die Gesellschaft indifferent gegenüber dem Zeitpunkt, zu dem die Kosten und der Nutzen anfallen.[120] Für den Nutzen wird ein möglichst früher Zeitpunkt bevorzugt, beispielsweise möchte man über einen zugesagten Geldbetrag schnell verfügen oder eine gute Lebensqualität noch heute realisieren. Die Kosten werden dagegen möglichst weit in die Zukunft verlagert.[121] Bei der Analyse muss deshalb eine positive Zeitpräferenzrate berücksichtigt werden, durch die eine *Diskontierung* auf den heutigen Zeitpunkt erreicht wird. Die theoretische Bestimmung des Diskontierungssatzes erscheint schwierig, obwohl einige wissenschaftliche Abhandlungen zum Thema existieren. In der Praxis scheint sich ein Diskontierungssatz von 5 % durchzusetzen, und es gibt kaum schlüssige Gründe, diese Höhe nicht zu akzeptieren. Dieser Wert wird auch in den aktuellen deutschen Guidelines so gesetzt, zusätzlich sind Sensitivitätsanalysen für Diskontierungssätze in Höhe von 0, 3 und 10 % vorgesehen.[122]

Die meisten Daten, die in eine ökonomische Evaluationsstudie einfließen, müssen als unsicher gelten. Die Wirklichkeit ist zu komplex, als dass sie in einer einfachen Studie exakt abgebildet werden könnte. Auch mit einem noch so großen fi-

[119] Vgl. Greiner, W., Schöffski, O. (2007), S. 173.
[120] Vgl. Drummond, M. F., Teeling Smith, G., Wells, N. (1989), S. 34.
[121] Vgl. Schöffski, O. (1995a), S. 92.
[122] Vgl. Schulenburg, J.-M. Graf v.d., Greiner, W., Jost, F. u. a. (2007), S. 289.

nanziellen Budget der Studie können Annahmen nicht gänzlich vermieden werden. Ab einem bestimmten Punkt ist man bei jeder Studie auf plausible Annahmen angewiesen. Diese hinterlassen beim kritischen Leser der Studie oft Zweifel an der Richtigkeit, es könnte sein, dass das Ergebnis der Studie durch diese nicht verifizierbaren Daten schöngerechnet wird. Ein Instrument zur Offenlegung des Einflusses unsicherer Annahmen auf das Endergebnis der Studie stellen die *Sensitivitätsanalysen* dar. Hierbei werden durch eine Variation der Annahmen alternative Gesamtergebnisse ermittelt.

4.5 Die Berücksichtigung von Lebensqualitätseffekten

Der Nutzen einer Behandlung kann sich auch in einer höheren Lebensqualität des Patienten niederschlagen. Diese sollte daher bei ökonomischen Analysen berücksichtigt werden. Da sich Lebensqualitätseffekte im Gegensatz zu den weiter oben genannten Nutzenkomponenten einer einfachen Quantifizierung entziehen, bezeichnet man Lebensqualitätsänderungen häufig auch als intangible Effekte einer medizinischen Maßnahme. In den vergangenen Jahren ist das Interesse an der Messung der Lebensqualität von Patienten stark gestiegen. Die Erforschung der Lebensqualität ist durch einen hohen Grad an Interdisziplinarität geprägt. Nicht nur Mediziner und Ökonomen, sondern auch Sozialwissenschaftler, Statistiker, Psychologen und Epidemiologen beschäftigen sich mit dem Thema.

Für diese Entwicklung ist eine Reihe von Gründen zu nennen. Ausschlaggebend mag vor allem sein, dass bei einer steigenden Lebenserwartung die Zahl der chronisch erkrankten Menschen ständig zunimmt. Medizinische Maßnahmen können hier jedoch weder die volle Arbeitsfähigkeit wiederherstellen noch die Mortalität spürbar beeinflussen. Die Krankheiten können mit Hilfe der medizinischen Interventionen zwar nicht vollständig geheilt werden, letztlich führen sie aber zu einer Verbesserung des Wohlbefindens des Patienten. Um dieses Ergebnis ärztlichen Handelns messbar zu machen, müssen Outcomeparameter wie die Lebensqualität neben die der traditionellen Ergebnismessung treten.

Soll die Lebensqualität als Outcomeparameter in gesundheitsökonomischen Studien dienen, muss sichergestellt sein, dass die Lebensqualität gemessen und bewertet werden kann und die ermittelten Werte miteinander verglichen werden können. Zur Erfassung der Lebensqualität und ihrer Komponenten existieren verschiedene standardisierte und psychometrisch geprüfte Fragebögen, die bereits bei verschiedenen Evaluationsstudien eingesetzt wurden. Lebensqualitätsfragebögen können gemäß den folgenden Kriterien klassifiziert werden:[123]

- Nach dem Grad der Aggregation der Ergebnisdaten werden Profil- und Indexinstrumente unterschieden
- Nach dem Krankheitsbezug unterscheidet man krankheitsspezifische und generische Lebensqualitätsmessinstrumente

[123] Vgl. Schöffski, O. (2007b), S. 327.

- Nach der Angabe von Abständen zwischen zwei Lebensqualitätsstufen unterscheidet man Fragebögen mit ordinaler und kardinaler Skalierung

4.6 Die Integration von Lebensqualitätseffekten in gesundheitsökonomische Studien: Das QALY-Konzept

Die reine Nennung und gegebenenfalls auch Quantifizierung von Lebensqualitätseffekten einer medizinischen Leistung neben eher ökonomischen Daten kann aus theoretischer Sicht nicht befriedigen. Als ein Hauptzielkriterium muss die Lebensqualität in die ökonomische Studie integriert werden. Das Entscheidungsproblem wird dadurch aber sehr komplex, eine rationale Entscheidung kann kaum getroffen werden. Eine Entscheidungsfindung läuft immer darauf hinaus, dass man versucht, ein Entscheidungsproblem soweit zu vereinfachen, dass es sich auf den direkten Vergleich der unterschiedlichen Ausprägung einer Variablen bei Konstanz aller anderen Variablen reduziert. Und darum geht es im Prinzip beim hier vorgestellten Konzept: Es wird eine weitreichende Komplexitätsreduktion eines Entscheidungsproblems vorgenommen.

Die Komplexitätsreduktion des Entscheidungsproblems erfolgt in gesundheitsökonomischen Evaluationsstudien mit Hilfe des Konzepts der *qualitätskorrigierten Lebensjahre* (*quality-adjusted life-years, QALYs*). Es wird davon ausgegangen, dass sich menschliches Leben anhand der beiden Dimensionen Restlebenserwartung (quantitative Komponente) und Lebensqualität (qualitative Komponente) darstellen lässt. Die Restlebenserwartung reicht vom Beobachtungszeitpunkt bis zum Tod des Individuums, die Lebensqualität sei durch die beiden Werte 1 (= vollständige Gesundheit, keinerlei Einschränkungen der Lebensqualität) und 0 (= Tod) normiert. Beim QALY-Konzept werden die beiden Dimensionen Lebensqualität und Lebenserwartung zu einem neuen Aggregat zusammengefasst, es handelt sich demzufolge um ein eindimensionales Outcome-Maß. Dieses ist insbesondere deshalb von Bedeutung, als dadurch später sehr weitreichende Vergleiche möglich sind (z. B. Implantation eines Herzschrittmachers vs. Nichtraucherkampagne vs. Anschaffung eines Rettungshubschraubers).[124]

Es sei einmal angenommen, dass sich die Lebensqualität des Individuums zu jedem Zeitpunkt ermitteln und auf Werte zwischen 0 und 1 normieren lässt. Diese wird auf einer Ordinate abgetragen, die Zeitachse entspricht der Abszisse. Das Leben eines Individuums kann demzufolge durch die Fläche unterhalb der so entstandenen Kurve beschrieben werden. Stehen nun zwei alternative medizinische Leistungen zur Auswahl, ergibt sich die Vorteilhaftigkeit bezüglich des Behandlungsergebnisses aus der Differenz der Größe der Lebensqualitäts- / Lebensdauerflächen beider Maßnahmen. Die Maßeinheit, in der diese Messung vorgenommen wird, ist das QALY. Ein QALY entspricht dabei einem Jahr mit einer uneinge-

[124] Vgl. Wasem, J. (1997), S. 14.

schränkten Lebensqualität oder auch zwei Jahren mit einer Lebensqualität von 0,5 oder 10 Jahren mit einer Lebensqualität von 0,1. Das QALY ergibt sich demzufolge aus der multiplikativen Verknüpfung der beiden Dimensionen Lebensqualität und Lebenserwartung. Ein graphisches Beispiel (s. Abb. 4.3) soll diesen Sachverhalt verdeutlichen.

Es sei einmal angenommen, dass ein Patient mit einer eingeschränkten Lebensqualität beim Arzt erscheint. Beispielsweise könnte es sich um eine niereninsuffiziente, dialysepflichtige Person handeln. Aus Erfahrungswerten ist bekannt, wie sich die Lebensqualität und die Lebenserwartung dieses Patienten in den nächsten Jahren darstellt (hier dargestellt durch die Kurve „ohne Behandlung"). Der Patient hat anstelle der Dialyse aber auch die Alternative der Nierentransplantation. Direkt nach der Transplantation ist die Lebensqualität des Patienten erst einmal geringer als bei fortgesetzter Dialyse (z. B. wegen der Notwendigkeit von intensivmedizinischen Maßnahmen). Dieses wird der Patient nur in der Hoffnung auf eine später wesentlich verbesserte Lebensqualität und / oder längere Lebenserwartung auf sich nehmen. An dieser Stelle muss ermittelt werden, ob das Feld mit den gewonnenen QALYs größer ist als mit den verlorenen QALYs. Solch ein Fall, bei dem das Nettoergebnis positiv ist, ist in der Abbildung wiedergegeben.

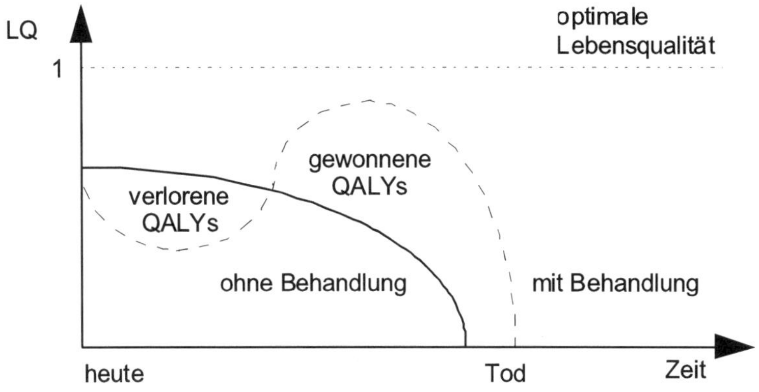

Abb. 4.3. Ermittlung der QALYs[125]

Obwohl in dem Beispiel zur besseren Anschauung angenommen wurde, dass es sich um einen Patienten handelt, muss an dieser Stelle betont werden, dass das QALY-Konzept nicht dazu geeignet ist über die Behandlung einzelner Personen zu entscheiden, sondern dass es „nur" um Allokationsentscheidungen geht, d. h. die Zuteilung von knappen Mitteln innerhalb des Gesundheitswesens. Die abgebildeten Kurven können als Durchschnittswerte einer Vielzahl von Patienten mit gleicher Krankheit interpretiert werden, sie sind sicherlich nicht auf der Ebene zwischen Arzt und Patient einzusetzen. Da sie Durchschnittswerte repräsentieren, kann der Lebensqualitätsverlauf eines einzelnen Falls durchaus anders aussehen.

[125] Vgl. Schöffski, O., Greiner, W. (2007), S. 103.

Hat man nun die Anzahl der gewonnenen QALYs durch die Anwendung einer bestimmten medizinischen Maßnahme ermittelt, können diese den zusätzlichen Kosten der Maßnahme gegenübergestellt werden. Durch eine einfache Division der Zusatzkosten durch die Anzahl der gewonnenen QALYs erhält man den Geldbetrag, der nötig ist, um ein zusätzliches QALY zu erhalten. Durch das ganze Verfahren wurde erreicht, dass man jeglicher medizinischen Maßnahme eine einzige Kenngröße zuordnen kann, nämlich genau den Betrag, der notwendig ist, um ein QALY zu gewinnen. Man hat demzufolge einen einheitlichen Nenner, der es erlaubt, Vergleiche über das gesamte Gesundheitssystem anzustellen. So können die Auswirkungen von neu entwickelten Arzneimitteln, verhaltensmedizinischen Maßnahmen, neuen Operationstechniken, diagnostischen Maßnahmen, Qualitätssicherungsmaßnahmen etc. miteinander vergleichbar gemacht werden.

Ein besonderer Vorteil dieser Vorgehensweise besteht darin, dass dadurch Allokationsentscheidungen möglich werden, ohne dass man einem Lebensjahr oder dem menschlichen Leben an sich einen Wert zuweist. Es wird nicht festgelegt, dass ein qualitätskorrigiertes Lebensjahr x € wert ist, und dass alle Maßnahmen, die ein zusätzliches QALY für weniger erreichen, durchgeführt werden und alle anderen nicht. Stattdessen wird ermittelt, dass ein bestimmtes Ergebnis (1 QALY) in einem Fall mit einem geringeren und in einem anderen Fall mit einem höheren Ressourceneinsatz erreicht werden kann. Es bleibt weiterhin eine politische Entscheidung, wie viel Geld im Gesundheitswesen eingesetzt werden soll und wie viel Gesundheit man sich damit leisten will.

Die Ergebnisse von Kosten-Nutzwert-Analysen, die auf dem QALY-Konzept beruhen, können in einem nächsten Schritt zu einer Liste zusammengefasst werden. Man spricht dann von einer League-Table (auch Rangliste oder „Hit-Liste"). Diese Liste ist so geordnet, dass die Maßnahmen, bei denen ein QALY relativ preiswert erzeugt werden kann, oben stehen, Maßnahmen mit einem eher schlechten Nutzwertergebnis stehen weiter unten. Diese Liste kann dann als Entscheidungshilfe zur Optimierung der Allokation dienen. Steht man vor dem Problem, entscheiden zu müssen, wo im Gesundheitswesen eine zusätzliche Geldeinheit eingesetzt werden soll, wäre es ökonomisch rational, diese dort einzusetzen, wo man ein zusätzliches QALY relativ preiswert erhält. Da die League-Table aber nur als Entscheidungshilfe konzipiert ist, kann man sich bei der Allokationsentscheidung natürlich auch für schlechter bewertete Maßnahmen entscheiden. Die League-Table gibt dann Auskunft darüber, auf was man verzichtet, wenn man diese zusätzliche Geldeinheit nicht der effizientesten Verwendung zuführt.

Das Konzept der qualitätskorrigierten Lebensjahre ist in sich geschlossen und leicht nachvollziehbar. Trotzdem ist in ihm eine Reihe von impliziten Annahmen enthalten, die die praktische Anwendbarkeit zumindest erschweren. Ein generelles Problem der League-Tables und des dahinter stehenden QALY-Konzepts besteht erstens darin, dass sie durch ihre hohe Aggregation dem Entscheidungsträger vorspiegeln, dass es sich bei der Allokation von knappen Mitteln um eine schnelle und leichte Entscheidung handelt. Der Entscheidungsträger wird kaum noch über die Schwierigkeiten und die Komplexität des Problems nachdenken und daher die Tragweite seiner Entscheidung unterschätzen, wenn er nur noch zwei Kennzahlen miteinander vergleichen muss. Kann denn menschliches Leben überhaupt in Wirtschaftlichkeitsuntersuchungen integriert werden oder stellt es nicht einen absoluten Wert dar? Ist denn ein inter- oder intrapersoneller Nutzenvergleich, wie er hier vorausgesetzt wird, überhaupt möglich? Ist es denn tatsächlich der Fall, dass ein Lebensqualitätsgewinn von 0,25 für die Dauer von vier Jahren exakt dasselbe bedeutet wie ein Lebensqualitätsgewinn von 0,1 für 10 Jahre oder wie ein Lebensjahr mit einer optimalen Lebensqualität. Besteht ein linearer Zusammenhang zwischen Quantität und Qualität eines Lebens, d. h. sind Individuen tatsächlich indifferent zwischen diesen beiden Dimensionen? Diese und ähnliche Fragen muss jeder Entscheidungsträger erst einmal für sich beantworten, bevor er die League-Tables zur Entscheidungsfindung heranzieht.

Trotzdem stellt dieses Konzept zumindest theoretisch eine gute Möglichkeit dar, die Ressourcenallokation im Gesundheitswesen auf eine objektive Basis zu stellen. Es ist nicht unwahrscheinlich, dass bei einer konsequenten Allokation nach Nutzwerten mehr QALYs und damit mehr Gesundheit „eingekauft" werden könnte. Sicherlich gibt es noch eine Reihe von Fragen zu klären. Aber auch schon heute ist eine Entscheidung, die auf den nachvollziehbaren Annahmen des QALY-Konzepts beruht, bei allen kritisierbaren implizit enthaltenen Annahmen besser als eine Entscheidung, bei der der Entscheidungsträger nicht nachvollziehbar handelt, wie es heutzutage im Gesundheitswesen noch der Normalfall ist.

Wie sieht es aber mit der praktischen Anwendung des Konzepts aus? Handelt es sich nur um ein theoretisches Konstrukt oder ist es praxisrelevant. Für Deutschland kann diese Frage noch nicht abschließend beantwortet werden, da das *Institut für Qualität und Wirtschaftlichkeit im Gesundheitswesen (IQWiG)* noch nicht abschließend entschieden hat, mit welchen Methoden es die Abschätzung von Kosten und Nutzen im Gesundheitswesen vornehmen wird. In einem ersten Entwurf eines Methodenpapiers beschränkt sich das IQWiG auf Vergleiche innerhalb von Indikationen, bei denen man eine allgemeingültige Nutzenmessung nicht unbedingt benötigt. Anders die Situation beispielsweise in Großbritannien: Das dortige *Institut for Health and Clinical Excellence (NICE)* fordert zur Beurteilung der Erstattungsfähigkeit einer Innovation die Vorlage einer Studie gemäß dem QALY-Konzept. Ohne eine solche Studie und ohne akzeptable Ergebnisse bleibt der britische Markt entsprechenden Innovationen verschlossen.

Teil B:

Funktionen im pharmazeutischen Unternehmen und seine Besonderheiten

1 Strategische Planung in pharmazeutischen Unternehmen

Simone Seiter

IMS Health GmbH & Co. OHG, Frankfurt/Main

1.1 Das aktuelle Umfeld der pharmazeutischen Industrie in Deutschland

Das Marktumfeld für die deutsche Pharmaindustrie hat sich in den letzen Jahren deutlich verändert und steht unter einem anhaltend starken wirtschaftlichen Druck. Die Regierung und die verschiedenen Sozialpartner suchen seit Jahren nach Wegen, die Kosten im Gesundheitswesen dauerhaft zu reduzieren. Vor allem der pharmazeutischen Industrie wurden seit Jahren durch Preisfestsetzungen und andere Reglementierungen weitreichende Restriktionen auferlegt. Einen regelrechten Wendepunkt markiert das Jahr 2007; im Rahmen der Umsetzung des GVK-WSG wurde eine umwälzende Marktdynamik in Gang gesetzt, die das absatzwirtschaftliche Umfeld für die Branche hierzulande fundamental verändert hat (§130a (8) und § 305a SGB V):

Neben mehr Wettbewerb in der gesetzlichen Krankenversicherung und einer Verbesserung der sektorübergreifenden Versorgung wurden mit der Einführung von Rabattverträgen im großen Stil zusätzlich zu den bisherigen Festbetragsmechanismen und der Stärkung des IQWIGs die wirtschaftlichen Rahmenbedingungen der Unternehmen deutlicher verändert als dies mit vorangegangenen Reformen geschah. Nach Jahren der eher „symptomatischen" regulatorischen Adjustierungen haben sich diesmal u. a. durch das Entstehen völlig neuer Entscheidungsträger im pharmazeutischen Vertriebswesen die Marktbedingungen fundamental, also „systemisch" verändert.

Neben der zunehmenden Ökonomisierung des Gesundheitswesens dürfen auch die zunehmende vertikale und horizontale Integration als Katalysatoren eines fundamentalen Wandels der ‚Go-to-Market' Modelle von Pharmaunternehmen gelten. Die horizontale Integration ist dabei durch den strategischen Zusammenschluss von gleichartigen Einheiten auf einer Wertschöpfungsstufe gekennzeichnet, z. B. Praxisnetze, Praxisketten oder Medizinischen Versorgungszentren.

Darüber hinaus breitet sich der private Krankenhaussektor in Form von teilweise börsennotierten Klinikketten weiter aus. Außerdem ist die Entstehung von Apothekenketten und ein daraus resultierender Verdrängungswettbewerb nach Fall des Mehrbesitzverbots, d. h. voraussichtlich spätestens 2010, auch in Deutschland zu erwarten. Hierdurch entstehen u. a. neue Kundenstrukturen für die Pharmaindustrie, die sich durch eine massive Konzentration von Nachfragemacht auszeichnen.

Die vertikale Integration hingegen ist durch den Zusammenschluss von Teilnehmern des Gesundheitsmarktes auf unterschiedlichen Stufen der Versorgungskette gekennzeichnet. Managed Care Strukturen entstehen, in denen sich Kassen und Leistungserbringer außerhalb der kollektivvertraglichen Regelversorgung sektorübergreifend organisieren. Die Übernahme von Apotheken durch pharmazeutische Großhändler führt zu neuen Strukturen in der Arzneimitteldistribution (Apothekenketten und Franchise-Konzepte). Auch dieser Trend bedeutet, dass pharmazeutische Hersteller auf der so genannten ‚Supply Side' neuen Entscheidungsträgern mit konzentrierter Nachfragemacht gegenüber stehen werden. Auch der Trend zur Direktbelieferung von Apotheken durch die Arzneimittelhersteller ist im Lichte der vertikalen Integration zu sehen, weil dadurch eine ganze Handelsstufe eingespart wird. Mit Einführung von Gesundheitsfonds und Morbi-RSA wird sich der Vertragswettbewerb 2009 zudem weiter zuspitzen.

Neben den beschriebenen Einschränkungen bieten diese Entwicklungen den Arzneimittelherstellern aber auch interessante strategische Optionen beispielsweise außerhalb der Regelversorgung. Zu den gesetzlichen Veränderungen kamen für die Pharmaindustrie in den vergangen Jahren nämlich weitere Veränderungen hinzu. Insbesondere hat sich die Einstellung des Patienten zum Thema Gesundheit gewandelt; ein beträchtlicher Teil der Patienten nutzt nun das Internet oder andere Informationsquellen um sich über seine Krankheit und die vorhandenen Behandlungsmöglichkeiten zu informieren; Schätzungen gehen von einem Anteil von 30 bis 40 % „informierter Patienten" aus. Diese Patienten fordern vom Gesundheitssystem und den Leistungserbringern eine bestmögliche Behandlung und sind mehr als in früheren Jahren bereit, für medizinische Leistungen Zuzahlungen zu leisten bzw. die Kosten selbst zu tragen. Begünstigt wurde diese Entwicklung durch weitere technologische Fortschritte z. B. den Einsatz von telemedizinischen Anwendungen, die den Ärzten vielfältige Möglichkeiten im Bereich Compliance Management, Diagnostik und Patientenmonitoring bieten und für die Industrie neuartige Ansatzpunkte darstellen.

So hat der stetige medizinische Fortschritt der letzen Jahre beispielsweise in den Bereichen Nanotechnologie und regenerative Medizin / Tissueengineering die Behandlung von Krankheiten nachhaltig verbessern können. Durch die Fortschritte in der Genomforschung wurden völlig neue Wege der Behandlung von Krankheiten eröffnet; „Targeted therapies" bieten bereits die Möglichkeit für den einzelnen Patienten eine individuelle Therapie zu entwickeln, deren optimale Wirkung eben nur bei bestimmten Patienten eintritt, was den Therapieerfolg wahrscheinlicher machen kann. Die Erkenntnisse der Gentechnik eröffnen neue Marktchancen für die Pharmaindustrie, so zum Beispiel im Bereich diagnostischer Tests oder Präventivmedizin.

Der permanent steigende Wettbewerbsdruck, abnehmende Innovationseffizienz in der Forschung sowie die stetig zunehmenden Marktbeschränkungen zwingen die Unternehmen zu einer deutlichen Reduzierung der F&E-Zeiten im Sinne einer „shorter time to market". Dem gegenüber steigen die Kosten für F&E seit Jahren aufgrund höherer Zulassungsanforderungen von nationalen und internationalen Behörden, komplexer werdenden klinischen Studien (s. Biomarker) und damit kürzer werdenden exklusiven Nutzungsrechten von patentgeschützten Produkten nach Markteinführung.

Eine derart dynamische Umwelt erfordert Reaktionen der Pharmaunternehmen, die ihren Niederschlag in strategischen Überlegungen und insbesondere der strategischen Planung finden. Die Durchführung einer effizienten und effektiven strategischen Planung sowie ihrer erfolgreichen Umsetzung (Organisation und Kontrolle) hat sich in den letzen Jahren noch deutlicher zu einer der wesentlichen Aufgaben des Top Managements eines pharmazeutischen Unternehmens entwickelt.

1.2 Strategische Planung: Grundlagen

Während frühere Definitionen sämtlichst die Strategiedefinition und den Prozess der Strategieimplementierung umfassten, beschreiben die heutigen Definitionen strategische Planung als „einen informationsverarbeitenden Prozess zur Abstimmung von Anforderungen der Umwelt mit den Potenzialen des Unternehmens in der Absicht, mit Hilfe von Strategien den langfristigen Erfolg eines Unternehmens zu sichern".[1] Die strategische Planung soll dazu beitragen, dass das Unternehmen frühzeitig auf die sich abzeichnenden Veränderungen reagiert und sich mit Hilfe geeigneter Strategien den langfristigen Erfolg sichert und so zumindest überlebensfähig bleibt.

Üblicherweise wird zwischen strategischer Planung für bestimmte Produkt-, Marktkombinationen (Geschäftsfelder) mit einem langfristigen Planungshorizont von fünf und mehr Jahren und dem Ziel einer langfristigen Sicherung von Erfolgspotenzialen und der operativen / taktischen Planung von „laufenden" Unternehmensaktivitäten, die auf die Erarbeitung von Maßnahmen für die einzelnen betrieblichen Funktionsbereiche zielt, unterschieden. Es ist jedoch nicht nur die Zeitdimension, die beide unterscheidet, sondern auch die Ausrichtung und das Vorgehen. Bei der strategischen Planung steht die zukunftorientierte und gestaltende Vorgehensweise im Vordergrund, während die operative Planung sich mit Umsetzung der Strategien, insbesondere mit der Konzeption des Marketing-Mix beschäftigt.

[1] Bea, F. X., Haas, J. (2001), S. 49.

Tabelle 1.1. Abgrenzung strategische und operative Planung

Merkmal	Strategische Planung	Operative Planung
Planungsobjekt	Gesamtbetrieb, Geschäftsbereiche, Produkte	Teilbereiche oder Funktionsbereiche des Betriebs
Planungsträger	Senior-Management	Mittleres und unteres Management
Planungshorizont	Tendenziell langfristig	Tendenziell kurzfristig, das laufende Geschäft betreffend
Planungsrhythmus	Unregelmäßig / regelmäßig, problembezogen, ereignisorientiert	Regelmäßig, periodisch, in kürzeren Zeitabständen
Planungsziele	Entwicklung von Strategien zur Existenzsicherung und langfristigen Weiterentwicklung des Unternehmens, seiner Geschäftsbereiche oder Produkte	Umsetzung von Strategien in den Unternehmensteilbereichen, Erarbeitung von Vorgaben für die Ausführungsebenen, Ressourcenoptimierung
Bedeutung	Sicherstellung des langfristigen Unternehmenserfolgs, durchaus manchmal mit erheblichen Investitionen verbunden, relativ statisch	Operative Grundlage des Geschäftsbetriebs, i. d. R. mit überschaubaren finanziellen Risiken verbunden, flexibel

1.3 Der strategische Planungsprozess

Die strategische Planung eines Unternehmens behandelt die grundsätzlichen Ziele eines Unternehmens auf Basis einer Analyse der momentanen Unternehmenssituation, des Marktumfeldes sowie aktueller Markttrends. Schlüsselthemen eines strategischen Planungsprozesses sind bei den meisten Unternehmen: Produkt-, Markt- und Wettbewerbsstrategien, Strukturoptimierungen und das Management von Innovationen. Themen wie Merger & Acquisitions werden in der Regel in einem getrennten, asynchronen Prozess behandelt. Die strategische Planung hat somit die folgenden Aufgaben:

- Chancen zu erkennen und zu nutzen (bei einem Pharmaunternehmen beispielsweise die Identifikation neuer vielversprechender Therapiegebiete)
- Risiken zu identifizieren, möglichst kontrollierbar zu halten (beispielsweise Veränderungen im Bereich der Kostenerstattungsverfahren oder neue Wettbewerber)

- Stärken zu erhalten und auszubauen (beispielsweise erfolgreiche zukunftsfähige Therapiegebiete weiter zu entwickeln oder rechtzeitig auf neue Distributionskanäle zu reagieren)
- Schwächen zu mindern und zu beseitigen (beispielsweise Portfoliolücken durch neue Produkte zu füllen oder verlustbringende Portfoliobereiche abzustoßen)

Bei der Durchführung der strategischen Planung arbeiten Theorie und Praxis Hand in Hand. Diese Aufgabe verlangt einem Manager sowohl fundierte analytische Fähigkeiten als auch Entscheidungsfreudigkeit und unternehmerisches Handeln ab. Theoretisch ist das Ziel der strategischen Planung der so genannte System-Umwelt-Fit: die zukunftsbezogene Übereinstimmung des Unternehmens mit seinen Umweltcharakteristika. Um dieses Ziel zu erreichen, findet in den meisten Unternehmen ein klar definierter, strategischer Planungsprozess Anwendung, der in sechs einzelne aufeinander folgende Prozessschritte gegliedert werden kann:

- Zieldefinition
- Analyse des Umfelds und Unternehmens
- Entwicklung von strategischen Alternativen
- Bewertung der strategischen Alternativen
- Strategieauswahl und Implementierung
- Monitoring und Feedback

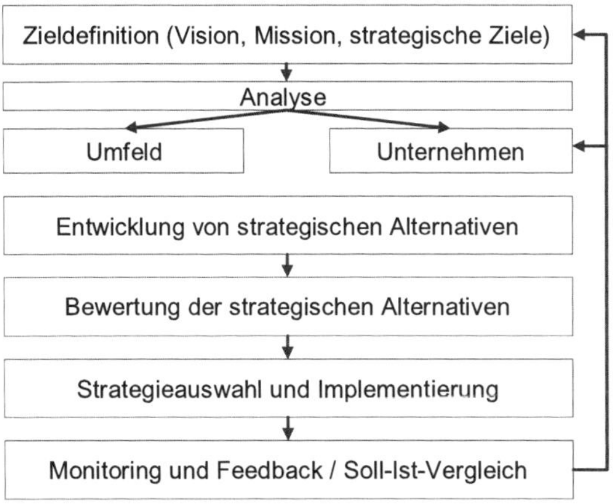

Abb. 1.1. Übersichtsdarstellung der Teilschritte des strategischen Planungsprozesses

1.3.1 Schritt 1: Zieldefinition

Jeder strategische Planungsprozess setzt die Formulierung einer Zielvorstellung voraus. Je nach Bereich, für den das Ziel gelten soll, sind unterschiedliche Maßstäbe an Konkretion und Signifikanz des Ziels anzulegen, wodurch sich eine Zielhierarchie ergibt

Abb. 1.2. Übersicht über die Zielhierarchie eines Unternehmens

An der Spitze der Zielhierarchie steht eine Vision als die allgemein und grundsätzlich gehaltene Vorstellung von der künftigen Rolle des Unternehmens. In diesem Zusammenhang ist oft auch von der so genannten Unternehmensphilosophie die Rede. Unternehmensleitbilder oder Führungsgrundsätze – so genannte Missionen – dienen als Orientierungshilfen für das Verhalten der Mitarbeiter gegenüber den Partnern des Unternehmens und liefern Grundsätze für die Verwirklichung dieser Vision. Unternehmensziele dienen dann zur Präzisierung der bewusst vage gehaltenen Vision. Oft kommen auf dieser Ebene schon Zahlen ins Spiel oder man orientiert sich an qualitativen Zielen wie beispielsweise der Verteidigung der Marktführerschaft. Geschäftsbereichsziele hingegen stellen eine weitere Operationalisierung der strategischen Vorgaben für einzelne Geschäftsbereiche dar. Diese Operationalisierung wird in der Regel mit quantitativen Kennzahlen wie z. B. dem Return on Investment (RoI) ausgedrückt und in Funktionsbereichszielen noch weiter konkretisiert.

Die Unternehmensvision wird in der Regel im Rahmen von Management-Workshops mit dem Top-Management entwickelt. Bei multinationalen Unternehmen geschieht dies normalerweise durch die Muttergesellschaft und wird dann als verbindliche Vision für die Landes- und Tochtergesellschaften festgelegt. Eine umfassende und aussagekräftige Unternehmensvision sollte die folgenden grundlegenden Fragen beantworten können:

- Welches übergeordnete Ziel soll das Unternehmen erreichen? In welche Richtung bewegt sich das Unternehmen?
- Warum wird dieser Weg eingeschlagen?
- Was muss wie getan werden, um dieses Ziel zu erreichen? Welches sind die dabei kritischen (Erfolgs)faktoren für das Unternehmen?

Beispielhaft sind in diesem Beitrag zwei Unternehmensvisionen von deutschstämmigen, pharmazeutischen Unternehmen dargestellt. Beide Visionen unterscheiden sich dabei deutlich in Umfang und Konkretisierungsgrad.

We care: Mit Produkten von höchster Qualität und überlegenem Nutzen übernimmt Merz Verantwortung für die Gesundheit des Menschen. Die faire und konstruktive Partnerschaft mit unseren Kunden – insbesondere Patienten, Ärzten und Apothekern – sowie mit kooperierenden Unternehmen ist dabei eine wichtige Maxime unseres unternehmerischen Handelns. Merz richtet seine Unternehmenspolitik darauf aus, Spezialist in den Kernkompetenzen Zentrales Nervensystem (ZNS) und Dermatologie zu sein. Für Kunden und Geschäftspartner ist Merz ein innovativer, qualifizierter und verlässlicher Partner und Leistungserbringer. Zielsetzung von Merz ist es, seine Bedeutung im Markt weiter zu stärken und den Unternehmenswert zu steigern. Merz bietet den Gesellschaftern und Mitarbeitern eine solide, unabhängige Unternehmensbasis und attraktive Zukunftsperspektiven.

Kunden und Geschäftspartner: Wir richten unser Handeln konsequent auf die Bedürfnisse unserer Patienten, Kunden und Geschäftspartner aus.

Produkte: Wir entwickeln, produzieren und vertreiben Produkte von höchster Qualität und überlegenem Nutzen. Dabei konzentrieren wir uns auf die Kernkompetenzen, in denen wir über exzellentes Know-how verfügen oder zu den führenden Anbietern zählen.

Forschung und Entwicklung: In unserer Forschung und Entwicklung konzentrieren wir uns auf innovative Problemlösungen für mehr Gesundheit und bessere Lebensqualität.

Mitarbeiter: Unsere Mitarbeiter sind ein wesentlicher Faktor für den Unternehmenserfolg von Merz. Ihr Engagement und ihre Qualifikationen werden weiter gefördert.

Internationalität: Wir planen und handeln international. Dazu investieren wir beispielsweise in den Aufbau eigener Tochtergesellschaften in unseren Wachstumsmärkten wie Italien und England. Ein wesentlicher Baustein bei Merz bleibt die erfolgreiche Kooperation mit unseren Lizenzpartnern.

Zukunft von Merz: Merz arbeitet auf allen Ebenen qualitätsbewusst und renditeorientiert. Ertrag geht vor Umsatz. Das unternehmerische Handeln aller Mitarbeiter steigert unseren Firmenwert und sichert nachhaltig unsere Eigenständigkeit.

Abb. 1.3. Unternehmensphilosophie von Merz Pharmaceuticals[2]

[2] Quelle: Merz (2008).

„Werte schaffen durch Innovation"
In einer wettbewerbsorientierten und sich ständig wandelnden Welt verändern sich auch Produkte, Dienstleistungen und Unternehmen in immer kürzeren Abständen. Für einen kontinuierlichen Erfolg muss ein Unternehmen in seinen Kernkompetenzen Mitbewerbern überlegen sein und sich ständig weiterentwickeln.
Die Mitarbeiter von Boehringer Ingelheim arbeiten in aller Welt intensiv an der Erforschung und Entwicklung neuer und innovativer Medikamente. Es ist das Ziel aller Mitarbeiter, durch Innovation auf allen Unternehmensebenen den Wert der Produkte für die Kunden zu steigern.
Dieses zentrale Konzept wird durch die Vision des Unternehmens unterstützt. Innovation ist dabei der Schlüssel, um Werte zu schaffen. Diese Vision stärkt Boehringer Ingelheim weltweit und ist ein Element unternehmerischen Erfolgs.

Abb. 1.4. Vision von Boehringer Ingelheim[3]

Grundlage für die erfolgreiche Entwicklung und Umsetzung einer Unternehmensvision ist ein klares Verständnis hinsichtlich Zweck und Richtung der Unternehmensentwicklung seitens der Mitarbeiter und ein aktives (er)leben dieser Veränderungen.

Ausgehend von Vision und Mission des Unternehmens werden durch das Top Management im Rahmen des strategischen Planungsprozesses die wichtigsten Eigenschaften und Erfolgsfaktoren des pharmazeutischen Unternehmens global festgelegt und als Unternehmensstrategie formuliert. Hierbei geht es meist um einen Planungshorizont von 5 und mehr Jahren. Hierzu werden die noch allgemein formulierten Ziele der Unternehmensvision durch Ableitung von Strategien und Konzepten konkretisiert und Zielsetzungen für die Geschäftsbereiche und Unternehmensprozesse im Rahmen der auf den verschiedenen Ebenen ablaufenden Planung abgeleitet. Beispiele für strategische Ziele sind:

- Verbesserung der Marktstellung des Unternehmens
- Eroberung neuer Märkte bzw. Erschließung neuer Therapiegebiete
- Verteidigung von Marktführerschaft
- Sicherung der unternehmerischen Unabhängigkeit
- Steigerung vom Shareholder-Value oder des Aktienkurses
- Verbesserung der Eigenkapital- oder Fremdkapitalrentabilität

Wie bereits erwähnt können Ziele qualitativer und quantitativer Natur sein. Quantitative Ziele, d. h. mit Zahlenangabe, sind beispielweise Umsatzrendite, Eigenkapitalrendite, Rendite des Gesamtkapitals sowie Kennziffern wie Umsatz je Beschäftigter, Marktanteil, Marktwachstum.

Entscheidend ist letztlich, dass die vorgegebene strategische Richtung von der gesamten Organisation akzeptiert, umgesetzt und gelebt wird. Um die Akzeptanz der Strategie sicherzustellen, umfasst die strategische Planung in der Regel größere Teile der Organisation über einen mehrstufigen Prozess: während die Unternehmensziele, Entscheidungen über das Geschäftsfeld sowie eine generelle Ver-

[3] Quelle: Boehringer Ingelheim (2008).

teilung der Ressourcen auf der Unternehmensebene getroffen werden, werden auf Geschäftsbereichsebene in der Regel die Wettbewerbsstrategie definiert oder die Produkt- / Marketingstrategien formuliert. Bei der Funktionsbereichsebene fokussiert sich der Prozess dann eher auf die operative Planung, beispielsweise auf die Maximierung der Ressourcen-Produktivität sowie einer aktiven Unterstützung der anderen Bereiche.

Die in Unternehmen üblichen Planungszeithorizonte und der Detaillierungsgrad der strategischen Planung lassen sich anhand der Graphiken in Abb. 1.5 und 1.6 darstellen. Der Planungsprozess ist in den meisten Unternehmen komplexer Natur und ist meist durch eine Vielzahl von Vor- und Rückkopplungsschleifen gekennzeichnet. Solche Prozesse variieren an sich stark zwischen den jeweiligen Unternehmen: neben offensiven, innovationsfokussierten Prozessen gibt es auch an KPIs angelehnte, stark formalisierte Varianten. Die unterschiedlichen Varianten solcher Planungsprozesse sind weitgehend durch die bestehende Unternehmenskultur, die Unternehmensausrichtung (Technologieunternehmen vs. Dienstleitungsunternehmen) und die Unternehmensgröße und Bestandszeit bedingt.

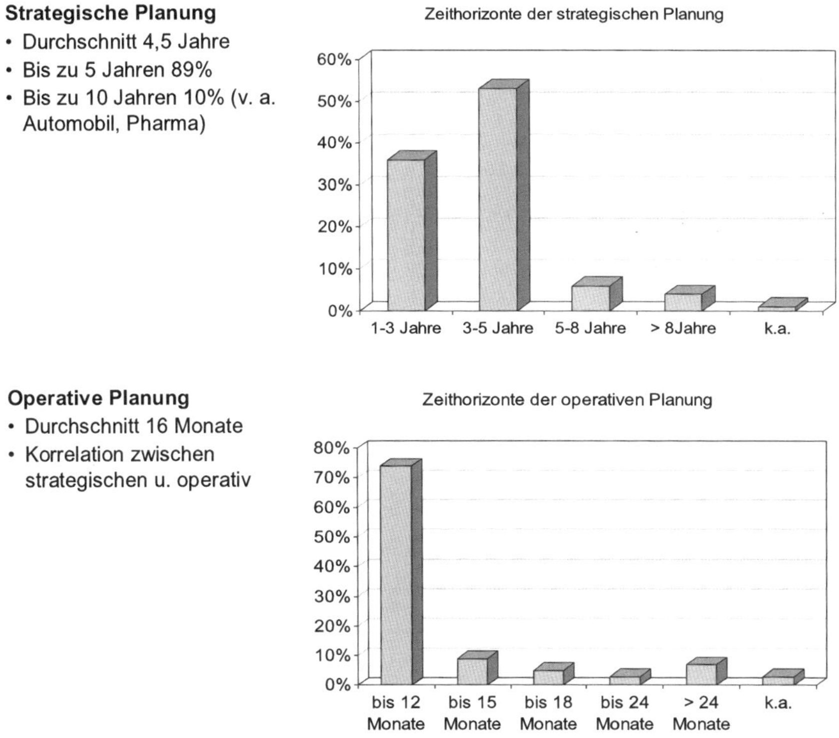

Abb. 1.5. Zeithorizont der strategischen und der operativen Planung (Studienergebnisse)[4]

[4] Quelle: Institut für Business Intelligence (2004).

Der zeitliche Anteil, den die einzelnen Unternehmensebenen für strategische Planung aufwenden, nimmt um so mehr zugunsten der operativen Planung und Ertragsplanung ab, je tiefer die Hierarchieebene angesiedelt ist. Verschiedene Studien deuten daraufhin, dass in den meisten Unternehmen der Prozess einmal jährlich auf Unternehmensebene im Rahmen der einmal jährlichen Überprüfung des strategischen Plans durchgeführt wird und dann einschließlich der Vorbereitung durchschnittlich sechs Monate in Anspruch (drei bis neun Monate) nimmt (IMS Recherchen und Projekterfahrungen). Innerhalb der einzelnen Geschäftsbereiche und Abteilungen wiederholt sich der Planungsprozess in kürzeren Zeitabständen oft permanent.

Sehr niedrig / niedrig
- Strategische Planung 61% (0-40 bzw. 41-80 Datenfelder)
- Operative Planung 41% (0-50 bzw. 51-100 Datenfelder)

Sehr hoch / hoch
- Strategische Planung 18% (121-160 bzw. >160 Datenfelder)
- Operative Planung 36% (201-250 bzw. >250 Datenfelder)

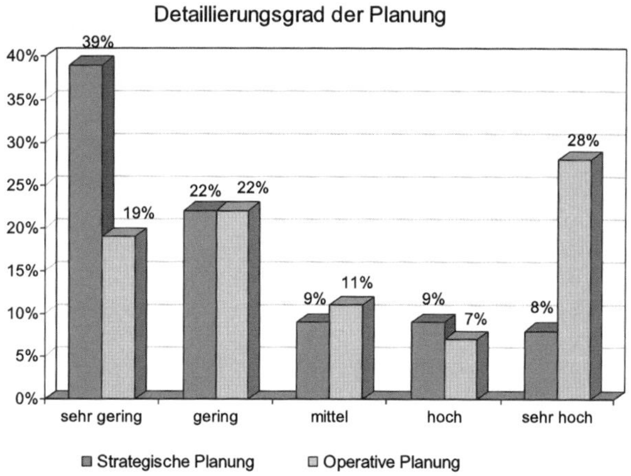

Abb. 1.6. Übersicht über den Detaillierungsgrad der strategischen Planung (Studienergebnisse)[5]

1.3.2 Schritt 2: Analyse des Umfelds und des Unternehmens

Um eine Grundlage für den System-Umwelt-Fit zu schaffen, werden das relevante Marktumfeld aber auch das Unternehmen selbst periodisch analysiert. Diese Analysen zielen auf die Identifikation von Chancen und Risiken für das Unternehmen ab. Zielbereiche der Umfeldanalyse sind dabei aktuelle Markttrends und -treiber, das Wettbewerberfeld sowie die im Markt aktiven Stakeholder und deren Aktivitäten. Die Attraktivität eines Marktes beispielsweise wird von mehreren Faktoren / Bestimmungsgrößen beeinflusst: einerseits vom Marktpotenzial (Marktgröße und Marktwachstum), weiterhin von der Marktstruktur (Monopol, Oligopol, Monopson, Oligopson etc.) und nicht zuletzt von der Beschaffenheit des Gutes (z. B. leichte Substituierbarkeit).

[5] Quelle: Institut für Business Intelligence (2004).

Neben der Umfeldanalyse sollte stets auch eine umfassende Analyse des eigenen Unternehmens erfolgen mit dem Ziel die eigenen Stärken und Schwächen zu ermitteln. Hierfür stehen den Unternehmen verschiedenste Methodiken und Tools zur Verfügung. Mit Abstand am häufigsten werden die SWOT-Analyse, Fokusinterviews, Markt- / Potenzialanalysen, Marktmodellierungsansätze sowie Kunden- und Finanzanalysen eingesetzt.

1.3.3 Schritt 3: Entwicklung von strategischen Alternativen

Nach der Durchführung der Umfelds- und Unternehmensanalyse müssen strategische Optionen für das Unternehmen entwickelt werden. Hierbei ist wichtig, dass nicht nur die offensichtlichen Alternativen sondern auch neue innovative Ansätze in Betracht gezogen werden. Weiterhin sollte immer auch die Beibehaltung des Status Quo als Alternative sowie die Veränderungsbereitschaft und -fähigkeit der Organisation einer kritischen Prüfung unterzogen werden.

1.3.4 Schritt 4: Bewertung der strategischen Alternativen

Nach der Entwicklung und Konkretisierung der verschiedenen strategischen Alternativen gilt es nun die einzelnen Optionen gründlich zu bewerten. Im Rahmen dieses Prozesses muss sichergestellt werden, dass die Bewertung von Strategieoptionen strukturiert, stringent und transparent durchgeführt wird. Erst dann können werthaltige Aussagen hinsichtlich der Übereinstimmung von Optionen mit der jeweiligen Unternehmensvision bzw. den Unternehmenszielen sowie hinsichtlich interner und externer Umfeldbedingungen getroffen werden. Häufig ist es verführerisch die augenscheinlich beste Option nach subjektiven Parametern zu bestimmen, doch eine systematische Bewertung hinterfragt solche Urteile häufig. Ein großer Teil des Erfolges einer strategischen Planung hängt also davon ab, wie gut die einzelnen Optionen analysiert und bewertet werden. Diese Anforderung stellt auch gleichzeitig die größte Schwierigkeit der strategischen Planung dar: gerade die zukünftigen Strategiealternativen müssen antizipativ und eine Erfolgswahrscheinlichkeit abgeschätzte bzw. bewertet werden: Kann man mit Sicherheit sagen, dass eine gewählte Strategie später auch den erwünschten Erfolg nach sich zieht? Als Lösungsmöglichkeiten des Bewertungsproblems bietet die Theorie zwei Ansätze: zum einen die typologische Vorgehensweise mit Normstrategien (z. B. das PIMS-Programm) und zum anderen der Einsatz von analytischen und heuristischen Planungsmodellen (auf die Details derartiger Bewertungen wird hier nicht näher eingegangen).

Die Entwicklung und Bewertung solcher Strategien stützt sich dabei oft auf Szenarioanalysen, Portfoliomatrices sowie Business Case Templates.

1.3.5 Schritt 5: Strategiewahl und Implementierung

Nach der Entwicklung und Bewertung der strategischen Alternativen folgt die Entscheidung für eine Strategie und deren Implementierung. Damit die ausgewählten strategischen Optionen zum gewünschten Unternehmenserfolg und einer Verbesserung der Unternehmensperformance führen können, ist eine effiziente und stringente Implementierung erforderlich. Dazu wird die Strategie in der Regel in Form von Einzelmaßnahmen mit genau umrissenen Zielen für einzelne Geschäfts- oder Funktionsbereiche definiert. Die weitere Implementierung erfolgt dann zum einen auf der organisatorischen, zum anderen auf der personellen Ebene. Im Rahmen der Ablauforganisation wird die genaue Umsetzung der Teilstrategien innerhalb der Organisation geplant; die Umsetzung kann dann entweder Top-Down oder Bottom-Up erfolgen. Wesentlich für die erfolgreiche Umsetzung ist die Schaffung personeller Voraussetzungen für die Implementierung. Zum einen braucht es Mitarbeiter, welche die neue Strategie ins Unternehmen tragen und die anderen Mitarbeiter „mitziehen“: die so genannten Promotoren. Zum anderen setzt eine neue Strategie unter Umständen neue Fähigkeiten und Kenntnisse bei den Mitarbeitern voraus. Die Schaffung dieser Voraussetzung ist Aufgabe der Fach- bzw. Personalabteilungen, die dies mit geeigneten Schulungsprogrammen oder Neueinstellungen sicherstellen müssen. Implementierung ist somit in der Regel nicht mehr Aufgabe des Top-Managements sondern wird durch operative Funktionseinheiten in der Organisation durchgeführt, wobei verschiedene Projektmanagement Tools (derzeit am häufigsten MS Excel sowie MS Project), Performance Management Tools, Balanced Score Cards sowie operative Planungs- und Controlling-Tools gängigerweise zum Einsatz kommen.

1.3.6 Schritt 6: Monitoring und Feedback

An den strategischen Planungsprozess und die erfolgte Implementierung sollte sich optimalerweise das Monitoring und Feedback für die implementierten Strategien anschließen. Hier finden sich wieder Ähnlichkeiten zum zweiten Schritt, da ebenfalls wieder sowohl eine Bewertung des Umfeldes als auch der Unternehmenssituation, d. h. die Zielerreichung der Implementierung entsprechend einem definierten Reviewprocess, erforderlich ist. Hierbei müssen die tatsächlichen Ergebnisse der Strategie(implementierung) sowohl einem Abgleich mit den erwarteten Ergebnissen als auch mit möglichen Veränderungen im organisatorischen Umfeld standhalten.

Die externe Bewertung beinhaltet hier eine Bewertung des Makroumfeldes, Veränderungen im Wettbewerbsumfeld und deren Fähigkeiten, neue Aktivitäten der Wettbewerber und Veränderungen im Stakeholderumfeld. Die so gewonnenen Informationen dienen ihrerseits wieder als Grundlage für mögliche Veränderungen an den gegenwärtigen Aktivitäten oder als Startpunkt für einen weiteren strategischen Planungszyklus.

1.4 Strategische Planung in der Praxis eines Pharmaunternehmens

Die strategische Planung und ihre Umsetzung können in den verschiedenen Pharmaunternehmen im Detail variieren, laufen aber meist in folgenden Schritten ab:

Die Führungsspitze des Unternehmens definiert ausgehend von der Unternehmensvision die vorrangigen Unternehmensziele und leitet den entsprechenden globalen strategischen Grobplan ab. Dieses Vorgehen findet bei internationalen Unternehmen in der Zentrale statt und wird als Top-Down Planung an die Tochtergesellschaften in der Regel im Rahmen der Jahrestagung weitergegeben.

Aufbauend auf diesen Vorgaben wird in den Ländergesellschaften begonnen konkrete Detailpläne mit Budgets für die einzelnen Abteilungen und Funktionsbereiche zu erstellen (Bottom-Up Planung). Diese Detailpläne werden dann in den jeweils übergeordneten Abteilungen konsolidiert und anschließend für die gesamte Tochtergesellschaft zusammengefasst. Diese Aufgabe übernimmt in der Regel das Controlling. Nach der Zusammenfassung werden die Pläne der einzelnen Abteilungen durch das Management Team der Landesgesellschaft diskutiert und gegebenenfalls entsprechend angepasst.

Nachdem in der Landesgesellschaft ein Plan / Budgetvorschlag final erarbeitet wurde, wird dieser an das Headquarter weitergeleitet. Sollten die Ländervorschläge nicht mit den HQ-Vorgaben übereinstimmen, werden die Vorgaben diskutiert und in der Regel eine Anpassung durch die Ländergesellschaft angefordert. Dies ist häufig der Fall, wenn durch das HQ deutlich höhere Budgeterwartungen kommuniziert wurden oder beträchtliche Kostensenkungen erwartet werden. Dann beginnt der so genannte Revisionsprozess, der solange dauert, bis HQ und die Ländergesellschaft sich auf einen gemeinsamen Plan geeinigt haben. Dann wird dieser Plan in der Ländergesellschaft entsprechend auf Teilziele heruntergebrochen und mit der Umsetzung begonnen.

Obwohl fast alle Pharmaunternehmen einen strategischen Planungsprozess implementiert haben, ist dieser nicht in allen Fällen erfolgreich. Die beobachteten Fallstricke sind in vielen der Unternehmen identisch und lassen sich in sechs Problemgruppen zusammenfassen:

- *Umsetzungsschwierigkeiten* beispielsweise durch eine fehlende oder ungenügende Nachverfolgung der Initiativen, fehlende Unterstützung durch das Top Management oder ungenügende Implementierungskapazitäten (häufig bedingt durch einen fehlenden Durchgriff auf interne Ressourcen)
- *Politische Machtspiele*, die beispielsweise zu ungenügender Budgetausstattung, fehlenden Informationen und Störfeuern bei der Implementierung führen
- *Unvollständigkeit der Planung* beispielsweise durch fehlende oder unkonkrete Top-Down-Targets oder ein zu starkes Streamlining des Prozesses
- *Mangelnde Systematik und Entscheidungstransparenz,* die durch eine inkonsistente Entscheidungslogik, mangelnde Datengrundlage und eine subjektive Perspektive geprägt sind

- *Kommunikationsschwierigkeiten* und -fehler beispielsweise durch eine fehlende oder stark verzögerte Kommunikation der Strategie und Entscheidungen
- *Abstimmungsschwierigkeiten* beispielsweise durch einen unzureichenden Übergabeplan, eine unzureichende Abstimmung zwischen der Geschäftsführung und den Abteilungen oder eine unzureichende Ausschöpfung der Synergien zwischen den Abteilungen

Gerade in diesem sich stetig veränderten Umfeld und dem zunehmenden ökonomischen Druck wird die konsequente Durchführung des strategischen Planungsprozesses immer wichtiger, um als Unternehmen Chancen und Risiken in einem sich verändernden Umfeld frühzeitig zu identifizieren und sich ein auch in Zukunft wettbewerbsfähiges Unternehmen zu erhalten.

2 Die Entwicklung eines Arzneimittels

Rainer de la Haye, Alexander Gebauer

TYRELL GmbH, Köln
Merz Pharmaceuticals GmbH, Frankfurt/Main

2.1 Präklinische Entwicklung

Die Entwicklung eines Arzneimittels gliedert sich in zwei Hauptabschnitte: die präklinische und die klinische Entwicklung. Während letztere im Allgemeinen die Erprobung am Menschen umfasst, beinhaltet die präklinische Entwicklung sämtliche zuvor im Labor- und im Tierversuch durchgeführten grundlegenden Studien.

Beide Abschnitte der Arzneimittelentwicklung erfordern große Professionalität, bedingt zum einen durch höchste Qualitätsanforderungen aufgrund der Vorgaben des Gesetzgebers und der Zulassungsbehörden, zum anderen aufgrund der hohen Entwicklungskosten, welche zeitliche Verzögerungen oder Fehlplanungen schnell zum finanziellen Desaster für das jeweilige Unternehmen werden lassen.

Ganz am Anfang der Entwicklung eines neuen Arzneimittels, die im Schnitt acht bis zehn Jahre dauert und bis zu 500 Mio. Euro kostet, steht die Suche nach vielversprechenden Substanzen, vornehmlich für solche Erkrankungen, bei denen der Therapiestandard noch nicht ausreichend ist, also ein so genannter „unmet medical need" besteht. Diese Suche geschieht heute nicht mehr nach dem Zufallsprinzip bzw. „Trial and Error", sondern man versucht, zunächst möglichst exakt zu definieren, an welchem biologischen Prozess man mit der neuen Therapie ansetzen möchte. So liefert beispielsweise die Rezeptorforschung Vorstellungen von den molekularen Strukturen bestimmter Bindungsstellen im Organismus, die durch eine Substanz entweder stimuliert oder gehemmt werden sollen, um eine entsprechende Reaktion (Wirkung) auszulösen, wie beispielsweise die Senkung des Blutdrucks.

Moleküldesigner konstruieren nun am Computer erfolgversprechende chemische Verbindungen (computer aided drug design). Mit Hilfe von standardisierten Testsystemen wird eine große Zahl vielversprechender Molekülstrukturen auf ihre potenzielle Eignung getestet (Screening), wobei häufig Laborroboter diese Arbeit in früher nicht vorstellbarer Weise beschleunigen. Aussichtsreiche Kandidaten werden auf diese Weise definiert und zu so genannten „Leitsubstanzen“ erklärt.

Diese werden anschließend in vielerlei Hinsicht variiert und weiteren Tests unterzogen. Verlaufen diese Erfolg versprechend, werden die Leitsubstanzen nun an lebenden Zellen geprüft, um herauszufinden, ob die vermuteten Wirkungen auch im Organismus nachzuvollziehen sind. Zum Einsatz kommt jetzt der Tierversuch oder das Tiermodell, in den letzten Jahren vermehrt auch die Testung an Zellkulturen.

Man muss wissen, dass zu diesem Zeitpunkt der Entwicklung von initial 5.000 bis 10.000 geprüften Substanzen noch rund 100 weiterentwickelt werden, wohingegen die große Mehrzahl „durch den Rost“ gefallen ist und ausgesondert wurde. Auf der Zeitachse sind inzwischen viele Monate, vielleicht sogar Jahre vergangen. Im letzten Abschnitt der präklinischen Entwicklung werden vielversprechende Kandidaten an verschiedenen Tierarten untersucht, um erste pharmakologische Erkenntnisse über Resorption (Aufnahme), Metabolisierung (Verstoffwechslung) und Elimination (Ausscheidung) der Substanz und deren Abbauprodukte sowie weitere Hinweise zur Wirkung und späteren Dosierung zu gewinnen.

Darüber hinaus werden jetzt die für den folgenden Einsatz am Menschen sehr wichtigen so genannten „toxikologischen Untersuchungen“ durchgeführt. Diese liefern Erkenntnisse über die „Giftigkeit“ des künftigen Arzneimittels. Man versucht herauszufinden, welche negativen Effekte sich bei sehr hoher Dosis sofort einstellen (akute Toxizität), wie beispielsweise Leberkoma oder Herzrhythmusstörungen, und welche Folgen sich im Organismus bei längerem Gebrauch zeigen können (Langzeittoxikologie). Ziel ist, einen Dosisbereich zu definieren, in welchem keine oder zumindest keine gravierenden toxikologischen Effekte nachweisbar sind.

Außerdem ist es wichtig, im Rahmen der reproduktionstoxikologischen Tierversuche bereits zu erkennen, ob das künftige Arzneimittel bei Verabreichung in der Schwangerschaft Missbildungen (Teratogenität) oder Schäden am Embryo hervorruft (Embryotoxizität) sowie herauszufinden, ob die Möglichkeit bestehen könnte, dass die Substanz Krebs verursacht (Cancerogenität) oder das Erbgut der menschlichen Zellen verändert bzw. schädigt (Mutagenität).

Es liegt auf der Hand, dass die Studien zur Toxizität eine der wichtigsten Voraussetzungen für die weitere Entwicklung beim Menschen darstellen. Von deren Ausgang hängt letztlich ab, ob es zu verantworten ist, die Substanz einem Menschen zu verabreichen.

Um die Qualität dieser Untersuchungen zu gewährleisten, fordern die Zulassungsbehörden die Einhaltung international gültiger Regeln (Good Laboratory Practice – GLP) und festgelegter Richtlinien über die Tierarten, die Anzahl der Tiere und die Dauer solcher Versuche.[6]

Die Ergebnisse der präklinischen Studien zur Pharmakologie und Toxikologie sind entscheidend für die weitere Zukunft einer Substanz. Sie bestimmen, ob die Entwicklung fortgeführt oder abgebrochen wird, welcher Forschungsweg eingeschlagen und welche Sicherheitsvorkehrungen bei der weiteren Prüfung berück-

[6] Vgl. Environment Directorate OECD (1998).

sichtigt werden müssen. Sie sind entscheidende Grundlage bei der Nutzen-Risiko-Evaluierung im Rahmen der Genehmigung einer klinischen Studie, d. h. Studie mit menschlichen Versuchspersonen, durch die zuständigen Ethikkommissionen und das Bundesinstitut für Arzneimittel und Medizinprodukte (BfArM) bzw. durch das Paul-Ehrlich-Institut (PEI).

2.2 Klinische Entwicklung

2.2.1 Voraussetzungen und Regelwerke

Nach dieser ersten Phase der „Geburt" eines neuen Arzneimittels, welche wir als präklinische Entwicklung bezeichnet hatten, die im Durchschnitt drei bis fünf Jahre dauert und rund 100 Mio. Euro kostet, werden die nun vorliegenden Daten einer gewissenhaften Überprüfung (Nutzen-Risiko-Bewertung) durch ein interdisziplinäres Forscherteam unterzogen. Hierzu zählen unter anderem Pharmakologen, Toxikologen, Fachärzte für das jeweilige Indikationsgebiet, z. B. Internisten, klinische Pharmakologen und Spezialisten für Arzneimittelsicherheit sowie Arzneimittelzulassung. Wenn die neue Substanz nun hinreichend qualifiziert zu sein scheint, um in die klinische Entwicklung, d. h. die Erprobung am Menschen, einzutreten, ist der nächste wichtige Abschnitt im Werdegang eines Arzneimittels erreicht. Es wird nun ein kompliziertes Regelwerk aus gesetzlichen Vorschriften sowie internationalen und nationalen Richtlinien wirksam.

Der Grund hierfür ist augenfällig, gelangt die Substanz nun ja in den menschlichen Organismus mit allen sich hieraus ergebenden Konsequenzen. Daher sind entsprechende Bestimmungen, welche bei allem Enthusiasmus der Forscher vor allem den Schutz der teilnehmenden Probanden (Patienten) in den Mittelpunkt stellen und die Qualitätsstandards festlegen, schon aus ethischen Gründen unverzichtbar.

Das deutsche Arzneimittelgesetz (AMG) regelt den Verkehr mit Arzneimitteln (AMG in der Fassung der Bekanntmachung vom 12. Dezember 2005) und bestimmt dabei auch, unter welchen Umständen und Voraussetzungen klinische Prüfungen in Deutschland durchgeführt werden müssen.

Die internationalen Richtlinien zur so genannten „Guten Klinischen Praxis (Good Clinical Practice – GCP)" stellen ein umfangreiches Vorschriftenwerk dar und beschreiben bis ins kleinste Detail, wie nach dem aktuellen Stand der Wissenschaft klinische Prüfungen durchzuführen sind.[7] Sie beschränken sich hierbei schwerpunktmäßig auf formale, grundsätzliche und allgemeingültige Aspekte, wie beispielsweise Definition von Verantwortlichkeiten, Aufklärungs- und Fürsorgepflichten gegenüber Probanden und Patienten, Anweisungen zur Dokumentation und zum weiteren Umgang mit den erhobenen Daten sowie Maßnahmen zur Qualitätssicherung. Etwas pointiert ausgedrückt kann man die internationalen Richtli-

[7] Vgl. GCP-Verordnung (2004) sowie ICH (1997).

nien zur Good Clinical Practice als die „Bibel" des klinischen Forschers bezeichnen, die im Arzneimittelgesetz niedergelegten nationalen Bestimmungen als die „Zehn Gebote".

Darüber hinaus liegen für nahezu alle wichtigen Indikationen, wie beispielsweise Herzinsuffizienz, Infektionen und Schmerztherapie, ausführliche internationale und nationale Leitlinien (Guidelines) vor, die von unterschiedlichen Institutionen (Food and Drug Administration – FDA, European Union – EU, International Conference on Harmonization – ICH, Committee for Proprietary Medicinal Products – CPMP, World Health Organization – WHO) bzw. medizinischen Fachgesellschaften verfasst wurden und bei der Entwicklung eines Arzneimittels beachtet werden müssen, um ein erfolgreiches späteres Zulassungsverfahren zu gewährleisten.

Die geschilderten Regularien finden Berücksichtigung bei der Erstellung des Entwicklungsplans, in welchem sämtliche geplante klinische Studien, deren Inhalte und zeitliche Abfolge sowie wichtige Entscheidungskriterien präzise niedergelegt sind. Der Entwicklungsplan ist später Teil des Zulassungsantrages und wird in der Regel im Vorfeld mit den wichtigsten Zulassungsbehörden (FDA, European Medicines Evaluation Agency – EMEA) abgestimmt.

Unter einer klinischen Studie versteht man die Anwendung eines Arzneimittels am Menschen zu dem Zweck, über den einzelnen Anwendungsfall hinaus Erkenntnisse über den therapeutischen oder diagnostischen Wert eines Arzneimittels, insbesondere über seine Wirksamkeit und Unbedenklichkeit, zu gewinnen; dies gilt unabhängig davon, ob die Prüfung in einer Klinik oder in der Praxis eines niedergelassenen Arztes durchgeführt wird.

Vor jeder einzelnen klinischen Studie im Rahmen eines Entwicklungsprojektes muss das verantwortliche pharmazeutische Unternehmen (der so genannte „Sponsor") eine detaillierte Dokumentation erstellen. Hierzu zählen unter anderem:

- sämtliche Erfahrungen aus vorangegangenen Studien, also das gesamte Wissen zum Produkt
- eine ausführliche Nutzen-Risiko-Bewertung
- ein detaillierter Prüfplan, der das geplante Projekt in allen Einzelheiten beschreibt
- die so genannte Investigator's Brochure, die eine Zusammenstellung der klinischen und präklinischen Daten zum Prüfpräparat / zu den Prüfpräparaten, die für eine klinische Prüfung des / der Prüfpräparate(s) am Menschen relevant sind, darstellt
- die Dokumentation zur Art und Weise der Aufklärung und Einholung der Einverständniserklärung der Probanden bzw. Patienten,
- Bescheinigung über die ausreichende (gesetzlich vorgeschriebene) Versicherung der Teilnehmer
- Benennung eines für die jeweilige Studie verantwortlichen, hierfür qualifizierten ärztlichen Leiters

Der pharmazeutische Unternehmer muss ferner sicherstellen, dass sein Prüfpräparat nach dem derzeit gültigen Standard, der so genannten „Guten Herstellungspraxis“ (Good Manufacturing Practice – GMP), hergestellt wurde.[8]

Die Richtlinien zur GMP, in Deutschland u. a. umgesetzt in der Arzneimittel- und Wirkstoffherstellungsverordnung (AMWHV), stellen hohe Anforderungen an die Herstellung und Qualität der Prüfpräparate.[9]

Sind die geschilderten Voraussetzungen sämtlich erfüllt, muss jede einzelne Studie einer unabhängigen Ethikkommission vorgelegt werden, wie es das Arzneimittelgesetz in Deutschland vorschreibt. Die vordringlichste Aufgabe der Ethikkommission besteht im Schutz der teilnehmenden Probanden bzw. Patienten vor möglichen Gefahren der Studie. Die Ethikkommission überprüft gewissermaßen die bereits vom Pharmaunternehmen vorgenommene Bewertung von Nutzen und Risiko der klinischen Prüfung für die Teilnehmer. Sie richtet darüber hinaus meist ein besonderes Augenmerk auf Form und Inhalt der Patientenaufklärung und den adäquaten Versicherungsschutz.

Ethikkommissionen sind in Deutschland öffentlich-rechtlich organisiert und dem Landesrecht des jeweiligen Bundeslandes unterstellt. In der Regel sind sie bei den Landesärztekammern oder den medizinischen Fakultäten der Hochschulen angesiedelt. Ihre Zusammensetzung variiert, jedoch gibt es international gültige Mindeststandards: mindestens fünf Mitglieder, hiervon mindestens ein Mitglied, dessen Interessenschwerpunkt außerhalb der Wissenschaft liegt und mindestens ein Mitglied, das von der Institution / vom Prüfzentrum unabhängig ist.[10]

Neben Prüfung sämtlicher relevanter Unterlagen vor Beginn der klinischen Prüfung begleiten die Ethikkommissionen den gesamten Verlauf der Studien, indem sie kontinuierlich über eventuelle Änderungen der Methodik, neue Erkenntnisse oder auftretende Risiken informiert werden müssen, um zu überprüfen, ob gegebenenfalls Maßnahmen bis hin zum Abbruch des Projektes erforderlich sind.

Erst nach Vorlage eines positiven Votums der zuständigen Ethikkommission und der Genehmigung durch das Bundesinstitut für Arzneimittel und Medizinprodukte (BfArM) oder, sofern Impfstoffe, Sera oder Blutprodukte Gegenstand der Forschung sind, durch das Paul-Ehrlich-Institut (PEI) darf mit der klinischen Studie im engeren Sinne, d. h. mit der Aufnahme von Patienten oder Probanden, begonnen werden.

Klinische Prüfungen werden international in Studien der Phasen I–IV unterteilt. Eine Übersicht hierzu liefert Abb. 2.1. In den folgenden Abschnitten wird auf die einzelnen Phasen näher eingegangen.

---

[8] Vgl. GMP (2008).

[9] Vgl. AMWHV (2006).

[10] Vgl. ICH (1997).

	Phase I	Phase II	Phase III	Phase IV
CHARAKTERISTIKA	Erste Anwendung am Menschen; ausnahmsweise auch bei ausgewählten Patienten; n=60 bis 80	Erste Anwendung bei Patienten mit der entsprechenden Indikation; Pilotstudien und / oder kontrollierte Studien (randomisiert, placebokontrolliert, doppelblind); n=100 bis 500	Anwendung bei Patienten unter den Bedingungen in Praxis und Klinik; kontrollierte multizentrische Studien; n=1.000 bis 5.000 Phase III stellt die Wirksamkeit und Verträglichkeit einer Substanz unter Beweis.	Anwendung bei sehr vielen Patienten nach der Zulassung; unkontrollierte und kontrollierte Studien; n=5.000 bis mehr als 10.000
ANGESTREBTE ERKENNTNISSE	1. Ist die Substanz verträglich? 2. Wie wird die Substanz verstoffwechselt? 3. Wie sollte die Substanz dosiert werden? 4. Lohnt es sich, die Substanz weiter zu untersuchen?	1. In welchen Dosisbereichen ist die Substanz wirksam? 2. Wie wird sie bei Patienten verstoffwechselt? 3. Können die vermuteten Wirkungen bei Patienten erzielt werden? 4. Ist die Substanz bei Patienten verträglich? 5. Lohnt es sich, die Substanz weiter zu untersuchen?	1. Ist die Substanz in der angestrebten Indikation wirksam? 2. Ist die Substanz bei praktischer Anwendung sicher? 3. Nebenwirkungen? Welche? Wie häufig? 4. Ist die Substanz im Vergleich zu anderen besser oder gleichwertig? 5. Kann die Substanz zur Zulassung eingereicht werden?	1. Wie sieht das Sicherheitsprofil nach Langzeitanwendung aus? 2. Verändert die Anwendung der Substanz den Gesundheitsstatus der Bevölkerung? 3. Ergeben sich bisher unbekannte zusätzliche Wirkungen?

Abb. 2.1. Charakteristika, Ziele und Ergebnisse der klinischen Prüfung in den Phasen I–IV[11]

[11] Quelle: Verband Forschender Arzneimittelhersteller e.V. (VFA) (1997), S. 10–11.

2.2.2
Phase I der klinischen Prüfung

In dieser Phase kommt das Arzneimittel zum ersten Mal am Menschen, meist gesunden, freiwilligen Versuchspersonen (Probanden), zur Anwendung. Ziel dieser humanpharmakologischen Untersuchungen ist es, Erkenntnisse über Sicherheit und Verträglichkeit bei ein- und mehrmaliger Verabreichung einerseits sowie dem Verhalten der Substanz im menschlichen Körper (Pharmakokinetik) andererseits zu gewinnen, d. h. festzustellen, wie die Substanz aufgenommen, verteilt, verstoffwechselt und ausgeschieden wird. Soweit möglich werden in der Phase I bereits erste Informationen zur therapeutischen Wirkung, z. B. Blutdrucksenkung, gewonnen.

Die Anwendung beginnt mit einer sehr geringen Dosis des Präparates, d. h. einer Dosis, bei der man davon ausgehen muss, dass sie noch keinerlei Wirkung im menschlichen Organismus zeigen wird. Im Laufe des Experiments wird die Dosis gesteigert und beobachtet, inwieweit sich die Sicherheitsparameter verändern. Sicherheitsparameter sind beispielsweise die so genannten „Vitalparameter“, wie Blutdruck, Herz- und Atemfrequenz sowie Körpertemperatur, aber auch andere Parameter, die substanzspezifisch sein können, wie EKG- oder Laborbefunde.

Weiterhin werden die bei den Probanden auftretenden eventuellen Nebenwirkungen des Präparates sorgfältig dokumentiert und bewertet. Die Steigerung der Dosis endet dort, wo die höchste, noch vom Menschen gut tolerierte Dosis erreicht ist.

Neben den Studien zur Toleranzgrenze, Dosis-Wirkungs-Beziehung und Pharmakokinetik bei Gesunden zählen auch Untersuchungen zu Wechselwirkungen (Interaktionen) mit den wichtigsten im jeweiligen Indikationsgebiet oder bei der künftigen Patientenklientel verabreichten weiteren Medikamenten sowie Bioverfügbarkeitsstudien und pharmakokinetische Untersuchungen bei bestimmten Bevölkerungsgruppen oder bei Leber- und Nierenstörungen mit zum Programm der Phase I.

Phase-I-Studien sind gekennzeichnet durch eine große Anzahl von Einzelmessungen (z. B. von Blut- und Urinwerten) in einem genau definierten Zeitrahmen. Sie werden üblicherweise an gesunden Probanden – pro Studie ca. 10 bis 30 – durchgeführt.

Sofern Informationen über das Medikament erforderlich sind, die an Gesunden nicht zu erlangen sind, z. B. Verhalten des Medikaments im Organismus bei Leber- oder Nierenstörungen, werden diese Studien an entsprechenden Kranken durchgeführt. Darüber hinaus können Studien mit toxischen Substanzen, beispielsweise Medikamenten gegen Krebserkrankungen (Zytostatika), auch in der Phase I aus begreiflichen Gründen nur am erkrankten Patienten durchgeführt werden.

Probanden, die an einer Phase-I-Studie teilnehmen, helfen ganz maßgeblich mit, medizinischen Fortschritt zu erzielen, haben aber selbst von der Teilnahme keinerlei therapeutischen Nutzen, sie sind ja gesund. Daher erhalten Probanden eine Vergütung des pharmazeutischen Unternehmens. Nach GCP ist das Honorar des Probanden eine Aufwandsentschädigung, die nicht so hoch sein darf, dass der

Proband aus rein finanziellen Gründen an der Studie teilnehmen oder darin verbleiben möchte. Die geplanten Honorare für die Probanden müssen der zuständigen Ethikkommission zur Bewertung vorgelegt werden.

An die Aufklärung der Probanden über Art und Risiken der durchzuführenden Untersuchungen werden hohe Anforderungen gestellt. Die Einverständniserklärung bedarf der Schriftform.

2.2.3 Phase II der klinischen Prüfung

Zielsetzung der Studien in der Phase II der klinischen Arzneimittelentwicklung ist es herauszufinden, ob das potenzielle Medikament tatsächlich bei Kranken wirksam ist, welche eventuellen Nebenwirkungen auftreten und wie die Substanz optimal zu dosieren ist. Daher wird in dieser Phase die Prüfsubstanz in so genannten „Pilotstudien" Patienten mit Symptomen oder Erkrankungen verabreicht, für deren Behandlung die Prüfsubstanz vorgesehen ist. Dem explorativen Charakter dieser Studien folgend werden diese Untersuchungen an ca. 100 bis 150 Patienten durchgeführt (Phase IIa). Phase-II-Studien untersuchen also erstmalig die Parameter systematisch, die die Wirksamkeit der Substanz belegen sollen. Die noch relativ kleine Fallzahl ist damit begründet, dass die Verträglichkeit der Medikation beim kranken Patienten gegenüber den gesunden Probanden der Phase I unterschiedlich ausfallen kann und man das entsprechende Risiko so gering wie möglich halten möchte. Auf der anderen Seite muss die Prüfsubstanz auch erst unter Beweis stellen, dass sie bei dem untersuchten Krankheitsbild überhaupt wirksam ist.

Sofern die soeben geschilderten Studien der Phase IIa positive Resultate zeigen, kann mit der Phase IIb begonnen werden. Diese Phase umfasst vergleichende Prüfungen zur Dosisfindung und zur Erfassung von Dosis-Wirkungs-Beziehungen sowie zur Verträglichkeit an zum Teil mehreren hundert Patienten. In diesen Studien wird versucht, aufgrund der bereits vorliegenden Ergebnisse einerseits die minimal effektive Dosis zu finden und andererseits die maximale Dosis festzulegen, über welche hinaus nicht mehr mit einem günstigeren Verhältnis von Wirkung zu Nebenwirkung zu rechnen ist (therapeutischer Bereich).

Charakteristischerweise wird in der Phase II der Arzneimittelentwicklung angestrebt, möglichst klare und von Begleiterkrankungen oder individuellen Besonderheiten des Patienten unbeeinflusste Daten zu erhalten. Die Anforderungen an die jeweiligen Versuchspersonen werden in den so genannten „Ein- und Ausschlusskriterien" des Prüfplans entsprechend definiert. Die Schwierigkeit besteht vielfach darin, die Balance zwischen wissenschaftlich eindeutigen Aussagen einerseits und „artifiziellen Idealpatienten" andererseits zu finden, d. h. die Anforderungen an die Versuchspersonen nicht so hoch zu definieren, dass sie anschließend mit der Realität nichts mehr gemein haben und nicht verallgemeinert werden können.

Dies kann unter Umständen die spätere Zulassung einschränken, darüber hinaus den in der Phase III erfolgenden statistischen Wirksamkeitsbeweis bei der Planung erschweren.

2.2.4 Phase III der klinischen Prüfung

Sofern die erneute Nutzen-Risiko-Beurteilung am Ende der Phase II positiv verlaufen ist, d. h. das zu prüfende Medikament die gewünschte Wirkung, eine vertretbare Sicherheit und einen für die spätere Anwendung günstigen Dosisbereich nachgewiesen hat, kann das Arzneimittel in der Phase III an größeren Patientenkollektiven getestet werden. Hierbei kommt es darauf an, Wirksamkeit und Verträglichkeit der Prüfsubstanz nach bestimmten, festgelegten Regeln statistisch abzusichern. Hierzu ist bereits im Vorfeld, d. h. bei der Festlegung des schon erwähnten Prüfplans, eine enge Zusammenarbeit zwischen Medizinern und Biometrikern, welche für die statistische Planung verantwortlich zeichnen, erforderlich. Die Versuche müssen so angelegt werden, dass die gezeigten Ergebnisse mit hoher Wahrscheinlichkeit, d. h. über 95 %, in manchen Fällen auch über 99 %, auf die Wirkungen des Medikaments und nicht auf den Zufall zurückzuführen sind. Je nach den zu bestimmenden Parametern kommen hierbei unterschiedliche statistische Testverfahren zum Einsatz.

Um objektive und von jeglicher Beeinflussung freie Ergebnisse zu erhalten, werden diese Studien in der Regel nach einer bestimmten Methodik, dem so genannten „Doppelblind-Verfahren“ durchgeführt. Basis dieser Technik ist, dass sowohl das zu testende Medikament als auch das Vergleichsmedikament vollkommen identisch aufgemacht sind, sodass sowohl der untersuchende Arzt als auch der Patient nicht wissen können, welche der Substanzen eingesetzt wird. Die Entschlüsselung wird erst dann vorgenommen, wenn sämtliche Daten unveränderbar in die zur Auswertung erstellte Datenbank eingegeben worden sind. In Fällen, bei denen bislang noch keine Medikamente existieren, die als Vergleichspräparate herangezogen werden könnten, erhält ein Teil der Versuchspersonen ein so genanntes „Scheinmedikament“ (Placebo).

In der Phase III müssen auch positive Erkenntnisse bei den Patienten gefunden werden, die die für die jeweilige Erkrankung typischen Begleiterkrankungen aufweisen bzw. bestimmten Patientengruppen (Kinder, ältere Menschen, bestimmte ethnische Zugehörigkeit) zugehörig sind. Darüber hinaus werden jetzt auch Langzeituntersuchungen erforderlich, sofern die Substanz zur Dauertherapie eingesetzt werden soll, wie dies beispielsweise bei chronischen Erkrankungen der Fall ist.

In die Phase III der klinischen Entwicklung werden daher je nach Indikationsgebiet ca. 2.000 bis über 5.000 Patienten eingeschlossen. Auf diese Weise können auch seltenere Nebenwirkungen oder Risiken festgestellt werden. Zusammenfassend kann gesagt werden, dass in der Phase III die klinischen Forscher die Prüfsubstanz unter den Bedingungen testen, die den späteren Anwendungen in der Praxis möglichst weitgehend entsprechen.

Der Bereich der Phase III der klinischen Arzneimittelentwicklung ist durch nationale und internationale Richtlinien, die einerseits von der Europäischen Union bzw. von der amerikanischen FDA und andererseits von den medizinischen Fachgesellschaften vorgelegt werden, stark reguliert. Die Phase III wird mit der Erstellung des Zulassungsdossiers beendet. Das Zulassungsdossier soll eine umfassende Beurteilung ermöglichen über

- den Wirkmechanismus
- die pharmakologischen Daten
- die Wirksamkeit
- die Dosierung
- den Vergleich zur bisherigen Standardtherapie und, last but not least,
- über die Verträglichkeit und die zu erwartenden Nebenwirkungen.

Das Zulassungsdossier fasst alle Erkenntnisse, die man im Verlauf der Entwicklung eines Medikaments (präklinisch und klinisch) gewonnen hat, zusammen und dient der Zulassungsbehörde als Basis zur Entscheidungsfindung. Sämtliche Phase-III-Studien, die im Zulassungsdossier enthalten sind, werden als so genannte „Phase-IIIa-Studien" bezeichnet. Studien, die nach Stellung des Zulassungsantrags, aber noch vor Erhalt der Zulassung beginnen, werden definitionsgemäß als „Phase-IIIb-Studien" benannt.

2.2.5 Phase IV der klinischen Prüfung

Klinische Prüfung der Phase IV heißt klinische Forschung nach erteilter Zulassung. Die Fragestellungen dieser Studien sind unterschiedlich. Zum einen werden Vergleichsstudien zur Wirksamkeit durchgeführt, d. h. man vergleicht die Wirksamkeit zwischen verschiedenen Substanzen. Diese Studien sind natürlich auch Instrumente des wissenschaftlichen Marketings, mit denen man sich mit der Konkurrenz misst. Zum anderen werden immer mehr so genannte „Outcome Studies" zur Mortalität und Morbidität durchgeführt sowie gesundheitsökonomische Studien. Forschungsgegenstand können ferner die Überprüfung der Dosierungsempfehlung aus der erteilten Zulassung sowie die Identifikation seltener unerwünschter Arzneimittelwirkungen sein. Ein weiterer Forschungsgegenstand kann die Prüfung von Wirksamkeit und Verträglichkeit an Patientenpopulationen sein, die bislang aufgrund von Ein- und Ausschlusskriterien in den vorangegangenen klinischen Prüfungen nur eingeschränkt untersucht werden konnten: ältere Patienten, multimorbide Patienten, Schwangere und Kinder.

In der Zulassung kann die Behörde Bedingungen festlegen, die in klinischen Prüfungen der Phase IV umgesetzt werden können, wie Langzeitbewertung des Arzneimittels, Erfassung der Inzidenz (Auftretenshäufigkeit) von bestimmten unerwünschten Arzneimittelwirkungen. Zusätzlich gehören zu den Phase-IV-Studien die so genannten „Therapieoptimierungsstudien", die vielfach in der Onkologie (Krebsheilkunde) mit zugelassenen Arzneimitteln durchgeführt werden. Mit diesen klinischen Prüfungen sollen bisherige Therapieschemata optimiert werden.

Ein weiteres Instrument der Arzneimittelforschung nach der Zulassung ist die so genannte Anwendungsbeobachtung, die eine kontinuierliche Überprüfung der im Markt befindlichen Produkte gewährleistet und eine wichtige Schnittstelle zwischen Forschung und täglicher Anwendung im Routinebetrieb darstellt. Die vom BfArM und vom Paul-Ehrlich-Institut gemeinsam herausgegebenen Empfehlungen zur Planung, Durchführung und Auswertung von Anwendungsbeobachtungen (AWB) definieren die AWB wie folgt:

„AWB sind nichtinterventionelle Prüfungen im Sinne von § 4 Abs. 23 Satz 3 AMG, d. h. Untersuchungen, in deren Rahmen „Erkenntnisse aus der Behandlung von Personen mit Arzneimitteln gemäß den in der Zulassung festgelegten Angaben für seine Anwendung anhand epidemiologischer Methoden analysiert werden; dabei folgt die Behandlung einschließlich der Diagnose und Überwachung nicht einem vorab festgelegten Prüfplan, sondern ausschließlich der ärztlichen Praxis." Die Entscheidung, einen Patienten in eine Anwendungsbeobachtung einzubeziehen, ist von der Entscheidung über die Verordnung des Arzneimittels getrennt. Eine AWB ist keine klinische Prüfung gemäß § 4 Ziffer 23 Satz 1 AMG und ist daher auch nicht genehmigungspflichtig. Sie ist aber gemäß § 67 Abs. 6 AMG den kassenärztlichen Bundesvereinigungen, den Spitzenverbänden der Krankenkassen sowie der zuständigen Bundesoberbehörde unverzüglich anzuzeigen. Dabei sind Ort, Zeit, Ziel der Anwendungsbeobachtung und beteiligte Ärzte namentlich anzugeben."[12]

Anwendungsbeobachtungen sind also keine klinischen Prüfungen und unterliegen somit nicht dem hochkomplexen System der Regelung und Überwachung nach den GCP-Richtlinien und dem Arzneimittelgesetz. Eine Versicherung des Patienten ist nicht notwendig. Darüber hinaus wird ausschließlich Handelsware, d. h. Arzneimittel zu Lasten der Krankenversicherer, eingesetzt. Der pharmazeutische Unternehmer schaut sozusagen dem Arzt über die Schulter, d. h. der Arzt dokumentiert im Auftrag des pharmazeutischen Unternehmens Diagnose, Therapie und Therapieergebnis nach einem standardisierten Schema. Diese Daten werden in ausschließlich anonymisierter Form dem Pharmaunternehmen zwecks Auswertung zur Verfügung gestellt.

Eine Anwendungsbeobachtung ist immer prospektiv, also eine systematische Beobachtung einer aktuellen Therapie durch den behandelnden Arzt. Die Anwendungsbeobachtung ist nicht – wie die klinische Prüfung – intervenierend und der so genannte Beobachtungsplan, der ihr zugrunde liegt, darf dem Arzt keine Untersuchung oder Untersuchungszeitpunkte vorschreiben, die er im Rahmen seiner ärztlichen Routine nicht ohnehin erbracht hätte. Vorgesehen werden kann lediglich ein Zeitfenster, in dem der Arzt die Anwendung des Arzneimittels beobachtet. Entscheidend wichtig ist, dass die beobachtete Indikation sich immer im Rahmen der erteilten Zulassung bewegt.

Aufgrund des nicht-interventionellen Charakters der Anwendungsbeobachtung wird aktuell vielfach der Begriff Non-interventional Study (NIS) synonym gebraucht. Hier ist zu beachten, dass methodisch betrachtet jede AWB eine Non-interventional Study ist, es gibt aber noch eine Reihe anderer Formen der Non-interventional Study, wie Registerstudien etc. NIS ist im strengen Sinne also ein methodischer Oberbegriff, der nicht synonym gebraucht werden sollte.

Die Anwendungsbeobachtung ist in der Lage, Hypothesen zu generieren, aber aufgrund ihres methodischen Charakters nicht in der Lage, Hypothesen zu prüfen. Ein Wirksamkeitsbeweis wie bei den konfirmatorischen klinischen Prüfungen ist

[12] Bundesinstitut für Arzneimittel und Medizinprodukte (2007).

im eigentlichen Sinne durch sie nicht zu erbringen.[13] Im Vordergrund der Anwendungsbeobachtung stehen Fragen zur Arzneimittelsicherheit:

- Charakterisierung von Einflussgrößen und Risikofaktoren auf die Arzneimittelsicherheit
- Identifikation von möglichen Wechselwirkungen unter Risikoevaluation bei Subpopulationen, wie Schwangere, Kinder, multimorbide Patienten, die in den klinischen Prüfungen nicht eingeschlossen werden konnten. So kann es durch den Einsatz von Anwendungsbeobachtungen gelingen, sehr seltene Nebenwirkungen eines Arzneimittels festzustellen, die beispielsweise mit einer Häufigkeit von 1:10.000 auftreten, jedoch in den vorangegangenen klinischen Prüfungen nicht identifiziert werden konnten, weil die Fallzahlen erheblich kleiner waren.

Darüber hinaus werden Fragestellungen zur Arzneimittelutilisation, d. h. zum tatsächlichen Einsatz des Arzneimittels im medizinischen Alltag, untersucht. Oftmals zeigt sich, dass der Arzt anders verordnet als es in den Dosierungsempfehlungen vorgegeben ist bzw. der Patient selbst das Medikament anders nutzt. Auch finden immer mehr Fragestellungen aus dem Bereich der Outcome-Forschung, wie Lebensqualität, aber auch gesundheitsökonomische Fragen, Eingang in die AWB.

Die Qualität von Anwendungsbeobachtungen hat sich nicht zuletzt durch die Veröffentlichung der BfArM-Empfehlungen[14] im Jahr 1998 erheblich verbessert und ist für Medizin und Marketing ein wichtiges Instrument der klinischen Forschung nach der Zulassung.

[13] Vgl. de la Haye, R., Herbold, M. (2006), S. 30.
[14] Vgl. Bundesinstitut für Arzneimittel und Medizinprodukte (1998).

3 Kosten und Finanzierung pharmazeutischer Forschung und Entwicklung

Christoph Thierolf

Commerzbank AG, Frankfurt/Main

3.1 Einführung

Die Anforderungen an Arzneimittel und an Therapeutika steigen kontinuierlich. Eine der wesentlichen Faktoren ist dabei die demographische Entwicklung. Nach Schätzungen der Vereinten Nationen gab es 1998 weltweit 0,6 Mrd. Menschen im Alter von 60 und mehr Jahren. Im Jahr 2050 wird diese Altersgruppe auf mehr als 1,9 Mrd. ansteigen. Abbildung 3.1 illustriert hierzu die Erwartungen der weltweiten demographischen Entwicklung.

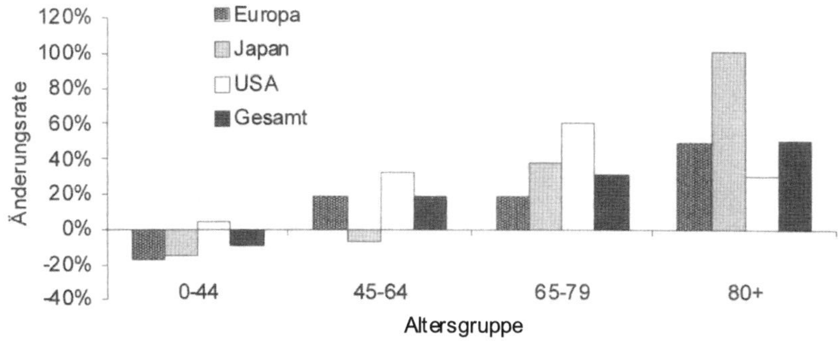

Abb. 3.1. Demographische Entwicklung 2000–2020[15]

[15] Quelle: UBS Warburg (2001a), S. 4.

Mit dieser Altersentwicklung werden Erkrankungen wie zum Beispiel Alzheimer immer häufiger, verbunden mit dem Bedarf diese zu verhindern oder deren Beginn hinauszuzögern. Zusätzlich werden immer größere Anteile der Bevölkerung unter chronischen Erkrankungen leiden. So soll sich zum Beispiel die weltweite Prävalenz von Diabetes vom Jahr 2000 bis zum Jahr 2030 von 171 Mio. auf 366 Mio. verdoppeln.[16] Der viel zitierte Anstieg der Ausgaben für Gesundheit ist hauptsächlich damit begründet.[17] Um diese Anforderungen und diesen Bedarf zu erfüllen sind neue und bessere Arzneimittel und erschwingliche medizinische Versorgung notwendig.

Die biopharmazeutische Industrie hat durch die Ausdehnung ihrer Arbeit auf die zelluläre und molekulare Ebenen in den letzten Jahren entscheidende Erfolge erzielt. Ende 2002 wurden 28 % mehr Arzneimittel von den pharmazeutischen Herstellern zur Zulassung durch die amerikanische Zulassungsbehörde (Food and Drug Administration, FDA) entwickelt als vor 10 Jahren.[18] Zwischen 1993 und 2003 wurden mehr als 300 neue Arzneimittel, Biopharmazeutika und Impfstoffe durch die FDA zugelassen und zurzeit sind mehr als 1.000 Arzneimittel in der Entwicklungspipeline.[19] Die Zulassungsbehörden haben zusätzlich das Indikationsspektrum vieler bereits zugelassener Produkte erweitert und so den Ärzten weitere Patienten-spezifische Therapien ermöglicht. Neue Arzneimittel haben durch ihre Innovationen zahlreiche Therapiestandards dramatisch verändert und die Therapien von äußerst komplexen Krankheitsbildern vorangetrieben. Daraus resultierend, gilt der globale pharmazeutische Markt als ein kontinuierlicher Wachstumsmarkt. Trotz erheblicher staatlicher Restriktionen in einem Großteil der wichtigsten nationalen Märkte hat der globale Pharmamarkt inzwischen ein Volumen von 643 Mrd. US-Dollar erreicht (2006). Abbildung 3.2 zeigt die Entwicklung des weltweiten Pharmamarktes von 1996 bis 2006.

[16] Vgl. Wild, S. u. a. (2004).
[17] Vgl. Thorpe, K. E., Florence, C. S., Joski, P. (2004).
[18] Vgl. Food and Drug Administration (2003).
[19] Vgl. Pharmaceutical Research and Manufacturers of America (2003).

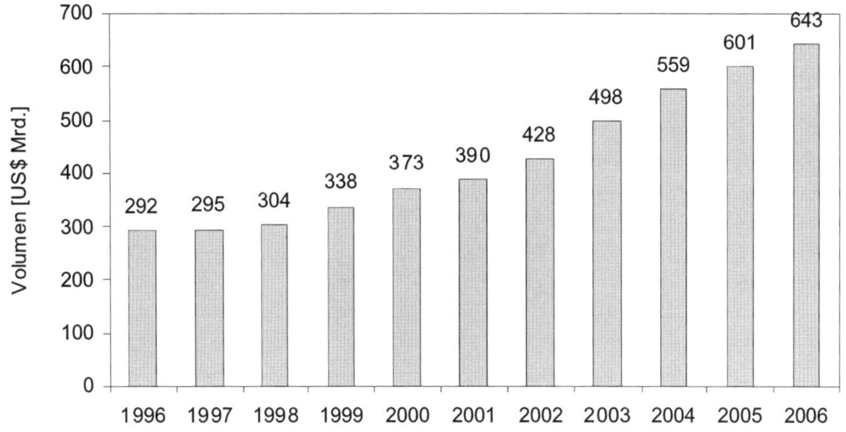

Abb. 3.2. Weltweiter Pharmamarkt[20]

Um die weiter steigenden Ansprüche und Bedürfnisse der Ärzte und Patienten auch erfüllen zu können, müssen innovative Ansätze bei der Erforschung und Entwicklung neuer Therapeutika erarbeitet und genutzt werden. Dabei macht die Entwicklung eines neuartigen Arzneimittels trotz aller oder gerade aufgrund der bisher erzielten Fortschritte außerordentliche Anstrengungen notwendig. Außerdem haben sich die Erfolgswahrscheinlichkeiten der Entwicklung nicht entscheidend verbessert und die Zulassungsanforderungen sind substantiell angestiegen. Das Resultat ist ein erheblicher Anstieg der Entwicklungskosten eines Arzneimittels. Die Aufwendungen für die einzelnen Schritte der Entwicklung sowie deren grundsätzliche Finanzierung sollen im Folgenden betrachtet werden.

3.2 Kosten der Arzneimittelentwicklung

Die mit neuen wissenschaftlichen Erkenntnissen gestiegenen Anforderungen an Sicherheit und Wirksamkeit haben entscheidend dazu beigetragen, dass sich seit den 60er Jahren die Entwicklungszeiten von der Synthese eines Wirkstoffes bis zur Zulassung von durchschnittlich 8 Jahre auf mehr als 14 Jahre nahezu verdoppelt haben. Dabei ist ein großer Teil dieses Anstieges durch die Verlängerung der klinischen Entwicklungszeiten begründet, Abb. 3.3 illustriert diesen Zusammenhang.

[20] Quelle: Verband Forschender Arzneimittelhersteller (2007a), Handelsblatt (2001), S. 1.

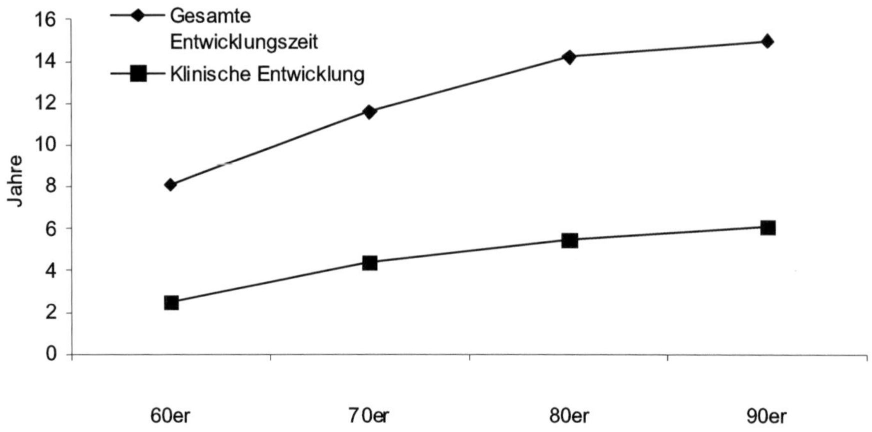

Abb. 3.3. Entwicklungszeiten eines Arzneimittels[21]

Trotz oder aufgrund dieser langen Zeiträume sind erhebliche Ausfallrisiken mit der Entwicklung eines Arzneimittels verbunden. In Tabelle 3.1 sind diese im Zusammenhang mit dem Zeitbedarf in den einzelnen Phasen detailliert dargestellt.

Tabelle 3.1. Entwicklungszeiten und Erfolgswahrscheinlichkeiten[22]

Phase	Zeitraum [Jahre]	Wahrscheinlichkeit einer Zulassung [%]
Basisforschung	2–5	≤ 1
Präklinik	1–3	1–10
Klinik Phase I	0,5–1	5–20
Klinik Phase II	1–2	15–40
Klinik Phase III	1–3	40–80
Registrierung	0,5–1,5	75–90

Wenn nur eine von mehreren tausend Substanzen über einen Zeitraum von 14 Jahren erfolgreich zugelassen wird, ist leicht verständlich, dass die gesamten Aufwendungen für eine erfolgreiche Zulassung sehr hoch sein müssen. So geht man zurzeit davon aus, dass die gesamten Entwicklungskosten bis zur Zulassung eines Arzneimittels inzwischen weit mehr als 1 Mrd. US-Dollar betragen[23]. Dies schließt die zahlreichen Fehlversuche genauso wie die Kapitalkosten über den gesamten Entwicklungszeitraum ein. Überproportional zur Verlängerung der Entwicklungszeiten haben sich im Zeitraum von 1975 bis 2000 die Entwicklungskosten ungefähr versechsfacht. Der Anstieg der Entwicklungskosten über die Zeit wird in Abb. 3.4 aufgezeigt.

[21] Quelle: Di Masi, J. A. (1995).

[22] Vgl. UBS Warburg (2001b), S. 10, Ernst & Young (2000), S. 46, und Di Masi, J. A. (2001), S. 303.

[23] Vgl. Di Masi, J. A., Grabowski, H. G. (2007).

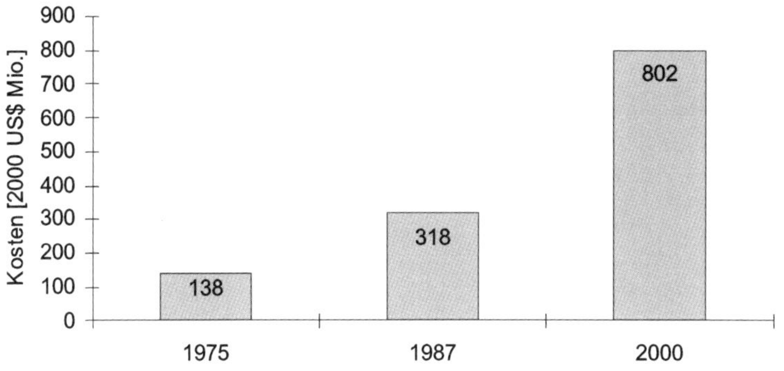

Abb. 3.4. Kosten der Entwicklung eines Arzneimittels[24]

Betrachtet man hingegen ausschließlich die direkten Kosten und vernachlässigt die Kapitalkosten so liegen Gesamtkosten zur Entwicklung eines Arzneimittels nach neueren Untersuchungen inzwischen bei ca. 672 Mio. US-Dollar.[25]

3.3 Ausgaben für die einzelnen Entwicklungsphasen

Da die Gesamtkosten für die Entwicklung eines Arzneimittels auch unter Berücksichtigung der großen Fehlerwahrscheinlichkeit sehr hoch sind, sollen die einzelnen Kostenblöcke zum besseren Verständnis dargestellt werden.

Nach Aussagen des Verbandes der amerikanischen Pharmahersteller (Pharmaceutical Research and Manufacturers of America, PhRMA) werden nahezu ein Drittel der gesamten Forschungsausgaben für die klinische Entwicklung der Arzneimittel genutzt, d. h. 28,3 % für Phase I–III der klinischen Studien. Hierbei werden für jede Substanz, für die eine Zulassung beantragt wird, im Schnitt mehr als 60 klinische Studien durchgeführt. So sind die hohen Aufwendungen auch aufgrund der immer größer werdenden Patientenzahlen – teilweise mehrere Tausend, vor allem in den späten Phasen der klinischen Forschung – gut nachvollziehbar. Aber auch die hohen Anforderungen, die zum Beispiel mit GMP (Good Manufacturing Practice) an die Produktion gestellt werden, verursachen im gesamten Forschung- und Entwicklungsprozess knapp 10 % der Kosten. Diese dürften durch die noch komplexeren Produktionsverfahren bei biotechnologischen Produkten und den unter anderem damit verbundenen Sicherheitsbedürfnissen (Kontamination etc.) in den nächsten Jahren noch überproportional ansteigen. Auf die Gesamtheit aller präklinischen Arbeiten entfallen mehr als 40 % der Forschungs- und

---

[24] Vgl. Di Masi, J. A., Hansen, R. W., Grabowski, H. G. (2003).

[25] Vgl. Di Masi, J. A., Grabowski, H. G. (2007).

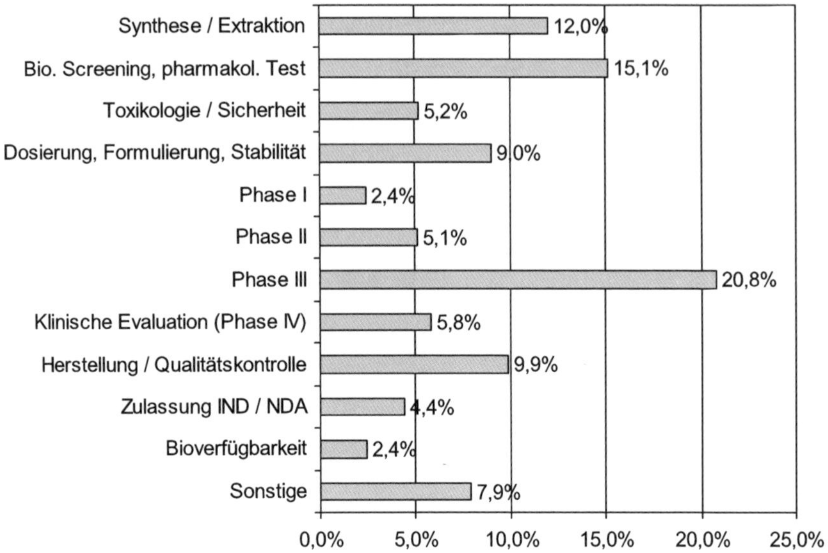

Abb. 3.5. Verteilung der Entwicklungskosten auf die einzelnen Phasen, USA[27]

Entwicklungskosten (s. Abb. 3.5), wobei dies unter anderem durch die große Anzahl von Ansätzen in frühen Phasen der Entwicklung bedingt ist.[26]

Nicht alle Leistungen werden in den einzelnen Entwicklungsphasen von den Pharmaunternehmen selbst erbracht. Umfragen nach sollen von dem Gesamtbetrag zwei Drittel auf interne Forschungsleistungen der Pharmaindustrie entfallen, während das restliche Drittel durch externe Dienstleistungen aufgebracht wird. Es wird erwartet, dass sich in den nächsten Jahren dieses Verhältnis deutlich ändert oder sogar umkehrt.[28] Dies wird damit begründet, dass die Pharmaunternehmen nicht genügend Innovationskraft besitzen, um die Herausforderungen der neuen biotechnologischen Verfahren quantitativ und qualitativ bewältigen zu können. So liegen zum Beispiel immer mehr gentechnisches Wissen und die Anwendung dieses Know-hows bei der Suche nach Medikamenten und Diagnostika außerhalb der traditionellen Pharmaindustrie beispielsweise bei (kleineren) Biotechnologieunternehmen.

[26] Vgl. Pharmaceutical Research and Manufacturers of America (2001a), S. 21.
[27] Quelle: Pharmaceutical Research and Manufacturers of America (2001a), S. 26.
[28] Vgl. Lindner, R. (2000), S. W2.

3.4 Biotechnologische Produkte

Die bereits angedeutete, zunehmende Relevanz von biotechnologischen Produkten, wie Hormonen, Antikörpern, Enzymen und Nukleinsäuren, schlägt sich in mehr als 100 Molekülen nieder, die in den letzten 30 Jahren auf den Markt gebracht wurden.[29] Allein in den USA betrugen die Umsätze mit Biopharmazeutika im Jahr 2006 mehr als 40 Mrd. US-Dollar, bei einer Wachstumsrate von 20 % von 2002 bis 2006.[30] Abbildung 3.6 zeigt die Umsatzentwicklung von Biopharmazeutika in den USA von 2002 bis 2006.

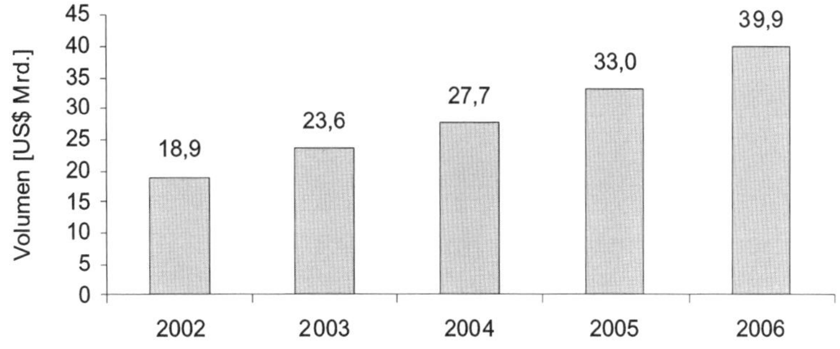

Abb. 3.6. Umsätze mit Biopharamzeutika in den USA von 2002 bis 2006[31]

Da Biopharmazeutika oft auf einer anderen Wissensbasis entwickelt werden, sind diese Entwicklungskosten auch separat betrachtet worden. Dabei zeigt sich, dass deren Kosten ebenfalls sehr hoch liegen. Die Gesamtkosten inklusive Kapitalkosten betragen für Biopharmazeutika 1.241 Mio. US-Dollar versus 1.318 Mio. US-Dollar für klassische Pharmazeutika. Die direkten Kosten werden hier mit 559 Mio. US-Dollar versus 672 Mio. US-Dollar (alle in 2005er US-Dollar) angegeben.[32]

Obwohl die gesamten Entwicklungskosten inklusive Kapitalkosten von biotechnologischen Produkten ca. 6 % niedriger liegen als bei klassischen Substanzen, so zeigt sich ein deutlicher Unterschied bei der Aufteilung der Kosten auf die einzelnen Entwicklungsphasen. Diese sind trotz einer längeren klinischen Entwicklungszeit (inklusive Zulassung) von Biopharmazeutika (98 versus 90 Monate) im klinischen Bereich niedriger als bei klassischen Pharmazeutika.[33] Abbildung 3.7 zeigt die Kosten von Pharma- und Biotechprodukten in der präklinischen und klinischen Entwicklung, wobei hier im Vergleich zu Absatz 3.3 eine Betrachtung auf Einzelproduktbasis und ein gröbere Aufteilung gewählt ist und so viele

---

[29] Vgl. Miller, H. I. (2006), Walsh, G. (2006).
[30] Vgl. Aggarwal, S. (2007).
[31] Vgl. Aggarwal, S. (2007).
[32] Vgl. Di Masi, J. A., Grabowski, H. G. (2007).
[33] Vgl. Di Masi, J. A., Grabowski, H. G. (2007).

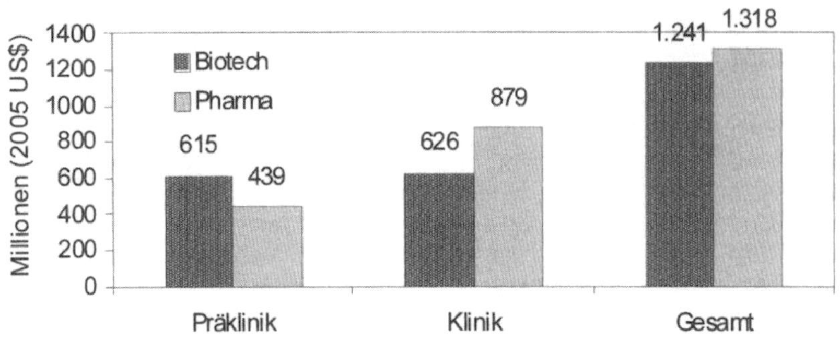

Abb. 3.7. Gesamtkosten für die Entwicklung von Biotech- und Pharma-Produkten

Aufgaben anhand ihres zeitlichen Auftretens und nicht aufgrund ihrer inhaltlichen Zugehörigkeit zugeordnet wurden.

3.5 Indikationsspezifische Entwicklungskosten

Neben der eher allgemeinen Betrachtung ist eine differenzierte Analyse nach Indikationsgruppen sinnvoll um die Entwicklungskosten besser charakterisieren zu können. Dabei zeigen sich deutliche Unterschiede. So kostet die klinische Entwicklung eines Arzneimittels zur Behandlung von Erkrankungen des zentralen Nervensystems (ZNS) mit 527 Mio. US-Dollar weit mehr als der Durchschnitt (466 Mio. US-Dollar, Gesamtkosten, inklusive Kapitalkosten in 2000er US-Dollar). Diese hohen Kosten für ZNS-Produkte sind vor allem langen Entwicklungszeiten geschuldet. Pharmazeutika zur Behandlung von Schmerzmitteln liegen andererseits mit den gesamten klinischen Entwicklungskosten von 375 Mio. US-Dollar deutlich darunter (s. Abb. 3.8). Dies ist bei etwa gleichen hohen direkten Kosten vor allem durch die viel kürzeren Beobachtungs- und damit Entwicklungszeiten begründet.

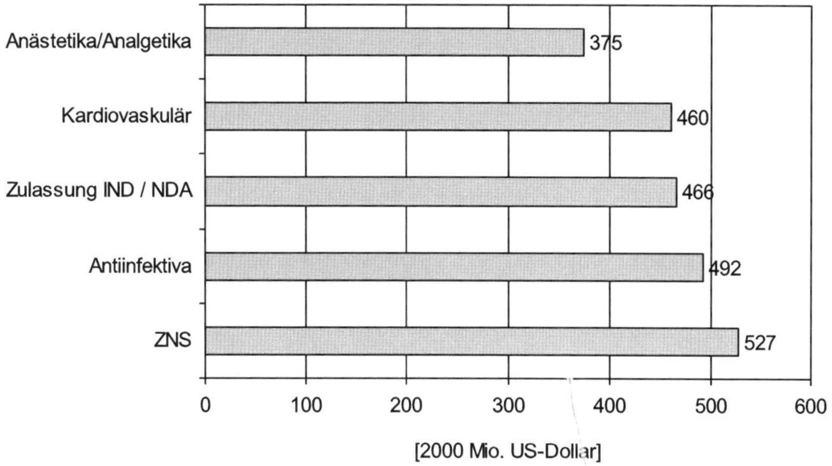

Abb. 3.8. Klinische Gesamt-Entwicklungskosten auf Indikationsbasis[34]

3.6 Forschungs & Entwicklungskosten auf globaler Basis

Unter Berücksichtigung der hohen Kosten für die Entwicklung einer einzelnen pharmazeutischen Substanz ist die Gesamtsumme der Forschungs- und Entwicklungsaufwendungen (F&E) interessant. So betrugen die F&E-Ausgaben der pharmazeutischen Hersteller in den größten westlichen Märkten, d. h. USA, Europa und Japan, im Jahr 2005 ca. 65 Mrd. US-Dollar. Diese Ausgaben sind dabei von 2000 bis 2005 um 51 % gestiegen, siehe Abb. 3.9. Die F&E-Ausgaben verteilen sich dabei auf USA mit 46 %, auf Europa mit 40 % und auf Japan mit 14 %. Im Vergleich zu den Umsätzen in den einzelnen Pharmamärkten, d. h. USA (54 %), Europa (36 %) und Japan (11 %), zeigt sich eine deutliche Übergewichtung zu Gunsten von Europa und Japan.

[34] Vgl. Di Masi, J. A., Grabowski, H. G., Vernon, J. (2004).

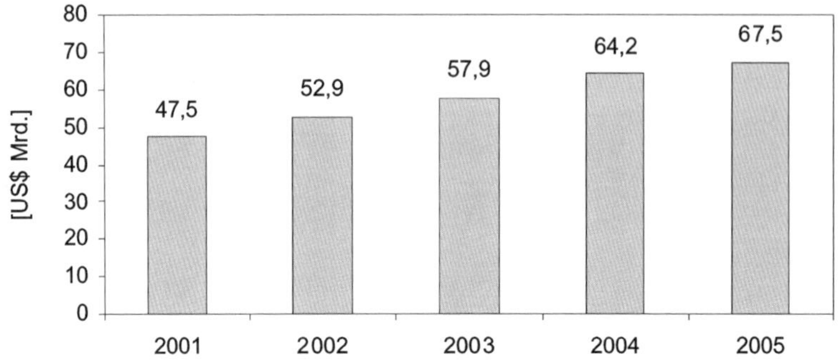

Abb. 3.9. F&E Ausgaben in USA, Europa und Japan von 2001 bis 2005[35]

3.7 Finanzierung von Forschung und Entwicklung durch Umsatz

Die Entwicklungskosten für Therapeutika sind nicht nur gemessen an den absoluten Zahlen deutlich gestiegen. Auch im Verhältnis zu den erzielten Umsätzen ist eine signifikante Zunahme zu verzeichnen. So stieg der Anteil der Aufwendungen für Forschung und Entwicklung an den Produktumsätzen kontinuierlich an. Der Anteil der Forschungs- und Entwicklungsausgaben der amerikanischen Pharmaunternehmen wuchs zum Beispiel im Zeitraum von 1980 bis 2005 von 12 % auf ca. 20 % (s. Abb. 3.10). In anderen Ländern geht man abhängig von der Innovationsorientierung der Pharmaunternehmen von ähnlichen Zahlen aus.

[35] Quelle: Verband Forschender Arzneimitelhersteller (2007a).

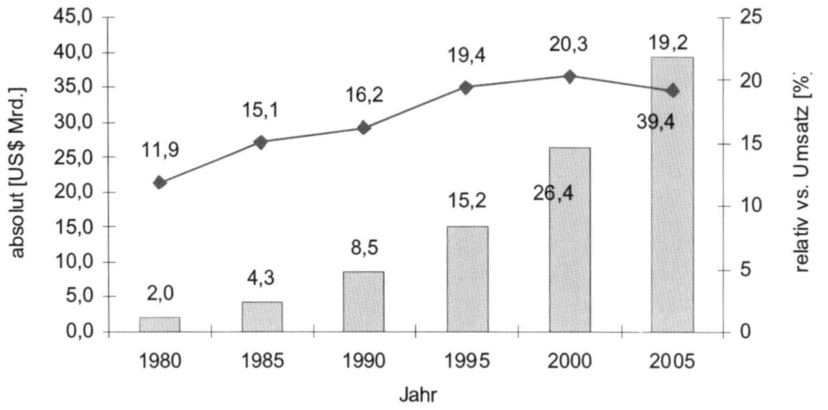

Abb. 3.10. F&E-Ausgaben, USA[36]

So zeigt der Anteil der Forschungs- und Entwicklungsausgaben der pharmazeutischen Industrie bezogen auf den Umsatz einen doppelt so großen Anteil wie in nicht-medizinischen Industriezweigen, wie zum Beispiel in der Computer- und Softwareindustrie mit 9 %, der Telekommunikationsbranche mit 5 % oder der Automobilindustrie mit 4 %. Höhere Eintrittsbarrieren, größere Kommerzialisierungspotenziale und längere Produktzyklen in den pharmazeutischen Märkten rechtfertigen dabei die höheren Aufwendungen im Vergleich zu anderen Branchen. Trotzdem ist anzumerken, dass die gestiegenen Forschungs- und Entwicklungsausgaben nicht unbedingt zu einem entsprechenden Anstieg der Produktzulassungen geführt haben.

Die große Anzahl erfolglos getesteter Substanzen führt dazu, dass nur eine geringe Anzahl ihre Forschungs- und Entwicklungskosten durch eine Vermarktung wieder einbringen kann. Die Verlängerung der Entwicklungszeiten hat dazu geführt, dass die Unternehmen den ökonomischen Risiken und Unsicherheiten länger ausgesetzt sind. Größere Gesellschaften versuchen durch eine Diversifizierung des Portfolios das Risiko und damit die negativen Auswirkungen durch erfolglose Entwicklung oder Zulassung zu minimieren. Aber auch nach erfolgreicher Zulassung erzielen nur drei von 10 Substanzen überhaupt Umsätze in den Größenordnungen, die notwendig sind um die durchschnittlichen Entwicklungskosten eines Arzneimittels zu decken. Wie in vielen anderen Industrien erzielen nur 20 % der Produkte 80 % der gesamten Umsätze. Die Pharmaindustrie ist daher bestrebt, für die Kommerzialisierung eines (Mega-)Blockbusters mit einem Umsatzvolumen von mehr als 1 Mrd. US-Dollar eine extrem hohe Marge zu erzielen.[37]

Eine weitere Finanzierungsquelle der Arzneimittelforschung und -entwicklung ist die direkte oder indirekte Förderung durch öffentliche Mittel. So soll zum Beispiel das Budget der amerikanischen Gesundheitsbehörde allein für Forschung

[36] Quelle: Pharmaceutical Research and Manufacturers of America (2001b), S. 20–21.
[37] Vgl. Greene, A., Siegel, J. (2000), S. 13.

und Entwicklung im Jahr 2007 mehr als 28 Mrd. US-Dollar betragen.[38] Auch in anderen Ländern werden erhebliche öffentliche Mittel zur Verfügung gestellt.

3.8 Schlusswort

Die Ausführungen machen deutlich, wie aufwändig und kostenintensiv die Arzneimittelentwicklung ist. Dabei ist aufgrund der ebenfalls zur Verfügung stehenden Zahlen zu den neueren biotechnologischen Produkten keine abnehmende Tendenz zu erkennen. Vielmehr ist mit einem weiteren Anstieg zu rechnen. Nach Zulassung eines Produktes kann aber nur ein Drittel aller Arzneimittel auf dem weltweiten Pharmamarkt einen Umsatz generieren, der diese Entwicklungskosten abdeckt. Zusätzlich zu den reinen Forschungs- und Entwicklungskosten die Vermarktungskosten deutlich ansteigen, wird diese immer weiter aufgehende Schere nicht durch höhere Verschreibungszahlen oder Preise abgefangen. Selbst in Märkten wie den USA, wo bisher sehr hohe Preise realisierbar waren, wird die Preisgestaltung immer umfangreicher reglementiert und die Pharma- und Biotechfirmen stehen unter stärker werdendem Preisdruck. Daher ist die Industrie bestrebt, über umfangreiche und lang andauernde Schutzrechte die hohen Innovationskosten durch Umsätze wieder einzuspielen, bevor nach Ablauf des Patentschutzes Produkteinführungen von Generikaherstellern zu deutlichen Umsatz- und Margeneinbussen führen. Hierbei ist anzumerken, dass aber gerade in jüngster Zeit durch die Finanzierungslücken in allen Gesundheitssystemen dieser Welt viele Entscheidungen zu Gunsten von Generika getroffen und damit auch diese exklusive Vermarktungszeit empfindlich eingeschränkt wurde.

[38] Vgl. Loscalzo, J. (2006).

4 Regulatory Affairs

Karen Schamp, Jürgen Regenold, Harald Jordan

Dr. Regenold GmbH International Regulatory Affairs, Badenweiler

4.1 Einleitung

Die Zulassungsabteilung eines pharmazeutischen Unternehmens (Drug Regulatory Affairs Department) besitzt eine Schlüsselfunktion bei der Vermarktung von Arzneimitteln. Bevor ein Medikament „in den Verkehr" gebracht werden darf, wie der exakte juristische Begriff für die Vermarktung heißt, bedarf es einer Genehmigung durch eine Behörde (Marketing Authorisation). Zum Schutz der Bevölkerung vor den möglichen Risiken von Arzneimitteln sind Genehmigungsverfahren unterschiedlicher Ausprägung weltweit in allen Ländern etabliert.

Dieses Kapitel soll einen Überblick über die wichtigsten Aspekte der Arzneimittelzulassung geben. Aufgrund zahlreicher gesetzlicher Neuerungen in der Europäischen Union liegt der Fokus dieses Kapitels auf Europa, aber auch die Situation in den Regionen Nordamerika und Japan wird angerissen. Neben den gesetzlichen Grundlagen werden die Anforderungen an das Arzneimitteldossier (CTD und e-CTD), die verschiedenen Zulassungsverfahren, die notwendigen Aktivitäten nach Erhalt der Zulassung sowie spezielle Produktgruppen wie z. B. Generika und Medizinprodukte erläutert.

4.2 Rechtliche Grundlagen und zuständige Behörden

4.2.1 Deutschland

In Deutschland wird der Umgang mit Arzneimitteln grundsätzlich durch das Arzneimittelgesetz geregelt. Weitere Regelungen, die für den Verkehr mit Arzneimitteln berücksichtigt werden müssen, sind die Pharmabetriebsverordnung, das Medizinproduktegesetz, das Heilmittelwerbegesetz, das Betäubungsmittelgesetz, das Patentgesetz und eine Reihe von Verordnungen, die spezielle Vorgänge im Umgang mit Arzneimitteln regeln.

Die vorgenannten Regelungen gelten sowohl für nationale deutsche Verfahren als auch für EU-Zulassungen nach dem Mutual Recognition Procedure (MRP) bzw. dem Decentralised Procedure (DP). Um am Ende der EU-Zulassungsverfahren eine Zulassung in den gewählten Mitgliedstaaten zu erhalten, schließt sich als letzter Schritt stets eine nationale Phase von 30 Tagen an.

In Deutschland ist für die Erteilung einer Arzneimittelzulassung das Bundesinstitut für Arzneimittel und Medizinprodukte (BfArM) in Bonn[39] oder bei Seren und Impfstoffen das Paul-Ehrlich-Institut (PEI) in Langen zuständig.[40]

4.2.2 Europa

Eine der Grundideen der EU war, einen gemeinsamen Markt zu schaffen und dabei eine einheitliche Versorgung der Bevölkerung mit Waren und Dienstleistungen sicherzustellen. Um den freien Warenverkehr mit Arzneimitteln innerhalb der EU zu gewährleisten, wurden seit 1965 verschiedene gesetzliche Regelungen auf europäischer Ebene geschaffen, die entweder direkt bindendes Gemeinschaftsrecht (Regulations) darstellen oder innerhalb einer i. d. R. 18-monatigen Frist in nationales Recht transferiert werden müssen (Directives).

4.2.2.1 Harmonisierung der Arzneimittelzulassung innerhalb der EU

Der erste Schritt einer Harmonisierung der Zulassungsverfahren innerhalb Europas war die Etablierung der beiden EU-Verfahren Mutual Recognition Procedure (MRP) und Centralised Procedure (CP) im Jahr 1995 auf der Basis der Verordnung (EWG) Nr. 2309/93 des Rates. Als zentrales Organ wurde hierfür die Europäische Arzneimittelagentur EMEA (European Medicines Agency)[41] mit Sitz in London geschaffen. Die EMEA ist verantwortlich für die Koordination der wis-

[39] Vgl. http://www.bfarm.de.
[40] Vgl. http://www.pei.de.
[41] Vgl. http://emea.europa.eu.

senschaftlichen Ressourcen innerhalb der EU und hat zur Aufgabe, diese Ressourcen allen Mitgliedstaaten im Sinne der Bewertung, Steuerung und Überwachung von Arzneimitteln zur Verfügung zu stellen. Innerhalb der EMEA wird diese Aufgabe aktuell von fünf[42] auf bestimmte Produktgruppen spezialisierten Ausschüssen wahrgenommen:

- Committee for Medicinal Products for Human Use (CHMP)
- Committee for Medicinal Products for Veterinary Use (CVMP)
- Committee for Orphan Medicinal Products (COMP)
- Committee on Herbal Medicinal Products (HMPC)
- Paediatric Committee (PDCO)

Für die derzeit 27 Mitgliedsstaaten der EU und die ebenfalls zum Europäischen Wirtschaftsraum gehörenden Staaten Liechtenstein, Island und Norwegen existieren inzwischen vier unterschiedliche Verfahren, um sich die Vermarktung eines Arzneimittels genehmigen zu lassen:

- Nationale Zulassungen
- Verfahren der gegenseitigen Anerkennung (Mutual Recognition Procedures / MRP)
- Dezentrale Verfahren (Decentralised Procedures / DP)
- Zentrale Zulassungsverfahren (Centralised Procedures / CP)

Die Internetseite der Heads of Medicines Agency (HMA)[43] ist ein Zusammenschluss aller Zulassungsbehörden der EU. Sie bietet aktuelle Informationen zu den nicht-zentralen Zulassungsverfahren (MRP und DP) und leitet den Internetnutzer direkt zu den Internetseiten der nationalen Zulassungsbehörden weiter.

4.2.2.2 Review der Arzneimittelgesetzgebung in Europa

Um die Harmonisierung der regulatorischen Bedingungen innerhalb der EU weiter voran zu treiben bzw. die bestehende Gesetzgebung im Bereich der Arzneimittel sowohl im Sinne des Patienten als auch der Pharmaindustrie umfangreich zu überarbeiten, begannen im Jahr 2001 entsprechende Diskussionen auf europäischer Ebene. Aus volkswirtschaftlicher Sicht waren die Ziele:

- Schnellere Verfügbarkeit innovativer Arzneimittel für die Patienten in der EU
- Höhere Anforderungen an die Sicherheit eines Arzneimittels
- Stärkung der globalen Wettbewerbsfähigkeit der europäischen Pharmaindustrie

Aus Sicht der pharmazeutischen Industrie, die an den Diskussionen teilnahm, waren die Forderungen:

[42] Gemäß Verordnung (EG) Nr. 1394/2007 wird zusätzlich bis Ende 2008 das Committee for Advanced Therapies (CAT) eingerichtet.

[43] Vgl. http://www.hma.eu.

- Verbesserte Bedingungen bei den Zulassungsverfahren
- Verkürzung der Zulassungsverfahren
- Harmonisierung des Unterlagenschutzes

Die Diskussionen mündeten in der Verordnung (EG) 726/2004 und den beiden Richtlinien 2004/27/EG[44] (Humanarzneimittel) und der Richtlinie 2004/28/EG (Tierarzneimittel).[45] Während eine Verordnung ab Inkrafttreten in den Mitgliedstaaten geltendes Recht darstellt, mussten die beiden Richtlinien bis zum 30. Oktober 2005 in allen Mitgliedstaaten in nationales Recht umgesetzt werden. In Deutschland erfolgte dies im Zuge des 14. Gesetzes zur Änderung des Arzneimittelgesetzes (seit 6. September 2005 in Kraft), betraf aber auch Teile des Heilmittelwerbegesetzes und des Patentgesetztes. Die wichtigsten Auswirkungen der EU-Richtlinien auf das AMG sind:

- *Zulassungsverlängerung (Renewal):* Muss nicht mehr alle 5 Jahre durchgeführt werden, sondern einmalig fünf Jahre nach Erhalt der Erstzulassung (bei Unbedenklichkeit des Arzneimittels gilt die Verlängerung unbefristet)
- *Sunset Clause:* Wird das Produkt in einem Mitgliedstaat innerhalb der ersten drei Jahre nach Erhalt der Zulassung nicht eingeführt, erlischt in diesem Staat die Zulassung
- *Pharmakovigilanz:* Periodic Safety Update Reports (PSUR) sind regelmäßig der Behörde vorzulegen
- *Readability Test:* Pflicht zur Überprüfung, ob die Patienteninformation für den Anwender verständlich ist
- Einführung des *Decentralised Procedure* (siehe 4.4.1.4)
- *Verwertungs- / Vermarktungssperre (8+2+1):* Der Antragsteller eines generischen Arzneimittels muss einheitlich in allen Mitgliedstaaten eine Frist von acht Jahren ab dem Tag der Erstzulassung des Originators wahren, bevor er in seinem Dossier Bezug auf dessen Daten nehmen darf. Mindestens zwei weitere Jahre gilt dann eine Vermarktungssperre. Diese Frist verlängert sich um ein weiteres Jahr, wenn dem Originator acht Jahre nach der Erstzulassung die Zulassung für eine weitere Indikation des betreffenden Arzneimittels erteilt wird.

Eine für die Generikaindustrie bedeutende Neuerung im Patentgesetz war die Einstellung der so genannten Roche-Bolar-Klausel, nach der bestimmte, für die Erstellung der Zulassungsunterlagen notwendige Handlungen wie Entwicklungen und Versuche sowie weitere, damit in Zusammenhang stehende Schritte (z. B. die Herstellung des Arzneimittels zum Zwecke der Versuche und die Produktion von Mustern) noch während der Laufzeit des Patentes erlaubt sind. Zuvor haben Generikafirmen diese für eine spätere Zulassung erforderlichen Handlungen in Drittstaaten durchgeführt, die bereits entsprechende Ausnahmen in ihrem nationalen Patentrecht vorgesehen hatten. Die Generikaindustrie konnte nur auf diese Weise

---

[44] http://ec.europa.eu/enterprise/pharmaceuticals/review/doc/final_publ/dir_2004_27_20040430_de.pdf.

[45] ersetzen 2001/83/EG und 2001/82/EG.

gewährleisten, dass ihre Produkte rechtzeitig zum Patentablauf auf den Markt kamen.

Die in Folge des Review erfolgten Gesetzesänderungen sollen neben höheren Anforderungen an die Sicherheit von Arzneimitteln einem Interessenausgleich zwischen der Originator- und der Generikaindustrie Rechnung tragen, um auf der einen Seite Innovationen auf dem Pharmasektor zu fördern, gleichzeitig aber auch den hohen Kosten im Gesundheitswesen entgegenzuwirken.

4.2.2.3 Arzneimittel für Kinder

Die im Januar 2007 in Kraft getretene Verordnung EC 1901/2006 mit direkter rechtlicher Verbindlichkeit in allen EU-Mitgliedsstaaten hat schwer wiegende Auswirkungen auf die Entwicklung und Zulassung von Arzneimitteln. Hintergrund dieser Verordnung ist die Tatsache, dass derzeit mehr als 50 % der bei Kindern eingesetzten Arzneimittel nicht an Kindern geprüft und für Kinder zugelassen sind. Das Ziel der Neuregelung ist es, im Sinne der Sicherheit für diese Patientengruppe die Entwicklung von Kinderarzneimitteln zu fördern ohne jedoch die Zulassung neuer Arzneimittel für Erwachsene zu verzögern.

Bis auf einige Ausnahmen (u. a. Generika, Homöopathika und traditionelle pflanzliche Arzneimittel) muss ab dem 26. Juli 2008 für jedes neu zuzulassende Arzneimittel in Form eines so genannten pädiatrischen Prüfkonzepts (Paediatric Investigation Plan / PIP) das Entwicklungsprogramm für eine Anwendung an Kindern bereits zum Zeitpunkt des Zulassungsantrags beschrieben werden. Dieses pädiatrische Prüfkonzept muss von dem bei der EMEA hierfür eingerichteten wissenschaftlichen Ausschuss (Paediatric Committee / PDCO) genehmigt werden und ist, unabhängig vom Zulassungsverfahren, fester Bestandteil der Zulassungsunterlagen für jedes neue Arzneimittel.

Als Ausgleich für den hierdurch gesteigerten Aufwand für den pharmazeutischen Unternehmer werden diesem Anreize in Form von verlängerten oder neuen Schutzfristen gewährt.

4.2.3 USA

Verantwortliche Behörde ist die Food & Drug Administration (FDA)[46], die für Arzneimittel, Seren, Impfstoffe, Medizinprodukte, Nahrungsergänzungsmittel und Lebensmittel zuständig ist. Gleichzeitig untersteht der FDA auch die Überwachung der Betriebe, die Arzneimittel und Medizinprodukte herstellen. Der rechtliche Rahmen wird durch den Code of Federal Regulations (CFR)[47] gegeben.

---

[46] Vgl. http://www.fda.gov.

[47] Vgl. http://www.gpoaccess.gov/cfr/index.html.

4.2.4
Kanada

Verantwortlich für die Bearbeitung von Zulassungsanträgen ist Health Canada[48] bzw. die entsprechenden Direktorate innerhalb dieser Behörde. Gesetzlich geregelt sind Anforderungen an Arzneimittel und Medizinprodukte im „Canadian Food and Drugs Act and Regulations“ sowie verschiedenen Guidelines. Health Canada ist unterteilt in die jeweils zuständigen Direktorate „Pharmaceuticals“, „Biologicals“, „Radiopharmaceuticals“, „Veterinary Drugs“, „Medical Devices“, „Natural Health Products“ und „Desinfections“, die am Ende über die Zulassung des Produktes zu entscheiden haben.

4.2.5
Japan

Die in Japan zuständige Behörde ist das Ministry of Health, Labour and Welfare (MHLW), das auf Basis des Beurteilungsberichtes der Pharmaceuticals and Medical Devices Agency (PMDA)[49] und nach Konsultation des Pharmaceutical Affairs and Food Sanitation Council (PAFSC) eine Entscheidung über die Erteilung einer Arzneimittelzulassung trifft.

4.3
Aufbau des Dossiers

4.3.1
Common Technical Document (CTD)

Um eine unabhängige Beurteilung von Qualität, Wirksamkeit und Verträglichkeit von Arzneimitteln zu ermöglichen, sind folgende Ergebnisse vorzulegen:

- Die Ergebnisse physikalischer, chemischer, biologischer oder mikrobiologischer Versuche und die Methoden zur analytischen Prüfung.
- Die Ergebnisse der pharmakologisch-toxikologischen Prüfung
- Die Ergebnisse der klinischen Prüfung.

Die Ergebnisse sind durch Unterlagen so zu belegen, dass aus diesen Art, Umfang und Zeitpunkt der Prüfungen hervorgehen. Dem Antrag sind alle für die Bewertung des Arzneimittels zweckdienlichen Angaben und Unterlagen, ob günstig oder ungünstig, beizufügen. Dies gilt auch für unvollständige oder abgebrochene toxikologische oder pharmakologische Versuche oder klinische Prüfungen zu dem Arzneimittel.

---

[48] Vgl. http://www.hc-sc.gc.ca/index_e.html.
[49] Vgl. http://www.pmda.go.jp/english/index.html.

Ein wichtiges Element der Verfahren in Europa ist die Beurteilung der einzureichenden Unterlagen durch Sachverständige. In diesen Expertengutachten wird die Qualität, die Sicherheit und die Wirksamkeit des Arzneimittels beurteilt.

Die gesamte Vielfalt der Unterlagen, die zu einer verlässlichen Beurteilung eines neuen Arzneimittels vorgelegt werden müssen, geht aus dem detaillierten Aufbau des Common Technical Documents (CTD) der International Conference on Harmonisation of Technical Requirements for Registration of Pharmaceuticals for Human Use (ICH)[50] hervor. [51] Seit November 2003 ist das „CTD-Format", welches den modularen Aufbau eines Dossiers darstellt, in der EU verpflichtend. Abbildung 4.1 gibt eine Übersicht über den groben Aufbau. Es ist zu beachten, dass die Vorgaben zum CTD lediglich das Format betreffen, nicht aber den Inhalt, der in separaten Guidelines behandelt wird.

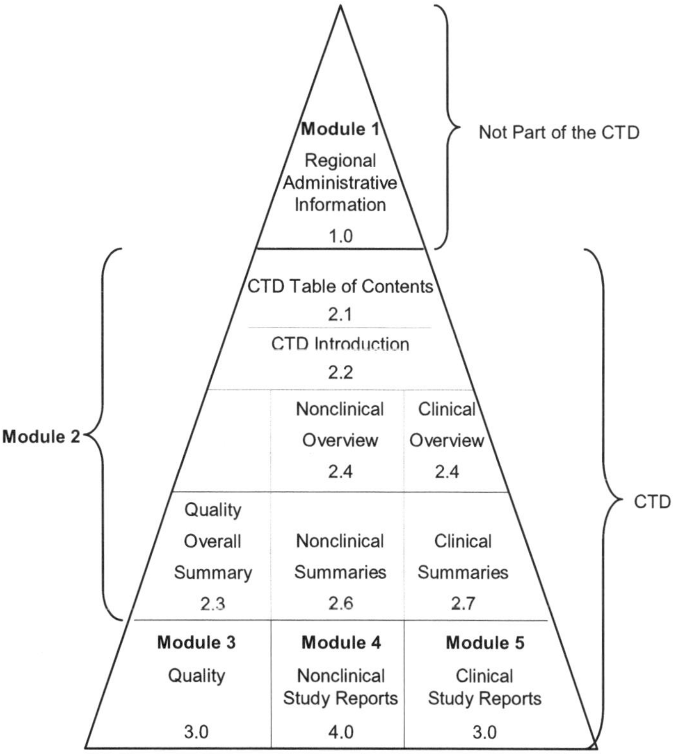

Abb. 4.1. Aufbau des Common Technical Document (CTD)[52]

[50] Vgl. http://www.ich.org/cache/compo/276-254-1.html.

[51] Anmerkung: Die ICH mit Hauptsitz in Genf hat generell das Ziel einer Harmonisierung der Beurteilungskriterien von Arzneimitteln und orientiert sich an den Anforderungen der Arzneimittelzulassung in Europa, den USA und Japan. Die Weltgesundheitsorganisation (WHO), die EFTA und Kanada haben Beobachterstatus.

[52] Quelle: Eudralex (Volume 2 b).

Wie Abb. 4.1 zeigt, bilden die Module M3 (Pharmazeutische Qualität), M4 (Nichtklinische / Toxikologische Studien) und M5 (Klinische Studien) die Basis des CTD. Die detaillierten Inhalte dieser drei Module werden in Modul 2 in einem Inhaltsverzeichnis (M 2.1, Table of Contents) aufgeführt und in Form von Übersichten und Expertengutachten zusammengefasst und bewertet (Module M 2.3 bis M 2.7).

Das Modul 1 enthält regionale, administrative Informationen und ist durch seine national spezifischen Inhalte nicht Teil des CTD. Hierin sind u. a. die Zulassungsanträge, Fachinformationen und Packungsbeilagen in der jeweiligen Landessprache zu finden.

4.3.2 Electronic Common Technical Document (eCTD)

Das Electronic Common Technical Document (eCTD) ist eine Schnittstellendefinition für die elektronische Übertragung von Informationen eines Arzneimittelherstellers an zuständige Behörden zum Zwecke der Arzneimittelzulassung.[53] Vom strukturellen Aufbau her basiert der Standard auf den Definitionen des Common Technical Document (CTD). Das bereits beschriebene CTD definiert ein Papierformat; ein vollständiges Dossier umfasst oft mehrere zehntausend Seiten. Das eCTD wurde im Rahmen der ICH als ein elektronisches Format entwickelt, um diese Datenmengen für Antragsteller und Behörden besser handhabbar zu machen. Innerhalb der ICH wurde der eCTD Standard von der ICH in der Arbeitsgruppe M2 entwickelt.[54]

Das eCTD besteht wie das CTD aus fünf Modulen (M1–M5) in Form einzelner Dokumente in einer Ordnerstruktur. Die Namensgebung der Dokumente und Ordner werden von der eCTD Spezifikation vorgegeben, ebenso wie Formatierungsregeln.[55]

Weiterhin ist der Struktur auf unterster Ordnerebene eine XML Datei (XML Document Type Definition / XML-DTD) beigefügt, die die logische Struktur der Dokumente enthält sowie – bei Nacheinreichungen und Änderungsanträgen – die Information, welche neuen bzw. ersetzten Dokumente enthalten sind. Dadurch wird ermöglicht, dass der Datenbestand bei Arzneimittelherstellern und der entsprechenden Behörde synchronisiert bleibt. Das XML DTD definiert die gesamte Struktur des eCDT und hat zwei Einsatzbereiche:

- Strukturierung der so genannten Meta-Daten der gesamten elektronischen Zulassung und von jedem Dokument innerhalb der Zulassung
- Darstellung eines umfassenden Inhaltsverzeichnisses mit Verweisen, die zur Navigation im Inhalt der Zulassung dienen

---

53 Vgl. http://de.wikipedia.org/wiki/Ectd.
54 Vgl. http://estri.ich.org/.
55 Vgl. http://esubmission.emea.europa.eu/tiges/index.html sowie http://www.fda.gov/cder/regulatory/ersr/ectd.htm.

Meta-Daten der Zulassung beinhalten Informationen zum Beispiel über Einreicher und Empfänger, Hersteller und Produzent, Identifikation und Typ der Zulassung und andere Bezug nehmende Informationsinhalte.

Beispiele für Meta-Daten auf der Ebene von Dokumenten im eCTD sind Informationen über Version, Sprache, beschreibende Informationen wie Dokumentennamen und die so genannte CheckSum MD5. Diese bewirkt den Nachweis der Echtheit des DTD und verhindert das nachträgliche Manipulieren der Zulassung und der Dokumente in der finalen Version.

Die Historie der eCTD Spezifikation geht zurück bis zum Jahr 2001. Die aktuelle Version ist eCTD 3.2 (Stand März 2008).

4.4 Zulassungsverfahren

4.4.1 Europa

4.4.1.1 Zentrales Verfahren (Centralised Procedure)

Beim Centralised Procedure (CP) stellt das Unternehmen seinen Antrag auf Zulassung bei der EMEA. Im Falle von Arzneimitteln zur Anwendung am Menschen ist innerhalb der EMEA das Committee for Medicinal Products for Human Use (CHMP)[56] zuständig für die Erstellung der wissenschaftlichen Bewertung des Zulassungsantrages. Die Mitglieder des CHMP sind hochrangige Vertreter der Zulassungsbehörden in den Mitgliedsstaaten und können auf Unterstützung von Mitarbeitern ihrer Behörde oder sachkundiger Mitarbeiter anderer Behörden zurückgreifen. Im Interesse sowohl der Bürger der EU als auch der pharmazeutischen Industrie kann mit Hilfe des CP innerhalb eines einzigen Zulassungsverfahrens allen Bürgern der EU der gleichzeitige Zugang zu innovativen Arzneimitteln gewährt werden. Die offizielle Erteilung einer Zulassung ist Aufgabe der Europäischen Kommission, die hierfür die Bewertungsberichte und Empfehlungen der EMEA heranzieht.

Gemäß der im Zuge des Review verabschiedeten Verordnung 726/2004/EG ist das Zentrale Verfahren für biotechnologisch hergestellte Arzneimittel, monoklonale Antikörper, Humanarzneimittel mit neuen Wirkstoffen zur Behandlung von Aids, Diabetes mellitus, Krebs oder neurodegenerativen Erkrankungen, Orphan-Arzneimittel zur Behandlung von seltenen Krankheiten (siehe 4.7) sowie Tierarzneimittel zur Leistungssteigerung vorgeschrieben. Für eine Reihe weiterer Arzneimittel ist der Zugang zu diesem Verfahren fakultativ möglich, beispielsweise können Generika diesen Zulassungsweg gehen, wenn bereits das entsprechende Originalprodukt zentral zugelassen wurde oder wenn es sich um eine signifikante

[56] Der Name des wissenschaftlichen Ausschusses für Arzneimittel zur Anwendung am Menschen wurde im Mai 2004 von CPMP in CHMP geändert.

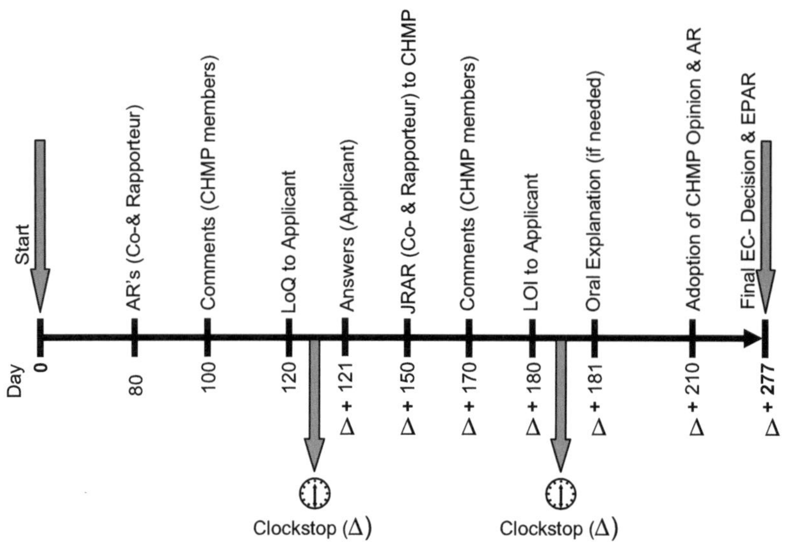

AR = Assessment Report
CHMP = Committee for Medicinal Products for Human Use
LoQ = List of Questions
JRAR = Joint Response Assessment Report
LOI = List of Outstanding Issues
EC = European Commission
EPAR = European Public Assessment Report

Abb. 4.2. Zentrales Zulassungsverfahren bei der EMEA

Innovation mit einer bereits bekannten Substanz handelt. Der zeitliche Ablauf des Verfahrens ist in Abb. 4.2 dargestellt.

Vor Antragstellung wird durch die EMEA beschieden, welche Mitglieder des CHMP und somit Vertreter der Mitgliedstaaten die Rolle des Rapporteurs und Co-Rapporteurs übernehmen. Der Rapporteur und Co-Rapporteur geben innerhalb der ersten 80 Tage ihre ersten Bewertungsberichte (Assessment Reports) ab. Um ein sicheres und widerspruchsfreies Bewertungsverfahren zu gewährleisten, wurden im Zuge des Review so genannte Peer-Reviews eingeführt, bei denen die restlichen Mitglieder des CHMP bis zum Tag 100 die Bewertungsberichte von Co-Rapporteur und Rapporteur überprüfen und gegebenenfalls zusätzliche Fragen und Kommentare (für den Antragsteller anonym) einbringen. Bis Tag 120 wird eine konsolidierte Liste an Fragen dem Antragsteller zugestellt. In der Regel wird das Verfahren nun unterbrochen (clockstop) und am offiziellen Tag 121 wieder aufgenommen, nachdem der Antragsteller die Beantwortung der Fragen bei der EMEA eingereicht hat. Bis Tag 150 beurteilen Co-Rapporteur und Rapporteur in einem gemeinsamen Assessment Report (Joint Response Assessment Report / JRAR) die vom Antragsteller überarbeitete Dokumentation. Auch hier bringen sich die anderen Mitglieder des CHMP bis Tag 170 mit ihren Kommentaren ein. Am Tag 180 findet eine Diskussion innerhalb der CHMP statt, bei der die „Outstanding Issues" zusammengefasst werden und über die Notwendigkeit einer mündlichen Anhörung des Antragstellers (Oral Explanation) entschieden wird. Im Falle einer mündlichen Anhörung wird das Verfahren unterbrochen (clockstop), um dem Antragsteller Zeit zur Vorbereitung auf den mündlichen Termin einzuräumen. Dieser findet am offiziellen Tag 181 statt. In Abhängigkeit des Ausgangs der mündlichen Anhörung erstellt das CHMP bis Tag 210 einen Assessment Report, begleitet von einer Empfehlung für die Europäische Kommission. Die Europäische Kommission ist die letzte Instanz des Verfahrens, die über Erteilung oder Versagung einer Zulassung am Ende zu entscheiden hat (Tag 277). Im Anschluss an eine Erteilung der Zulassung veröffentlicht die EMEA den European Public Assessment Report (EPAR) auf ihrer Internetseite.[57]

Parallel zur wissenschaftlichen Bewertung des Dossiers findet während des gesamten Verfahrens auch die Bewertung und Anpassung der Produktinformation (Fachinformation, Gebrauchsinformation und Layout der Verpackung) statt, die zunächst als englischsprachige Version bereits zu Beginn des Verfahrens eingereicht wird und nach Einigung über die finale Version (bis Tag 210) in alle Sprachen der EU übersetzt werden muss. Für die Bewertung ist die 1996 eingerichtete „Working Group on the Quality Review of Documents“ (QRD)[58] zuständig, die aus Vertretern der nationalen Behörden, der Europäischen Kommission und der EMEA besteht und die CHMP bei der Bewertung der Dokumentation unterstützt.

Wie in den USA obligatorisch, gibt es für den Antragsteller beim zentralen Verfahren (bzw. für Produkte die nur außerhalb der Europäischen Gemeinschaft vermarktet werden sollen) die Möglichkeit einer GMP-Auditierung durch die EMEA, die auf Antrag des Anmelders parallel zur Beurteilung der eingereichten Dokumentation erfolgt.[59] Diese Zertifizierung (Certificate of Medicinal Product / CPP) gemäß den Empfehlungen der World Health Organisation (WHO) erleichtert dem Zulassungsinhaber eine internationale Vermarktung außerhalb der EU. Bis Tag 120 hat der Anmelder Zeit, bei der EMEA einen Antrag auf eine Inspektion durch die „Inspection Group“ zu stellen, deren Abschlussbericht bis Tag 180 vorzulegen ist.[60]

4.4.1.2 Nationale Verfahren

In allen Mitgliedsstaaten der EU existieren letztendlich nationale Regelungen zum Marktzutritt und zur Überwachung der Vermarktung von Arzneimitteln. Wie erwähnt gibt es jedoch auch EU-weite Regelungen, entweder in Form von Verordnungen, die direkt in den Staaten der EU geltendes Recht darstellen oder aber in Form der Richtlinien, die i. d. R. innerhalb von 18 Monaten in nationales Recht umgesetzt werden müssen. Bei den von der EMEA herausgegebenen Leitlinien (Guidelines) handelt es sich dagegen um Empfehlungen. Sie stellen den „Stand des Wissens“ dar und Abweichungen von diesen Leitlinien müssen stets begründet werden.

---

57 Vgl. http://www.emea.europa.eu/htms/human/epar/eparintro.htm.
58 Vgl. http://www.emea.europa.eu/htms/human/qrd/qrdintro.htm.
59 Vgl. Regulation 726/2004/EC.
60 Vgl. http://www.emea.europa.eu/Inspections/Certificates.html.

Nationale Zulassungen sind in der EU seit dem 1. Januar 1998 nur noch möglich, wenn der Antragsteller sein Produkt lediglich in einem Mitgliedstaat vermarkten möchte. Die Dauer eines nationalen Zulassungsverfahrens variiert stark. Da es, anders als in den harmonisierten bzw. dem zentralen Zulassungsverfahren, keine offiziellen Vorgaben in Form von Fristen gibt, kann ein nationales Verfahren in Abhängigkeit der jeweils aktuellen Belastung einer Behörde zwischen 12 und 48 Monaten dauern. Die in den meisten europäischen Staaten angestrebte Richtgröße von 210 Tagen von der Antragstellung bis zur Erteilung der Zulassung wird also nur selten erreicht.

4.4.1.3 Mutual Recognition Verfahren (MRP)

Dieses Verfahren wurde 1995 eingeführt, um die Kapazitäten der nationalen Zulassungsbehörden in der EU sinnvoll zu nutzen und Doppelarbeit zu vermeiden. Der Anmelder konnte zunächst zwischen mehreren nationalen Zulassungsverfahren oder dem Mutual Recognition Procedure (MRP) wählen, seit 1998 ist das MRP jedoch verpflichtend bei mindestens zwei angestrebten Vermarktungsländern. Das MRP verliert zugunsten des DP zunehmend an Bedeutung, da seit der Umsetzung des Review dieses Verfahren nur noch gewählt werden kann, wenn der Antragsteller bereits eine nationale Zulassung in einem der Mitgliedstaaten besitzt. Hintergrund der Einführung des MRP war die Tatsache, dass eine *direkte* gegenseitige Anerkennung aufgrund der Heterogenität der Anforderungen innerhalb Europas nicht realistisch war.

Das MRP folgt auf ein nationales Zulassungsverfahren, das in einem der Mitgliedstaaten erfolgreich abgeschlossen wurde. Dieser Mitgliedstaat übernimmt im MRP die Funktion des Reference Member State (RMS) und erstellt einen Bewertungsbericht über das Dossier (Assessment Report / AR), der zusammen mit dem Zulassungsdossier an die anderen teilnehmenden Mitgliedstaaten, die so genannten Concerned Member States (CMS) weitergeleitet wird. Das RMS startet das Verfahren am offiziellen Tag 0 und koordiniert die Weiterleitung von Fragen der CMS bzw. Antworten des Antragstellers. Das Verfahren dauert 90 Tage und gliedert sich in verschiedene Abschnitte: Die ersten 50 Tage dienen den CMS als Bewertungsphase des Dossiers und bis spätestens zu diesem Tag werden dem RMS die Fragen zur Weiterleitung an den Antragsteller zugestellt. Die von den CMS festgestellten Mängel gelten nur, wenn es sich um so genannte „major objections" handelt, d. h. wenn sie Gesundheitsrisiken für die Bevölkerung des jeweiligen Mitgliedsstaates oder die gesamte EU („serious risk to public health") bergen. Die Interpretation der Bezeichnung „serious risk to public health" kann jedoch in den Mitgliedstaaten unterschiedlich ausfallen, was zu Unstimmigkeiten zwischen den am Verfahren teilnehmenden Ländern führen kann.

Bis zum Tag 85 müssen die Antworten des Antragstellers auf die Kommentare der Länder vorliegen. Das RMS leitet diese an die CMS weiter. Wenn alle beteiligten Staaten den Antworten und dem gegebenenfalls angepassten und für alle

Länder identischen Dossier zustimmen, erhält der Antragsteller nach einer sich an die 90 Tage anschließenden nationalen Phase die Zulassungen in diesen Ländern. Kommt es aber zu Einwänden hinsichtlich eines „serious risk to public health" von mindestens einem der CMS, übergibt das RMS das Verfahren innerhalb einer Woche an eine im Jahr 2004 eingeführte Expertengruppe, die Coordination Group for Mutual Recognition and Decentralised Procedure (CMD)[61]; es kommt zu einem so genannten Referral. Die CMD, bei der aus allen EU-Staaten jeweils ein Mitglied teilnimmt, diskutiert den Fall und schickt eine Liste von Kommentaren an den Antragsteller, zu denen er in einer offiziellen Anhörung Stellung nimmt. Überzeugt er die CMD mit seinen Antworten, wird das RMS das Verfahren beenden und es schließt sich die nationale Phase an. Wenn die CMD die Antworten nicht akzeptiert, mündet das Verfahren in ein Schlichtungsverfahren (Arbitration) und wird auf EU-Ebene weiter diskutiert. In besonders problematischen Fällen beurteilt am Ende die EMEA als zuständige Behörde den Fall und es kann zu einer Versagung der Zulassung kommen.

Abbildung 4.3 gibt eine grobe Übersicht über die Zeitschiene eines nationalen Zulassungsverfahrens mit anschließendem MRP.

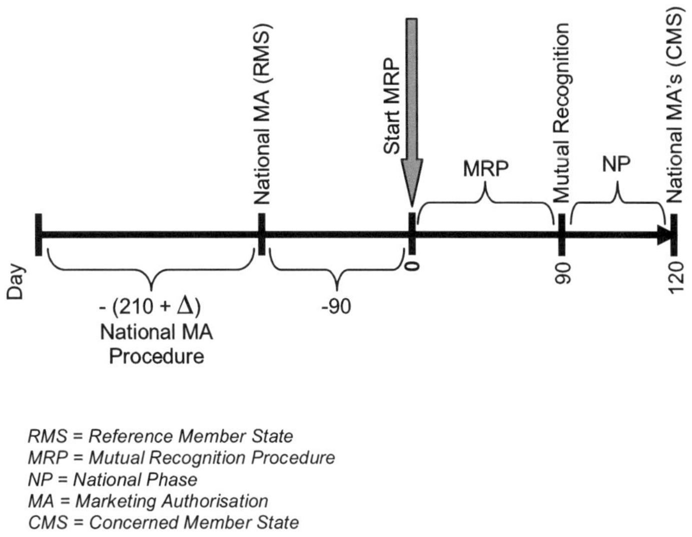

Abb. 4.3. Nationales Zulassungsverfahren mit anschließendem MRP

[61] Ersetzt die Recognition Facilitating Group (MRFG).

4.4.1.4
Dezentrales Verfahren

Dieses im Zuge der Umsetzung des Review neu eingeführte Verfahren soll einer weiteren Verkürzung der Zulassungsverfahren in der EU dienen. Durch die frühe Einbindung aller beteiligten Staaten können Unstimmigkeiten zu Beginn des Verfahrens geklärt werden.

Im Vergleich zum MRP basiert es nicht auf einer bereits erteilten Zulassung im RMS, sondern die Behörden aller beteiligten Länder (RMS und CMS) erhalten bereits beim Start des Verfahrens gleichzeitig ein identisches Dossier und die landspezifische Begleitdokumentation. Diese besteht aus der Fachinformation (SPC = Summary of Product Characteristics), der Patienteninformation (PL = Package Leaflet) und einem Verpackungsmuster (Package Labelling), zunächst als englischsprachige Version.

Wie beim MRP wählt der Anmelder ein RMS aus, das die Koordination des Verfahrens übernimmt. Bis zum Tag 70 erstellt und versendet das RMS einen vorläufigen Bewertungsbericht (Pre-Assessment Report), auf dessen Basis die CMS ihre Kommentare bis spätestens Tag 100 an das RMS schicken. Der Antragsteller erhält anschließend bis Tag 105 die vom RMS konsolidierte Liste an Fragen. Nun wird das Verfahren i. d. R. unterbrochen (clockstop), und zwar für die Zeit, die der Antragsteller zur Beantwortung aller Fragen benötigt. Die Dauer der Unterbrechung kann durchaus 3 bis 6 Monate betragen. Sobald die Antworten verfügbar sind, geht das Verfahren am offiziellen Tag 106 weiter und das RMS hat bis zum Tag 120 Zeit, einen Entwurf für den Assessment Report zu verfassen (Draft Assessment Report / DAR). Sollte dieser keinerlei Mängel aufführen und können alle beteiligten Mitgliedstaaten einer Zulassung zustimmen, wird die nationale Phase (weitere 30 Tage) eingeleitet, an deren Ende der Anmelder die Zulassungen in allen beteiligten Ländern erhält. Das Verfahren würde in diesem Fall nur 150 Tage dauern.

Fällt der Bericht am Tag 120 jedoch negativ aus bzw. können die CMS einer Erteilung nicht zustimmen, dann müssen binnen einer Frist von weiteren 90 Tagen (also bis Tag 210) die Mängel beseitigt werden und das RMS seinen Assessment Report entsprechend anpassen (Final Assessment Report / FAR). Bei positivem Verlauf beginnt nun die nationale Phase, die bis Tag 240 abgeschlossen sein muss. Sollte es am Tag 210 noch immer Unstimmigkeiten geben, wird der Fall wie beim MRP an die CMD gemeldet. Auch beim DP kann es am Ende zu einer Versagung kommen. Abbildung 4.4 gibt eine Übersicht über die Zeitschiene des DP.

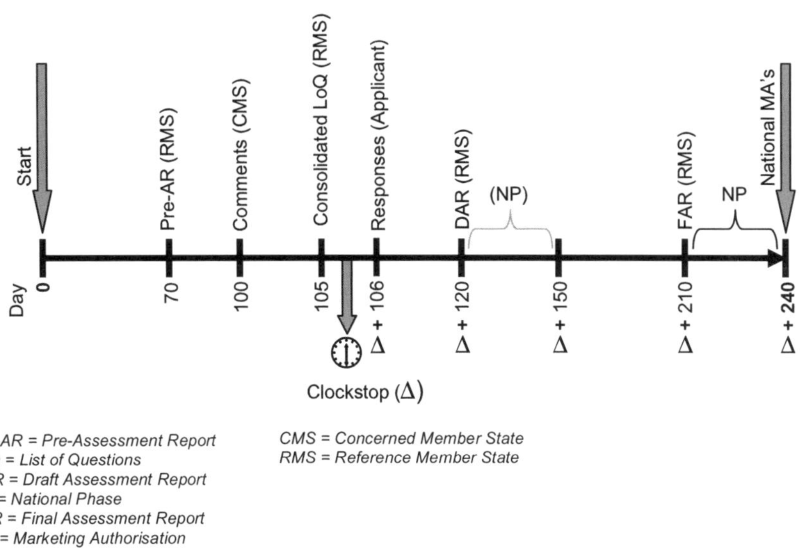

Abb. 4.4. Dezentrales Zulassungsverfahren

4.4.2 USA

Im Grundsatz sind die Anforderungen der FDA[62] ähnlich denjenigen, die in Europa existieren.

Die Grundeinstellung der FDA gegenüber den Antragstellern ist allerdings von Misstrauen geprägt. Während die Behörden in Europa vom Antragsteller eine kritische Bewertung seiner Unterlagen in Form von Expertengutachten erwarten, möchte die FDA keine Wertungen und Interpretationen von Daten, sondern fordert die Originaldaten. So geben sich die Behörden in Europa im Allgemeinen mit einem aussagekräftigen Teil der Dokumentation zufrieden (z. B. bei Kanzerogenitätsprüfungen dem Bericht mit einer tabellarischen Übersicht der Daten). In den USA dagegen wird verlangt, detailliert alle Einzeldaten der Tierstudien mit einzureichen. Die FDA möchte die Möglichkeit haben, eine eigene nachträgliche Bewertung aufgrund der Rohdaten einzelner Tiere vorzunehmen. Zusätzlich sind SAS-Files (Unterlagen eines statistischen Auswertungsprogramms) mit den Einzeldaten auf Datenträgern einzureichen.

[62] Vgl. http://www.fda.gov.

Nachdem der Antrag bei der FDA eingereicht wurde, beginnt die Überprüfung der einzelnen Teile in der Chemie, Pharmakologie, Biopharmazie, Mikrobiologie, Statistik und Medizin. Fällt die Bewertung positiv aus, findet eine Überprüfung der Glaubwürdigkeit der Unterlagen durch Audits statt. Während dieser behördlichen Inspektionen wird vor Ort überprüft, ob die internationalen Regeln hinsichtlich Good Clinical Practice (GCP) and Good Manufacturing Practice (GMP) eingehalten wurden. Die so genannte Pre-approval Inspection findet in den Herstellungsstätten für Wirkstoffe und Fertigprodukte statt. Im Falle eines positiven Ausgangs dieser Audits kommt es bei neuen Stoffen normalerweise zu einem Advisory Board Meeting. Hier wird in öffentlicher Anhörung mit Experten aus Hochschule und Forschung, den zuständigen Bearbeitern bei der FDA und Firmenvertretern das Pro und Contra einer Zulassung diskutiert und am Ende werden per Abstimmung die Voten für und gegen eine Zulassung abgefragt. Dieses Votum ist für die FDA nicht bindend. Es gehört aber zur guten Praxis der FDA, nur in begründeten Fällen davon abzuweichen.[63]

Sollte ein wirklich innovatives Arzneimittel in das Zulassungsverfahren gebracht werden, ist ein großer Vorteil, dass die FDA mit Einsatz eventuell zusätzlicher Kapazitäten innerhalb von sechs Monaten zu einer Entscheidung kommt. Im Allgemeinen muss man aber mit Zulassungszeiten von 12 Monaten und mehr rechnen.

Während früher ein Zulassungsverfahren in den USA als große Hürde für den Anmelder gefürchtet war, gibt ihm heute eine FDA-Zulassung nicht mehr die Garantie eines erfolgreichen Zulassungsverfahrens in Europa. Für eine international tätige Pharmafirma ist es deshalb wichtig, sich in allen Phasen der klinischen Arzneimittelentwicklung parallel mit den Behörden in Europa und den USA abzustimmen.

4.4.3 Kanada

Auch in Kanada, ein Staat mit Beobachterstatus bei der ICH, folgt man hinsichtlich der Anforderungen an die Dokumentation den Vorgaben des CTD. Die Beurteilung von Zulassungsanträgen erfolgt in Teams innerhalb der entsprechenden Direktorate von Health Canada. Während der Verfahren ist es Health Canada möglich, einen Expertenausschuss zu befragen, in dem Mitglieder aus Wissenschaft, Gesundheitswesen und Regierung sitzen. Die letzte Entscheidung über Zulassungserteilung oder aber eine Versagung liegt bei dem jeweiligen Direktorat von Health Canada[64]. Generell sind der Ablauf der Verfahren sowie die Beurteilung des Nutzen-Risiko-Verhältnisses neuer Arzneimittel mit der Situation in den USA vergleichbar.

---

63 Vgl. http://www.fda.gov/cder/handbook/nda.htm.

64 Vgl. http://www.hc-sc.gc.ca/index_e.html.

4.4.4 Japan

Das japanische System ist von den grundsätzlichen Anforderungen an eine Zulassung nicht sehr weit von den europäischen Anforderungen entfernt. Aufgrund der im Vergleich zu anderen westlichen Regionen jedoch weit größeren Distanzen hinsichtlich Schrift, Sprache und nicht zuletzt Kultur wird sich ein westlicher Anmelder in der Regel vor Ort Hilfe bei der Einreichung suchen.

Der Ablauf des Zulassungsverfahrens in Japan ist im Prinzip mit dem Zentralen Verfahren (CP) der EU vergleichbar. Der Anmelder reicht sein Dossier bei der Pharmaceuticals and Medical Devices Agency (PMDA)[65] ein. In mehreren Schritten und nach Konsultation von Experten erstellt diese einen Bewertungsbericht, der am Ende dem Ministry of Health, Labour and Welfare (MHLW) vorgelegt wird. Dieses hat über die Zulassungserteilung zu entscheiden, holt sich jedoch zuvor noch die Beurteilung des Pharmaceutical Affairs and Food Sanitation Council (PAFSC) ein. Vergleichbar mit den USA findet parallel zum Bewertungsverfahren des Dossiers ein GMP-Audit durch die PMDA statt. Die Ergebnisse des Audits gehen in den Beurteilungsbericht ein.[66]

Da Japan an der Internationalen Conference on Harmonisation (ICH) teilnimmt, sind viele Anforderungen im Rahmen der Arzneimittelentwicklung analog zu den europäischen oder amerikanischen Anforderungen zu sehen.

Wie erwähnt, kommt den kulturellen Unterschieden zwischen den drei (ICH)-Regionen eine besondere Bedeutung zu. So wirken sich beispielsweise auch die Therapiegewohnheiten einer Region auf die Kriterien zur Prüfung von Arzneimitteln aus. Während in den USA die maximal tolerierbare Dosis oft als Ansatz für die therapeutische Dosierung herangezogen wird, orientiert man sich in Japan eher am unteren Ende der Dosis-Wirkungskurve, da ein Arzneimittel vorzugsweise gut verträglich sein soll. In Europa wählt man dagegen meist den Mittelweg, dem wieder eine andere Interpretation des Nutzen / Risiko-Verhältnisses zugrunde liegt.

4.5 Aktivitäten nach der Zulassung (Europa)

Hat der pharmazeutische Unternehmer sein erstes Ziel, die Zulassung, erreicht, kann zwar die Vermarktung begonnen werden, es bestehen aber eine Reihe weiterer Verpflichtungen, die in Deutschland im § 29 AMG[67] geregelt sind. So hat der Zulassungsinhaber die Pflicht, das Dossier stetig zu aktualisieren und jede Änderung per Änderungsanzeige (Variation) zu melden. Je nach Art der Änderungsanzeige ist diese lediglich anzeigepflichtig oder zustimmungspflichtig. Im letzten

---

65 Vgl. http://www.pmda.go.jp/english/index.html.

66 Vgl. http://www.jpma.or.jp/english/.

67 Vgl. http://bundesrecht.juris.de/amg_1976/index.html.

Fall muss der Antragsteller die Zustimmung der Behörde innerhalb von 90 Tagen abwarten.

Weiterhin ist der pharmazeutische Unternehmer verpflichtet, die im Zuge der Anwendung seines Arzneimittels auftretenden Erkenntnisse zu unerwünschten Arzneimittelwirkungen zu sammeln und auszuwerten (Pharmakovigilanz). Der Behörde ist hierzu in vorgegebenen Abständen Bericht in Form eines Periodic Safety Update Report (PSUR)[68] zu erstatten. Nach dem Auftreten schwerer, unerwarteter Fälle sind jedoch kurze Fristen zu wahren. Derartige Meldungen erfolgen gemäß dem so genannten Stufenplan, der den Weg der Information klar vorgibt.

Seit der Umsetzung des Review 2001 sind Anträge auf Zulassungsverlängerung (Renewal) nicht mehr alle fünf Jahre zu stellen, sondern einmalig fünf Jahre nach dem Datum der Erstzulassung. Die Zulassung muss anschließend nicht mehr erneuert werden, solange die regelmäßig erstellten PSUR´s keine Risiken an dem Arzneimittel aufzeigen.

4.6 Generika

Der Gesetzgeber räumt im allgemeinen Bestreben nach einer Kostendämpfung im Gesundheitswesen pharmazeutischen Unternehmern die Möglichkeit ein, in bestimmten Fällen einen Antrag auf Zulassung eines Arzneimittels zu stellen, ohne zuvor toxikologische und klinische Studien durchgeführt zu haben. Derartige Untersuchungen sind überaus kostenintensiv und machen ein neues Arzneimittel teuer. Artikel 10 der Richtlinie 2001/83/EG benennt die Voraussetzungen für „verkürzte“ Zulassungsanträge, bei denen sich der Unternehmer generell auf bereits vorhandene und nicht selbst generierte Daten und Erfahrungen bezieht. Es sind drei Typen zu unterscheiden:

- *Bezugnehmende Zulassung:* Der Anmelder bezieht sich unter Wahrung der bereits genannten Verwertungssperre (siehe 4.2.2.2) auf die toxikologischen und klinischen Daten des Originators. Neben dem Beleg der pharmazeutischen Qualität muss er die Bioäquivalenz zum Originalpräparat in Studien am Menschen beweisen. Das Arzneimittel des Antragstellers muss im Wesentlichen dem Originatorprodukt gleichen („essential similarity“).
- *Bibliographische Zulassung:* Der Anmelder bezieht sich bereits vor Ablauf der Verwertungssperre auf veröffentlichte Daten. Er muss anhand dieser Daten nachweisen, dass das Arzneimittel bereits allgemein medizinisch verwendet wird und sowohl ausreichend wirksam als auch sicher ist.
- *„Well Established Use“:* Der Antragsteller zeigt auf, dass sein Produkt im Wesentlichen einem bereits seit mindestens sechs (gegebenenfalls zehn) Jahren in einem der EU-Mitgliedstaaten auf dem Markt befindlichen Produkt gleicht („essential similarity“). Er bezieht sich hier nicht direkt auf die toxikologischen

[68] Vgl. http://www.bfarm.de.

und klinischen Daten des Originators und muss auch nicht die Fristen für die Verwertungssperre beachten.

Es ist zu beachten, dass von all diesen Möglichkeiten der Zulassung die Patentlaufzeit (und gegebenenfalls Verlängerung dieser um maximal fünf Jahre) des Arzneimittels unberührt bleibt und eine Vermarktung vor deren Ablauf nicht gestattet ist. Weiterhin gelten selbstverständlich die für alle Arzneimittel vorgeschriebenen Anforderungen an die Qualität des Produktes.

4.7 Orphan-Arzneimittel

Unter dem Begriff „Orphan Drugs" (orphan eng. = Waise) sind Arzneimittel zu verstehen, die zur Behandlung, Prävention oder Diagnose einer seltenen Krankheit eingesetzt werden. Selten ist eine Krankheit, wenn sie in der EU weniger als 5 von 10.000 Personen betrifft und somit unter wirtschaftlichem Aspekt betrachtet unter regulären Zulassungsbedingungen von geringem Interesse für den Pharmazeutischen Unternehmer ist. Das zentrale Zulassungsverfahren ist für diese Art Arzneimittel obligatorisch. Ob ein Arzneimittel den Status „Orphan-Arzneimittel" erhält, wird von der Europäischen Kommission nach einer Empfehlung des Ausschusses für Orphan-Arzneimittel (COMP) der EMEA beschieden.

Der Vorteil für das Pharmaunternehmen ist hierbei, dass es bei der Planung der erforderlichen Studien von der Unterstützung der EMEA, von Vergünstigungen bei den Zulassungs- und Inspektionsgebühren und nach Erhalt der Zulassung von einer zehnjährigen Marktexklusivität profitieren kann.

4.8 Pflanzliche Arzneimittel (Phytotherapeutika)[69]

Pflanzliche Arzneimittel werden weltweit zur Behandlung von Krankheiten und Beschwerden eingesetzt. Meist handelt es sich um Extrakte, aber teilweise auch um isolierte und aufgereinigte Inhaltsstoffe von Pflanzen. Aufgrund der Vielfältigkeit der Inhaltsstoffe und in vielen Fällen auch aufgrund der Unkenntnis über die wirksamen Bestandteile stellt ein pflanzliches Arzneimittel hinsichtlich einer Zulassung Behörden und Unternehmen vor eine ganz besondere Herausforderung. Der Nachweis der Wirksamkeit und Unbedenklichkeit ist bei dieser Arzneimittelgruppe teilweise nicht möglich und die Produkte müssten vom Markt genommen werden, da sie nicht den allgemeinen Anforderungen an Arzneimittel in der EU genügen. Weiterhin wurde diese Produktgruppe in der Vergangenheit innerhalb der EU unterschiedlich behandelt; so galten pflanzliche Präparate in manchen Mitgliedstaaten nicht als Arznei- sondern als Nahrungsergänzungsmittel. Während

[69] Vgl. http://www.emea.europa.eu/pdfs/human/qwp/281900en.pdfn.

man in einem Mitgliedstaat vor der Vermarktung ein umfangreiches Zulassungsverfahren durchlaufen musste, war in einem anderen Mitgliedstaat eine einfache Registrierung ausreichend. Ein derartiges Ungleichgewicht der Anforderungen an die Unternehmer innerhalb der EU führte zu Wettbewerbsverzerrungen und stellte nicht zuletzt ein Risiko für den Patienten dar.

Das Ziel der im Jahr 2004 verabschiedeten Richtlinie 2004/24/EC ist es daher, eine Klassifizierung der Arzneimittel pflanzlichen Ursprungs vorzunehmen und auf dieser Basis die jeweiligen zulassungsrechtlichen Anforderungen zuzuordnen.

In Analogie zu generischen Zulassungsverfahren (Richtlinie 2001/83/EG, Artikel 10) kann unter gewissen Umständen auf den Nachweis von vorklinischen und klinischen Studien verzichtet werden, wenn ein pflanzliches Arzneimittel eine lange Tradition der Anwendung hat und dadurch eine ausreichende Wirksamkeit und ein bestimmter Grad an Sicherheit angenommen werden kann. Insgesamt wird den Behörden die Möglichkeit eingeräumt, im Falle von Traditional Herbal Medicines (THM´s) die Vermarktung nach einem einfachen Registrierungsverfahren unter Verzicht auf ein reguläres Zulassungsverfahren zu gestatten. Die Richtlinie[70] grenzt sehr detailliert die unterschiedlichen Klassen der Arzneimittel pflanzlichen Ursprungs voneinander ab und definiert die Eigenschaften eines traditionellen pflanzlichen Arzneimittels. Ein neu entdeckter pflanzlicher Wirkstoff nimmt beispielsweise den ganz regulären Weg einer Zulassung inklusive der toxikologischen und klinischen Studien bevor er vermarktet werden darf.

In Ergänzung zu dieser Richtlinie erschien 2006 die „Guideline on Quality of Herbal Medicinal Products / Traditional Herbal Medicinal Products“, die dem Antragsteller eine Anleitung hinsichtlich der notwendigen Daten und Unterlagen zur Pharmazeutischen Qualität bietet.

4.9 Impfstoffe

Für die Zulassung von Seren und Impfstoffen in Deutschland ist das Paul-Ehrlich-Institut (PEI) in Langen zuständig.[71] Seine Aufgaben basieren auf dem Gesetz über die Errichtung eines Bundesamts für Sera und Impfstoffe vom 7. Juli 1972, sowie Ergänzungen und Modifizierungen durch die Regelungen des Arzneimittelgesetzes, des Medizinproduktegesetzes, des Transfusionsgesetzes, des Transplantationsgesetzes, des Tierseuchengesetzes sowie der Tier-Impfstoffverordnung.

Zuständigkeiten des PEI:

- Behördliche Zuständigkeit für die Arzneimittelgruppen Sera, Impfstoffe, Blutzubereitungen, Knochenmarkzubereitungen, Gewebezubereitungen, Allergene, Gentransfer-Arzneimittel, somatische Zelltherapeutika, xenogene Zelltherapeutika und gentechnisch hergestellte Blutbestandteile (im Bereich der Humanarz-

[70] Bzw. AMG (BGB1. I S. 3394) § 39 (a-d).

[71] Vgl. http://www.pei.de.

neimittel)[72] und Sera, Impfstoffe, Immunmodulatoren und Tuberkuline (im Bereich der Tierarzneimittel)[73]

- Genehmigung der klinischen Prüfung der für das PEI relevanten Humanarzneimittel
- Beteiligung an der von der zuständigen Länderbehörde zu erteilenden Genehmigung von Feldversuchen der für das PEI relevanten Veterinärarzneimittel
- Bearbeitung von Zulassungsanträgen und Folgeanträgen von im Paul-Ehrlich-Institut bearbeiteten Arzneimitteln (MRP, DP, CP)
- Staatliche Prüfung und Freigabe von Chargen der im Paul-Ehrlich-Institut bearbeiteten Arzneimittel.
- Sammlung und Bewertung von Berichten über unerwünschte Arzneimittelwirkungen und gegebenenfalls das Ergreifen von Maßnahmen
- Durchführung von Inspektionen im Rahmen der Genehmigung klinischer Prüfungen und der Bearbeitung von Zulassungsanträgen
- Forschung auf dem Gebiet der im Paul-Ehrlich-Institut bearbeiteten Arzneimittelgruppen
- Erstellung und Veröffentlichung der Jahresberichte im Rahmen des koordinierten Meldewesens für Blut- und Gewebezubereitungen.
- Beratung der verschiedenen Zielgruppen (z. B. nationale, europäische und internationale Gremien) bei der Beurteilung von Risiken und der Entwicklung von Leitfäden

Die Grundanforderungen an die Arzneimittel, die vom PEI zugelassen werden, unterscheiden sich hinsichtlich Qualität, Wirksamkeit und Unbedenklichkeit nicht von anderen Arzneimitteln. Aufgrund der Herstellungsverfahren und Produkteigenschaften kommt aber möglichen immunologisch aktiven Verunreinigungen und dem Nachweis einer wirksamen Virusinaktivierung besondere Bedeutung zu. Bei Blutprodukten sind die Einzelspenden, die in die Verarbeitung eingebracht werden, individuell auf virale Marker wie HIV, Hepatitis B oder Hepatitis C zu testen und müssen frei von diesen sein.

Alle weiteren gesetzlichen Anforderungen sind im Arzneimittelgesetz geregelt, so dass eine einheitliche rechtliche Handhabung von Arzneimitteln sowie von Seren und Impfstoffen sichergestellt ist.

[72] Für alle anderen Humanarzneimittel ist das BfArM zuständig.

[73] Ausnahme: Für Mittel gegen exotische Tierseuchen und Diagnostika ist das Friedrich-Loeffler-Institut (FLI) zuständig (§ 2 Tierimpfstoff-Verordnung). Für alle anderen Tierarzneimittel ist das Bundesamt für Verbraucherschutz und Lebensmittelsicherheit (BVL) zuständig.

4.10 Advanced Therapy Medicinal Products (ATMPs)[74]

Im November 2005 hat die Europäische Kommission neue Regeln zur Förderung der Gen-, Zell- und Gewebetherapie vorgeschlagen. Diese so genannten neuartigen Therapien oder „Advanced Therapies“ (ATMPs), zu der auch die Tissue-Engineering-Produkte (TEPs) gezählt werden können, dienen der Behandlung einer ganzen Reihe von Krankheiten, wie zum Beispiel auch Verbrennungen oder Gewebsdefekte im Bereich des menschlichen Bewegungsapparats. Ziel des Kommissionsentwurfs war es, EU-weit erstmals alle neuartigen Therapien in einem einzigen und integrierten Rechtsrahmen zusammenzufassen um so ausreichende Sicherheit im Bereich der ATMPs zu gewährleisten und die Entwicklung der neuen Therapieverfahren nicht zu stark zu behindern. Um nationale Zuständigkeiten durch eine neue Richtlinie nicht zu beeinträchtigen, soll die Freigabe oder das Verbot der Verwendung bestimmter Arten menschlicher Zellen (zum Beispiel Keimzellen oder embryonale Stammzellen) und Entscheidungen über ihre Verwendung oder ein Verbot weiterhin Angelegenheit der Mitgliedsstaaten bleiben.

Die aus dem Vorschlag der Europäischen Kommission hervorgegangene Verordnung (EG) Nr. 1394/2007 wurde inzwischen vom Europäischen Parlament und vom Rat verabschiedet und wird am 30. November 2008 in Kraft treten. Die wichtigsten Elemente der Verordnung sind:

- Zentrales Zulassungsverfahren für ATMPs (es gelten gleiche regulatorische Prinzipien wie für biotechnologisch hergestellte Arzneimittel)
- Einrichtung eines neuen Sachverständigenausschusses innerhalb der EMEA (Committee for Advanced Therapies / CAT), der Produkte für neuartige Therapien bewerten und den wissenschaftlichen Fortschritt verfolgen soll
- Der Antragsteller hat die Möglichkeit, sich (kostengünstig) beim CAT einen wissenschaftlichen Rat (Scientific Advice) einzuholen
- Strengere Anforderungen an Risikomanagement und Nachverfolgbarkeit
- Besondere Anreize und Hilfen für kleine und mittlere Unternehmen

4.11 Medizinprodukte

Medizinprodukte sind Instrumente, Apparate, Vorrichtungen, Stoffe und Zubereitungen aus Stoffen oder andere Gegenstände einschließlich Software mit medizinischer Zweckbestimmung, die zur Anwendung für Menschen bestimmt sind. In Abgrenzung zu Arzneimitteln wird ein negativer Ausschluss vorgenommen, d. h. die bestimmungsgemäße Hauptwirkung von Medizinprodukten beruht nicht auf

[74] Vgl. http://www.emea.europa.eu/htms/human/mes/advancedtherapies.htm.

einem pharmakologischen, immunologischen oder metabolischen Wirkprinzip, sondern basiert primär auf einem physikalischen Wirkmechanismus.

Die Gruppe der Medizinprodukte umfasst eine enorme Bandbreite an Produkten. Beispiele sind Verbandstoffe, Infusionsgeräte, Katheter, Herzschrittmacher, Sehhilfen, Röntgengeräte, Kondome, ärztliche Instrumente und Labordiagnostika. Diese Auflistung zeigt zum einen die Heterogenität der unter dem Begriff „Medizinprodukte" zusammengefassten Produkte, lässt aber auch erahnen, dass ein regulatorischer Ansatz zum Zwecke der Kontrolle der Sicherheit und Wirksamkeit dieser Produktgruppe vielfältige Aspekte potenzieller Risiken berücksichtigen muss. Zahlreiche Schlüsseltechnologien, wie etwa die Mikrosystemtechnik, die Nanotechnologie, Optische Technologien sowie die Biotechnologie und das Tissue Engineering finden in der Medizintechnik Anwendung.

Unter dem Begriff „New Approach" wurde 1985 in Europa ein legislatives System etabliert, das die Voraussetzungen für den freien Warenverkehr innerhalb Europas grundlegend ändern sollte. Der „New Approach" basiert nicht mehr auf der traditionellen Vorgabe von Einzelanforderungen, sondern definiert so genannte „Grundlegende Anforderungen", die einen system- und ergebnisorientierten Ansatz prägen. In anderen Worten, diese Art Gesetzgebung definiert Kriterien in Bezug auf die Sicherheit und Wirksamkeit eines Produkts, gibt aber nicht den technischen Lösungsansatz vor. Dies bedeutet, dass dem Hersteller somit auch ein weit höheres Maß an Verantwortung, aber auch Freiheiten zugestanden werden, wie er entsprechende grundlegende Anforderungen erfüllt und den Nachweis hierfür erbringt.

Hinsichtlich der Umsetzung des New Approach werden auf europäischer Ebene die grundlegenden Anforderungen in Richtlinien (Direktiven) definiert. Über Standards werden Hilfestellungen zur Umsetzung der technischen Anforderungen gegeben. Über den „New Approach" werden mittlerweile verschiedene Themenfelder, wie EMC oder Produktgruppen, u. a. Spielzeuge, aber auch Medizinprodukte, reguliert.

Für Medizinprodukte existieren derzeit 3 europäische Richtlinien: für aktive implantierbare medizinische Geräte (90/385/EWG), für Medizinprodukte (93/42/EWG) und für In-vitro-Diagnostika (98/79/EG).

Als Voraussetzung für das Inverkehrbringen müssen Medizinprodukte die in den europäischen Richtlinien festgelegten grundlegenden Anforderungen erfüllen, die eine einwandfreie Leistung der Medizinprodukte und die Sicherheit von Patienten, Anwendern und Dritten gewährleisten. Daneben muss der Hersteller bestimmte Systemvoraussetzungen erfüllen, allen voran ein entsprechendes Qualitätsmanagementsystem (gemäß EN ISO 13485:2003) und ein Risikomanagementsystem (gemäß EN ISO 14971:2007). Ein staatliches Zulassungsverfahren ist für Medizinprodukte auf europäischer Ebene nicht vorgesehen. Die Übereinstimmung der Medizinprodukte mit den Grundlegenden Anforderungen ist in einem Konformitätsbewertungsverfahren festzustellen, das in Abhängigkeit von der Risikoklasse des Produkts entweder vom Hersteller eigenverantwortlich oder mittels Prüfung durch eine privatrechtlich tätige unabhängige Prüf- und Zertifizierungsstelle (Benannte Stelle) vorgenommen wird. In letzter Konsequenz wird die Erfüllung aller zutreffenden Grundlegenden Anforderungen formal durch das CE-

Zeichen (Conformité Européenne) auf dem Produkt dokumentiert. Mit der CE-Kennzeichnung versehene Medizinprodukte sind im gesamten Europäischen Wirtschaftsraum grundsätzlich frei verkehrsfähig. Sie unterliegen jedoch der Überwachung durch die zuständigen Behörden der Mitgliedstaaten und einem Medizinprodukte-Beobachtungs- und -Meldesystem zur Erfassung und Abwehr von nachträglich bekannt werdenden Risiken.

Im Rahmen der kontinuierlichen Weiterentwicklung des Gesamtkonzepts wurde 2007 die Änderungsdirektive 2007/47/EC publiziert, welche die Medizinprodukte-Richtlinien u. a. hinsichtlich Konformitätsbewertungsverfahren und einzelner Produktklassifizierungen modifiziert.

In Deutschland wurden mit dem Medizinproduktegesetz (MPG)[75] und der auf seiner Grundlage erlassenen Medizinprodukte-Verordnung die europäischen Richtlinien in nationales Recht umgesetzt. Das Medizinproduktegesetz ist seit dem 1. Januar 1995 in Kraft; zuletzt wurde es durch das Gesetz zur Änderung medizinprodukterechtlicher und anderer Vorschriften vom 14. Juni 2007 (BGBl. I. S. 1066) geändert. Das Medizinproduktegesetz regelt auf nationaler Ebene die Voraussetzungen für das Inverkehrbringen und die Inbetriebnahme von Medizinprodukten. Neben der Umsetzung europäischen Rechts enthält das Medizinproduktegesetz eine Reihe von rein nationalen Vorschriften, insbesondere zum Errichten, Betreiben und Anwenden von Medizinprodukten. Einzelheiten zu dem Medizinprodukte-Beobachtungs- und -Meldesystem, insbesondere auch die Aufgaben des BfArM und der zuständigen Landesbehörden in diesem Zusammenhang, werden in der Medizinprodukte-Sicherheitsplanverordnung geregelt.

4.12 Ausblick

Die (insbesondere in Europa) umfangreichen Änderungen des Arzneimittelrechts innerhalb einer im Globalisierungsprozess begriffenen Marktwirtschaft bedeuten für alle Beteiligten eine Herausforderung.

Der Aspekt der Sicherheit eines Arzneimittels gewinnt stetig an Bedeutung. Die chemisch-strukturelle Vielfältigkeit neuer Substanzen ist durch Entwicklung neuer Verfahren zur Strukturfindung (High Throughput Screening) seit den 90er Jahren enorm gestiegen und birgt mehr unbekannte Faktoren als Derivate traditionell bekannter Moleküle pflanzlichen Ursprungs. Die Anforderungen an Prüfung und Überwachung von Arzneimitteln müssen daher den sich ergebenden Chancen wie auch Risiken moderner Technologien angepasst werden. Die Hauptverantwortung tragen die für die Zulassung von Arzneimitteln zuständigen Behörden, die nur durch rigide Anforderungen den potenziellen Gefahren, die von der Anwendung eines Arzneimittels ausgehen, entgegen treten können.

Gleichzeitig gewinnt die Internationalisierung von Arzneimitteln an Bedeutung. Eine Vereinheitlichung durch Harmonisierung bedarf stets eines gewissen Maßes an Kompromissbereitschaft auf der Suche nach einem gemeinsamen Nenner, be-

[75] http://bundesrecht.juris.de/mpg/index.html.

deutet für manche Länder jedoch auch eine positive Anpassung an moderne wissenschaftliche Standards.

Auch wirtschaftliche Aspekte müssen berücksichtigt werden. So steigt der Druck der Industrie auf die Behörden nach einer Verkürzung und Optimierung der Zulassungsverfahren, die z. B. für den Originator eine längere Ausnutzung seiner Exklusivitätsrechte und somit Geld für neue Forschung und Investitionen bedeutet; gleichzeitig birgt Zeitdruck jedoch eine potenzielle Fehlerquelle und erfordert seitens der Behörden eine ausgefeilte Koordination der Verfahren inklusive der Integration von Mechanismen der Selbstkontrolle.

Auch der Druck der Kosten im Gesundheitswesen lastet schwer. Zwar steigen das Interesse und der Bedarf an neuen Therapiefeldern wie z. B. AIDS, neurodegenerative Erkrankungen, Krebs und seltene Krankheiten, der Einsatz innovativer Arzneistoffe ist jedoch sehr kostspielig. Der Preisdruck im Bereich der Generika steigt entsprechend und hat rasante Marktveränderungen zur Folge. Der Preisdruck wiederum bedeutet für das Gesundheitssystem eine Kostendämpfung und für die Gesellschaft die Chance auf eine preiswerte und gleichzeitig hochwertige Behandlung.

Auch das letzte Glied in der Kette, der Patient ist gefordert: Einerseits bedeuten die beschriebenen Veränderungen für ihn die Chance auf eine hochwertige Therapie; andererseits muss er sich mit möglichen Risiken auseinandersetzen und bekommt ein nicht zu unterschätzendes Maß an Eigenverantwortung zugewiesen.

Die Summe der Herausforderungen für alle Beteiligten (Patienten, Behörden, Pharmazeutische Unternehmer) beschreibt insgesamt das Spannungsfeld, innerhalb dessen die unterschiedlichen Anspruchsgruppen (Stakeholder) ihre Interessen formulieren. Die Wege der Integration zu einem europäischen bzw. globalisierten System von Regeln und Strukturen im pharmazeutischen Bereich sind von einer beträchtlichen Dynamik gekennzeichnet, sodass eine Diskussion des jetzigen Standes nur eine Momentaufnahme in einem sich auch zukünftig weiterentwickelnden Prozess darstellt.

5 Preisbildung und Erstattung

Olaf Pirk

IMS GmbH & Co. OHG, Health Economics & Outcomes Research, Nürnberg

5.1 Einführung

Noch bis vor wenigen Jahren wurde die Preisbildung für Arzneimittel in erster Linie intuitiv durchgeführt. Die Stückkosten für ein Arzneimittel waren in etwa bekannt und ein Kenner des jeweiligen Arzneimittelmarktes, z. B. der Produktmanager, Marketing-, Vertriebs- oder Geschäftsleiter, legte fest, welchen Preis für ein Arzneimittel der Markt vertragen kann. Diese Form der Preisfindung war geprägt von Erfahrung, Glauben und Intuition. Auch heute finden sich anekdotisch noch ähnliche Schilderungen über die Festsetzung von Arzneimittelpreisen. Längst ist diese Form der Preisbildung jedoch einer rationaleren Vorgehensweise gewichen.

Die Hinwendung zu „begründbaren" Arzneimittelpreisen kommt nicht von ungefähr, sie geht einher mit einer zunehmenden Konzentration im Arzneimittelmarkt, mit einer immer stärker werdenden Internationalisierung der Arzneimittelmärkte und mit einer zunehmenden Regulierung in den meisten Gesundheitsmärkten.

Noch in den siebziger Jahren wurden die steigenden Ausgaben der gesetzlichen Krankenversicherung, dazu gehören auch die Ausgaben für Arzneimittel, durch die Einnahmen gedeckt. Ein zunehmender Einnahmerückgang bedingt durch die demographische Entwicklung und eine steigende Erwerbslosigkeit in den achtziger und neunziger Jahren des letzten Jahrhunderts führte zu verstärkten Regulationsbemühungen von staatlicher Seite im Gesundheitsmarkt. Patientenzuzahlungen für Gesundheitsleistungen wie Arzneimittel wurden eingeführt. Ärzte wurden zu wirtschaftlicher Verordnung angehalten. Für Arzneimittel, deren Patent abgelaufen war, wurden maximale Erstattungspreise (Festbeträge) für Versicherte der gesetzlichen Krankenversicherung eingeführt. Ausgabenobergrenzen („Budgets") für nahezu alle Teilbereiche des Gesundheitsmarkts, auch für Arzneimittel, sollten die Gesamtausgaben der gesetzlichen Krankenversicherung stabil halten.

Diese Aspekte führten dazu, dass die Arzneimittelpreise mehr und mehr in den Mittelpunkt vor allem der politischen Diskussion rückten. Eine mehr oder weniger willkürliche Preisbildung für Arzneimittel war kaum noch möglich.

Heute ist es daher üblich geworden, Arzneimittelpreise so zu gestalten, dass sie den Wert des Arzneimittels als solches abbilden sowie den Wert für das Gesundheitssystem bzw. für die Kostenträger und im Idealfall sogar den Wert für die Volkswirtschaft.

5.2 Gesetzliche Rahmenbedingungen

Der Preis für ein Arzneimittel setzt sich vereinfacht ausgedrückt zusammen aus

- dem Herstellerabgabepreis,
- den Vertriebskosten und
- der Umsatzsteuer.

Diese drei Komponenten bilden zumindest für Arzneimittel, die über eine öffentliche Apotheke vertrieben werden, den so genannten Apothekenabgabepreis. Der Hersteller hat hierbei allerdings nur direkten Einfluss auf den Herstellerabgabepreis, da gesetzliche Vorgaben die Aufschläge für die Vertriebskosten regeln. Indirekt bestimmt der Hersteller mit der Gestaltung des Herstellerabgabepreises natürlich auch den Apothekenabgabepreis. Die einschlägigen Regelungen finden sich in der Arzneimittelpreisverordnung.

Mit der Einführung so genannter Festbeträge hat der Gesetzgeber zumindest für Arzneimittel, deren Patent abgelaufen ist, massiv in die Preisgestaltung der Arzneimittelhersteller eingegriffen.

Ein weiterer Preiseingriff seitens des Gesetzgebers stellt die Einführung des so genannten Höchstbetrags statt. Dieser Höchstbetrag wird für ein neues Arzneimittel festgelegt, wenn es

- noch in keine Festbetragsgruppe passt,
- es jedoch Vergleichstherapien gibt,
- gegenüber den etablierten Mitteln einen Mehrnutzen aufweist.

5.2.1 Arzneimittelpreisverordnung

Der Vertriebsweg für verschreibungspflichtige Arzneimittel ist hierzulande klar geregelt. Der Arzneimittelhersteller verkauft seine Arzneimittel entweder direkt an eine Klinikapotheke oder eine Versorgungsapotheke, die mehrere Kliniken mit Arzneimitteln versorgt. In der Regel erfolgt die Belieferung zum Herstellerabgabepreis. Die Arzneimittel verbleiben allerdings in der Klinik und sind nicht zur Abgabe außerhalb der Klinik bestimmt.

Arzneimittel, die in öffentlichen Apotheken abgeben werden, gehen einen anderen Weg: Der Arzneimittelhersteller beliefert einen Großhändler zum Herstellerabgabepreis. Der Großhändler wiederum beliefert die öffentliche Apotheke. Erst von hier wird das Arzneimittel an den Endverbraucher weitergegeben. Die Kosten dieses Vertriebswegs sind in der Arzneimittelpreisverordnung durch den Gesetzgeber geregelt und werden an anderer Stelle dieses Buches detailliert beschrieben (s. Kap. C 1).

5.2.2 Festbeträge

Mit der Einführung von Festbeträgen durch das Gesundheitsreformgesetz von 1989 hat der Gesetzgeber erstmals unmittelbar in die Preisbildung von Arzneimitteln eingegriffen. Der Festbetrag stellt eine Erstattungsobergrenze insbesondere für Arzneimittel dar, deren Patentschutz abgelaufen ist. Diese Erstattungsobergrenze gilt ausschließlich für die Rückerstattung von Arzneimittelkosten durch die gesetzliche Krankenversicherung. Die Regelung zu den Festbeträgen findet sich im Sozialgesetzbuch V (SGB V).[76] Grundsätzlich kann der Arzneimittelhersteller die betroffenen Arzneimittel auch zu Preisen verkaufen, die oberhalb des so genannten Festbetrags liegen, den Differenzbetrag zum Festbetrag muss dann jedoch der Endverbraucher vollständig selbst übernehmen. Zusätzlich zu diesem Differenzbetrag ist auch noch eine Zuzahlung in Höhe von 10 % (mindestens 5 Euro, höchstens 10 Euro bzw. nicht mehr als die Kosten des Arzneimittels) des Arzneimittelpreises zu zahlen[77].

Es gibt drei Festbetragsgruppen. In den Gruppen sollen Arzneimittel zusammengefasst werden mit

- denselben Wirkstoffen,
- pharmakologisch-therapeutisch vergleichbaren Wirkstoffen, insbesondere mit chemisch verwandten Stoffen,
- therapeutisch vergleichbarer Wirkung, insbesondere Arzneimittelkombinationen.

Der Gemeinsame Bundesausschuss setzt nach diesem Gesetz im Rahmen von so genannten Arzneimittelrichtlinien[78] fest, für welche Arzneimittel Festbeträge gebildet werden und orientiert sich dabei an den oben genannten Gruppen.

Selbst für Arzneimittel mit patentgeschützten Wirkstoffen kann eine Festbetragsgruppe gebildet werden, wenn mindestens drei patentgeschützte Arzneimittel existieren, die sich in einer Gruppe pharmakologisch-therapeutisch vergleichbarer Wirkstoffe zusammenfassen lassen.

---

[76] Vgl. § 35 SGB V.
[77] Vgl. § 31 in Verbindung mit § 61 SGB V.
[78] Vgl. § 92 SGB V.

Patentgeschützte Arzneimittel, die eine therapeutische Verbesserung darstellen, sind von der Festbetragsgruppenbildung ausgenommen. Allerdings kann für solche Arzneimittel ein Erstattungshöchstbetrag festgelegt werden.[79]

5.2.3 Erstattungshöchstbetrag

Für Arzneimittel, die sich nicht in eine Festbetragsgruppe einbeziehen lassen, setzt der Spitzenverband Bund der Krankenkassen einen Höchstbetrag fest, bis zu dem die Krankenkassen die Kosten tragen. Dieser Höchstbetrag wird auf Grund einer Nutzen-Kosten-Bewertung ermittelt, die vom Institut für Qualität und Wirtschaftlichkeit im Gesundheitswesen (IQWiG) durchgeführt wird.[80]

Seit dem Jahr 2004 führt das IQWiG unter anderem Nutzenbewertungen zur Arzneimitteltherapie im Auftrag des Gemeinsamen Bundesausschusses durch. Seit 2007 hat der Gesetzgeber die Möglichkeit eröffnet, auch Kosten-Nutzen-Bewertungen durch das IQWiG erstellen zu lassen.[81] Im Sozialgesetzbuch V § 35 b Abs. 1 heißt es wörtlich: „Das Institut für Qualität und Wirtschaftlichkeit im Gesundheitswesen kann … beauftragt werden, den Nutzen oder das Kosten-Nutzen-Verhältnis von Arzneimitteln zu bewerten." Alleiniger Auftraggeber für solche Bewertungen ist der Gemeinsame Bundesausschuss. Nach den aktuell diskutierten Methoden wird für ein Arzneimittel, welches a priori keiner Festbetragsgruppe zuzuordnen ist, zunächst eine Nutzenbewertung durchgeführt. Diese Nutzenbewertung setzt voraus, dass es eine Therapiealternative zu dem zu bewertenden Arzneimittel gibt, da die Nutzenbewertung im Vergleich zu anderen Arzneimitteln und Behandlungsformen durchgeführt werden soll.[82] Im Rahmen dieser Bewertung wird dann der therapeutische Zusatznutzen für die Patienten bewertet. Dabei versteht der Gesetzgeber unter therapeutischem Zusatznutzen die Verbesserung des Gesundheitszustandes, eine Verkürzung der Krankheitsdauer, eine Verlängerung der Lebensdauer, eine Verringerung der Nebenwirkungen sowie eine Verbesserung der Lebensqualität.[83] Lässt sich kein therapeutischer Zusatznutzen zeigen, erfolgt auch keine weitere Kosten-Nutzen-Bewertung. In diesem Fall ist zu prüfen, ob sich gegebenenfalls eine neue Festbetragsgruppe bilden lässt oder ein Therapiehinweis für das Arzneimittel erstellt wird. Hierfür ist dann jeweils der Gemeinsame Bundesausschuss zuständig.

Kommt es zu einer Kosten-Nutzen-Bewertung, werden alle verfügbaren Therapiealternativen im Hinblick auf den gefundenen Nutzen und die jeweiligen Kosten

---

[79] Vgl. § 31 Abs. 2a SGB V.

[80] Vgl. § 31 Abs. 2a in Verbindung mit § 35b SGB V.

[81] Anm.: Zum Zeitpunkt der Erstellung dieses Kapitels wurde die Methodik des IQWiG einer breiten Öffentlichkeit zur Diskussion vorgestellt, so dass erst im Jahr 2009 mit den ersten Kosten-Nutzen-Bewertungen nach den Methoden des IQWiG gerechnet werden kann. Vgl. IQWiG: Methodik für die Bewertung von Verhältnissen zwischen Nutzen und Kosten im System der deutschen gesetzlichen Krankenversicherung

[82] Vgl. § 35b SGB V.

[83] Vgl. § 35b SGB V sowie IQWiG: Allgemeine Methoden, Entwurf für Version 3.0 vom 15.11.2007.

betrachtet. Innerhalb eines Koordinatensystems werden alle Kosten-Nutzen-Relationen als Punkte eingetragen, dabei bilden Kosten die Abszisse und Nutzen die Ordinate. Die Verbindung der Punkte mit der jeweils stärksten Steigung stellt die Effizienzkurve dar, anhand derer die Kosten-Effektivität bewertet wird. Liegt der Punkt der Kosten-Nutzen-Relation für das ursprünglich zu bewertenden Arzneimittel links dieser Kurve, gilt es als kosteneffektiv und der Preis muss nicht angepasst werden; liegt der Wert aber rechts der Kurve gilt das Produkt als nicht kosteneffektiv. In diesem Fall wird über den Spitzenverband Bund der Krankenkassen ein Erstattungshöchstbetrag festgelegt.[84]

5.2.4 Umsatzsteuer

Die Umsatzsteuer ist ein weiterer nicht zu vernachlässigender Bestandteil des Apothekenabgabepreises oder des Klinikpreises. Anders als beispielsweise auf Lebensmittel wird auf Arzneimittel der jeweils gültige höchste Umsatzsteuersatz fällig. Derzeit ist mit einem Umsatzsteuersatz von 19 % auf die Summe der Preisbestandteile aus Herstellerabgabepreis und Vertriebskosten zu kalkulieren.

Von den genannten Preisbestandteilen soll im Folgenden der Herstellerabgabepreis besonders erörtert werden, da dieser Bestandteil letztlich allein vom Hersteller bestimmt werden kann. Alle anderen Bestandteile leiten sich zwangsläufig aus der Höhe des Herstellerabgabepreises ab.

5.3 Herstellerabgabepreis

Der Herstellerabgabepreis ist die einzige Größe, über die ein Arzneimittelhersteller den Preis eines Arzneimittels steuern kann. Die Preisfindung sollte sich zwar am wahrgenommenen Preis, dem Klinik- oder Apothekenverkaufspreis orientieren, die Preisgestaltung muss jedoch auf den Herstellerabgabepreis bezogen werden, da die Komponenten, die den wahrgenommen Preis ausmachen, vom Hersteller nicht mehr zu beeinflussen sind.

Der Herstellerabgabepreis muss sich zunächst an den fixen und variablen Kosten des Produktes orientieren. Die Deckung der fixen und variablen Kosten durch den Preis sollte Voraussetzung für die Markteinführung eines Arzneimittels sein. Für die langfristige Preisgestaltung stellen daher die Vollkosten des Produktes die Preisuntergrenze dar.

Die weitere Preisgestaltung hängt von der Unternehmens- und damit von der Preispolitik des Arzneimittelherstellers ab, aber auch von den Vermarktungsüberlegungen für das jeweilige Arzneimittel. Der Preis stellt im Prinzip eine Eigenschaft des Gesamtprodukts Arzneimittel dar. Diese Eigenschaft ist in den vergan-

[84] Vgl. IQWiG: Methodik für die Bewertung von Verhältnissen zwischen Nutzen und Kosten im System der deutschen gesetzlichen Krankenversicherung.

genen Jahren allerdings immer stärker in den Vordergrund getreten. Zurzeit dominiert die Preisdiskussion häufig die Diskussion über den eigentlichen Wert eines Arzneimittels. Trotzdem ist es wichtig, den Preis auch vor dem Hintergrund einer langfristigen Preispolitik des Herstellers von pharmazeutischen Produkten zu sehen. Hierbei hat der Hersteller die Möglichkeit eine

1. dauerhafte Hochpreispolitik,
2. zeitweise Hochpreispolitik,
3. dauerhafte Niedrigpreispolitik oder
4. zeitweise Niedrigpreispolitik

zu verfolgen.[85]

5.3.1 Dauerhafte und zeitweise Hochpreispolitik

Diese Form der Preispolitik ist auch bekannt unter dem Namen Skimming-Strategie.[86] Wird eine dauerhafte Hochpreispolitik angestrebt, sind verschiedene Rahmenbedingungen zu beachten:

Lässt das Produktumfeld eine Hochpreispolitik zu? So wird ein Generikum (Nachahmerprodukt) zum Preis des Originalpräparats kaum akzeptiert werden. Lässt das Image des Arzneimittelherstellers eine Hochpreispolitik zu? Ein Arzneimittelhersteller, dessen Produkte bisher meist im unteren Preisdrittel gelegen haben, wird Schwierigkeiten bekommen, wenn er die Preise seiner Arzneimittel in das obere Preisdrittel setzt. Auch das zeitliche Umfeld muss bei einer Hochpreispolitik berücksichtigt werden. Gerade in Deutschland, aber auch in vielen anderen europäischen Ländern, gibt es restriktive Sparbemühungen im Gesundheitswesen, die vornehmlich bei den Ausgaben für Arzneimittel ansetzen. So existieren Arzneimittelbudgets für deren Überschreitung der verordnende Arzt haftet. Hochpreisige Arzneimittel finden unter diesen Bedingungen kaum Akzeptanz beim Verordner.

Hiermit kommt bereits eine weitere Rahmenbedingung zum Tragen: Hochpreisige Produkte sind in den meisten Fällen stark erklärungsbedürftig. Neben der Qualität und möglichen Serviceleistungen müssen die Produkte einen für den Verordner eindeutig erkennbaren Nutzen haben. Gelingt es diesen plausibel darzustellen, wird in den meisten Fällen auch der Preis akzeptiert. Diese Akzeptanz wird am ehesten dann erreicht, wenn dass Produkt

- eine Monopolstellung einnimmt oder
- eine Nischenindikation besetzt.

Eine dauerhafte Hochpreispolitik wird sich für ein Arzneimittel jedoch dauerhaft nicht durchsetzen lassen. Mit Ablauf des Patentschutzes werden in vielen Fällen Nachahmerpräparate (Generika) mit niedrigen Preisen in den Markt drängen und

[85] Vgl. Lettau, H.-G. (1998), 148–156.
[86] Vgl. Dean, J. (1976).

so auch den Arzneimittelhersteller des Originalpräparates unter Preisdruck setzen. Spätestens jedoch mit der Einführung von Festbeträgen wird der Arzneimittelhersteller indirekt gezwungen, die Preise zu senken, um mit dem Präparat weiter im Wettbewerb zu bleiben. Auch hierbei muss der Hersteller jedoch die Preisuntergrenze, die durch die Vollkosten für das Produkt bestimmt wird, beachten. Eine dauerhafte Hochpreispolitik ist im Pharmamarkt daher kaum denkbar. Die zeitweise Hochpreispolitik kommt damit der Realität wesentlich näher als die dauerhafte Hochpreispolitik.

Beide Formen der Hochpreispolitik haben zum Ziel eher kurzfristig hohe Gewinne zu erzielen, um vor allem bei Produktneuentwicklungen eine schnelle Amortisation des Forschungs- und Entwicklungsaufwandes zu erzielen. Dies ist besonders für Neuentwicklungen von Pharmaka zu berücksichtigen. Die Forschungs- und Entwicklungskosten liegen hier durchschnittlich bei ca. 800 Mio. US-Dollar[87] und fallen meist in der ersten Hälfte der Patentlaufzeit an. Die Vermarktung hingegen findet in der Regel erst in der zweiten Hälfte der Patentlaufzeit statt. In den meisten Fällen stehen mithin nur ca. zehn Jahre Vermarktungszeit zur Verfügung, bevor Nachahmerpräparate auf den Markt kommen und zu einem entsprechenden Preisdruck führen. Häufig wird diese Zeit noch dadurch verkürzt, dass parallel ähnliche Produkte entwickelt werden, die mit einer gewissen Zeitverzögerung in den Markt kommen. Ein Beispiel aus dem Bluthochdruckbereich verdeutlicht dies: Die *Sartane* gehören zu den seit einigen Jahren verfügbaren neueren Medikamenten gegen Bluthochdruck. Nachdem das erste *Sartan* in den Markt eingeführt wurde, dauerte es nur etwa ein halbes Jahr, bis das zweite *Sartan* in den Markt kam, kein dreiviertel Jahr später wurde ein drittes eingeführt; inzwischen gibt es sieben unterschiedliche *Sartane* im deutschen Arzneimittelmarkt. Bei den *Sartanen* handelte es sich um Neuerungen mit einem entsprechenden Nutzen, so dass eine Hochpreispolitik durchaus vertretbar wäre. Für den Ersteinführenden war jedoch absehbar, dass seine Monopolstellung nur von kurzer Dauer sein würde, sodass ein hochpreisiger Einstieg schon schnell zu einer möglichen Preissenkung geführt hätte, die möglicherweise einen schweren Schaden bezüglich des weiteren Produktabsatzes nach sich gezogen hätte. Auch in dieser Situation müssen die bereits erwähnten Rahmenbedingungen berücksichtigt werden. (Anm.: Ein *Sartan*, welches heute eingeführt wird, wird sich am Festbetrag orientieren, da für alle *Sartane* inzwischen ein Festbetrag existiert.) Die potentiellen Vorteile der Skimming-Strategie liegen auf der Hand:

- Es können kurzfristig hohe Gewinne erzielt werden.
- Diese Gewinne werden bereits frühzeitig im Lebenszyklus des Produktes erzielt.
- Ein Preisspielraum nach unten ist vorhanden und kann in der entsprechenden Situation genutzt werden.
- Bei echten Innovationen mit entsprechender Monopolstellung sind hohe Gewinne möglich.

---

[87] Vgl. Verband Forschender Arzneimittelhersteller (VFA) (2007a), S. 21.

- Ein hoher Preis wirkt nicht selten imagebildend und kann als Qualitätsindikator dienen.

5.3.2 Dauerhafte und zeitweise Niedrigpreispolitik

Diese Form der Preispolitik ist auch bekannt unter dem Namen Penetration-Strategie.[88] Eine dauerhafte Niedrigpreispolitik lässt sich nur dort anwenden, wo es um den Absatz großer Mengen geht. Für die Neueinführung eines eher innovativen Arzneimittels kommt diese Form der Preispolitik meist nicht in Frage. Sie eignet sich eher für Nachahmerpräparate bei Indikationen mit einem hohen Patientenpotential. Eine dauerhafte Niedrigpreispolitik lässt sich in der Regel nur für solche Arzneimittelhersteller empfehlen, deren Kosten insgesamt gering sind, weil beispielweise keine Forschung und Entwicklung betrieben wird, kein flächendeckender Vertriebsstab vorgehalten wird und kaum Serviceleistungen um das Produkt herum angeboten werden. Dies trifft in aller Regel auf die kleineren Generikahersteller zu. Große Generikahersteller haben in der Regel eigene Vertriebsstrukturen, bauen zunehmend eigene Forschungsabteilungen auf und bieten dem Verordner zahlreiche Serviceleistungen rund um ihre Produkte an.

Eine dauerhafte Niedrigpreispolitik ist zwar nicht unbedingt empfehlenswert für innovative neue Arzneimittel, unter Umständen gelingt es jedoch durch einen vergleichsweise günstigen Preis eine hohe Marktdurchdringung zu erreichen, um über die verkaufte Menge einen entsprechenden Gewinn zu erwirtschaften. Bei entsprechender Marktdurchdringung sind spätere Preiserhöhungen durchaus möglich.

Die bereits erwähnten Rahmenbedingungen sprechen allerdings gegen eine solche Vorgehensweise. Gerade der Versuch des Gesetzgebers an Arzneimitteln zu sparen, wird Preiserhöhungen in nennenswertem Umfang kaum ermöglichen.

Ziel der Penetration-Strategie ist, wie bereits angedeutet, über einen niedrigen Preis hohe Absatzmengen zu erreichen, um auf diese Weise Gewinne zu erzielen. Die Vorteile der Penetration-Strategie im Pharmamarkt können sein:

- Das Risiko einer „schlechten" Produkteinführung verringert sich möglicherweise, da eine hohe Akzeptanz für den Preis da ist.
- Der bereits niedrige Preis schreckt mögliche Konkurrenten ab.
- Durch den relativ raschen Absatzzuwachs entsteht ein Kostenvorteil gegenüber potentiellen Mitbewerbern.

Auch wenn jede dieser Preisstrategien ihre Vorteile hat, so führen die Rahmenbedingungen des Pharmamarkts eher dazu, für neue Produkte die Hochpreispolitik zu verfolgen. Da sich die Gewinnwirkungen von Skimming- und Penetration-Strategie gegenläufig verhalten (s. Abb. 5.1) und bei der Penetration-Strategie die Gewinne in den späteren Lebenszyklen erwirtschaftet werden, bietet sich diese Preispolitik wenn überhaupt eher für Generika an. Allerdings gilt es, wie schon

[88] Vgl. Dean, J. (1976).

erwähnt, hierbei die staatlichen Eingriffe in die Arzneimittelversorgung zu berücksichtigen, die zukünftig erfolgen können. Somit sollte unter dem unsicheren Zukunftsaspekt eher der Skimming-Strategie der Vorzug gegeben werden.

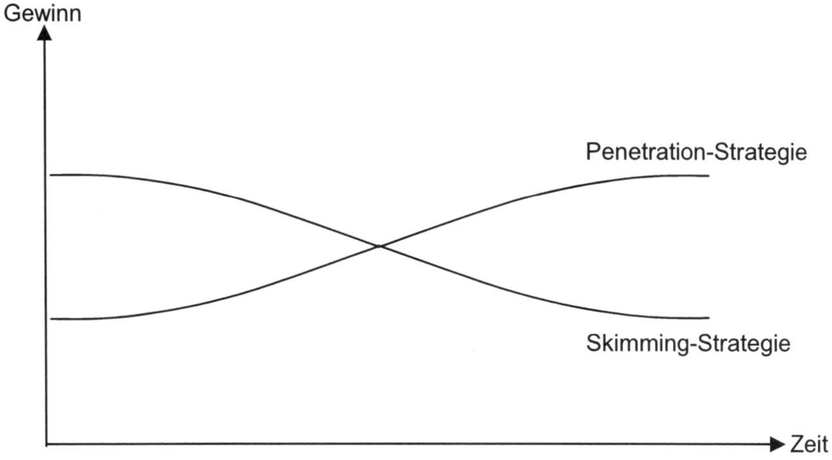

Abb. 5.1. Gewinnwirkungen von Skimming- und Penetration-Strategie[89]

5.4 Instrumente der Preisfindung

Unabhängig davon, für welche Preispolitik sich der Arzneimittelhersteller entscheidet, gibt es verschiedene Möglichkeiten der Preisfindung:

- Kostenorientierte Bestimmung des Preises anhand
  - der Kosten,
  - des Marktes,
  - des Nutzens.
- Bestimmung der Preis-Absatzfunktion anhand von
  - vorhandenen Marktdaten,
  - Expertenbefragung oder
  - Kundenbefragung.

[89] Quelle: Simon, H. (1995), S. 89.

5.4.1 Kostenorientierte Bestimmung des Preises

Die kostenorientierte Bestimmung des Preises lässt zunächst die Wirkung des Preises auf den Absatz außer Acht. Sie orientiert sich entweder an den Kosten des Produktes, an den Marktpreisen unter Berücksichtigung der eigenen Kosten oder am Nutzen des Produktes unter Berücksichtigung seiner Kosten.

5.4.1.1 Orientierung an den eigenen Kosten

Diese Form der Preisfindung wurde eingangs bereits anekdotisch erwähnt, sie kann auch als Zuschlagskalkulation oder „Kosten-Plus-Preisbildung" bezeichnet werden.[90] Hierbei wird meist auf die gesamten Stückkosten oder die variablen Stückkosten ein relativer Betrag aufgeschlagen, der sich aus der unternehmensüblichen Vorgehensweise ableiten lässt. Rationale Begründungen liegen selten vor. Dieses Verfahren ist denkbar einfach und erfreut sich daher einer großen Beliebtheit. Diversen Umfragen folgend wurde dieses Verfahren zumindest Mitte der achtziger Jahre noch von mehr als der Hälfte aller befragten Unternehmen angewendet. Die Nachteile dieser Methode liegen darin,

- dass Marktpreise unter Umständen unberücksichtigt bleiben und das Produkt am Markt vorbei „gepreist" wird und
- dass bei einem möglichen Absatzrückgang die Fixkosten steigen, eine mögliche Preiserhöhung würde den bestehenden Absatzrückgang weiter fördern.

5.4.1.2 Orientierung an den Marktpreisen

Dieses Instrument arbeitet mit einem vom Markt diktierten Preis, es setzt allerdings eine sorgfältige Deckungsbeitragsrechnung voraus, um zu ermitteln, ob der Marktpreis überhaupt für das Produkt angesetzt werden kann. Anders als die Zuschlagskalkulation, die mit fixen Aufschlägen arbeitet, ist der „Aufschlag" auf die Vollkosten hier variabel und wird vom Marktpreis diktiert. Nachteil dieser Methode ist,

- dass die bedingungslose Orientierung am Marktpreis unter Umständen zu Preisen führen kann, die unter der Preisuntergrenze liegen,
- dass Absatzrückgänge, die zu steigenden Fixkosten führen, nicht über den Preis kompensiert werden können und
- dass daher ein konsequentes Festhalten am Marktpreis nur selten möglich ist.

---

[90] Simon, H. (1995), S. 16–17.

5.4.1.3
Orientierung am Nutzen des Produktes

Orientierung am Nutzen des Produktes basiert auf der Überlegung, dass die Verordnungsentscheidung vom Produktnutzen abhängt. Dieser Nutzen muss sich allerdings monetär darstellen lassen, um daraus eine Preisentscheidung ableiten zu können. Zu diesem Zweck ist genau zu definieren, welchen Nutzen ein Arzneimittel im Vergleich zu alternativen Vorgehensweisen hat und wie sich dieser Nutzen ökonomisch darstellt. Der Nutzen kann vielfältig sein, ideal wäre ein klinischer Nutzen, der sich entsprechenden klinischen Prüfungen entnehmen lässt.

Ist der Nutzen definiert worden, kommen nun Instrumente der Gesundheitsökonomie zum Einsatz. Das Indikationsgebiet wird untersucht, eine Kostenanalyse erstellt und ermittelt, an welcher Stelle im Versorgungsprozess das zu untersuchende Arzneimittel eingesetzt werden kann und welche Konsequenzen dieser Einsatz für die Kosten der Versorgung hat.

Aus der Kostenanalyse ist bekannt, welche Kosten im Rahmen der betrachteten Indikation die Kostenträger übernehmen. Unter der Annahme, dass nach Einführung eines neuen Therapieprinzips die Kostenträger nach Möglichkeit keine Mehrausgaben zu leisten haben, wird ermittelt, welchen monetären Wert der Nutzen des zu untersuchenden Arzneimittels bietet. Dieser monetäre Wert entspricht dem Preis, der von Seiten der Kostenträger getragen werden kann, ohne dass für sie Mehrkosten im Rahmen der betrachteten Indikation entstehen. Ein Beispiel soll diese Vorgehensweise erläutern:

Aufgabe war es einen Preis für ein innovatives Produkt in einer umschriebenen Indikation zu finden. Das Produkt ermöglicht im Gegensatz zu den Mitbewerberprodukten eine spezifische Therapie mit dem Erfolg die zu therapierende Krankheit, die kontinuierlich sich verschlechternd zum Tode führt, in ihrer Progression messbar zu verzögern. Diese Progressionsverzögerung ermöglicht dem Betroffenen sich selbst länger zu versorgen und länger am Alltagsgeschehen teil zu haben. Weiterhin ermöglicht der Einsatz des neuen Arzneimittels den Verzicht auf die bisher eingesetzten meist preisgünstigen Präparate.

Anhand vorhandener Literatur ließ sich eine Krankheitskostenanalyse für die Indikation erstellen. Es konnte gezeigt werden, welche Kosten in den einzelnen Stadien der Krankheit wirksam werden (s. Tabelle 5.1).

Tabelle 5.1. Krankheitskostenanalyse

Stadium	0	I	II	III	IV
Kosten (min) / Jahr (Euro)	2.272	3.795	7.943	11.700	16.520
Kosten (max) / Jahr (Euro)	2.272	5.252	14.851	27.627	34.927
Medikationskosten (Euro)	868	736	724	607	644
ca. TTK (Euro)	2,41	2,04	2,01	1,69	1,79

Eine Kosteneffektivitätsuntersuchung, die sich am Ablauf der Erkrankung orientiert (s. Abb. 5.2), wurde als mathematisches Modell entwickelt. Hier konnte ermittelt werden, welche Kostenreduktion sich durch die Progressionsverzögerung ergibt. Die jährliche Kostenreduktion bei Einsatz des neuen Präparats wurde mit mindestens 600 Euro und höchstens 1.067 Euro ermittelt. Im Modell wurde noch mit den Kosten der üblichen Medikation gerechnet. Da diese bei Einsatz der neuen Medikation verzichtbar sind, lassen sich unter der Voraussetzung das neue Präparat kostenneutral einzusetzen, folgende stadienbezogenen Tagestherapiekosten ermitteln (s. Tabelle 5.2).

Unter der Annahme einer gleichen Gewichtung der einzelnen Stadien lässt sich folgende nutzenorientierte Durchschnittspreisspanne auf Basis der Tagestherapiekosten ermitteln: 3,87 € bis 4,59 €. Wird der Preis für das neue Produkt auf dieser Basis festgelegt, entstehen den Kostenträgern bei Einsatz des neuen Präparats theoretisch keine Mehrkosten im Vergleich zur üblichen Vorgehensweise. Gleichzeitig steht ein Therapieprinzip mit hohem Nutzenpotential zur Verfügung. Der so ermittelte Preis ist politisch vertretbar und wird zumindest von dieser Seite nicht zu einer Ablehnung des Produktes führen.

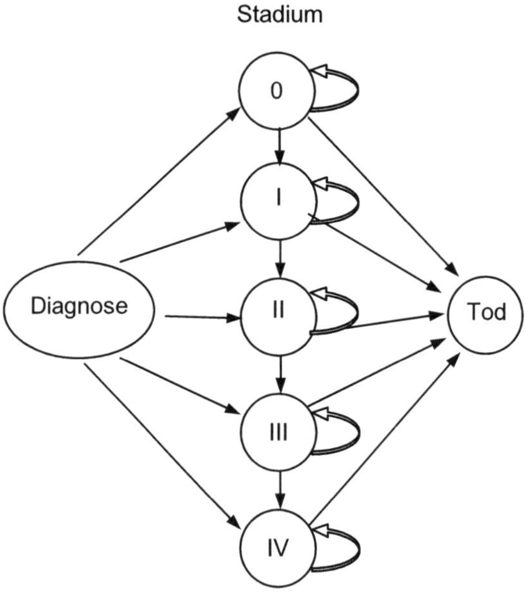

Abb. 5.2. Vereinfachtes Krankheitsmodell

Tabelle 5.2. Preis auf Basis der Tagestherapiekosten (TTK)

Stadium	0	I	II	III	IV
min TTK (€)	4,08	3,71	3,68	3,36	3,38
max TTK (€)	5,10	4,73	4,70	4,38	4,40

5.4.2 Bestimmung der Preis-Absatzfunktion

Während die oben skizzierten Instrumente ausschließlich auf den Preis abheben, versuchen die nachfolgenden Instrumente die Preis-Absatzfunktion für ein Produkt zu bestimmen, um auf diese Weise einen marktgerechten Preis zu finden, der den Absatz optimiert. Um eine entsprechende Funktion zu ermitteln, müssen Preise und zugehörige Absatzmengen und weitere Variablen, die einen Einfluss auf Preis und Absatz haben können, ermittelt werden. Diese Daten lassen sich entweder den Beobachtungen des Marktes, Experten- oder Kundenbefragungen entnehmen.

5.4.2.1 Marktbeobachtung

Für den Pharmamarkt liefert insbesondere das Unternehmen IMS nahezu weltweit standardisierte Daten. Mit Hilfe ökonometrischer Regressionsverfahren lassen sich aus entsprechenden Daten Preisabsatzfunktionen ermitteln. Voraussetzung ist allerdings, dass Daten für das interessierende Indikationsgebiet oder Produktumfeld vorliegen und dass diese Daten Veränderungen zeigen. Gibt es beispielsweise keine Preisveränderungen im zu betrachtenden Umfeld, wird sich keine Preisabsatzfunktion ermitteln lassen, die für das eigene Produkt aussagekräftig ist. Prinzipiell ist diese Methode für echte Innovationen schwer einsetzbar, da sich kein Pendant in den Marktdaten finden lässt. Die Methode eignet sich im Pharmamarkt eher für Nachahmerprodukte oder für relativ identische Arzneimittel, die allerdings zeitverzögert in den Markt kommen (z. B. das zweite oder dritte *Sartan*). Für neue Produkte ist den Experten- oder Kundenbefragungen daher der Vorzug zu geben.

5.4.2.2 Expertenbefragung

Die Parameter zur Entwicklung der Preis-Absatzfunktion liefern hierbei so genannte „Experten". In aller Regel handelt es sich dabei um Personen, die sich mit dem Produkt, der Indikation, dem Markt und dem zugehörigen Umfeld gut auskennen. Das sind z. B. Produktmanager, Marktforscher, Außendienstmitarbeiter oder medizinische Fachreferenten.

Eine überschaubare Gruppe dieses Personenkreises wird hinsichtlich ihrer Einschätzung von Preisen und Absatzvorstellungen strukturiert befragt. Diese Befragung wird idealerweise von einer neutralen Person durchgeführt. Die Einzelmeinungen der Gruppenmitglieder sollten einem Konsensverfahren unterzogen werden. Aus den so gewonnenen Ergebnissen wird dann eine entsprechende Preis-Absatz-Funktion ermittelt. Die Vorteile der Expertenbefragung liegen in

- der schnellen und preisgünstigen Durchführbarkeit,
- der Anwendbarkeit für neue, aber auch für bestehende Produkte und
- der Möglichkeit auf das Erfahrungswissen im eigenen Unternehmen zurückgreifen zu können.

Der letzte Punkt könnte sich allerdings genauso zum Nachteil entwickeln, wenn das eigene Produkt insgesamt zu positiv wahrgenommen wird und dadurch eine verzerrte Sichtweise bezüglich Preis- und Absatzerwartungen auftritt.

Einen Ausweg bietet die Kundenbefragung. Als Kunde wird dabei in der Regel der Arzt als Verordner angesehen. Neben dem Verordner werden in zunehmendem Maße auch die Kostenträger befragt; hierbei wird versucht über die Zahlungsbereitschaft eine Aussage über den Preis zu erhalten. In seltenen Fällen, wenn es beispielsweise um Arzneimittel geht, die möglicherweise nicht von den Kostenträgern übernommen werden, findet auch eine Befragung des Endverbrauchers, des (potentiellen) Patienten, statt. Als Befragungsmethoden stehen die direkte Befragung oder das so genannte Conjoint Measurement zur Verfügung.

5.4.2.3
Direkte Kundenbefragung

Wie der Name sagt, wird der Kunde hier direkt nach seiner Verordnungsbereitschaft gefragt. Dabei können die Fragen folgendermaßen aussehen:

- Wären Sie bereit das Arzneimittel x zum Preis von y Euro zu verordnen?
- Wie vielen Ihrer Patienten würden Sie es zum Preis von y Euro verordnen?
- Zu welchem Preis würden Sie das Arzneimittel verordnen?
- Wie vielen Ihrer Patienten würden Sie es dann verordnen?
- Bei welchem Preis würden Sie es gerade noch verordnen?
- Wie vielen Ihrer Patienten würden Sie es dann verordnen?

Aus den Antworten auf solche oder ähnliche Fragen wird dann die Preis-Absatzfunktion ermittelt. Auch diese Methode lässt sich relativ kostengünstig und schnell durchführen. Sie hat allerdings den Nachteil, dass der Kunde ausschließlich im Hinblick auf den Preis befragt wird und somit ein atypisch hohes Preisbewusstsein unterstellt wird. Die Eigenschaften des Produktes und sein Nutzen treten bei dieser Methode in den Hintergrund. Eine eher indirekte Befragungsweise, die nicht mit diesen Nachteilen behaftet ist, stellt das Conjoint Measurement dar.

5.4.2.4
Conjoint Measurement

Die Methode des Conjoint Measurement bezieht Preis, Eigenschaften und den daraus resultierenden wahrgenommen Nutzen durch den Verordner in die Befragung ein und versucht damit der „realen" Verordnungssituation recht nahe zu kommen;

hierbei wird gelegentlich auch von „value-based-pricing“ gesprochen. Die Methode geht davon aus, dass der Verordner Preis und „Leistungsfähigkeit“ des Produktes gegeneinander abwägt und nach diesem Vergleich die Verordnungsentscheidung trifft. Indem der Verordner in eine Entscheidungssituation versetzt wird, versucht die Methode diesen so genannten Trade-off darzustellen.

Der Verordner wird beim Conjoint Measurement nicht direkt zum Preis befragt, sondern mit verschiedenen Produktprofilen konfrontiert. Innerhalb dieser Profile werden Eigenschaften des Produktes variiert, wobei der Preis eine der Eigenschaften ist. Die verschiedenen Produktprofile werden vom Verordner nach seinen Verordnungspräferenzen bewertet. Die Ergebnisse dieser Bewertung erlauben es, ein Präferenzmodel zu erstellen, mit dessen Hilfe nicht nur Aussagen über den Einfluss des Preises, sondern auch der sonstigen Eigenschaften auf den Absatz möglich sind. Im Einzelnen sind folgende Schritte durchzuführen:

1. Die Eigenschaften, die das Produkt beschreiben, sind zu definieren. Eigenschaften können sein die Darreichungsform, die Einnahmehäufigkeit oder -dauer, die Wirksamkeit, die Nebenwirkungsarmut, der Preis etc.
2. Die Ausprägung der Merkmale ist zu definieren. Für die Darreichungsform kann die Ausprägung beispielsweise Tablette, Dragee, Kapsel oder Saft sein. Für die Häufigkeit der Einnahme kann es die einmal, zweimal oder dreimal tägliche Gabe sein. Der Preis geht beispielsweise mit der Ausprägung der Preisspannweite ein, aus der prinzipiell der Endverbraucherpreis gewählt wird. Sollen Tagestherapiekosten zwischen 2,50 € und 4,20 € betrachtet werden, so sind folgende Ausprägungen denkbar: 2,50 €, 3,10 €, 3,70 € und 4,20 €.
   Grundsätzlich ist darauf zu achten, dass nicht zu viele Ausprägungen gewählt werden und die gewählte Anzahl für alle Eigenschaften relativ ähnlich ist. Die Spannbreite der Ausprägungen sollte so gewählt werden, dass sie der Realität möglichst nahe kommt. Gerade für den Preis ist die Spannweite nicht zu eng zu wählen, um die Möglichkeit zu haben, verschiedene Alternativen zu testen.[91]
3. Erst jetzt erfolgt die eigentliche Befragung entweder mit Hilfe von Fragebögen oder computergestützt. Aus den vorgegebenen Eigenschaften und Ausprägungen werden Produkte gestaltet, die z. B. in einem Paarvergleich dem Befragten vorgelegt werden mit der Bitte, eine Entscheidung für das ein oder andere Produkt zu fällen. Nachstehende Tabelle 5.3 stellt ein Beispiel für einen Paarvergleich dar:

[91] Vgl. Simon, H. (1995), S. 40–47.

Tabelle 5.3. Vergleich Medikament A und B

Merkmal	Medikament A	Medikament B
Marke	Marke 1	Marke 2
Wirksamkeit	hoch	mittel
Einnahmemodus	3 mal 1	1 mal 1
Preis pro Tag	1,04 €	0,50 €
Nebenwirkungen	Übelkeit	Schweißfüße

4. Mit Hilfe der Daten dieser verschiedenen Entscheidungssituationen lassen sich Präferenzen für die verschiedenen Eigenschaften ermitteln und daraus eine Präferenzfunktion erstellen. Marktdaten bzw. Erwartungswerte über den Absatz des Produktes helfen, hieraus die Preis-Absatzfunktion zu bilden.

Nachteil dieser Methode ist der vergleichsweise hohe Preis. Dieser Nachteil wird jedoch durch diverse Vorteile wieder aufgewogen: Die Ergebnisse des Conjoint Measurement liefern nicht nur eine Aussage über den Preis, sondern auch über die weiteren Eigenschaften des Produktes, die Präferenzen bezüglich der Eigenschaften und der jeweiligen Ausprägung. Mit diesen Daten lassen sich Entscheidungen im Hinblick auf eine optimierte Positionierung des Produktes treffen. Da jedoch die Ergebnisse sehr stark von der Definition der Eigenschaften und Ausprägungen abhängen, wird geraten auch andere Methoden zur Absicherung dieser Ergebnisse einzusetzen, sofern dies möglich ist.[92]

5.5 Erstattung

Ist der Preis festgelegt und das Arzneimittel durch die Zulassungsbehörde zugelassen worden, wird es automatisch von der gesetzlichen Krankenversicherung erstattet, solange es der Verschreibungspflicht unterliegt, d. h. mit Hilfe eines Rezepts verordnet werden muss. Diese Verordnung wird in der Regel durch einen Arzt vorgenommen. Ein Arzneimittel, welches nicht der Verschreibungspflicht unterliegt, kann auch ohne Rezept direkt in der Apotheke gekauft werden. Hierbei wird von „over-the-counter"-Arzneimitteln oder OTC-Produkten gesprochen. Verschreibungspflichtige Arzneimittel werden in Abgrenzung hierzu meist als *ethische* Produkte bezeichnet. Mit wenigen Ausnahmen sind alle OTC-Arzneimittel nicht erstattungsfähig. Über diese Ausnahmen entscheidet der Gemeinsame Bundesausschuss in den so genannten *Arzneimittelrichtlinien* (AMR).[93] In diesen AMR werden auch Verordnungsausschlüsse oder Verordnungseinschränkungen, so genannte Therapiehinweise, geregelt. So sind beispielsweise Arzneimittel zur Behandlung von Bagatellerkrankungen wie Erkältungen von der Verordnung zu Lasten der gesetzlichen Krankenversicherung ausgeschlossen.

---

[92] Vgl. Simon, H. (1995), S. 40–47.
[93] Vgl. § 92 SGB V.

Trotz dieser verschiedenen Ansätze die Verordnungsfähigkeit und damit die Erstattung von Arzneimitteln seitens der gesetzlichen Krankenversicherung einzuschränken, gilt in Deutschland nahezu uneingeschränkt: Jedes regulär zugelassene Arzneimittel ist auch zu Lasten der gesetzlichen Krankenversicherung zu verordnen und damit erstattungsfähig. Hierzu heißt es in der Arzneimittelrichtlinie wörtlich: „Der Versicherte hat grundsätzlich einen Anspruch auf die Versorgung mit allen nach dem Arzneimittelgesetz (AMG) verkehrsfähigen Arzneimitteln, sofern sie nicht aus der Leistungspflicht der gesetzlichen Krankenversicherung ausgeschlossen sind oder soweit sie nicht nach dem Wirtschaftlichkeitsgebot, wie es in diesen Richtlinien konkretisiert ist, nur eingeschränkt verordnet werden dürfen".[94]

Allerdings kann der Erstattungsbetrag, den die Gesetzliche Krankenversicherung zu leisten hat, begrenzt sein. Festbeträge stellen eine solche Erstattungsobergrenze dar. Ein Arzneimittel, welches einer Festbetraggruppe zugehörig ist, kann auch einen Preis oberhalb des Festbetrags haben; die Krankenversicherung erstattet dann aber lediglich den Festbetrag abzüglich der Patientenzuzahlung. Die Zuzahlung und die Preisdifferenz zwischen dem Festbetrag und dem eigentlichen Arzneimittelpreis muss der Patient selbst tragen. Das gilt zukünftig auch für die Erstattungshöchstbeträge. Damit zeichnet sich das deutsche Gesundheitssystem nach wie vor durch eine freie Preisgestaltung aus, dieser Preis wird aber nicht notwendigerweise von den Kostenträgern übernommen.

5.6 Rabattverträge

In § 130a Abs. d des Sozialgesetzbuches Nr. 5 heißt es: „Die Krankenkassen oder ihre Verbände können mit pharmazeutischen Unternehmern zusätzlich zu den Abschlägen nach den Absätzen 1 und 2 Rabatte für die zu ihren Lasten abgegebenen Arzneimittel vereinbaren."[95] Dieses Gesetz erlaubt es den pharmazeutischen Herstellern, zusätzlich zu den Zwangsrabatten den gesetzlichen Krankenversicherungen weitere Rabatte zu gewähren. Diese Rabatte werden dann in Rabattverträgen zwischen der jeweiligen Krankenkasse und dem pharmazeutischen Hersteller geregelt. Die Verträge erlauben es, Rabatte von Umsatzvolumina oder Mehrerlösen der Arzneimittel abhängig zu machen. Insbesondere eine Änderung des § 129 Abs. 1 im Sozialgesetzbuch 5 machte diese Rabattverträge attraktiv, denn hier wird die Abgabe so genannter wirkstoffgleicher Arzneimittel durch den Apotheker geregelt, die so genannte Aut-idem-Regelung. Sie besagt, dass der Apotheker in der Regel bei einer Verordnung des Arztes zu prüfen hat, ob günstigere wirkstoffgleiche Arzneimittel vorliegen, um dann das günstigere Arzneimittel abzugeben – es sei denn, der Arzt hat diesen Aut-idem-Austausch ausgeschlossen. Liegen Rabattverträge über diese wirkstoffgleichen Arzneimittel vor, hat der Apotheker vorrangig die wirkstoffgleichen Arzneimittel aus den Rabattverträgen abzugeben.[96]

---

94 AMR (2008).
95 Vgl. § 130a SGB V.
96 Vgl. § 129 Abs. 1 SGB V.

Da der Aut-idem-Austausch verpflichtend ist, sind viele Hersteller mit austauschbaren Arzneimitteln interessiert daran, mit Hilfe von Rabattverträgen ihren Absatz zu sichern oder auszuweiten. Ein weiterer Vorteil von Rabattverträgen ist, dass für Arzneimittel in Rabattverträgen, denen der Arzt nicht ausdrücklich beigetreten ist, eine Pauschalsumme bei der Wirtschaftlichkeitsprüfung abgezogen wird. Arzneimittel aus Rabattverträgen, denen der verordnende Arzt beigetreten ist, werden grundsätzlich nicht in der Wirtschaftlichkeitsprüfung berücksichtigt.[97] Für den Arzt bedeutet das eine Erleichterung bei der Verordnung, da Rabattvertragsarzneimittel sein individuelles Arzneimittelbudget weniger belasten. Neben dieser Überlegung kann ein weiteres Argument für einen Arzneimittelhersteller wichtig sein, einen Rabattvertrag über sein Arzneimittel abzuschließen: Die Preisreduktion durch einen Rabatt taucht in keiner offiziellen Preisliste auf. Deutschland gilt für viele europäische Länder als Referenzland bei der Festlegung von erstattungsfähigen Arzneimittelpreisen. Eine Preissenkung bei einem Arzneimittel in Deutschland kann daher zu einer Preisreduktion in ganz Europa führen. Das individuelle Gewähren von Rabatten wird hierbei allerdings nicht als Preissenkung angesehen und hat somit keine Auswirkung auf den offiziellen Preis.

Rabattverträge über Arzneimittel stellen damit auch ein Handwerkszeug im Rahmen der Preisbildung dar und können als Preisveränderungsmöglichkeit nach der Markteinführung genutzt werden. Im Zuge der Bewertung des Nutzens von Arzneimitteln durch das IQWiG und der daraus resultierenden Möglichkeit Arzneimittel von der Verordnungsfähigkeit auszuschließen, haben Rabattverträge ebenfalls einen hohen Stellenwert erhalten. So sind in der Vergangenheit verschiedentlich Arzneimittel mit Hilfe eines Therapiehinweises solange von der Verordnungsfähigkeit ausgeschlossen worden, wie ihr Preis oberhalb des Preises für Vergleichsarzneimittel lag. Mit Hilfe von Rabattverträgen wurden die so von der Verordnung ausgeschlossenen Arzneimittel für die Versicherten der Krankenkassen wieder verordnungsfähig, die einen Rabattvertrag abgeschlossen hatten. Der Rabattvertrag muss dann so beschaffen sein, dass für das Arzneimittel ein solcher Rabatt gewährt wird, dass das Arzneimittel nicht teurer als das Vergleichsarzneimittel ist.

Zukünftig wird somit der Preisgestaltung mit Hilfe von Rabattverträgen eine immer größere Rolle zukommen. Die eigentliche Preisfindung bedient sich dabei allerdings der oben beschrieben Methoden; insbesondere die nutzenorientierte Preisbildung wird an Bedeutung gewinnen.

[97] Vgl. § 106 Abs. 2 und 5c SGB V.

6 Quantitative Marktforschung[98]

Daniel Schiel, Frank Weißenfeldt, Detlef Schröder-Bernhardi

IMS Health GmbH & Co. OHG, Frankfurt/Main

6.1 Konzeption des Kapitels

Marktforschung wird in der Fachliteratur[99] unterschiedlich bezeichnet, beispielsweise wird auch der Begriff der Absatzforschung genutzt. Zur Marktforschung zählt auch die Werbeforschung, als Teildisziplin der Marktforschung. Letztendlich ist jede Erfolgsmessung im Rahmen des Marketings bzw. des Marketing-Mix (Produkt-, Preis-, Kommunikations- und Distributionspolitik) Bestandteil der Marktforschung. Der Begriff Marketing findet in der betriebswirtschaftlichen Literatur und im täglichen Sprachgebrauch ebenfalls eine vielseitige Verwendung.

Nach Kotler ist Marketing:

„Ein Prozeß im Wirtschafts- und Sozialgefüge, durch den Einzelpersonen und Gruppen ihre Bedürfnisse und Wünsche befriedigen, indem sie Produkte und andere Dinge von Wert erzeugen, anbieten und miteinander austauschen."[100]

Als kundenorientiertes Konzept strategischer und operativer Entscheidungen und Maßnahmen wird der Begriff Marketing nahezu synonym mit Absatzmarketing verwendet. Im Zusammenhang zum Beispiel mit dem Beschaffungswesen wird das Konzept des Marketings wesentlich seltener verwendet. Das rührt daher, dass der Absatzmarkt grundsätzlich den Engpass bildet, während Beschaffungsmärkte oft Käufermärkte sind bzw. als Käufermärkte angesehen werden.[101]

---

[98] Dieser Beitrag basiert auf dem Beitrag von W. Hartmann aus der ersten Auflage dieses Buches. Die Autoren empfehlen auch die Lektüre dieses Beitrags, zu finden unter Hartmann, W. (2002).

[99] Vgl. beispielsweise Meffert, H. (1982), Weinholt, H. (1972), und Friesewinkel, H., Schneider, E. (1988).

[100] Vgl. Kotler, P. (1992), S. 15.

[101] Vgl. Berg, C. C. (1981), S. 9.

Gegenstand dieses Kapitels ist der Absatzmarkt der pharmazeutischen Unternehmen. Der Begriff Marketing wird daher synonym für Absatz-Marketing und der Begriff Marktforschung synonym für Absatz-Marktforschung genutzt. In diesem Kontext ist Marktforschung die systematische Erkundung aller im Markt wirksamen Faktoren, die ein Unternehmen bei seinen Entscheidungen in Rechnung stellen muss.

Wer systematisch, prozessorientiert und logisch arbeiten möchte, setzt an den Beginn seiner Handlung die Untersuchung des Bestehenden bzw. eine Art Status der Sachlage. Sie besteht in der Verknüpfung über die Lage / den Status, in der objektiven *und* subjektiven Beurteilung sowie in den Fragen

- Was weiß ich über die Situation?
- Was sollte ich noch wissen?

Zu Beginn ist recht wenig über den Sachverhalt bekannt und man hat das Bedürfnis, Daten, Informationen und Erkenntnisse zu beschaffen. In diesem Zusammenhang unterscheidet man insbesondere die quantitative Marktforschung von der qualitativen Marktforschung mit ihren Befragungen, Beobachtungen und Prognosemodellen.

Der Fokus dieses Kapitels liegt auf der quantitativen Marktforschung im Allgemeinen und auf den Instrumenten der quantitativen Marktforschung der pharmazeutischen Industrie im Besonderen. Ferner werden die Aufgaben, ein sich wandelndes Rollenverständnis und die Schnittstellen der Marktforschung in den pharmazeutischen Unternehmen erläutert. Besonders berücksichtigt wird in diesem Zusammenhang die zunehmende Komplexität und Dynamik des Arzneimittelmarktes getrieben insbesondere durch Steuerungsinstrumente der Gesundheitspolitik. Bei der Zusammenstellung von Fakten spielt die Statistik eine wichtige Rolle. Am Ende dieses Kapitels werden daher die wichtigsten statistischen Verfahren erläutert.

6.2 Entscheidungssicherheit durch adäquate Instrumente der quantitativen Marktforschung

Kernfunktion der Pharma Marktforschung ist die Erfolgsmessung vieler operationaler Instrumente, die im Marketing-Mix zum Einsatz kommen:

- Effizienz und Qualität des Außendienstes
- Markterfolg eines Produktlaunchs
- Verändernde Wertigkeit des Arzneimittel-Musters
- Erfolg der Preis- und Konditionenpolitik
- Akzeptanz von Kommunikationsmitteln und Veranstaltungstypen wie Referate, Seminare, Workshops, Round-Table-Gespräche, Fortbildungsveranstaltungen etc.

Erst eine systematisch betriebene Marktforschung schafft die für das Marketing notwendigen Entscheidungsgrundlagen sowohl für die Stabilisierung der Marketingstrategie als auch zur Änderung der Außendienstführungs-, Zielgruppenansprache- und Kommunikationsstrategie. Der Einsatz von insbesondere theoretischen Systemen ist weniger von Bedeutung, viel entscheidender ist die laufende Überprüfung der Reaktionen im Markt auf die jeweiligen Aktivitäten in und auf dem Markt, um die Strukturen und notwendigen Entscheidungen deutlich zu machen, die den Erwartungshaltungen der jeweiligen Zielgruppe *Arzt, Apotheker* und *Patient* sowie der anderen Marktteilnehmer wie beispielsweise *Großhandel* oder *Krankenkassen* entsprechen.

Definitionen der Marktforschung sollen hier nicht weiter diskutiert werden, deshalb konzentrieren sich die nachfolgenden Ausführungen auf adäquate Marktforschungsinstrumente und Marktdiagnosen zur Beurteilung von Absatz, Verordnungen und Werbung von Arzneimitteln im niedergelassenen Bereich, bei Apotheken, in der Selbstmedikation sowie im Krankenhaus. Die Beobachtung des jeweiligen Produktsortiments nach

- Umsatz
- Mengenentwicklung
- Verordnungsentwicklung
- Werbeaufwendung etc.

unter Einbeziehung der entsprechenden Konkurrenzbeobachtung wird anhand einiger Beispiele dargestellt. Weitgehend nicht berücksichtigt wird in diesem Kapitel die Erfolgsmessung im Bereich der Vertriebs- und Außendienststeuerung. Im weiteren Sinne zählt die Außendienststeuerung auch zur Marktforschung, allerdings ist in den meisten pharmazeutischen Unternehmen der Funktionsbereich Außendienststeuerung organisatorisch von dem Funktionsbereich Marktforschung getrennt. Das Thema Vertriebs- und Außendienststeuerung wird ferner in einem weiteren Kapitel detailliert erläutert.

6.2.1 Transparenz für den Apothekenmarkt

Seit 1954 wird als quantitativer Marktforschungsbericht über Arzneimittel des Apothekenmarktes „Der Pharmazeutische Markt Deutschland" (IMS DPM®) als Standardinstrument in den pharmazeutischen Unternehmen genutzt. Er zeigt als Vollerhebung alle Einkäufe von Arzneimitteln der öffentlichen Apotheken, beim vollsortierten Großhandel sowie als hochgerechnete Panelerhebung (2007: über 4.000 Apotheken) die Direkteinkäufe der öffentlichen Apotheken bei den Herstellern. Ca. 50.000 Handelsformen von Arzneimitteln werden für die Zeiträume Monat, Kumulation und 12-Monats-Wert mit Umsatz (Euro oder Dollar) und Absatz (Packungen) ausgewiesen. Neben der Zuordnung zur internationalen anatomischen Klassifikation können auch Informationen zu Substanzen, Wirkstoff-Gruppen, Herstellern, Reimporten, Biotechnologie, Festbeträgen und zum generikafähigen Markt ausgewiesen werden. Das Marktforschungsinstrument wird auf einer Datenbank bzw. auf CD monatlich zur Verfügung gestellt. Die entsprechenden Marktdaten können auf Basis einer Software oder im Rahmen eines Datawarehouse genutzt bzw. analysiert werden

Der IMS DPM dient der Analyse der Apothekeneinkäufe beim Großhandel und direkt bei den Herstellern. Allerdings ist die Abbildung der Apothekeneinkäufe nicht frei von so genannten „Markteffekten". So fließen zum Beispiel Exporte, Retouren und Ringeinkäufe mit in die Betrachtung ein. Die führenden pharmazeutischen Unternehmen in Deutschland analysieren daher den Apothekenmarkt zunehmend auf Basis von Abgabeinformationen der Apothekenrechenzentren. IMS PharmaScope® National zeigt als Vollerhebung die Verordnungen der Gesetzlichen Krankenkassen. Der PKV- und Selbstmedikationsmarkt wird darüber hinaus über eine repräsentativ, hochgerechnete Panelerhebung (2007: über 4.000 Apotheken) abgebildet. Auf Basis der Apothekenabgabe kann der reale Binnenmarkt für einzelne anatomische Klassifikationen, Wirkstoffe, Hersteller, sonstige Marktsegmente etc. analysiert werden.

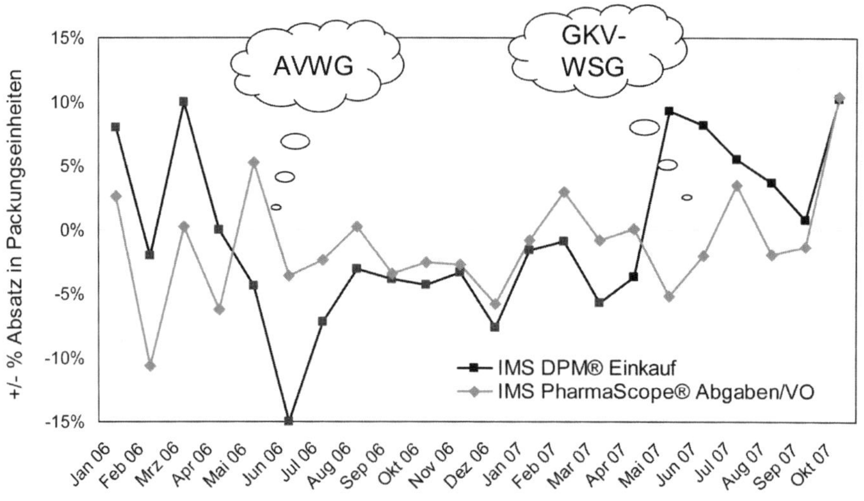

Abb. 6.1. Apothekenmarkt 2006 und 2007: Absatz vs. Vorjahresmonat[102]

In den Jahren 2006 und 2007 war die Absatzentwicklung im Apothekenmarkt geprägt durch die Gesundheitspolitik (s. Abb. 6.1). Im April 2006 trat das AVWG (Arzneimittelversorgungs-Wettbewerbsstärkungsgesetz) in Kraft. Inhalt des Gesetzes ist u. a. das Verbot für Naturalrabatte. Insbesondere dieses Verbot führte im Frühjahr 2006 zu einem Rückgang der Apothekeneinkäufe und etwas zeitversetzt auch zu einem Rückgang der Apothekenabgabe. Im Frühjahr 2007 trat mit dem GKV-WSG (GKV-Wettbewerbsstärkungsgesetz) ein weiteres Instrument der Gesundheitspolitik in Kraft. Zuzahlungsbefreiungsmöglichkeiten für Patienten und die im Gesetz verankerten Anreize, Rabattverträge zwischen Krankenkassen und

[102] Quelle: IMS PharmaScope® National und IMS DPM®, Veränderungen sell in und sell out in % zum Vorjahresmonat.

pharmazeutischen Unternehmen abzuschließen, führten zu einem Anstieg der Absatzmenge im Apothekenmarkt. Auf Basis der IMS DPM® und der IMS PharmaScope® National Marktdaten wird deutlich wie stark beide gesundheitspolitischen Eingriffe die Entwicklung des Apothekenmarktes prägen.

6.2.2 Diagnose- und Therapieverhalten von niedergelassenen Ärzten

Um einen Einblick in das Diagnose- und Therapieverhalten von niedergelassenen Ärzten zu gewinnen, wurde vor mehr als 40 Jahren der Verschreibungsindex für Pharmazeutika (IMS VIP®) entwickelt. Aktuell werden dabei die wichtigsten Facharztgruppen im niedergelassenen Bereich in Deutschland berücksichtigt: Praktiker, Dermatologen, Gynäkologen, HNO-Ärzte, Internisten, Internisten / Rheumatologie, Internisten / Kardiologie, Internisten / Gastroenterologie, Internisten / Pneumologie, Neurologen, Orthopäden, Pädiater, Urologen.

Die Verordnungsdaten beruhen auf den Angaben von etwa 2.500 repräsentativ ausgewählten Ärzten in Deutschland. Ausgewiesen werden Arztmerkmale (Fachrichtung, Gebiet, Ortsgrößenklassen, Geschlecht, Alter), Patientenmerkmale (Gebiet, Ortsgrößenklassen, Geschlecht, Alter), Diagnosemerkmale (Diagnosebezeichnung, zugehöriger ICD-Code, akut / chronisch) und Verordnungsmerkmale (verordnetes Arzneimittel, Hersteller, ATC, Darreichungsform, Packungsgröße, Alleinverordnung, GKV-/ PKV-Verordnung). Aus dem Verschreibungsindex lassen sich umfassende Analysen als Basis für die operativen und strategischen Planungen erstellen und ist einsetzbar im gesamten Produkt Lifecycle. Zum Beispiel:

- Detaillierte Beobachtung und Analyse des Diagnose- und Therapieverhaltens auf Gesamtmarktbasis und für jede der Facharztgruppen
- Überprüfung von bestehenden und Bestimmung neuer Zielgruppen bei Ärzten und Patienten
- Erstellung der Marktdefinition im Rahmen einer Neueinführung
- Überprüfung des Marktpotenzials bei bestehenden Produkten
- Identifizierung von Veränderungen im Behandlungsmuster
- Beobachtung neuer Präparate und Therapieformen
- Beobachtung der Effekte von Marketingmaßnahmen auf das Verordnungsverhalten niedergelassener Ärzte
- Beobachtung und Vergleich der Entwicklungen von gesetzlichen und privaten Verordnungen insbesondere unter gesundheitspolitischen Einflüssen

Im niedergelassenen Bereich gewinnen gegenwärtig zunehmend Spezialmärkte wie Rheumatologie, Onkologie und HIV an Bedeutung. Moderne, innovative Therapiekonzepte für diese schwerwiegenden Erkrankungen, wie am Beispiel der rheumatoiden Arthritis dargestellt, werden heute überwiegend beim Spezialisten eingesetzt. Um dieser Entwicklung Rechnung zu tragen sind im IMS VIP® seit 2007 drei internistische Schwerpunkte separat verfügbar: Rheumatologen, Kardiologen und Gastroenterologen.

Soll durch ein Unternehmen zum Beispiel ein neues Rheuma-Produkt eingeführt werden, kann die Struktur dieses Marktes über die Diagnose Rheumatoide Arthritis (ICD M05+M06) aus dem Verordnungsindex für weitere Marketingentscheidungen analysiert werden (s. Abb. 6.2).

Ärzte	*Verordnungen*	*Verordnungen pro Arzt*
Praktiker	49 %	87
Internisten	32 %	162
Internisten/Rheumatologie*	14 %	2311

Patienten

26,6 % männlich
73,3 % weiblich

71,6 % sind zwischen 50 und 80 Jahre alt
...

Diagnose Rheumatoide Arthritis (ICD M05+M06)

2,63 Millionen Diagnosen
3,42 Millionen Verordnungen

Sonstige Infos

92,5 % der Verordnungen entfallen auf GKV-Rezepte

Führende ATCs

H2A Systemische Corticosteroide
M1A Nichtsteroidale Antirheumatika
M0C Antirheumatika, spezifisch
...

Abb. 6.2. IMS VIP® Diagnosebetrachtung: M05+M06: Rheumatoide Arthritis

Die Gruppe der Internisten / Rheumatologie hat nach Verordnungen einen Anteil von 14 %. Jedoch hat der einzelne Arzt dieser Fachguppe bezogen auf diese Indikation eine 14 mal höhere Verordnungsintensität als ein hausärztlich tätiger Internist und stellt damit für die Marketingplanung eine sehr wichtige Zielgruppe dar.

6.2.3 Krankenhausforschung

Traditionell ist die Betreuung des Klinikmarktes für die Pharmaindustrie ein separater Vertriebsweg. Obwohl nur ca. 13 % des Arzneimittelumsatzes Deutschland im Klinikbereich generiert wird, spielt dieser eine wichtige Rolle. Hinsichtlich Meinungsbildner, Ersteinstellungen, Einsatz von innovativen Therapien und auch Abstrahleffekten (d. h. Ausstrahlung einer Verordnung durch Weiterverordnung im niedergelassenen Bereich) ist der Klinikmarkt ein strategisches Feld für die Pharmaindustrie, welches in den nächsten Jahren zunehmend an Bedeutung gewinnen wird und mehr in den Fokus rückt. Welche Strukturen gibt es in der Kliniklandschaft und was sind die aktuellen Trends?

Der Krankenhausmarkt konzentriert sich immer stärker: Seit 2003 haben wir einen Rückgang der Krankenhäuser von 3.600 auf 3.200 Kliniken zu verzeichnen. Betrachtet man die für die Pharmaindustrie relevanten Akuthäuser, so fanden auch hier Schließungen statt. Aktuell gibt es ca. 1.970 Akutkliniken in Deutschland. Der Bettenabbau nivelliert sich im Vergleich zu den Vorjahren, wobei man hier einen Bettenumbau in Tagesbetten und eine Verlagerung von Fachrichtungsbetten zu interdisziplinären Betten feststellen kann. Momentan wird eine Bettenzahl von 537.000 Betten im Akutbereich registriert.

Der Konzentrationsprozess setzt sich auch in der Arzneimittel-Versorgung von Krankenhäusern fort. So versorgen 10 % der 692 Krankenhaus versorgenden Apotheken 33 % der Kliniken, 50 % der Apotheken decken schon 80 % der Kliniken ab. Von den 1.970 Akutkliniken befinden sich 27 % in privater Trägerschaft mit weiterhin steigender Tendenz. Die Kliniken stehen unter einem enormen Kostendruck, der sich unter anderem in einem Rückgang der Verweildauer spiegelt und auch die Krankenhausapotheker zu neuen Verhandlungen zwingt. Dies löste den Trend zu einem zentralisierten Einkauf aus, welcher sich in den nächsten Jahren fortsetzen wird. Von daher ist auch die Überlegung den Außendienst an diesen neuen Gegebenheiten zu orientieren essentiell. Seit Einführung der DRG gewinnen auch die Rehakliniken an Bedeutung, da die Patienten immer früher aus dem Krankenhaus entlassen werden.

Der Krankenhaussektor ist mit 37 % der Kosten ein großer Kostenblock im Gesundheitswesen, wobei in den letzten Jahren hier keine weitere Zunahme stattgefunden hat. Die Arzneimittelkosten haben mit ca. 3,6 Mrd. Euro einen nur vergleichsweise geringen Anteil an diesen Kosten. Trotzdem werden auch in diesem Bereich Einsparungen angestrebt. Traditionell ist der Krankenhausmarkt ein stark rabattierter Markt, da die Hersteller hier von einem Spill Over Effekt ausgehen, das heißt, dass eine Einstellung im Klinikbereich eine Weiterführung der Medikation im niedergelassenen Bereich auslöst. Durch den starken Kostendruck haben auch Generikahersteller eine Chance in den Klinikmarkt einzutreten. Der Krankenhausmarkt ist trotz dieser Herausforderungen ein Wachstumsmarkt hinsichtlich der Arzneimittel, da hochpreisige und innovative Produkte zuerst bei den Meinungsbildnern (Universitäten und maximalversorgende Häuser) eingesetzt werden.

Der IMS DKM® zeigt monatlich auf nationaler Ebene für alle Arzneimittel in Deutschland den Verbrauch und Umsatz in deutschen Akutkliniken. Als Datenquelle dient ein repräsentativ geschichtetes Panel welches 33 % der Betten abdeckt. Erhoben werden einzelne Zähleinheiten (1 Tablette, 1 Ampulle, ...), die aus der krankenhausversorgenden Apotheke an die einzelnen Kostenstellen im Krankenhaus abgegeben werden. Der IMS DKM® liefert Antwort auf folgende Fragen:

- Wie entwickelt sich mein Produkt und wie sind die Marktanteile im Vergleich zum Wettbewerb?
- In welchen Fachrichtungen wird das eigene Produkt eingesetzt bzw. wer sind die Wettbewerber in den jeweiligen Fachrichtungen?
- Welche Preisstrategie verfolgt der Wettbewerb?
- Wie hoch ist die Vertriebsbreite meines Produktes?

6.2.4 Wochendaten als Erfolgskontrolle bei Neueinführungen

Das klassische Einsatzgebiet von Wochendaten ist die schnelle Erfolgsbewertung von Produktneueinführungen. Somit können bereits unmittelbar nach der jeweiligen Berichtswoche Erfolge von Marketingmaßnahmen überprüft und Beginn und Verlauf von saisonalen Effekten sowie die Auswirkungen von Patentabläufen und Preismodifikationen verfolgt werden. Auch die Wirkung von gesundheits- und gesellschaftspolitischen Einflüssen (z. B. GKV-WSG) auf Produkte und Märkte können zeitnah, auf Wunsch auch online analysiert werden. Auf Grund der hohen Bedeutung dieser schnell verfügbaren Informationen werden Wochendaten nicht selten neben der Marktforschung auch von Produktmanagement, Marketing bis hin zu Führungskräften, die für einen Geschäftsbereich verantwortlich sind, im Tagesgeschäft verwendet.

Auf nationaler Ebene zeigt der IMS Performance Tracker® wöchentlich die Einkaufsaktivitäten aller öffentlichen Apotheken in Deutschland beim vollsortierten Pharmagroßhandel, sowie die hochgerechneten Apothekenabverkäufe eines mehr als 4.000 Apotheken starken repräsentativen Panels.

Auf regionaler Ebene zeigt der IMS RPM® Wochenmonitor wöchentlich Absatz- und Umsatzinformationen des Apothekeneinkaufs öffentlicher Apotheken bei vollsortierten Großhändlern auf Basis des IMS RPM®.

Anfang des Jahres 2007 haben sich verschiedene pharmazeutische Unternehmen an der ersten Ausschreibung der Allgemeinen Ortskrankenkassen (AOK) für

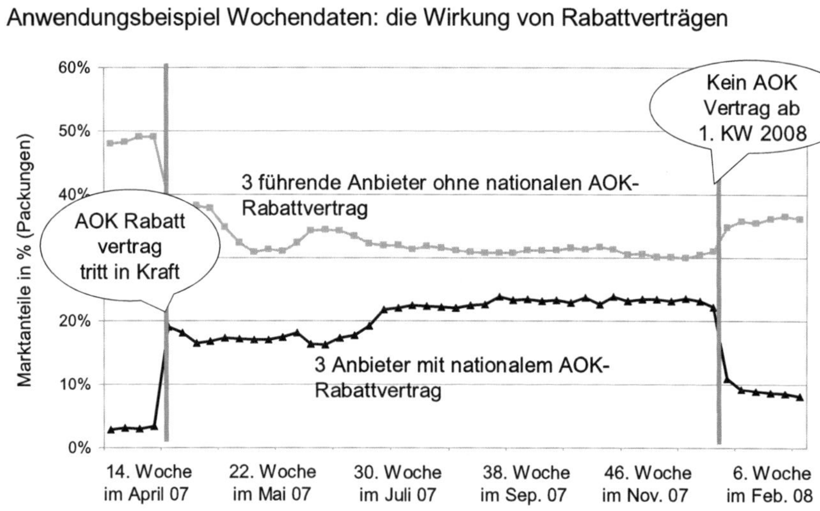

Abb. 6.3. Einfluss des AOK-Rabattvertrags auf die Marktanteile bei Simvastatin[103]

[103] Quelle: IMS HEALTH PharmaTrend, Abgaben in Apotheken.

Rabattverträge beteiligt. Mit 11 Herstellern wurden für insgesamt 43 Wirkstoffe entsprechende Verträge vereinbart. In diesem Zusammenhang wurde auch mit drei Unternehmen ein Rabattvertrag für den Wirkstoff Simvastatin abgeschlossen.

Die Abb. 6.3 zeigt die Entwicklung des Apothekenmarktes für die Substanz Simvastatin. Aufgrund des Rabattvertrages mit der AOK stieg der Marktanteil (Menge) der drei Unternehmen von der 13. auf die 14. Kalendewoche von unter 5 % auf rund 20 %. Die drei führenden Hersteller, die keinen entsprechenden Vertrag abgeschlossen hatten, haben zum gleichen Zeitpunkt Marktanteile verloren. Durch so genannte Sortimentsverträge, weil sie sich auf das gesamte Portfolio des entsprechenden Herstellers beziehen, mit Ersatz- und Betriebskrankenkassen konnten diese Unternehmen Absatzrückgänge im Apothekenmarkt teilweise kompensieren. Ende 2007 lief der Rabattvertrag mit der AOK aus. Entsprechend ging der Marktanteil der drei Unternehmen mit AOK Vertrag nach Ablauf des Vertrages (vgl. erste Wochen des Jahres 2008) zurück. Der Marktanteil der Unternehmen ohne Rabattvertrag stieg hingegen wieder an.

6.2.5 Selbstmedikation

Das Marketing von OTC-Präparaten gewinnt an Bedeutung und die Ansätze aus dem Konsumgüter-Marketing werden hier übertragen. Es unterscheidet sich damit deutlich vom Marketing verschreibungspflichtiger Produkte. Untersucht werden Marktentwicklungen in Apotheken aber auch in anderen Vertriebskanälen wie Drogeriemärkten und Verbrauchermärkten; diese werden zueinander in Beziehung gesetzt. Auf folgende Fragen des Selbst-Medikations-Marketings gibt es durch Marktforschungsprodukte und Panelerhebungen Antworten:

- Wie entwickeln sich die Apothekenverkäufe und Apothekenlagerbestände für ausgewählte Produkte und Teilmärkte in unterschiedlichen Regionen von Deutschland?
- Ändern sich die Selbstmedikations- und Verordnungsanteile bei Produkten, die verstärkt für die Selbstmedikation beworben werden?
- Wie entwickeln sich Apothekenverkäufe in den einzelnen Außendienstgebieten, lassen sich regional starke Konkurrenten entdecken und wie kann die Marktdurchdringung in den einzelnen Außendienstgebieten verglichen werden?
- Wie erhält man einen Überblick über den rezeptfreien Arzneimittelmarkt und wie kann man langfristige Entwicklungen in den darin vorhandenen Teilmärkten Apotheke, Drogeriemarkt und Verbrauchermarkt beobachten?
- Wie entwickeln sich die Konkurrenzprodukte von Arzneimitteln, wie zum Beispiel diätetische Lebensmittel, Vitamine oder Nahrungsergänzungsprodukte?

Für Neueinführungen, intensive Wettbewerbsaktivitäten und nach tiefgreifenden gesundheitspolitischen Eingriffen benötigt das Marketing einer Unternehmung schnell aktuelle Marktinformationen, um reagieren zu können. Bereits zwei bis drei Arbeitstage nach Ende einer Berichtswoche stehen für individuell ausgewählte Produkte Informationen über Apothekenverkäufe und Distributionen durch das Produkt IMS PharmaTrend sprinter® zur Verfügung (s. Abb. 6.4).

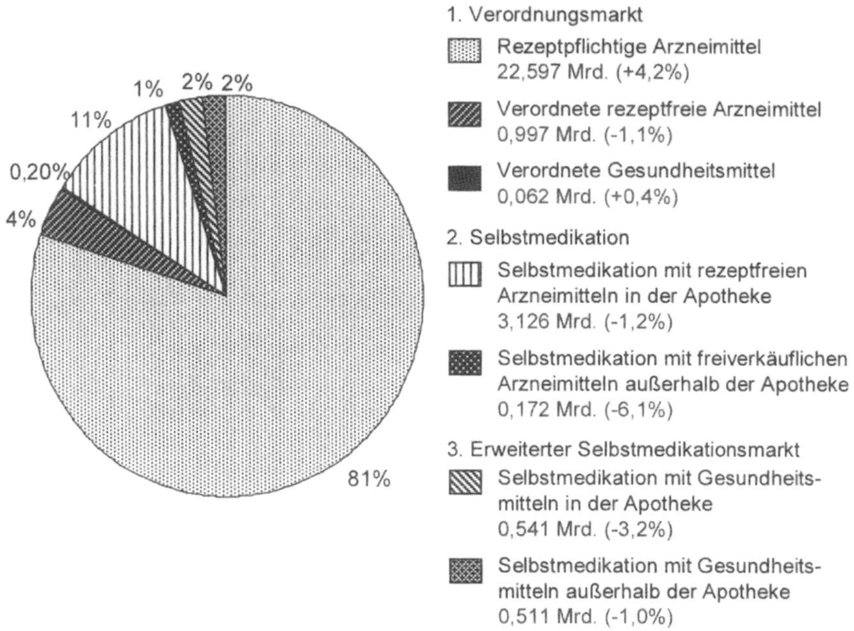

Abb. 6.4. Der Gesundheitsmarkt in Deutschland: Verkäufe von Arzneimitteln und Nichtarzneimitteln (1–9/2007 vs. Vorjahr in %, insgesamt 28,007 Mrd. Euro (+3,1 %))[104]

6.2.6 Patientendaten

IMS Disease Analyzer® ist eine der größten medizinischen Datenbanken weltweit mit Arzt- und Patienten-Informationen auf Langzeitbasis. Mit IMS Disease Analyzer® werden Krankheits- und Therapieverläufe unter Alltagsbedingungen genau so erforscht wie Verhaltens- und Verordnungsmuster von Ärzten auf Innovationen, Importe und Generika oder auf gesundheitspolitische Maßnahmen. Eine neue Diagnose, eine Therapieänderung oder Neueinstellung, eine Überweisung zum Spezialisten – diese und viele weitere Schlüsselfaktoren werden bei jeder Patientenkonsultation dokumentiert und in IMS Disease Analyzer® abrufbar. Die monatliche Aktualisierung macht es leicht, Trends frühzeitig aufzuzeigen. IMS Disease Analyzer® deckt die unterschiedlichsten Verhaltens- und Verordnungsmuster von

[104] Quellen: IMS PharmaTrend monatlich, OTC Report, IMS Gesundheitsmittelstudie (GMS).

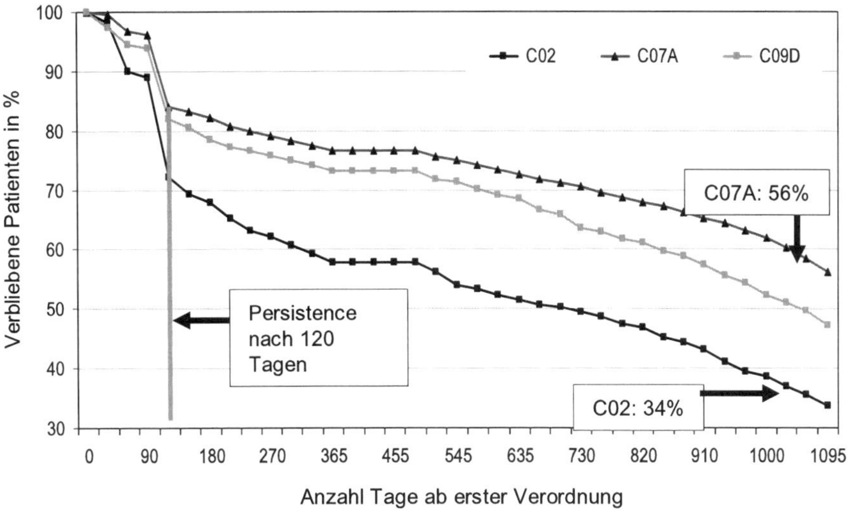

Abb. 6.5. Persistenz für drei Therapieklassen aus dem Bereich der Hypertonie (2000–2005) (N = Teilmenge von 20.107 neu eingestellten Hypertonikern)

Ärzten auf. Patientenkarrieren verdeutlichen die Progression einer Erkrankung, abhängig von unterschiedlichen Faktoren, wie beispielsweise Krankheits- oder Therapiedauer, Multimorbidität oder Patientencompliance (s. Abb. 6.5 für das Beispiel Hypertonie und Abb. 6.6 für das Beispiel der Sartane).

Über standardisierte Schnittstellen liefern 2.500 niedergelassene Arztpraxen aus einer geschichteten Zufallsstichprobe, verteilt auf 11 verschiedener Facharztgruppen und sechs Praxisschwerpunkte, kontinuierlich Konsultationsdaten von über 15 Mio. anonymisierten Patienten. Die Daten werden direkt aus Praxiscomputersystemen generiert und liefern Fakten aus dem Praxis-Alltag mit tatsächlichen Therapie- und Krankheitsverläufen. Patientenkarrieren werden über Zeiträume von bis zu 19 Jahren (zurück bis Juli 1989) dargestellt. Jeder Patient in der Datenbank hat eine eindeutige Nummer, ist aber aufgrund einer irreversiblen Mehrfachverschlüsselung absolut anonym. IMS Disease Analyzer® garantiert für jede der 2.500 mitarbeitenden Praxen eine *vollständige* Patientenauflistung mit allen Patienteninformationen, die weder von Hypothesen noch durch wie auch immer geartete Ein- oder Ausschlusskriterien beeinflusst ist.

Neben Daten aus Deutschland stehen Daten aus drei weiteren europäischen Ländern (UK, Frankreich, Österreich) zur Verfügung. IMS Disease Analyzer® ist neben GPRD die größte medizinische Datenbank Europas. Seit Juni 2005 hat IMS HEALTH mit „PharMetrics“ Patientendaten aus den USA im Zugriff.

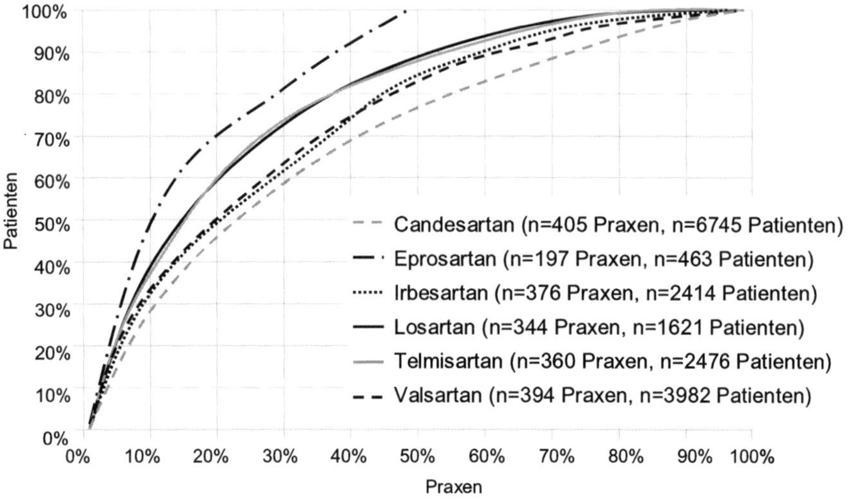

Abb. 6.6. Verteilungskonzentration des Mono-Sartanemarktes in 2007 bei allgemeinärztlichen Praxen

IMS Disease Analyzer® verknüpft die Dimensionen Praxis – Patient – Diagnose – Therapie und findet einen Einsatz beispielsweise bei folgenden Themenschwerpunkten:

- Krankheits- und Therapieverläufe
- Verordnungen pro Patient in definierten Zeitintervallen
- Therapiedauer, Krankheitsdauer
- Tagestherapiekosten, Therapietage (Days on Therapy = DOTs)
- Statische und dynamische Patienten (Neueinstellungen und Therapiewechsel)
- Ärzte-Reaktionen auf politische Maßnahmen (z. B. Aut idem, Bonus Malus, Rabattverträge), Innovationen und Patentabläufe
- Marktgerechte Planung klinischer, pharmaökonomischer und pharmakologischer Studien
- Optimierte Entscheidungsgrundlagen in jeder Phase des Produktlebenszyklus
- Benchmarkanalysen (Neueinführungsmonitor, Lorenzkurven)
- Inzidenz und Prävalenz
- Verordnerbreite (Anzahl Verordner), Verordnungstiefe (Verordnungen pro Verordner)
- Einzelarztanalysen mit Präparateschatz
- Arzneimittelsicherheit, Side Effects, Pharmacovigilance
- Pharmakoökonomie, Ressourcenverbrauch, Wirtschaftlichkeit
- Produktpositionierung: First-Line- vs. Second-Line-Therapie
- Analysen zu Begleiterkrankungen (Multimorbidität)

- Potenzialanalysen
- Mono- vs. Kombitherapie (frei und fix)
- Besuchs- und Verordnungshäufigkeiten
- Compliance und Persistenz (Therapieverweildauer)
- Einmal- vs. Mehrfachverordnungen
- DDDs vs. Patientenindividueller Dosierung (PDD)
- Tablettenteilung
- Behandlungspfade (s. Abb. 6.7)
- Einstellungs- vs. Erhaltungsdosis
- „Aktionen“: Hospitalisierung, Facharztüberweisungen, Krankschreibungen
- Disease Management Programme
- Integrierte Versorgung
- Kassen auf Patientenebene
- Laborergebnisse für nahezu alle Laborparmeter
- Leistungsziffern zur Gesamtkostenabschätzung
- Kontrolle auf Leitliniengerechte Behandlung und Versorgung vs. Off-Label-Use
- Versorgungsforschung im Praxisalltag
- Nutzen-Bewertung bzw. Kosten-Nutzen-Bewertung (IQWiG)
- Ressourcenverbrauch

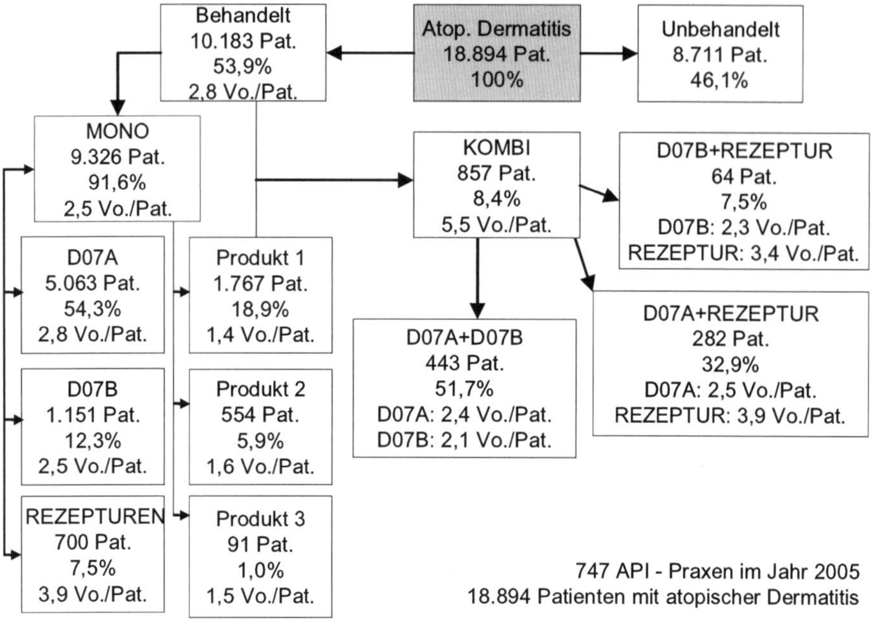

Abb. 6.7. Darstellung von Behandlungspfaden

Mit IMS Disease Analyzer Navigator™ lassen sich viele Anfragen ohne großes Hintergrundwissen auf die einfachste Art und Weise durchführen. Die interaktive Benutzerführung leitet Laien wie Profis mit nur wenigen Klicks zum gewünschten Ergebnis. Experten können weiterhin die volle Komplexität im Professional-Mode des IMS Disease Analyzer® ausschöpfen. IMS Disease Analyzer Navigator™ basiert auf modernster Technik, einer echten Client-Server-Architektur.

Erstmals ist es möglich, in wenigen einfachen Schritten direkt aus dem System professionelle Analysen auf Patientenbasis zu erstellen. Mit dem IMS Disease Analyzer Navigator™ eröffnet sich ein neuer, effizienter und standardisierter Weg, die Komplexität von anonymisierten Patientendaten zu nutzen. Alle Ergebnisse werden in Echtzeit aufbereitet und in Microsoft Excel visualisiert. IMS Disease Analyzer Navigator™ ermöglicht es, die Inhalte nach dem Baukasten-Prinzip aus einem ausgewählten Analysespektrum von vordefinierten Berichtsvarianten individuell zusammenzustellen und für spätere Nutzung als Vorlage abzuspeichern.

6.3 Erweitertes Aufgaben- und Rollenverständnis für die Marktforschung

Der deutsche Pharmamarkt vollzieht aktuell einen rasanten Wandel. Spezialmärkte wie Onkologie und Anti TNF zeigen oft zweistellige Wachstumsraten. Festbetragsanpassungen, Zuzahlungsbefreiungsmöglichkeiten, der Zwangsabschlag für generische Präparate und das Verbot der Naturalrabatte haben den „Generika-Trend“ zum Erliegen gebracht.

Durch den GKV-WSG induzierten Anstieg der Rabattverträge sind erstmals die Krankenkassen für Arzneimittel die Verhandlungspartner der pharmazeutischen Unternehmen. Noch konzentriert sich diese Entwicklung primär auf den generischen Markt, es ist aber damit zu rechnen, dass zunehmend neben dem Preis auch eine wertorientierte Sicht Eingang in Verträge finden wird. Gleichzeitig kommt der Innovationsprozess vieler Hersteller langsam ins Stocken, ferner drohen den forschenden Unternehmen in den kommenden Jahren hohe Umsatzverluste durch Patentausläufe.

Eine zeitnahe Analyse der Marktdynamik ist daher wichtiger denn je. Entscheidungen müssen immer sorgfältiger vorbereitet werden, um Fehlinvestitionen zu vermeiden – zeitgleich werden Marktforschungs-Budgets reduziert. Im Rahmen der Marketingplanung müssen die knappen Mittel immer zielgerichteter eingesetzt werden:

- In welche Zielgruppe soll investiert werden?
- Wie erfolgt die Differenzierung gegenüber dem Wettbewerber?
- Wie muss der Marketing-Mix im rabattgeregelten Umfeld sein?
- Welche Kommunikation ist in der Zielgruppe überzeugend?

In der Retrospektion gelten dieselben Parameter für die Erfolgsmessung. Es gilt Marketing-Maßnamen zu bewerten (Return-on-Investment-Gedanke) und Erkenntnisse für die Zukunft abzuleiten.

Die beschriebene Marktdynamik führt zu immer schnelleren Entscheidungszwängen in der Geschäftsleitung, im Marketing, im Produkt und Brand Management im Vertrieb und neuerdings auch im Contract Management. Auf aussagekräftige Marktinformationen und sorgfältig erarbeitete Entscheidungsvorlagen wird oftmals verzichtet.

Gibt es einen Ausweg aus dem Dilemma? – Ein intensives Zusammenspiel zwischen den einzelnen Funktionsbereichen ist zumindest eine notwendige Bedingung. Bereits seit einigen Jahren plädieren Experten für ein verändertes Rollenverständnis in der Pharma Marktforschung. Insbesondere ein intensiverer Dialog zwischen Marketing und Marktforschung wird in den entsprechenden Fachartikeln immer wieder eingefordert. Der Marktforscher soll eher ein Partner für die Produkt und Brand Manager sein und weniger ein reiner Dienstleister. Produkt und

Brand Manager wiederum übernehmen auch Aufgaben, die traditionell ausschließlich dem Funktionsbereich Marktforschung zugeordnet wurden.[105]

Nicht nur die Umsetzung von Marketing Aktivitäten ist demnach eine Kernaufgabe der Produkt und Brand Manager, sondern auch deren Erfolgsmessung. Demnach zählt zu den originären Aufgaben eines Produkt oder Brand Managers:

- den Erfolg seines Präparats bzw. seiner Marke zu kennen,
- den Erfolgsbeitrag von Investitionen zu bewerten,
- diesen Erfolg bzw. Erfolgsbeitrag zu kommunizieren,
- Erkenntnisse abzuleiten, um
- Budget-Mittel wieder zielgerichtet einzusetzen.

Eine Voraussetzung für ein erweitertes Rollenverständnis im Produkt und Brand Management ist selbstverständlich, dass der Nutzen adäquater Instrumente auch bekannt ist.

Wurden unter Gliederungspunkt 6.2 die wichtigsten Standard Marktforschungsinstrumente in Deutschland vorgestellt, so sollen unter diesem Gliederungspunkt insbesondere funktionsbereichsübergreifende Analyseansätze diskutiert werden. Es geht zum einen um ein Analyseinstrument, das primär im Produkt und Brand Management eingesetzt wird. Die Analyse der Interaktion zwischen Arzt, Patient, Diagnose und Therapie zählt heute zu den Aufgaben eines modernen Produkt und Brand Managements. Darüber hinaus soll am Beispiel geografischer und soziodemografischer Unterschiede hinsichtlich der GKV Versichertenstruktur aufgezeigt werden, welche Erkenntnisse funktionsbereichsübergreifende Teams auf Basis von Contract Monitor Informationen generieren können um geeignete Maßnahmen abzuleiten.

6.3.1 Analyse der Interaktion zwischen Arzt, Patient, Diagnose und Therapie

Ein zeitnahes Reagieren auf Veränderungen wird für alle pharmazeutischen Unternehmen zu einem der obersten Gebote, um im Wettbewerb zu bestehen. Dazu bedarf es im Produkt und Brand Management der Kenntnis der Dynamik im Markt hinsichtlich der ärztlichen Verordnungen. Um eine optimale Ausrichtung für die Positionierung eines Medikaments bzw. einer Marke zu erzielen, ist eine analytische Grundlage, die Veränderungen im Verschreibungsverhalten von Ärzten möglichst ganzheitlich zu berücksichtigen nahezu unumgänglich. Dazu bieten sich facharztübergreifende Analysen von Therapieverläufen an. Ferner bedarf es einer Analyse der Interaktion zwischen Arzt, Patient, Diagnose und Therapie.

[105] Vgl. Heide, E. (2005), Wartenberg, F., Weißenfeldt, F., Carius, R. (2006).

6.3.1.1
Dynamische Abbildung des Marktgeschehens anhand von Therapieverläufen

Die Marktentwicklung eines Präparats hängt davon ab, wie es bei Erstverordnungen von Neuerkrankten und Umstellungen von anderen Präparaten eingesetzt wird. Einige Schlüsselfragen, die es zu beantworten gilt, sind beispielsweise:

- Von welchem Wettbewerbsprodukt gewinnt ein Präparat?
- An welches Wettbewerbsprodukt verliert ein Präparat?
- Welche Facharztgruppe initiiert den Wechsel?
- Welcher Wettbewerber ist von Therapiewechseln am häufigsten betroffen?
- Welche Facharztgruppe nimmt den größten Einfluss auf Neueinstellungen?
- Wie viele Neueinstellungen gibt es pro Monat?

6.3.1.2
Webbasierte Lösung im „Dashboard"-Format

Mit dem Instrument „IMS LRx Market Dynamics" lassen sich facharztübergreifend Therapieverläufe von über 20 Mio. GKV-Patienten jährlich analysieren. Das Instrument basiert auf longitudinalen Rezeptdaten abgerechneter verschreibungspflichtiger Präparate (Anmerkung: LRx: L für longitudinal, Rx für verschreibungspflichtige Arzneimittel). Die Analysemöglichkeit ist als webbasierte Lösung im Dashboard-Format konzipiert. Durch das Dashboard-Format wird eine hohe Funktionalität mit Flexibilität und einer leichten Bedienbarkeit kombiniert. Verschiedene wichtige Entwicklungen eines Präparats oder einer Marke können in grafischer Form abgerufen werden. So zeigt beispielsweise ein Bericht zum Therapiewechsel eines Produkts („product switching report") ausführlich alle Umstellungen in Form von Gewinnen und Verlusten. Im „specialty switch detail report" lässt sich der Einfluss von Facharztgruppen auf Therapie- bzw. Präparatewechsel detailliert analysieren. Insgesamt wird so ein einheitlicher, integrierter und aktueller Überblick auf ausgewählte Fragestellungen ermöglicht. Die nachfolgende Abbildung (s. Abb. 6.8) zeigt dies am Beispiel von realen, hinsichtlich Einzelprodukten anonymisierten Entwicklungen aus dem Diabetes-Markt.

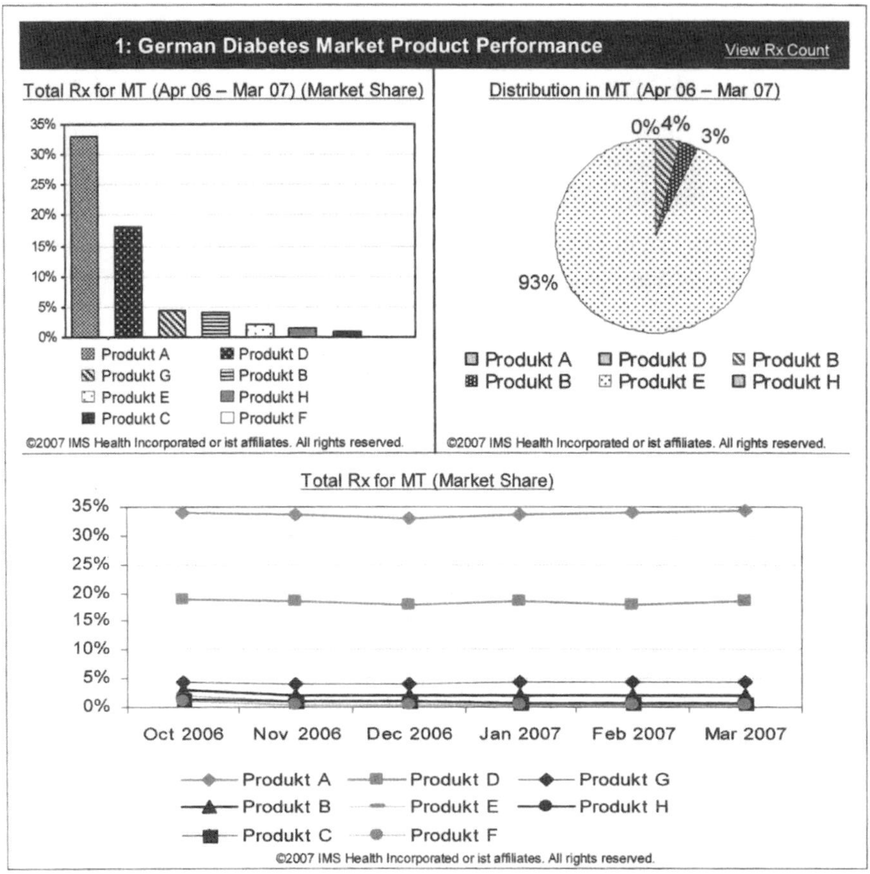

Abb. 6.8. Exemplarischer Ausschnitt aus Dashboard-Marktüberblick am Beispiel Diabetes – Anonymisierte Darstellung einzelner Produkte

6.3.1.3
Analyse der Interaktion zwischen Arzt, Patient, Diagnose und Therapie

Auf Basis eines Arztpanel (IMS arbeitet mit rund 2.500 Ärzten zusammen) kann das Diagnose- und Therapieverhalten niedergelassener Ärzte analysiert werden. Aktuell hat das Beratungs- und Marktforschungsunternehmen 10 Facharztgruppen (Praktiker, Internisten, Pädiater, Gynäkologen, Dermatologen, HNO-Ärzte, Neurologen im weitesten Sinne, Orthopäden, Pneumologen und Urologen) in der Betrachtung. Diagnose- und Verordnungsdaten aller 10 Facharztgruppen können miteinander verknüpft werden. Ferner werden quantitative Verordnungsdaten und qualitative Informationen wie Diagnosen, Therapieverhalten und Patienteninformationen miteinander kombiniert. Alle Rezeptdaten sind einzeln analysierbar

(GKV, PKV und Grünes Rezept). Bei klassischen Verordnungsanalysen bzw. entsprechenden Analyse-Instrumenten, wie sie beispielsweise von IMS angeboten werden, erfolgt der Zugriff auf einen mehrjährigen Zeitraum differenziert nach Quartalen.

6.3.1.4 Online Zugriff auf Medical Marktinformationen

Mit einem neu konzipierten online Instrument (IMS Medical Analyzer) können Facharztgruppen-Analysen auf Basis von Diagnosen und Verordnungsintensität flexibel und schnell vom eigenen Schreibtisch aus realisiert werden. Zum einen sollten Analysen zum Marktpotenzial und zur Marktentwicklung regelmäßig durchgeführt werden, zum anderen bietet die Datenbasis und das Instrument auch die Möglichkeit kontinuierlich Kosten und Dosierungen zu monitoren. Typische Fragestellungen zum Marktpotential sind zum Beispiel Fragen zur Verteilungskonzentration und Fragen zum Präparateschatz:

- Wie viel Prozent der Ärzte tätigen wie viel Prozent der Verordnungen?
- Wie viele verschiedene Präparate eines Therapieprinzips hat ein Arzt in der Feder?

Klassische Fragen für das Monitoring der Kosten und Dosierungen sind zum Beispiel:

- Darreichungsform: Wie ist die Entwicklung in einem definierten Wettbewerbsumfeld innerhalb der letzten 12 Quartale?
- Verordnungsverhalten: Kommen in den einzelnen Patienten-Altersgruppen unterschiedliche Darreichungsformen / Stärken zum Einsatz?
- Tagestherapiekosten: Wie hoch sind die Therapiekosten für mein Präparat bei einer bestimmten Erkrankung?
- Durchschnittliche Tagesdosierung: Zeigen sich innerhalb einer Substanz Unterschiede auf Präparateebene?

Ferner sollte das kontinuierliche Controlling von geografischen und soziodemografischen Aspekten berücksichtigt bzw. hinterfragt werden. Auch die Gegenüberstellung des Verschreibungsverhaltens von Allgemeinmedizinern bzw. Praktikern und Internisten (APIs) gegenüber weiteren Facharztgruppen kann wertvolle Anknüpfungspunkte ergeben.

- Gibt es regionale Unterschiede im Therapieverhalten?
- Wie sehen Alters- und Geschlechtsverteilung für eine Erkrankung aus?
- Zeigen „Hausärzte" ein anderes Therapieverhalten als „Fachärzte"?
- Wird auf GKV-Rezepten anders verordnet als auf Privatrezepten?

6.3.2 Geografische und sozio-demografische Unterschiede im rabattgeregelten GKV-Markt

Wie wichtig gerade das Erkennen von geografischen und sozio-demografischen Unterschieden für die Pharma Marktforschung und das Pharma Marketing geworden ist, zeigt insbesondere auch die jüngste Entwicklung des rabattgeregelten GKV-Markts.

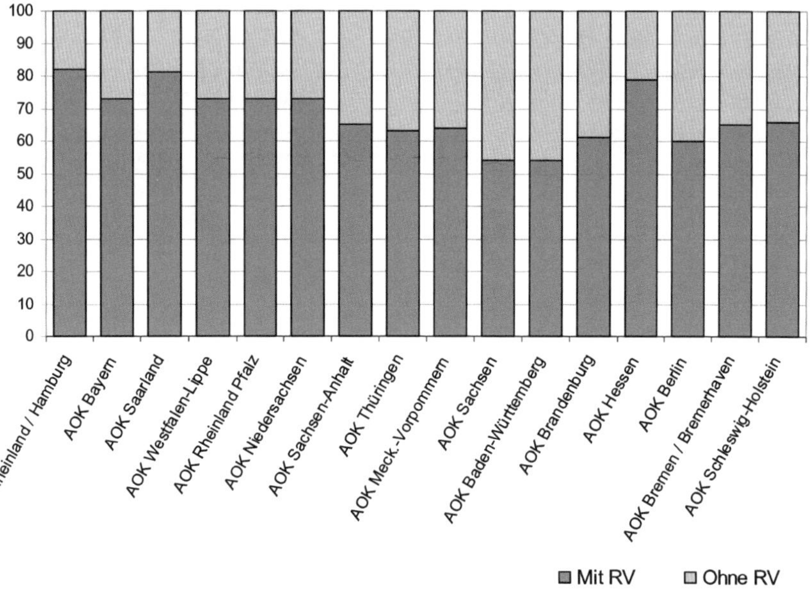

Abb. 6.9. Anteil Packungen mit Rabattvertrag für Simvastin im Oktober 2007[106]

Monate nach Inkrafttreten der Rabattverträge zur ersten AOK Ausschreibungstranche 2007 gab es noch immer regionale Unterschiede hinsichtlich der Umsetzung der Verträge (s. Abb. 6.9). Lag der Anteil des rabattgeregelten Marktes im Gebiet der AOK Rheinland/Hamburg und in Hessen im Oktober bei über 80 %, so lag der Anteil im Gebiet der AOK Sachsen nur knapp über 50 %. Die Entwicklung im AOK Markt zeigt, dass die Vertragsumsetzung kein Automatismus ist. Vielmehr muss das Marketing der pharmazeutischen Unternehmen in den einzelnen AOK- oder auch kassenärztlichen Regionen mit kommunikationspolitischen Maßnahmen flankierend tätig sein. Auf Basis von Contract Monitor Marktdaten können im Funktionsbereich der Marktforschung, aber auch im Produkt und Brand Management, im Key Account Management oder im Bereich Gesundheitspolitik entsprechende Analysen durchgeführt werden.

[106] Quelle: IMS Contract Monitor™ Account, Oktober 2007.

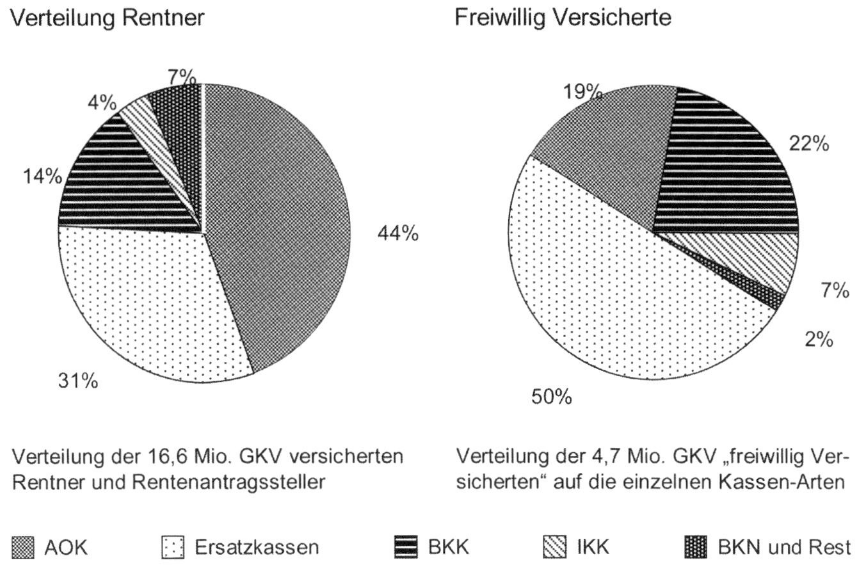

Abb. 6.10. Sozio-demographische Struktur der Kassenarten[107]

Die erheblichen Unterschiede hinsichtlich der Alters- und Sozialstruktur der Versicherten bei den gesetzlichen Krankenversicherungen könnten ein Ausgangspunkt für forschende Unternehmen gewesen sein so genannte Mehrwertverträge mit Ersatz- und Betriebskrankenkassen abzuschließen (z. B. Novartis, Pfizer und AstraZeneca) (s. Abb. 6.10). Liegt doch die Vermutung nahe, dass ein freiwillig gesetzlich Versicherter (Anmerkung: überproportional hoher Anteil bei den Ersatz- und Betriebskrankenkassen) nicht nur auf den Beitragssatz, sondern verstärkt auch auf das Leistungsspektrum der Krankenkasse schaut. Auch die Krankenkassen müssen sich positionieren und verstärkt differenzieren.

Auf Grundlage einer auf die einzelnen Kassenarten bezogenen Analyse zeigt sich, dass in der Tat der Marktanteil der Kassenarten von Wirkstoff zu Wirkstoff erheblich variiert. So haben beispielsweise die überproportional viele Rentner versichernden Allgemeinen Ortskrankenkassen für die Substanz Donepezil (gegen Demenz) einen Anteil im GKV-Markt von 46 % (AOK-Anteil am GKV-Gesamtmarkt: 42 %). Der AOK-Anteil bei Atorvastatin – Sortis von Pfizer – liegt hingegen bei lediglich 29 %; die Ersatzkassen haben hingegen einen Marktanteil bei Atorvastatin von 47 %, die Betriebskrankenkassen von 14 % (BKK-Anteil am gesamten GKV-Markt ebenfalls 14 %) (s. Abb. 6.11).

Ein Zusammenhang zwischen den relativ hohen Verordnungen für Ersatzkassen- und BKK-Versicherte und dem hohen Anteil freiwillig Versicherter (mit erhöhter Zuzahlungsbereitschaft) liegt auf der Hand. Die Analyse zeigt deutlich, dass in Abhängigkeit vom Wirkstoff große Unterschiede bei den Krankenkassen bestehen.

[107] Quelle: Statistisches Bundesamt (2007).

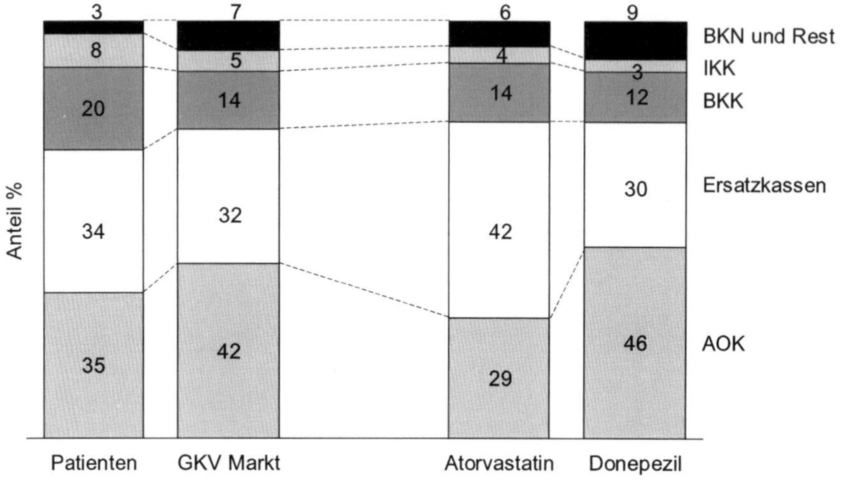

Abb. 6.11. Verordnungspotenzial der Kassen bzw. Kassenarten[108]

In diesem Kontext ist festzuhalten, dass die Deutsche BKK mit dem Hersteller Pfizer einen Vertrag über Sortis (Wirkstoff: Atorvastatin) abgeschlossen hat. Da das pharmazeutische Unternehmen den Preis für das patentgeschützte Präparat nicht auf den Festbetrag für Statine senkt, müssen Patienten grundsätzlich eine Aufzahlung von bis zu 100 Euro pro Packung leisten. Diese Eigenbeteiligung müssen die Versicherten der größten Betriebskrankenkasse in Deutschland, so die Deutsche BKK, jetzt nicht mehr bezahlen.

Das Beispiel zeigt, dass durch eine gezielte Differenzierung das Thema Rabattverträge nicht nur auf den generischen Markt beschränkt bleibt. Vielmehr ist davon auszugehen, dass neben dem Preis auch immer öfter eine wertorientierte Sicht sowie eine verbesserte Patientenversorgung Eingang in Verträge zwischen Krankenkassen und Herstellern findet. Diese Entwicklung müssen selbstverständlich die Verantwortlichen im Pharma Marketing federführend mit gestalten.

Ein enger Dialog zwischen Marktforschung, Marketing und weiteren Funktionsbereichen ist eine Voraussetzung dafür, dass die knappen Budget-Mittel für Marktforschung, Marketing Controlling und Erfolgsmessung zielgerichtet eingesetzt werden. Viele Marktforschungsaufgaben und Projekte können nur zentral von den Experten in der Marktforschung organisiert und durchgeführt werden. Den Erfolgsbeitrag von Marketing Maßnahmen zu bewerten, Verbesserungsmöglichkeiten abzuleiten und Budget-Mittel wiederum zielgerichtet einzusetzen ist allerdings auch eine originäre Aufgabe des Produkt und Brand Managements. Neue Instrumente ermöglichen auch dem Pharma Marketing eine schnelle Analyse

[108] Quelle: IMS Health Contract MonitorTM National 03/07.

- der Marktdynamik anhand von Therapieverläufen und
- der Interaktion zwischen Arzt, Patient, Diagnose und Therapie.

Darüber hinaus eröffnet die rasante Entwicklung im rabattgeregelten GKV-Markt neue Möglichkeiten im Bereich Contract Management.[109]

6.4 Statistik

Bei der Analyse von Marktdaten spielt die Statistik eine wichtige Rolle. Die Kunst der Interpretation von Statistiken ist kein Privileg von Statistikern, doch sie setzt ein gewisses Maß an technischem Wissen über statistische Methoden voraus. Nachfolgend werden verschiedene wichtige Verfahren erläutert, die notwendig sind, um Marktforschung zu betreiben und / oder zu verstehen.

Korrelationsrechnung
Unter Korrelation versteht man den Grad einer Beziehung zwischen zwei Variabeln. Die Korrelation sagt aus, ob eine Variable die andere beeinflusst. Zur Berechnung der Korrelation gibt es zwei einfache Methoden:

- Korrelationskoeffizient
- Rang-Korrelation

Regressionsrechnung
Bei der Regressionsrechnung versucht man eine Größe auf die andere zurückzuführen, zum Beispiel die als abhängig gedachte Y-Reihe auf die als unabhängige gedachte X-Reihe. Mit Hilfe der Statistik sucht man nach einer algebraischen Beziehung zwischen den beiden Reihen X und Y. Bei einer linearen Beziehung kann man dies durch eine Geraden darstellen. Mit der *linearen Regression* werden vor allem Trendberechnungen dargestellt.

Einfach gekrümmte Kurven lassen sich durch eine Ausgleichsparabel approximieren. *Parabolische Regressionen* sind Zeitreihen mit ungleichen Abständen. Sie dienen der Feststellung von

- Sättigungen
- Marktstrukturveränderungen
- Marktformveränderungen etc.

Zeitreihenanalysen
Viele Zeitreihen sind mehrdimensional determiniert. Die Reihe muss also in elementare Prozesse zerlegt werden, um sie beurteilen zu können. Eine Konjunkturkurve enthält zum Beispiel

[109] Vgl. Zeiner, R., Wartenberg, F. (2007), Beck, E., Seiter, S., Wartenberg, F. (2007).

- einen Trend: Richtung über die Zeit (Jahre, Jahrzehnte etc.)
- Einzelereignisse: Gesundheitsreformen, Streiks, politische Entscheidungen, Neuentwicklungen aber auch Ereignisse wie Katastrophen, politische Ereignisse
- Saisonschwankungen, bedingt durch Jahreszeiten oder Einkaufsverhalten
- Konjunkturschwankungen: mittelfristige Konjunkturbewegungen über einen Zeitraum von Jahren / Jahrzehnten

In einer fortlaufenden Analyse lassen sich solche vieldeutigen Kurven in ihre Komponenten zerlegen, zum Beispiel bei einer Konjunkturkurve in folgende Reihenfolge: Saisonschwankungen → Trend → Konjunkturbewegungen → Einzelereignisse

Statistischer Signifikanztest

Unter „Signifikanz" versteht man die Zufälligkeit eines statistischen Versuchsereignisses, das die Entscheidung über eine Hypothese ermöglicht. Auf die einzelnen Signifikanzstufen und -tests soll hier nicht eingegangen werden.

Mittelwerte und Streuung

Der Vollständigkeit halber werden nur die verschiedenen Mittelwerte und die Streuung nachfolgend aufgeführt:

- Arithmetisches Mittel
- Gewogenes arithmetisches Mittel
- Geometrisches Mittel
- Quadratisches Mittel
- Harmonisches Mittel
- Median
- Modus (schwerster Wert)
- Scheidewert

Selbstverständlich lassen sich die jeweilig errechneten Mittelwerte zum Teil auch untereinander oder zueinander in Beziehung setzen.

Stichprobentheorie

Eine Gruppe von Personen, die eine Eigenschaft gemeinsam haben, die für die jeweilige Untersuchung relevant ist, bezeichnet man als Grundgesamtheit (Universum, Population). Die zum Zwecke der Erhebung ausgewählte Untergruppe nennt man Stichprobe. Die an der Stichprobe erhobenen Daten können hochgerechnet, das heißt in die Dimension der Grundgesamtheit erhoben werden. Ob die Daten auf die jeweilige Grundgesamtheit übertragbar sind, ob sie verallgemeinert werden dürfen, hängt mit der Repräsentativität zusammen. Auf die Themen

- Stichprobenauswahl
- Stichprobenumfang
- Normalverteilung
- Stichprobenverteilung
- Vertrauensbereich
- Konfidenz-Intervall

soll hier ebenfalls nicht detailliert eingegangen werden.

7 Produktlebenszyklus und die Möglichkeiten seiner Gestaltung[110]

Werner Guminski

TNS Healthcare GmbH, München

Arzneimittel werden in erster Linie danach unterschieden, gegen welche Erkrankung sie wirksam sind und auf welche Art sie hierbei ihren therapeutischen Effekt entfalten. Der Wettbewerb der Arzneimittelhersteller findet daher primär innerhalb der einzelnen Therapie- und Indikationsgebiete als Teilmärkte des gesamten Arzneimittelmarktes statt.

Die Entwicklung eines neuen Arzneimittels verlängerte sich innerhalb der letzten 30 Jahre von zwei auf zwölf Jahre[111] und kostete 2006 im Durchschnitt 800 Mio. US Dollar.[112] In der pharmazeutischen Industrie gilt die Faustregel, dass lediglich die ersten drei Präparate einer neuen Substanzklasse der aufgewendeten Forschungs- und Entwicklungskosten wieder einspielen können. Trotz dieser enormen Investitionssummen wurde in den letzten Jahren mit Hochdruck an der Entwicklung neuer Medikamente gearbeitet. Dies zeigt sich allein daran, dass heute etwa 50 % des Umsatzes der pharmazeutischen Industrie durch Medikamente generiert wird, die vor einer Dekade noch nicht zugelassen waren.

Es liegt auf der Hand, dass jedem forschenden Pharmaunternehmen daran gelegen ist, die hohen Forschungs- und Entwicklungskosten wieder zu erwirtschaften und letztendlich Gewinne zu generieren. Hierbei nimmt die zeitnahe Optimierung des Absatzes und / oder Umsatzes eines Arzneimittels durch fortwährende Anpassung der Marketingaktivitäten an die dynamischen Veränderungen des Marktumfeldes und Rahmenbedingungen eine zentrale Rolle ein.

Betrachtet man die Möglichkeiten der Maßnahmen, die zu einer erfolgreichen Vermarktung eines Arzneimittels beitragen können, muss man sich zunächst die Unterschiede des Arzneimittelmarktes im Vergleich zu anderen Märkten, wie beispielsweise dem Konsumgütermarkt, vor Auge führen. Neben dem Patentschutz,

---

[110] Der Beitrag beruht auf dem gleichnamigen Kapitel der ersten Auflage dieses Buchs, an dem auch Marco Rauland als Autor beteiligt war (vgl. Guminski, W., Rauland M. (2002)).

[111] Vgl. Harms, F., Gänshirt, D. (2004), S. 2.

[112] Vgl. Verband Forschender Arzneimittelhersteller e.V. (VFA) (2007c), S. 1.

der das zeitlich begrenzte Alleinvermarktungsrecht eines neuen Arzneimittels garantiert, ist der Arzneimittelmarkt durch eine Reihe von gesetzlichen Auflagen reguliert, die steuernd in die Arzneimittelversorgung eingreifen.[113] Hinzu kommt, dass auch die Arzneimittelwerbung und verkaufsfördernde Maßnahmen besonderen gesetzlichen Bestimmungen unterliegen, die das Marketinginstrumentarium – insbesondere bei verordnungspflichtigen Präparaten – erheblich einschränken.

7.1 Der Produktlebenszyklus von Arzneimitteln

Kein Produkt lebt ewig. Zwischen der ersten Produktidee und dem letzten Verkauf durchläuft ein Produkt verschiedene Phasen, die sich allgemein – unabhängig vom betrachteten Markt – in sechs zeitlich aufeinander folgende Stadien aufgliedern lassen:[114]

- Forschungs- und Entwicklungsphase
  In der ersten Phase des Lebens eines Produktes generiert das Produkt noch keine Umsätze, im Gegenteil: Durch die oftmals enormen Forschungs- und Entwicklungskosten werden zunächst Investitionen getätigt.
- Markteinführung
  Das Produkt wird im Markt eingeführt und hat zunächst mit Kaufwiderständen zu rechnen: Es ist neu, daher im Markt noch nicht etabliert und muss somit erst einmal die erste Hürde nehmen: Bekanntheit im Markt erlangen.
- (Schnelle) Wachstumsphase
  Die Wachstumsphase beginnt, wenn es dem Unternehmen gelingt den Absatz zu steigern und die anfänglichen Marktwiderstände zu überwinden. Kunden, denen das Produkt gefällt, werden es weiter verwenden und neue Kunden kommen hinzu. Hier wird jetzt die Gewinnzone erreicht.
- (Verlangsamte) Wachstumsphase, Reifephase
  In der Reifephase bleibt der Markt stabil. Dennoch gibt es aufgrund eines verlangsamten Wachstums weniger Neukunden.
- Marktsättigung
  In dieser Phase ist das Marktpotenzial weitestgehend ausgeschöpft. Es werden neue verbesserte Konkurrenzprodukte auf den Markt gebracht, an die Marktanteile verloren gehen. Dadurch steigen die Kosten für die Produktion und die Gewinne fangen an zu sinken.
- Degenerationsphase (Zerfallsphase)
  Hier werden neue überlegene Produkte auf den Markt gebracht, welche das Produkt vom Markt drängen. In dieser Phase sinken die Gewinne drastisch.

---

[113] Vgl. Kap. A 3.
[114] Vgl. Kotler, P., Bliemel, F. (2007), S. 586.

Durch die kontinuierliche Erhebung und Auswertung von Kenndaten, wie Absatz- und Umsatzzahlen des betrachteten Marktes und des Produktes selbst wird ersichtlich, in welcher Phase seines Lebenszyklus sich ein bestimmtes Produkt befindet und welchen Einfluss Marketingvariablen, wie der Preis oder die Promotion sowie Wettbewerbsaktivitäten auf den Produktlebenszyklus ausüben. Die Wahl der Marketingmaßnahmen zur Gestaltung und Beeinflussung des Produktlebenszyklus, die durchschnittlich etwa eine halbe Milliarde Euro verschlingen, ist hierbei nicht nur entscheidend für das Erreichen eines bestimmten Marktanteilniveaus, sondern beeinflusst auch unmittelbar die Form des Produktlebenszyklus (s. Abb. 7.1).

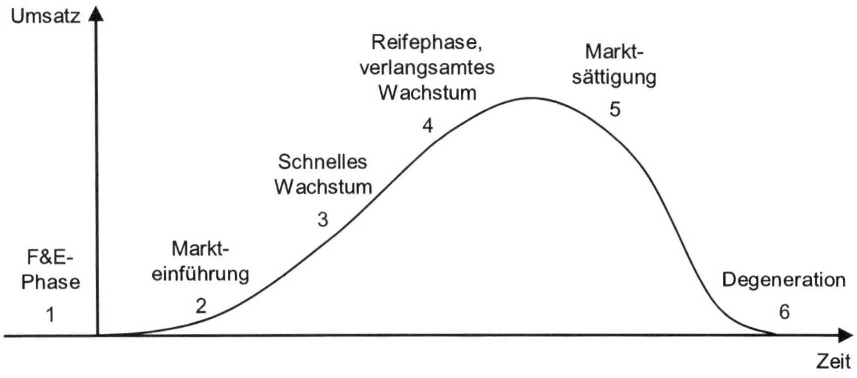

Abb. 7.1. Der Produktlebenszyklus

So folgen nicht alle Arzneimittel zwangsläufig der in dieser Abbildung dargestellten Grundform des Produktlebenszyklus. Einige Produkte werden eingeführt und verschwinden wieder ohne alle Stadien zu durchlaufen. Andere Produkte verbleiben sehr lange Zeit im Reifestadium. Wieder andere Produkte, die bereits in die Phase des Absatzrückgangs eingetreten sind, können durch Veränderungen im Marketing-Mix in eine erneute Wachstumsphase gebracht werden. Im Vergleich zu Produkten aus anderen Märkten ist der Produktlebenszyklus von Arzneimitteln zudem relativ kurz. Dies begründet sich zum einen in dem meist kurzen Alleinvermarktungszeitraum und zum anderen in dem immer stärker werdenden Konkurrenzdruck vor allem in großen und daher umsatzstarken Marktsegmenten wie Herz- / Kreislauferkrankungen, Diabetes, Schmerz und Depressionen (s. Abb. 7.2).

7.1.1 Forschungs- und Entwicklungsphase

Viele Pharmaunternehmen forschen auf den gleichen Indikationsgebieten, wodurch die Entwicklung eines neuen Arzneistoffes zum Wettlauf mit der Zeit und gegen den Wettbewerb geworden ist. Lange bevor die Entwicklung eines neuen Medikamentes abgeschlossen ist, lassen sich die Arzneimittelhersteller daher mögliche potenzielle Wirkstoffe patentrechtlich schützen, um sich so gegen Nachahmer abzusichern. Aufgrund des häufig enormen Wettbewerbdrucks erfolgt die Patentanmeldung in aller Regel bereits in der präklinischen (spätestens in der ersten Phase der klinischen) Entwicklung, sobald erste Hinweise auf eine therapeutische Wirksamkeit einer Substanz vorliegen.

Der Patentschutz für einen neuen Wirkstoff beträgt in der Regel 20 Jahre. In diesem Zeitraum hat der Patentinhaber das alleinige Vermarktungs-, Herstellungs- und Vertriebsrecht für den geschützten Wirkstoff. Bedenkt man jedoch die sehr lange Entwicklungszeit von durchschnittlich zwölf Jahren[115] für ein neues Arzneimittel so schrumpft dieser zunächst recht lange Zeitraum auf einen deutlich kürzeren Schutzzeitraum nach der Markteinführung zusammen, in dem das Produkt einen Wettbewerbsvorteil hat.

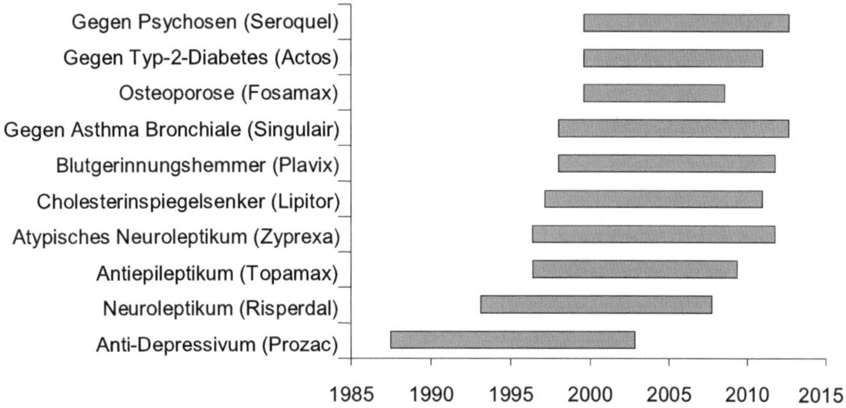

Abb. 7.2. Alleinvermarktungszeitraum einiger Arzneimittel

Eine erste mögliche Einflussnahme auf den Produktlebenszyklus von Arzneimitteln liegt somit auf der Hand: Die Verkürzung der kostenintensiven Forschungs- und Entwicklungsphase für ein neues Medikament. Ziel ist es hierbei den Zeitraum bis zum Markteintritt zu verkürzen und somit höhere Gewinne durch ein längeres Alleinvermarktungsrecht zu generieren.

Mögliche Maßnahmen sind hierbei, neben dem Einsatz von modernen computergestützten Screening-Verfahren zur schnelleren Identifizierung wirksamer Substanzen, eine effizientere Planung und Durchführung der klinischen Entwicklung.

Um kostbare Zeit vor der Markteinführung zu sparen, stehen heute nahezu alle Pharmafirmen im frühzeitigen Dialog mit den Zulassungsbehörden, um auf deren Anforderungen an die klinische Entwicklung umgehend reagieren zu können. Ein weiterer zeitintensiver Faktor ist die aufwendige Datenaufnahme sowie deren Prüfungen seitens der Monitore in der klinischen Forschung selbst. Der Einsatz von Online Clinical Research kann hierbei durch das Einrichten einer zentralen Datenbank zu einer schnelleren Datenaufnahme, Prüfung und Auswertung beitragen.

[115] Vgl. Harms, F., Gänshirt, D. (2004), S. 2.

Bei einem Umsatzziel von einer halben Milliarde Euro kann jeder Tag Verzögerung bis zur Markteinführung mit mehreren Hunderttausend Euro zu Buche schlagen. Daher können durch Maßnahmen, die zu einer Verkürzung der „Time-to-Market“ führen, enorme Ertragssteigerungen erzielt werden.

Bereits im Vorfeld der Markteinführung beginnen auch die ersten Marketingaktivitäten für das neue Produkt. Zur Vorbereitung einer erfolgreichen Lancierung wird das neue Präparat, vor allem im Rahmen von produktbezogenen Veranstaltungen (wissenschaftliche Symposien sowie Fort- und Weiterbildungen), den avisierten ärztlichen Zielgruppen (Target Groups) vorgestellt. Hierdurch wird der Markt gewissermaßen auf das neue Produkt vorbereitetet und eine positive Erwartungshaltung erzeugt. Gleichzeitig arbeitet das Marketingmanagement intensiv an der Entwicklung des Produktkonzeptes, der Positionierung im Konkurrenzumfeld und der Kommunikationsstrategie. Für den Außendienst wird festgelegt, welche Zielgruppen mit welcher Intensität angesprochen werden sollen um vorhandene Potenziale optimal auszuschöpfen.

7.1.2 Markteinführung

Mit Erteilung der Zulassung ist dann der Tag X, die Markteinführung des neuen Arzneimittels, gekommen. Die in dieser Einführungsphase ergriffenen Marketingmaßnahmen sind bei allen Herstellern nahezu identisch und haben letztendlich nur ein Ziel: Das neue Produkt soll innerhalb kürzester Zeit bei allen relevanten Zielgruppen bekannt sein und somit Interesse wecken. Mit einem hohen Bekanntheitsgrad (Awareness) ist in aller Regel auch ein schnelles Wachstum, d. h. eine schnelle Marktdurchdringung, verbunden, vorausgesetzt das Produkt kann sich im Konkurrenzumfeld positiv differenzieren. Hierzu bespricht der medizinische Außendienst (oft ausschließlich) das neue Produkt bei den Ärzten. Für eine massive Präparat-Neueinführung können hierfür zusätzliche Kapazitäten über einen Leih-Außendienst geschaffen werden. Zeitgleich mit der Produktbesprechung durch den Außendienst erfolgen das Schalten von Werbeanzeigen in der medizinischen Fachpresse und die verstärkte Präsentation des Produktes im Rahmen von wissenschaftlichen Veranstaltungen. Neben den potenziellen Verordnern eines Präparates werden in zunehmendem Maße auch andere relevante Zielgruppen (z. B. Krankenkassen), die direkt oder indirekt Einfluss auf die Verordnung nehmen, im Marketing-Mix berücksichtigt.

Die Effektivität der Marketingaktivitäten in der Einführungsphase wird entscheidend von dem hierfür zur Verfügung stehenden Marketingbudget bestimmt. Je höher die finanziellen Mittel, desto wirkungsvoller und vor allem schneller greifen die Marketing- und Werbeaktivitäten im Markt. Auch in dieser Phase des Produktlebenszyklus gilt der Spruch „Zeit ist Geld“. Der Erfolg der durchgeführten Marketingmaßnahmen lässt sich unmittelbar an der Absatzentwicklung des Produktes in der Wachstumsphase des Produktlebenszyklus ablesen. Darüber hinaus können Bekanntheitsgrad und Marktdurchdringung als Erfolgsparameter der Marketingaktivitäten vor und unmittelbar nach einer Produkt-Neueinführung herangezogen werden. Der enorme finanzielle Marketingaufwand mit dem Neueinführungen heute betrieben werden, zeigt sich allein daran, dass ein neues Arzneimittel vor fünf Jahren „erst" nach sechs Monaten bei etwa 90 % der Zielgruppen bekannt war. Heutzutage wird diese Produkt-Awareness bereits nach einem Monat erreicht. Neben der Vermarktungsintensität werden auch die Vermarktungsqualität (überzeugende Produktbotschaften, Erfolg in der Differenzierung vom Wettbewerb) und die Erfahrung, die Verordner und Patienten mit dem Produkt in der frühen Vermarktungsphase sammeln zu entscheidenden Erfolgsfaktoren. Das Monitoring (auch als Brandtracking bezeichnet) des Marketing & Sales Mix ist in dieser Phase eine wesentliche Grundlage zur Steuerung und Anpassung der Kommunikations- und Verkaufsaktivitäten.

Die für die Einführungsphase erforderlichen finanziellen Mittel müssen durch Produkte vorfinanziert werden, die sich in der Reife- und Sättigungsphase (Stars und Cash Cows) befinden. Zu viele neue Produkte in der Einführungsphase und zu wenige in den umsatz- und gewinnstarken Phasen können somit den Bestand eines Unternehmens gefährden. Gleichzeitig wird die erfolgreiche Produkteinführung bei nachlassender Produktivität in der Arzneimittelentwicklung und restriktiveren Zulassungs- und Vermarktungsauflagen immer entscheidender für die Zukunft von Arzneimittelherstellern.

7.1.3 Wachstumsphase

Der Idealfall für jedes Produkt – unabhängig vom betrachteten Markt – ist ein konkurrenzloses Umfeld, in dem die weitere Marktdurchdringung nur von der Initiative des vertreibenden Unternehmens selbst abhängt.

Nach Markteinführung mit den begleitenden Maßnahmen würde das Produkt im Laufe der Zeit stetig an Marktanteil gewinnen, bis schließlich eine Marktsättigung erreicht ist. Weitere Zuwächse sind bei dieser Form der singulären Indikationskompetenz dann nur noch durch das Wachstum des Teilmarktes selbst (Zunahme der Patientenpopulation) oder Indikations- und Zulassungserweiterungen möglich.

Ganz anders sieht es beim Eintritt von Konkurrenzprodukten in das entsprechende Marktsegment aus. Bei großen und somit umsatzstarken Indikationsgebieten folgen dem Urheberpräparat relativ zeitnah Konkurrenzprodukte, die nun ein Wettbewerbsumfeld schaffen, in dem es sich zu behaupten gilt.

Bei den potenziellen Wettbewerbsprodukten kann man prinzipiell zwischen drei Arten unterscheiden. Der patentrechtliche Schutz gilt nur für die chemische Entität selbst und kann durch eine geringfügig chemische Modifikation des Urheberpräparates oftmals umgangen werden. Eine solche geringfügige Molekülvariation einer bereits vorhandenen Substanz („Me-Too"-Produkt) unterscheidet sich von dem Pionierprodukt oftmals nur unwesentlich und entfaltet ihren therapeutischen Effekt nach dem gleichen Prinzip wie die Innovation. Ein historisches Beispiel hierfür ist die Vielzahl an chemisch modifizierten Kalziumantagonisten, die nach erfolgreicher Markteinführung des ersten Kalziumantagonisten Nifedipin (Adalat®) der Bayer AG nach und nach auf den Hypertonie-Markt kamen.

Neben chemischen Varianten des Urheberpräparates können auch Wettbewerbsprodukte in das entsprechende Marktsegment eintreten, deren Wirksamkeit auf einem völlig anderen Mechanismus beruht und die mit dem Urheberpräparat nur eins gemeinsam haben: die gleiche Indikation. In der Indikation „Migräne“ konnte beispielsweise die neue Substanzklasse der mit weniger Nebenwirkungen behafteten Triptane, die „alten“ Pionierprodukte, die Ergotamin-Präparate, teilweise aus dem Migräne-Markt verdrängen.

Mit Ablauf des Patentschutzes kommt oftmals die gefürchtete Konkurrenz in den Markt: die Generika. Hierbei handelt es sich um Produkte mit exakt dem gleichen Wirkstoff wie das Pionierprodukt mit einem entscheidenden Vorteil: Durch den Wegfall jeglicher Entwicklungskosten sind Generika oft um bis zu 60 % günstiger als die entsprechenden Innovationen.

Neben dem Wettbewerb mit anderen patentgeschützten Originalpräparaten wird die direkte (nach Patentauslauf) oder indirekte Konkurrenz mit Nachahmerprodukten (Generika) zur entscheidenden Wachstumshürde. Auch wenn das eigene Produkt noch patentgeschützt ist, können Generika einer anderen Substanz in der gleichen Indikation erheblichen Einfluss auf das weitere Wachstum nehmen, wenn der therapeutische Nutzen nicht deutlich genug ist.

7.1.4 Zerfallsphase

Angenommen ein wesentlich wirksameres Folge-Produkt tritt in den Markt des Pionierproduktes ein. Was wäre die beste Marketingmaßnahme? Wenn das Konkurrenzprodukt dem Pionierprodukt tatsächlich hinsichtlich aller Eigenschaften überlegen ist, dann würde jede ergriffene Marketingmaßnahme für das Pionierprodukt lediglich weitere Kosten verursachen, die aber vermutlich keinen nennenswerten Marktgewinn mit sich bringen würden. Im Gegenteil: Das Pionierprodukt würde zugunsten des Konkurrenzproduktes kontinuierlich an Marktanteil verlieren. In einem solchen Fall sollte daher die Einstellung aller Marketingaktivitäten durchaus in Betracht gezogen werden. Eine solche „Cash Cow“- Strategie – minimaler Aufwand bei maximaler Profitabschöpfung – ist oftmals die beste Strategie in einem solchen Marktszenario. Hierbei sollte jedoch immer abgewogen werden, ob eine bewusste Steuerung des Produktes in seine Zerfallsphase durch eine derart defensive Produktselektion durch das Produkt-Portfolio aufgefangen werden kann.

Der weitaus bedeutendste Anlass für den „Zerfall“ eines Originalpäparates ist jedoch der Patentauslauf und der Markteintritt wirkstoffgleicher Generika. Nach Ablauf des Patentschutzes fällt das Preisniveau einer Substanzklasse mit dem Eintritt von Nachahmerpräparaten in aller Regel um 30 bis 60 % unter den Urheberpräparatpreis ab. Diese enormen Preissenkungen lassen sich in aller Regel nicht völlig auffangen und führen zu massiven Umsatzeinbrüchen des Urheberpräparates. Spätestens mit dem Eintritt von Generika in ein Marktsegment wird daher in aller Regel die Zerfallsphase des Pionier-Produktes eingeläutet.

Zeichnet sich der Eintritt eines Produktes in die Zerfallsphase seines Lebenszyklus ab, sollten die Bemühungen um Nachfolgeprodukte oder die Suche nach neuen Märkten für das „alte" Produkt im Vordergrund stehen. Wenn man zu lange mit dem Absetzen des Produktes wartet, kann es zu massiven Verlusten kommen, die durch das Produkt-Portfolio nicht mehr aufgefangen werden können. Neben dem in der Regel wenig erfolgversprechenden direkten Preiswettbewerb mit Nachahmerprodukten bieten sich eine Reihe von Patentauslaufstrategien an, die entweder dauerhaft abzielen den Gewinn bei minimalem Aufwand so lange wie möglich zu maximieren (Cash Cow Strategie), am finanziellen Erfolg der Generikavermarktung zu partizipieren (eigenes Generikum, Kooperation mit Generikahersteller, z. B. „Early-entry" Strategien) oder den Produktlebenszyklus – wenn möglich – zu verlängern.[116]

Insgesamt gilt jedoch, dass der Patentauslauf für die Originalhersteller mit erheblichen Umsatz- und Gewinneinbußen verbunden ist, die nur durch erfolgreiche Neueinführungen oder erhebliche Kosteneinsparungen aufzufangen sind.

7.2 Der Marketing-Mix

In allen Phasen des Produktlebenszyklus, insbesondere aber in der wettbewerbsintensiven Reifephase, entscheidet die Wahl der Marketingstrategie maßgeblich, ob sich das Produkt im Markt weiterhin erfolgreich durchsetzt oder zunehmend Marktanteile verliert.

Vor allem wenn eine Differenzierung über die pharmakologischen und medizinischen Eigenschaften, wie Wirksamkeit, Bioverfügbarkeit, Galenik und Verträglichkeit, kein ausreichendes Differenzierungspotential liefert, kommt es darauf an, welches Unternehmen das bessere Management des Lebenszyklus ihres Produktes betreibt.

Nun entscheidet vor allem der effektivere Einsatz des so genannten Marketing-Mix über den weiteren Erfolg oder Misserfolg des Produktes im Markt. Die Komponenten des „Marketing-Mix" – die Säulen des Marketings – sind die oft zitierten „vier P's", und zwar[117]

- *Product* (Positionierung / Differenzierung)
- *Price* (Preisgestaltung)
- *Promotion* (Kommunikation)
- *Place* (Distribution)

---

[116] Vgl. Raasch, C. (2006), S. 75ff.
[117] Vgl. Lettau, H.-G. (1998), S. 130–131.

7.2.1
Produkt (Positionierung / Differenzierung)

Ein Faktor des Marketing-Mix ist das Produkt selbst. Im Vordergrund stehen hierbei der Aufbau und die spätere Pflege eines Markenimages, aber auch eine erfolgreiche Differenzierung und die hieraus abgeleitete Positionierung des Produktes. Das Erreichen einer Positionierung oder die erfolgreiche Veränderung einer Position im Markt nimmt in der Regel einen langen Zeitraum in Anspruch.

Zu Beginn einer erfolgreichen Positionierung steht zunächst die Marktbeobachtung und Evaluation. Im Rahmen einer Wettbewerbsanalyse wird untersucht, wo und wie die Konkurrenz ihre Produkte positioniert. Hierauf aufbauend sollte man eine Position suchen, die noch nicht besetzt ist, ein großes Entwicklungspotenzial verspricht oder mögliche Differenzierungsmöglichkeiten des eigenen Produktes vom Wettbewerb erlaubt. Selbst gleichwertige Produkte mit wenig Spielraum – wie viele Arzneimittel – lassen sich differenzieren. Hierzu muss man häufig lediglich etwas weiter vom Produkt selbst weggehen und das Umfeld des Angebotes betrachten: Die Packungsgröße, das Produktdesign, die Anwenderfreundlichkeit.

7.2.1.1
Produkt-Modifikation

Modifizieren bedeutet ein Produkt ändern oder umwandeln. Im Marketing und in der Produktpolitik ist dies in erster Linie Anpassung des Produktes an neue Trends und Entwicklungen. Hierbei dreht sich alles um die Frage: Was kann am eigenen Produkt verändert, korrigiert oder verbessert werden? Hierzu sollte – unter dem Blickwinkel des potenziellen Käufers – nach Eigenschaften gesucht werden, die das Produkt interessanter machen. Ein solcher U. S. P. (unique selling proposition) ist die Grundlage einer jeden erfolgreichen Positionierung.

Da die Modifikation eines Produktes oftmals auch zu einer Verlängerung des Patentschutzes führt, können durch geschickte Produktmodifikationen zu erwartende Umsatzeinbußen (beispielsweise durch den bevorstehenden Eintritt von preisgünstigeren Generika) zumindest teilweise aufgefangen werden. Hierzu reicht es oft aus das Medikament als Kombinationspräparat mit anderen Stoffen anzubieten oder – noch banaler – in einer einfacheren Dosierung. Die Generika können dann nur der „alten" Form des Originalpräparates Konkurrenz machen. So kreierte die Firma Merck aus dem Diabetes-Mittel Glucophage®, das im Jahr 2000 seinen Patentschutz verlor, kurzerhand die Varianten Glucophage® XR (nur noch eine Tablette täglich) und Glucovance® (neue Wirkstoffkombination). Da die Ärzte Medikamente, die nur einmal am Tag eingenommen werden müssen, anderen Produkten vorziehen, verschaffte sich Merck so erneut einen Wettbewerbsvorteil und konnte den bevorstehenden Eintritt von Glucophage in die Zerfallsphase des Lebenszyklus erfolgreich abwenden.

Neben der Erweiterung des medizinischen Einsatzspektrums um eine weitere Darreichungsform kann häufig auch die Erweiterung der Zulassung eines Arzneimittels für besondere Patientengruppen, wie Säuglinge, Kinder und ältere Menschen, einen entscheidenden Wettbewerbsvorteil mit sich bringen: Zum einen darf das entsprechende Medikament dann auch (und zwar zunächst exklusiv) für diese Patientenpopulation verwendet werden, zum anderen trägt die Zulassung für eine solch hoch ethische Population zu einer Aufwertung des Produktimages bei.

Einen weiteren Wettbewerbsvorteil können Indikationserweiterungen für eine bereits zugelassene Substanz bieten. So wurde das Medikament Zyprexa® der Firma Eli Lilly and Company 1996 zur Behandlung der Schizophrenie in den Markt eingeführt und im Jahr 2000 für die Langzeitbehandlung der Schizophrenie sowie die Therapie für die manische Phase im Verlauf einer bipolaren Störung zugelassen. Dadurch wurde Zyprexa® zum ersten Produkt seiner Klasse, das eine derart anhaltende Wirkung zeigt, was zu einem Umsatzanstieg von 25 % führte.

Entscheidend für den Erfolg einer Erweiterung oder Änderung der Produktpositionierung ist die Effektivität der hierbei zwingend erforderlichen Änderung der Kommunikationsschwerpunkte. Wenn der Markt beispielsweise nicht über Indikationserweiterungen und / oder neue Darreichungsformen eines Produktes ausreichend informiert wird, wird die erwünschte Steigerung des Absatzes ausbleiben.

Eine einfache wie effektive Methode sich im Wettbewerbsumfeld vor allem hinsichtlich der Positionierung behaupten zu können, ist die Kooperation mit einem Wettbewerber. So haben die Firmen Novartis Pharma AG und Merck KGaA im Jahr 2000 ein Abkommen zur gemeinsamen Vermarktung des oralen Antidiabetikums Starlix® in Europa sowie in einigen Ländern Afrikas, Südostasiens und Lateinamerikas geschlossen. Die Firma Novartis, die das Produkt entwickelt hat, profitiert in dieser Kooperation von der Kompetenz der Firma Merck im Therapiebereich Diabetes, die in dieser Indikation bereits das orale Antidiabetikum Glucophage® erfolgreich vermarktet. Da Starlix® und Glucophage® zwei Arzneimittel mit komplementärer Wirkungsweise sind, kann Merck so dem Markt ein sich ergänzendes Produktportfolio zur Behandlung des Typ-2 Diabetes anbieten. Neben der gemeinsamen Positionierung des Produktes können durch eine solche Kooperation darüber hinaus weitere Komponenten des Marketing-Mix wie eine flächendeckende Vermarktung und Bewerbung effektiv genutzt werden.

7.2.1.2
Markenpolitik

Der Aufbau eines Markenzeichens (Brand) ist ein weiterer Faktor in der Produktpolitik. Ein Markenzeichen bestimmt den Wiedererkennungswert und dadurch die Vertrautheit mit dem Produkt. Ein Brand ermöglicht durch seine meist kurze und einprägsame Silbenfolge in besonderem Maße die Identifizierung von Arzneimitteln. Für patentgeschützte Präparate werden daher häufig neue, frei erfundene Wortschöpfungen kreiert. Da dieser Name auch nach Ablauf des Patenschutzes ausschließlich für das Originalprodukt verwendet werden darf, ist somit ein hoher Wiedererkennungswert gesichert.

Andere Firmen, die später in den Markt eintreten, vor allem Generikahersteller, haben so mit dem Problem zu kämpfen, dass sich das Originalpräparat sowie dessen Hersteller bereits in den Köpfen der Ärzte und Patienten – vor allem über den Markennamen – verankert hat. Prominente Beispiele für erfolgreiche Markenpolitik, die den Produkterfolg weit über die Patentlaufzeit hinausgeführt haben und denen der Wechsel in den Markt für freiverkäufliche Arzneimittel gelungen ist (Rx-to-OTC-Switch) sind Aspirin und Voltaren.

7.2.2 Preisgestaltung

Mit der Festlegung des Preises bestimmt ein Unternehmen den finanziellen Anteil, den das neue Produkt zum Erfolg des Gesamtunternehmens beitragen soll. Wird ein neues Produkt zu billig angeboten, werden mögliche Gewinne unnötigerweise verschenkt. Daneben kann ein zu niedriger Verkaufspreis auch Zweifel hinsichtlich der Qualität eines Produktes aufkommen lassen. Ist der Preis hingegen zu hoch, wird der Erfolg des Produktes im Markt gefährdet.

Durch gezielte Preismodifikationen lässt sich der Verlauf des Produktlebenszyklus in jeder Phase entscheidend beeinflussen: Bei der Markteinführung nimmt der gewählte Produktpreis einen entscheidenden Einfluss auf das Ausmaß und die Geschwindigkeit der Marktdurchdringung, später im Rahmen eines Konkurrenzumfeldes wird er zu einer der wichtigsten „Stellschrauben" für das weitere Überleben des Produktes im Markt und spätestens in der Zerfallsphase wird er zum alles entscheidenden Faktor, um das Aussterben des Produktes hinauszuzögern.

7.2.2.1 Preispolitik

Bei der initialen Preisfestlegung geht es darum den für die Produkteinführung „richtigen" Preis zu finden. Obwohl in Deutschland, im Gegensatz zu anderen europäischen Ländern wie Frankreich und Spanien, der Preis eines Arzneimittels vom Hersteller selbst festgelegt werden kann, nimmt der Arzt durch seine Bereitwilligkeit ein Arzneimittel für den vom Hersteller festgelegten Preis zu verschreiben einen indirekten Einfluss auf die mögliche Preisgestaltung. Daneben legen die Festbeträge für bestimmte Substanzklassen den finanziellen Anteil fest, der von den Krankenkassen erstattet wird. Übersteigt ein Medikament diesen Festbetrag, muss die Differenz vom Patienten selbst getragen werden. Auch dies nimmt einen indirekten Einfluss auf das Verschreibungsverhalten der Ärzte.

Die Preisbindung für Arzneimittel (die in Deutschland sonst nur noch im Buchhandel zu finden ist) verhindert im Arzneimittelmarkt zudem die in anderen Märkten durchaus üblichen Preiskämpfe: Durch das Fehlen einer Handelsspanne sind Sonderaktionen mit „Aktionspreisen" zum Ankurbeln von Umsätzen nicht möglich. Hierdurch wird die „Klaviatur der Marketingmaßnahmen" im Arzneimittelmarkt um einen weiteren Einflussfaktor eingeschränkt.

Bei der Fixierung der Preislage orientiert man sich zunächst an den Preisen der Konkurrenz (sofern bereits Präparate in dem betreffenden Marktsegment vertrieben werden). Durch die Bestimmung des vorherrschenden Preisniveaus versucht man dann Nähe oder Abstand zu diesem Marktpreis zu gewinnen. Die Entscheidung für eine bestimmte Preislage wird vorrangig von den Produktzielen und dem damit jeweils spezifischen Produktimage bestimmt.

Neue Arzneimittel, die unter Patentschutz und somit unter Vermarktungsexklusivität stehen, werden in aller Regel zunächst hochpreisig angeboten, vor allem dann, wenn es keine Nachahmerpräparate im entsprechenden Marktsegment gibt. Durch diese Premiumpreisstrategie versucht der Hersteller, die hohen Entwicklungskosten in dem zeitlich begrenzten Alleinvermarktungszeitraum wieder einzuspielen und nach Möglichkeit darüber hinaus Gewinne zu erzielen.

Häufig verfährt man hierzu nach der so genannten Preisabschöpfungspolitik (skimming policy), bei der der Preis zunächst am obersten Ende des Preiszahlungsspielraums angesetzt wird. Ausgehend von diesem hohen Niveau wird dann der Preis entsprechend dem Stand fortschreitender Markterschließung und / oder Veränderungen des Wettbewerbsumfeldes sukzessive herabgesetzt. Allerdings ist hierbei der zeitliche Rahmen der Preissenkung zu beachten, da zu schnelle und zu große Preissenkungen die Glaubwürdigkeit der Marke schmälern können.

Eine weitere Preissetzungsmethode ist die Preisdurchdringungspolitik (penetration policy), bei der man versucht die Marktdurchdringung über den günstigsten (niedrigen) Preis möglichst schnell zu erreichen. Vor allem Nachahmerpräparate (Generika, Me-too-Produkte) und Pionierprodukte im mittleren und unteren Leistungsbereich eignen sich für diese Art der Preispolitik. Verfügt man darüber hinaus noch über eine relativ günstige Kostenstruktur, hat diese Preispolitik durchaus Vorteile. Eine erfolgreiche Differenzierung zur Kostenführerschaft mit Hilfe einer Preisdurchdringungspolitik ist dem Generikahersteller Ratiopharm gelungen. Der Werbeslogan „Gibt es das auch von Ratiopharm?“ ist zur zentralen Marketingaussage der Firma geworden und impliziert „Gibt es das auch billiger?“ Ein weiteres Beispiel für eine Preispolitik die letztendlich einen Wettbewerbsvorteil schaffen kann, sind Einheitspreise für ein Arzneimittel unabhängig von der benötigten Tagesdosis (Flat-pricing).

Neben der bereits dargestellten Erweiterung der Produktfamilie um neue Darreichungsformen sowie der Erschließung neuer Indikationen und Patientengruppen besteht in der drohenden Zerfallsphase eines Produktes für den betreffenden Pionierpräparat-Hersteller die Möglichkeit einer aktiven Teilnahme am niedrigpreisigen Generika-Markt. Die einfachste (dennoch aus Imagegründen selten praktizierte) Maßnahme ist hierbei die Einführung einer eigenen generischen Variante des Urheberpräparates auf dem Preisniveau der Nachahmerprodukte. Alternativ hierzu streben die forschenden Arzneimittelhersteller frühzeitig vor Ablauf des eigenen Patentschutzes in zunehmendem Maße Kooperationen mit Generika-Herstellern an. Von diesem Zusammenschluss mit dem Ziel einer gemeinsamen Vermarktung des Generikums profitieren beide Unternehmen: Der innovative Arzneimittelhersteller bewahrt sich seinen „guten Ruf“ als forschendes Unternehmen und kann gleichzeitig Umsatzverluste des Originals durch die Beteiligung an den Generikaumsätzen kompensieren.

7.2.2.2
Kondition- und Distributionspolitik

Neben der aktiven Preispolitik, wie ein Absenken der Preise mit dem Ziel der Konkurrenzfähigkeit oder aber dem Gegenteil, eine Preiserhöhung zur Optimierung des Umsatzes, stehen vor allem bei Krankenhausprodukten und Selbstmedikationspräparaten Rabatte im Mittelpunkt der vertriebsorientierten Preispolitik von Pharmaunternehmen.

Apothekenrabatte haben in den letzten Jahren eine eigenständige Funktion im Rahmen des vertriebsorientierten Marketings von Arzneimitteln erhalten, die aber in jüngster Zeit gesetzlich eingeschränkt wurden. Ziel der Rabattierung ist es dem Apotheker attraktive Einkaufskonditionen zu bieten, die ihn an die Firma und somit die Produkte binden. Bei den möglichen Rabattsystemen unterscheidet man grundsätzlich zwischen Barrabatt und Naturalrabatt. Bei einem Naturalrabatt erhält der Kunde für eine bezahlte Menge X eine nicht zu bezahlende Menge Y. Beim Barrabatt hingegen steht die gelieferte Menge im Vordergrund, aufgrund derer ein Abzug von X Prozent vom Rechnungsbetrag gewährt wird. Ein effektives Rabattsystem – vor allem aus Sicht eines geschickten Produktmanagements – ist die Jahresrückvergütung. Diese bietet dem Arzneimittelhersteller eine gute Möglichkeit den Kunden über jeweilige Aktionsgedanken hinaus langfristig an sich zu binden.

Rabatte bieten in jeder Phase des Produktlebenszyklus eine Möglichkeit den Absatz eines Produktes zu steigern und sich somit einen Wettbewerbsvorteil zu schaffen. Vor allem bei Präparaten mit nahezu identischen Eigenschaften können die attraktiven Einkaufskonditionen den Ausschlag für eine bestimmte Produktwahl geben.

Wie in allen Märkten steht auch in der Arzneimittelindustrie der Service sowie die Qualität und Schnelligkeit der Lieferung im Mittelpunkt der Distributionspolitik. Die möglichen Distributionswege von Arzneimitteln sind jedoch stark limitiert. Verschreibungs- und apothekenpflichtige Arzneimittel dürfen nur über die Apotheke abgegeben werden. Diese wird in aller Regel von pharmazeutischen Großhändlern beliefert, die ihre Produkte von den Herstellern direkt beziehen. Eine Einflussnahme auf den Produktlebenszyklus von Arzneimitteln durch eine Veränderung der Distributionspolitik ist demnach kaum möglich.

7.2.3
Kommunikationspolitik

Nach dem Heilmittelgesetz ist Werbung für verschreibungspflichtige Arzneimittel nur in Fachkreisen, d. h. der medizinischen Fachpresse oder auf wissenschaftlichen Kongressen, erlaubt. Bei ethischen Arzneimitteln ist somit eine Bewerbung beim Endverbraucher – dem Patienten – nicht möglich. Im Vergleich zu anderen Märkten bedeutet dies eine nicht unerhebliche Restriktion in der Produktkommunikation. Im Rahmen der Produktbewerbung stellt die Auswahl der richtigen Zielgruppe (Targeting) einen weiteren Baustein im Rahmen einer effektiven und erfolgreichen Produktbesprechung dar.

Der Arzt trifft (stellvertretend für den Patienten) die Entscheidung hinsichtlich der Produktwahl und ist somit der Absatzmittler. Für die Kommunikation mit dem Arzt setzen Pharmaunternehmen Außendienststäbe ein, die flächendeckend arbeiten und insbesondere Ärzte mit hohem Verordnungspotenzial intensiv besuchen.

Bei Produktneueinführungen entscheidet vor allem die Anzahl an Außendienstmitarbeitern über den Zeitraum bis das Produkt bei den Ärzten aller relevanten Zielgruppen bekannt ist.

Ziel des Außendienstes ist vor allem das Verschreibungsverhalten des Arztes für die eigenen Präparate zu fördern und zur emotionalen Bindung an das Unternehmen beizutragen. Von den Besuchen kann es abhängen, ob der Arzt eine bestimmte Arznei überhaupt, und wenn ja, wie häufig im Vergleich zu Konkurrenz-Arzneimitteln verschreibt. Durch die Wahl der Produktschwerpunkte bei der Besprechung kann darüber hinaus unmittelbar Einfluss auf den Absatz eines Arzneimittels und den Stellenwert eines bestimmten Präparates im gesamten Produkt-Portfolio genommen werden. Nehmen die Verschreibungszahlen eines bestimmten Präparates ab, so kann dies gezielt besprochen und somit Einfluss auf die Verschreibungen genommen werden.

Der Außendienst ist der Hauptkostenfaktor im Marketing & Sales-Mix. In jüngster Zeit findet in der Pharmaindustrie ein Umdenken statt: Große Hersteller wie Pfizer und AstraZeneca reduzieren ihre Außendienste aus Kosten- und Effizienzgründen deutlich. Zudem gewinnen andere Entscheidungsträger und Institutionen an Bedeutung (z. B. Krankenkassen), die zunehmend im Kommunikations-Mix berücksichtigt werden.

Insbesondere für freiverkäufliche Arzneimittel (OTC-Produkte) ist der Apotheker ein wichtiger Ansprechpartner für die Produktvermarktung. Da er oftmals den einzigen fachlichen Bezug für den Verbraucher darstellt, nimmt der Apotheker eine wichtige Beratungs- und Kontrollfunktion ein. Die Produktbewerbung bei den Apothekern erfolgt vornehmlich durch den kaufmännischen Außendienst des Unternehmens. Hierbei stehen neben der Mitteilung von präparatebezogenen Basis- und Anwendungsinformationen vor allem konkrete Vertragsabschlüsse im Mittelpunkt der Besuche. In diesem Zusammenhang gewinnt die Kontaktierung der Apotheken durch so genannte Key-Account-Manager, die Vertragsabschlüsse über das gesamte Produktportfolio einer Firma tätigen, immer mehr an Bedeutung.

Bei frei verkäuflichen Arzneimitteln trifft der Patient (oftmals basierend auf der Empfehlung des Apothekers) selbst die Entscheidung, welches Präparat er zur Behandlung seiner Erkrankung kauft. Die Möglichkeit der direkten Ansprache des Verbrauchers für Selbstmedikationsprodukte führt zu einer breiten Informationspolitik der Pharmaunternehmen. Da für diese Produkte auch Laienwerbung erlaubt ist, setzt das Kommunikationsmarketing in der Arzneimittelindustrie seit einigen Jahren neben der klassischen TV-, Print- und Radio-Werbung (in der Praxis oft als „Above-the-Line" bezeichnet), verstärkt auf alternative Formen der Kundenansprache. Hierzu zählen neben der Unterstützung und Fortbildung von Selbsthilfegruppen sowie der Bereitstellung von Informationsbroschüren und Patientenratgebern in letzter Zeit vor allem Internetportale, die den Endverbraucher über alle Aspekte der entsprechenden Erkrankungen und deren medikamentöser Therapie aufklären. Ziel dieser patientenorientierten Kommunikationspolitik ist es die bestehenden Informationsbedürfnisse zu befriedigen und gleichzeitig das Verständnis für innovative Therapeutika zu fördern. Und nicht zuletzt lassen sich so die eigenen Produktvorteile darstellen, wodurch Einfluss auf die Absatzzahlen der Selbstmedikationsprodukte und somit den Verlauf des Produktlebenszyklus genommen werden können.

8 Management des Patentauslaufs

Christina Raasch, Oliver Schöffski

Technische Universität Hamburg-Harburg, Institut für Technologie- und Innovationsmanagement
Universität Erlangen-Nürnberg, Lehrstuhl für Gesundheitsmanagement

8.1 Einführung

Der Patentschutz spielt in vielen Branchen eine zentrale Rolle als Schutz vor Imitationskonkurrenz[118] und damit als Innovationsanreiz[119]. In der pharmazeutischen Industrie ist der Patentschutz besonders bedeutsam. Dieses liegt erstens in langen Forschungs- und Entwicklungszeiten und damit dem hohen Risiko einer Markteinführung des entdeckten Wirkstoffs durch einen Wettbewerber begründet. Zweitens besteht ein für Innovatoren besonders ungünstiges Verhältnis zwischen hohen Innovations- und geringen Imitationskosten. Und drittens ist der durch Patente gewährte Schutz in der pharmazeutischen Industrie besonders wirksam: Das Angebot desselben Moleküls durch einen Wettbewerber ist aufgrund der herrschenden Transparenz unmöglich; würde er aber ein außerhalb der Patentbreite liegendes abgeleitetes Molekül anbieten wollen, müssten zuvor zeit- und kostenintensive klinische Studien durchgeführt werden.

Die durch Patente gewährte Marktexklusivität bezieht sich allerdings auf einen begrenzten Schutzzeitraum. Der Patentauslauf führt meist unmittelbar zum Markteintritt zahlreicher Generikaanbieter und somit für die betroffenen Unternehmen in aller Regel zu einem signifikanten Verlust an Marktanteil und Gewinn. Es stellt

---

[118] Dieser Schutz bezieht sich allerdings lediglich auf den sog. within-patent competition. Die Konkurrenz durch ein ähnliches, den bestehenden Patentschutz jedoch nicht verletzendes Produkt (between-patent competition), bleibt unangetastet.

[119] Vgl. Arrow, K. (1962).
Dies gilt insbesondere für die Branchen Chemie, Pharma, Medizintechnik, Telekommunikation und Transport sowie weitere Teilbereiche der Hochtechnologie, vgl. Mansfield, E. (1986), Levin, R. u. a. (1987), Arora, A. u. a. (2003), Gambardella, A. u. a. (2006).

sich daher die Frage, wie mittels geeigneter Strategien der durch den Patentauslauf verursachte Gewinnrückgang minimiert werden kann.[120]

Abschnitt 8.2 beschreibt und quantifiziert die Einbußen, mit welchen sich pharmazeutische Originalanbieter nach dem Patentauslauf üblicherweise konfrontiert sehen. Darauf aufbauend wird in Abschn. 8.3 eine Systematisierung möglicher Patentauslaufstrategien vorgestellt. Ihr Einsatz in der Unternehmenspraxis wird parallel anhand kurzer Fallbeispiele illustriert. Abschnitt 8.4 fasst die Ergebnisse kurz zusammen und ordnet sie in den Kontext ein.

8.2 Folgen des Patentauslaufs für betroffene Unternehmen

Der Wettbewerb zwischen den Generikaanbietern beginnt insofern sogar bereits vor dem Patentauslauf, als die verschiedenen Anbieter die Verordner mit Marketing- und Vertriebsaktivitäten bereits im Vorfeld auf den nahen Patentauslauf aufmerksam machen. Mit der Öffnung des Substanzmarktes treten dann innerhalb weniger Tage teilweise bis zu 30 neue Anbieter mit aus Sicht der verordnenden Ärzte vielfach identischen Produkten auf den Markt. Nicht zuletzt aufgrund des heute erheblichen regulatorischen Drucks auf die Ärzte zu einer wirtschaftlichen Verordnungsweise beginnt mit dem Tag des Patentauslaufs in der Regel ein drastischer Umsatz- und Gewinnabfall des Originalpräparats.

Eine für 18 deutsche Patentausläufe des Jahres 2003 und der ersten Jahreshälfte 2004 durchgeführte empirische Untersuchung[121] zeigt, dass umsatzstarke Produkte innerhalb von sechs Monaten im Vergleich zum Produktumsatz unmittelbar vor der Marktöffnung zwischen 22 und 60 % ihres Umsatzes einbüßen; nach einem Jahr liegt die Spanne sogar bei 39 bis 81 % Umsatzrückgang (s. Abb. 8.1). Betrachtet man hingegen weniger umsatzstarke Produkte, sind die Einbußen deutlich geringer, wenn auch immer noch einschneidend: Der monatliche Produktumsatz reduzierte sich innerhalb von zwölf Monaten um 13 bis 53 %. Der Umsatzrückgang fällt damit deutlich höher aus und tritt wesentlich schneller ein als in früheren Untersuchungen ermittelt.[122]

---

[120] Siehe auch Vollert, K. (1992), Fink-Anthe, C. (1994), Baumann, J. (1996a, b), AT Kearney (1998).

[121] Vgl. Raasch, C. (2006).

[122] Siehe beispielsweise Mrazek, M. (2001).

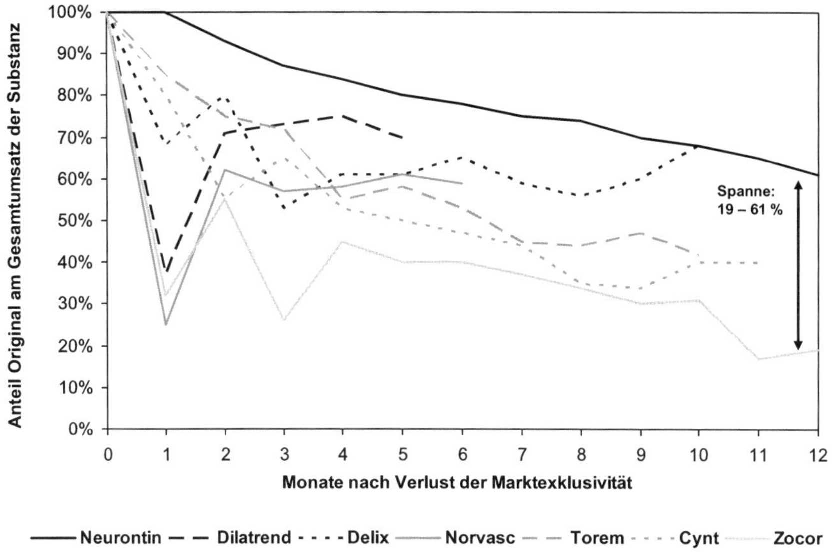

Abb. 8.1. Entwicklung des Marktanteils des Originals nach Patentauslauf[123]

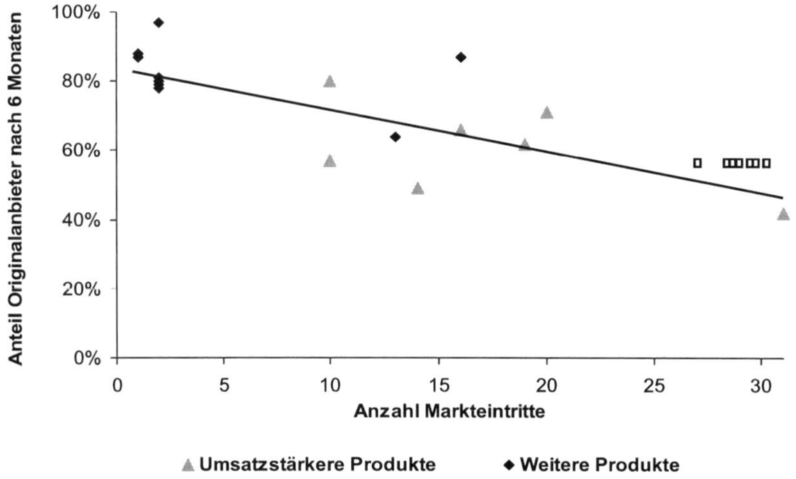

Abb. 8.2. Korrelation zwischen der Anzahl Generikaanbieter und dem Marktanteil des Originalanbieters nach sechs Monaten für umsatzstarke und kleinere Produkte[124]

[123] Quelle: Eigene Darstellung basierend auf DPM-Daten, IMS Health
[124] Quelle: Eigene Darstellung basierend auf DPM-Daten, IMS Health.

Der höhere Rückgang des Marktanteils umsatzstarker Produkte geht tendenziell mit einer größeren Anzahl Marktzutritte einher (s. Abb. 8.2). Dieser Zusammenhang erfährt in weiteren Untersuchungen empirische Bestätigung.[125]

Die beobachtbare Beschleunigung und Vergrößerung der durch Patentausläufe ausgelösten Umsatzrückgänge wird u. a. durch regulatorische Veränderungen im Gesundheitswesen verursacht, die Ärzte zur Verschreibung von Generika anhalten. Dennoch zeigen die Ergebnisse auch, dass Originalanbieter trotz der Verfügbarkeit bioäquivalenter preisgünstigerer Produkte einen substantiellen Marktanteil behaupten können. Dies gilt in besonderem Maße für Dauermedikationen gegen chronische Erkrankungen.

Ursache hierfür ist zum einen der ca. 10 % ausmachende Anteil der Privatpatienten, die vergleichsweise selten auf Generika umgestellt werden. Auch treffen die Verordner stets eine Abwägung zwischen den zu erzielenden Kosteneinsparungen und dem zeitlichen Aufwand für das Patientengespräch, in welchem die Umstellung nicht selten intensiv erklärt und gerechtfertigt werden muss. Industrieexperten zufolge sind es insbesondere Verordner, die nur wenige Patienten mit dem betreffenden Produkt behandeln, die sich häufig gegen die Umstellung ihrer Patienten entscheiden. Weiterhin können sich Wirkungen oder Nebenwirkungen des Generikums vom Original unterscheiden, entweder aufgrund der stets leicht anderen Galenik (beispielsweise bei Unverträglichkeit eines Hilfsstoffs) oder aufgrund einer subjektiven Unzufriedenheit des Patienten mit dem günstigeren Produkt, so dass eine Rückumstellung notwendig werden kann. Bei Erkrankungen, die einer langwierigen medikamentösen Einstellung bedürfen, vermeiden einige Verordner daher das mit der Umstellung verbundene Risiko. Schließlich ist es auch möglich, dass der Verordner vom Patentauslauf noch keine Kenntnis erlangt hat oder die Umstellung der Medikation im Verlauf des Patientengesprächs vergisst.

Nichtsdestotrotz müssen die Originalanbieter einschneidende Umsatz- und Gewinneinbußen in Kauf nehmen, die mit einer Einschränkung der Marketing- und Vertriebsausgaben meist nicht aufgefangen werden können. Nicht selten gehen Patentausläufe daher mit einem Personalabbau in Innen- und Außendienst einher. Der rapide Verfall von Umsatz und Marktanteil, ebenso wie seine empirisch beobachtbare große Streuung, rücken die Konzeption gezielter Patentauslaufstrategien für pharmazeutische Unternehmen in den Fokus des Interesses. Erschwerend kommt hinzu, dass trotz steigender F&E-Aufwendungen die Produkt-Pipelines vieler Unternehmen unterbestückt sind.[126] Die über den Patentauslauf hinausgehende optimale Vermarktung des bestehenden Portfolios, auch *mature products portfolio* genannt, gewinnt daher seit Jahren stark an Bedeutung und Aufmerksamkeit.

[125] Siehe beispielsweise Bae, J. (1997), Scott Morton, F. (1999).
[126] Vgl. beispielsweise Gassmann, O. u. a. (2004), S. 1–4, 71.

8.3 Systematisierung der strategischen Optionen bei einem bevorstehenden Patentauslauf

8.3.1 Vorbemerkung

Grundsätzlich bietet die temporäre Verlängerung des Monopols offensichtlich den effektivsten Schutz vor wettbewerbsbedingten Umsatzeinbußen. Die in diesem Beitrag im Fokus stehende Frage nach strategischen Optionen bei Verlust der Marktexklusivität stellt sich in diesem Fall jedoch nicht bzw. erst zu einem späteren Zeitpunkt. Eine zeitliche Ausdehnung der Marktexklusivität kann vor allem durch die Anmeldung von Sekundärpatenten, die möglichst schwer zu umgehen sein sollten[127], die Beantragung von so genannten *Supplementary Protection Certificates*[128], mit Einschränkungen auch die Beantragung des Status als *Orphan Drug*[129] sowie in Zukunft die Durchführung zusätzlicher Studien für spezielle Patientengruppen[130] erreicht werden. Die in diesem Kapitel vorgestellte Ordnungsstruktur systematisiert hingegen Strategien, die ergriffen werden können, wenn die rechtlich vorgesehenen Möglichkeiten zur Verlängerung der Marktexklusivität bereits vollumfänglich genutzt wurden. In der pharmazeutischen Industrie gelten diese Gestaltungsspielräume in aller Regel als ausgeschöpft.

8.3.2 Die drei Dimensionen der Patentauslaufstrategie

Anders als meist in der Literatur vereinfachend dargestellt, werden Patentauslaufstrategien in der Unternehmenspraxis als mehrgliedrige konsistente und zieladäquate Kombinationen von Substrategien konzipiert. Die hier vorgestellte Systematisierung spiegelt dieses Verständnis wider. Im Falle der pharmazeutischen Industrie bilden Produkt-, Preis- und Kommunikationsstrategie die drei wesentlichen Substrategien. Das Strategieschema greift somit die *4 Ps*[131] auf. Allerdings wird die Distribution ausgeklammert, da dem Originalhersteller von regulatorischer Seite hier kaum Gestaltungsmöglichkeiten eingeräumt werden, mit deren Hilfe er eine Differenzierung von generischen Wettbewerbern realisieren könnte.

---

[127] Siehe beispielsweise Burdon, M., Sloper, K. (2004).

[128] Vgl. Verordnung 1768/92/EWG, auch Bengt, D. (2000).

[129] Als Orphan Drug oder „verwaist“ werden in der EU Pharmazeutika bezeichnet, die zur Behandlung einer weniger als 0,05 % der Bevölkerung betreffenden Krankheit dienen oder deren Einnahmen in der EU die notwendigen Forschungsaufwendungen nicht decken können, vgl. Minghetti, P. u. a. (2000), Harms, F., Rohmann, S. (2003), Cooke, E. (2001), Hagn, D., Schöffski, O. (2004).

[130] Vgl. European Generic medicines Association (2005).

[131] Product, Place, Price, und Promotion, vgl. McCarthy, J. (1960).

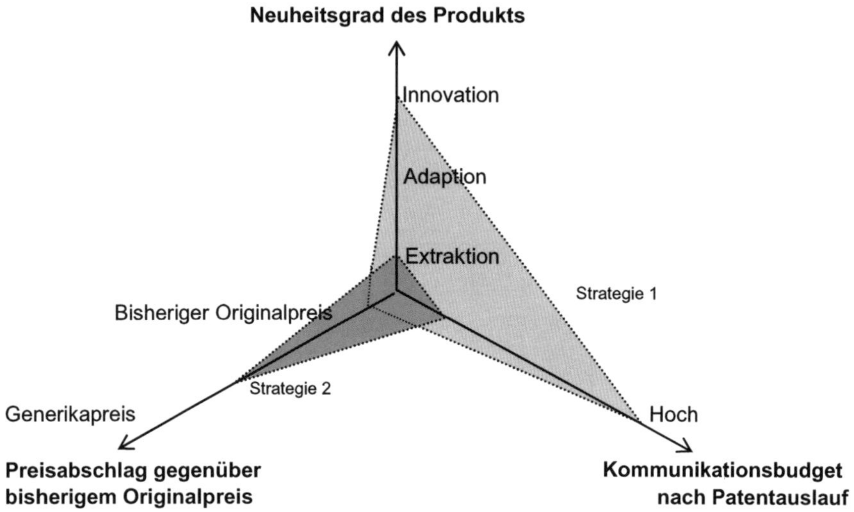

Abb. 8.3. Strategieraum für die Gestaltung von Patentauslaufstrategien

Patentauslaufsstrategien können daher anhand eines dreidimensionalen Koordinatensystems systematisiert werden (s. Abb. 8.3). Die Skalierung der Achsen ist so gewählt, dass mit der Entfernung vom Koordinatenursprung der erforderliche Mitteleinsatz für die Repositionierung gegen den neu einsetzenden Wettbewerb steigt. Prinzipiell lassen sich alle Produktstrategien mit allen Kommunikations- und Preisstrategien verbinden. Die eingezeichneten beiden Strategiebeispiele stellen mögliche Kombinationen dar. Bei der in der Praxis weit verbreiteten Strategie der Aufgabe des Produkts (auch „milking", im Folgenden Base Case genannt) liegen alle drei Dimensionen nahe beim Ursprung.

Im Weiteren sollen die Strategieoptionen entlang der drei Achsen beginnend mit der Produktstrategie dargelegt und der Einsatz der vorgestellten Systematisierung anhand von jeweils zugehörigen Praxisbeispielen illustriert werden.[132]

8.3.3 Beschreibung des Strategieraums: Produktdimension

In der Produktdimension werden die strategischen Optionen anhand des Neuheitsgrads des angebotenen Produkts aufgespannt. Unter der *Extraktion* wird die Fortführung der Vermarktung des bisherigen Produkts, d. h. die optimale Ausnutzung seines Ertragspotenzials auch nach dem Patentauslauf, verstanden. Die *Adaption* beschreibt Strategien, bei denen sich der Originalanbieter durch die Einführung neuer, jedoch wirkstoffgleicher Produktkonzepte an die neue Wettbewerbssituation anpasst. Unter dem Titel *Innovation* sind schließlich Strategien zusammengefasst, die mittels Produkt- oder Marktinnovationen dem Wettbewerb durch Diffe-

[132] Siehe auch Raasch, C. (2006), S. 78–109.

renzierung begegnen. Abbildung 8.4 vermittelt einen Überblick der unter den drei Oberbegriffen subsumierten produktstrategischen Optionen. Diese können der vollständigen Übersicht halber in Abb. 8.3 integriert werden. Im Folgenden sollen einige dieser Optionen dargestellt werden.

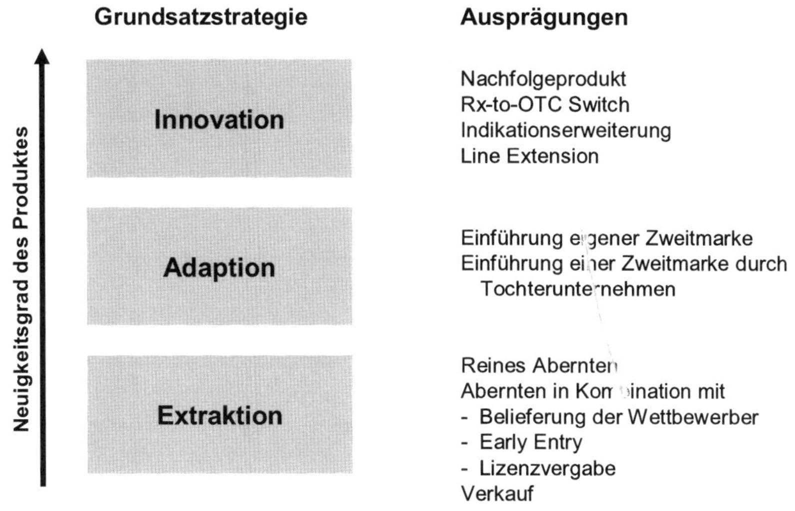

Abb. 8.4. Produktstrategien bei Verlust des Patentschutzes[133]

8.3.3.1 Extraktionsstrategien

Im Rahmen der Extraktionsstrategien wird die bestehende Produktlinie ohne Modifikationen fortgeführt, womit sowohl eine aggressive Preis- und Kommunikationsstrategie zur Verteidigung der Produktlinie als auch die bewusste Nicht-Verteidigung verbunden werden kann (Dimensionen 2 und 3). Letztere kann durchaus optimal sein, zumal bei reduziertem Kommunikationsaufwand und konstantem Preis für die verkauften Einheiten ein hoher Ergebnisbeitrag erzielt werden kann. Eine aggressive Kommunikationsstrategie muss meist früher oder später aufgegeben werden, kann aber durch die in der gewonnenen Zeit zusätzlich generierten Umsätze die Kosten der Maßnahmen eventuell rechtfertigen.

Einen zusätzlichen Strategiebaustein im Rahmen der Extraktion bildet die Belieferung der Wettbewerber mit dem Wirkstoff, die in der pharmazeutischen Industrie, anders als beispielsweise in der Chemiebranche, jedoch eher unüblich ist. Weiterhin kann die Produktlinie auslizenziert oder verkauft werden.[134] Die genau-

[133] Unter einer Line Extension oder Produktlinienerweiterung wird die Einführung eines Produkts verstanden, das die Produktlinie verbreitet oder vertieft, vgl. Bauer, H., Fischer, M. (2001), S. 455.

[134] Vgl. Simonet, D. (2002), Somaya, D. (2002).

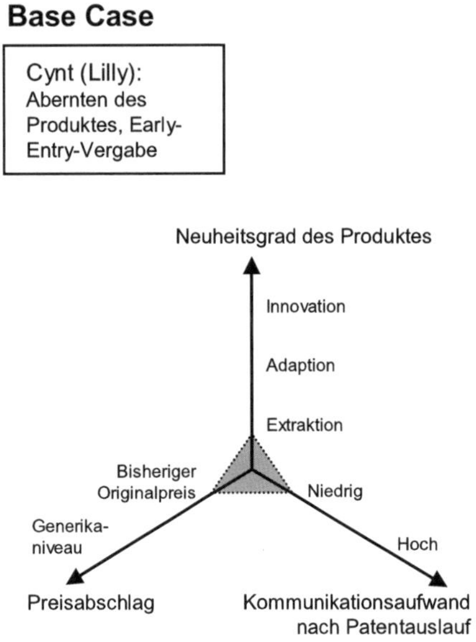

Das Blutdruck senkende Präparat Cynt der Firma Lilly verlor sein Wirkstoffpatent in Deutschland im November 2003. Lilly entschloss sich gegen eine ursprünglich in Erwägung gezogene Produktinnovation. Die bestehende Produktlinie wurde weitergeführt und zusätzlich zur optimalen Ausschöpfung des Potenzials als vierwöchiger Early Entry an den Generikaanbieter Hexal lizenziert. Der bisherige Preis wurde beibehalten, obwohl der Preis der Generikaanbieter um ca. 40 % darunter lag. Der Kommunikationsaufwand für Cynt wurde mit dem Patentauslauf innerhalb kürzester Zeit beinahe völlig eingestellt. In der Folge stabilisierte sich der Umsatz verglichen mit dem Umsatz vor Patentauslauf bei ca. 40 % (s. Abb. 8.1).

Abb. 8.5. Base Case am Beispiel des Produkts Cynt (Lilly)

en Spezifikationen derartiger Verträge sind vielfältig; sie können Einmalzahlungen bzw. fixe Lizenzgebühren sowie erfolgsabhängige Royalties umfassen und teilen damit auch das Risiko der Umsatzentwicklung nach dem Patentauslauf unterschiedlich auf.

Eine besonders interessante Spielart der Lizenzierung, der so genannte *Early Entry*, knüpft an dem First Mover Advantage des ersten Generikaanbieters im Markt an.[135] Diesem liegen verschieden begründete Switching Costs seitens der Verordner oder der Patienten zugrunde. Beispielsweise mag ein Arzt, der einen Patienten nach dem Verfügbarwerden eines wirkstoffgleichen Generikums auf diese Medikation umgestellt hat, sich scheuen, später eine weitere Umstellung auf ein anderes, eventuell noch etwas preisgünstigeres Generikum vorzunehmen. Bei einem Early Entry gestattet nun der Originalhersteller einem Generikaanbieter den Marktzutritt noch vor dem Patentauslauf und erhält hierfür eine fixe und / oder variable Lizenzgebühr. Diese teilt die durch den beschriebenen First Mover Advantage anfallende Rente zwischen Original- und Generikaanbieter auf. Abbildung 8.5 beschreibt ein Fallbeispiel aus der Unternehmenspraxis, bei dem im Rahmen einer Extraktionsstrategie ein Early Entry zur Anwendung kam.

[135] Zum First-Mover-Advantage von Generikaanbietern, vgl. Hollis, A. (2002).

8.3.3.2 Adaptionsstrategien

Unter den Begriff der Adaptionsstrategien fallen zwei Varianten: das Angebot einer wirkstoffgleichen Zweitmarke durch ein Tochterunternehmen, das beispielsweise auf preisgünstigere Produkte spezialisiert sein kann, sowie das Angebot einer *Fighter Brand*[136], d. h. eines Zweitprodukts unter der corporate brand des Originalanbieters selbst. Wird eine dieser Optionen mit einem wettbewerbsfähigen Preis verbunden, ermöglicht dies, das preissensitive Kundensegment zum Teil zu halten, ohne hierfür den Preis des Originals senken zu müssen.[137] Mit dem Grundprinzip der Marktsegmentierung mittels einer Zweitmarke stehen Adaptionsstrategien insofern zwischen Extraktions- und Innovationsstrategien, als einerseits eine Produktneueinführung umgesetzt werden muss, andererseits aber keine Innovationsleistung hinsichtlich des Wirkstoffs oder des Marktes erbracht wird.

8.3.3.3 Innovationsstrategien

Die dritte und letzte Grundsatzstrategie besteht darin, durch eine Innovation hinsichtlich des angebotenen Wirkstoffs, seiner Formulierung oder Darreichungsform oder hinsichtlich des bearbeiteten Marktes Differenzierungsmöglichkeiten gegenüber den neuen Wettbewerbern zu schaffen. Produktinnovationen sind oft gradueller Natur und reichen von einer leichten Verbesserung der Formulierung bis hin zur Entwicklung eines Nachfolgeprodukts mit einem deutlich verbesserten Wirkstoff.[138] In beiden Fällen bieten Generikaanbieter dennoch das patentfrei werdende Produkt im Markt an, allerdings im ersten Fall in einer mehr oder weniger deutlich unterlegenen Formulierung und im zweiten Fall sogar mit einer veralteten Wirksubstanz. Aufgrund dieser Tatsache bestimmt der therapeutische Fortschritt der Innovation den Strategieerfolg maßgeblich.

Entscheidet sich der Originalanbieter für die Einführung eines modifizierten oder grundsätzlich verbesserten Produkts, muss er weiterhin evaluieren, ob die Neueinführung das Vorgängerprodukt ergänzen oder substituieren soll. Diese Entscheidung ist erfolgskritisch und in hohem Maße von situationsspezifischen Faktoren abhängig. Abbildung 8.6 illustriert dies anhand eines außergewöhnlichen Fallbeispiels aus der Unternehmenspraxis.

[136] Vgl. Barak, A., Wilson, G. (2003).
[137] Vgl. Ferrándiz, J. (1999).
[138] Vgl. auch James, B. (1982), S. 137–140.

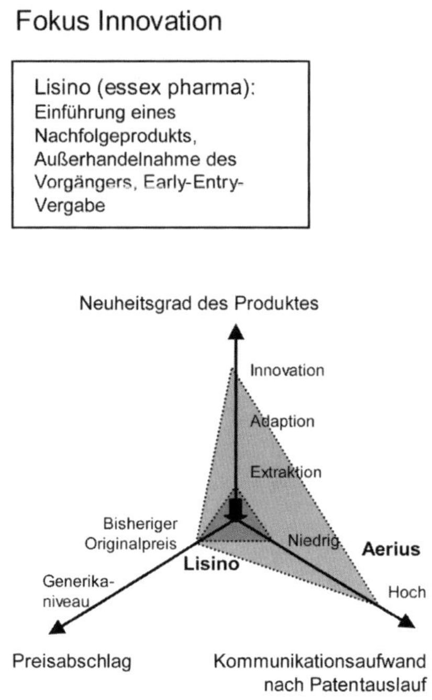

Lisino, ein Präparat des Unternehmens essex pharma zur Therapie der allergischen und perennialen Rhinitis, wurde im Juni 2001 patentfrei. essex pharma brachte vier Monate vor Patentauslauf mit dem Nachfolgeprodukt Aerius eine Produktinnovation auf den Markt. Diese wurde zu einem vergleichbaren Preis und mit dem hohen Kommunikationsaufwand einer Neueinführung angeboten. Parallel zum Verfügbarwerden der neuen Darreichungsformen von Aerius wurden die entsprechenden Formen von Lisino sukzessive aus dem Markt genommen (s. Pfeil in der Abbildung). Hierdurch sollte die Umstellung der Patienten auf das verbesserte und noch mehrere Jahre patentgeschützte Nachfolgeprodukt gefördert werden. Des Weiteren wurden zwei Early-Entry-Lizenzen von zwei Wochen und einer Woche Dauer an Generikaanbieter verkauft. Aerius konnte sich anfangs gut im Markt etablieren, verlor aber nach dem Patentauslauf von Lisino 50 % seines kürzlich eroberten Marktanteils.

Abb. 8.6. Fokus Innovation am Beispiel des Produkts Lisino (essex pharma)

Neben der Produktinnovation besteht schließlich die Möglichkeit der Marktinnovation. Hierunter fallen zum einen die Erweiterung des Indikationsbereichs aufgrund neuer Studienergebnisse und zum anderen die Überführung des Produkts aus dem verschreibungspflichtigen (Rx) in den apothekenpflichtigen (OTC) Bereich, ein so genannter *Rx-to-OTC-Switch*[139]. Wird das Original für eine neue Indikation zugelassen, dürfen die konkurrierenden Generika prinzipiell nur für die bisherigen Indikationen, für die sie eine Zulassung besitzen, vermarktet werden. Dies gilt solange, bis sie für ihre Produkte die erweiterte Zulassung beantragt und erhalten haben, meist also maximal sechs Monate. Allerdings sind so genannte Off-label-Verordnungen, d. h. in diesem Fall der Einsatz der Generika in der Indikation, für die sie noch keine Zulassung besitzen, zum Teil recht verbreitet. Sie bleiben jedoch rechtlich problematisch.[140]

Beim Rx-to-OTC-Switch können einzelne, schwächere Dosierungen in den OTC-Status überführt oder aber alle Handelsformen ausschließlich OTC fortgeführt werden. Der OTC-Markt unterscheidet sich in vieler Hinsicht deutlich vom

[139] Vgl. auch Küpper, J. (1998), S. 31–32.
[140] Vgl. Wetterling, T. (2004).

Rx-Markt, beispielsweise weil nicht die Ärzte, sondern die Patienten in Absprache mit dem Apotheker die Produktwahl vornehmen. Dies kann für den Originalanbieter von Vorteil sein, da die Patienten aufgrund ihrer persönlichen positiven Erfahrungen mit einem bestimmten Produkt und ihrer geringeren pharmakologischen Kenntnisse bei der Produktauswahl meist stärkere Markentreue zeigen als die Verordner. Die neuen Rahmenbedingungen bringen aber auch neue Anforderungen an Marketing und Vertrieb sowie spezifische Risiken mit sich. Problematisch ist vor allem das deutlich tiefere Preisniveau im OTC-Markt, welches im Zusammenspiel mit den hohen notwendigen Aufwendungen zur Steigerung der Markenbekanntheit unter den Verbrauchern das Erfolgspotential beeinträchtigt. Das im Falle des deutschen Marktes gravierendste Hindernis der Switch-Strategie liegt jedoch im weitgehenden Wegfall der Erstattungsfähigkeit von OTC-Produkten durch die GKV.[141]

8.3.3.4 Einordnung hinsichtlich Vorlaufzeit und Investment

Bei der Betrachtung der Produktstrategie ist abschließend hervorzuheben, dass nicht alle der o. g. Optionen einem Unternehmen in einer Patentauslaufsituation offen stehen. Für einige mag die Patentrestlaufzeit nicht ausreichen, für andere das notwendige Investment zu hoch sein; wieder andere mögen für das konkrete Produkt oder seinen Markt ungeeignet oder aus unternehmensstrategischen Gründen inakzeptabel sein. Während situativ geprägte Faktoren an dieser Stelle nicht näher beleuchtet werden können, zeigt Abb. 8.7 eine unternehmens- und produktübergreifend gültige Einordnung der verschiedenen Produktstrategien hinsichtlich der benötigten Vorlaufzeit und des erforderlichen Investments. Viele Produktstrategien bedürfen demnach, anders als Preis- und Kommunikationsstrategie, notwendigerweise einer längerfristigen Vorbereitung.

---

[141] Vgl. auch Crisand, M. (1996), Fenwick, M. (1998), Küpper, J. (1998), Andrade, S. u. a. (1999), Paling, M. (2001), Carlsten, A. u. a. (2004).

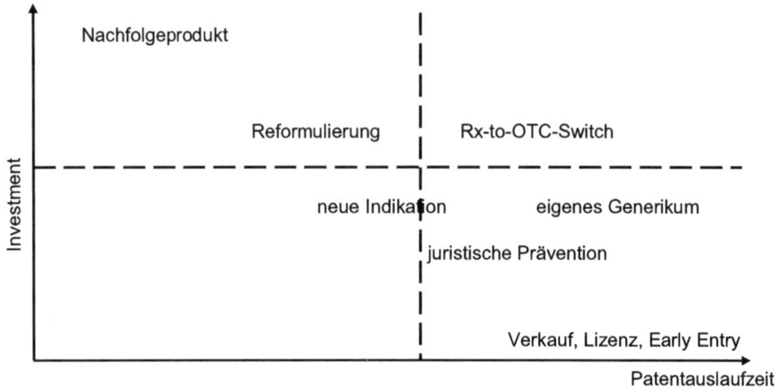

Abb. 8.7. Benötigte Vorlaufzeit und Investment bei der Wahl der Produktstrategie[142]

8.3.4 Beschreibung des Strategieraums: Preisdimension

Die vorgestellten Produktstrategien müssen im Zuge der Konzeption einer Patentauslaufstrategie mit einer zieladäquaten Preisstrategie kombiniert werden: Im Falle einer Extraktionsstrategie ist ein Preispfad für das Originalprodukt zu bestimmen; bei einer Adaptionsstrategie muss dies in Abstimmung mit der Preisstrategie für die eingeführte Zweitmarke geschehen; und im Falle einer Innovationsstrategie gilt es, die Preisgestaltung für die erfolgten Produktneuerungen bis hin zur Einführung eines Nachfolgeprodukts sowie gegebenenfalls für den OTC-Markt zu optimieren.

Das Optimierungskalkül basiert neben den gesetzlichen Rahmenbedingungen sowie der Kostenübernahme durch die Krankenversicherungen maßgeblich auf Annahmen zum Markteintrittspreis der Generika. Fällt die Entscheidung zugunsten einer Preisanpassung, stellt sich die Frage nach dem richtigen Zeitpunkt relativ zum Patentauslauf. Im Folgenden werden einige typische Produkt-Preis-Konstellationen betrachtet; auf eine abschließende Betrachtung aller denkbaren Kombinationen muss im Rahmen dieses Kapitels allerdings verzichtet werden.

8.3.4.1 Preissetzung bei Einprodukt-Strategien

Soll eine Typologie möglicher Preispfade des Originals aufgestellt werden, so ist zuerst zu konstatieren, dass häufige Preisänderungen bei Originalprodukten unüblich sind. Die Option, den Preis weitgehend konstant zu halten oder evtl. einige Zeit nach dem Patentauslauf leicht abzusenken, entspricht dem in Deutschland meist gewählten Weg. Absatzeinbußen werden damit in Kauf genommen, um die

[142] Eigene Darstellung basierend auf Datamonitor (2004), S. 12, 17, 29, 34, 39, 49, 51, 54.

Marge auf den verkauften Einheiten zu erhalten, eine vielfach unter den gegebenen Umständen optimale Strategie. Preisanhebungen im zeitlichen Kontext eines Patentauslaufs stellen in Deutschland, anders als in den USA[143], keine verbreitete Strategie dar.[144]

Eine dritte Möglichkeit besteht schließlich darin, den Preis des Originals deutlich, eventuell sogar bis auf Generikaniveau, zu senken. Diese Strategie wurde bisher selten angewandt, zieht aber in Deutschland, nicht zuletzt im Kontext der so genannten Rabattverträge zwischen Originalanbietern und Krankenkassen, zunehmend Aufmerksamkeit auf sich. Ziel der Preissenkungsstrategie ist es, den Absatzverfall einzudämmen und einen Teil der potenziellen Wettbewerber durch die Aussicht härterer Preiskonkurrenz abzuschrecken. Außerdem besteht die Chance einer Substanzmarktausweitung, d. h. der Umstellung einiger Patienten von älteren, bereits patentfreien Substanzen auf das preisgünstig verfügbar werdende neuere Präparat. Diese drei Absatzeffekte müssen insgesamt den Rückgang des Deckungsbeitrags pro Packung kompensieren, um eine Preissenkung profitabel zu machen. Neben dieser national begrenzten Profitabilitätsüberlegung ist zudem zu berücksichtigen, in welchem Maße durch eine Veränderung des europäischen Preisgefüges aus Konzernsicht unerwünschte Parallelimporte ausgelöst werden könnten.

8.3.4.2 Preissetzung bei Zweiprodukt-Strategien

Wird neben dem Original eine preisgünstigere Zweitmarke oder *Fighter Brand* angeboten (Adaptionsstrategie), stellt sich das Problem der Parallelexporte nicht, worin ein wesentlicher Vorteil dieser Strategiekonstellation liegt. Darüber hinaus kann für den im weniger preiselastischen Nachfragesegment erzielten Absatz des Originals eine deutlich höhere Marge erhalten werden. Das häufig angeführte Gegenargument der Kannibalisierung des Originals durch die Fighter Brand hat zumindest im Vergleich mit einer reinen Preissenkungsstrategie keine Relevanz, stellt ansonsten aber ein genau zu evaluierendes Risiko dar. Weiterhin geht mit der Einführung einer Fighter Brand potenziell ein Verlust an Glaubwürdigkeit als forschendes pharmazeutisches Unternehmen einher. Vor allem aber kann die Verschiedenheit der Geschäftsmodelle der Original- und der Generikaanbieter, die sich in der unterschiedlichen Ausgestaltung von Prozessen und Unternehmenskultur äußert, der konsequenten Implementierung einer Adaptionsstrategie im Wege stehen.[145] Dies erwies sich auch im in Abb. 8.8 dargestellten Fall als wesentliches Implementierungshindernis.

---

143 Vgl. Caves, R. u. a. (1991), Frank, R., Salkever, D. (1997), Suh, D.-C. u. a. (2000), Berndt, E. u. a. (2003).

144 Vgl. Homann, M. (2000), Mrazek, M. (2001), Pammolli, F. u. a. (2002).

145 Vgl. Gedenk, G. (1987), S. 206–207, Baumann, J. (1996b), S. 571, Crisand, M. (1996), 162.

Fokus Preis

Zocor (MSD):
Einführung einer preis-günstigen Zweitmarke, Early-Entry-Vergabe

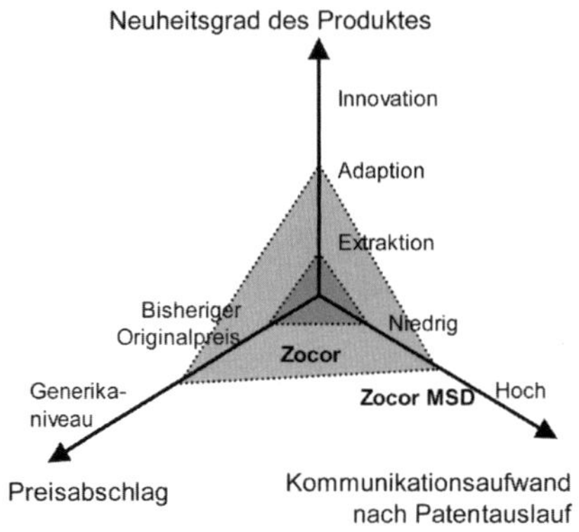

Das Präparat Zocor wird von MSD Sharp & Dohme, der deutschen Tochter des US-amerikanischen Unternehmens Merck, vermarktet und ist zur Therapie der Hypercholesterinanämie zugelassen. Fünf Monate vor dem Patentauslauf im Mai 2003 führte MSD eine Fighter Brand, Zocor MSD, ein, die einerseits aufgrund ihres Namens an das Markenimage anknüpfte, andererseits aber deutlich preisgünstiger sein sollte. Der Kommunikationsaufwand wurde auf die Zweitmarke konzentriert. Zocor selbst wurde mit minimalem Aufwand weiterhin zum bisherigen Preis vermarktet. Zur weiteren Aberntung des Produkts wurde ein zweimonatiges Early-Entry-Recht an die Firma Hexal vergeben. U. a. aufgrund von Implementierungsproblemen erreichte Zocor MSD in den ersten drei Monaten nur 50 % seines Umsatzziels und wurde daraufhin nicht mehr aktiv vermarktet. Der Umsatz von Zocor fiel innerhalb eines Jahres um ca. 80 %.

Abb. 8.8. Fokus Preis am Beispiel von Zocor MSD (Merck Sharp & Dohme)

In diesem Beispiel, das durch eine hohe Wettbewerbsintensität im Generikamarkt gekennzeichnet ist, verband der Originalanbieter die Fighter-Brand-Strategie mit einem Early Entry der Fighter Brand, eine bei dieser Strategie besonders Erfolg versprechende Kombination.[146]

8.3.5 Beschreibung des Strategieraums: Kommunikationsdimension

Die Ausgestaltung der Kommunikationsstrategie in Patentauslaufsituationen lässt sich durch drei Elemente definieren: (1) Zu welchem Zeitpunkt vor bzw. nach dem Patentauslauf soll (2) in welchem Maße und (3) in welcher Weise Marketing- und Vertriebsaufwand für das Produkt betrieben werden? Analog ist zu fragen, wann welche Aufwendungen reduziert und schließlich eingestellt werden sollen. Die Ausgestaltung dieser Faktoren eröffnet wiederum ein weites, komplex strukturiertes Strategiespektrum.

[146] Vgl. Liang, B. (1996), Kamien, M., Zang, I. (1999).

8.3.5.1 Der Zeitraum der aktiven Vermarktung

In zeitlicher Hinsicht lassen sich zwei Extreme differenzieren, die als *Carry-over-Strategie* und *extensive Kommunikation* bezeichnet werden. Bei der erstgenannten Option wird der Vermarktungsaufwand bereits einige Zeit vor dem Patentauslauf in dem Bewusstsein eingestellt, dass die durch bisherige Marketing- und Vertriebsmaßnahmen aufgebaute Carry-over-Rate[147] den Umsatzabfall verlangsamt. Dem gegenüber steht die unverminderte oder sogar verstärkte Fortführung der aktiven Vermarktungsanstrengungen auch über den Patentauslauf hinaus. Diese Strategieoption kann sich vor allem in jenen Fällen als vorteilhaft erweisen, in welchen eine stichhaltige Möglichkeit zur Differenzierung des Produkts gegenüber den auf den Markt tretenden Wettbewerbern besteht. Abbildung 8.9 illustriert dies am Beispiel des bekannten Produkts Norvasc der Firma Pfizer.

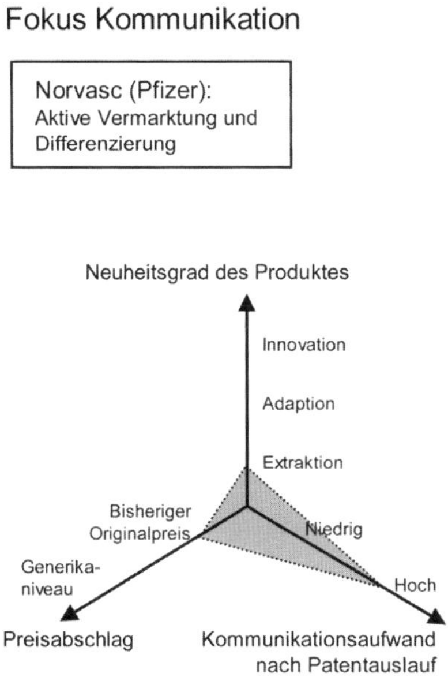

Das Unternehmen Pfizer verlor seinen Patentschutz auf das zur Senkung des Blutdrucks eingesetzte Norvasc im März 2004. Pfizer entschloss sich zur Beibehaltung der bisherigen Produkt- und Preisstrategie; ein Early-Entry-Vertrag erschien nicht gewinnbringend. Den Kern der Strategie bildete die Kommunikationsdimension. Hier verfügte das Unternehmen aufgrund eines Unterschieds in der Molekülstruktur zwischen Original und Generika über ein Differenzierungsmerkmal, auf welches die Ärzte mittels extensiver Kommunikationsmaßnahmen aufmerksam gemacht wurden. Mit dieser Strategie ging Pfizer bewusst ein finanzielles Risiko ein. Die Strategie musste nach 6 Wochen aufgegeben werden, milderte in dieser Zeit jedoch den Umsatzverfall. Der Umsatz stabilisierte sich nach sechs Monaten bei ca. 60 % des vor Patentauslauf erreichten Niveaus.

Abb. 8.9. Fokus Kommunikation am Beispiel des Produkts Norvasc (Pfizer)

[147] Als Carry-over-Rate bezeichnet man den Anteil des Umsatzes, der in Periode 2 erreicht wird, wenn bereits in Periode 1 die aktive Vermarktung des Produkts eingestellt wurde. Vgl. auch Leone, R. (1995).

8.3.5.2 Der Umfang der Verteidigungsanstrengungen

Das optimale Kommunikationsbudget ergibt sich, in Patentauslaufsituationen wie auch grundsätzlich, aus dem Vergleich zwischen zusätzlich erreichbaren Umsätzen und den hierfür erforderlichen Aufwendungen sowie aus der Risikobereitschaft des Unternehmens, für den erhofften (temporären) Erhalt des Produkts Mittel einzusetzen. Gerade in Patentauslaufsituationen ist die Prognose der Umsatzentwicklung bzw. der inkrementellen Umsätze in Folge von Marketing- und Vertriebsanstrengungen allerdings relativ schwierig.

Bei der Festlegung der Höhe des Mitteleinsatzes für Kommunikationsmaßnahmen muss in der Regel von einer erheblichen Außendienstaktivität der auf den Markt drängenden Generikaanbieter ausgegangen werden. Diese übersteigt die Ressourcen des Originalanbieters nicht selten um ein Vielfaches. In dieser Situation werden Verteidigungsanstrengungen, die ein bestimmtes kritisches Niveau nicht erreichen, von den Verordnern eventuell kaum wahrgenommen.

8.3.5.3 Ausgestaltung der Kommunikationskanäle und Werbebotschaften

Schließlich ist ein situationsgerechtes Konzept für die Nutzung der verschiedenen Kommunikationskanäle sowie ihre potenzielle Differenzierung in Bezug auf die verschiedenen Zielgruppen zu entwickeln. Da die Kommunikationskanäle hinsichtlich ihrer Kostenintensität stark differieren, wird oft ein gestaffelter Rückzug gewählt, beispielsweise die Einstellung der relativ teuren Außendienstgespräche verbunden mit der Fortführung von Rundschreiben und Anzeigenwerbung als so genannte ‚Reminder'. Hierbei ist eine produktübergreifende Optimierung insofern notwendig, als bessere Einsatzmöglichkeiten der bestehenden Außendienstkapazität bzw. die Notwendigkeit ihrer Reduktion geprüft werden müssen.

Die Kommunikationsinhalte selbst sind einerseits Ausgestaltung der gewählten Kommunikationsstrategie, andererseits aber auch wesentlicher Bestimmungsfaktor der Patentauslaufstrategie, da der betriebene Aufwand maßgeblich von der Existenz einer trotz des Patentauslaufs Erfolg versprechenden differenzierenden Werbebotschaft abhängt.

Summa summarum ist festzuhalten, dass der Versuch, allein durch kommunikative Maßnahmen den Umsatzverfall eines Produktes wesentlich aufzuhalten, schon in den 1980er-Jahren wenig aussichtsreich war und unter den heutigen Rahmenbedingungen meist als aussichtslos eingestuft werden muss. Die Kommunikation stellt allerdings ein essenzielles Komplement jeder Produkt- und Preisstrategie dar und kann als solches über Erfolg oder Misserfolg einer Patentauslaufstrategie entscheiden.

8.4 Schlussbetrachtung

Der Verlust des Patentschutzes bringt für die betroffenen Unternehmen oft erhebliche Einbußen an Umsatz und Gewinn mit sich. Die Abmilderung dieser Verluste mittels geeigneter Strategien genießt daher in der pharmazeutischen Industrie hohe Priorität. Das Ziel dieses Kapitels bestand in einer Übersicht potentiell erfolgreicher Strategieoptionen, wobei auf einige Beispiele aus der Unternehmenspraxis Bezug genommen wurde.

Patentauslaufstrategien müssen stets als konsistente Kombination von Ausprägungen in den drei Strategiedimensionen Produkt, Preis und Kommunikation verstanden werden. Betrachtet man die drei Dimensionen gemeinsam, ergibt sich eine große Vielfalt strategischer Optionen, mit Hilfe derer pharmazeutische Originalanbieter auf den Auslauf eines wichtigen Patents reagieren können. Bedenkt man, dass nicht nur ein Produkt, sondern mehrere verschiedene Produkte oder Produktvarianten vermarktet werden, nimmt die Komplexität der Konzeption einer Patentauslaufstrategie noch zu. Alle strategischen „Stellhebel" müssen so positioniert werden, dass sie gemeinsam eine optimale Patentauslaufstrategie implementieren.

Eine umfassende Evaluation aller strategischen Optionen bildet für die erfolgreiche Bewältigung dieser kritischen Phase im Produktlebenszyklus von Pharmazeutika eine wesentliche Voraussetzung. Das vorgestellte Systematisierungsgerüst stellt hierbei eine Unterstützung zur Komplexitätsbewältigung dar. Die vier kurzen Fallbeispiele illustrieren, wie es, beispielsweise während des Strategieprozesses, zur Veranschaulichung der betrachteten Strategien eingesetzt werden kann. Darüber hinaus kann das Schema in der Praxis dazu dienen zu überprüfen, inwieweit tatsächlich alle potenziell geeigneten Strategien identifiziert und evaluiert wurden.

Auf diese Weise werden Unternehmen, deren Produkte ihren Patentschutz verlieren, zwar Einbußen selten gänzlich vermeiden. Dennoch können sie durch ihr Verhalten in erheblichem Maße Wert schaffen oder vernichten.

9 Pharmamarketing

Jana Wolf Sussman

JWS Consulting, Nürnberg / San Francisco

9.1 Definition und Besonderheiten des Pharmamarketings

9.1.1 Definition und Elemente des Pharmamarketings

Während sich der Begriff Marketing über die letzten Jahrzehnte weiterentwickelt hat und in vielerlei Form definiert wurde, kann Marketing laut der American Marketing Association (AMA) in seiner umfassenden Definition allgemeingültig verstanden werden als „die Tätigkeit, Einrichtung und der Prozess, Angebote zu erstellen, zu kommunizieren, zu liefern und auszutauschen, die für den Kunden, Klienten, Partner und die gesamte Gesellschaft wertvoll sind.“[148]

Dieser Artikel setzt die Grundlagen des Marketings voraus und legt den Schwerpunkt auf die pharmaspezifischen Besonderheiten und Ausprägungen des Marketings. Seit den 60er Jahren ist der Marketing Mix, bestehend aus den 4 P’s

- Product (Produktpolitik)
- Price (Preispolitik)
- Place (Distributionspolitik)
- Promotion (Kommunikationspolitik)

bekannt.[149]

---

[148] American Marketing Association (AMA) (o. J.).
Im Original: „Marketing is the activity, set of institutions, and processes for creating, communicating, delivering, and exchanging offerings that have value for customers, clients, partners, and society at large.“

[149] Vgl. McCarthy, J. (1964), S. 38–40, Details auch unter http://www.netmba.com/marketing/mix/.

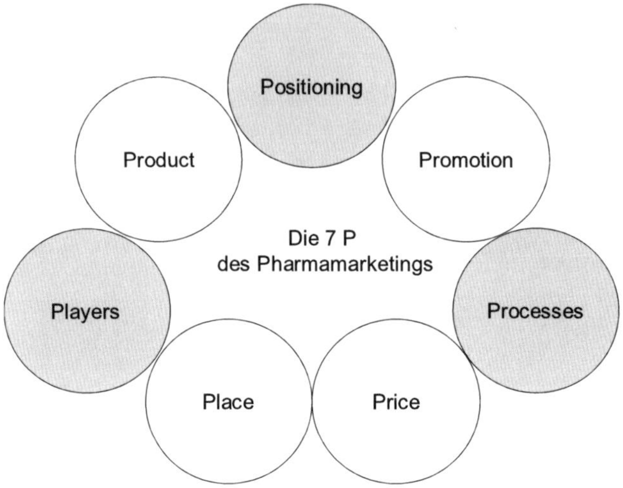

Abb. 9.1. Die klassischen 4 P und die zusätzlichen 3 des Pharmamarketings

Um die Komplexität des pharmazeutischen Marktes – und damit des Pharmamarketings – aufzuzeigen, kann dieses Modell im Rahmen des Pharmamarketings um 3 P's erweitert werden:

- Players (Berücksichtigung der Erwartungen und Bedürfnisse aller Gesundheitssystemteilnehmer)
- Processes (Verständnis der Prozesse und Kommunikationsprozesse der Gesundheitssystembeteiligten)
- Positioning (Positionierung der Gesundheitsleistung entsprechend der Player- and Processes-Betrachtungen)[150]

Die Betonung von den Gesundheitssystembeteiligten (wie Ärzte, private und gesetzliche Krankenkassen, Apotheker, Großhandel etc.) deutet auf die besondere Komplexität des Pharmamarktes hin.

9.1.2 Besonderheiten des Pharmamarketings

Grundsätzlich ist das Pharmamarketing – aufgrund der starken Reglementierung und der vielen Beteiligten des Marktes – sehr facettenreich. So müssen die Marketingverantwortlichen nicht ‚nur' das klassische Produktmarketing gegenüber ihren direkten Kunden (Ärzte, Apotheker, Patienten) beachten, sondern auch sozialpolitische Mächte und institutionelle Entscheidungsträger in ihre Überlegungen einbeziehen.

[150] Vgl. Harms, F., Drüner, M. (2003), S. 191–193.

Abb. 9.2. Wichtige interne und externe Aspekte des Pharmamarketings

Im *sozialpolitischen Bereich* ist vor allem das Marketing an und die Auseinandersetzung mit Regierungsstellen, Preisbehörden und Krankenkassen von hoher Relevanz, um eine schnelle Produktzulassung zu einem betriebswirtschaftlich vertretbaren Preis zu sichern.[151]

Unter dem *institutionellem Bereich* des Pharmamarketings versteht man die Vermarktung des Unternehmens an sich an das Unternehmensumfeld, was auch in den Bereich der Public Relations übergreift. Dies ist ein besonders wichtiger Faktor in der heutigen Pharmawelt, da die Branche einen relativ schlechten Ruf hat[152] und die Unternehmenskommunikation proaktiv gestaltet werden muss, um sich positiv abzusetzen.[153] Eine Maßnahme hierzu ist der Zusammenschluss von Unternehmen der Branche zu Verbänden im Laufe der letzten Jahre, wobei sie sich selbst ethische Bedingungen auferlegt haben und diese aktiv an ihr Umfeld und die Gesellschaft an sich kommunizieren (z. B. PhRMA in den USA und der Pharmakodex von VFA, BAH und BPI in Deutschland).[154]

Zudem birgt der Pharmamarkt *hohe Risiken* in sich: Die Entwicklung eines Produkts von klinischen Versuchen in Phase I bis zur Marktzulassung dauert meist mehr als eine Dekade, wobei nur ein geringer Teil der erforschten Produkte es letztendlich bis zur erfolgreichen Marktzulassung schafft.[155] Dennoch herrscht ein hoher Innovationsdruck, da sich der Pharmamarkt in den letzten Jahrzehnten von einem Verkäufer- zu einem Käufermarkt entwickelt hat. Ärzte, Verbrauchergruppen und Patienten erwarten immer effektivere und bequem einzunehmende / zu verabreichende Produkte mit immer weniger Nebenwirkungen.[156] So besteht 50 % des deutschen Umsatzes im Pharmabereich aus Produkten, die in den letzten 10

---

[151] Vgl. Gehrig, W. (1987), S. 24–31.

[152] „… the pharmaceutical (…) industries are stilled rated very near the bottom of the list in terms of public approval.“
Quelle: http://www.harrisinteractive.com/news/allnewsbydate.asp?NewsID=1051.

[153] Vgl. Gehrig, W. (1987), S. 32–33.

[154] Vgl. http://www.vfa.de/, http://www.phrma.org/.

[155] Für weitere Erläuterungen s. a. Kap. E 3.

[156] Vgl. Friesewinkel, H., Schneider, E. (1988), S. 50–51.

Jahren zugelassen wurden, mit immer weniger Produktdifferenzierung und zu immer höheren Kosten.[157]

Die Relevanz der *medizinisch-wissenschaftlichen Aspekte* des Marketings ergibt sich daraus, dass Trends und Prognosen in der Epidemiologie und im Marktverhalten aufgrund der langen Entwicklungszeit sehr frühzeitig erkannt und umgesetzt werden müssen. Das Risiko bei derartigen Entwicklungen ist entsprechend hoch und muss durch wissenschaftliche, pharmakoökonomische und marktbasierende Daten getragen werden. Daher wird der unternehmensübergreifenden Zusammenarbeit, vor allem mit den medizinisch-wissenschaftlichen Abteilungen, im Pharmamarketing besonders hohe Bedeutung beigemessen.[158] Das Arzt-Patienten-Verhältnis – und die damit verbundenen diagnostischen, therapeutischen und medizinisch-technischen Bedürfnisse – muss in der Entwicklung klar verstanden werden, um ein geeignetes Produkt und gegebenenfalls eine Dienstleistung liefern zu können. Von der Marketingseite müssen die medizinisch-wissenschaftlichen Produktaspekte voll verstanden werden, da sie den Pharmamarkt bestimmen.[159] So ist zum Beispiel das zunehmende Alter von Patienten ein wichtiger Faktor für die Innovationsbedürfnisse und Forschungsentscheidungen, da die Tatsache, dass im Jahre 2020 40 % der Bevölkerung in Deutschland, Frankreich und dem Vereinigten Königreich über 60 sein wird, auch einen höheren Bedarf im Bereich der Alterskrankheiten (wie z. B. Alzheimers) mit sich bringt.[160]

Das *Informationsaspekt* des Pharmamarketings beschäftigt sich mit der adäquaten Kommunikation von Informationen durch geeignete Informationsträger. Inhalte des Kommunikationsprogramms müssen Informationen enthalten, die dem behandelnden Arzt die für die Behandlungsentscheidung relevanten Fragen beantworten. Diese Form des Marketings wird meist vom Produktmanagement gehandhabt, muss aber mit dem Gesamtunternehmen, vor allem der Public / Investor Relations Abteilung abgestimmt sein, um eine einheitliche Unternehmenskommunikation an alle Stakeholder sicherzustellen.[161]

Für verschreibungspflichtige Medikamente, d. h. dort, wo der Arzt Kunde des Unternehmens ist, ist im Laufe der letzten Jahre eine Verschiebung vom Massenmarketing weg zum Relationship Marketing zu beobachten gewesen. Neben den unternehmensinternen Tätigkeiten, vor allem gegenüber so genannten Key Opinion Leadern / Meinungsbildnern[162], stellt das Relationship Marketing das Kernelement des *vertrieblichen* Marketings dar.[163]

Der *vertriebliche Aspekt* des Pharmamarketings nutzt die vorhandenen Informationen über Produktprofil und Kundenbedürfnisse zur koordinierten, einheitlichen Kommunikation mit den Entscheidungsträgern. Im Rahmen des personalisierten Relationship Marketings ist der Pharmareferent der wichtigste Dialogträger

---

[157] Vgl. Harms, F., Drüner, M. (2003), S. 27.

[158] Zur Definition, Bedeutung und Handlungsweise der medizinisch-wissenschaftlichen Abteilungen s. Kap. B 10.

[159] Vgl. Friesewinkel, H., Schneider, E. (1988), S. 26–42.

[160] Vgl. Harms, F., Drüner, M. (2003), S. 10.

[161] Vgl. Friesewinkel, H., Schneider, E. (1988), S. 42.

[162] Vgl. Friesewinkel, H., Schneider, E. (1988), S. 256.

[163] Vgl. Witzel, R. (2006), S. 28–32.

für das Unternehmen und macht um die 90 % der Marketingausgaben eines Pharmaunternehmens aus.[164] Über die Zahl der Pharmareferenten in Deutschland gibt es unterschiedliche und ungenaue Angaben[165]; sie wurde vor einigen Jahren auf ca. 30.000 bis 40.000 geschätzt, was einem Verhältnis von einem Pharmareferenten auf 10 Ärzte in Deutschland entspricht.[166] In den USA gibt es derzeit ca. 90.000 Pharmareferenten. Da Marketing und Vertrieb parallel, aber meist in getrennten Bereichen arbeiten, besteht ein hoher Bedarf an Training, offener Kommunikation und Feedback zwischen den Geschäftsbereichen. Nur dies sichert eine *optimierte Nutzung* von Marketingmaterialien und -maßnahmen von Seiten des Vertriebs sowie die Erstellung *relevanter* Materialien und Maßnahmen vom Marketingteam.[167]

Bei Pharmaprodukten wird allgemein unterschieden zwischen

- diagnostischen (zur Krankheitsdiagnose),
- prophylaktischen (zur Krankheitsvermeidung) und
- therapeutischen (zur Krankheitsbehandlung)

Produkten.

Mitunter werden auch integrierte Lösungen angeboten, beispielsweise indem mit dem angebotenen Screeningtest für eine Krankheit auch gleich eine Impfung (bei negativem Screeningresultat) oder ein Produkt zur Behandlung (bei positivem Screeningresultat) angeboten wird.[168]

9.1.3 Planungsinstrumente des Pharmamarketings

Marketing wird auch in einem Pharmaunternehmen auf

- strategischer (langfristige Planung, 5+ Jahre),
- operativer (2–5 Jahre) und
- taktischer (1 Jahr)

Ebene ausgeführt.[169] Die strategischen Annahmen und Entscheidungen werden im operativen Plan in spezifische Handlungsschritte umgesetzt und im taktischen Plan im Detail implementiert und budgetiert. Grundsätzlich gilt, dass die strategische Marketingplanung richtungsweisend für die operative Planung und die taktische Ausführung ist.

---

[164] Vgl. Kap. C 3, vgl. auch Harms, F., Drüner, M. (2003).
[165] Details hierzu in Kap. C 3 in diesem Buch.
[166] Vgl. Witzel, R. (2006), S. 34–35.
[167] Vgl. Friesewinkel, H., Schneider, E. (1988), S. 43–46, Kap. C 3 in diesem Buch.
[168] Vgl. auch Müller, M. (2005), S. 157.
[169] Vgl. Friesewinkel, H., Schneider, E. (1988), S. 19–25.

Tabelle 9.1. Überblick der Marketingplanung

Zeitrahmen	Jahr 1	Jahr 2	Jahr 3	Jahr 4	Jahr 5	Jahr 6+
Strategisch	Strategische Planung / Long Range Plan					
Operativ	Operativer Plan / Brand Plan					
Taktisch	Taktischer Plan (Brand Plan of Action) Jahresbudget					

9.2 Strategische Aspekte des Pharmamarketings

Aufgrund der oben genannten Aspekte des Pharmamarktes ist eine grundlegende strategische Planung, in die häufig auch die Unternehmensführung eingebunden ist, unabdingbar. Für das gesamte Unternehmen muss entschieden werden, was mit den bereits existenten Produkten geschehen soll und was in Rahmen der Produktentwicklung geplant ist. Aufgrund begrenzter Ressourcen handelt es sich hierbei häufig um einen Trade-Off.[170]

9.2.1 Lebenszyklusmanagement

Für jedes Produkt ist die Marktstrategie anhand des eigenen Lebenszyklus und dem der Konkurrenzprodukte möglichst vorausschauend zu planen und regelmäßig zu überarbeiten, da Entscheidungen zu Änderungen im Produktangebot (z. B. neue Indikation, die zusätzliche Studien benötigt) sowohl langwierig wie auch kostspielig sind und frühzeitig eingeleitet werden müssen.[171]

[170] Vgl. Gehrig, W. (1987), S. 41–46.
[171] Vgl. Bruhn, M. (1990), S. 61–65, Kotler, P. (1972), S. 429–438.

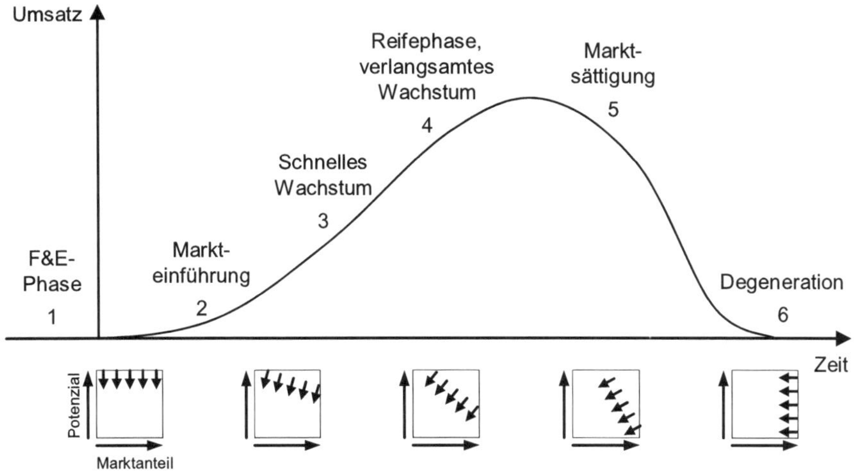

Abb. 9.3. Produktlebenszyklus[172]

9.2.2 Portfolioanalyse

Das Produktangebot des Pharmaunternehmens ist nicht nur im Zusammenhang mit den anderen Produkten des Unternehmens zu bewerten, sondern auch im Rahmen des Marktwachstums in den jeweiligen Geschäftsfeldern. Dies wird in der Praxis häufig anhand einer BCG-Matrix, benannt nach der Unternehmensberatung Boston Consulting Group, dargestellt.[173]

[172] Vgl. auch Kap. B 7 in diesem Buch oder Gehrig, W. (1987), S. 46–53.
[173] Vgl. Bruhn, M. (1990), S. 66–68, Pepels, W. (2001), S. 348–351.

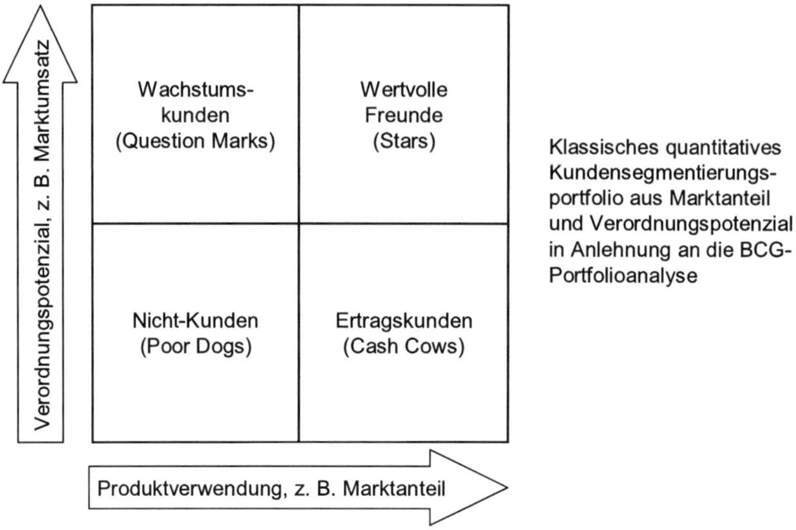

Abb. 9.4. Portfolioanalyse anhand von Marktanteil und Marktwachstum

Eine Option der Marktanalyse, die die Erfahrungen der Konkurrenz und vergleichbarer Unternehmen berücksichtigt, stellt die PIMS (Profit Impact of Marketing Strategy)-Analyse dar: Das Unternehmen schickt seine Firmendaten an das Strategic Planning Institute (SPI) und kann diese Daten anhand relevanter Parameter auswerten lassen (z. B. Vergleich mit relevanten Unternehmen, Abschätzung von Auswirkungen geplanter Strategieänderungen etc.). Dies erleichtert die Identifizierung der kritischen Erfolgsfaktoren in dem jeweiligen Geschäftsbereich.[174]

9.2.3 Positionierung

Die Positionierung des Produkts im Markt bestimmt den Gesamteindruck des Produkts und ist die Basis für alle Maßnahmen, die für dieses Produkt ergriffen werden. Daher sollte die enthaltene Kernbotschaft an den Kunden möglichst klar und griffig sein.

Da laut einer IMS Studie Positionierung und Messaging (die Botschaft) des Produktes den Marktanteil und damit Erfolg des Produktes stärker bestimmen als schierer Werbedruck[175], wird die Positionierung manchmal gemeinsam mit Key

[174] Vgl. Pepels, W. (2001), S. 98–107, Strategic Planning Institute (SPI) Details unter: http://www.pimsonline.com.

[175] Ergebnisse der IMS Studie in Kap. E 3 in diesem Buch.

Opinion Leadern (KOL) entwickelt, um Relevanz und Resonanz bei den Kunden zu gewährleisten.[176]

Basierend auf dieser Positionierung wird das Brand Book entwickelt, das Richtlinien für Produktbotschaften, Bilder, Graphiken sowie Farbe und Logo beinhaltet.[177] Hierbei ist es wichtig, dass alle Elemente funktional bewertet werden, also hinsichtlicht der Stärkung der Marke unter Berücksichtigung der beabsichtigten Positionierung.[178]

9.2.4 Konkurrenzanalyse

Da es sich beim Pharmamarkt um einen hart umkämpften Wettbewerbsmarkt handelt, ist eine tiefgehende Analyse des Konkurrenzangebots und deren Aktivitäten grundsätzlich wichtig und vor allem bei Marktveränderungen unabdingbar (z. B. Ausscheiden oder Hinzukommen von neuen Produkten).[179]

Um einen besseren Einblick in die Konkurrenzsituation zu erhalten, werden gerade in Launchphasen (des eigenen Produkts oder der Konkurrenz) so genannte *War Games* unternommen. In diesen War Games versetzen sich Mitarbeiter (und teils auch externe, wie KOL oder Unternehmensberater) in die Rolle der Konkurrenz und spielen so als ‚Konkurrenz' gegen das Team vom eigenen Unternehmen den ‚Ernstfall' durch. Dies ist häufig eine sinnvolle Aufgabe, um durch den neuen Blickwinkel Betriebsblindheit zu vermeiden und gegebenenfalls Plänen der Konkurrenz aufgrund der in den War Games gewonnenen Einsichten zuvorzukommen oder Lücken im eigenen Programm frühzeitig zu schließen.[180]

9.3 Aufgaben des Produktmanagements im Pharmamarketing

Die innerhalb des Marketings zu bewältigenden Aufgaben können in Medical Education und Promotions / Werbung aufgeteilt werden. In den Bereich Medical Education fällt die Planung von Kongressen und Publikationen, die Planung und Ausführung von Advisory Boards und Speaker Trainings. Im Bereich Promotions / Werbung wird unterschieden zwischen den Tätigkeiten für die professionelle Kundschaft (Ärzte, Apotheker, Krankenschwestern etc.) und die Aufgabenstellung bezüglich der Patienten (Direktwerbung und Kommunikation mit Patienten und Patient Advocacy Groups). Häufig bringt diese Aufgabenteilung auch eine entsprechende Aufteilung der Marketinggruppe mit sich.

---

[176] Vgl. Falk, K. (2005), S. 247, s. a. strategische Implikationen dieser Modelle für die Vertriebs- und Außendienststeuerung (Kap. C 2).
[177] Vgl. Müller, M. (2005), S. 158.
[178] Vgl. Brandmeyer, K. (2003), S.122–124.
[179] Vgl. Friesewinkel, H., Schneider, E. (1988), S. 505–506.
[180] Vgl. Falk, K. (2005), S. 248–249.

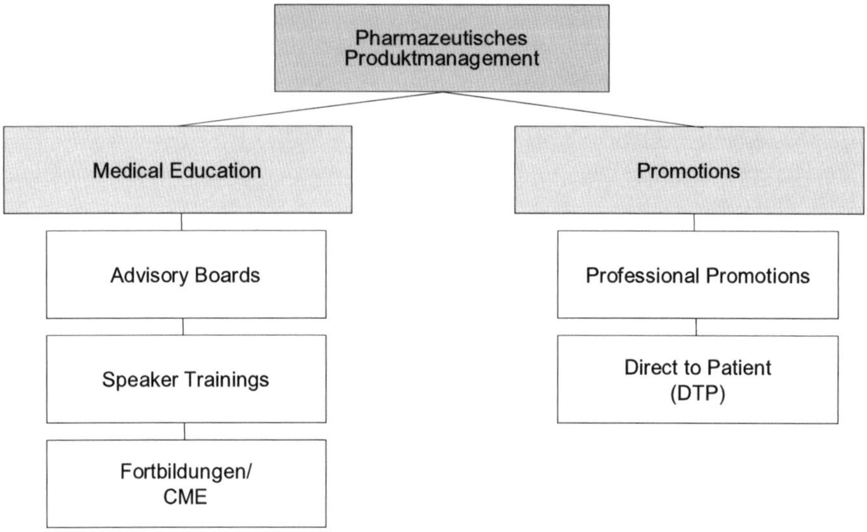

Abb. 9.5. Aufgabenbereiche des Produktmanagements im Pharmamarketing

9.3.1 Medical Education (Med Ed)

Die *Betreuung der Key Opinion Leader* in ihrer oft grenzenüberschreitenden Meinungsbildnerfunktion stellt einen wichtigen Teil des Pharmamarketings dar. Der Betreuungsaufwand ist hier am höchsten, während das Verschreibungspotenzial häufig geringer ist als bei anderen Ärzten. Dies liegt daran, dass KOL oft in Lehrinstitutionen oder in der Forschung arbeiten und damit eine geringere Patientenzahl haben. Die Bedeutung von KOL ist deshalb so hoch, weil andere Ärzte die Produkte nur dann verschreiben, wenn der jeweilige KOL dies auch tut oder zumindest dessen Nutzung befürwortet. Um am Markt erfolgreich zu sein, ist eine enge Zusammenarbeit mit ihnen unabdingbar. Dies wird einerseits durch regelmäßigen Kontakt mit Pharmavertretern und den KOL erzielt, andererseits plant die Marketingabteilung so genannte *Advisory Boards*, in denen die KOL klinische Daten bewerten und dem Unternehmen in seinen Entscheidungen beratend zur Seite stehen. Teils werden auch Fortbildungsprogramme sowie einige Marketingmaterialien auf der Promotionsseite in direkter Zusammenarbeit mit den KOL entwickelt.[181]

Um die Fortbildung und das Verständnis der firmeneigenen Produkte auch über Dritte weitervermitteln zu können, erstellt das Medical Education Marketingteam – in Zusammenarbeit mit den Kollegen in den medizinisch-wissenschaftlichen Abteilungen – Präsentationsfolien zur Nutzung firmenexterner Ärzte. In so ge-

[181] Vgl. Müller, M. (2005), S. 153–156, Friesewinkel, H., Schneider, E. (1988), S. 256, Gehrig, W. (1987), S. 76, s. a. Kap. B 11 in diesem Buch für weitere Ausführungen.

nannten *Speaker Trainings* werden Ärzte bezüglich des Inhalts dieser Präsentationen (und damit des Produktprofils) geschult, woraufhin sie als Agenten des Pharmaunternehmens gegenüber Dritten agieren und – natürlich gegen Bezahlung vom Unternehmen – in Präsentationsrunden diese Produktinformationen an Kollegen weitergeben.[182] Natürlich stehen auch diese Maßnahmen unter strenger rechtlicher Regulierung.

Die Pharmaunternehmen planen zudem auch *Fortbildungsveranstaltungen* für Ärzte im Rahmen von Ärztekongressen, als eigenständige Veranstaltungen oder mit Hilfe anderer Medien (CD Roms, Webseiten, Broschüren etc.). In einigen Ländern, z. B. den USA, sind regelmäßige Teilnahme an Fortbildungen und damit verbundene ‚credits' Voraussetzung zum Beibehalt oder zur Erneuerung der Arztlizenz. Ähnliche Fortbildungsmaßnahmen werden zunehmend auch für die sozialpolitischen Entscheidungsträger angeboten, um etwa Entscheidungsträgern bei Krankenkassen die medizinische Wirksamkeit des Produkts näherzubringen oder Kosten-Nutzen-Analysen zu demonstrieren.[183]

Diese akkreditierten Fortbildungsmaßnahmen (*Continued Medical Education oder CME*) werden von Dritten, unabhängigen Content Providern, aber mit finanzieller Unterstützung von Pharmaunternehmen, ausgeführt. Während die Unternehmen keinen unrechtmäßigen Einfluss auf den Inhalt nehmen dürfen, so dürfen sie dennoch den Themenschwerpunkt bestimmen. Somit helfen diese CME-Programme trotz ihrer Beschränkungen, Ärzte mit für das Unternehmen oder ein bestimmtes Produkt relevanten Informationen zu versorgen. Aufgrund des potenziellen Konflikts von neutralem CME-Inhalt und unternehmensinternen Marketinginteressen haben viele Unternehmen den CME-Bereich aus der Marketingabteilung herausgelöst und in die medizinisch-wissenschaftlichen Abteilungen verlagert.

9.3.2 Promotions

Unter Promotions verstehen sich die klassischen Marketing- und Werbemaßnahmen, die entweder an den verschreibenden Arzt und das Fachpersonal gerichtet sind (Professional Promotions) oder direkt an den Patienten und dessen Umfeld (Direct to Patient Promotions).

9.3.2.1 Professional Promotions

Der Arzt steht in Zentrum des Pharmamarketings und damit „im Fegefeuer" der Pharmaindustrie.[184] So ist es wichtig, gut abgestimmte Marketingmaterialien zur Verfügung zu stellen, die einen hohen medizinischen Wert haben, das Produkt anhand entscheidender Kriterien von der Konkurrenz differenzieren und damit dem

[182] Vgl. Kap. B 10 in diesem Buch.
[183] Vgl. Gehrig, W. (1987), S. 76–79.
[184] Vgl. Friesewinkel, H., Schneider, E. (1988), S. 105–106.

Arzt bei der Entscheidungsfindung helfen. Dies wird meistens durch extensive Marktforschung sichergestellt.

Zudem werden in hart umkämpften und / oder saturierteren Märkten von den Pharmareferenten auch Produktmuster ausgegeben, die aus rechtlichen Gründen natürlich die entsprechenden Packungsbeilagen und damit die verschreibungsrelevante Informationen beinhalten müssen.[185]

9.3.3.2 Direct To Patient (DTP) Promotions

Rolle und Einfluss des Patienten nehmen stetig zu. Sie agieren mehr und mehr als Gatekeeper und gerade bei schweren, chronischen Krankheiten (z. B. Krebs, HIV, Multiple Sklerose) kommt es zur Bildung von Patient Advocacy Groups.[186] Für das Marketing Team bedeutet dies, dem Patienten und gegebenenfalls den Patient Advocacy Groups spezielle Aufmerksamkeit zu widmen, um die Einstellungen und Bedürfnisse der Patientengruppen voll zu verstehen und darauf mit dem eigenen Angebot entsprechend eingehen zu können. Hierbei steht der Aspekt der Lebensqualität an immer höherer Stelle[187] und wird mittlerweile als ein (meist sekundärer) Endpunkt in vielen klinischen Studien berücksichtigt.

Die Werbung an Patienten und Konsumenten (z. B. durch Fernsehspots oder Zeitungsanzeigen) ist gesetzlich unterschiedlich geregelt: In Europa sind Werbemaßnahmen von verschreibungspflichtigen Medikamenten verboten (europäische Direktive 92/98/EEC vom 31. März 1992) während dies in den USA zwar von den Behörden reglementiert, aber durchaus erlaubt ist. Somit stellen DTP-Marketingausgaben für einige Pharmaunternehmen den größten Teil ihres Werbebudgets dar.[188] Für das Pharmamarketing bedeutet dies, dass das sozialpolitische sowie rechtliche Umfeld erforscht werden muss, um die richtigen patientenbezogenen Maßnahmen für das eigene Produkt im jeweiligen Markt zu entwickeln.

9.4 Kategorisierung von Marketingmaßnahmen

9.4.1 Branded / unbranded Marketing

Unter *branded* Marketing verstehen sich die produktspezifischen Marketingmaßnahmen, das *unbranded* Marketing beschränkt sich auf die Information über die Symptome und den Krankheitszustand an sich ohne Nennung des Produkts. Dies ist von besonderer Relevanz im Pharmamarketing, da die produktspezifische Werbung strengen Richtlinien unterliegt, die in der Regel über die Studienergebnisse

[185] Vgl. Gehrig, W. (1987), S. 79–81, Kap. C 3 in diesem Buch.
[186] Vgl. Witzel, R. (2006), S. 23–24, Harms, F., Drüner, M. (2003), S. 249.
[187] Vgl. Harms, F., Drüner, M. (2003), S. 211.
[188] Vgl. Harms, F., Drüner, M. (2003), S. 218–222 sowie 229–230.

und die Packungsbeilage des Medikaments nicht hinausgehen darf. Sollen also allgemeingültige Aussagen über den Krankheitszustand gemacht werden oder spezifische Wirkprinzipien erklärt werden, so wird dies aus rechtlichen Gründen meist in Form von unbranded Marketing getan.[189]

9.4.2 Persönliches / unpersönliches Marketing

Des Weiteren wird unterschieden zwischen *persönlichem* Marketing (z. B. der Präsentation von Marketingmaterialien eines Pharmareferenten an eine Ärztegruppe) und dem *unpersönlichen* Marketing (z. B. das Schalten von Werbung in einer Fachzeitschrift).[190] Allgemein gilt in der Branche das Detailing, also der direkte Dialog zwischen Pharmareferent und verschreibungsfähigem Arzt, als das wichtigste Marketingelement.[191]

Mit der steigenden Internetnutzung in Europa und den USA nutzen auch die Pharmaunternehmen das Internet zunehmend als Marketing- und Informationsplattform.[192]

Tabelle 9.2. Beispielhafte Kategorisierung verschiedener Marketingmaßnahmen anhand von Branding, Distributionsform und Marketingbereich

Branding	Distributions-form	Medical Education Bereich	Promotions Bereich (Professional/DTP)
Branded	Persönlich	Speaker Training Programm	Produktbroschüre, genutzt von Pharmareferenten
	Unpersönlich	Online Product Education	Direct Mail Produktinformation
Unbranded	Persönlich	Vortrag zu neuen Erkenntnissen in einem Disease State	Broschüre zur Diagnose bestimmter Krankheiten, vom Pharmareferenten genutzt
	Unpersönlich	CD-Rom mit allgemeiner Information zum Disease State	Website zu einem gewissen Krankheitsbild

[189] Vgl. Harms, F., Drüner, M. (2003), S. 118–121.
[190] Vgl. Friesewinkel, H., Schneider, E. (1988), S. 255.
[191] Vgl. Kap. E 3.
[192] Vgl. Harms, F., Drüner, M. (2003), S. 233–238, vgl. auch Preißner, A. (2001).

9.4.3 Effektivität von Marketingmaßnahmen

Wie in anderen Branchen wird die Effektivität der Marketingmaßnahmen (Promotional Effectiveness) anhand von Marktforschungsinstrumenten (Share of Voice, Message Recall etc.) und Marktdaten (Marktanteil, Zuwachsrate etc.) regelmäßig gemessen und, wenn nötig, entsprechende Änderungen im Marketing Mix vorgenommen.[193]

9.5 Interdisziplinäre Zusammenarbeit

Marketing stellt eine integrale Querfunktion im Pharmaunternehmen dar. Daher muss das Marketingteam, mehr als viele andere Abteilungen, mit anderen Bereichen innerhalb und außerhalb des Unternehmens zusammenarbeiten.[194]

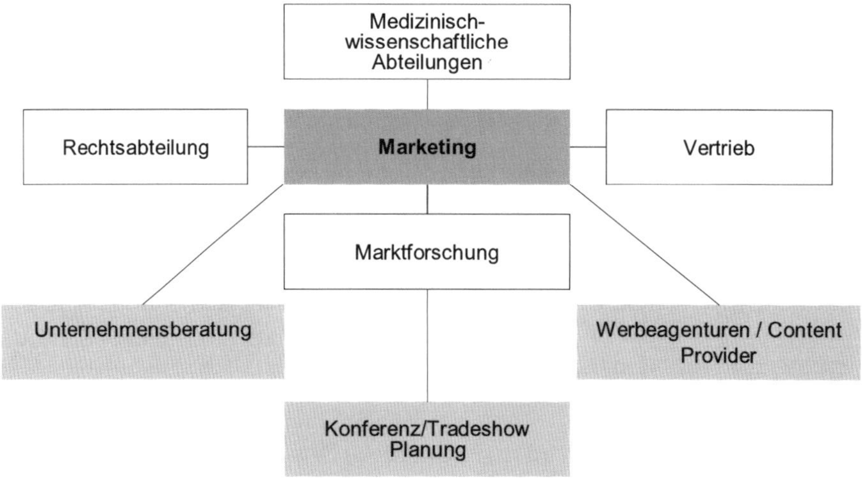

Abb. 9.6. Relevante interne und externe Partner des Pharmamarketings

9.5.1 Interne Partner

Zur Entwicklung aller Marketingmaterialien und Informationsträger ist eine enge Zusammenarbeit mit der *medizinisch-wisschenschaftlichen Abteilung* nötig, um

[193] Weitere Details zur Promotional Effectiveness in Kap. E 3.
[194] Vgl. Gehrig, W. (1987), S. 125–127.

volle Kongruenz der Daten und ihrer Interpretation sicherzustellen. In der Praxis ist allerdings häufig noch ein ‚disconnect' zwischen den klinischen Studienergebnissen und der absatzwirtschaftlichen Umsetzung / Interpretation zu verzeichnen.[195]

Um zudem auch rechtliche Probleme zu vermeiden, müssen alle aus der Marketingabteilung stammenden Materialien von einem Gremium aus Mitarbeitern aus den medizinisch-wissenschaftlichen Abteilungen (meist Ärzte, Apotheker und Biologen / Biochemiker) und der *Rechtsabteilung* durchgesehen und abgesegnet werden, bevor sie an die Öffentlichkeit geraten. Dies bedeutet einen zwar notwendigen, aber auch zeit- und ressourcenintensiven Prozess, der von dem Marketingteam entsprechend eingeplant und geleitet werden muss.

Wie bereits erwähnt, ist eine Übereinstimmung aller Kernbotschaften auf Basis der Produktpositionierung von hoher Bedeutung. Hier gilt es, sowohl die wissenschaftlichen Beiträge (auf Konferenzen, Kongressen, in Fachzeitschriften), als auch die Aussagen der *Public und Investor Relations Abteilungen* sowie die *Pharmareferenten im Vertrieb* mit der Positionierung und den Kernaussagen des Produkts in Einklang zu bringen. Ziel ist, dass ein Kunde dieselbe Kernbotschaft zu einem Produkt, wenn auch anders aufbereitet oder mit anderen Schwerpunkten, von allen Mitarbeitern des Unternehmens erhält.[196]

Ein weiterer enger Partner der Marketingabteilung ist die *Marktforschung*. In heuristischen Verfahren werden Einstellungen, Interessen, Motivationen und Verordnungsgewohnheiten gesammelt, analysiert und interpretiert. Diese Daten und Ergebnisse stellen die Basis für die marktorientierte Entscheidungsfindung des Marketingteams dar.[197]

Die enge Zusammenarbeit von Marketing und *Vertrieb* ist unabdingbar, um im Dialog das jeweilige Marktverständnis zu erhöhen und bei Marktveränderungen gegebenenfalls gemeinsam relevante, zeitgemäße Maßnahmen auszuarbeiten. Häufig geschieht dies in der Praxis anhand von Marketing geleiteten Arbeitsgruppen mit Schlüsselpersonen aus dem Vertrieb (Management und / oder Pharmareferenten). Dies ermöglicht den Dialog und damit das bessere gegenseitige Verständnis der Herausforderungen der beiden Abteilungen. Zudem erleichtert es dem Marketingteam, den Vertrieb – im Rahmen der rechtlichen Möglichkeiten – optimal bei dessen direkter Arbeit mit den Kunden zu unterstützen.

9.5.2 Externe Partner

Neben den internen Partnern obliegt dem Pharmamarketing auch das Management von externen Partnern. Von besonderer Bedeutung sind hier die Werbe- und Medical Education / CME-Agenturen. Häufig werden mehrere Partner / Agenturen beauftragt, z. B. eine *Werbeagentur* für die Professional Promotions, ein *Content*

[195] Vgl. Ergebnisse aus Kap. E 3 in diesem Buch.

[196] Vgl. auch Bruhn, M. (1990), S. 209–220, Berndt, R., Altobelli, C., Sander, M. (1995), S. 176–224.

[197] Vgl. Friesewinkel, H., Schneider, E. (1988), S. 511.

Provider für die Fortbildungsmaßnahmen, *Kongressplaner*, gegebenenfalls eine speziell eine Agentur für das e-Marketing oder den Bereich DTP, falls diese Bestandteile des Marketing Mix sind. Bei der Wahl verschiedener externer Partner selektiert das Marketingteam auf Basis der Kernkompetenzen des jeweiligen Anbieters und erhält so optimierte fachliche Unterstützung in allen Bereichen. Andererseits bringt dieser Ansatz aber Probleme in der Koordination. Denn nach wie vor gilt, dass sowohl Inhalt als auch Form aller Marketingmaterialien in Einklang gehalten werden müssen, was bei mehreren Partnern mehr Zeit benötigt und gegebenenfalls auch höhere Kosten verursacht.

Dazu kommen für die Marketingleitung noch weitere externe Partner wie beispielsweise *Unternehmensberatungen*, die gerade im Rahmen der strategischen Planung, Prozessanalyse oder Planung und Bewertung eines Produktlaunches eine wichtige neutrale Expertenrolle spielen.

9.6 Aktuelle Trends und Entwicklungen im Pharmamanagement

Aufgrund des sich zunehmend verschärfenden rechtlichen Umfelds und der allgemeinen Informationsflut bewegen sich viele der Marketingmaßnahmen weg von der klassischen Werbung hin zu neuen Formen der Kommunikation. Hier ist bereits eine Verschiebung hin zum wissenschaftlichen Informationsmarketing, wie beispielsweise der wissenschaftlichen Fortbildung der Ärzte, zu verzeichnen.

Die mit der Entwicklung der Produkte verbundenen Kosten sowie die oft recht spärlichen Pipelines der großen Pharmaunternehmen führen zu immer mehr Zusammenschlüssen von Großunternehmen mit kleinen, innovativen Start-ups. Dies hat auch Auswirkungen auf das Marketing der beteiligten Unternehmen, da diese meist unterschiedliche Marketingphilosophien mitbringen, die angeglichen und standardisiert werden müssen, normalerweise zugunsten des größeren, übernehmenden Partners.

Die Möglichkeiten der Internetnutzung, um generelle Krankheits- und Produktinformationen auszugeben, aber vor allem auch, um in Form von personalisierten Webseiten direkten Kontakt mit den Kunden aufzubauen, gilt für einige Praktiker als wichtigstes neues Marketinginstrument für die Pharmabranche. Um diese Möglichkeiten voll auszuschöpfen, richten Unternehmen e-Marketing Positionen oder sogar e-Marketing Abteilungen ein. Die Bedeutung des e-Marketings im Pharmamarketing unterscheidet sich in seiner Bedeutung von vielen anderen Branchen, da der Patient, gerade im Fall von schweren und chronischen Krankheiten, meist stark in seine Gesundheit involviert ist. Daher versprechen aufwändigere Webseiten, Datenaufnahme und intensive Kundenkommunikation einen potenziell höheren ROI als in vielen anderen Branchen.

10 Die medizinisch-wissenschaftlichen Abteilungen[198]

Gudula Petersen, Peter-Andreas Löschmann

Wyeth Pharma GmbH, Münster

10.1 Einführung

10.1.1 Rolle der medizinisch-wissenschaftlichen Abteilung im Unternehmen

Medizinisch-wissenschaftliche Abteilungen können aufgrund stark unterschiedlicher Organisationsformen in den einzelnen Firmen nicht als organisatorische Einheit und damit nicht *strukturell*, sondern nur *funktionell* definiert werden. Wenn im Folgenden teilweise im Singular von „Med. Wiss. Abteilung“ gesprochen wird, so ist dies in diesem Sinn – also als *funktionell* zusammengehörende Einheit – zu verstehen. Die involvierten Unterabteilungen und Personen stellen innerhalb der Firma das *Zentrum des medizinisch-naturwissenschaftlichen Wissens* dar – speziell für die im Handel befindlichen Medikamente und die zur Einführung in den Markt anstehenden Präparate. Zwar müssen sich einzelne Med. Wiss. Abteilungen schon weit in der Frühphase der Entwicklung mit neuen Präparaten befassen, die entscheidende Aufgabe beginnt aber, wenn die klinische Entwicklung so weit fortgeschritten ist, dass eine Zulassung durch das Bundesinstitut für Arzneimittel und Medizinprodukte bevorsteht. Es laufen bei den Med. Wiss. Abteilungen schwerpunktmäßig alle Aktivitäten zusammen, die sich mit folgenden Themenkreisen befassen:

---

[198] Dieser Beitrag beruht auf den Vorarbeiten der ersten Auflage dieses Buchs. Die Autoren bedanken sich dafür bei K. Bertsch und empfehlen Interessierten auch die Lektüre dieses Beitrags, zu finden unter Bertsch, K. (2002).

- Gestaltung und regelmäßige Überarbeitung offizieller Informationsmedien wie Gebrauchsinformation für Fachkreise, Packungsbeilagen, Nachschlagwerke wie Rote Liste, Gelbe Liste, etc.
- Beantwortung von medizinisch-wissenschaftlichen Anfragen aus Fach- und Laienkreisen
- Entwicklung und Umsetzung eines klinischen Prüfprogramms der Phasen IIIb und IV (Klinische Prüfungen und Nicht-interventionelle Prüfungen) einschließlich Management des Lebenszyklus der Produkte
- Fachliche Repräsentanz zu den Indikationsgebieten und Präparaten in internen und externen Gremien und generell gegenüber der Öffentlichkeit
- Unterstützung der Promotionsaktivitäten (Produktmonographien, Anzeigentexte, Visual Aids und Schulung für den Außendienst, Veröffentlichungen im Internet)
- Beratung der Abteilung Arzneimittelsicherheit bei der Nutzen-Risikobewertung der vermarkteten Arzneimittel
- Unterstützung von nicht-kommerziellen Forschungsaktivitäten (Investigator Sponsored Trials, IST, Synonyma: Investigator Initiated Trial, IIT, oder Investigator Originated Proposal, IOP)
- Publikation von wissenschaftlichen Erkenntnissen in Fachzeitschriften oder auf wissenschaftlichen Kongressen, die im Rahmen von Forschungsprojekten der Phase IIIb / IV gesammelt wurden
- Kosten-Nutzen-Bewertung der Produkte im Hinblick auf Erstattung durch die Kostenträger und ggfs. Planung und Durchführung entsprechender Studien

10.1.2 Schnittstellen zu anderen Abteilungen

Die Med. Wiss. Abteilung hat zahlreiche Überschneidungen mit anderen Abteilungen / Verantwortlichkeiten, so beispielsweise mit dem Bereich Arzneimittelzulassung, Arzneimittelsicherheit, Abteilung für klinische Forschung, Marketing und Vertrieb, Öffentlichkeitsarbeit und der Trainingsabteilung. Intensive Zusammenarbeit, aber auch klare Definition der Aufgaben und Verantwortlichkeiten der jeweiligen Personen und Abteilungen sind unabdingbar.

10.1.3 Marktwirtschaftliches Umfeld und Differenzierung

Um die prioritären Aufgaben der Med. Wiss. Abteilungen verständlich zu machen, muss man sich die zentrale Herausforderung jeder promotionalen Tätigkeit vergegenwärtigen. Die meisten medizinischen Indikationsgebiete stellen heute extrem *kompetitive Märkte* dar, mit einer Vielzahl häufig vergleichbarer Präparate hinsichtlich der Wirkungs- und Nebenwirkungsrelation. Andererseits bieten sich dem Verschreiber aber auch verschiedene Substanzklassen, die teilweise markante

Vor- und Nachteile aufweisen. Bei den verschreibungspflichtigen Medikamenten können hier als typische Beispiele der Markt der Antihypertensiva, die Lipidsenker, die Säureblocker, die nicht-steroidalen Antirheumatika oder auch die Antidiabetika gelten. Das Zauberwort jeder Promotion im Verdrängungswettbewerb heißt „*Differenzierung*", d. h. *Unterscheidung* vom Mitbewerber.

Differenzierung verlangt den richtigen Einsatz der begrenzten Ressourcen, beispielsweise den adäquaten Einsatz des Außendienstes hinsichtlich Segmentierung und Auswahl der wichtigen Verschreiber oder Definierung der optimalen Besuchszahl. Diese Herausforderungen betreffen vorrangig das Produktmanagement und die Außendienstleitung.

Aufgabe der Med. Wiss. Abteilung ist die Suche und Umsetzung von Differenzierungsmöglichkeiten über medizinische, pharmakodynamische, pharmakokinetische, mechanistische oder auch pharmakoökonomische Besonderheiten. Die Med. Wiss. Abteilung und das Management insgesamt haben Produktpersönlichkeiten zu formen, die ein möglichst unverwechselbares Profil darstellen – d. h. bei Arzt, Apotheker, anderen Entscheidungsträgern im Gesundheitswesen oder gegebenenfalls auch Laien.

Eine effektiv arbeitende Med. Wiss. Abteilung hat das medizinisch-naturwissenschaftliche Potenzial eines Produktes und die nötigen Maßnahmen für einen erfolgreichen Lebenszyklus innerhalb der Firma den übergeordneten Entscheidungsträgern exakt aufzuarbeiten, transparent zu machen und diese auch faktenbasiert zu vertreten. Ebenso sind die fachlichen Aspekte gegenüber dem Außendienst, aber auch gegenüber den ärztlichen oder anderen Meinungsbildnern wie auch gegenüber der Presse kompetent zu vertreten. Diese Kompetenz ist auch bei der Schulung des Außendienstes erforderlich, sowie bei individuellen Fragen von Ärzten, Apothekern, Laien und eigenen Mitarbeitern.

10.1.3.1 Differenzierung durch Wissenschaft und Dokumentation

Bereits viele Monate vor Markteinführung eines neuen Medikamentes beginnt die Erstellung einer Reihe wissenschaftlicher Unterlagen für Außendienstmitarbeiter, Ärzte, Apotheker und Patienten. Dazu genügt nicht die rein wissenschaftliche Abfassung der Information. Wissenschaft muss vielmehr – unter Berücksichtigung des jeweiligen medizinischen Kenntnisstandes des Empfängers – umgesetzt werden in griffige, einleuchtende und *überzeugende* Argumente, Bilder und Grafiken, die in Broschüren zusammengefasst werden. Besondere Produkteigenschaften und Vorteile müssen hervorgehoben werden.

Von besonderer Bedeutung ist die fachliche Dokumentation des Medikamentes anhand von Publikationen, Monographien und Repräsentanz auf Symposien und Kongressen. Nur so können dem verschreibenden Arzt wichtige wissenschaftliche Informationen *ausgewogen* vermittelt werden.

Die offiziellen Informationsmedien wie *Fachinformation* (Summary of Product Characteristics) und *Gebrauchsinformation* sind von den zuständigen Abteilungen des pharmazeutischen Unternehmers (Med. Wiss., Klinische Forschung, Arzneimittelzulassung, Arzneimittelsicherheit) bei Neuzulassungen zu erstellen und der staatlichen oder internationalen Behörde einzureichen. Sie werden nach kritischer Bewertung der verfügbaren Daten von den zuständigen Behörden im Zulassungsbescheid verbindlich vorgeschrieben. Aufgrund des profunden Wissens über die spezifischen Gegebenheiten des betreffenden Indikationsgebietes und des Präparates hat hier die Med. Wiss. Abteilung die diesbezüglichen Vorgänge fachlich zu überwachen und bei Diskrepanzen in eine faktenbezogene Diskussion einzutreten. Ebenso hat die Abteilung spätere Änderungen in diesen Informationsmedien im Laufe des Lebenszyklus des Medikamentes vorzubereiten bzw. kritisch zu hinterfragen und zu bewerten.

10.1.3.2 Differenzierung durch Innovation

Die Med. Wiss. Abteilung begleitet das Medikament über seinen ganzen Lebenszyklus hinweg und hat diesen so genannten *Life-Cycle Prozess* aktiv zu gestalten. Die beste Möglichkeit besteht in der ständigen Information über *neue oder neu aufbereitete medizinisch-wissenschaftliche Erkenntnisse*, die im Einklang mit dem jeweiligen Produktprofil sind oder es vertiefen. Dies gilt besonders für Präparate mit neuartigem Wirkmechanismus oder anderen in dieser Form noch nicht existierenden Charakteristika.

Der Arzt will den Patienten mit dem am besten geeigneten Medikament behandeln. Nur wenn die medizinischen Vorzüge und Risiken eines Präparates klar und eindrücklich dargestellt sind, wird sich der Arzt überzeugt für dieses Produkt entscheiden. Neue Erkenntnisse zu sammeln bzw. zu gewinnen stellt deshalb eine wesentliche Aufgabe der Med. Wiss. Abteilung dar.

Neben genauer und laufender Auswertung der internationalen Literatur sind frühzeitige und fortschrittliche Phase IV-Forschungsaktivitäten gefragt, um bei dem rasch wachsenden Wissensstand im jeweiligen Gebiet proaktiv mitwirken zu können. In dafür geeigneten Indikationsgebieten wie beispielsweise der Behandlung der Hypertonie werden idealerweise über die Abteilung für klinische Forschung auch *Großstudien (Megastudien) mit „harten" Endpunktparametern* durchgeführt, d. h. es wird der Einfluss der Therapie auf Morbidität und Mortalität in großen Patientenkollektiven untersucht (s. Tabelle 10.1).

Nicht-interventionelle Prüfungen nach der Zulassung von Arzneimitteln (z. B. Anwendungsbeobachtungen, Registerstudien) dienen demgegenüber der Sammlung von Erfahrungen in der breiten Routineanwendung und erfordern die Einbindung einer größeren Zahl von Ärzten.

Der jeweils aktuelle Stand des Wissens und wesentliche Zukunftsperspektiven können dem Mitarbeiter von Med. Wiss. Abteilungen nur durch dauernde Kontakte mit führenden Meinungsbildnern gegenwärtig sein. Aus diesen Diskussionen und Wünschen hochrangiger Spezialisten entstehen häufig kreative, innovative Ideen für zukunftsorientierte Spezialstudien, die teilweise auch als so genannte *Investigator Sponsored Trials* (IST) in der Verantwortung der Prüfer durchgeführt werden können. Hierbei ist zu berücksichtigen, dass die Verantwortlichkeiten zwischen dem pharmazeutischen Unternehmen und dem durchführenden Sponsor (Investigator) klar geregelt werden, um den Anforderungen des Arzneimittelgesetzes

(AMG) und den Bestimmungen der Good Clinical Practice (GCP) gerecht zu werden. Anders als bei kommerziellen Prüfungen liegt bei IST die Verantwortung für die Durchführung und Finanzierung der Studie beim Prüfer (Sponsor), während der pharmazeutische Unternehmer die Prüfung gegebenenfalls durch finanzielle oder anderweitige Unterstützung fördert.

Tabelle 10.1. Beispiel von Untersuchungen zum Zweck der differenzierenden Abgrenzung eines Antihypertensivums

Megastudien	Spezialstudien
• Endpunktstudien; Prüfparameter: Kombinierter Endpunkt Mortalität u. Morbidität KH-Einweisung, Lebensqualität (QoL) etc. • Design z. B. Prüfmedikation plus Standardmedikation vs. Standardmedikation • Multizentrisch	• spezialisierte Zentren • begrenzte, selektionierte Patienten-Zahlen • mono- oder oligozentrische Durchführung
Themen	**Themen**
• Hypertoniker mit zusätzlichen Risikofaktoren • Herzinsuffizienz-Patienten • Postinfarkt-Patienten • Diabetiker (makrovaskuläre Komplikationen) • Konversion gestörter Glukose-Toleranz zum Vollbild Diabetes	• metabol. Qualitäten (Glukosetoleranz, Lipidveränderungen) • Auswirkungen auf das autonome Nervensystem • Nephroprotektion (GFR, RBF, Mikroalbuminurie) • endotheliale Effekte (NO-Synthese, Vasodilatation) • Radikalneutralisierung (Peroxid-Toxizität) • Koronarreserve (z. B. mit MRI) • cerebrale Funktion (Glukosestoffwechsel)

10.2 Med. Wiss. Funktionen

Im Folgenden werden die Aufgaben und das Anforderungsprofil der jeweils involvierten Gruppierungen und Personen detaillierter betrachtet. Unterabteilungen mit erheblichem personellen Umfang beinhalten meist eine eigene Leitungsfunktion (s. Abb. 10.1).

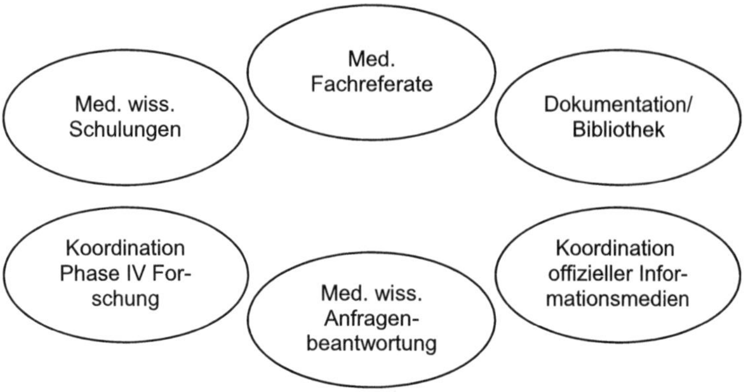

Abb. 10.1. Einheiten mit funktioneller (indirekter) oder strukturell / organisatorischer (direkter) Zuordnung zur Med. Wiss. Abteilung

10.2.1 Medizinische Fachreferate

Medizinische Fachreferenten (Medical Manager / Medical Advisor) sind häufig Produktgruppen zugeordnet und betreuen *definierte Indikationsgebiete* und Präparate. Das Zuständigkeitsspektrum sollte nach Möglichkeit nicht allzu weitläufig sein, um dem Fachreferenten die Möglichkeit zu geben, sich in seinem Indikationsgebiet als der *fachliche Experte* zu profilieren. Medizinische Fachreferenten rekrutieren sich naheliegender Weise überwiegend aus dem Kreis der Humanmediziner. Ebenso können sich aber auch Pharmazeuten und Naturwissenschaftler (Biologen, Chemiker, Ökotrophologen) in dieses Aufgabenfeld einarbeiten. Gelegentlich findet man auch Veterinärmediziner und andere Akademiker (z. B. Psychologen). Die Eignung hängt weitgehend vom spezifischen Einsatzgebiet sowie der entsprechenden Vorbildung und Erfahrung ab. Wünschenswert wäre, dass ein medizinischer Fachreferent eine gewisse Erfahrung im Bereich Marketing und Vertrieb bereits aufweist oder sich aneignet, um zu gewährleisten, dass der Fachreferent medizinische Inhalte für die Promotionsmaterialien in geeigneter Form aufbereitet.

Die *Kreativität und Innovationsfreudigkeit* in der Ideenfindung für neue fachliche Promotionsmöglichkeiten ist dabei ein entscheidender Faktor. Die medizinischen Fachreferate sind schwerpunktmäßig auf folgende Aufgaben ausgerichtet:

- Ideenentwicklung zur fachlichen Bewerbung der Präparate
- Inhaltliche Gestaltung von Einführungsmaterialien für neue Präparate und von neuen Werbeunterlagen für vermarktete Medikamente. Hierzu sind dringend erforderlich:
  - Sammeln und Auswerten von Erkenntnissen aus Phase III und IV-Forschung
  - Intensiver Austausch mit Meinungsbildnern (z. B. im Rahmen von Advisory Boards)

- Permanente Information über den aktuellen wissenschaftlichen Stand zum Indikationsgebiet und Umfeld
- Besuch nationaler und internationaler Kongresse und Symposien
- Studium neuer Fachliteratur

• Verantwortungsbewusste Mitgestaltung und Überarbeitung von *Informationsmedien* wie Packungsbeilage, Fachinformation und Standard-Nachschlagewerken (z. B. Rote Liste)
• *Schulung des Außendienstes* bei Einführung neuer Präparate und bei Vorstellung neuer Erkenntnisse und Promotionsunterlagen
• Präparatespezifische Schulung neu in die Firma eingetretener Außendienstmitarbeiter
• Beantwortung individueller fachlicher *Anfragen* von Ärzten, Apothekern, Laien und Außendienstmitarbeitern sowie Erstellung von Standardantwortschreiben für häufige Fragestellungen.
• Präparate- und indikationsspezifische Vorträge auf Symposien und Fortbildungsveranstaltungen
• Auswertung und Bewertung relevanter aktueller Studien (auch von Vergleichsprodukten)
• Erarbeitung von medizinischen Stellungnahmen für die interne und / oder externe Kommunikation

Diese Aufgabenfelder liegen direkt in der entscheidenden Geschäftsabwicklung des Unternehmens und sind maßgeblich am Erfolg oder Misserfolg beteiligt. Die Aktivitäten unterliegen strengen juristischen Rahmenbedingungen (Arzneimittelgesetz, Heilmittelwerbegesetz), die eine enge Abstimmung mit anderen involvierten Personen aus dem medizinisch-wissenschaftlichen Bereich (z. B. dem Informationsbeauftragten) und anderen Abteilungen der Firma erforderlich machen.

10.2.2 Informations- und Dokumentations-Abteilung (IuD) / Bibliothek

In ihr sind die Spezialisten tätig, die professionell die *Informationsbeschaffung* aus allen zeitgemäßen Quellen beherrschen. Neben konzern- oder firmeneigenen Datenbanken sowie den wesentlichen großen öffentlichen Datenbanken (z. B. Medline, Embase) und den öffentlichen Bibliotheken gehören heute die digitalen Angebote der Zeitschriftenverlage sowie das Internet in seiner ganzen Breite dazu.

Eine rasche und zielsichere Beschaffung von Informationsmaterial (z. B. Publikationen, Abstracts und Reviews) ist für die Arbeit der medizinisch-wissenschaftlichen Mitarbeiter (und auch der medizinischen Fachreferenten) unerlässlich. Aufgrund der modernen Informationstechnologie (IT) könnte diese Aufgabe prinzipiell auch in jeder Unterabteilung selbständig durchgeführt werden. Eine Aufgabentrennung mit einer separaten IuD-Abteilung ist aber sinnvoll, damit sich die Fachreferenten und anderes wissenschaftliches Personal auf ihre eigentlichen Schwerpunktaufgaben konzentrieren können. Dies trifft umso mehr zu, als die Informationsbeschaffung immer komplexer wird und dauernde Praxis erfordert, um effektiv zu sein.

Neben der Literaturbeschaffung auf konkrete Anforderung übernimmt die IuD-Abteilung noch weitere Aufgaben:

- Die aktive Information:
  Die wissenschaftlichen Mitarbeiter verschiedenster Abteilungen (z. B. auch der klinischen Forschung) werden laufend und selektiv mit neuen Informationen nach ihren spezifischen Bedürfnissen versorgt (z. B. durch Beobachtung von Fachzeitschriften oder über Dauerrecherchen). Diese Informationen werden idealerweise gestützt durch interne Datenbanken verfügbar gemacht und auf Dauer zugreifbar gehalten.
- Zeitschriftenverwaltung:
  Die für die Firma wesentlichen Fachzeitschriften werden definiert und bestellt. Diese Publikationsorgane werden je nach persönlichen Präferenzen in Umlauf gebracht oder anderweitig zur Einsichtnahme bereitgelegt. Elektronische Zeitschriften werden am Arbeitsplatz verfügbar gemacht und die Inhalte neuer Ausgaben gegebenenfalls über Alerts den Mitarbeitern zur Kenntnis gebracht.
- Erneuerung des Buchbestandes:
  Die neuen Ausgaben wesentlicher Lehrbücher und anderer Standardwerke werden jeweils bestellt und stehen in der Bibliothek zur Nutzung bereit.

In der IuD Abteilung sind meist Mitarbeiter tätig, die einen naturwissenschaftlichen Hintergrund oder eine dokumentarische bzw. bibliothekarische Ausbildung absolviert haben.

10.2.3
Medizinisch-wissenschaftliche Schulungen

Die medizinisch-wissenschaftliche Abteilung ist in der Regel eng in die produkt- und indikationsspezifische Schulung der Mitarbeiter in einem pharmazeutischen Unternehmen eingebunden.

Bei größeren Unternehmen gibt es meist eine Schulungseinheit, die vorrangig für die Aus- und Weiterbildung des Außendienstes zuständig ist. Sie bietet darüber hinaus Ausbildung für Mitarbeiter des Innendienstes, um den Wissensstand im Gesamtunternehmen zu fördern bzw. zu verbessern. Die wesentlichen Aufgaben sind:

- die Ausbildung neuer Mitarbeiter im Außendienst (Pharmaberater, Medical Science Liaison Manager) in den Indikationsgebieten und Präparaten des Unternehmens sowie im Mitbewerberumfeld,
- die Weiterbildung des gesamten Außendienstes und gegebenenfalls des Innendienstes, wenn neue Erkenntnisse zu eingeführten Präparaten geschult werden müssen (z. B. neue Indikationen oder neue Wirksamkeits- und Sicherheitsdaten) bzw. wenn neue Medikamente der Firma zur Einführung in den Markt anstehen.

Die Präparateschulung sollte möglichst vom jeweils zuständigen medizinischen Fachreferenten übernommen werden bzw. die Trainingsunterlagen in enger Zusammenarbeit mit ihm erstellt und regelmäßig überarbeitet werden. Er ist der Spezialist für seine Präparate und kann die neuesten fachlichen Prioritäten am besten weitergeben.

10.2.4 Serviceeinheit für Beantwortung von medizinischen Anfragen

In größeren Unternehmen gehen im Laufe eines Jahres in der Regel Tausende von Anfragen mit medizinischem Inhalt ein. Es handelt sich hierbei zum Teil um Fragen, die von Ärzten, Apothekern und sonstigen Angehörigen der Fachkreise sowie von Laien (Patienten, Angehörige) direkt über Briefpost, Telefon, Fax oder Internet adressiert werden. Weitere Anfragen von Fachkreisen erreicht die Firma über den Mitarbeiter im Außendienst.

Diese Fragen verantwortungsbewusst und zeitnah zu beantworten, würde die Möglichkeiten des Spezialisten – in der Regel des medizinischen Fachreferenten – überfordern. Medizinische Fachreferenten sind häufig auf Kongressreisen oder externen Tagungen und haben andere Prioritäten. Dies kann zu Verzögerungen in der Beantwortung führen. Eine vorgeschaltene „Filtereinrichtung“ im Sinne einer Serviceeinheit für Anfragenbeantwortung ist daher sehr sinnvoll. Diese Einrichtung, bei der die Anfragen *primär* eingehen, sollte mit einer modernen Telefonanlage mit Ringschaltung und Anrufspeicherung versehen sein, um möglichst alle Anrufe entgegennehmen und bedienen zu können. Weiterhin sollte aus haftungsrechtlichen Gründen eine Speicherung der Anfragen und der jeweiligen Antworten unter Beachtung der datenschutzrechtlichen Bestimmungen erfolgen.

Eine besondere Verantwortung hat die Serviceeinheit in dem Erkennen von möglichen unerwünschten Arzneimittelwirkungen und der zuverlässigen Einleitung der dafür vorgesehenen internen Bearbeitungsprozesse. Die Serviceeinheit bewährt sich vor allem

- zur zeitnahen Beantwortung von Anfragen
- zur Übernahme und Erledigung sich wiederholender „Routineanfragen“
- zur Versendung von Standardliteratur und Informationsmedien wie beispielsweise Gebrauchsinformationen für Fachkreise
- zur zentralen Ablage und Dokumentation der Anfragen und Antworten
- als Frühindikator für sich möglicherweise im Markt anbahnende Probleme

Wichtig ist eine nahtlose Zusammenarbeit und Vorabsprache mit den medizinischen Fachreferenten. So können vom Spezialisten Standardantworten und Bausteine zur Verfügung gestellt werden, die für sich wiederholende Anfragen hilfreich sind. Es ist allerdings zu gewährleisten, dass sehr komplexe und schwierige Fragen, die die Kompetenz des Spezialisten erfordern, an den Fachreferenten weitergeleitet werden.

Durch diesen Dualismus „so schnell wie möglich, aber in jedem Fall umfassend und richtig“ ist eine *optimale Darstellung der Kompetenz* der Firma und eine entsprechende Imagebildung gewährleistet. Sinnvollerweise und den geschilderten Aufgaben angemessen, setzt sich diese Serviceeinheit aus Fachpersonal zusammen, das mindestens den Anforderungen des AMG an den „geprüften Pharmareferenten“ genügt, sowie eventuell zusätzlich eingearbeitetem unterstützenden Personal.

Zur dauerhaften Sicherstellung der Servicequalität und der Kundenzufriedenheit sind interne und externe Qualitätssicherungsmaßnahmen (z. B. Mystery Activity, Kundenbefragungen) sowie regelmäßige Schulungen, Training und Coaching unabdingbar.

10.2.5 Phase IV Forschung (Life-Cycle Management)

Unter Phase IV Forschung werden die *klinischen Prüfungen* der Phase IV, die so genannten *Investigator Sponsored Trials (IST)*, die *nicht-interventionellen Prüfungen* (Non-interventional Trials, NIT) wie beispielsweise Anwendungsbeobachtungen (AWB) oder Registerstudien und andere nicht-interventionelle epidemiologische Studien, pharmakologische, mechanistische und in vitro Studien sowie gegebenenfalls pharmakoökonomische Untersuchungen nach der Zulassung zusammengefasst. Dazu gerechnet werden meist auch im Sinne eines Prämarketings Phase IIIb Studien neu zuzulassender Präparate.

Diese Studien werden in aller Regel von dafür spezialisierten Abteilungen innerhalb und außerhalb des Unternehmens ausgeführt, so beispielsweise von der eigenen klinischen Forschung, von Auftragsinstituten (Contract Research Organizations, CROs), von Kliniken in Eigenverantwortung (ISTs) oder von Spezialinstituten. Wegen des großen regulatorischen und organisatorischen Aufwandes (Arzneimittelgesetz, Good Clinical Practice) werden klinische Prüfungen nur selten von den medizinischen Fachreferenten direkt betreut.

Im Rahmen von nicht-interventionellen Prüfungen (Non-Interventional Trials, NIT), bei denen definitionsgemäß der routinemäßige Einsatz des Medikamentes dokumentiert wird, entfallen die Anforderungen der klinischen Prüfung nach Arzneimittelgesetz. Auch bei diesen Prüfungen werden meist Auftragsinstitute zur Planung, Durchführung und Auswertung hinzugezogen, um die Logistik der zum Teil großen Patientenzahlen zu bewältigen und die Qualität der erhobenen Daten sicherstellen zu können.

Die Ideenkreation neuer Phase IV Projekte liegt vorrangig bei den medizinischen Fachreferenten bzw. der zuständigen Produktgruppe insgesamt. Für einen reibungslosen Ablauf ist aufgrund der Vielzahl der involvierten Stellen und Personen eine *Koordinationsstelle* von großem Vorteil. Dieser *Life-Cycle Manager* kann entsprechende Terminpläne erstellen und überwachen, bei Verzögerungen rechtzeitig die Involvierten verständigen und Maßnahmen zur Beschleunigung koordinieren. Er kann Verzögerungen und Schwachstellen identifizieren und Hilfestellung bei der Behebung anbieten. Auch kann von ihm die Finanzierung fortlaufend überwacht und mit dem Controlling abgestimmt werden. Nicht zuletzt kann der Stelleninhaber auf Basis seiner Erfahrung Verbesserungen im Ablauf

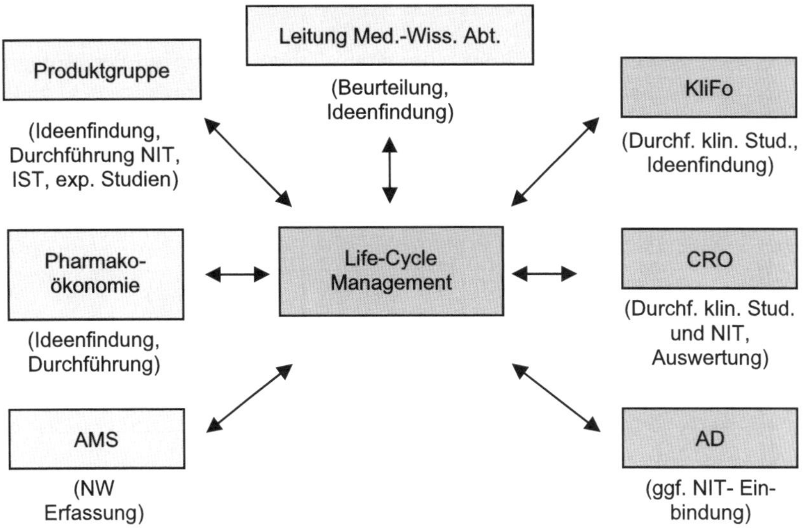

Abb. 10.2. Phase IV-Forschung: Der Life-Cycle Manager im Umfeld

herbeiführen und neue Mitarbeiter in das komplexe Aufgabengebiet der Phase IV Forschung einführen. Die Abb. 10.2 gibt eine Übersicht über die koordinierende Tätigkeit des Life-Cycle Managers.

10.2.6 Koordinationsstelle und Lektorat für offizielle Informationsmedien

Das Arzneimittelgesetz verpflichtet jedes pharmazeutische Unternehmen sicherzustellen, dass die offiziellen Informationsmedien wie Fachinformation, Gebrauchsinformation, Packmittel und Werbematerialien den aktuellsten zugelassenen, medizinisch-wissenschaftlichen Erkenntnissen entsprechen. Hierzu bedarf es einer koordinierenden Stelle, die sicherstellt, dass alle Informationsmedien den behördlich genehmigten Informationstexten entsprechen und termingerecht implementiert sind. Sehr genau arbeitende und pflichtbewusste Mitarbeiter sind eine unabdingbare Voraussetzung an dieser Schnittstelle. Hier erfolgt die gesamte Koordination und Dokumentation, um für eine korrekte und zeitgerechte Umsetzung aktueller *Informationen* in den Packungsbeilagen und Fachinformationen sowie den Promotionsunterlagen Sorge zu tragen. Im Regelfall werden die informierenden Texte von den Fachreferenten Zulassung erstellt und in einem Freigabeverfahren durch das medizinische Fachpersonal überprüft. Nach Abschluss des behördlichen Genehmigungsverfahrens für die Fachinformationen, Gebrauchsinformationen und Packmittel erfolgt die Umsetzung in gedruckte Materialien. Nach der Prüfung der Druckvorlagen auf Übereinstimmung mit den behördlich genehmigten Informationstexten, kommen diese anschließend zur Freigabe, Dokumentation und zur Veranlassung der endgültigen Drucklegung zurück. Die Produktionsstätte wird adäquat informiert.

Für einen geordneten und kontrollierbaren Ablauf ist von großer Bedeutung, dass die jeweils neuesten, gültigen und abgezeichneten Informationstexte *an einer einzigen Stelle* im Unternehmen lagern und für den Abruf verfügbar sind. So ist gewährleistet, dass nicht verschiedene und damit zwangsläufig ungültige Versionen von Packungsbeilagen, Fachinformationen, Pflichttexten für die Werbung und Listeneintragungen (z. B. Rote Liste, Gelbe Liste) in den Verkehr gelangen. Auch für die Abteilungsleiter und den Informationsbeauftragten ist diese Dokumentation an einer Stelle die beste Gewähr, ihrer Kontrollverantwortung nachkommen zu können.

Es ist sinnvoll, diese Stelle in der direkten Verantwortung des Med. Wiss. Leiters oder des Informationsbeauftragten anzugliedern. Anforderungen und Notwendigkeiten im Rahmen von Zulassungserfordernissen und Arzneimittelsicherheitsfragen können somit entsprechend aufgegriffen werden. Der Fachreferent in der Medizin trägt mit seinem speziellen Wissen zu Präparaten und Umfeld in Kooperation mit der Leitung der Med. Wiss. Abteilung besonders dazu bei, dass die Produkte im Markt optimal positioniert und sicher in der Anwendung sind.

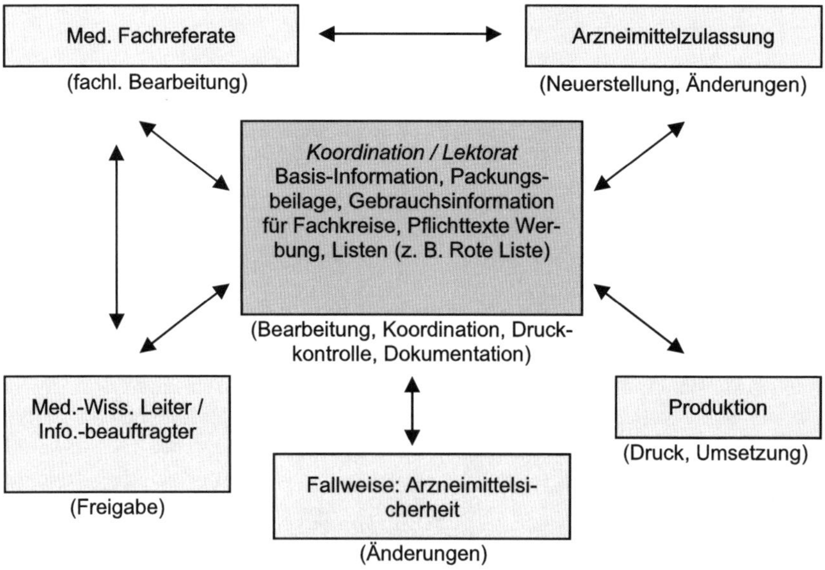

Abb. 10.3. Offizielle Informationsmedien (Fachinformationen, Packungsbeilagen sowie andere Pflichttexte) und deren Bearbeitung

10.3 Abteilungsleitung

Die verantwortliche Führung des Personals der Abteilung ist jeder Leitungsposition inhärent. Hinzu kommt in der Leitung der medizinisch-wissenschaftlichen Funktionen die Zusammenarbeit und dirigistische Aufgabe gegenüber Mitarbeitern, die gegebenenfalls organisatorisch / strukturell anderen Abteilungen eingegliedert sind (z. B. medizinische Fachreferenten in Produktgruppen).

Aus dieser Konstellation ergibt sich eine *Führungsaufgabe durch fachliches Wissen und Qualifikation* – eine herausfordernde Aufgabe in größeren Unternehmen mit vielen Indikationsgebieten und Präparaten. Es ist dem Leiter der Med. Wiss. Abteilung kaum möglich, alle Details aller Präparate und Indikationsgebiete zu kennen. Er muss jedoch in der Lage sein, die Aktivitäten der Firma in allen medizinisch-fachlichen Gebieten beurteilen zu können bzw. gegebenenfalls kritisch zu hinterfragen. Idealerweise ist er durch seine Einblicke in vielfältige Tätigkeiten auch in der Lage, befruchtende Ideen für neue Möglichkeiten in einzelne Produktgruppen hineinzutragen. Generell umfasst das Aufgabenspektrum:

- Einbringung des persönlichen medizinisch-naturwissenschaftlichen Knowhows in den Führungsgremien
- Wahrung der medizinisch-naturwissenschaftlichen Belange im Zusammenhang mit der Promotion der Präparate. Dies beinhaltet die *fachliche Aufsichtspflicht* gegenüber den Produktgruppen sowie eine Kompetenz- und Performancebeurteilung der medizinischen Fachreferenten
- Ausbau der medizinisch-wissenschaftlichen Erkenntnisse zu den Präparaten. Hierzu gehört die Abstimmung der Phase IV Forschung, die *Kontaktierung hochrangiger fachlicher Experten* sowie die Teilnahme an wissenschaftlichen Kongressen
- Stimulation des medizinisch-wissenschaftlichen Personals zur Erarbeitung neuer und neuartiger Entwicklungsstrategien
- Optimierung der Außendienstqualität durch Schulungsmaßnahmen mit effizienten und innovativen Methoden in Abstimmung mit dem Schulungsleiter
- Sicherstellung wissenschaftlicher Informationswahrnehmung der Marketing-Kommunikationspolitik des Unternehmens
- Repräsentanz in externen fachlichen Gremien und gegenüber Meinungsbildnern
- Gegebenenfalls: Wahrnehmung der Pflichten des Informationsbeauftragten und damit Einhaltung der juristischen und ethischen Normen lt. AMG; Verantwortung für die wissenschaftliche Information in allen Medien

Jedes pharmazeutische Unternehmen muss laut Arzneimittelgesetz § 74 a einen so genannten „Informationsbeauftragten" der zuständigen Aufsichtsbehörde benennen. Es ist naheliegend, aber nicht zwingend, die Aufgaben und Pflichten des Informationsbeauftragten und die Funktion des Leiters der Med. Wiss. Abteilung in einer Person zu vereinen. Der gesetzliche Auftrag des *Informationsbeauftragten* lässt sich im Wesentlichen in zwei Punkte fassen:

- Übergeordnete Verantwortung für alle wissenschaftlichen Aussagen, die in Informations- und Promotionsmedien das Haus verlassen
- Schutz des Kunden (Arzt, Apotheker, Endverbraucher) vor Täuschung durch irreführende Angaben
- Einhaltung einschlägiger gesetzlicher Bestimmungen wie beispielsweise des Arzneimittelgesetzes (AMG) oder des Heilmittelwerbegesetzes (HWG)

Die relevanten Paragraphen (§ 74 a und § 8) des Arzneimittelgesetzes sind im Anhang wiedergegeben.

10.4 Anhang

10.4.1 Phase IV-Forschung

Kern eines Phase IV Konzeptes ist ein Paket von:

- *Klinischen Prüfungen* zur Klärung spezifischer Detailfragen, die im Lebenszyklus des Medikamentes auftreten (z. B. Wirkstoffkonzentrationen in spezifischen Geweben). Die Abklärung solcher *Spezialfragestellungen* kann erforderlich sein:
  - zur Erkenntnisanpassung und Gewinnung von Erkenntnissen – entsprechend dem wissenschaftlichen Fortschritt und um Vorsprung vor Mitbewerbern zu erlangen,
  - zur Risikoabwehr im Sinne der Verhinderung gefährlicher Wissenslücken,
  - zur Absicherung von Zulassungen im Rahmen der obligatorischen Verlängerungen.
- Nicht-interventionelle Prüfungen (NIT)
  - zum Erkenntnisgewinn in der Routineanwendung gegebenenfalls an großen Fallzahlen
  - auch als nicht-interventionelle Studien (NIS) bezeichnet
- Post-Authorization Safety Studies (PASS), die sowohl als interventionelle klinische Prüfungen als auch als nicht-interventionelle Prüfungen durchgeführt werden können
  - zum Erkenntnisgewinn hinsichtlich besonderer Sicherheitsdaten nach der Zulassung eines Arzneimittels entweder als Auflage der Zulassungsbehörden oder auf Veranlassung des pharmazeutischen Unternehmers
  - zur frühen Erkennung von Risikosignalen und als Instrument der kontinuierlichen Sicherheitsüberwachung

Wenn sich ein Medikament in einzelnen Ländern in verschiedenen Stadien des Lebenszyklus befindet, sind die *Anforderungen* an die Phase IV Forschung überwiegend *landesspezifisch*. Durch die Marktnähe der medizinischen Fachreferenten sollten die Ideen für weiterführende Untersuchungen speziell von diesen fachlichen Spezialisten kommen.

Hinsichtlich der juristischen Bestimmungen, der Anforderungen und der Durchführung von klinischen Prüfungen und nicht-interventionellen Prüfungen kann auf entsprechende Spezialliteratur verwiesen werden.[199] Da im Stadium nach der Zulassung die nicht-interventionellen Prüfungen wie beispielsweise AWBs eine spezielle Rolle einnehmen, soll hier auf einige wesentliche Aspekte hingewiesen werden:

- AWBs sind nach § 67, Abs. 6 AMG „Untersuchungen, die dazu bestimmt sind Erkenntnisse bei der Anwendung zugelassener Arzneimittel zu sammeln". Klinische Prüfungen sind durch strenge Reglementierungen immer artifiziell – AWBs bringen Erkenntnisse unter naturalistischen Routinebedingungen. Somit sind AWBs keine klinischen Prüfungen im Sinne des Arzneimittelgesetzes, der Arzt verschreibt das Medikament im Rahmen seiner üblichen Therapiegewohnheiten, d. h. nach entsprechender Diagnosestellung und Behandlungsentscheidung. Dies bedeutet auch den Wegfall der üblichen Verpflichtungen der klinischen Prüfung, wie Einhaltung strenger Ein- und Ausschlusskriterien, Einteilung der Patienten nach Zufallsverteilung und Patientenversicherung. Die Anhörung einer Ethikkommission und das Einholen einer Einverständniserklärung des Patienten nach Aufklärung sind bislang nicht gesetzlich vorgeschrieben.
- Das BfArM hat 1998 Empfehlungen zur Planung, Durchführung und Auswertung von AWBs herausgegeben, die in Kürze in überarbeiteter Form gemeinsam mit dem PEI verabschiedet werden. Danach dürfen AWBs nicht primär Marketinginteressen dienen, sondern müssen eine medizinisch-wissenschaftliche Fragestellung beantworten.

Darüber hinaus hat der Verband der forschenden Arzneimittelindustrie im Januar 2007 Empfehlungen zur Verbesserung der Transparenz und Qualität von Nicht-interventionellen Studien (NIS) veröffentlicht, die über die BfArM-Empfehlungen hinaus folgende Aspekte betreffen[200]:

- Beratung durch eine Ethikkommission
- Registrierung der Studie in einem öffentlich zugänglichen Online-Register
- Einholen der Einverständniserklärung der Patienten
- Veröffentlichung der Ergebnisse spätestens 12 Monate nach Abschluss der Untersuchung
- Verantwortung für Durchführung und Budget der Studie liegt in der medizinischen Abteilung

---

[199] Vgl. dazu beispielsweise de la Haye, R., Herbold, M. (2000), Victor, N., Schäfer, H., Nowak, H. (1991), Hehner, B. (1991), Mothes, K. G. (1984), Verband Forschender Arzneimittelhersteller e. V. (2000), Witte, P. U., Schenk, J., Schwarz, J. A., Kori-Linder, C. (2000), Kori-Lindner, C., Eberhardt, R. (2007).

[200] Vgl. Verband Forschender Arzneimittelhersteller (VFA) (2007b).

In nicht-interventionellen Prüfungen können insbesondere Erkenntnisse gewonnen werden zu:

- Verordnungsverhalten und Verschreibungsgewohnheiten (Therapieschemata, Präferenz spezieller Patientengruppen, Vor- und Begleitmedikation, Beachtung der Fach- bzw. Gebrauchsinformation)
- Erkenntnisvertiefung hinsichtlich unerwünschter Arzneimittelwirkungen (Häufigkeit und Intensitäten, gegebenenfalls neue UAWs, Wechselwirkungen)
- Erkenntniserweiterung zur Wirksamkeit (z. B. Wirksamkeit in Subgruppen, Charakterisierung spezieller Responder / Nonresponder)

Gelegentlich werden die Fragestellungen bzw. Zielsetzungen einer NIT auch in einem so genannten *„Impetus-Profil"* zusammengefasst

I	Indikations-Profil
M	Multimorbiditäts-Profil
P	Polypharmaka-Profil
E	Effektivitäts-Profil
T	Therapiestrategie-Profil
U	UAW-Profil (unerwünschte Arzneimittelwirkungen)
S	Setting-Profil (Rahmenbedingungen: Niedergelassene? Kliniker? Fachärzte? zusätzliche Psychotherapie etc.)

Weiterführend können in anspruchsvollen nicht-interventionellen Prüfungen auch eingebaut werden:

- Erfassung / Änderung von Risikofaktoren
- Pharmakoepidemiologische Fragen
- Pharmakoökonomische Fragen

10.4.2 Checkliste „Schulungskonzept bei Neueinführungen" für medizinisch-fachliche Schulungsinhalte

10.4.2.1 Basisschulung

- Indikationsgebiete
  - Anatomie und Physiologie
  - Pathophysiologie
  - Krankheitsspezifika
  - Diagnostik
  - Therapiespektrum und -grenzen
  - Probleme der Behandlung
  - Medizinische Trends der Zukunft

10.4.2.2
Spezifischer Teil

- Neues Präparat
  - Technische Aspekte (Herstellung, Galenik, Chemie)
  - Therapieprinzip
  - Pharmakodynamische Wirkung und biochemische Mechanismen im Vergleich zu anderen Präparaten
  - Toxikologie im Vergleich
  - Pharmakokinetik bei der Normalpopulation und bei Problempatienten (z. B. Niereninsuffizienz, Leberschäden): Absorption, Verteilung, Exkretion, Halbwertszeit, absolute und relative Bioverfügbarkeit.
  - Klinische Wirkung im Vergleich zu anderen Präparaten
  - Klinische Verträglichkeit im Vergleich (Nebenwirkungs-Spektrum, Wechselwirkungen mit anderen Präparaten)
  - Handhabung des Präparates und Dosierung
  - Spezialaspekte
  - Laufendes, internationales Entwicklungsprogramm, z. B. klinische Studien im Life-Cycle Management
- Konkurrenzpräparate
  - bisherige Therapien
  - Stärken und Schwächen der Präparate
  - Abgrenzung zum eigenen Präparat
- Laufende / geplante klinische Spezialstudien

Anmerkung: Die Basisunterlagen werden vom Lehrbeauftragten erstellt und präsentiert, die präparatspezifischen Teile präferentiell vom medizinischen Fachreferenten.

10.4.3
Informationsbeauftragter lt. AMG

§ 74 a Informationsbeauftragter
(1) Wer als pharmazeutischer Unternehmer Fertigarzneimittel, die Arzneimittel im Sinne des § 2 Abs. 1 oder Abs. 2 Nr. 1 sind, in den Verkehr bringt, hat eine Person mit der erforderlichen Sachkenntnis und der zur Ausübung ihrer Tätigkeit erforderlichen Zuverlässigkeit zu beauftragen, die Aufgabe der wissenschaftlichen Information über die Arzneimittel verantwortlich wahrzunehmen (Informationsbeauftragter). Der Informationsbeauftragte ist insbesondere dafür verantwortlich, dass das Verbot des § 8 Abs. 1 Nr. 2 beachtet wird und die Kennzeichnung, die Packungsbeilage, die Fachinformation und die Werbung mit dem Inhalt der Zulassung oder der Registrierung oder, sofern das Arzneimittel von der Zulassung oder Registrierung freigestellt ist, mit den Inhalten der Verordnungen über die Freistellung von der Zulassung oder von der Registrierung nach § 36 oder § 39 Abs. 3 übereinstimmen. Satz 1 gilt nicht für Personen, soweit sie nach § 13 Abs. 2 Satz 1 Nr. 1, 2, 3 oder 5 keiner Herstellungserlaubnis bedürfen. Andere Personen als in

Satz 1 bezeichnet dürfen eine Tätigkeit als Informationsbeauftragter nicht ausüben.
(2) Der Nachweis der erforderlichen Sachkenntnis als Informationsbeauftragter wird erbracht durch das Zeugnis über eine nach abgeschlossenem Hochschulstudium der Humanmedizin, der Humanbiologie, der Veterinärmedizin, der Pharmazie, der Biologie oder der Chemie abgelegte Prüfung und eine mindestens zweijährige Berufserfahrung oder durch den Nachweis nach § 15. Der Informationsbeauftragte kann gleichzeitig Stufenplanbeauftragter, Herstellungs-, Kontroll- oder Vertriebsleiter sein.
(3) Der pharmazeutische Unternehmer hat der zuständigen Behörde den Informationsbeauftragten unter Vorlage der Nachweise über die Anforderungen nach Absatz 2 und jeden Wechsel vorher mitzuteilen. Bei einem unvorhergesehenen Wechsel des Informationsbeauftragten hat die Mitteilung unverzüglich zu erfolgen.

§ 8 Verbote zum Schutz vor Täuschung
(1) Es ist verboten, Arzneimittel herzustellen oder in den Verkehr zu bringen, die
1. durch Abweichung von den anerkannten pharmazeutischen Regeln in ihrer Qualität nicht unerheblich gemindert sind oder
2. mit irreführender Bezeichnung, Angabe oder Aufmachung versehen sind. Eine Irreführung liegt insbesondere dann vor, wenn
   a) Arzneimitteln eine therapeutische Wirksamkeit oder Wirkungen beigelegt werden, die sie nicht haben,
   b) fälschlich der Eindruck erweckt wird, dass ein Erfolg mit Sicherheit erwartet werden kann oder dass nach bestimmungsgemäßem oder längerem Gebrauch keine schädlichen Wirkungen eintreten,
   c) zur Täuschung über die Qualität geeignete Bezeichnungen, Angaben oder Aufmachungen verwendet werden, die für die Bewertung des Arzneimittels mitbestimmend sind.

(2) Es ist verboten, Arzneimittel in den Verkehr zu bringen, deren Verfallsdatum abgelaufen ist.

11 Kommunikation

Oliver Ehrnstorfer

medical relations GmbH, Langenfeld

11.1 Kommunikation: Alltäglich und komplex

„Man kann nicht nicht kommunizieren" hat Paul Watzlawick Ende der 1960er Jahre festgestellt[201] und damit der Kommunikation einen ziemlichen Bärendienst erwiesen. Kaum ein anderer Satz ist in Sachen Kommunikation so oft zu hören wie dieser. Und die häufig damit verbundene fatale Schlussfolgerung ist: Wir sind alle Kommunikationsprofis. Zumindest tun wir so, als ob, und lesen gleichzeitig Bücher, die uns unterhaltsam darlegen, dass Männer und Frauen sich nicht verstehen können und dass dies mindestens genetisch begründet oder gar gottgegeben ist. Wenn uns dabei das Unbehagen beschleicht, dass Nicht-Verstehen könnte weit mehr Lebensbereiche umfassen, als nur die zwischen den Geschlechtern, so sind wir auf der richtigen Fährte. Es wird nämlich gern vorenthalten oder ausgeblendet, dass man den eigentlich entscheidenden Satz zu Watzlawick noch ergänzen muss: Wir können nicht nicht kommunizieren, aber eigentlich geht es meistens schief. Die Gründe des kommunikativen Scheiterns sind zahlreich: Meist will uns niemand zuhören oder der Zuhörende tut nur so, als ob. Oder aber unser Zuhörer ist guten Willens, versteht aber nicht, was wir sagen wollen. Dieses Nicht-Verstehen kann an ihm, an uns oder beiden Seiten liegen. Schließlich, das soll auch vorkommen: Wir reden schlicht Unsinn oder Unverständliches, was so ziemlich auf das Gleiche herauskommt.

Kurzum, wir tun alle wie Kommunikationsprofis, sind es aber nicht. Zwar gelingt es uns in der Regel, beim Bäcker Brötchen fürs Sonntagsfrühstück zu kaufen (obwohl es auch hier Fußangeln gibt, wenn man mal an einem Ort ist, wo die

[201] Watzlawick, P. u. a. (1969), S. 53. Watzlawick weitet dabei den Kommunikationsbegriff auf das Verhalten insgesamt aus, was in der Rezeption bzw. Verwendung des Zitats oft verkannt wird. Allerdings geht die Kritik an Watzlawick dennoch dahin, dass eine differenziertere Betrachtungsweise notwendig ist.

Brötchen Semmeln oder Schrippen heißen). Die zielgerichtete Kommunikation definierter Inhalte an eine bestimmte Zielgruppe erfordert aber mehr. Sie ist ein komplexer Vorgang, der ergebnisorientiert mit strategisch sinnvollen Mitteln erfolgen muss. Einen zumindest mittellangen Atem (je nach zu vermittelnden Inhalten) benötigt man obendrein. Dann schlägt die Stunde der Kommunikationsprofis, die sich nicht nur durch ein überdurchschnittliches Sprachgefühl auszeichnen sollten, sondern auch durch klares analytisches und strategisches Denken. Kreativität und Diplomatie gehören ebenso dazu wie ein erlerntes Handwerk, für das Agenturen – bei Hochschulabsolventen – eine in der Regel 12- bis 18-monatige Ausbildungszeit ansetzen. Inhaltliches Know-how mitzubringen kann vorteilhaft sein, ist aber nicht zwingend notwendig. In komplexe Sachverhalte einarbeiten sollte der Kommunikationsprofi sich nämlich auch können.

Bevor Aspekte der Pharmakommunikation näher beleuchtet werden, sollen in wenigen Punkten, höchst subjektiv und sehr selektiv – und damit freilich auch angreifbar – einige pragmatische Überlegungen zur Kommunikation bzw. zum kommunikativen Handeln vorgestellt werden.

1. Es gibt zu viel „Nullkommunikation" in der Welt. Nullkommunikatoren wollen Sie hypnotisieren wie die Schlange ihre Beute und so von wichtigen Fragen ablenken – oder aber verbergen, dass sie keine substantielle Aussage anzubieten haben. Bedienen Sie sich selbst keiner Nullkommunikation. Dauerhaft werden Ihre Zuhörer Ihnen dies verübeln und Sie mit Nichtachtung strafen.
2. Beherzigen Sie die von Herbert Paul Grice im Rahmen seines Kooperationsmodells aufgestellten Konversationsmaximen,[202] die sich auf die Kommunikation allgemein übertragen lassen:[203]
   Maxime der Quantität
   Man sollte nur so viele Informationen vermitteln, wie notwendig sind und sich auf das Wesentliche beschränken.
   Maxime der Qualität
   Eigentlich eine Selbstverständlichkeit: Kommunikationsinhalte sollten wahr, nachvollziehbar und überprüfbar sein.
   Maxime der Relevanz
   Fragen Sie sich bei allen kommunikativen Maßnahmen oder zu kommunizierenden Inhalten: Wozu das Ganze? Kommunizieren Sie nur, wenn Sie von der Relevanz der Aussagen und Inhalte überzeugt sind oder zumindest unter professionellen Gesichtspunkten hinter diesen stehen können.
   Maxime der Modalität
   Auch auf die Art und Weise der Informationsvermittlung kommt es an: Sie sollte klar, eindeutig und möglichst kompakt sein.
3. Der römische Dichter Horaz sagt: „aut prodesse volunt aut delectare poetae [aut simul … dicere]"[204] – Die Dichter wollen nutzen („prodesse") oder erfreu-

[202] Hierbei handelt es sich um eine subjektive Auswahl, mit der man nach Erfahrung des Autors aber recht gut fährt. Die wesentliche Kritik an Grice ist, dass seine Maximen in der Praxis schwer einzuhalten sind – aber das muss ja kein Nachteil sein.

[203] Grice, H. P. (1975), S. 243–265.

[204] Horatius Flaccus, Q. (1985), S. 562, De Arte Poetica, Vers 333 f.

en („delectare") oder beides. Dies gilt auch für die Kommunikation. Über das Nutzen wird man sich meist verständigen können, beim „delectare" sieht man sich schnell in Diskussionen verwickelt. Wenn man sich aber überlegt, was dies zielgruppenspezifisch bedeutet, wird man aber dahin kommen, dass selbst für die nüchternsten Wissenschaftler eine „verspielte" Möglichkeit gefunden werden kann, ihnen Inhalte nahezubringen. Wenn man einen vernünftigen Mix von „prodesse" und „delectare" findet, werden es die Zielgruppen danken. Und noch wichtiger: Man wird positiv auffallen und erinnert werden.

4. Von der Kommunikation zum Agieren ist es ein weiter Weg: „Gesagt ist nicht gehört. Gehört ist nicht verstanden. Verstanden ist nicht einverstanden. Einverstanden ist nicht behalten. Behalten ist nicht umgesetzt. Umgesetzt ist nicht beibehalten."[205] Das ist schlicht menschlich und dagegen hilft nur der schon genannte lange Atem in der Kommunikation sowie strategisches Herangehen auf verschiedenen Kanälen. Wer dies nicht akzeptiert, den wird man mit kommunikativen Mitteln nicht zufriedenstellen können.
5. Auch wenn es gern ausgeblendet wird: Kommunikation hat etwas mit Sympathie und Vertrauen zu tun. Geglaubt wird dem, der einem sympathisch ist, auch wenn dies nur intuitiv begründet, also letztlich irrational ist. Weniger gute Sympathiewerte wird man, egal, ob als Einzelperson oder als Unternehmen, mit noch so zahlreichen trefflichen Argumenten nur schwer ausgleichen können.
6. Konsensusfindung ist eines der Grundgebote der professionellen Kommunikation. Häufig ist eine Kompromisssuche für die richtigen Aussagen zu einem bestimmten Thema schwierig und ermüdend und das Ergebnis dann oft ein zahnloser Tiger. Dennoch gehört die Fähigkeit, auch unter diesen Bedingungen konsensuale Kommunikationsbotschaften zu definieren und umzusetzen zu den Kernkompetenzen eines Kommunikationsberaters.

So trivial sich diese Punkte ausnehmen mögen, so zeigt doch die Erfahrung, dass beispielsweise bei der Evaluation kommunikativer Maßnahmen, die nicht die gewünschte Wirkung zeigen, vor allem das Relevanzkriterium häufig verletzt wurde. Oder man ist mit seinen Inhalten nicht weiter aufgefallen, weil man mit allen Maßnahmen in der Norm geblieben ist: Unter lauter Nützlichem fällt nur das auf, das durch einen Mehrwert „erfreut".

Von zentraler Bedeutung sind die meist eng gesteckten Rahmenbedingungen der Kommunikation. Dieser Rahmen wird von juristischen Eckpunkten, öffentlichen Selbstverpflichtungen und allgemein anerkannten Konventionen gebildet. Zudem bestehen unternehmenseigene Vorgaben mit manchmal offensivem, öfters aber defensivem Charakter.

Bezogen auf den Pharmabereich ist das Ziel der Kommunikation für ethische Arzneimittel letztlich das Generieren von Verschreibungen durch Information des Arztes, aber auch von Patienten bzw. Laien über innovative Therapien. Im Bereich der OTC-Arzneimittel ist es das Ziel, den Apotheker davon zu überzeugen, dass er seinen Kunden ein bestimmtes Präparat empfiehlt, bzw. den Kunden / Patienten so gut zu informieren, dass er ein bestimmtes Präparat direkt verlangt.

---

[205] Das Zitat wird in dieser oder ähnlicher Form Konrad Lorenz zugeschrieben.

Auf die verschiedenen Beteiligten in diesen Kommunikationsprozessen und eine Auswahl der Kommunikationsdisziplinen soll im Folgenden eingegangen werden.

11.2 Kommunikationsabteilung im Unternehmen

In Pharmaunternehmen gibt es in aller Regel eine Abteilung für Unternehmenskommunikation, häufig kurz U-Komm genannt. Deren Struktur und Aufgabenbereich ist von Unternehmen zu Unternehmen verschieden.

Eine zentrale Aufgabe dieser Abteilung ist die „Corporate Communication" nach außen und innen. Auf der einen Seite steht die interne Kommunikation, die mit einer ganzen Palette von Maßnahmen aktuelle Themen des Unternehmens an alle Mitarbeiter kommunizieren soll und dabei das Ziel einer gemeinsamen Informationsbasis ebenso vor Augen hat, wie das einer Stärkung des Wir-Gefühls (als Teil der „Corporate Identity"). Hinzu kommt häufig eine Ebene der Motivations- und Aktivitätsförderung der Mitarbeiter.

Der zweite Aspekt bezieht sich auf die Darstellung des Unternehmensimages nach Außen, sei es gegenüber der regionalen Presse am Standort, Wirtschaftsredaktionen (als Teilbereich der Investor Relations) oder im Rahmen größer angelegter Image-Kampagnen. In diesem Zusammenhang ist auch die Krisen-PR zu nennen, die in schöner Regelmäßigkeit Schlagzeilen macht, weil sich Unternehmen nicht rechtzeitig gut aufgestellt haben.

Äußerst unterschiedlich ist die Rolle der U-Komm mit Blick auf die Marketingkommunikation, also die Kommunikation für ein bestimmtes Produkt oder eine Produktgruppe. In manchen Unternehmen ist die Abteilung beratend involviert, in anderen wieder direkt an der Produktkommunikation beteiligt. Selten ist die Unternehmenskommunikation für die Produktkommunikation allein verantwortlich. Dies ist meist eine im Marketing angesiedelte Aufgabe.[206] Häufig werden alle Aufgaben vom Produktmanager in Personalunion wahrgenommen, oft gibt es aber auch einen eigenen PR-Beauftragten. Entscheidend sind hierfür letztlich die Struktur des Unternehmens und auch die Größe des betreuten Produkts bzw. der Produktgruppe.

Hinzu kommt noch, dass die Zuständigkeiten für Werbung, PR, Medical Education etc. auf unterschiedliche Personen oder sogar auf unterschiedliche Abteilungen aufgeteilt sind. Dies macht eine Koordination manchmal schwierig, intern, wie auch extern zu den Agenturen hin.

Die Kommunikation spielt also im Unternehmen und für das Unternehmen eine zentrale Rolle. Unabhängig vom Pharmabereich kann man sagen: Je erklärungsbedürftiger die Produkte, desto wichtiger die Kommunikation. Dass sich die Unternehmen zur Umsetzung ihrer Kommunikationsprojekte Unterstützung von außen holen, hat neben dem Know-how und der zeitlichen Entlastung auch noch den

[206] Zum Pharmamarketing siehe Kap. B 9.

Grund, dass sich die Kommunikationsberater aus einer neutralen Perspektive und mit unverstelltem Blick mit den kommunikativen Aufgaben beschäftigen können.

Grundlage der Zusammenarbeit (von juristischen und kaufmännischen Gesichtspunkten abgesehen) ist das Kommunikationskonzept und der daraus abgeleitete Maßnahmenplan, wenn man so will das Drehbuch für die Kommunikation.

11.3 Das Kommunikationskonzept

Ein wesentlicher Teil der Konzeptionsleistung der Agentur – und das sollte man eigentlich fett drucken – beruht auf dem Briefing, das sie erhält. Es lohnt sich daher in jedem Fall, auf Unternehmensseite in dieses Briefing Zeit und Mühe zu investieren. Was hingegen kann das Unternehmen von einem Kommunikationskonzept erwarten?[207]

Auf Basis der Aufgabenstellung, die sich konkret noch einmal wiederfinden sollte, ist zunächst eine Analyse zu erwarten. Neben Wettbewerbsanalyse, SWOT-Analyse (Strengths / Stärken, Weaknesses / Schwächen, Opportunities / Chancen, Threats / Gefahren) etc. sollte eine Übertragung auf die Kommunikationsebene geleistet werden. Es muss gezeigt werden, wie sich die Grundfragestellung (gegebenenfalls das Problem) als Herausforderung für die Kommunikation verstehen lässt. Vor diesem Hintergrund sollte ein klares Kommunikationsziel formuliert sein.

Als nächster Schritt ist die Strategie zu benennen, nach der vorgegangen werden soll. Dann ist darzustellen, wie diese auf die identifizierten Zielgruppen angewandt werden soll und welche Kernbotschaften zum Einsatz kommen sollen. Auf dieser Basis erfolgt die begründete Empfehlung der geeigneten Maßnahmen in einem zeitlichen Verlauf. Der Vorschlag für die Evaluation der Kommunikationsmaßnahmen einzeln sowie in ihrer Gesamtheit sollte ebenso nicht fehlen, wie – natürlich – ein detaillierter Kostenplan.

Ein umfassendes Gesamt-Kommunikationskonzept für den Pharmabereich beinhaltet eine ganze Reihe von Kommunikationsdisziplinen wie:

- Werbung
- Public Relations (Print-, TV-, Hörfunk- und Onlinebereich), neben der klassischen Marketing- oder Image-PR Bereiche wie Investor Relations, Public Affairs, Corporate- oder Krisen-PR
- Medical Education / Fortbildungskonzepte inkl. CME
- Direkt- und Dialogmarketing
- eMarketing-Strategien
- Online Plattformen (Fach- und Laienbereich)

---

[207] Zur Entwicklung von Kommunikations- bzw. PR-Konzepten allgemein z. B.: Dörrbecker, K., Fissenewert-Gossmann, R. (2001), Fissenewert, R., Schmidt, S. (2006), Leipziger, J. W. (2007).

- Neue Medien (TV-Formate im Web oder für Mobilfunk, Podcast, Web2.0-Formate)
- Sales Force[208]

Zwischen diesen Disziplinen gibt es zahlreiche Überschneidungen, so spielt beispielsweise die Meinungsbildnerarbeit nicht nur für die Medical Education, sondern auch für die PR eine Rolle. Es gibt auch Bereiche, die sich bei näherem Hinsehen durch unterschiedliche Herangehensweisen charakterisieren, wie das Erstellen von PR-Materialien gegenüber dem Erstellen von Werbematerialien.

Die Vielzahl der möglichen Kommunikations-Kanäle bringt es mit sich, dass der Stellenwert crossmedialer Elemente zunimmt, also die Fragestellung, wie die gleichen Inhalte über verschiedene Medien nutzbar gemacht werden können, um so verschiedene Zielgruppen bzw. verschiedene Perzeptionsgewohnheiten zu bedienen.

Zielgruppen der verschiedenen Kommunikationskanäle sind im Wesentlichen medizinische / pharmazeutische Fachkreise, Meinungsbildner / Key-Opinion-Leader (KOL), die Sales Force selbst und nicht zuletzt Patienten und Angehörige („direct to patient", DTP) bzw. die breite Öffentlichkeit („direct to consumer", DTC). Die Grenzen und Möglichkeiten der DTP- und DTC-Kommunikation werden durch das Heilmittelwerbegesetz (HWG) geregelt.[209] In diesem Zusammenhang gelten enge Vorgaben für verschreibungspflichtige („ethische" oder „RX-") Produkte. Für OTC („over the counter")-Produkte sind die Spielräume größer.

Bei der Zusammenarbeit mit Ärzten – egal ob aus Praxis oder Klinik, Hausarzt oder KOL – ist der Verhaltenskodex[210] der „Freiwilligen Selbstkontrolle für die Arzneimittelindustrie e. V." zu beachten. Inwiefern der Kontakt zu Journalisten unter diesen Kodex fällt, wird unterschiedlich ausgelegt.

Die grundsätzlichen Erwartungen an ein Kommunikationskonzept haben sich über die letzten Jahre stark verändert. Von der einseitigen Kommunikation der eigenen Inhalte über eine verstärkte Betonung eines dialogischen Charakters hin zu „Integrierter Kommunikation". Und während über den Sinn und die Umsetzbarkeit Letzterer noch intensiv diskutiert wird, wird die integrierte Kommunikation fast schon von der interaktiven Kommunikation (unter dem Stichwort Web2.0) überholt.

Ein gutes Konzept wird sich letztlich durch eine überzeugende Strategie, eine mitreißende Leitidee, eine klare Zuordnung von Maßnahmen zu den Zielgruppen und nachvollziehbare Begründungen für die einzelnen Schritte sowie die jeweils vorgeschlagenen Maßnahmen auszeichnen. Und natürlich dadurch, dass das Ziel, Verordnungen oder Nachfrage zu generieren nicht aus den Augen gelassen wird.

---

[208] Zum Außendienst bzw. Pharmareferenten siehe Kap. C 2 und C 3.

[209] Für Werbung und PR steht dabei das Verbot im Vordergrund, in Laienkreisen für verschreibungspflichtige Präparate zu werben oder auch nur zu informieren (Ausnahme: Information über innovative Therapien im Rahmen von deren Markteinführung).

[210] Kodex der Mitglieder des Vereins „Freiwillige Selbstkontrolle für die Arzneimittelindustrie e. V." („FS Arzneimittelindustrie"-Kodex) vom 16. Februar 2004 (bekannt gemacht im Bundesanzeiger vom 22. April 2004, BAnz. Nr. 76, S. 8732), geändert am 2. Dezember 2005 (bekannt gemacht im Bundesanzeiger vom 29. März 2006, BAnz. Nr. 62, S. 2220).

11.4. Kommunikationsdisziplinen

Die unterschiedlichen Kommunikationsdisziplinen werden auf der Dienstleisterseite von spezialisierten Agenturen repräsentiert. Dabei gibt es Unterschiede darin, ob die jeweilige Agentur im Rahmen einer Disziplin tätig ist oder ob mehrere Units mit unterschiedlichen Schwerpunkten unter einem Dach zusammengefasst sind. Größere Agenturen und Netzwerkagenturen sind meist bestrebt, alle Disziplinen aus „einer Hand“ anzubieten. Das Für und Wider dieser einzelnen Organisationsformen soll nicht näher thematisiert werden. Allerdings geht der Befund dahin, dass das Pharmaunternehmen als Kunde letztlich immer mit mehreren Spezialisten der einzelnen Kommunikationsdisziplinen zusammenarbeitet, unabhängig davon, ob sie aus einer oder verschiedenen Agenturen stammen.

Eine Auswahl dieser Disziplinen sollen nun etwas näher betrachtet werden.

11.4.1 Werbung

Bei der Werbung im Arzneimittelmarkt muss vor dem Hintergrund des bereits zitierten Heilmittelwerbegesetztes (HWG) prinzipiell zwischen ethischen und OTC-Präparaten unterschieden werden. Anders als in anderen Ländern, z. B. den USA, dürfen in Deutschland verschreibungspflichtige Arzneimittel nicht beworben werden. Dies bezieht sich nicht nur auf die Kanäle der klassischen Werbung (Print, TV, Hörfunk, Internet, Direktmarketing etc.) sondern unter juristischen Gesichtspunkten auf jegliche Kommunikation, also beispielsweise auch auf PR, die ebenfalls als „Bewerbung“ verstanden wird.

Daraus folgt, dass ethische Präparate nur gegenüber Fachkreisen beworben werden dürfen. Dies hat dazu geführt, dass unter der Annahme, es mit spezifischen Zielgruppen zu tun zu haben, beispielsweise Werbung in Fachzeitschriften nur als „Pflicht“, PR hingegen als „Kür“ angesehen wurde. Mittlerweile haben manche Unternehmen erkannt, dass auch ein ethisches Medikament durchaus ein Markenbild verträgt, das sich in einem Werbeauftritt verdichtet niederschlägt, und dass auch Ärzte, Apotheker etc. letztlich „normale Zielgruppen“ sind. Kurzum: Auch im ethischen Arzneimittelmarkt hat Werbung ihren Sinn und ihre Berechtigung.

Im OTC-Markt hingegen gelten prinzipiell die gleichen Regeln wie für jede andere Werbung auch und entsprechend können alle oben genannten Kanäle eingebunden werden. Es wird allerdings oft darauf hingewiesen, dass gegenüber anderen Konsumgütern ein wesentlicher Unterschied besteht: Während bei einem Konsumgut die Kaufbereitschaft erst geweckt werden muss, ist bei einem von einer Erkrankung Betroffenen ein Leidensdruck vorhanden, der quasi automatisch eine Kaufbereitschaft erzeugt. Das stimmt zwar, es bleibt aber das Faktum bestehen, dass über die jeweilige Werbung die Kaufbereitschaft auf ein konkretes Produkt gelenkt werden soll. Und so ist es letztlich die wesentliche Aufgabe der Werbetreibenden, sich für eine wissenschaftliche oder emotionale Ansprache zu entscheiden, das Präparat in den Vordergrund zu stellen oder das Unternehmen als zuverlässigen Partner zu positionieren, auf Wirkstärke oder Sanftheit oder beides zu setzen und vieles mehr.

Natürlich wird auch in medizinischen Fachzeitschriften für OTC-Präparate geworben, egal ob der Arzt dadurch veranlasst werden soll, ein bestimmtes Präparat zu empfehlen oder ein grünes bzw. ein Privatrezept auszustellen.

Das Erstellen von Schaltplänen ist die Aufgabe von Mediaagenturen, die mit ihren Instrumenten den Werbedruck so kanalisieren können, dass der gewünschte Impact erreicht werden kann.

Abschließend sei bemerkt, dass beispielsweise das Erstellen von Außendienst-Besprechungsmaterial, Tools für das Direktmarketing oder die Standgestaltung bei Messen auch in das Angebot von Werbeagenturen fällt und somit ein enger Zusammenhang zum Außendienst gegeben ist.

11.4.2 Medical Education

Die direkte Kommunikation mit den Zielgruppen nimmt einen hohen Stellenwert ein. Hier hat die Medical Education ihren Platz, die der Tatsache Rechnung trägt, dass Ärzte vermehrt fachliche Fortbildung nachweisen müssen. So sind die Organisation von (Satelliten-)Symposien im Rahmen von Kongressen, überregionale oder regionale Fortbildungen, CME zertifizierte Fortbildungen im Printbereich oder online hilfreiche Tools. Mit ihnen können auf einem hohen wissenschaftlichen Niveau die für ein Produkt relevanten Inhalte vermittelt werden. Für viele Fortbildungskonzepte konstituierend ist ein „top-down"-Mechanismus: In ersten Gesprächen (meist im Rahmen von „Advisory Boards") werden mit führenden Meinungsbildnern die Inhalte festgelegt, die dann, teils mit den Top-Meinungsbildnern als Referenten, den breiten Ärztezielgruppen vermittelt werden.

Darüber hinaus stellen Advisory Boards eine kontinuierliche wissenschaftliche Beratung sicher. Die Mitglieder des Advisory Boards sind zudem meist die bevorzugten Experten für PR-Maßnahmen (als Referenten, Interviewpartner etc.).

Der Bereich der Medical Education ist aber noch umfassender: Medical Writing für Originalbeiträge in wissenschaftlichen Zeitschriften gehört ebenso dazu wie das Erstellen wissenschaftlicher Hintergrundunterlagen oder die Visualisierung medizinischer Zusammenhänge und Vorgänge. Auch komplexere Außendienstunterlagen, die beispielsweise als Hintergrundmaterial beim Arzt abgegeben werden, werden häufig von Medical-Education-Spezialisten erstellt. Auf der anderen Seite bieten viele PR-Agenturen Leistungen an, die ebenso in der Medical Education verankert sind, etwa verschiedene Formen des Medical Writing. Die Übergänge sind fließend und hängen davon ab, wie die einzelnen Anbieter aufgestellt sind.

11.4.3
Public Relations

Die Erkenntnis, dass PR mehr ist als das gute alte „Tue Gutes und sprich darüber" dürfte mittlerweile unbestritten sein. Ein wesentliches Ziel der PR ist es, eine positive Berichterstattung in den Medien zu erreichen. Hierzu verfügt die klassische PR über ein breites Spektrum an Maßnahmen: Pressedienste, Pressekonferenzen und -roundtables, „Meet the Expert"-Veranstaltungen, Interviews, Sonderberichte, Kongressbegleitungen oder Fortbildungen für Journalisten, Redaktionsreisen und viele mehr.

Das unterschiedliche Herangehen an die Medien soll im Folgenden kurz beleuchtet werden.

11.4.3.1
Kommunikation mit Fachmedien

Die deutsche medizinische Fachpresse ist breit aufgestellt. Die Gesamtheit der Titel bietet ein in jeder Hinsicht breites Spektrum: Tageszeitungen für Ärzte, Wochen- und Monatshefte, Medien mit quartalsweiser Erscheinungsweise, Zeitschriften- und Zeitungsformate, Medien mit der Zielgruppe API (Allgemeinmediziner, Praktiker, Internisten) und mit den verschiedenen Facharztzielgruppen, Formate mit medizinischem Schwerpunkt und solche, die zudem oder stattdessen Gesundheits- sowie Verbandspolitik oder einen ökonomischen Schwerpunkt bieten. All diesen Medien ist gemeinsam, dass sie nur Fachzielgruppen zugänglich gemacht werden und damit speziellen Regeln unterliegen. Bei der Ansprache der medizinischen Fachzeitschriften steht die Qualität der Informationen im Vordergrund.

Je nach Arztzielgruppe und redaktionellem Selbstverständnis können die Anforderungen an Pressematerialien differieren. Ein Thema, das man dem Hausarzt und dem Facharzt näher bringen will, wird man für beide Zielgruppen unterschiedlich aufbereiten (müssen), um den jeweiligen Informationsbedarf zu decken. Häufig wird man zudem zwischen Klinikern und niedergelassenen Ärzten unterscheiden. Das Nachfrage- und detaillierte Informationsbedürfnis der medizinischen Fachpresse ist als hoch einzuschätzen. Die Vermittlung der Inhalte durch Meinungsbildner als Referenten im Rahmen von Pressekonferenzen oder Interviewpartner bzw. Kommentatoren ist ein wesentlicher Teil der Fachpressearbeit.

Im Gegensatz zur Publikumspresse ist bei den medizinischen Fachmedien ein Grundinteresse an der jeweiligen medizinischen Thematik vorhanden und muss nicht erst geweckt werden.

11.4.3.2
DTC-Maßnahmen

DTC (Direct to Consumer)-Maßnahmen richten sich an die breite Öffentlichkeit und sind daher per se mit einem Streuverlust verbunden. Je nachdem, welche Indikation im Mittelpunkt der Berichterstattung steht, ist dieser größer oder geringer, auch dann, wenn man Personen im sozialen Umfeld der Betroffenen als Zielgruppe mit einbezieht. Mögliche Medienselektionen können helfen, den Streuverlust einzudämmen, stoßen aber auch an ihre Grenzen. Entscheidend ist es, einen geeigneten Ansatzpunkt zu finden, das Verhalten von Betroffenen tatsächlich zu verändern. Man muss sich fragen: Werden sich die Patienten mit den neuen Informationen an den Arzt wenden? Kann tatsächlich Patientendruck im Behandlungszimmer aufgebaut werden?

Man sollte seine Rechnung aber nicht ohne die Medien machen: Der Wunsch, in den führenden Wochenzeitschriften mit Berichterstattungen vertreten zu sein, wird seitens der Unternehmen häufiger artikuliert. Die etwas zynische Antwort darauf lautet allerdings: Wenn es Todesfälle unter der Therapie gibt – kein Problem! Daraus folgt: Nur Informationen mit einem außerordentlichen Newswert, gestützt durch Daten, die den Kriterien der „Evidence Based Medicine" standhalten – und das auch nach eigener Recherche der Redaktionen – haben die Chance, in den so genannten „Top Medien" Raum für eine Berichterstattung zu finden.

Erweitert man den Blick auf die Printmedien insgesamt, werden diese immer darauf achten, welche Form der Exklusivität ihnen angeboten wird und welchen tatsächlichen Nutzen sie ihren Lesern anbieten können.

Bei allen regionalen Medien wiederum ist man gut beraten, wenn man einen regionalen Bezug anzubieten hat, also beispielsweise einen lokalen medizinischen Meinungsbildner als Interviewpartner, eine regionale Veranstaltung als Aufhänger oder eine lokale „Größe" als Fürsprecher.

Die Arbeit mit Testimonials wird oft genutzt – allerdings mit abnehmender Tendenz – und richtet sich je nach Indikation und Ausstrahlung eher an die so genannte Regenbogenpresse („Yellow Press"), die die Berichterstattung gerne mit einer Personality-Story verknüpft.

Mutatis mutandis gelten diese Annahmen auch für TV und Hörfunk, allerdings mit noch höheren Zugangshürden. Bei privaten TV- und Rundfunkanstalten gibt es teilweise eigene Formate, die sich explizit Gesundheitsthemen widmen und diesen entsprechend offen gegenüberstehen.

Die Gründung eigener Initiativen steht zwischen der DTC- und der Patienten (DTP)-Ansprache. Häufig werden mit verschiedenen Kooperationspartnern Events gestaltet, die sich beispielsweise um einen „Tag einer bestimmten Indikation" – gibt es noch keinen, kann man ihn initiieren – ansiedeln. Aufmerksamkeitsstarkes Auftreten mit bekannten Schirmherren soll die Berichterstattung generieren. Dieser Aufwand lohnt sich in der Regel nur, wenn er Teil einer größeren Kampagne ist, die sich auch durch weitere Aktionen an die Öffentlichkeit wendet.

Bei allen diesen Maßnahmen stellt sich die umgekehrte Relevanzfrage: Wie gut lassen sich die Kernbotschaften kommunizieren? Stehen die Investitionen einem adäquaten Ergebnis gegenüber („return of invest")? Manchmal wird man so zu der Erkenntnis kommen, dass die breite Öffentlichkeit weniger von Interesse ist, als die direkte Ansprache von Betroffenen.

11.4.3.3
DTP-Maßnahmen

Die Rolle der Patienten hat sich gewandelt. Als aufgeklärte Patienten suchen sie nach qualitativ hochwertigen Informationen, um über ihre Erkrankung und moderne Behandlungsmethoden informiert zu sein und diese Informationen im Arztgespräch auch zu verwenden. Den Patienten die entsprechenden Informationen zu liefern und sie zu animieren, das erworbene Wissen im Arztgespräch anzuwenden, ist Ziel von DTP-Kampagnen.

Entscheidend für den Erfolg ist es, die Kontaktpunkte zu den Betroffenen einer bestimmten Indikation bzw. ihren Angehörigen zu finden. Ansatzpunkt ist oft das Wartezimmer des Arztes. Gewinnt man diesen für eine Mitarbeit, können relevante Informationen dort platziert und gegebenenfalls auch direkt über den Arzt kommuniziert werden. Es bietet sich oft an, die Aktion auf eine bestimmte Zeit (z. B. Informationswoche) zu beschränken, um den Aufwand innerhalb der Arztpraxis zu kanalisieren. Wichtig sind die Vorselektion des Personenkreises, an den man sich wendet und die Qualität des Kontaktes.

Eine weitere Möglichkeit, Patienten direkt anzusprechen, besteht in der Zusammenarbeit mit Selbsthilfegruppen und / oder Patientenverbänden. Auch diese haben immer ein Interesse, ihre Mitglieder mit qualitativ hochwertigen Informationen zu versorgen bzw. Betroffene über ihre Kanäle anzusprechen und ihnen Informationsservices zu bieten.

Mittlerweile gibt es auch eine große Anzahl von Symposien, Informationsveranstaltungen und Gesundheitsmessen für Betroffene und Interessierte, die sich einer hohen Nachfrage erfreuen. Diese Veranstaltungen zeichnet eine Mischung aus Vorträgen durch namhafte / lokale Experten, individueller Beratung und Abgabe von Informationsmaterial aus. Ähnliches leisten so genannte Roadshows, die man beispielsweise in Fußgängerzonen oder Einkaufszentren finden kann. Auch hier ist die Qualität des Kontakts ein entscheidender Pluspunkt.

Schließlich darf das Internet nicht mehr fehlen, das gerade für den so genannten mündigen Patienten eine wichtige Informationsquelle darstellt.

Insgesamt sind es die neuen Medien, die die weitere Entwicklung der Kommunikation maßgeblich beeinflussen werden.

11.4.4
Internet und weitere Neue Medien

Sowohl mit Blick auf Fachkreise als auch auf Betroffene spielen die Möglichkeiten des Internets und anderer Neuer Medien eine zunehmende Rolle. Auch wenn die etablierten Medien noch hohe Stellenwerte in der Informationsvermittlung innehaben, so herrscht doch weitgehende Übereinstimmung darin, dass sich die Schwerpunkte zukünftig verschieben werden. Schon heute sind zahlreiche Informationen im Internet vorhanden und klassische Materialien wie beispielsweise Broschüren als Download verfügbar. Dies macht die Informationen für den Suchenden schneller verfügbar. Responseelemente lassen sich ebenfalls einbauen, so dass ein weiterer Kontakt zum jeweiligen Internetnutzer möglich ist. Und die Kontaktwege lassen sich beispielsweise via Mail verkürzen.

Leider ist die Quantität der medizinischen Informationen im Internet momentan groß, aber, vorsichtig ausgedrückt, qualitativ sehr gemischt. Wie sich dauerhaft hochwertige Qualität absetzen kann, wird die Zukunft noch erweisen müssen.

Schließlich versprechen aktuelle Trends weitere Fortschritte. Letztlich geht der Kontaktwunsch im Internet und über andere moderne Medien in Richtung live-Kommunikation und Dialogfähigkeit. Web-TV, Podcast und ähnliche Formate bieten ganz neue Chancen, die Dimension der bisherigen Kommunikationsmöglichkeiten zu erweitern.

11.5 Ausblick

Es ist das Wesen der Kommunikation, dass sie sich stets verändert. Sie tut dies ganz unabhängig von einzelnen sprachlichen Fragestellungen, wie beispielsweise das beliebte Diskussionsthema „Anglizismen im Deutschen“. Wie die Sprache selbst verändern sich auch Kommunikation und Kommunikationskanäle. So wie es mir heute schwer fällt, meinem Neffen zu erklären, wie ich in seinem Alter ohne Handy überleben konnte, so schwer fällt es heute, zu prognostizieren, wie sich Kommunikationsverhalten weiterentwickeln wird.

Allerdings kann man Trends ausmachen: Informationen werden vor allem über neue Kommunikationskanäle „live“ erlebbar gemacht werden, also schneller, anschaulicher, didaktischer und einprägsamer an die Zielgruppen gebracht werden. Nichtsdestominder wird es neben dem Bedarf an schneller Informationsvermittlung auch die Notwendigkeit vertiefender oder kommentierender Information geben.

Eine Gefahr für die Kommunikation liegt in einer zunehmenden Einengung durch Reglementierungen. Gerade in der Pharmakommunikation ist dies festzustellen, hier verlangen eine zunehmende Internationalisierung (und damit Tendenzen zur Vereinheitlichung) sowie juristische Vorgaben ihren Tribut. Dirigistisch limitierte Kommunikation aber wird mit der Zeit öde und belanglos.

So wird es auch zukünftig eine Herausforderung für die Kommunikationsexperten im Gesundheitsmarkt sein, diese Rahmenbedingungen immer wieder neu auszuloten, neue Medien zu nutzen und die zahlreichen positiven „News“ aus dem Pharmabereich in die Zielgruppen zu tragen.

Teil C:

Vertriebswege und Handelsstufe

1 Vertriebswege und Vertriebswegeentscheidung

Erich Dambacher, Oliver Schöffski

FLOKI GmbH, Eppstein,
Universität Erlangen-Nürnberg, Lehrstuhl für Gesundheitsmanagement

1.1 Klassifizierung von Arzneimitteln als Ausgangspunkt für Vertriebswegeentscheidungen

Ist ein Arzneimittel entwickelt, zugelassen und hat der Hersteller einen Preis für sein Produkt bestimmt, so ist in einem weiteren Schritt der Vertriebsweg festzulegen. In der Praxis erfolgen diese Schritte selbstverständlich parallel zueinander, in diesem Kapitel werden sie zur Verdeutlichung der Abläufe aber sukzessive dargestellt. Allein durch die Betrachtung des Status quo wird deutlich, dass für die Hersteller bezüglich des Vertriebswegs kein allzu großer Handlungsrahmen besteht. Insbesondere sind die Möglichkeiten dann begrenzt, wenn es sich bei den Produkten um *apothekenpflichtige Präparate* handelt. Bei *freiverkäuflichen Präparaten* kann auch der normale Einzelhandel, insbesondere Drogerien, Partner der Hersteller sein, wenn dort ein Sachkundenachweis für den Verkauf von freiverkäuflichen Arzneimitteln vorhanden ist. Neben der Apothekenpflicht bzw. Freiverkäuflichkeit ist auch die *Verschreibungspflicht* relevant. Die Hersteller haben zwar in Einzelfällen die Möglichkeit die Klassifizierung für ihre Präparate im Zulassungsverfahren zu beeinflussen (z. B. durch Beschränkung auf bestimmte Indikationen und Wirkstärken, damit anstelle der Verschreibungspflicht nur die Apothekenpflicht festgelegt wird), im Regelfall handelt es sich aber bei der Einstufung um eine Entscheidung, die von den Zulassungsbehörden festgesetzt wird. Insbesondere neu entwickelte Wirkstoffe unterliegen generell einer Verschreibungs- und somit auch Apothekenpflicht.

In Abb. 1.1 werden Arzneimittel gemäß der Kriterien Apothekenpflicht, Verschreibungspflicht und Erstattungsfähigkeit klassifiziert, um den Verschreibungsbereich und den Bereich der Selbstmedikation von Arzneimitteln darzustellen. Gerade die Selbstmedikation ist neben den sehr teuren Spezialarzneimitteln ein

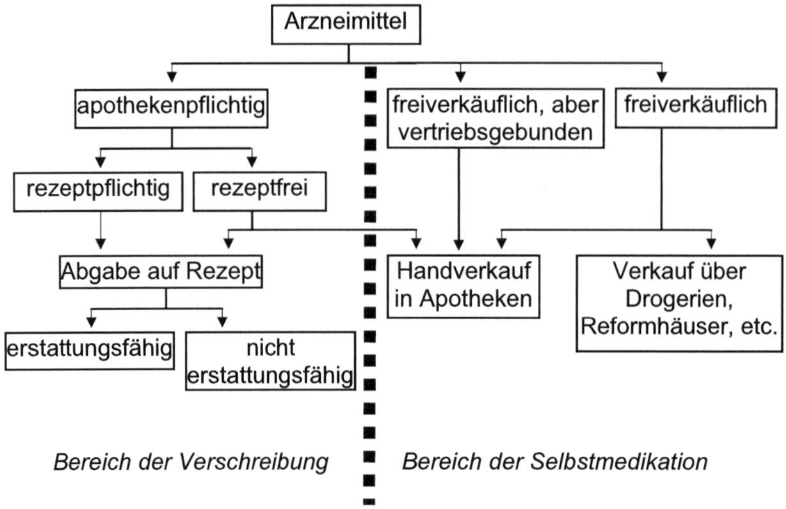

Abb. 1.1. Klassifikation von Arzneimitteln[1]

Geschäftsfeld, bei dem für Hersteller ein Anreiz besteht vom „klassischen" Vertriebsweg Hersteller – Großhandel – Apotheke – Endverbraucher, der im Folgenden noch dargestellt wird, abzuweichen.

Abbildung 1.2 zeigt die Anteile der unterschiedlichen Vertriebswege für Arzneimittel. Der „klassische" vierstufige Vertriebsweg hat einen Anteil von in etwa 70 % bis 75 % des Arzneimittelmarktes. Ein weiterer, quantitativ bedeutsamer Vertriebsweg geht vom Hersteller direkt an Krankenhäuser, die die Arzneimittel dann ohne gesonderte Berechnung an ihre Patienten abgeben. Ein geringer aber steigender Umsatzanteil läuft auch unter Ausschaltung des Großhandels direkt zwischen Hersteller und Apotheken. Gründe dafür werden weiter unten noch dargestellt. Weitere, quantitativ wenig bedeutsame Vertriebswege sind noch die Belieferung vom Hersteller über Krankenhaus versorgende Apotheken zum Krankenhaus.

[1] Vgl. Rahner, E. (1980), S. 1234.

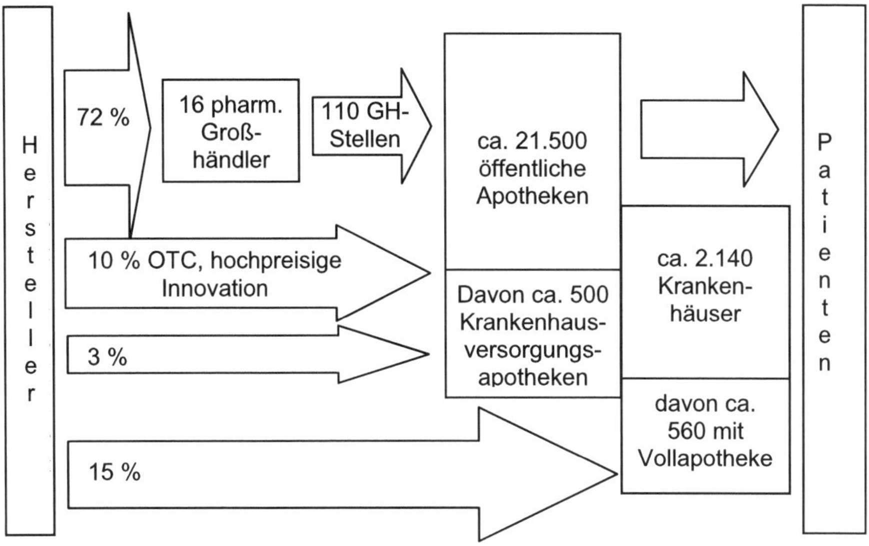

Abb. 1.2. Vertriebswege für Medikamente in Deutschland und deren quantitative Bedeutung

Im Folgenden werden die Handelsstufen für Arzneimittel kurz charakterisiert, um zu einer Beurteilung der einzelnen Vertriebswege zu kommen. Danach werden die Preisbildung auf den Handelsstufen dargestellt und die Handlungsspielräume des Großhandels und der Hersteller erörtert.

1.2 Der pharmazeutische Großhandel

Der pharmazeutische Großhandel trägt dazu bei die schnelle und umfassende Versorgung der Bevölkerung mit Arzneimitteln sicherzustellen. Er ist in der Regel der Abnehmer der Industrie und distribuiert die Medikamente (und Produkte des Nebensortiments) an die Apotheken. Der Großhandel übernimmt damit eine regionale, quantitative und zeitliche Pufferfunktion, da nicht jeder der ca. 1.500 pharmazeutischen Hersteller in einer Direktbeziehung zu den etwa 21.500 deutschen Apotheken stehen kann. Insofern ist der pharmazeutische Großhandel ein unverzichtbares Bindeglied in der Versorgungskette.

Der pharmazeutische Großhandel liefert Arzneimittel und apothekenübliche Waren an Offizin-, Krankenhaus- und inzwischen auch Versandapotheken. Als vollversorgender pharmazeutischer Großhandel liefert dieser alle Artikel, die eine Apotheke benötigt – vor allem verschreibungspflichtige Arzneimittel und solche für die Selbstmedikation (u. a. auch Phytopharmaka, Homöopathika und Anthrophosophika), neben einer Vielzahl von Nahrungsergänzungsmitteln und Körperpflegemitteln. In ihrer Gesamtheit handelt es sich dabei um in etwa 60.000 Arzneimittel und 30.000 Produkte des Rand- und Nebensortiments. Dadurch hat sich beim deutschen pharmazeutischen vollversorgenden Pharma-Großhandel eine Sortimentsbreite ergeben, die einmalig in Europa ist.

Eine Apotheke hält nur ca. 4.000 bis 8.000 Artikel vorrätig. Um die Rezepte und Kundenwünsche zeitnah erfüllen zu können, wird daher jede Apotheke in der Regel dreimal täglich von zwei verschiedenen Großhändlern beliefert.

Voraussetzung für die Lieferung durch den Großhandel ist eine Pharmazentralnummer (Kurzbezeichnung PZN), die der Unternehmer bei der Informationsstelle für Arzneispezialitäten GmbH (Kurzbezeichnung IFA) zu beantragen hat. Bei Arzneimitteln ist eine gültige Zulassung Voraussetzung für die Aufnahme in die IFA-Datenbank.

Die IFA-Datenbank wird 14-täglich allen Großhandlungen, Apotheken und Krankenhäusern zur Verfügung gestellt. Sie enthält neben der PZN des jeweiligen Produkts weitere wichtige Daten wie Preise, Festbeträge, Art des Vertriebswegs etc.

Während pharmazeutische Großhandelsunternehmen bei den meisten Arzneimitteln miteinander in heftiger Konkurrenz um ihre Abnehmer (Apotheken) stehen, liefern die Hersteller sehr teure Arzneimittel (hier ist die aus der Arzneimittelpreisverordnung resultierende Spanne des Großhandels so hoch, dass es für den Hersteller wirtschaftlich interessant sein kann, die Apotheken direkt zu beliefern) und rezeptfreie Arzneimittel (ggf. unter Gewährung eines Sonderpreises) direkt an die Apotheken. Motiv bei den rezeptfreien Arzneimitteln für die Direktbelieferung an Apotheken ist durch die Gewährung von Preisnachlässen die Apotheken zur Promotion und zum Abverkauf verschreibungsfreier Arzneimittel zu animieren.

Bei den verschreibungspflichtigen und somit auch den hochpreisigen Arzneimitteln ist ein Preisnachlass nur in der Höhe der Großhandelsspanne erlaubt. Insofern ist dies in aller Regel ein untergeordnetes Argument, der Hersteller will vielmehr durch die Direktbelieferung einen genauen Überblick über das Einkaufsverhalten der Apotheken erhalten. Dies vor dem Hintergrund, dass einige Apotheken Arzneimittel an Zwischenhändler und Exporteure weiter verkaufen, was üblicherweise nicht im Interesse des Herstellers ist.

Der Großhandel beklagt, dass er vielfach von der Belieferung mit hochpreisigen Arzneimitteln ausgeschaltet wird, was wiederum seine Mischkalkulation für die Distribution in Frage stellt.

Der Umsatz des Großhandels entwickelt sich derzeit unterproportional zum Markt, da die Direktbelieferung der Industrie an Apotheken überproportional steigt.

Das eingespielte System der Arzneimittelversorgung steht somit vor gewaltigen Herausforderungen. Nicht zuletzt die Initiativen einiger Pharmahersteller zum Ausbau des Direktgeschäfts und damit zur stärkeren Kontrolle des Vertriebswegs könnten einen grundsätzlichen Systemwechsel in der Distribution von Arzneimitteln einleiten. Der Großhandel würde dabei entweder auf erhebliche Volumina verzichten müssen oder aber eine Funktionsumwandlung vom Vollversorger zum reinen Logistikdienstleister erfahren.

Einige Hersteller versprechen sich auf Logistikdienstleister mehr Einfluss ausüben zu können. Diese Idee wird verstärkt durch Exporte des Großhandels bzw. in den letzten Jahren verstärkte Verkäufe der Apotheken an Zwischenhändler, die wiederum deutsche Arzneimittel ins Ausland verkaufen.

Bei der Analyse der Konkurrenzbeziehungen zwischen den pharmazeutischen Großhandelsunternehmen müssen zwei unterschiedliche Arten von Großhändlern, je nach Umfang des Sortiments, betrachtet werden. Einerseits sind dies die vollsortierten und andererseits die teilsortierten Unternehmen. Die 16 vollsortierten Unternehmen mit 110 Niederlassungen sind im Bundesverband des Pharmazeutischen Großhandels (PHAGRO) e. V. zusammengeschlossen und weisen im Schnitt etwa 90.000 Lagerpositionen auf. Nahezu jedes verfügbare Medikament kann durch die Apotheken durchschnittlich dreimal täglich binnen weniger Stunden bezogen werden. Dieses erfordert einen enormen logistischen Aufwand. Der Pharmagroßhandel in Deutschland ist unbestritten hocheffizient und sehr leistungsstark.

Der *vollsortierte Großhandel* kann wiederum in vier Gruppen eingeteilt werden.[2] In der ersten Gruppe befinden sich die Großhandelsunternehmen, die dem Interessenkreis der Apotheker zugerechnet werden können. Es handelt sich dabei um die zwei Genossenschaften Sanacorp e. G. und Noweda e. G. und mit gewissen Einschränkungen die Andreae-Noris Zahn AG (ANZAG, Nummer 2 in Deutschland). An diesen sind die Apotheker ebenfalls direkt oder indirekt beteiligt. Diese Großhandelsgruppe betreibt aus verständlichen Gründen keine vertikale Integration (z. B. Kauf von Apothekenketten in Deutschland), eine Politik, die ansonsten beim Großhandel zur Sicherung der eigenen Absatzmärkte verstärkt anzutreffen ist. Hinter der zweiten Gruppe von Großhandelsunternehmen steht die Unternehmensgruppe Merckle (u. a. Ratiopharm, ct-Pharma, Heidelberger Zement, etc.), welche die Firma PHOENIX Pharma Handel (Nummer 1 in Deutschland) kontrolliert. Die Gehe AG (Nummer 3 in Deutschland) ist das einzige bedeutende Großhandelsunternehmen, das zu keiner Pharmagruppe gehört (sondern über Celesio zum Haniel-Konzern) und damit die dritte Gruppe darstellt. Durch den Kauf der niederländischen Versandapotheke DocMorris im Jahr 2007 hat Celesio einen Schritt in die vertikale Vernetzung getan und Spekulationen Auftrieb gegeben, dass das Fremd- und Mehrbesitzverbot in Deutschland aufgehoben werden könnte. Apotheker haben dies zum Anlass genommen die Geschäftsbeziehungen zu GEHE einzustellen und insofern ist der Marktanteil von GEHE in 2007 gesunken. Zur vierten Gruppe gehört eine Reihe von Familienunternehmen, die überwiegend regional tätig sind. Der pharmazeutische Großhandel ist damit hochkonzentriert. Es herrscht ein erheblicher Wettbewerb zwischen den Unternehmen, der sich im Service und im Rabattverhalten widerspiegelt. Insider sprechen davon, dass der Großhandel bis zu 80 % seiner Marge als Rabatte an die Apotheken weiter gibt.

Der *teilsortierte Großhandel* spielt in Deutschland eine geringe, aber wachsende Rolle, insbesondere bei Impfstoffen und onkologischen Präparaten. Durch ausgeklügelte Kundenbindungsprogramme und ein umfassendes Warensortiment ist es dem vollsortierten Großhandel gelungen die Rolle der Teilsortimenter zu begrenzen. Mit dem GKV-WSG hat jedoch der Gesetzgeber die Rabattierung bei verschreibungspflichtigen Produkten auf den Abgabepreis des pharmazeutischen Herstellers als Untergrenze begrenzt. Rabatte sollen nicht mehr wie in den zurück-

---

[2] Vgl. Schöffski, O. (1995b), S. 166.

liegenden Jahren im Handel versickern, sondern direkt zwischen den pharmazeutischen Unternehmen und den Kassen vereinbart werden. Insofern erstreckt sich der Rabattwettbewerb des Großhandels nur auf die Höhe der Großhandelsspanne.

Der wichtigste Wettbewerbsparameter des pharmazeutischen Großhandels ist neben der Anzahl der Kunden die Kundenbindung. Da der Kundenkreis auf etwa 21.500 deutsche Apotheken beschränkt ist, herrscht hier ein erheblicher Wettbewerb. Man will möglichst der einzige Lieferant einer Apotheke sein. Aus diesem Grund wurden – neben der permanenten Lieferfähigkeit – komplexe Kooperationssysteme (wie z. B. vivesco, Linda) und Kundenbindungsprogramme entwickelt.

Die Entscheidungen der Politik werden die wichtigsten Einflussfaktoren für die Entwicklung des Großhandels in der nahen Zukunft sein. Da politische Entscheidungen oft sehr kurzfristig getroffen werden, sind die Konsequenzen für den Großhandel nur schwer vorhersehbar. Sollte der Gesetzgeber eine vertikale Integration und somit eine wirtschaftliche Verflechtung von Apotheken und Großhändler zulassen, wird sich zeigen, ob das Geschäftsmodell der apothekennahen Großhändler wie Anzag, Noweda oder Sanacorp mit der selbständigen, inhabergeführten Apotheke oder ein ‚Kettenmodell' mit angestellten Apothekern, wie es die Gehe oder Phönix favorisieren, erfolgreich sein wird.

Nicht auszuschließen ist, dass sich beide Modelle erfolgreich im Markt behaupten.

1.3 Der pharmazeutische Einzelhandel: Die Apotheken

Die Apotheken haben ein Abgabemonopol für den größten Teil der Arzneimittel. Nur als freiverkäuflich deklarierte (d. h. nicht der Apothekenpflicht unterliegende) Arzneimittel dürfen außerhalb von Apotheken abgegeben werden und dann auch nur bei Nachweis der Sachkunde.[3] Konkret heißt es in § 17 der Apothekenbetriebsordnung, dass Arzneimittel und apothekenübliche Waren nur in den Apothekenbetriebsräumen (d. h. beispielsweise nicht in einem Aufbau vor der Eingangstür der Apotheke) und Arzneimittel nur vom pharmazeutischen Personal (d. h. nicht vom nicht-pharmazeutischen Personal wie beispielsweise Apothekenhelfern) abgegeben werden dürfen. Ausnahmen für die Abgabe in Apothekenräumen existieren nur für Einwegspritzen mit Zubehör und Kondome, die beispielsweise auch über Automaten vertrieben werden dürfen. Eine Zustellung der Arzneimittel durch Boten ist möglich.

Der Anteil des Versandhandels wird derzeit auf unter 1 % geschätzt, genaue Zahlen hierüber liegen nicht vor. Bundesweit haben 1.900 Apotheken eine Versandhandelserlaubnis, wobei weniger als 10 % davon aktiv Versandhandel betrei-

[3] Dieses bedeutet, dass während der gesamten Geschäftsöffnungszeit eine entsprechend qualifizierte Person anwesend sein muss. Dadurch wird der normale Einzelhandel vor erhebliche Probleme gestellt, da auch Pausen- und Urlaubszeiten abgedeckt sein müssen.

ben. Da der Arzneimittelhandel via Internet eine Eingangspforte für Arzneimittelfälschungen ist, bleibt dessen Legalisierung in Deutschland weiter umstritten. Die Vertreter der freien Marktwirtschaft befürworten den Internethandel bei Vorlage von Rezepten bei verschreibungspflichtigen Produkten, insbesondere die Repräsentanten der Apotheker lehnen aus Gründen der Arzneimittelsicherheit den Versandhandel rigoros ab.

Die Präsenz des Themas Versandhandel in den Medien ist auf jeden Fall weit höher als dessen wirtschaftliche Bedeutung.

In Deutschland existiert ein dichtes Netz von Apotheken. Viele Kenner des Pharmamarktes (insbesondere die gesetzlichen Krankenkassen) meinen, dass es zu dicht sei. Verwiesen wird hierbei häufig auf die geringere Zahl von Bäckern, Metzgern oder Tankstellen in Deutschland. Eine direkte Einflussmöglichkeit einer zentralen Instanz auf die Apothekendichte besteht allerdings nicht, da seit 1958 höchstrichterlich die *Niederlassungsfreiheit* für Apotheker festgelegt wurde. Davor herrschte seit der Trennung des Apotheker- vom Arztberuf im Jahr 1231 durch die *Constitiones medicinales* des Hohenstaufenkaisers Friedrich II eine wie auch immer geartete Bedarfsplanung.

Es gibt in Deutschland derzeit etwa 21.500 *öffentliche Apotheken, darunter ca. 1.800 Filialapotheken.* Von einer öffentlichen Apotheke spricht man, wenn dort die Öffentlichkeit ihren Arzneimittelbedarf befriedigen kann. Bei einer entsprechenden Apotheke handelt es sich um einen als Ladengeschäft betriebenen Einzelhandelsbetrieb. Trotz der schlechten wirtschaftlichen Bedingungen, über die die Apothekerschaft generell klagt, ist in den letzten Jahren regelmäßig eine (geringe) Zunahme der Apotheken zu verzeichnen. Interessanter als die absolute Zahl von Apotheken ist allerdings die Verhältniszahl von Einwohnern zu Apotheken. 1999 betrug diese Kenngröße 3.800, im Jahre 2006 bei 3.825.

Eine differenzierte Betrachtung nach Ost und West zeigt, dass in den alten Bundesländern etwas weniger Einwohner als in den Neuen Bundesländern durch eine Apotheke versorgt werden. Dieser Unterschied ist historisch zu begründen. In der ehemaligen DDR war die Arzneimittelabgabe weitaus zentraler organisiert als im Westen. Zum Zeitpunkt der Wiedervereinigung wurden noch weit über 6.000 Personen pro Apotheke in der ehemaligen DDR vorsorgt. Seit diesem Zeitpunkt nähern sich die Ost- und Westzahlen durch verstärkte Neugründungen im Osten immer weiter an, dennoch sind Ost-Apotheken im Durchschnitt immer noch tendenziell größer als West-Apotheken.

2006 betrug der durchschnittliche Umsatz je Apotheke 1,62 Millionen Euro. Dabei ist allerdings zu beachten, dass etwa zwei Drittel der deutschen Apotheken unterhalb dieses Durchschnittswerts bleiben. Etwa 10 % der Apotheken machen einen Umsatz von mehr als 2,5 Millionen Euro. Der wirtschaftliche Erfolg einer Apotheke ist in etwa proportional zum Umsatz. Das Vorsteuereinkommen beträgt lt. ABDA 6,2 % des Bruttoumsatzes.

Den größten Teil ihres Umsatzes erwirtschaften die Apotheken mit Produkten, bei denen sie das Abgabemonopol haben. Der Gesamtumsatz der Apotheken betrug im Jahr 2006 34,9 Mrd. Euro (ohne Umsatzsteuer). Die Umsatzstruktur stellt sich dabei wie in Tabelle 1.1 dargestellt dar.

Tabelle 1.1. Umsatzstruktur der Apotheken (2006, ohne Umsatzsteuer)[4]

Produkte	**Umsatz**		
Arzneimittel	32,3 Milliarden Euro	(=	92,6 %)
Davon verschreibungspflichtig	25,4 Milliarden Euro	(=	72,8 %)
Davon apothekenpflichtig (nicht verschreibungspflichtig)	5,9 Milliarden Euro	(=	16,9 %)
Davon verordnet	1,5 Milliarden Euro	(=	4,3 %)
Davon nicht verordnet	4,4 Milliarden Euro	(=	12,5 %)
Davon freiverkäuflich (außerhalb Apotheke 0,4 Milliarden Euro)	1,0 Milliarden Euro	(=	1,5 %)
Apothekenübliches Ergänzungssortiment	1,2 Milliarden Euro	(=	3,4 %)
Krankenpflegemittel	1,4 Milliarden Euro	(=	4,0 %)
Verordnungsvolumen GKV, PKV, sonstige	26,9 Milliarden Euro	(=	77,1 %)
Selbstmedikation	5,4 Milliarden Euro	(=	15,5 %)

Seit Jahren klagen die Apotheker darüber, dass das, was von diesem Umsatz als Gewinn verbleibt, zu niedrig für eine angemessene Existenzsicherung sei. Für das Jahr 2006 wird eine Umsatzrendite von 0,3 % berichtet, d. h. von einem Umsatz von 100 Euro verbleiben dem Apotheker durchschnittlich 30 Cent. Bei einem durchschnittlichen Umsatz von 1,62 Millionen Euro pro Jahr wären das pro Apotheke nur 4.900 Euro. Bei dieser Berechnung wurden allerdings die kalkulatorischen Kosten (Eigenkapitalverzinsung, Unternehmerlohn) in Höhe von 7 % schon vorher berücksichtigt. Dieses entspricht bei einer Durchschnittsapotheke immerhin 113.400 Euro, bei den florierenden Apotheken sind die Gewinnaussichten wesentlich besser.

Bemerkenswert an den Apotheken ist insbesondere die intensive staatliche Regulierung, die ihresgleichen in Deutschland sucht. Einige besonders relevante Regulierungsbereiche werden im Folgenden kurz dargestellt, da dadurch auch die Besonderheiten des Vertriebswegs für Arzneimittel determiniert werden.[5]

Eine ganz wesentliche Komponente der Apothekenregulierung ist das *Fremd- und Mehrbesitzverbot,* das mit dem 2004 in Kraft getretenen GKV-Modernisierungsgesetz (GMG) etwas gelockert wurde. Nur approbierte Apotheker dürfen grundsätzlich eine Apotheke betreiben. Einem Nicht-Apotheker bleibt dieses verwehrt, er darf weder als Besitzer, Pächter oder auch nur als am Kapital Beteiligter auftreten. Jedem Apothekenleiter ist es in der Zwischenzeit erlaubt, neben seiner Hauptapotheke bis zu drei Filialapotheken zu besitzen. Im Jahre 2006 hatten in etwa 1.500 Apotheker Filialapotheken, davon hatten wiederum 1.300 nur eine Filialapotheke. Kapitalgesellschaften und Stille Gesellschaften sind ebenso untersagt wie die Vereinbarung von gewinn- oder umsatzabhängigen Zahlungen für die Überlassung von Krediten oder anderen Vermögensgegenständen.

Im Gesetz über das Apothekenwesen (Apothekengesetz – ApoG) ist festgelegt, dass der Apotheker zur persönlichen Leitung seiner Apotheke verpflichtet ist. Die-

[4] Bundesvereinigung Deutscher Apothekerverbände (ABDA) (2007c), S.40.
[5] Vgl. Schöffski, O. (1995b), S. 97–158.

ses ist nur möglich, wenn er praktisch ganztägig in seiner Apotheke anwesend ist. Die Möglichkeiten der Vertretung bei Urlaub oder Krankheit sind ebenfalls restriktiv geregelt. Daraus folgt zwingend, dass ein Apotheker nur eine Apotheke besitzen darf, wobei auch in jeder Filialapotheke während der Öffnungszeiten ein Apotheker anwesend sein muss. Man spricht hierbei vom *Mehrbesitzverbot*. Apothekenketten, wie sie in anderen Ländern existieren, sind damit in Deutschland derzeit nicht möglich. Daran ändern auch die Aktivitäten von Celesio mit dem Kauf von DocMorris und dessen Kooperationsmodell ähnlich einem Franchise-System nichts (Stand Dezember 2007).

Der deutsche Gesetzgeber beabsichtigt derzeit nicht das Fremdbesitzverbot zu ändern, wenn er nicht von der EU dazu gezwungen wird. Doch der EU-Binnenmarktkommissar Charlie McCreevy ist zuversichtlich, künftig auch Ketten zuzulassen. Zwar muss auch dann noch hinter dem Tresen ein approbierter Apotheker stehen – nur arbeitet er dann nicht mehr selbständig, sondern im Auftrag eines Konzerns. Dieser angedachte Systemwechsel fällt in eine Zeit, da Patienten ein neues Verhältnis zu Medizin, Medikamenten und Gesundheit entwickeln und ‚offener' für alternative Vertriebsmethoden werden. Der Betrieb von Apotheken erscheint künftigen Player lukrativer als das Stammgeschäft. Eine gute Apotheke bringt eine Gewinnmarge von 5 bis 12 % vor Steuern; im Lebensmittelhandel oder Medikamentengroßhandel sind schon Renditen von zwei bis drei Prozent ein Erfolg.

Sollten Ketten kommen, muss man bedenken, ob auf lange Sicht nicht ähnlich wie im Energiebereich große Ketten den Markt aufteilen und dann eine abgestimmte Preisentwicklung stattfindet. Wahrscheinlich wird sich der Kampf um Kunden mit Preisen auf rezeptfreie Arzneimittel konzentrieren. Wenn es hart auf hart kommt und um schwere Erkrankungen geht, wird aus dem Kunden schnell wieder ein Patient, für den allein Service und Beratung wichtig ist.

Im „normalen" Einzelhandel sind Kooperationen mit Partnern anderer Handelsstufen nicht unüblich. Apotheker sind dagegen mit einem *Arzneimittelbevorzugungsverbot* belegt, d. h. sie dürfen sich nicht verpflichten bestimmte Arzneimittel ausschließlich oder bevorzugt anzubieten oder die Auswahl von Produkten bezüglich bestimmter Anbieter zu beschränken. Auch darf der Apotheker oder sein Personal mit Personen, die sich mit der Behandlung von Patienten beschäftigen, keine Verträge oder Absprachen treffen, die die bevorzugte Lieferung von Arzneimitteln oder die Zuführung von Patienten bzw. von Verschreibungen zum Inhalt haben.

In Apotheken dürfen *nur apothekenübliche Waren* in den Verkehr gebracht werden. Beispielsweise ist der Betrieb einer Lotto-Annahmestelle oder der Verkauf von (nicht-medizinischem) Alkohol (im Mittelalter das wirtschaftliche Standbein der Apotheken) nicht gestattet. Auf der anderen Seite haben die Apotheken für den größten Teil der Arzneimittel ein Abgabemonopol (*Apothekenpflicht*), dort konkurrieren sie nur mit anderen Apotheken um den eigenen Marktanteil. Existiert eine *Verschreibungspflicht* für ein Medikament, sind die Apotheker an das gebunden, was der Arzt per Rezept verordnet hat, d. h. es existiert ein weitgehendes *Substitutionsverbot* für unterschiedliche Wirkstoffe. Nur bei wirkstoffgleichen Arzneimitteln – insbesondere wenn ein Rabattvertrag zwischen

Hersteller und Kasse besteht – ist der Apotheker zur Substitution im Rahmen der Aut idem-Regelung verpflichtet.

Die wesentlichste Regulierung der Apotheken ist aber im Bereich der Preisgestaltung zu sehen. Diese wird im Folgenden ausführlicher für alle Handelsstufen dargestellt. Vorangestellt sei, dass der Gesetzgeber mit dem Arzneimittelversorgungs-Wirtschaftlichkeitsgesetz (AVWG) als Vorschaltgesetz zum 1. Mai 2006 und dem GKV-Wettbewerbsstärkungsgesetz (GKV-WSG) zum 1. April 2007 wesentliche Punkte neu geregelt hat.

Im Detail wurden Naturalrabatte auf Arzneimittel ausnahmslos verboten und Barrabatte bei verschreibungspflichtigen Produkten auf die Gestaltungsmöglichkeiten der Arzneimittelpreisverordnung beschränkt. Der in der IFA-Datenbank hinterlegte Abgabepreis des Pharmazeutischen Unternehmers (APU) darf bei verschreibungspflichtigen Arzneimitteln nicht mehr unterschritten werden. Der Apothekenabschlag auf Arzneimitteln zugunsten der GKV wurde von 2,00 Euro auf 2,30 Euro angehoben und soll in 2009 erstmalig angepasst werden. Die Preise für Zytostatika-Zubereitungen zur direkten Anwendung am Patienten in der ärztlichen Praxis können von der Krankenkasse durch Verträge mit Apotheken vereinbart werden. Durch diese Neuregelung wurde erstmals das System des einheitlichen Apothekenabgabepreises für verschreibungspflichtige Arzneimittel zugunsten individueller Preisvereinbarungen durchbrochen.

Ein Schwerpunkt der Gesundheitsreform im Arzneimittelbereich im Rahmen des GKV-WSG ist die erweiterte Möglichkeit von Rabattverträgen zwischen Krankenkassen und einzelnen Herstellern. Hierbei ist die Apotheke verpflichtet bei Vorliegen solcher Rabattverträge die Vertragsarzneimittel abzugeben. Grundüberlegung des Gesetzgebers war, die bei verschreibungspflichtigen Präparaten gewährten Rabatte an die Apotheke zu verbieten und diese mittels Verträgen zwischen Kassen und Herstellern direkt zu vereinbaren.

1.4 Preisbildung auf den Handelsstufen

Das Arzneimittelgesetz (§ 78) schreibt vor, dass ein *einheitlicher Apothekenabgabepreis* für verschreibungspflichtige Arzneimittel zu gewährleisten ist. Sprich: Dasselbe verschreibungspflichtige Arzneimittel muss in jeder Apotheke in Deutschland für den Patienten den gleichen Preis haben. Bei nicht verschreibungspflichtigen Arzneimitteln, die nicht zu Lasten der GKV abgegeben werden (d. h. in der klassischen Selbstmedikation) ist die Preisbildung frei. Von der Preisbindung für verschreibungspflichtige Arzneimittel existieren einige Ausnahmen, beispielsweise sind Krankenhausapotheken, Impfstoffe bei öffentlich empfohlenen Schutzimpfungen, Blutkonzentrate bei Bluterkrankheit und Arzneimittel zur Dialyse ausgenommen. Details hierzu regelt § 47 des Arzneimittelgesetzes. Ansonsten dürfen identische verschreibungspflichtige Arzneimittel in öffentlichen Apotheken in Deutschland keinen unterschiedlichen Preis haben.[6] Generell berechnet sich der einheitliche Apothekenabgabepreis folgendermaßen:

Abgabepreis des pharmazeutischen
Unternehmers (APU)
+ Großhandelshöchstzuschlag
+ Apothekenfestzuschlag
+ Umsatzsteuer
= Apothekenabgabepreis

Die entsprechenden Handelsstufenzuschläge sind in der Arzneimittelpreisverordnung festgelegt. Es handelt sich dabei im Großhandelssegment um eine *prozentual degressive Spanne* mit *linearisierten Teilbereichen.* Der Großhandelshöchstzuschlag beträgt beispielsweise bei Präparaten mit einem Einstandspreis des Großhändlers (= Abgabepreis des pharmazeutischen Unternehmens) bis 3,00 Euro 15 %, bei einem Einstandspreis zwischen 3,75 und 5,00 Euro nur noch 12 %. Während der prozentuale Zuschlag von Stufe zu Stufe geringer wird, steigt der Zuschlag in absoluten Geldeinheiten an. Damit es durch diese Funktion nicht zu Sprungstellen kommt (höher Einstandspreis führt zu geringeren absoluten Zuschlägen), werden die entsprechenden Bereiche durch die Arzneimittelpreisverordnung linearisiert, d. h. es wird ein absoluter Geldbetrag zugeordnet. Beispiel wären hier Einstandspreise von 3,01 bis 3,74 Euro, bei denen der Großhandelshöchstzuschlag auf linear 0,45 Euro festgelegt ist. Die degressive Abstufung der maximal erlaubten prozentualen Zuschläge endet bei 1.200 Euro, darüber wird ein Fixbetrag von 72 Euro erhoben.

Bei den genannten Großhandelsabgabepreisen (= Apothekeneinstandspreisen) handelt es sich jeweils um die höchstmöglichen Preise, nach unten ist vom Gesetzgeber die Grenze auf den Abgabepreis des pharmazeutischen Unternehmers festgesetzt worden. Da die Konkurrenz zwischen den Großhändlern wie bereits dargestellt sehr groß ist, sind erhebliche Rabatte an die Apotheken die Regel.

Für die Apothekenstufe gilt ein gänzlich anderer Ansatz. Hier gilt ein Festzuschlag von 3 % auf den maximalen Abgabepreis des pharmazeutischen Unternehmens zuzüglich 8,10 Euro. Das Wort Festzuschlag bringt zum Ausdruck, dass dieser weder unter- noch überschritten werden darf. Mit dem Festzuschlag wird dem Gedanken Rechnung getragen, dass der Apotheker für seine pharmazeutische Beratung honoriert wird, aber kein wirtschaftliches Interesse gefördert wird besonders teure Arzneimittel abzugeben.

Nachteil dieser Regelung ist, dass es in Deutschland faktisch kein verschreibungspflichtiges Arzneimittel geben kann, dass die gesetzliche Krankenversicherung weniger als 10 Euro kostet. Für ein in Produkt mit einem Abgabepreis des Pharmazeutischen Unternehmers von 1 Cent ergibt sich:

---

6 Diese für den Apotheker nicht unvorteilhafte Regelung wird von ihm auch auf große Teile des nicht preisgebundenen Apothekensortiments (z. B. hochwertige Kosmetika) ausgedehnt, auch dort findet zwischen den Apotheken quasi kein Preiswettbewerb statt.

Abgabepreis des Pharm. Unternehmers	0,01 Euro
GH-Zuschlag	0,00 Euro
Ap-Zuschlag	8,10 Euro
MWST	1,54 Euro
Apothekenverkaufspreis (= Preis für Selbstzahler)	9,65 Euro
GKV-Rabatt	– 2,30 Euro
Kosten der GKV	7,35 Euro

Die Apotheken müssen exakt die vorgeschriebenen Zuschläge verwenden, sie dürfen dem Kunden preislich nicht entgegenkommen.[7]

Wie ist nun aber ein einheitlicher Apothekenabgabepreis zu gewährleisten, wenn der Großhandel den Apotheken unterschiedliche Rabatte gibt? Die Lösung dieses Problems liegt in der Vorschrift, dass die Apothekenfestzuschläge auf den *maximal möglichen Großhandelszuschlag* anzuwenden sind, auch wenn die Apotheken die Präparate günstiger bezogen haben. Das bedeutet aber im Umkehrschluss, dass die Reduzierung der Großhandelsspanne zu einer Erhöhung der Apothekenspanne führt, vielleicht in einem Maß, das der Gesetzgeber gar nicht beabsichtigt hat. Hier aber noch einmal kurz die Eckpunkte der Apothekenfestzuschläge:

Die Preisregulierung durch die Arzneimittelpreisverordnung für verschreibungspflichtige Produkte führt dazu, dass der Endpreis eines Medikaments durch den Abgabepreis des Pharmazeutischen Unternehmers determiniert wird. Regulierungsinstrumente wie Festbeträge, Erstattungshöchstbeträge, die an anderer Stelle beschrieben sind, setzen nicht beim Preis an, sondern regeln die Erstattung durch die GKV.

Tabelle 1.2. Beispiele zur Preisberechnung nach Arzneimittelpreisverordnung (in Euro)

Preis des pharmazeutischen Unternehmens	Maximaler Großhandels-abgabepreis	Apotheken-verkaufspreis (netto)	Apotheken-verkaufspreis (inkl. MwSt.)
5,00 Euro	5,60 Euro	13,87 Euro	16,51 Euro
10,00 Euro	10,81 Euro	19,23 Euro	22,88 Euro
20,00 Euro	21,40 Euro	30,14 Euro	35,87 Euro
50,00 Euro	53,00 Euro	62,69 Euro	74,60 Euro
100,00 Euro	106,00 Euro	117,28 Euro	139,56 Euro
1.000,00 Euro	1.060,00 Euro	1.099,90 Euro	1.308,88 Euro

Die Arzneimittelpreisverordnung ist eine seit Jahren heftig diskutierte und je nach Interessenlage heiß umstrittene staatliche Preisbindung der zweiten Hand. Insbesondere die Apothekerschaft verteidigt den festen Zuschlag als Garant für eine flächendeckende Arzneimittelversorgung. Prognosen über den Fortbestand der Arzneimittelpreisverordnung sind deshalb nicht möglich, es handelt sich nämlich um eine ausschließlich politische Entscheidung. Tendenziell zeichnet sich jedoch

[7] Einzige (gesetzlich vorgeschriebene) Ausnahme zum Rabattierungsverbot ist der Rabatt von 2,30 Euro auf alle Arzneimittel, der ausschließlich den gesetzlichen Krankenkassen zugute kommt.

ab, dass mittelfristig insbesondere der GH-Zuschlag für preiswerte Arzneimittel revidiert werden muss, da er nicht kostendeckend ist.

Der Mehrwertsteuersatz von 19% für Humanarzneimittel liegt Deutschland im internationalen Vergleich sehr hoch. In den meisten Ländern gelten für Arzneimittel ermäßigte Mehrwertsteuersätze oder Arzneimittel sind gänzlich von der Mehrwertsteuer befreit. Wenig verständlich ist daher, wenn der Gesetzgeber sehenden Auges dem System diese Mehrkosten aufbürdet. Die massive Mehrwertsteuererhöhung belastet das System dauerhaft mit Zusatzkosten. Noch weniger verständlich ist der hohe Steuersatz, wenn man bedenkt, dass in Deutschland für Bücher, Blumen, Tierfutter und Tierarzneimittel nur der halbe Mehrwertsteuersatz gilt.

Von den Arzneimittelausgaben der GKV von ca. 24 Mrd. Euro in 2006 entfallen rund 3,3 Mrd. Euro nur auf Steuern.

1.5 Krankenhausapotheken

Wie bereits erwähnt gilt die Arzneimittelpreisverordnung nicht für Krankenhäuser, die Preise für Arzneimittel können hier frei gestaltet werden. Eine Abgabe dieser Präparate an Externe ist den Krankenhäusern weitgehend verwehrt, sie dürfen nur in der Klinik verwendet werden.[8] Bei ambulant durchgeführten Therapien der Klinik (z. B. Chemotherapie) regelt § 14 Abs. 4 ApoG die Abgabe zur unmittelbaren Anwendung am Patienten in den Ambulanzen des Krankenhauses.

Insgesamt existieren in Deutschland etwa 2.140 Krankenhäuser, davon ca. 560 mit Vollapotheke. Insbesondere Universitätskliniken, aber auch andere größere Krankenhäuser beziehen Arzneimittel erheblich günstiger als „normale" Nachfrager. Folgende Gründe spielen dabei eine Rolle:

- Abnahme größerer Mengen
- Handelsspannenzuschläge fallen weg
- Ärzte (in Ausbildung) sammeln Erfahrung mit einem Arzneimittel und verordnen es eventuell ihr Leben lang, wenn sie sich niedergelassen haben.
- Stationär aufgenommene Patienten werden mit diesen Präparaten „antherapiert", der niedergelassene Arzt führt vielfach diese Therapie fort.

Aus diesen Gründen kann ein Hersteller geneigt sein das Präparat preisgünstiger anzubieten.

Um günstige Beschaffungsquellen zu erschließen, bündeln die Krankenhäuser ihre Arzneimitteleinkäufe über 46 Einkaufsgruppen. Die Hersteller sind geneigt Preisnachlässe zu gewähren, wenn gleichzeitig vom Einkaufsverbund (z. B. Deutscher Städtetag) eine Abnahmeverpflichtung eingegangen wird.

[8] Eine Ausnahme stellt die Abgabe von Medikamenten an Mitarbeiter der Klinik und deren Angehörige dar.

1.6 Vertriebswegeentscheidung

Wie bereits dargestellt, existieren nicht allzu viele alternative Vertriebswege für pharmazeutische Produkte, trotzdem sind Handlungsoptionen vorhanden. Die einzelnen Vertriebswege lassen sich gemäß Tabelle 1.3 in Teilbereiche aufgliedern und charakterisieren.

Tabelle 1.3. Vertriebswegebeurteilung

Von	Zu	Art	Einschätzung
Hersteller	Großhandel	Bestellung 1x pro Woche, elektronisches, standardisiertes Bestellverfahren und Rechnungsübertragung, Normkartons, Griffeinheiten	Perfekt
Großhandel	Apotheken	Bestellung mehrmals pro Tag	Sehr viele Kleinbestellungen
Hersteller	Apotheken	Logistisch dem Großhandel unterlegen, wirtschaftlich interessant für OTC-Präparate und hochpreisige Arzneimittel	Für rezeptpflichtige Standardpräparate wenig sinnvoll
Hersteller	Krankenhaus	Bestellung 3–5 x pro Woche, überwiegend Fax und Telefon	Standardisierung nur in Ansätzen erkennbar, aber in den letzten Jahren fortschreitend
Hersteller	Versorgungsapotheken	Ähnlich der Krankenhaus-Bestellung, nur sinnhaft bei getrenntem Sortiment, Kennzeichnung der Packungen notwendig	Sinnvoll für alle Kliniken bis ca. 500 Betten, da Personalkosten entfallen
Großhandel	Krankenhaus	Hat sich nicht etabliert, wird von der Mehrzahl der Beteiligten abgelehnt	Krankenhaus wünscht Direktbelieferung vom Hersteller

Aus Sicht der Hersteller ist ein elektronisches, standardisiertes Bestellverfahren gegenüber (fern-)mündlichen oder schriftlichen Bestellverfahren (z. B. per Brief, per Fax) vorzuziehen. Dieses ist insbesondere auf der Ebene zwischen Hersteller und Großhändler bereits realisiert, bei den übrigen Vertriebswegen, insbesondere zu den Krankenhäusern, sind im beidseitigen Interesse noch Verbesserungen bei der Standardisierung möglich. Viele Krankenhäuser sind mit der Ist-Situation zufrieden, da eine Lösung per Fax preiswert ist und kaum zusätzlichen Aufwand bedeutet, die Lieferzeiten der Hersteller kurz und verlässlich sind und das Kliniknetz strikt vom Internet getrennt bleibt. Vorteile eines elektronischen Bestellverfahrens sind unter anderem

- die durchgehende Lösung
- keine Parallelerfassung
- schneller
- sicher
- fehlerfrei
- effizient
- Möglichkeit der Datenrückübertragung (z. B. Auftragsbestätigung, Lieferschein, Rechnung)
- Interaktivität
- verbesserter Informationsfluss

1.7 Importe

Bezüglich der Arzneimittelpreise existieren erhebliche nationale Unterschiede, nicht nur beim allgemeinen Arzneimittelpreisniveau, sondern auch bei konkreten Präparaten. Dieses ist insbesondere durch die unterschiedlichen Preisregulierungssysteme der Länder der EU, aber auch durch verschiedene nationale Preispolitiken der Hersteller begründet. Das Preisniveau in den Ländern orientiert sich zusätzlich an der Leistungsfähigkeit seiner Bewohner.[9] Da wegen der unterschiedlichen Regulierungssysteme Deutschland eine sehr heterogene Preisbildung hat (es gibt sowohl extrem preiswerte Generika als auch teure Spezialarzneimittel), kann das unterschiedliche Preisniveau bei patentgeschützten Originalen durch Importe ausgenutzt werden.

Spezielle Importfirmen nutzen die unterschiedlichen Regulierungssysteme in der EU, importieren Arzneimittel aus dem Ausland und bringen sie versehen mit deutschem Beipackzettel und deutschsprachiger Verpackung in den Handel.

Wenn Importarzneimittel um 15 % oder 15 Euro preiswerter als das deutsche Originalprodukt sind, ist der Apotheker zur Substitution des Originals angehalten. Das Volumen der Importprodukte ist in den letzten Jahren stark angestiegen und hat inzwischen einen Marktanteil von ca. 8 % (lt. IMS) im niedergelassenen Sektor erreicht. Bei einzelnen patentgeschützen Arzneimitteln liegt der Anteil pro Produkt schon über 50 %.

1.8 Grauer Markt

Während im niedergelassenen Sektor (Hersteller → Großhandel → Apotheke) eine Preisbindung gilt, ist der Krankenhausbereich frei in der Preisgestaltung. Dies

---

[9] Vgl. Schneider, M., Hofmann, U., Biene-Dietrich, P. u. a. (1999), S. 52.

macht es für den Hersteller notwendig (es gibt hierzu aber keine gesetzliche Vorschrift) die Krankenhauspackungen zu kennzeichnen durch eine zusätzliche Beschriftung (z. B. „Teil einer Krankenhauspackung, Einzelverkauf unzulässig“) oder die Verwendung anderer Farben bei der Verpackung. Unterlässt der Hersteller das spezielle Kennzeichnen von Krankenhauspackungen, muss er befürchten, dass preisgünstige, für das Krankenhaus bestimmte Ware vom Großhandel aufgekauft wird. Experten schätzen das Volumen des Grauen Marktes auf ca. 1 Mrd. Euro im Jahr.

1.9 Fälschungen

Die Bekämpfung der Arzneimittelkriminalität rückt zunehmen in den Fokus der öffentlichen Betrachtung. Bei dem Versuch Aussagen über deren Umfang zu treffen ist zu berücksichtigen, dass die meisten Delikte nie aufgedeckt werden. Wie soll auch ein Patient eine Packungs- oder Wirkstofffälschung erkennen, wenn keine deutlichen Abweichungen in Aussehen und Wirkung des Arzneimittels gegeben sind? Besonders das Internet bietet in diesem Zusammenhang eine Handelsplattform, auf der neben Anabolika auch so genannte Lifestyle-Arzneimittel illegal vertrieben werden. Experten schätzen weltweit die Fälschungen auf ca. 10 %, in Deutschland ist die Rate deutlich niedriger. Der Vertriebsweg „Hersteller – Großhandel – Apotheke“ ist der beste Garant, dass der Patient Originalware erhält. Da Großhändler jedoch auch geneigt sind „günstige Bezugsquellen“ zu nutzen und die Arzneimittel nicht ausschließlich beim Hersteller kaufen, sind in den letzten Jahren auch Produktfälschungen im deutschen Markt aufgetaucht. Hierbei handelt es sich um im Ausland gefertigte Ware, die unter Fälschung des Packungsmaterials nach Deutschland verbracht wurde. Sowohl die Arzneimittelhersteller als auch der PHAGRO haben in den letzten Jahren Ihre Bemühungen verstärkt durch spezielle Codierungen von Packungen den Vertriebsweg ‚sicher‘ zu machen.[10]

[10] Vgl. Sürmann, H. (2007).

2 Vertriebs- und Außendienststeuerung

Werner Guminski, Oliver Utsch

TNS Healthcare GmbH, München

2.1 Effektivität und Effizienz in der Vertriebssteuerung

SFE als Abkürzung des englischen Begriffs „Sales Force Effectiveness“ hat sich in den vergangenen Jahren als Bezeichnung für die Summe aller Maßnahmen, die sowohl die Effektivität als auch die Effizienz der vertrieblichen Aktivitäten in der pharmazeutischen Industrie zum Ziel haben, etabliert. Ohne auf die detaillierte Unterscheidung zwischen Effektivität und Effizienz Rücksicht zu nehmen ist generell damit das Verständnis verbunden, dass zentral geplante und gesteuerte Prozesse eingerichtet werden müssen, die operativ die Außendiensttätigkeiten prägen und so im Gegensatz zu Prozessstrukturen stehen, in denen Außendienste „sich selbst überlassen bleiben“.

Die Angebote der Dienstleister, insbesondere aus dem Bereich der Sekundärmarktforschung, die breite Verfügbarkeit von methodischer Analytik und vor allem die unter gestiegenem Ertragsdruck erhöhte Notwendigkeit, vertriebliche Exzellenz als Wettbewerbsvorteil zu nutzen, haben zu einem breiten Instrumentarium der Vertriebssteuerung geführt. Allerdings ist diese Entwicklung der Gesundheitspolitik in ihrem ständigen Bemühen um Kostendämpfung nicht verborgen geblieben und die über die vergangenen Jahre immer feiner entwickelten Instrumente zur Steigerung von Effektivität und Effizienz der Vertriebstätigkeit sind von der Gesundheitspolitik als ein wesentlicher Faktor für unwirtschaftliches Verordnungsverhalten angesehen worden. Dies hat dazu geführt, dass eine der Zielsetzungen der bis dato jüngsten „Gesundheitsreform“, namentlich des „GKV-Wettbewerbsstärkungsgesetz“, die Wahrung der ärztlichen Unabhängigkeit ist. Zu diesem Zweck ist in dem Gesetz die Verfügbarkeit regionalisierter Verordnungs-, Absatz- und Umsatzdaten erheblich eingeschränkt worden. Aktuell ist die weitere Entwicklung noch nicht endgültig abzusehen, aber es erscheint durchaus möglich, dass einige der nachfolgend beschriebenen Prozesse und Verfahren in der hier beschriebenen Form nicht mehr oder aber in modifizierter Form oder durch andere Teilnehmer durchgeführt werden.

Was die Unterscheidung zwischen Effektivität und Effizienz angeht ist es insbesondere in Zeiten sich ändernder Rahmenbedingungen geboten, sich um die möglichst saubere Trennung beider Dimensionen zu bemühen. Die Frage der Effektivität, also dessen was überhaupt unternommen wird, steht hier vor der Frage der Effizienz, also der Frage nach der Art und Weise des Vorgehens, denn dynamische Rahmenbedingungen bergen eher die Gefahr das Falsche in perfekter Vollendung zu tun und letztendlich trotzdem – oder gerade deshalb – erfolglos zu sein.

2.2 Der Entscheidungsverlauf im Prozess der Arzneimittelverordnung

Eine wesentliche Methode zur Sicherstellung der Effektivität in der Vertriebssteuerung ist die sorgfältige Analyse des Entscheidungsverlaufes im Prozess der Arzneimittelverordnung. Allzu leicht besteht die Gefahr, die Stufen zu optimieren, die man kennt, von deren Relevanz man ausgeht oder für deren Bearbeitung die geeigneten Strukturen vorhanden sind. Wenn aber eine andere Stufe im Entscheidungsprozess die relevante ist, werden die Bemühungen um Effizienzoptimierung kaum von Erfolg gekrönt sein.

Die erste Stufe dieses Prozesses sind die epidemiologischen Informationen zur Häufigkeit von Neuerkrankungen (Inzidenz) und von Bestandserkrankungen (Prävalenz) in einer Population. Häufig allerdings sind keine Messdaten zu Inzidenz und Prävalenz verfügbar, sondern bestenfalls Schätzdaten, die verkürzt gesagt aus diagnostizierten Fällen plus Schätzung einer „Dunkelziffer" die Zahl der Erkrankungen zu bestimmen versuchen.

Das Bewusstsein des Patienten, behandlungsbedürftig erkrankt zu sein, variiert im nächsten Schritt auch stark je nach Indikation, denn bei Erkrankungen ohne direkt vom Patienten wahrnehmbaren Leidensdruck und ohne zuverlässige Diagnosemöglichkeit (z. B. durch standardisierte Serienuntersuchungen) kommt der Patient mitunter gar nicht auf die Idee, sich einem Arzt vorzustellen. Also kann in diesen Fällen über den Arzt und seine Diagnosestellung auch keine Messung vorgenommen werden.

Ist der Patient beim Arzt vorstellig geworden, hängen die weiteren Schritte davon ab, ob der Arzt die korrekte Diagnose stellt, also die bestehende Erkrankung erkennt. Dies hängt von verschiedenen Faktoren ab wie etwa Fachausbildung und Erfahrung des Arztes, Geräteausstattung oder Verfügbarkeit diagnostischer Verfahren. Bei stark fachspezifischen oder seltenen Erkrankungen nimmt der Hausarzt häufig auch die Überweisung an einen anderen Facharzt vor. Zuvor Gesagtes gilt dann im Prinzip auch für den weiterbehandelnden Arzt.

An die Diagnosestellung schließt sich die Therapieentscheidung an, und zwar zunächst die Entscheidung, ob eine Therapie durchgeführt werden soll oder von einer Selbstheilung ausgegangen werden kann und wenn, welche Art der Therapie angezeigt ist. Je nach Indikation muss hier auch in Betracht gezogen werden, welche therapeutischen Alternativen es zur medikamentösen Therapie gibt – als Beispiele seien nur manuelle oder Bewegungstherapien oder spezielle Diäten genannt, d. h. die Therapieentscheidung muss nicht immer die Verordnung von Arzneimitteln bedeuten.

Wählt der Therapieentscheider eine medikamentöse Therapie, wird i. d. R. zunächst die Wirkstoffklasse festgelegt, wobei schon hier selbstverständlich produktbezogene Aspekte wie Kosten oder Erstattungsfähigkeit eine Rolle spielen, die durchaus auch alle Produkte einer Wirkstoffklasse umfassen. Innerhalb einer Wirkstoffklasse wählt der Arzt dann die Substanz aus, wobei damit – wenn es sich um ein patentgeschütztes Arzneimittel handelt – meist auch schon das Produkt gewählt ist. Wird eine Substanz im Rahmen von Co-Marketing (eine Substanz, mehrere Marken) vermarktet, kann die Produktwahl noch zwischen den verschiedenen Marken variieren.

Ist das Produkt in der spezifischen Stärke und Größe vom Arzt verordnet, folgt idealtypisch der Gang des Patienten zur Apotheke, um das Rezept einzulösen. Je nach Indikationsbereich und Patiententypus bleiben aber durchaus viele Rezepte „auf der Strecke", d. h. sie werden vom Patienten gar nicht eingelöst. Die Gründe hierfür sind ebenfalls vielfältig, seien es Misstrauen gegenüber dem Arzneimittel oder der Therapieentscheidung, „Spontanheilung" bis zur nächsten Möglichkeit der Rezepteinlösung, andere Motive für den Arztbesuch und ähnliches mehr.

Sucht der Patient die Apotheke auf und legt sein Rezept vor, ist nicht zwingend gewährleistet, dass er auch genau das Arzneimittel ausgehändigt bekommt, welches der Arzt verordnet hat. Die Substitution des originär verordneten Arzneimittels durch ein anderes seitens des Apothekers kann der Arzt durch die Aut-Idem-Kennzeichnung zulassen oder ausschließen. Bei generikafähigen Verordnungen oder solchen Produkten, die durch günstigere Parallelimporte ersetzt werden können, kann bzw. soll der Apotheker eine Substitution vornehmen, aktuell ist der Aut-Idem-Standard auf deutschen GKV-Rezepten so eingestellt, dass eine Substitution zulässig ist, d. h. dass der Arzt die Substitution bewusst ausschließen muss, wenn er sie nicht will. Bei dringlichen Verordnungen und mangelnder Verfügbarkeit des verordneten Arzneimittels in der Apotheke kann nach Rücksprache mit dem verordnenden Arzt durchaus auch die Originalverordnung durch ein anderes Produkt mit einem anderen Wirkstoff ersetzt werden. Beispielsweise werden Antibiotika angesichts ihrer sehr großen Breite an Wirkstoffen und Produkten durchaus häufiger nach Absprache mit dem behandelnden Arzt substituiert.

Der Kaufvorgang ist mit diesem Schritt für die jeweilige Verordnung aus Sicht des pharmazeutischen Herstellers zwar abgeschlossen, aber keinesfalls die erfolgsrelevanten Faktoren. Das Arzneimittel sollte schließlich nicht nur gekauft werden, sondern um erfolgreich wirken zu können auch vom Patienten therapiekonform verwendet werden, denn daran sind sehr eng die Erfolgschancen der Arzneimitteltherapie geknüpft.

Der wahrgenommene therapeutische Erfolg des Arzneimittels wiederum prägt entscheidend die Bereitschaft des Patienten, eine Therapie fortzusetzen, wieder aufzunehmen oder das Arzneimittel zu einem späteren Zeitpunkt nochmals zu verwenden. Daher ist, insbesondere bei chronischen Erkrankungen, die Therapietreue der Patienten von großer Relevanz für den Erfolg eines Arzneimittels.

Nachfolgende Abbildung illustriert die verschiedenen Stufen des Prozesses:

	Patient	Arzt	Apotheke	KV	KK
Epidemiologie (Prävalenz und Inzidenz)	✓				
Problembewusstsein	✓				
Konsultation des Arztes, ggf. Überwsg.	✓				✓
Diagnosestellung		✓			
Therapieentscheidung		✓			
Wahl des Wirkstoffs		✓		✓	
Wahl der Substanzklasse		✓		✓	
Produktwahl / -verordnung		✓		✓	✓
Rezepteinlösung	✓				
Produktabgabe (Substitution)			✓		
Anwendungs-Compliance	✓				
Wiederholungsverordnung	✓				

Abb. 2.1. Die Stufen des Verordnungs-Entscheidungsprozesses (Kaufprozesses)

Die hier beschriebenen Stufen der Entscheidung beim Arzt bedeuten selbstverständlich nicht, dass der verordnende Arzt diese Stufen bewusst als solche wahrnimmt und „nach dem Lehrbuch" abarbeitet – in der Alltagspraxis ist die Strecke von der Diagnose zur Produktverordnung häufig sehr schnell durchmessen. Vielmehr sind es Analysestufen, die dem Marketing des Herstellers helfen, die Situation seines Produktes in der Verwendung durch den Kunden richtig zu verstehen.

Auf der Analyse der Stufen dieses Entscheidungsprozesses beruht die Identifikation der Punkte, an denen die jeweiligen Marketinginstrumente ansetzen sollten. Zentrale Bedeutung hat dabei nach wie vor die Produktwahl durch den Arzt nach gestellter Diagnose. Beispielhaft für die seit Inkrafttreten des Wettbewerbsstärkungsgesetzes im April 2007 in Bewegung geratenen Rahmenbedingungen des pharmazeutischen Marketings seien hier die Einflussnehmer „Kassenärztliche Vereinigungen" (KV) und „Krankenkassen" genannt, wie in obiger Abbildung dargestellt. Diese Institutionen sind zwar in ihrer grundlegenden Funktion nicht neu, haben jedoch beispielsweise auf Seiten der Krankenkassen durch das in seiner Wirkung stark erweiterte Instrument der Rabattverträge (§ 130 SGB V) im Rahmen des Wettbewerbsstärkungsgesetzes eine Änderung ihrer Rolle erfahren. Als Vertragspartner der pharmazeutischen Industrie ermöglichen sie so den Marktzugang vor allem im Bereich der generischen Arzneimittel, so dass in Folge die Rolle des Produktentscheiders vom Arzt weg und hin zum abgebenden Apotheker wandert.

2.3 Instrumente der Vertriebs- und Außendienststeuerung

2.3.1 Struktur von Außendienstorganisationen

Die Struktur von Außendienstorganisationen ist eine grundlegende Basis sowohl für die Effektivität als auch für die Effizienz vertrieblicher Aktivitäten. Als strukturelles Grundkonzept kann hierbei die Anzahl von Außendienstlinien oder auch die generelle Zielgruppe auf übergeordneter Ebene wie beispielsweise niedergelassene Ärzte, Klinikärzte und Großkunden (*Key Accounts*) unterschieden werden. Die Festlegung dieses Grundkonzeptes sollte ebenso auf dem Verständnis des Entscheidungsprozesses beruhen und in regelmäßigen Abständen einer Prüfung unterzogen werden, da sich die verschiedenen Einflussnehmer im Laufe des Produktlebenszyklus in ihrer jeweiligen Rolle verändern.

Nach Festlegung der grundlegenden Struktur schließt sich die Abschätzung des notwendigen Umfangs an Aktivitäten an – bei einem Außendienst sind dies typischerweise Besuche bei der Zielgruppe. Aus der Division der Gesamtbesuche in einer Zielgruppe pro Jahr durch die Jahresbesuchsleistung eines einzelnen Außendienstmitarbeiters ergibt sich dann die notwendige Außendienstgröße. Allerdings ist die Besuchsleistung pro Zeiteinheit eine Größe, die ihrerseits von der Struktur abhängt, denn personell sehr große Außendienstlinien resultieren in geografisch kleinen Gebieten. Geografisch kleine Gebiete wiederum haben eine höhere Besuchsanzahl pro Tag zur Folge, denn ein geringerer Teil des Tages entfällt auf die Fahrzeit zwischen den Besuchszielen. Die Bandbreite ist hier relativ groß: Drei bis vier Besuche sind bei einer kleinen Außendienstlinie mit beispielsweise 30 Mitarbeitern und einer stark fokussierten Facharztzielgruppe ein realistischer Erwartungswert wie andererseits neun bis zehn Besuche bei einer größeren Außendienstlinie mit beispielsweise 120 Mitarbeitern und einer weniger stark fokussierten Zielgruppe im Bereich der Allgemeinärzte und praktischen Ärzte.

Ist die Zahl der Außendienstmitarbeiter bestimmt, erfolgt die eigentliche Gebietsstrukturierung, d. h. die Festlegung der geografischen Grenzen aller Mitarbeitergebiete. Zuvor müssen allerdings die Kriterien bestimmt werden, nach denen die Strukturbildung erfolgen soll: Sollen alle Mitarbeiter gleich viele Ärzte in ihrem Gebiet haben? Oder gleich viel Produktumsatz? Oder gleich viel Produktpotenzial, d. h. Marktumsatz? Oder gleich viele Patienten bzw. Einwohner? Dies stellt lediglich eine Auswahl der gängigsten Kriterien dar, deren möglichst ähnliche Verteilung Ziel einer ausgewogenen Außendienststruktur ist.

Ein weiteres wichtiges Kriterium ist die Frage, ob eine neue Struktur erstellt werden soll, deren Mitarbeiter das betreffende Produkt noch nicht beworben haben oder aus der Vorgeschichte schon Beziehungen zwischen den Außendienstmitarbeitern und der Zielgruppe bestanden haben. Besteht eine erhaltenswürdige Vorgeschichte, ist eine Minimierung der Brüche dieser wertvollen Kundenbeziehungen meistens oberstes Ziel der Neustrukturierung. Insbesondere bei Produkten, die sich in den späten Phasen des Lebenszyklus befinden, sind oftmals die langjährigen persönlichen Beziehungen zwischen Arzt und Pharmareferent die wichtigsten Treiber des Produkterfolgs – ein Abbruch solcher Beziehung kann die i. d. R. besonders ertragsstarke Schlussphase des Produktlebenszyklus ernsthaft gefährden.

Sind die Kriterien definiert, kann die eigentliche Zusammenstellung der Gebiete beginnen. Sie wird auf der Grundlage eines geografischen Basissystems vorgenommen, als Industriestandard kann hier das von IMS Health angebotene System Landscape® genannt werden, das das zuvor langjährig verwendete System des RPM® 1860 als Standard abgelöst hat. Landscape® ist eine Struktur aus zurzeit 1.900 geografisch definierten Segmenten der kleinsten Granularität. Gebiete, die auf einer Zusammenfassung mehrerer Landscape®-Segmente beruhen und alle rechtlichen Bedingungen erfüllen, können später mit exakt gebietsspezifischen Umsatz- und Absatzdaten versorgt werden.

Die Ablauflogik strukturbildender Programme fängt i. d. R. bei einem Randsegment an und beginnt, weitere Segmente zuzuwählen, so dass eine geografisch möglichst kompakte Gebietsform entsteht. Diese Zuwahl weiterer Segmente wird so lange fortgesetzt, bis das entstandene Gebiet einen oder mehrere vorher definierte Schwellenwerte der o. g. Strukturkriterien erfüllt und beginnt den Agglomerationsprozess dann für das nächste Mitarbeitergebiet von neuem. Im Idealfall sind am Ende dieses Schleifendurchlaufs alle verfügbaren Segmente in die gewünschte Gebietszahl zugeordnet. Spezialisierte Werkzeuge von Anbietern (so genannte Geo-Marketing Software) bieten hierfür ausgefeilte Methoden mit einer Vielzahl von Gestaltungsmöglichkeiten an.

Doch trotz aller Unterstützung durch Software kann hierbei nicht immer eine endgültige Struktur geschaffen werden. Detailänderungen werden nötig durch geografische Besonderheiten wie Flussläufe, Brückenstandorte, Verkehrswege oder Praktikabilität des Gebietszuschnittes hinsichtlich der Wohnorte der betroffenen Mitarbeiter. Unterstützt durch digital handhabbare Karten können mit Hilfe der Geo-Markting Anwendungen die Strukturen nochmals einzeln überarbeitet werden, je nach Größe und Struktur werden hierfür die einzelnen Mitarbeiter oder die jeweiligen Regionalleiter konsultiert – auf jeden Fall Personen, die am besten aus eigener Vertriebserfahrung lokale Besonderheiten gut kennen.

Seit Inkrafttreten des GKV-Wettbewerbsstärkungsgesetzes am 1. April 2007 sind an dieser Stelle teilweise weitere Schritte notwendig. Dieses Gesetz ändert den § 305a des SGB V im Wesentlichen durch Hinzufügen des folgenden Abschnitts:

> „(...) Ist gesetzlich oder durch Vereinbarung nach § 130a Abs. 8 nichts anderes bestimmt, dürfen Vertragsärzte Daten über von ihnen verordnete Arzneimittel nur solchen Stellen übermitteln, die sich verpflichten, die Daten ausschließlich als Nachweis für die in einer Kassenärztlichen Vereinigung oder einer Region mit mindestens jeweils 300.000 Einwohnern oder mit jeweils mindestens 1.300 Ärzten insgesamt in Anspruch genommenen Leistungen zu verarbeiten; eine Verarbeitung dieser Daten mit regionaler Differenzierung innerhalb einer Kassenärztlichen Vereinigung, für einzelne Vertragsärzte oder Einrichtungen sowie für einzelne Apotheken ist unzulässig. Satz 4 gilt auch für die Übermittlung von Daten über die nach diesem Buch verordnungsfähigen Arzneimittel durch Apotheken, den Großhandel, Krankenkassen sowie deren Rechenzentren. (...)"

In der Praxis schränkt dies die Beziehbarkeit von regionalen Absatz-, Umsatz- und Verordnungsdaten auf Gebiete mit mindestens 300.000 Einwohnern oder 1.300 Ärzten ein. Obgleich im Gesetz nicht bestimmt ist, welche Ärzte hier zu berücksichtigen sind, führt die Anwendung der Einwohner-Regelung ohnehin zu einer feineren Granularität, denn die ca. 82,4 Mio. Einwohner dividiert durch 300.000 Einwohner pro Gebiet ergibt eine rechnerische Maximalzahl von Gebieten von ca. 276. Zieht man die Schwankungen ab, die sich aus schiefen Verteilungen ergeben kann man in der Praxis von realen Maximalgrößen von ca. 250 Gebieten ausgehen.

Je nach der Rolle des pharmazeutischen Herstellers, forschender Originalanbieter mit selektivem Außendiensteinsatz oder Generikahersteller mit bisher sehr breiter Abdeckung der ärztlichen Zielgruppen, zwang diese Einschränkung zur Umstrukturierung oder ermöglichte eine zusätzliche Ausweisungsebene innerhalb der Mitarbeitergebiete. Generikaanbieter hatten bis zum Inkrafttreten des Gesetzes durchaus Liniengrößen von bis zu 400 Mitarbeitern. Da die Mitarbeitergebiete dieser Strukturen mehrheitlich den geänderten gesetzlichen Anforderungen nicht mehr entsprachen sahen sich diese Firmen zu einem Umbau der Struktur gezwungen, wobei andere Regelungen des Gesetzes auch zu teilweise massivem Abbau der Außendienstgrößen geführt haben und so eine Verkleinerung und Neustrukturierung häufig die Folge bei generischen Anbietern war.

Anbieter von Originalpräparaten mit stärker selektiv arbeitenden Außendiensten haben jedoch i. d. R. deutlich kleinere Außendienst-Liniengrößen zwischen 30 bis 40 Mitarbeitern am unteren Ende und etwa 120 bis 130 Mitarbeitern am oberen Ende. In diesen Strukturen kann die Möglichkeit genutzt werden, jedes Mitarbeitergebiet nochmals in Untergebiete zu teilen, die jeweils den gesetzlichen Anforderungen genügen. Soll diese Möglichkeit genutzt werden, schließt sich dieser Schritt an die Erstellung der Basisstruktur an. Die geografische Granularität der Informationen ist dann zwar innerhalb der Mitarbeitergebiete nicht mehr so genau wie vor der Gesetzesänderung, sie kann dennoch hilfreich sein, um den Außendienstmitarbeitern ein besseres regionales Monitoring der Versorgungssituation zu ermöglichen, als wenn sie für ihr gesamtes Gebiet nur eine Ausweisung beziehen würden.

Nach diesem Schritt ist die Grundstruktur eines Außendienstes oder genauer gesagt: einer Außendienstlinie fertig gestellt. Wie der grundlegende Aufbau des gesamten Außendienstes ist, hängt von der Breite des beworbenen Produktportfolios und von der Vereinbarkeit der Produkte in den Produktbesprechungen ab.

Als „klassisch" kann ein Außendienstaufbau bezeichnet werden, in dem es mehrere Außendienstlinien mit jeweils eigener geografischer Struktur gibt, die möglichst ähnliche Produkte desselben Indikationsgebietes besprechen, also beispielsweise eine „Herz-Kreislauf-Außendienstlinie" oder der „Respirations-Außendienst". Jede dieser Außendienstlinien hat üblicherweise der Mitarbeiterebene übergeordnet einen Regionalleiter und darüber einen landesweit zuständigen Linienleiter, doch auch Zwischenstufen wie aus mehreren Regionen gebildete „Großregionen", „Distrikte" oder ähnlich benannte Stufen sind möglich.

Dieser Aufbau hat den Vorteil, dass die jeweiligen Strukturen den zu bewerbenden Produkten sehr genau angepasst werden können und dass, sofern jedes Gebiet nur mit einem Mitarbeiter besetzt wird, Gebietsschutz besteht und damit alle Umsätze des jeweiligen Gebiets eindeutig dem jeweiligen Außendienstmitarbeiter zugeordnet werden können.

Nachteilig daran ist jedoch, dass Aktivitäten verschiedener Linien bei denselben Ärzten kaum koordiniert werden können und dass die Flexibilität der Gestaltung der Promotionsaktivitäten sehr gering ist, weil die Zuordnung der Linien zu den Produktbereichen i. d. R. starr ist.

Eine Alternative des grundlegenden Aufbaus ist dagegen die Erstellung einer zentralen geografischen Basisstruktur mit gegebenenfalls variabler Besetzung und Zuständigkeit für alle Produkte. Dies setzt freilich voraus, dass die Anzahl zu bewerbender Produkte nicht zu groß ist und die Produkte in der Gesprächskombination einigermaßen gut vereinbar sind.

Vorteil dieses Ansatzes ist insbesondere eine deutlich stärkere Kundenzentriertheit. Beispielsweise kann eine solche Struktur jeweils für niedergelassene Hausärzte und niedergelassene Spezialisten eingerichtet werden und sich damit den spezifischen Anforderungen dieser verschiedenen Zielgruppen ideal anpassen. Wenn sich mehrere Außendienstmitarbeiter dasselbe geografische Gebiet – und damit dieselbe Zielgruppe – als Team teilen lassen sich Maßnahmen zur Koordination und Synchronisierung der individuellen Aktivitäten deutlich besser abstimmen. Als Beispiel seien hier die Regelmäßigkeit der Besuchsaktivität aus Sicht des Arztes und die Vermeidung von Mehrfachbesuchen am gleichen Tag, möglicherweise sogar noch für dasselbe Produkt, genannt.

Folgende Darstellung zeigt exemplarisch (nicht vollständig!) die beiden Ansätze des Grundaufbaus im Vergleich:

"Klassischer" Ansatz getrennter Produkt-Linien

Linie Prod. 1	Linie Prod. 2	Linie Prod. 3
R1	R1	R1
MA 1	MA 1	MA 1
MA 2	MA 2	MA 2
MA 3	MA 3	MA 3
MA 4	MA 4	MA 4
MA 5	MA 5	MA 5
MA 6	MA 6	MA 6
MA 7	MA 7	MA 7
MA 8	MA 8	MA 8
MA 9	MA 9	MA 9
MA 10	MA 10	MA 10
R2	R2	R2
MA 1	MA 1	MA 1
MA 2	MA 2	MA 2
MA 3	MA 3	MA 3
MA 4	MA 4	MA 4
MA 5	MA 5	MA 5
MA 6	MA 6	MA 6
MA 7	MA 7	MA 7
MA 8	MA 8	MA 8
MA 9	MA 9	MA 9
MA 10	MA 10	MA 10
R...8	R...6	R...10
MA 1	MA 1	MA 1
MA 2	MA 2	MA 2
MA 3	MA 3	MA 3
MA 4	MA 4	MA 4
MA 5	MA 5	MA 5
MA 6	MA 6	MA 6
MA 7	MA 7	MA 7
MA 8	MA 8	MA 8
MA 9	MA 9	MA 9
MA 10	MA 10	MA 10

Ansatz von Multi-Produkt-Regionen

	Produktschwerpunkt		
	1	2	3
Region 1			
Gebiet 1	MA1-1	MA1-2	MA1-3
Gebiet 2	MA2-1	MA2-2	MA2-3
Gebiet 3	MA3-1	MA3-2	MA3-3
Region 2			
Gebiet 1	MA1-1	MA1-2	MA1-3
Gebiet 2	MA2-1	MA2-2	MA2-3
Gebiet 3	MA3-1	MA3-2	MA3-3
Region ...8			
Gebiet 1	MA1-1	MA1-2	MA1-3
Gebiet 2	MA2-1	MA2-2	MA2-3
Gebiet 3	MA3-1	MA3-2	MA3-3
...			

Abb. 2.2. Beispieldarstellung einer Produkt-Linien-Struktur vs. Matrixstruktur als Außendienstorganisationskonzept

2.3.2 Segmentierungen

Segmentierungen dienen generell dazu, aktionsbezogen Gruppen zu bilden, die in Planung und späterer Ausführung unterschiedliche Behandlungen erfahren. Dabei beziehen sich in diesem Zusammenhang Segmentierungen meist einerseits auf Ärzte und andererseits auf Patienten, wenngleich man unter dem Oberbegriff „Beteiligte“ ebenso einen deutlich weiteren Kreis bezeichnen kann, der beispielsweise auch Apotheker, Großhändler, Krankenkassen usw. umfasst.

Neben der Frage, welche Beteiligten in relevante Segmente unterteilt werden taucht hier die zweite Dimension von Segmentierungen auf, nämliche die Frage nach den Segmentierungskriterien. Im Wesentlichen ist hier zu unterscheiden zwischen *quantitativer* und *qualitativer* Segmentierung.

Quantitative Segmentierungen verwenden mengenbezogene Kriterien zur Gruppenbildung, wie etwa Produktverordnungen, Marktumsätze oder Marktanteile auf Seiten der Ärzte oder auch epidemiologische Informationen auf Seiten der Patienten. Voraussetzung zur Erstellung quantitativer Segmentierungen ist die möglichst flächendeckende Verfügbarkeit von mengenbezogenen Grunddaten, die auf verschiedenen Wegen erhoben werden können und mit unterschiedlichen Methoden für die Segmentierungen verwendet werden.

Qualitative Segmentierungen orientieren sich eher an der Rolle oder den Einstellungen der Beteiligten. So können Ärzte beispielsweise nach Ihrer ärztlichen Funktion als Spezialist oder als Hausarzt und Patienten beispielsweise nach Schweregraden oder Stadien der Erkrankung segmentiert werden.

2.3.2.1
Patienten

Die Segmentierung von Patienten fußt i. d. R. wieder auf den Stufen des Verordnungsentscheidungsprozesses (vgl. 2.2). Sie kann Aufschluss geben über den richtigen Ansatzpunkt: Sind diagnostische oder therapeutische Möglichkeiten bei der Behandlung einer Erkrankung relativ neu, muss sowohl bei Patienten als auch bei Ärzten zunächst das Wissen und Bewusstsein um das Erkrankungsbild und seine Behandlungsmöglichkeiten geschaffen werden. Obwohl die direkte Kommunikation zwischen pharmazeutischem Hersteller und Patient durch das Heilmittelwerbegesetz stark eingeschränkt ist, ist es doch möglich und zulässig, mit Kommunikationsmaßnahmen beispielsweise zur Erklärung von Erkrankungsbildern ohne Nennung und Bewerbung der eigenen Produkte eine entsprechende *Awareness* bei den Patienten zu schaffen. Dies ist beispielsweise dann zielführend, wenn die Segmentierung der Patienten ergibt, dass die überwiegende Mehrheit der auf der epidemiologischen Stufe vorhandenen Patienten sich der Erkrankung nicht bewusst ist und deshalb keinen Arzt aufsucht oder die Ärzte mangels Kenntnis oder diagnostischer Probleme die angemessene Diagnose nicht stellen.

Weiterhin sind Patienten zu segmentieren nach dem *Schweregrad* oder dem *Stadium der Erkrankung*. Viele Arzneimittel sind überhaupt oder optimal nur in einem bestimmten Erkrankungsstadium wirksam oder auch nur zugelassen für bestimmte Schweregrade oder Stadien.

Auch die Beständigkeit der Verwendung oder der Erfolg der medikamentösen Therapie sind relevante Segmentierungskriterien auf Patientenseite, die Begriffe des *Therapiewechslers*, *Therapieabbrechers* oder *Therapieversagers* kennzeichnen diese Dimension gut, wobei ein Wechsel oder Abbruch einer Arzneimitteltherapie meist auf der bewussten Entscheidung des behandelnden Arztes oder des Patienten beruht und das Therapieversagen eher physiologische Ursachen hat.

Je nach Erstattungsfähigkeit eines Arzneimittels können Patienten auch nach der Fähigkeit und der Bereitschaft zur Zuzahlung oder gar zur alleinigen Kostenträgerschaft segmentiert werden, bei globaler Betrachtung kann diese Dimension auch verschiedene Länder nach Ihrer Attraktivität als Absatzmarkt segmentieren.

2.3.2.2 Ärztliche Zielgruppen

Segmentierungen ärztlicher Zielgruppen werden sehr häufig als *ABC-Segmentierung* ausgewiesen – wobei sich das, was sich hinter ABC verbirgt, stark unterscheidet. Häufigste Kriterien für eine ABC-Segmentierung sind die *Produktverwendung*, dargestellt als Verordnungshäufigkeit, Verordnungswert (Umsatz) oder Marktanteil des eigenen Produktes oder aber das *Produktpotenzial*, dargestellt als summierte Verordnungshäufigkeiten oder Verordnungswerte aller Produkte, die zur selben Präparategruppe gehören wie das eigene Produkt.

Diese beiden Basisdimensionen einer klassischen *quantitativen* Segmentierung werden typischerweise in einer Portfolio-Darstellung gehandhabt, die an die klassische BCG (Boston Consulting Group) Portfolioanalyse angelehnt ist.[11] Im Gegensatz zu dieser klassischen Analyse des Produktportfolios, in der waagerecht der relative Marktanteil und senkrecht das Marktwachstum abgetragen sind, werden im Portfolio der quantitativen Kundensegmentierung meist in der Waagerechten die Produktverwendung, regelmäßig abgebildet durch den Marktanteil des Produktes, und in der Senkrechten das Verordnungspotenzial dargestellt.

Abb. 2.3. Kunden-Segmentierungsportfolio in Anlehnung an die BCG-Produktportfolioanalyse

Ziel dieses Ansatzes ist es, alle generell denkbaren Kunden – Ärzte – in diesem Portfolio verorten zu können und damit eine möglichst objektive und konstant bleibende Grundlage zur Priorisierung und gezielten, differenzierten Ansprache verfügbar zu haben. Allerdings entwickelt sich die Richtung der Priorisierung über

[11] Vgl. Baum, H.-G., Coenenberg, A. G., Günther, T. (2006) oder Schneider, D. (2005).

den Lebenszyklus des Produktes: vertikal von oben nach unten zu Beginn des Produktlebenszyklus bis hin zu horizontal von rechts nach links am Ende des Produktlebenszyklus. Zum Zeitpunkt des Vermarktungsbeginns können Ärzte noch nicht nach ihrem Marktanteil priorisiert werden, denn es gibt noch keine Produktverordnungen und -umsätze und in Folge auch keine Marktanteile. Also bleibt zu diesem Zeitpunkt nur das Verordnungspotenzial als relevante quantitative Priorisierungsdimension. Die Präferenz für das Produkt bildet sich erst in der Folgezeit heraus.

Nähert sich das Produkt mit drohendem Verlust des Patentschutzes dem Ende seines Lebenszyklus rückt die wachstumsorientierte Priorisierung potenzialstarker Kunden immer mehr in den Hintergrund und die aktuelle Produktverwendung wird nach und nach zum relevanten Priorisierungskriterium.

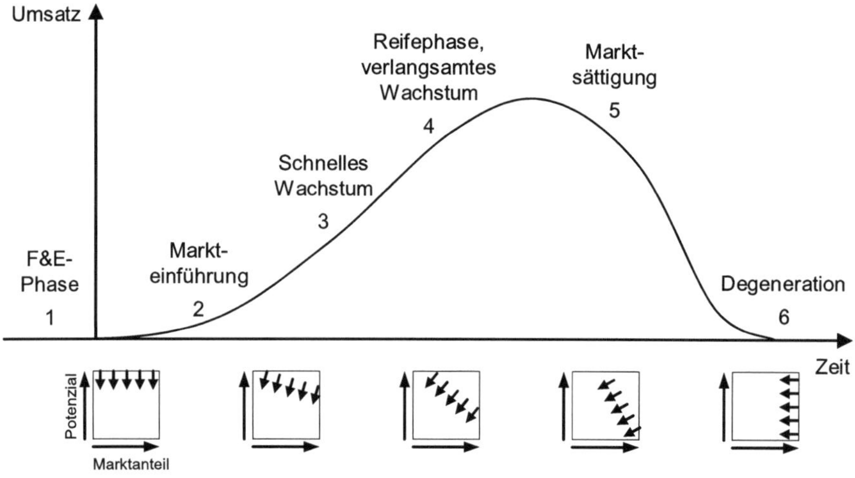

Abb. 2.4. Wandel der Priorisierungsdimension von Potenzial zu Produktverwendung im Lauf des Lebenszyklus

Neben dieser grundlegenden quantitativen Segmentierung rückt die *qualitative Segmentierung* zunehmend in den Vordergrund. Qualitative Segmentierungsansätze orientieren sich an der Rolle, der Einstellung, der Loyalität oder der Persönlichkeit des Kunden und bilden entlang dieser Dimensionen Kundengruppen.

Im Kontext des Produktlebenszyklus sind es vor allem Eigenschaften wie fachliche Spezialisierung, Meinungsführerschaft und die generelle Einstellung zu Neuem, die für die Segmentierung herangezogen werden. Der Grund liegt auf der Hand: Ein in seinem Fachgebiet hoch spezialisierter, anerkannter Meinungsbildner stellt mit seiner Bewertung eines neuen Arzneimittels eine wesentliche Orientierungshilfe für viele andere Ärzte dar und ist damit aus Sicht der Herstellers ein wichtiger Multiplikator. Da die Zielsetzung hinsichtlich der Umsatzentwicklung regelmäßig ein möglichst schneller Anstieg, d. h. eine *schnelle Marktdurchdringung* ist, sind solche Multiplikatoren aus dem Kreise der Kunden von sehr großer

Bedeutung. Ähnliches gilt für die verschiedenen *Adoptionsstati*, also die Bereitschaft eines Arztes, ein neues Arzneimittel auszuprobieren. Eher vorsichtige Ärzte, die ein Arzneimittel lieber erst dann einsetzen, wenn dessen Sicherheit und Eignung durch die Mehrheit verordnender Kollegen und womöglich viele tausende Patienten bestätigt ist, werden sehr viel später als Zielgruppe adressiert als Ärzte, die gern früh in einer neuen Entwicklung dabei sind und auch neue Arzneimittel von Beginn an einsetzen.

Als Bedürfnis seitens der Kunden wie auch als Notwendigkeit angesichts gestiegenen Kostendrucks seitens der Hersteller wird zunehmend die Forderung nach einer qualitativen Segmentierung mit dem Ziel einer inhaltlich differenzierten Ansprache formuliert. Statt mit einer Segmentierung nur die Intensität der Ansprache bzw. Zielgruppe und Nicht-Zielgruppe zu unterscheiden versucht dieser Ansatz, Zielgruppen danach zu segmentieren, welche Inhalte die spezifisch wichtigen und wirksamen sind. Gängige Konzepte wie etwa die Biostrukturanalyse[12], das DISG Modell oder die „Limbische Segmentierung“[13] und vielfältige Variationen davon bilden anhand persönlichkeitsbezogener Dimensionen wie beispielsweise Sach- / Aufgabenorientierung vs. Menschenorientierung, Offensivität vs. Defensivität, Dominanz, Stimulanz oder Balanz kombinatorisch bestimmte Gruppen. Diese Ansätze empfehlen die Segmentierung nach ihrem jeweiligen System nicht nur für die Kunden, sondern im ersten Schritt auch für die Außendienstmitarbeiter, da sich bei bestimmten Paarbildungen die Kommunikation besonders erfolgreich und bei anderen eher schwierig gestaltet.

All diesen Ansätzen ist gemeinsam, dass sie sicherlich kommunikationsrelevante Segmentierungen ermöglichen und dass eine systematische Selbst- und Fremdeinschätzung durch den Außendienst den Zugang zu Kunden und die operative Gestaltung eines Gesprächs erleichtern, aber auch dass sie zunächst überhaupt keinen unmittelbaren Bezug zum Produkt bzw. zu dessen Verwendung haben. An diesem Punkt setzen Konzepte an, die die Kundenbindung an ein bestimmtes Produkt als Kriterium für die qualitative Segmentierung verwenden. Auch in diesem Bereich gibt es kommerziell vermarktete Konzepte der Messung wie beispielsweise das Conversion Model™ des Marktforschungsinstituts TNS, das anhand der Dimensionen Sacheignung, Involviertheit und Marktumfeld den Grad der Kundenbindung an ein Produkt bestimmt.[14]

Die Praxis der Vertriebssteuerung erfordert es, dass möglichst alle Kunden auf einer objektiven Grundlage, idealerweise auf vollständigen Messdaten beruhend, segmentiert werden. Dieser Idealzustand wird jedoch nicht erreicht, denn die verfügbaren regionalen Datenquellen aller Anbieter wie beispielsweise IMS Health, Insight Health oder medimed zur Messung von Produkt- und Marktverordnungen, Marktumsätzen oder von Marktanteilen erfüllen entweder nicht das hierfür notwendige Niveau der Granularität der Ausweisung, nämlich die einzelne Arztpraxis bzw. der einzelne Arzt, oder sie sind nicht flächendeckend, sondern nur für bestimmte Teile der relevanten Zielgruppen verfügbar. Also versuchen die Arzneimittelhersteller dieses Manko durch Schätzverfahren auszugleichen, die i. d. R.

[12] Vgl. z. B. Schirm, R. W., Schoemen, J. (2005).
[13] Vgl. z. B. Häusel, H.-G. (2005).
[14] Vgl. Hofmeyr, J., Rice, B. (2000).

darauf beruhen, dass anhand einer kleinen Stichprobe von Ärzten, über die möglichst vollständige Informationen vorliegen, die Verordnungssegmente anderer Ärzte, die ähnliche Merkmalskombinationen aufweisen, zugewiesen werden. Die Güte solcher Verfahren hängt stark von der geografischen Auflösung der zugrundeliegenden regionalen Daten und von der Abdeckung, Qualität und Aktualität der übrigen Kundendaten im *CRM* (Customer Relationship Management)-System ab. Das weiter oben zitierte GKV-Wettbewerbsstärkungsgesetz hat mit seiner bewussten Vergrößerung der Segmente, in denen regionale Daten ausgewiesen werden können, dieses Vorgehen stark eingeschränkt und die Zuverlässigkeit der abgeleiteten Segmentzuordnungen deutlich gemindert.

Die gleiche Herausforderung besteht bei qualitativen Segmentierungsansätzen, die auf Methoden der Primärmarktforschung, also i. d. R. auf Befragung basieren. Für eine Übertragbarkeit auf die Gesamtheit der Ärzte muss eine ausreichende Abdeckung und Güte von Merkmalsvariablen vorhanden und die Erklärungskraft der Merkmalsvariablen für die Segmentzuordnung einigermaßen stabil nachweisbar sein.

Die oben beschriebenen methodischen Ansätze quantitativer Segmentierung gelten im Wesentlichen für niedergelassene Ärzte. Im Bereich der Krankenhäuser ist die Ebene, auf der Segmentierungen vorgenommen werden, nicht unbedingt der einzelne Arzt, sondern häufig vielmehr eine Abteilung oder bestimmte ärztliche Hierarchiestufe in Abteilungen, da die Struktur in Krankenhäusern deutlich komplexer ist als in niedergelassenen Arztpraxen und weil die personelle Fluktuation vor allem auf Ebene Stationsärzte so groß ist, dass eine personenorientierte Vorgehensweise kaum zu realisieren ist. Zudem sind die Entscheidungsstrukturen in Krankenhäusern komplexer und häufig weniger transparent als in niedergelassenen Arztpraxen, da i. d. R. so genannte *Arzneimittelkommissionen* (AMK) die für bestimmte Therapien einzusetzenden Arzneimittel festlegen. In den AMKen haben nicht nur Ärzte und Krankenhausapotheker Einfluss, sondern in zunehmendem Maße auch Einkäufer, Controller oder Verwaltungsfachleute. Diese Funktionen ließen zwar auch eine rollenbasierte, qualitative Segmentierung zu, doch unterscheiden sich viele Krankenhäuser im jeweiligen Einfluss der Funktion, deshalb lässt sich eine allgemeingültige Segmentierung kaum ableiten. Die quantitativen Segmentierungsansätze für Krankenhäuser oder ihre Abteilungen beruhen häufig auf der Anzahl Betten, die insgesamt oder spezifisch für den jeweiligen Indikationsbereich verfügbar sind und / oder auf der Anzahl von Patienten, die im Krankenhaus medikamentös eingestellt werden und deren Folgeverordnungen im niedergelassenen Bereich erfolgen.

Neben allen externen Rahmenbedingungen ist generell jedoch die Akzeptanz und Unterstützung der gewählten Segmentierungsansätze durch den Außendienst einer der wichtigsten Erfolgsfaktoren. Nur in einer Kultur des Teilens von Kundenwissen und der vorbehaltlosen gegenseitigen Anerkennung der spezifischen Kompetenzen – unmittelbares Kundenwissen beim Außendienst und analytische Kompetenz in den zentralen Abteilungen – kann eine Segmentierung von Ärzten und die darauf aufbauende spezifische Ansprache ihre optimierende Wirkung entfalten.

2.3.2.3 Andere Entscheider

Neben den ärztlichen Zielgruppen rücken, verstärkt insbesondere seit Inkrafttreten des GKV-Wettbewerbsstärkungsgesetzes zum 1. April 2007, andere Zielgruppen in die Rolle des Entscheiders der Arzneimittelverordnung. Bei generikafähigen Arzneimitteltherapien sind dies im Wesentlichen die Apotheker, die bei Verordnung einer Substanz die letzte Entscheidung über das tatsächlich abgegebene Produkt fällen. Da diese Entscheidung – auch durch oben genanntes Gesetz verstärkt – häufig auf der Verfügbarkeit von rabattfähigen Arzneimitteln für den spezifischen Patienten beruht, sind die Ansprechpartner der Krankenkassen, die entsprechende Rabattverträge mit den Herstellern verhandeln, hier die wesentliche Zielgruppe.

Die Einflüsse der geänderten gesetzlichen Rahmenbedingungen sind aktuell noch nicht vollständig absehbar, aber mit einiger Sicherheit kann davon ausgegangen werden, dass zunehmend Ansprechpartner in Organisationen, Gremien und Körperschaften in die Zielgruppen des pharmazeutischen Marketings eingebunden werden. Sie haben gemeinsam, dass der angemessene Segmentierungsansatz hier auch qualitativ, also am ehesten an der Rolle oder Funktion ausgerichtet sein wird. Ein quantitativer Segmentierungsansatz wäre hier beispielsweise der Anteil einer Krankenkasse an allen Patienten einer bestimmten Indikation, der das Potenzial eines Rabattvertrages mit dieser Kasse bestimmen helfen könnte. Die Einbindung dieser Informationen über Rabattverträge in regionale Datenberichtssysteme ist aktuell in der Entwicklung, aber ein einheitlicher Standard im methodischen Vorgehen ist aktuell noch nicht erkennbar.

2.3.3 Planung von Aktivitäten und Zuweisung von Investitionen

Segmentierungen entfalten nur dann ihren Nutzen, wenn neben der Festlegung und Beschreibung der Segmente sowie der individuellen Zuweisung von Kunden zu Zielgruppensegmenten eine Aktivitätenplanung erstellt wird, die auf den verschiedenen Segmenten aufbaut und spezifisch angepasste, zielführende Kommunikationsinhalte in der richtigen Häufigkeit und auf dem richtigen Kommunikationsweg zum Kunden bringt. Da die Kommunikationsaktivitäten überwiegend aus Produktgesprächen, so genannten Calls bestehen, spricht man häufig auch von *Callplanning*, wobei dieser Begriff insofern unvollständig ist, weil auch alle anderen Instrumente (z. B. Mailings, eDetailing, Einladungen zu Weiterbildungsveranstaltungen, Studien und Anwendungsbeobachtungen) idealerweise auf Basis der Zielgruppensegmente und ihrer spezifischen Zielsetzungen geplant werden sollten, um größtmögliche Effizienz und Synchronisation aller Instrumente zu erreichen.

In einem Callplan zusammengefasst ist mindestens:

- wer (welche Außendienstlinie(n))
- was (welche Produkte in welche Reihenfolge)
- bei wem (welches Zielgruppensegment)
- wann (in welchem Zeitraum) bespricht.

Typischerweise gibt es eine Reihe von Basisinformationen, die als feste Eingangsgrößen gehandhabt werden wie beispielsweise die Anzahl der Außendienstmitarbeiter, die Kampagnenzeiträume, für die die Planung erstellt wird, usw. Andere Größen können in diesen mitunter sehr komplexen Planungen variabel gehandhabt werden. Sie werden dann im Planungsprozess diskutiert und Ihre Auswirkungen bewertet. Dazu gehören typischerweise die Besuchshäufigkeiten der einzelnen Zielgruppensegmente, die Anzahl der Produktbesprechungen oder auch die Verteilung der Produkte auf die unterschiedlichen Besprechungspositionen. Resultat der Planungsberechnungen sind etwa die Reichweiten und mittleren Besuchsfrequenzen in den verschiedenen Zielgruppensegmenten, der gesamte Werbedruck der geplanten Tätigkeiten sowie seine Verteilung auf die verschiedenen Produkte, die ihrerseits den Schlüssel für die Verteilung der Außendienstkosten auf die Produkte darstellt.

Am Ende des Planungsprozesses sollte die verbindliche Entscheidung für eines der diskutierten Planszenarien stehen, das im folgenden Schritt von der Gruppenebene des Callplans (Zielgruppen beim Kunden, AD-Linien als Gruppen von Außendienstmitarbeitern) auf die Personenebene (einzelner Arzt und einzelner Außendienstmitarbeiter) herunter gebrochen wird und dann im CRM- oder Besuchsberichts-System die Zielgruppen- und Tätigkeitsplanung für jeden einzelnen Mitarbeiter darstellt.

Strebt man nicht nur eine theoretisch optimierte Planung an, sondern die möglichst weitgehende Umsetzung durch den Außendienst, muss an klar definierten Stellen des Planungsprozesses die Einbindung des Außendienstes sichergestellt sein. Dies ist notwendig, weil erstens die datengestützten Segmentierungs- und Bewertungsverfahren nicht alle Informationen, die relevant sind, kennen und berücksichtigen können, die Außendienstmitarbeiter aber viele „weiche“ Informationen kennen und einbringen und zweitens, weil die emotionale Ablehnung einer Zielgruppenvorgabe, an der der Einzige mit direktem Kundenkontakt – der Außendienstmitarbeiter – nicht mitgewirkt hat, zu groß wäre.

2.3.4 Messung und Beobachtung von Vertriebsaktivitäten und -erfolg

Das so genannte *Monitoring* vertrieblicher Aktivitäten bezieht sich auf zwei Ebenen: die Aktivitäten selbst und der erreichte Erfolg.

Während die vertrieblichen Aktivitäten in CRM- oder Besuchsberichts-Systemen vom Mitarbeiter dokumentiert werden, lässt sich der erreichte Erfolg in Verordnungs-, Umsatz- oder Marktanteilszahlen oder dem Erreichen von Kommunikationszielen, also der veränderten Wahrnehmung bzw. des Wissens hinsichtlich Produkt, Außendienst oder Hersteller erkennen.

Beide Ebenen werden häufig in *Datawarehouse*-Systemen eingelesen, strukturiert und verdichtet und bilden die Grundlage für das Berichtswesen, das sowohl Innen- als auch Außendienstmitarbeiter mit Informationen versorgt. Die Ausgestaltung solcher Monitoring-Systeme ist häufig eine Gratwanderung zwischen gezielter, vorstrukturierter, verdichteter und somit eingeschränkter Sicht auf die Daten und dem breiten Zugriff, der auch tiefgehende Analysen und Detailsichten erlaubt. Seit durch die stark gewachsene Leistungsfähigkeit der verwendeten Informationstechnologie (speicherbasierte OLAP-Systeme, breitbandige DSL-Anbindungen, hohe Rechnerleistung) Einschränkungen technischer Art immer weniger zu berücksichtigen sind, sollte ein bewusster redaktioneller Steuerungsprozess die Berichtssysteme strukturieren.

Dabei gibt es aus Sicht des Außendienstes zwei zentrale Anliegen: die Information über die eigene Vertriebsleistung, die üblicherweise die Basis für erfolgsabhängige Vergütungen darstellt, sowie die Hilfestellung bei der Optimierung der eigenen Tätigkeiten. Insbesondere der zweitgenannte Aspekt sollte bei der Gestaltung von Monitoring-Systemen zentrale Bedeutung haben, wenn eine möglichst planungsnahe Ausführung der Vertriebsaktivitäten erwartet wird. Eine Zielgruppe aus einigen hundert Ärzten in möglichst regelmäßigen Abständen und gegebenenfalls mit mehreren Kollegen koordiniert, über einen längeren Zeitraum wie ein Jahr mit unterschiedlichen Jahresfrequenzen zu besuchen, ist organisatorisch nicht einfach, von der vertrieblichen Qualität des Gesprächs einmal ganz abgesehen. Ein gutes Monitoring-System sollte einen Außendienstmitarbeiter daher mit zeitnahen und planungsbezogenen Informationen unterstützen und gezielt auf diejenigen Kunden oder Aktivitäten hinweisen, die nicht im Plan liegen.

Aus Perspektive des Managements liegt das zentrale Interesse an den Monitoring-Systemen neben dem schnellen und strukturierten Zugriff auf die wichtigsten verkaufsbezogenen Zahlen meist in der analytischen Nutzung bezüglich der Fragen, wie nah Plan und Ausführung beieinander liegen und wie die effektive Wirkung am Markt ist. Mit den Antworten auf die Frage nach der Effizienz – Wurden die Maßnahmen zielführend, zeit- und kostensparend ausgeführt? – und nach der Effektivität – Waren die geplanten Maßnahmen die richtigen? – schließt sich der vertriebliche Kreislauf. Idealerweise gibt ein Monitoring-System diese Antworten fortlaufend und unterstützt so auch eine erfolgreiche vertriebliche Unternehmensführung.

2.3.5 Vergütungssysteme

Vergütungssysteme spielen als Gestaltungsinstrument der vertrieblichen Strukturen auch in der pharmazeutischen Industrie eine bedeutsame Rolle. Im Vergleich zu anderen Branchen mit Vertriebsschwerpunkt auf Präsenzaußendienst sind jedoch zwei wesentliche Unterschiede zu berücksichtigen.

Die Verordnungsentscheidung muss vom Arzt innerhalb der vorhandenen Rahmenbedingungen getroffen werden und soll den ethischen Ansprüchen genügen, die sich hinsichtlich Behandlungsziel, Nutzen und Kosten aus der Situation einer im deutschen System der gesetzlichen Krankenversicherung pflichtversicherten Mehrheit der Patienten ergeben. Eine schwer zu überschauende Vielzahl von gesetzlichen Regelungen versucht, den Arzt zu möglichst kostensparendem Verordnungsverhalten zu bewegen. Die vertrieblichen Bemühungen insbesondere der Hersteller patentgeschützter Originalpräparate zielen jedoch darauf ab, dass auch gesetzlich Versicherten nicht die Behandlung mit ihren neueren – und teureren – Arzneimitteln versagt wird. Sie sind auch darauf angewiesen, wenn sie dem Auftrag der Forschung für neue Arzneimittel gerecht werden sollen. Vor diesem Hintergrund sind Systeme variabler Vergütung, die zu sehr den vertrieblichen Aspekt in den Vordergrund rücken und womöglich den Informationsauftrag des pharmazeutischen Herstellers lt. AMG in den Hintergrund treten lassen, kritisch zu beurteilen. Schließlich trägt der Arzt sowohl medizinisch als auch wirtschaftlich die Verantwortung für seine Verordnungen.

Der zweite maßgebliche Unterschied ist die mangelnde Information über das tatsächliche Kundenverhalten. Während in vielen Branchen das Kaufverhalten des angesprochenen Kunden unmittelbar anhand seiner Bestellung oder Nicht-Bestellung erkennbar ist, bleibt das tatsächliche arztindividuelle Verordnungsverhalten i. d. R. im Dunkeln. Auch wenn es für bestimmte Teilmengen studienteilnehmender Ärzte bis vor Inkrafttreten des GKV-Wettbewerbsstärkungsgesetzes möglich war, bestimmte Verordnungsinformationen zu beziehen, gab und gibt es keine vollständige und einzelkundenbezogene Informationsquelle, die über den Effekt der vertrieblichen Maßnahmen Auskunft geben konnte oder kann. Basis für variable Vergütungssysteme können daher nur regional bezogene Daten sein, Kennzahlen wie gewonnene oder verlorene Kunden, kundenbezogene Umsatzsteigerungen etc. schließen sich daher als Grundlage für die variable Vergütung pharmazeutischer Außendienste zumindest im niedergelassenen Bereich aus.

Gängigstes Dateninstrument zur Messung des regionalen Vertriebserfolges ist das System Pharmascope® des Anbieters IMS Health, das die wichtigsten Kriterien für diesen Zweck erfüllt: geografische Strukturierbarkeit auf das Mitarbeitergebiet (bis zu einer Struktur von max. ca. 250 Mitarbeitern, s. 2.3.1), geografische Zuordnungstreue (keine Verzerrung durch Rezeptwanderung zwischen Verordnung und Einlösung), Vollständigkeit entlang der geografischen und der Produktdimension sowie hinsichtlich der Kostenträger (Berücksichtigung von Verordnungen an gesetzliche und privat versicherte Patienten). Das System basiert auf der Verarbeitung der Informationen über die Rezepteinlösung in der Apotheke. Außerdem sind Systeme RPM® (IMS Health) oder RPI® (Insight Health) zu nennen, die auf den beim pharmazeutischen Großhandel gesammelten Einkaufsdaten der Apotheken beruhen.

Die einfachste, klassische Kennzahl zur Bestimmung einer variablen Vergütung ist der *Marktanteilsindex.* Dieser Index berechnet sich als Division des mitarbeiterspezifischen Marktanteils durch den landesweiten Marktanteil multipliziert mit 100, setzt also den landesweiten Marktanteil des beworbenen Produktes gleich 100 und gibt an um wie viel der jeweilige Mitarbeiter darüber oder darunter liegt. Meist wird, gestaffelt nach Indexpunkten, die Auszahlung eines bestimmten Prämientopfes festgelegt. Kritisch am Marktanteilsindex ist die vollständige Eigenrelation, d. h. es werden innerhalb einer Außendienstorganisation die relativ guten Mitarbeiter belohnt und die relativ schwächeren Mitarbeiter gehen leer aus. Dies geschieht vollkommen unabhängig davon, ob der gesamte Außendienst beispielsweise im Branchenvergleich hervorragend oder eher schwach dasteht. Auch hat dieses System keinen produktspezifischen Bezug – weder zur Umsatzplanung noch zum tatsächlichen Umsatz. Verliert ein Produkt beispielsweise dramatisch an

Umsatz, wird die marktanteilsmäßig „bessere Hälfte“ des Außendienstes völlig gleich bewertet wie bei einem starken Umsatzzuwachs.

Ein anderer Ansatz ist beispielsweise die Zielumsatzvorgabe, die auf der landesweiten Umsatzplanung durch das Marketing beruht und dann je nach spezifischer aktueller Situation die erwarteten Veränderungen auf die einzelnen Mitarbeitergebiete verteilt. In Abhängigkeit der Erreichung dieser Vorgabe wird dann eine variable Vergütung bestimmt. So ist immerhin eine inhaltliche Verbindung zwischen Umsatzentwicklung des Produktes und gezahlten variablen Vergütungen gesichert.

Die genannten sind nur zwei exemplarisch aufgezählte Ansätze variabler Vergütung, in der Praxis werden sehr viel mehr verschiedene Ansätze und Mischformen eingesetzt. Ebenso können bestimmte Prozessparameter, wie Planungstreue, Besuchskonstanz, usw. als Basis herangezogen werden oder es werden mehrere Dimensionen der Tätigkeit und der Wirkung über Punktesysteme zu einem Gesamtpunktwert verrechnet, dessen Verteilung die variable Vergütung bestimmt.

3 Pharmareferent – Marketinginstrument mit Zukunft?

Anja Kohorst, Martin Bierbaum, Oliver Schöffski

Universität Erlangen-Nürnberg, Lehrstuhl für Gesundheitsmanagement

3.1 Einführung

Wie wichtig der Außendienstmitarbeiter für ein pharmazeutisches Unternehmen ist, zeigt die Tatsache, dass kaum jemand die genaue Zahl der aktuell in Deutschland tätigen Pharmareferenten kennt. Als wichtiger Wettbewerbsfaktor soll die Zahl der beschäftigten Außendienstmitarbeiter für die Konkurrenz geheim bleiben. Dadurch ist es schwierig, in der Literatur einheitliche Zahlen zu finden. Die aus der Literatur stammenden Zahlen bewegen sich zwischen 15.000 und 40.000 Pharmareferenten in Deutschland.[15] Mit den Zahlen der Kassenärztlichen Vereinigung Hessen, die zwischen 15.000 und 20.000 Pharmareferenten in Deutschland vermutet, ist bereits eine intensive Betreuung der Ärzte gegeben. Bei 300.000 Ärzten in Deutschland betreut ein Pharmareferent nur zwischen 15 und 20 Ärzte, bei 40.000 Pharmareferenten wären es nur 8 Ärzte.

Der Pharmareferent besucht die Arztpraxen, um den Ärzten seine Produkte vorzustellen. Meist werden Gratismuster verteilt, um den Arzt durch Weitergabe an Patienten von der Qualität zu überzeugen oder auch, um den Arzt damit vertraut zu machen, in der Hoffnung, er erinnert sich bei der nächsten Rezeptausstellung an das beworbene Medikament. Ist ein Patient mit dem vom Arzt mitgegebenen Arzneimittel zufrieden, wird der Patient es entweder selbst wieder verlangen oder der Arzt kann es wegen guter Verträglichkeit gleich wieder verschreiben.

---

[15] Witzel, R. (2006), S. 35.

3.2 Gesetzliche Regelungen

Ein Pharmareferent stellt Ärzten Arzneimittel vor, von denen er nicht nur deren Wirksamkeit und Nebenwirkungen kennen muss, er muss auch auf tiefgreifendere Fragen der Ärzte Antworten wissen, beispielsweise wenn der Arzt am Ablauf der klinischen Studie interessiert ist oder Unterschiede zu anderen Präparaten aufgezeigt bekommen möchte. Auch über die Zusammensetzung der Inhaltsstoffe und gesundheitspolitische Neuerungen sollte ein Pharmareferent fundierte Kenntnisse besitzen. Aus diesem Grund muss sichergestellt sein, dass die Tätigkeit als Pharmareferent nur mit entsprechender Ausbildung ausgeübt werden kann.

Gesetzliche Regelungen zum Außendienst finden sich zum einen im Arzneimittelgesetz. Der vierzehnte Abschnitt trägt den Titel „Informationsbeauftragter, Pharmareferent". Er enthält nur drei Paragraphen, § 74a bis § 76. Wer den Beruf als Pharmaberater ausüben darf, legt § 75 Abs. 1 AMG fest. Es dürfen ausschließlich Personen im Außendienst tätig werden, die die in Abs. 2 dargelegte Sachkenntnis besitzen.

(1) Pharmazeutische Unternehmer dürfen nur Personen, die die in Abs. 2 bezeichnete Sachkenntnis besitzen, beauftragen, hauptberuflich Angehörige von Heilberufen aufzusuchen, um diese über Arzneimittel im Sinne des § 2 Abs. 1 oder Abs. 2 Nr. 1 fachlich zu informieren (Pharmaberater). Satz 1 gilt auch für eine fernmündliche Information. Andere Personen als in Satz 1 bezeichnet dürfen eine Tätigkeit als Pharmaberater nicht ausüben.

(2) Die Sachkenntnis besitzen

1. Apotheker oder Personen mit einem Zeugnis über eine nach abgeschlossenem Hochschulstudium der Pharmazie, der Chemie, der Biologie, der Human- oder der Veterinärmedizin abgelegte Prüfung,
2. Apothekerassistenten sowie Personen mit einer abgeschlossenen Ausbildung als technische Assistenten in der Pharmazie, der Chemie, der Biologie, der Human- oder Veterinärmedizin,
3. Pharmareferenten.[16]

(3) Die zuständige Behörde kann eine abgelegte Prüfung oder abgeschlossene Ausbildung als ausreichend anerkennen, die einer der Ausbildungen der in Absatz 2 genannten Personen mindestens gleichwertig ist.

Um einen zu starken Einfluss der Pharmaunternehmen auf die Arzneiverordnung zu verhindern, schreibt § 76 Abs. 2 AMG eine Dokumentation der an die Ärzte herausgegebenen Gratismuster vor. Empfänger, Anzahl und Zeitpunkt müssen schriftlich festgehalten werden und auf Verlangen der zuständigen Behörde vorgelegt werden. Diese Gratismuster, die sich als kleinste erhältliche Packungsgröße eines Arzneimittels definieren, dürfen nach § 47 Abs. 4 AMG an jeden Arzt nur einmal jährlich in zweifacher Ausführung abgegeben werden. Laut Gesetz darf dies auch erst nach schriftlicher Anforderung geschehen, in der Praxis aber erhal-

[16] Arzneimittelgesetz (2002).

ten Ärzte die Muster unaufgefordert. In § 47 Abs. 4 AMG wird ebenfalls auf eine genaue Dokumentation der Musterabgabe hingewiesen. Vorgeschrieben ist auch die zusätzliche Überlassung von Fachinformationen zu dem abgegebenen Muster.

Das Gesetz über die Werbung auf dem Gebiete des Heilwesens (HWG) bildet eine weitere gesetzliche Grundlage für die Pharmaunternehmen. Die Ursache für die hohe Bedeutung des Außendienstes in der Pharmaindustrie ist § 10 HWG. Dieser lässt Werbung für verschreibungspflichtige Arzneimittel nur „bei Ärzten, Zahnärzten, Tierärzten, Apothekern und Personen, die mit diesen Arzneimitteln erlaubterweise Handel treiben“[17] zu. Die übrigen Paragraphen beinhalten beispielsweise Angaben, die die Arzneimittelwerbung enthalten muss, das Werbeverbot für nicht zugelassene Arzneimittel und das Werbeverbot in Packungsbeilagen. Auch der aus dem Rundfunk bekannte Hinweis „Zu Risiken und Nebenwirkungen lesen Sie die Packungsbeilage und fragen Sie Ihren Arzt oder Apotheker“[18] ist durch das HWG vorgeschrieben. Diesen Zusatz müssen Pharmaunternehmen im Anschluss an ihre Werbung von nicht rezeptpflichtigen Arzneimitteln, deutlich abgegrenzt von den Werbeaussagen, anzeigen und vorlesen. Handelt es sich aber um freiverkäufliche Arzneimittel, die keiner Apothekenpflicht unterliegen, ist dieser Zusatz nicht notwendig, wenn es bei diesen Medikamenten zu keinen Nebenwirkungen kommen kann.

Die dritte gesetzliche Regelung stellt der Pharma-Kodex dar. Allerdings ist die Bezeichnung eines Gesetzes für den Kodex nicht ganz zutreffend. Vielmehr handelt es sich bei dem vom Bundesverband der Arzneimittel-Hersteller (BAH), dem Bundesverband der Pharmazeutischen Industrie (BPI) und dem Verband Forschender Arzneimittelhersteller (VFA) herausgegebenen Kodex um eine Vielzahl von Verhaltensempfehlungen für die Zusammenarbeit der pharmazeutischen Industrie mit Ärzten. Deshalb werden Verstöße der Pharmaindustrie gegen den Kodex außergerichtlich geregelt und im schlimmsten Fall mit Geldbußen geahndet. Ein weiteres Manko, neben der internen Regelung bei Verstößen, ist die Tatsache, dass sich Generikafirmen diesem Kodex nicht angeschlossen haben und auch keinen eigenen entwickelt haben.[19] Hermann Hofmann, Geschäftsführer des Verbandes Pro Generika begründet dies aufgrund bereits existierender Gesetze, die alle notwendigen Aspekte regeln. Zudem würde eine Teilnahme am Kodex seiner Meinung nach kein steigerndes Vertrauen der Bevölkerung in die Pharmabranche bringen.[20]

In diesem Zusammenhang stellt der zweite Abschnitt den relevanten Teil des Kodex dar. Er befasst sich mit der Zusammenarbeit mit Ärzten. Darunter fällt Punkt 4.6.: *„Es ist unzulässig, Ärzten oder Dritten für die Verordnung und die Anwendung eines Arzneimittels oder die Empfehlung eines Arzneimittels gegenüber dem Patienten ein Entgelt oder einen sonstigen geldwerten Vorteil anzubie-*

[17] § 10 Gesetz über die Werbung auf dem Gebiete des Heilwesens (HWG) (2006).
[18] § 4 Abs. 3 Gesetz über die Werbung auf dem Gebiete des Heilwesens (HWG).
[19] Vgl. Korzilius, H., Rieser, S. (2007).
[20] Vgl. Korzilius, H., Rieser, S. (2007).

ten, zu gewähren oder zu versprechen.“[21] Welche Leistungen bei Einladungen zu Fortbildungsveranstaltungen von der Pharmaindustrie erbracht werden dürfen, zeigt Punkt 6 auf. In 6.2. heißt es, dass für Ärzte Reise-, Übernachtungs- sowie Bewirtungskosten übernommen werden dürfen, sofern es sich um eine berufsbezogene Veranstaltung handelt. Allerdings dürfen Kosten für Unterhaltung nicht übernommen werden. Die Punkte 6.2., 6.3. und 6.4. betonen nachdrücklich, dass die Übernahme der Reise- und Bewirtungskosten einen angemessenen Rahmen nicht überschreiten dürfen, der aber im Kodex nicht näher definiert wird. Nach 6.3. darf ein Tagungsort nur nach rein sachlichen Gesichtspunkten ausgewählt werden, nicht nach seinem Freizeitwert. Ebenfalls ausgeschlossen wird unter Punkt 6.7. die Kostenübernahme für Begleitpersonen. Gerade die Wahl des Tagungsortes (gerne im Ausland), eine üppige Bewirtung mit entsprechendem Rahmenprogramm und die Mitnahme einer Begleitperson waren bis zur Einführung des Pharma-Kodex Gang und Gäbe. Wie viele derartige Veranstaltungen durchgeführt wurden, hing von der Einsatzbereitschaft jedes einzelnen Pharmareferenten ab, der die Organisation zu übernehmen hatte. An der Kostenübernahme durch das Pharmaunternehmen scheiterte es jedenfalls nicht. Auch wenn der Pharma-Kodex kein Gesetz darstellt, so zeigt er doch Wirkung. Mittlerweile finden Fortbildungsveranstaltungen ausschließlich in Deutschland statt und auch die Kostenübernahme einer Begleitperson ist nicht mehr möglich. Insgesamt kann festgehalten werden, dass die forschenden, sich an den Kodex angeschlossenen Pharmaunternehmen die Einhaltung und Umsetzung sehr ernst nehmen. Es gibt zwar auch Ausnahmen, die sich nicht daran halten, aber die Pharmareferenten beobachten die Konkurrenz kritisch.

Beanstandungen gehen bei der Freiwilligen Selbstkontrolle für die Arzneimittelindustrie e. V. (FSA) ein. Bisher wurden 156 Verstöße gemeldet, häufig von anderen Mitgliedern. Der Geschäftsführer Michael Grusa berichtet, dass jedem Verstoß nachgegangen wird, bisher aber noch keine Strafen verhängt wurden. Allein die Untersuchungen haben abschreckende Wirkung, es hat nämlich noch keine Wiederholungstäter gegeben.[22]

3.3 Anforderungen an Außendienstmitarbeiter

Im Grunde verstehen sich Pharmareferenten nicht als Vertreter, weil sie keine Produkte direkt verkaufen, sondern als Berater. Aufgrund dieser Tatsache wird das Pharmamarketing auch als *Missionary Selling* bezeichnet.[23] Dass die Pharmareferenten aber nur das Ziel haben, den Absatz ihrer Produkte zu steigern, macht sie nach Auffassung vieler doch zu Vertretern. Der Unterschied, der sich zwischen

[21] Bundesverband der Arzneimittel-Hersteller e.V. (BAH), Bundesverband der Pharmazeutischen Industrie e. V. (BPI), Verband Forschender Arzneimittelhersteller e. V. (VFA) (Hrsg.) (2003).

[22] Vgl. Korzilius, H., Rieser, S. (2007).

[23] Vgl. Krafft, M. (2001), S. 646.

Vertreter und Pharmareferent ergibt, ist die nötige fachliche Ausbildung eines Pharmareferenten. Während die Tätigkeit des Vertreters von jedermann ausgeübt werden kann, sind die Anforderungen an Pharmareferenten, wie im Kapitel zuvor dargestellt, gesetzlich festgelegt.[24]

Neben der fachlichen Qualifikation sollte ein Pharmareferent auch Objektivität mitbringen. Kein Arzt wird ihm sein Vertrauen schenken, wenn er die Produkte des eigenen Unternehmens hoch lobt und die Konkurrenz schlecht darstellt. Es muss ein gutes Mittelmaß gefunden werden zwischen den positiven Eigenschaften der Produkte und den negativen, wie mögliche Nebenwirkungen oder einem hohen Preis. Später bekannt gewordene Nebenwirkungen muss der Pharmareferent umgehend an das Unternehmen melden.[25] Auch für die korrekte Abgabe von Arzneimittelmustern ist der Pharmareferent selbst verantwortlich. Nicht immer übernehmen die Unternehmen eventuell anfallende Strafgebühren, die von der Freiwilligen Selbstkontrolle für die Arzneimittelindustrie verhängt wurden.

Im täglichen Arbeitsalltag muss sich der Pharmareferent auf die unterschiedlichen Charaktere der Ärzte einstellen können. Der Pharmaceutical Representative Fred Marshall, President of Quantum Learning, hat in einem Interview dargestellt, in welche Kategorien die Ärzte eingeteilt werden. "(...) the 'spreader' who uses a little bit of everybody's product. The second type might be a 'loyalist', who's very loyal to one particular product and uses it for most patient types. Another physician might be a 'niche' physician, who reserves our product only for a very narrowly defined patient type."[26] Anhand der dokumentierten Verordnungsdaten und der persönlichen Beziehung zu den Ärzten, die nach langjähriger Tätigkeit entstehen kann, werden die eben aufgeführten Eigenschaften der Ärzte sichtbar. Dadurch können die Gespräche in gezielte Richtungen geführt und die Ärzte dementsprechend betreut werden.

Zu Beginn seines Berufslebens, aber auch bei einem Arbeitgeberwechsel, muss jeder Pharmareferent eine Zeit lang an Schulungen teilnehmen, bevor er mit den Ärztebesuchen beginnen kann. So wird er erst drei Monate zu den jeweiligen Erkrankungen geschult, bekommt eine Produktschulung und anschließend findet ein Kommunikationstraining statt. Ist der Pharmareferent dann soweit, in den Außendienst zu wechseln, wird er zunächst von einem erfahrenen Kollegen und zum Abschluss noch eine Woche von seinem Vorgesetzten begleitet, bevor er seine Besuche allein durchführt. Je nach Präparat sind auch Fortbildungen während der Tätigkeit notwendig, aufgrund der wissenschaftlichen Informationen insbesondere im Klinikaußendienst. Dort finden Schulungen zwei- bis dreimal jährlich statt. Für Referenten, die niedergelassene Ärzte betreuen, finden nur selten Präparatewechsel mit entsprechenden Fortbildungen statt.

Diese Fortbildungen werden entweder in Veranstaltungen durchgeführt oder anhand von Trainingsmodulen, die den Pharmareferenten auf CD-ROM zugeschickt werden und zu denen Trainingsfragen bearbeitet werden müssen. Kommunikationstrainings werden in der Gruppe durchgeführt, in einem simulierten Arzt-Pharmareferenten-Gespräch. Die Teilnehmer werden dabei mit der Kamera ge-

---

[24] Vgl. § 75 Abs. 1 AMG.

[25] Vgl. § 76 Abs. 1 AMG.

[26] Fugh-Berman, A., Ahari, S. (2007), S. 624.

filmt und werten die Gespräche anschließend gemeinsam aus. So sollen schon zur Routine gewordene Fehler, häufig in der Körpersprache, aufgezeigt und beseitigt werden. Denn neben dem verbalen Austausch spielt im persönlichen Gespräch auch die nonverbale Kommunikation eine entscheidende Rolle. Verbale Aussagen lassen sich durch Gestik und Mimik unterstützen, ohne dass es dem Gegenüber besonders auffällt.[27] Die Wahrnehmung erfolgt unterbewusst. Eine desinteressierte Haltung des Pharmareferenten vermittelt dem Arzt ein unbehagliches Gefühl, obwohl der Inhalt vielleicht sehr interessant und informativ ist. So senden jegliche Gestiken ein Signal an den Gesprächspartner. Je nachdem, wie gut Pharmareferenten in dieser Hinsicht ausgebildet sind, können sie die nonverbale Kommunikation unterstützend in ihren Verkaufsgesprächen einsetzen.

Die Zitate zweier (amerikanischer) Pharmareferenten verdeutlichen ihre Haltung gegenüber ihrem Berufsstand: "It's my job to figure out what a physician's price is. For some it's dinner at the finest restaurants, for others it's enough convincing data to let them prescribe confidently and for others it's my attention and friendship ... but at the most basic level, everything is for sale and everything is an exchange."[28], "You are absolutely buying love."[29]

In dem Artikel der Zeitschrift Plos Medicine wird vor allem die freundschaftliche Beziehung zwischen Arzt und Pharmareferent hervorgehoben. Diese nimmt in Amerika einen noch höheren Stellenwert ein als in Deutschland. Zwar ist die persönliche Beziehung in Deutschland ebenfalls eine der ausschlaggebenden Verordnungskriterien, aber gerade das Hinführen auf private Themen, um über die familiäre Situation mehr herauszufinden und dann in einer Datenbank festzuhalten, wird in Deutschland nicht in diesem Ausmaß durchgeführt. Sicherlich stärken private Gespräche die persönliche Beziehung, aber in erster Linie will der Pharmareferent sein Produktwissen übermitteln und der Arzt kurze, prägnante Informationen erhalten. Pharmareferenten beider Länder stimmen in dem Urteil überein, dass pharmafreundliche Ärzte den Job erleichtern, da man sie aufgrund der entstandenen Freundschaft um den Gefallen bitten kann, ihre Produkte zu verordnen. Verdeutlicht wird das durch folgendes Zitat: "During training, I was told, when you're out to dinner with a doctor, the physician is eating with a friend. You are eating with a client."[30]

Der Besuch der Pharmareferenten hat die Verschreibung des firmeneigenen Produkts zum Ziel. Dafür muss der Firmen- beziehungsweise Produktname dem Arzt möglichst präsent sein. Werbegeschenke mit aufgedruckten Namen oder häufige Besuche der Pharmareferenten sollen dies unterstützen. Der amerikanische Pharmareferent James Reidy beschreibt seine Arbeit folgendermaßen: "An official job description for a pharmaceutical sales rep would read: Provide health-care professionals with product information, answer their questions on the use of products, and deliver product samples. An unofficial, and more accurate, description would have been: Change the prescribing habits of physicians."[31]

---

27 Vgl. Diller, H. (2007), S. 250.
28 Ahari, S. (2007), S. 621.
29 Fugh-Berman, A., Ahari, S. (2007), S. 621.
30 Ahari, S. (2007), S. 621.
31 Reidy, J. (2007), S. 623.

Eine besondere Bedeutung kommt den Außendienstmitarbeitern bei Produktneueinführungen zu. Hierbei entscheidet die Anzahl der entsandten Mitarbeiter, die für das neue Produkt in einem möglichst kurzen Zeitraum bei den Ärzten einen hohen Bekanntheitsgrad verschaffen sollen, über die Produktpositionierung am Markt. Dafür werden immer häufiger die Dienste von Leih-Außendienstmitarbeitern in Anspruch genommen, die speziell für die Zeit der Produktneueinführung beschäftigt werden. Der Vorteil ergibt sich aus der begrenzten Beschäftigungszeit ohne längerfristige Bindung.

Besonders kleinere Unternehmen steigen vermehrt auf Leih-Außendienst um, allerdings nicht als zusätzliche Unterstützung, sondern als Ersatz für ein eigenes Außendienstteam. Dadurch kann die Mitarbeiteranzahl je nach Bedarf flexibel gesteuert werden. Bekannte Verleihfirmen sind beispielsweise Pharmexx, Innovex und Careforce. Oft genannte Nachteile der Leih-Außendienstler gegenüber fest angestellten Außendienstmitarbeitern sind zum einen die wesentlich schlechtere Bezahlung und zum anderen die häufig geringere oder fehlende Arbeitsmotivation.[32]

3.4 Entlohnung der Außendienstmitarbeiter

Die Entlohnung hängt vom jeweiligen Pharmaunternehmen ab, es existieren verschiedene Provisionssysteme. Zum Festgehalt erhalten viele Pharmareferenten umsatzabhängige Provisionen zur Motivationssteigerung. Folgende Möglichkeiten der Provisionsberechnung werden genutzt:

- prozentual zu jeder verkauften Packung
- prozentual zu jeder mehr verkauften Packung, die die Vorgabe überschreitet
- nach einer Indexberechnung aus eigenem Umsatz dividiert durch den durchschnittlichen Umsatz
- oder je nach Umsatzsteigerung des Unternehmens, der dann wiederum abhängig vom eigenen Umsatz auf die Mitarbeiter verteilt wird.

Die Information über die einzelnen Umsätze der Pharmareferenten wird anhand des Regionalen Pharmamarktes (RPM®) von Informationsdienstleistern wie IMS Health erstellt. Entscheidend für die Umsätze sind die Einkäufe der Apotheken in den einzelnen Bezirken. Der Pharmagroßhandel gibt den Pharmaunternehmen bekannt, wie viele Produkte die Apotheken bestellt haben, sowohl von der eigenen Marke, als auch von der Konkurrenz. Je detaillierter das Pharmaunternehmen die Daten haben will, umso teurer werden die Informationen. Theoretisch könnten sogar die Umsätze der einzelnen Apotheken und damit die Verordnungen der einzelnen Ärzte bekannt gegeben werden. Allerdings handelt es sich beim Verschreibungsverhalten um personenbezogene Daten, die nach § 4 Abs. 1 Bundesdaten-

[32] Vgl. Lieb, W. (2007).

schutzgesetz (BDSG)[33] ohne Einwilligung des Arztes nicht genutzt werden dürfen. Aus diesem Grund musste IMS Segmente mit einer Mindestgröße einrichten, die mehrere Apotheken beinhalten. Somit sollte ein Rückschluss auf das Verordnungsverhalten eines bestimmten Arztes verhindert werden. In sehr kleinen Segmenten kann aufgrund der niedrigen Ärztezahl aber auch weiterhin auf einzelne Daten geschlossen werden.[34]

Problematisch werden Berechnungen nach Apothekenumsätzen in Randbezirken oder an Ländergrenzen. Der Pharmareferent muss damit rechnen, dass Patienten des beratenen Arztes Apotheken des Nachbarbezirkes oder des eventuell günstigeren Nachbarlandes aufsuchen. Über die zusätzlichen Umsätze freut sich dann ein anderer Pharmareferent. Ca. 20 % aller Rezepte werden nicht in dem Bezirk eingelöst, in dem sie verordnet wurden. Dies variiert je nach Arzneimittel und Region. In großen Bezirken werden sich die Umsätze gegenseitig ausgleichen, in kleinen Bezirken dagegen haben diese Bewegungen starken Einfluss auf die Umsätze.

Die Regierung hat aber auch hier inzwischen eingegriffen und eine umsatzbezogene Entlohnung der Außendienstmitarbeiter erschwert, wenn nicht sogar unmöglich gemacht. Das am 1. April 2007 in Kraft getretene GKV-Wettbewerbsstärkungsgesetz (GKV-WSG) verbietet eine zu genaue Aufschlüsselung der Daten. So muss ein Segment nun mindestens 300.000 Einwohner oder 1.300 Ärzte enthalten. Dadurch stehen den Pharmaunternehmen nur noch 250 Umsatzsegmente statt bisher 1.900 zur Verfügung. Aus diesen Daten kann das Pharmaunternehmen keine zuverlässigen Rückschlüsse auf die einzelnen Umsätze ziehen. Haben die Pharmareferenten ein gutes Verhältnis zu bestimmten Apothekern, können sie inoffiziell und illegalerweise nachfragen, welcher Arzt besonders häufig die firmeneigenen Präparate verordnet. So können teilweise noch Rückschlüsse auf Verordnungen einzelner Ärzte gezogen werden. Dies dient aber einzig dem Interesse des Pharmareferenten, der dadurch einen besseren Überblick über den Erfolg seiner Beratungen erhält, für die Entlohnung sind diese Informationen ungeeignet.

Ein weiteres Problem bei der Berechnung umsatzabhängiger Provisionen ist das wachsende Interesse der Patienten an Versandapotheken im Internet. Der oftmals günstigere Preis der Arzneimittel lockt immer mehr Patienten in die virtuelle Apotheke statt in die ortsansässige Apotheke.[35]

---

[33] Bundesdatenschutzgesetz in der Fassung der Bekanntmachung vom 14. Januar 2003 (BGBl. I S. 66), zuletzt geändert durch Artikel 1 des Gesetzes vom 22. August 2006 (BGBl. I S. 1970).

[34] Vgl. Witzel, R. (2006), S. 31.

[35] Vgl. Stiftung Warentest (2005), S. 87.

3.5 Nutzen und Kosten für Pharmaunternehmen durch den Außendienst

Eine individuelle Beratung durch die Pharmareferenten wird umso effektiver, je mehr Informationen das Pharmaunternehmen von den jeweiligen Ärzten besitzt. Früher war es möglich, sich die aktuellen Daten, wie Arzneimittelausgaben und Verordnungszahlen durch die so genannte Praxisanalyse von den Ärzten zu beschaffen. Die Ärzte mussten der Datenüberlassung zustimmen, wurden dafür aber dementsprechend entlohnt. Die Pharmaunternehmen konnten mit Hilfe dieser Daten die Marketingaktionen genauer ausrichten und jeden Arzt gemäß seiner Verordnungszahlen beraten. So wusste der Pharmareferent schon vorher, ob der Arzt alles über Innovationen wissen wollte oder eher auf altbewährte Arzneimittel setzte. Dementsprechend konnte der Pharmareferent Beratungen viel gezielter und effektiver durchführen. Aber auch die Erfolge der Pharmareferenten ließen sich so kontrollieren. Durch monatliche Analysedaten wurde die direkte Wirkung der besprochenen Präparate auf deren Verordnungshäufigkeit beobachtet. Festgestellt wurde auch, ob die Abgabe von Werbegeschenken eine Auswirkung auf die Verordnung zeigte.

Anders als auf dem Markt der Konsumgüter existieren im Pharmamarkt keine Segmente, die es noch zu bearbeiten gilt, um Neukunden zu gewinnen. Bearbeitet werden bereits alle Segmente, d. h. alle (wichtigen) Ärzte in Deutschland. Der Hauptaspekt des Pharmamarketing liegt daher nicht in der Gewinnung von Neukunden, sondern in der Kundenbindung.[36]

Ein Aspekt, der Ärzte an die forschenden Pharmaunternehmen binden soll, ist das Sicherstellen kontinuierlicher Arzneimittelforschung. Dazu benötigt es der Innovationsbereitschaft der Ärzte, die keine Scheu haben, neue Arzneimittel zu verschreiben. Nicht jeder Arzt geht das Risiko ein, das neue Präparat ohne hinreichende Erfahrung seinen Patienten zu verordnen. Aber vielen ist auch bewusst, dass ein neues Mittel, das nicht ausreichend häufig verordnet wird, aufgrund der immensen Kosten für Forschung und Entwicklung die Existenz des Pharmaunternehmens gefährden kann. Der Sachverständigenrat legt in seinem Gutachten 2005 „Koordination und Qualität im Gesundheitswesen“ eine Beeinflussung des Verordnungsverhaltens aufgrund der Besuche der Pharmareferenten dar. Der Sachverständigenrat kommt zu dem Ergebnis, dass Ärzte, die häufig Pharmareferenten empfangen, eher dazu neigen, Medikamente zu verschreiben, obwohl eine nicht-medikamentöse Behandlung ausreichend gewesen wäre. Die Ansichten der Ärzte, die häufige Außendienstbesuche erhalten, würden eher den Aussagen der Pharmawerbung als Aussagen aus wissenschaftlichen Beiträgen entsprechen. Dadurch würden mehr Originalpräparate als Generika verordnet.[37]

Im Gegensatz zu anderen Märkten, deren Kunden nicht durch den persönlichen Verkauf angesprochen werden, sondern beispielsweise durch TV-Werbung, ist eine nachfolgende, beständige Kundenbindung nicht überprüfbar. Die Wiederkauf-

---

[36] Vgl. Witzel, R. (2006), S. 30.
[37] Vgl. Forum Gesundheitspolitik (2007).

rate ist unbekannt.[38] Diesen Vorteil besitzen dagegen die Pharmaunternehmen, die, zumindest vor Einführung des GKV-Wettbewerbsstärkungsgesetzes, eine detaillierte Auskunft über die Verordnungszahlen einzelner Ärzte und damit ihrer Kundenbindung erhalten. Da eine kurzfristige Kundenbeziehung dem Pharmaunternehmen nicht viel nützt, sondern Medikamente auf lange Sicht regelmäßig verordnet werden sollen, ist als Kundengewinnungsstrategie das Relationship Selling anzusetzen. Dies zielt durch eine passende Problemlösung und damit durch einen zufriedenen Kunden auf eine langfristige Bindung ab.[39]

Die beste Werbung für die Pharmaindustrie ist der persönliche Kontakt zu den Ärzten. Durch den Außendienst kann die Ärzteschaft deutschlandweit abgedeckt werden. Dafür benötigt es allerdings auch eine große Zahl an Pharmareferenten, die bei Produktneueinführungen nochmals aufgestockt wird. Die Zahl der Außendienstmitarbeiter ist der entscheidende Faktor, um das neue Arzneimittel in möglichst kurzer Zeit bei den Ärzten zu etablieren. Dafür benötigt es mehrere Besuche verschiedener Pharmareferenten, was häufig dazu führt, dass Ärzte bereits genervt reagieren, wenn sie abermals zu demselben Produkt beraten werden. Aber so besteht eine gute Chance, dass sich der Arzt bei der nächsten Verordnung an das neue Arzneimittel erinnert. Durch wechselnde Beratungsschwerpunkte können auch bereits länger eingeführte Arzneimittel, deren Absatz rückläufig ist, wiederholt besprochen und damit dem Arzt wieder ins Gedächtnis gerufen werden.

Laut einer Studie aus den USA, die die Verordnungsgewohnheiten von Ärzten untersuchte, profitieren Pharmaunternehmen von ihrem Bekanntheitsgrad bei Verschreibungen risikoreicher Medikamente. Ärzte gaben an, bei Verschreibung risikoreicherer Arzneien eher auf Produkte bekannter Pharmaunternehmen zurückzugreifen. Und je neuer das Medikament ist, desto eher richten sie sich nach den Empfehlungen der Kollegen. Somit profitieren in beiden Fällen Pharmaunternehmen, die viel Wert auf ihre Außendienstaktivitäten legen. Einerseits, um das Vertrauen durch eine bekannte und weit verbreitete Marke zu erlangen und andererseits, um bei möglichst vielen Ärzten einen positiven Eindruck zu erlangen. Eine Empfehlung des Kollegen hat sicherlich einen weitaus höheren Effekt, als der Besuch des Pharmareferenten.[40]

Anhand einer Umfrage in einem kalifornischen Krankenhaus lässt sich deutlich erkennen, dass die Ärzte zwar die Beeinflussung durch die Pharmareferenten registrieren, sich aber selbst für objektiv genug halten, sich nicht durch Schmeicheleien und Geschenke beeinflussen zu lassen (siehe Abb. 3.1). Deshalb gaben 61 % an, nicht beeinflusst zu werden, 39 % manchmal oder häufig. Die Einschätzung ihrer Kollegen fiel allerdings anders aus. Ganze 84 % behaupten, ihre Kollegen ließen sich manchmal oder häufig in ihrer Verordnung beeinflussen. Nur 16 % halten ihre Kollegen für standhaft.[41]

---

[38] Vgl. Peter, S. I. (2001), S. 54.
[39] Vgl. Diller, H. (2007), S. 224.
[40] Vgl. Kaufer, E. (1976), S. 18.
[41] Vgl. Neye, H. (2007).

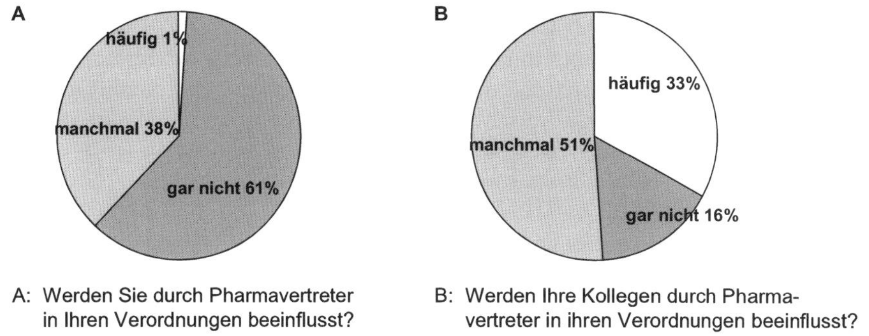

Abb. 3.1. Umfrage zur Beeinflussung durch Pharmavertreter[42]

Die Pharmaunternehmen geben für den Außendienst in Deutschland und die dazugehörigen Kosten, wie Firmenwagen, Sozialleistungen usw. jährlich ca. 1,6 Mrd. Euro aus. Die Berechnung beruht auf 16.000 Pharmareferenten in Deutschland und Kosten von 100.000 Euro pro Außendienstmitarbeiter.[43] Andere Schätzungen belaufen sich sogar auf 2,5 Mrd. Euro pro Jahr. 90 % der Ausgaben für Marketingaktivitäten entfallen auf den Außendienst.[44]

Als Kosten müssen aber auch die Ausgaben, die aus der Kundenbindung folgen, mit eingerechnet werden. Darunter fallen Kosten für Treueprämien, wie z. B. ein Fachbuch oder früher ein Scheck für den Arzt. Auch Geschenke, also die Abgabe von Arzneimittelmustern, fallen als Kosten an. Unter Gemeinkosten werden die regelmäßig stattfindenden Schulungen der Mitarbeiter eingerechnet. Die Gemeinkosten sind meist unabhängig von der Zahl der bestehenden Kundenverbindungen. Die Schulungen müssen in jedem Fall durchgeführt werden, ob nun sehr viele Ärzte bereits zu den Kunden zählen und die Kontakte gepflegt werden müssen oder ob die meisten noch von dem Produkt überzeugt werden müssen.

3.6 Außendienst in der Zukunft

Die eingeschränkte Information über Verordnungszahlen der einzelnen Ärzte, das Arzneimittelausgaben-Begrenzungsgesetz, das Ärzte dazu bringen soll, nur noch den Wirkstoff statt eines bestimmten Arzneimittels zu verordnen, die Einführung der Rabattverträge und das sinkende Ansehen der Pharmareferenten verlangen Veränderungen in der Zukunft des Außendienstes.

Wie es die Pharmaunternehmen in Zukunft mit den Provisionszahlungen an die Pharmareferenten regeln, konnte bisher noch kein Pharmareferent beantworten. Da sich die meisten Provisionen an den Umsätzen der Ärzte im Bezirk des Phar-

[42] Quelle: Neye, H. (2007).
[43] Vgl. Lieb, W. (2007).
[44] Vgl. Harms, F., Drüner, M. (2003), S. VII.

mareferenten orientieren, diese Daten aber seit Einführung des GKV-WSG nur noch in sehr eingeschränkter Form zur Verfügung stehen, werden sich die Provisionen entweder an den Gesamtumsatz des Unternehmens richten müssen oder die Pharmareferenten erhalten zukünftig nur noch ein Festgehalt. Der Gesetzgeber erhofft sich damit fachlichere Informationen durch die Pharmareferenten, die nun nicht mehr durch die Verordnungszahlen ihrer Ärzte bewertet werden können.[45] Auch der Berufsverband der Pharmaberater (BdP) setzt in Zukunft auf besser und umfangreicher ausgebildete Pharmareferenten, die neben dem medizinischen Wissen über ihre Präparate auch gesundheitsökonomisches Wissen besitzen. Dazu steht der Berufsverband in Kontakt mit der Fachhochschule Hannover, um gemeinsam einen Bachelor-Studiengang für Pharmareferenten zu entwickeln. Dies kommt auch den Pharmaunternehmen entgegen, die für die Zukunft einen Abbau des Außendienstpersonals ankündigen, aber stattdessen Personal für den Bereich der Rabattverhandlungen mit den Krankenkassen benötigen.[46]

Das Pharma-Marketing Journal sieht in der Zukunft nicht mehr den Kontakt Pharmareferent zu einzelnen Ärzten, sondern mehr ein „Business-2-Business-Marketing“[47]. Durch die wachsende Zahl an MVZs, Klinikketten und Ärztenetzen sind nicht mehr einzelne Ärzte die Entscheidungsträger. Auch das Angebot wird sich von einem Produkt ausweiten auf Lösungspakete, die Beratung, Schulungen und andere Dienstleistungen beinhalten. Diese Veränderung kündigt sich bei den amerikanischen Pharmaunternehmen Pfizer und Wyeth schon an, die ihren Außendienst verringern und die bestehenden Verträge mit Pharmadienstleistern kündigen. Der Außendienst muss wesentlich spezialisierter arbeiten als bisher. In Zukunft sitzen den Außendienstmitarbeitern vermehrt Mediziner mit gesundheitsökonomischen Kenntnissen gegenüber. Dadurch werden sich die Ärzte nicht mehr wie bisher durch Grafiken und Statistiken beeindrucken lassen, wenn diese nicht wirklich wissenschaftlich belegt sind. Die folgende Tabelle zeigt den Unterschied der bisherigen Beratungsform zu der zukünftigen. Die Anzahl der Besuche wird sich in jedem Fall verringern, dafür nimmt die Gesprächszeit und -intensität zu.

Tabelle. 3.1. Vergleich Beratungsgespräch heute und in Zukunft[48]

Klassisches AD-Gespräch	**Key Account Fachdialog**
Folder	Hintergrundinformationen
Fraktale Botschaften	Qualifizierte Daten und Fakten
Schlüsselbegriffe	Holistische Betrachtungsweise
Produkte und Muster	Systemlösung und Verträge
5 bis 7 Minuten	30 bis 60 Minuten

[45] Vgl. Zeiner, R., Wartenberg, F. (2007), S. 530.
[46] Vgl. Korzilius, H., Rieser, S. (2007).
[47] Ecker, T., Preuß, K. J. (2007), S. 114.
[48] Quelle: Ecker, T., Preuß, K. J. (2007), S. 119.

Die Gefahr ist groß, nicht nur einen Arzt aufgrund mangelnder Kenntnisse des Pharmareferenten zu verlieren, sondern beispielsweise ein MVZ oder eine Klinikkette.[49]

Eine zukünftige Form der Informationsfindung könnten auch so genannte Closed-Doc-Shop-Scenarios darstellen. In diesen web-basierten Informationssystemen stellen Pharmaunternehmen ihre Produkte und ihren Service dar.[50] Der Wettbewerb würde fortan nicht mehr direkt in den Praxen ausgetragen werden, sondern im Internet. Die Konsequenz wäre die Abschaffung des Außendienstes. Eine Umfrage unter den Ärzten ergab allerdings, dass 98 % der Ansicht sind, der Außendienst habe den größten Effekt auf eine potenzielle Verordnung. Danach folgen Fortbildungen und Workshops.

In einem Seminar der IMIG, dem Institut für Marktforschung im Gesundheitswesen, wurde von sechs Ärzten im Rahmen einer Gruppendiskussion die Einstellung von Hausärzten zu Pharmareferenten diskutiert. Für die Zukunft des Außendienstes haben sich die Ärzte einige Veränderungen gewünscht. Zum einen kritisierten sie diejenigen Referenten, die kein strukturiertes Gespräch führten, sondern ihre Aussagen in einem Folder vorlegen. Die Gespräche sollten auch auf die Interessen des jeweiligen Arztes zugeschnitten sein. Zum anderen möchten die Ärzte vor dem Gesprächstermin über die zu beratenden Präparate informiert werden und würden sich eine vorherige Anfrage wünschen, ob von Seiten des Arztes überhaupt Interesse besteht. Eine gute Meinung hatten die Ärzte über gesponserte Fortbildungen im kleinen Rahmen. Dort ließen sich im Gegensatz zu Großveranstaltungen mit den anderen Teilnehmern Diskussionen führen.[51]

Obwohl die Ärzte größtenteils die Besuche der Pharmareferenten schätzen, sei es auch nur unter dem Vorbehalt zukünftiger Verbesserungen der beiderseitigen Beziehung, denken die ersten Pharmaunternehmen schon über eine Abschaffung des Außendienstes nach.[52] Aufgrund bestehender Rabattverträge hat der Arzt mit seiner Verordnung so gut wie keinen Einfluss mehr auf die letzten Endes durch die Apotheke ausgegebenen Medikamente. Den Fall des angekreuzten Aut-idem-Feldes auf dem Rezept einmal außer Acht gelassen, ist der Apotheker seit Einführung der neuen Gesundheitsreform dazu verpflichtet, im Falle eines abgeschlossenen Rabattvertrages zwischen Krankenkasse und Pharmaunternehmen die Verordnung des Arztes zu übergehen und ein Medikament eines unter Vertrag genommenen Pharmaunternehmens herauszugeben. Aufgrund dieser schwindenden Entscheidungsautonomie der Ärzte müssen Pharmaunternehmen die Überlegung anstellen, ob ein Außendienst im niedergelassenen Ärztebereich lohnenswert bleibt, wenn die endgültige Abgabeentscheidung beim Apotheker liegt.

---

[49] Vgl. Ecker, T., Preuß, K. J. (2007).
[50] Vgl. Harms, F., Drüner, M. (2003), S. 247.
[51] Vgl. Institut für Marktforschung im Gesundheitswesen (IMIG) (2005), S. 11.
[52] Vgl. Grill, M. (2007), S. 254.

4 Der pharmazeutische Großhandel

Wolfgang Mähr, Marcel Rossmy

Celesio AG, Stuttgart

4.1 Der Pharmagroßhandel in der Arzneimittel-Versorgungskette

Die deutschen Apotheken führen mehr als 60.000 verschiedene Arzneimittel und etwa 30.000 Produkte aus dem Rand- und Nebensortiment.[53] Dass die Apotheken die Patienten stets innerhalb kürzester Zeit versorgen können, wird durch den pharmazeutischen Großhandel sichergestellt. Er beliefert Apotheken mit allem, was Apotheken brauchen, zum Teil bis zu fünf Mal am Tag.

Die Versorgung der rund 21.500 deutschen Apotheken mit den Produkten von rund 1.500 Herstellern und Lieferanten macht den pharmazeutischen Großhandel zu *der* zentralen Drehscheibe im Arzneimittelmarkt.[54] Abbildung 4.1 zeigt die Arzneimittel-Wertschöpfungskette vom Hersteller bis hin zum Patienten.

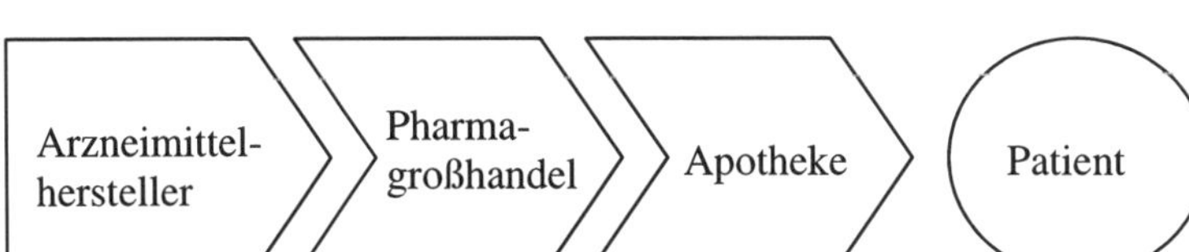

Abb. 4.1. Pharmazeutische Wertschöpfungskette

[53] Vgl. Deloitte (2007), S. 8.
[54] Vgl. Linde, U. v. d. (2007), S. 2.

4.2
Funktionen des Pharmagroßhandels

Der pharmazeutische Großhandel fungiert als Drehscheibe im Arzneimittelmarkt und sichert so die Versorgung einer Vielzahl von Apotheken mit Produkten einer Vielzahl von Arzneimittelherstellern. Da direkte Geschäftsbeziehungen zwischen allen Herstellern und allen Apotheken weder wirtschaftlich sinnvoll noch logistisch machbar wären, übernimmt der Großhandel somit eine wichtige Bündelungsfunktion. Diese ist in Abb. 4.2 veranschaulicht.

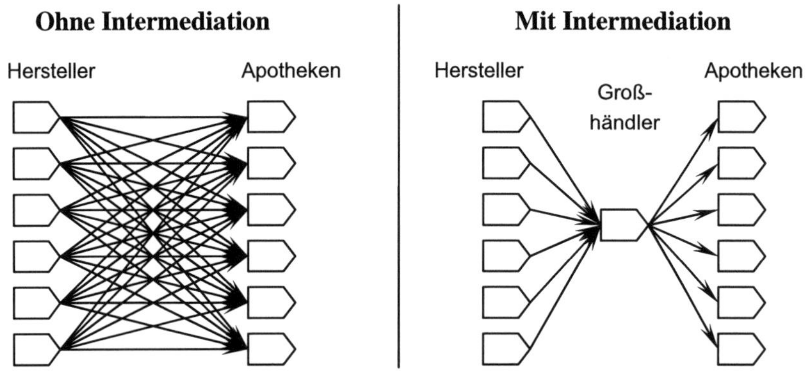

Abb. 4.2. Intermediationsfunktion des pharmazeutischen Großhandels

In Deutschland existieren 16 pharmazeutische Großhandelsunternehmen. Diese haben sich zur Führung eines *Vollsortiments* und zur *Herstellerneutralität* verpflichtet. Das bedeutet, dass die Pharmagroßhändler alle zugelassenen Arzneimittel und apothekenüblichen Waren bereit halten, um den Apothekenbedarf in kürzester Zeit zu decken. Mit über 120.000 registrierten Darreichungsformen von Arzneimitteln muss der Pharmagroßhändler ein ungewöhnlich breites Sortiment vorrätig halten, wenngleich der überwiegende Teil der Produkte nur sporadisch nachgefragt wird.[55] Durch seine vollsortierte, herstellerneutrale Sortimentspolitik wird der Pharmagroßhandel seinem Anspruch gerecht und ist *die* zentrale Drehscheibe für alle pharmazeutischen Produkte. Zugleich ermöglicht der Großhandel auch mittelständischen und kleineren Pharmaherstellern den Marktzugang. Hierdurch wird der Preis- und der Qualitätswettbewerb auf dem Arzneimittelmarkt gefördert, wovon letztlich das gesamte Gesundheitssystem profitiert.[56]

Der pharmazeutische Großhandel zeichnet sich durch seine logistische Kompetenz und seine *Schnelligkeit* aus: Er beliefert Apotheken bis zu fünf Mal täglich mit Arzneimitteln und pharmazeutischen Produkten. Im Durchschnitt liegen nur etwa zwei Stunden zwischen Bestellannahme und Auslieferung der Ware. Dies ist

[55] Vgl. PHAGRO (2008).
[56] Vgl. Deloitte (2007), S. 13.

besonders für Apotheken an wettbewerbsintensiven Standorten von Bedeutung, sichert aber zugleich auch der Bevölkerung auf dem Land eine erstklassige Arzneimittelversorgung. Aufgrund seiner hohen *Effizienz* ist der pharmazeutische Großhandel dennoch günstiger als alternative Vertriebswege.[57]

Wie sein Name andeutet, *handelt* der pharmazeutische Großhandel mit Arzneimitteln und pharmazeutischen Produkten. Demnach kauft er die Ware, in der Regel direkt von den Herstellern, und verkauft sie weiter an Apotheken, Krankenhäuser oder andere berechtigte Abnehmer. Durch seine Handelsfunktion übernimmt der Großhandel eine für die Versorgungsqualität wichtige Pufferfunktion zum Ausgleich regionaler, quantitativer und zeitlicher Schwankungen. Versorgungsengpässe durch Produktionsausfälle oder Spitzennachfragen werden durch die Bevorratung durch den Großhandel vermindert oder ganz vermieden. Gleichzeitig übernimmt der Großhandel durch den Erwerb der Ware die Finanzierung des Lagerbestands und trägt zur Minimierung der absatzbezogenen Risiken, wie Verderb- oder Inkassorisiken, der Pharmahersteller bei.

Die Apotheken können sich auf die Schnelligkeit und das Vollsortiment des Pharmagroßhandels verlassen. So ermöglicht der Großhandel den Apotheken eine qualitativ hochwertige Arzneimittelversorgung der Bevölkerung, ohne große Lagerflächen in den Apotheken vorhalten zu müssen. Ohne die kurzen Reaktionszeiten und die hohe Lieferfähigkeit des Großhandels benötigten die Apotheken eine wesentlich größere Lagerfläche zur Bevorratung der Arzneimittel, wodurch die Betriebskosten erheblich steigen würden. Zudem finanziert der pharmazeutische Großhandel das Warenlager der Apotheken für über einen Monat. Damit wird klar, dass ohne den Pharmagroßhandel der Apothekenbetrieb vielerorts wirtschaftlich nicht sinnvoll wäre und der Pharmagroßhandel damit einen wesentlichen Beitrag zu einer flächendeckenden und hochwertigen Arzneimittelversorgung beiträgt.

4.3 Entlohnungssystem des Pharmagroßhandels

Üblicherweise ist die Vergütung des Pharmagroßhandels durch gesetzliche Regelungen an die Arzneimittelpreise gekoppelt. So erhalten beispielsweise die deutschen Pharmagroßhändler für ihre Leistungen eine degressive Marge auf den Herstellerabgabepreis. Im Jahr 2004 wurde die Großhandelsmarge durch das Gesetz zur Modernisierung der gesetzlichen Krankenversicherung (GKV-Modernisierungsgesetz – GMG) nahezu halbiert. Bei Produkten mit einem Herstellerabgabepreis von maximal 3,00 Euro dürfen die Großhändler seither eine Marge von bis zu 15 % (Höchstzuschlag) aufschlagen. Mit steigendem Herstellerabgabepreis sinkt der Höchstzuschlag schrittweise bis auf 6 % ab einem Herstellerabgabepreis von 26,83 Euro. Der absolute Höchstzuschlag beträgt 72,00 Euro und gilt ab einem Herstellerabgabepreise von 1.200,00 Euro.[58] Abbildung 4.3 stellt die Groß-

[57] Vgl. Deloitte (2007), S. 13.
[58] Vgl. Bundesgesetzblatt (2003), Teil I, Nr. 55, S. 2254.

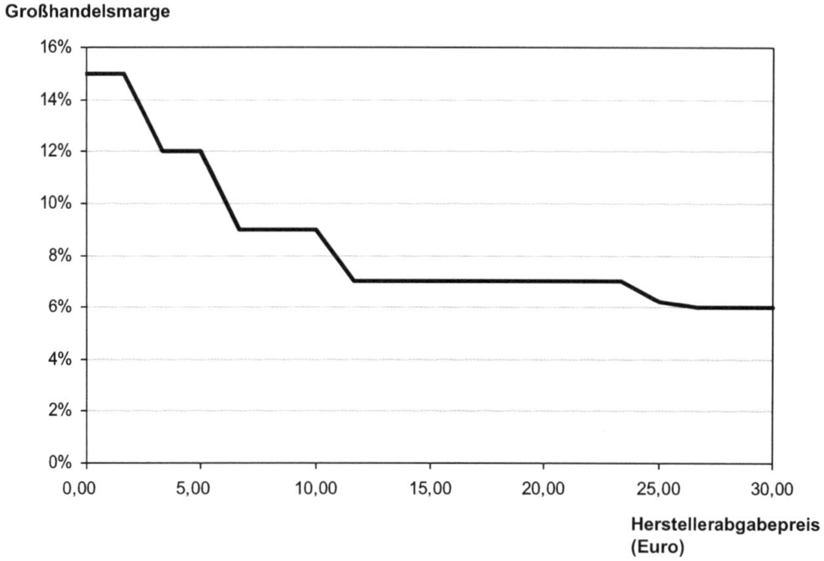

Abb. 4.3. Vergütung des pharmazeutischen Großhandels

handelsmarge, das heißt den Höchstzuschlag, in Abhängigkeit des Herstellerabgabepreises bis 30,00 Euro dar.

Aufgrund des intensiven Wettbewerbs zwischen den Großhändlern wird in der Regel ein großer Teil dieser nominalen Marge in Form von Rabatten an die Apotheken weitergegeben. Diese Tatsache unterstreicht die hohe Effizienz des Pharmagroßhandels.

4.4 Zusatzdienstleistungen des Pharmagroßhandels

Der pharmazeutische Großhandel bietet seinen Kunden, vor allem den Apotheken, jedoch weit mehr als nur seine logistische Kernleistung. Diese Zusatzleistungen werden häufig in Kundenbindungsprogrammen oder in so genannten Kooperationsmodellen gebündelt. Diese stärken Apotheken wirtschaftlich und tragen zu ihrer Differenzierung vom Wettbewerb bei.

GEHE Pharma Handel, die deutsche Großhandelstochter der Celesio AG, bietet mit der „gesund leben"-Kooperation (auch bekannt als Commitment-Modell) eines der führenden Kooperationen im deutschen Markt. Ziel ist, die Apotheken dabei zu unterstützen sich in einem im Umbruch befindlichen Markt richtig und zukunftsfähig zu positionieren. Ende 2007 nahmen rund 2.600 Apotheken an der

Kooperation teil.[59] Dabei profitieren sie von exklusiven Leistungen, die von verbesserten Einkaufskonditionen durch Nachfragebündelung und einem attraktiven Eigenmarkensortiment über Verkaufsunterstützung und betriebswirtschaftliche Beratung bis hin zu Schulungsangeboten reichen. Darüber hinaus bietet GEHE ihren Großhandelskunden Zugang zu ihrem Eigenmarkensortiment „gesund leben". Dieses stellt eine qualitativ hochwertige Alternative zu den Originalpräparaten dar und spricht vor allem preisorientierte Käufer an, die üblicherweise nicht in der Apotheke einkaufen. Damit macht das Eigenmarkensortiment den Originalpräparaten der Arzneimittelhersteller auch keine direkte Konkurrenz. Im Gegenteil basiert die „gesund leben"-Kooperation auf einem integrierten Ansatz, bei dem sich die Supply-Chain-Partner für eine enge Zusammenarbeit einsetzen, um auf diese Weise Mehrwert für alle Beteiligten zu schaffen. Abbildung 4.4 stellt die „gesund leben"-Kooperation schematisch dar und zeigt den Beitrag und den Nutzen für die Hersteller, die Apotheken und die GEHE.

Derzeit nehmen 34 pharmazeutische Hersteller (Industrie-Partner) an der „gesund leben"-Kooperation teil, indem sie vor allem die Bekanntheit ihrer Marken, Ein-

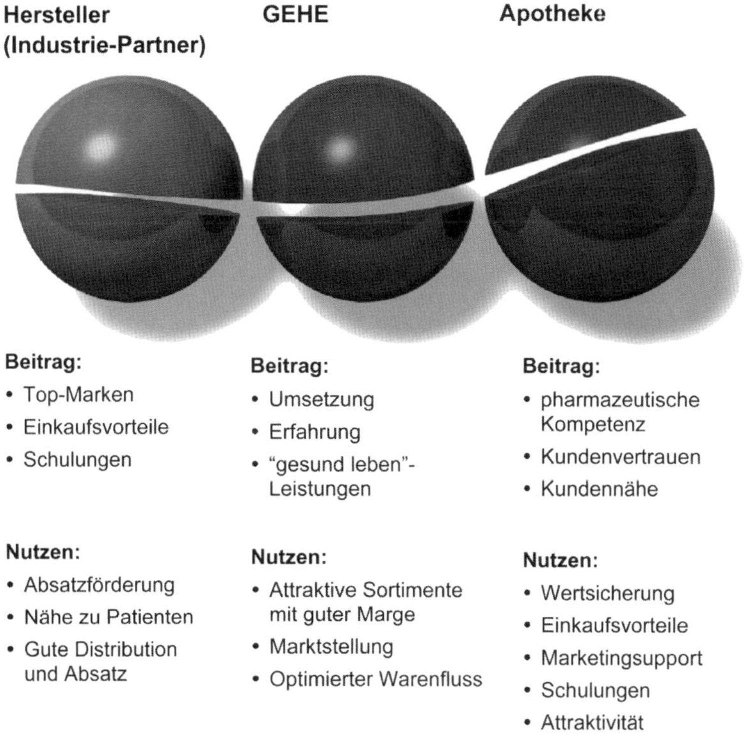

Abb. 4.4. Zusammenarbeit in der Wertschöpfungskette am Beispiel der „gesund leben"-Kooperation

[59] Vgl. Treuhand Hannover (2007), S. 12.

kaufsvorteile und Schulungen von Apothekern und des pharmazeutischen Personals einbringen. Dies fördert das produktspezifische Wissen auf Seiten der Apotheken-Mitarbeiter, wodurch eine bessere Beratung der Kunden erzielt werden kann. Gleichzeitig fördert dieses Wissen auch den Absatz der Produkte der jeweiligen Industrie-Partner. Die Apotheken tragen durch ihre pharmazeutische Kompetenz und die kompetente Beratung der Kunden zum Erfolg der „gesund leben"-Kooperation bei. Ihre Nähe zu den Kunden und das Vertrauen der Kunden kommt letztlich der gesamten „gesund leben"-Kooperation zugute. Im Gegenzug erhalten sie attraktive Einkaufskonditionen auf bekannte Markenprodukte und Zugang zum GEHE-Eigenmarkensortiment „gesund leben". Darüber hinaus stehen ihnen alle „gesund leben"-Leistungen der GEHE zur Verfügung, um die Attraktivität ihrer Apotheke und die Kompetenz ihres Personals weiter zu verbessern.

Die Marketing-Unterstützung der GEHE im Rahmen der „gesund leben"-Kooperation schließt zum Beispiel das so genannte Category-Management ein. Hierbei werden die Produkte aufbauend auf Marktforschungsergebnissen konsumentenorientiert kategorisiert. Das heißt, es werden aus Kundensicht sinnvolle Warengruppen, beispielsweise nach Indikationen, gebildet. Die Präsentation innerhalb einer Warengruppe berücksichtigt die Marktbedeutung der verschiedenen Präparate. Dies unterstützt den Kunden bei der Suche nach dem von ihm gewünschten Produkt. Des Weiteren bietet der Großhandel den Apotheken Unterstützung im Rahmen von saisonalen Verkaufsförderungsaktionen. Hierzu stellt er ihnen einerseits standardisierte Informations- und Werbemittel, wie Plakate und Displays, zur Verfügung. Andererseits bietet der Großhandel ausgewählte Freiwahl- und Sichtwahlprodukte zu besonders attraktiven Konditionen. Durch die saisonal abgestimmten Schwerpunktthemen, wie zum Beispiel eine Aktion „Allergie" im Frühling, kann nicht nur der Absatz der Apotheken gesteigert, sondern zugleich das Image der Apotheken als der Gesundheitsspezialist vor Ort unterstrichen werden.

Als zweite wichtige Säule ihrer „gesund leben"-Kooperation versteht GEHE das Angebot von Schulungsleistungen an die selbstständigen Apotheken. Die unternehmenseigene GEHE-Akademie wurde in den vergangenen Jahren mehrfach als beste Fortbildungsstätte ihrer Art ausgezeichnet. Ihr Seminarangebot reicht von Unternehmens- und Personalführung über Marketing bis hin zu Fachwissen beispielsweise über Diabetes oder Wundversorgung.

Die Kooperationsmodelle der Pharmagroßhändler werden ständig weiterentwickelt, um den sich verändernden Ansprüchen der Apothekenkunden gerecht zu werden und so die Apotheken zukunftsfähig zu halten. So wurde beispielsweise die „gesund leben"-Kooperation im ersten Quartal 2008 durch die Teilnahme an der DeutschlandCard zusätzlich gestärkt. Die DeutschlandCard ermöglicht den Endverbrauchern, branchenübergreifend Punkte zu sammeln, um diese sodann gegen attraktive Prämien bei den Partnern der DeutschlandCard einzulösen. Seit Mai 2007 bietet Celesio deutschen Apotheken neben der „gesund leben"-Kooperation auch DocMorris-Markenpartnerschaften. Auf diese Weise können auch selbstständige Apotheker von Deutschlands bekanntester Apothekenmarke profitieren.

Ob Distribution, „gesund leben"-Kooperation oder DocMorris-Markenpartnerschaft – deutsche Apotheker können je nach Bedarf die für sie jeweils passende Lösung auswählen.

4.5 Neue Anforderungen an den Pharmagroßhandel

„99 Prozent dessen, was der pharmazeutische Großhandel macht, kann keiner besser machen."[60] Dennoch zeigt die jüngste Vergangenheit, dass sich die Anforderungen der pharmazeutischen Industrie an die Distribution ihrer Produkte ändern und neue Distributionsmodelle eingeführt werden.[61]

Seit März 2007 verkauft ein großer Arzneimittelhersteller seine Produkte in Großbritannien nicht mehr an alle vollsortierten Großhändler, die die Ware dann an die Apotheken weiterveräußern. Vielmehr liefert er sein gesamtes Sortiment nun exklusiv über einen einzigen Logistikdienstleister direkt an alle Apotheken – daher auch die Bezeichnung „Direktbelieferungsmodell" („direct to pharmacy"). Im Gegensatz zum klassischen Großhandelsmodell erwirbt der Distributeur als reiner Logistikdienstleister kein Eigentum an den Produkten, sondern liefert diese im Namen und auf Rechnung des Herstellers an alle britischen Apotheken aus. Entsprechend verhandelt der Hersteller auch nur noch selbst mit den Apotheken über ihre Rabatte.

Nach diesem Schritt haben weitere Hersteller ihr Distributionsmodell bereits geändert oder Änderungen angekündigt: Ein Hersteller wird im ersten Quartal 2008 ein Direktbelieferungsmodell einführen, mit dem er sein gesamtes Sortiment über zwei Logistikdienstleister an Apotheken ausliefern wird. Noch im vierten Quartal 2007 haben zwei weitere Arzneimittelhersteller ihr Distributionsmodell angepasst. Beide verbleiben zwar im klassischen Großhandelsmodell, beschränken jedoch die Anzahl der Großhändler, mit denen sie zusammenarbeiten, auf drei.

Zwar wird das klassische Großhandelsmodell, das auch mittelständischen und kleineren Arzneimittelherstellern einen kostengünstigen und effizienten Marktzugang garantiert, weiterhin für die große Mehrheit der pharmazeutischen Hersteller die beste Wahl darstellen. Doch werden einige Hersteller mit spezifischen Anforderungen an die Distribution ihrer Produkte nach alternativen Vertriebslösungen suchen. Dies gilt im Besonderen für Hersteller hochpreisiger Originalpräparate. Durch die mit dem Herstellerabgabepreis steigende (absolute) Großhandelsmarge haben Hersteller hochpreisiger Originalpräparate tendenziell einen größeren Anreiz, ein Distributionsmodell unter Umgehung des Großhandels einzuführen.

Ein weiterer Grund für die Einführung alternativer Distributionsmodelle können produktspezifische Anforderungen an die Distribution sein. So verlangen Pharmahersteller für ihre hochinnovativen Produkte beispielsweise eine Sendungsnachverfolgung in Echtzeit („track and trace") oder die lückenlose Überwachung wichtiger Parameter. Hierzu zählen zum Beispiel die Temperatur, die Luftfeuchtigkeit oder die UV-Einstrahlung. Um die Kühlkette nicht zu unterbrechen

[60] Vgl. Deloitte (2007), S. 9.
[61] Vgl. dazu auch DZ Bank (2007), S. 14 ff.

und damit die Wirksamkeit spezieller Arzneimittel zu gefährden, kann zudem eine aktive Kühlung während des Transports vonnöten sein. Diesen Anforderungen werden Speziallogistikunternehmen wie Movianto besser gerecht als die auf die schnelle und effiziente Distribution von Standardprodukten fokussierten Großhändler. Movianto gehört ebenfalls zum Celesio-Konzern und bietet den Pharmaherstellern ein einzigartiges pan-europäisches Distributionsnetzwerk.

Neben den veränderten Distributionsanforderungen seitens der Hersteller ist der Pharmagroßhandel auch auf der Kundenseite mit grundlegenden Veränderungen konfrontiert. Die nicht zuletzt auf europäischer Ebene vorangetriebene Liberalisierung der Apothekenmärkte wird die Konzentration auf der Abnehmerseite beschleunigen und zur Bildung von Apothekenketten führen, wie sie beispielsweise in Großbritannien bereits heute zum Alltag gehören. Diese Entwicklung stellt den Großhandel vor weitere Herausforderungen, auf die er flexibel und innovativ antworten muss. Doch zeigt sich bereits heute schon, dass der Großhandel auch in liberalisierten Märkten, wie Großbritannien, von zentraler Bedeutung ist. Dies ist nicht nur im Interesse der Pharmagroßhändler, sondern kommt aufgrund der Leistungsfähigkeit und der Effizienz dieses Vertriebswegs letztlich dem gesamten Gesundheitssystem zugute.

5 Apotheken

Eckart Bauer[62]

ABDA – Bundesvereinigung Deutscher Apothekerverbände, Berlin

5.1 Einleitung

Der vorliegende Beitrag liefert grundlegende Informationen zu den deutschen Apotheken. Hierzu werden zuerst einige elementare Grundlagen vorgestellt (Kap. 5.2), anschließend Daten zur Struktur und zur wirtschaftlichen Situation der öffentlichen Apotheken (Kap. 5.3). Im anschließenden Kap. (5.4) werden aktuelle wirtschaftliche Entwicklungen dargelegt, daran schließt sich (in Kap. 5.5) eine Darstellung aktueller politischer Entwicklungen und Schwerpunkte an, Kap. 5.6 schließt mit einem Fazit den Beitrag ab.

5.2 Grundlagen

Der Bereich der Arzneimittelversorgung und des Apothekenwesens ist durch eine überdurchschnittliche Regelungsdichte gekennzeichnet. Die große Zahl staatlicher Vorgaben spiegelt letztlich wider, dass es sich bei Arzneimitteln um besondere Produkte handelt, die einer besonderen Kontrolle bedürfen, um sicherzustellen, dass ihre Anwendung für den Patienten mehr Chancen als Risiken bietet.

„Den Apotheken obliegt die im öffentlichen Interesse gebotene Sicherstellung einer ordnungsgemäßen Arzneimittelversorgung der Bevölkerung.“ Dieser erste Satz des ersten Paragraphen des Apothekengesetzes bildet die Grundlage für eine

---

[62] Der Verfasser dankt Rainer Braun für seine Anmerkungen und Korrekturen, die sowohl Inhalt als auch Lesbarkeit verbessert haben. Die Verantwortung für noch verbleibende Fehler liegt ausschließlich beim Verfasser. Der Text gibt die persönliche Meinung des Autors wieder.

Vielzahl von Konkretisierungen im Apothekengesetz einerseits und der Apothekenbetriebsordnung andererseits. Er begründet Rechte und Pflichten gleichermaßen.

- Die Apotheken haben einen Sicherstellungsauftrag. Sie müssen gewährleisten, dass jederzeit und im gesamten Bundesgebiet die für die Therapie notwendigen Arzneimittel zur Verfügung stehen. Daraus resultieren sehr praktische Gemeinwohlverpflichtungen, wie z. B. die Vorhaltung eines Nacht- und Notdienstes außerhalb der gewöhnlichen Öffnungszeiten.
- Die Apotheken unterliegen einem Kontrahierungszwang. Sie müssen vom Patienten benötigte Arzneimittel – bei rezeptpflichtigen Arzneimitteln im Falle des Vorliegens einer ärztlichen Verordnung – auch dann abgeben, wenn das im einzelnen Fall für sie nicht kostendeckend ist, weil beispielsweise die Besorgung resp. Herstellung sehr aufwändig ist.
- Die Apotheken sind verpflichtet, die notwendigen Arzneimittel in einer Menge vorrätig zu halten, die mindestens dem durchschnittlichen Bedarf einer Woche entspricht. Sie dürfen sich mithin nicht darauf verlassen, notwendige Arzneimittel im Bedarfsfall kurzfristig über den pharmazeutischen Großhandel beziehen zu können. Ihre Entscheidung über die Lagerhaltung ist dementsprechend stark eingeschränkt.
- Ausschließlich approbierte Apothekerinnen und Apotheker können Inhaber von Apotheken sein,[63] und zwar in Form einer Personengesellschaft, einer Gesellschaft bürgerlichen Rechts oder einer offenen Handelsgesellschaft, also mit persönlicher Haftung. Für den Betrieb einer Apotheke bedarf es einer behördlichen Erlaubnis, deren Erteilung an die Erfüllung diverser Vorgaben geknüpft ist. Im Gegensatz zu vielen anderen Ländern besteht in Deutschland dabei aber Niederlassungsfreiheit.
- Ein Apotheker darf nur eine Apotheke mit bis zu drei weiteren Betriebsstätten besitzen. Die Hauptapotheke muss er dabei persönlich leiten, für jede der weiteren Betriebsstätten einen approbierten Apotheker als Leiter benennen.
- Nur Apotheker oder anderes pharmazeutisch qualifiziertes Personal, letzteres nur unter Aufsicht eines Apothekers, dürfen Arzneimittel an Patienten abgeben.
- Die Betriebsräume der Apotheke müssen unmittelbar von außen zugänglich sein, sowie Anforderungen an Größe und Unterteilung genügen. Sie müssen des Weiteren eine Vertraulichkeit der Beratung wahren helfen.
- Die Apotheken sind verpflichtet, eine notwendige Beratung von Patienten und Angehörigen anderer Heilberufe über Arzneimittel zu gewährleisten. Die Beratung der Kunden / Patienten darf allerdings die ärztliche Therapie nicht beeinträchtigen. Die Apotheken haben diese Beratung von sich aus anzubieten, also nicht nur auf Nachfrage des Patienten (Bringpflicht).

[63] Im weiteren Verlauf wird zur Verbesserung der Lesbarkeit ausschließlich die männliche Form genutzt.

Auf Vorgaben zur Preisbildung für Arzneimittel auf Apothekenebene, die die wirtschaftlichen Grundlagen der Apotheken betreffen, wird in Kap. 5.4 gesondert eingegangen.

Die verschiedenen Regelungen haben ihre Begründung jeweils in Besonderheiten des Gutes ‚Arzneimittel', die spezielle Anforderungen an den Vertrieb stellen. So kann der Patient bei Arzneimitteln weit seltener als bei anderen Produkten den Erwerb des Produktes hinausschieben oder ganz auf ihn verzichten oder das Produkt durch ein ähnliches ersetzen. Die Krankheit resp. die Therapie erfordern vielmehr regelmäßig einen möglichst sofortigen Beginn der Anwendung entsprechend dem ärztlich angeordneten Regime.

Deswegen wiederum wird von den Apotheken verlangt, ihre Vorratshaltung an den zu erwartenden Bedarf anzupassen. Durch die Verpflichtungen zur Lagerhaltung sowie zur Belieferung jedes Arzneimittels wird ihnen das für den kaufmännischen Sektor typische Element der Sortiments- und Lagerhaltungspolitik genommen. Sie können Arzneimittel, deren Abgabe für sie wirtschaftlich nicht interessant ist, nicht aus ihrem Angebot entfernen.

Ist ein Arzneimittel einmal nicht in der Apotheke vorrätig, so kann es über den pharmazeutischen Großhandel binnen weniger Stunden in jede Apotheke geliefert werden.

5.3 Daten zu Apotheken in Deutschland

Nachfolgend sollen einige Daten wiedergegeben werden, die der Charakterisierung der öffentlichen Apotheken in Deutschland sowie ihres Umfeldes dienen.[64]

5.3.1 Zahl

Wie Tabelle 5.1 zu entnehmen, ist die Zahl der öffentlichen Apotheken in den letzten Jahren geringfügig gestiegen. Das Wachstum Anfang der 90er Jahre resultiert im Wesentlichen aus ‚Nachholeffekten' im Zuge der deutschen Einheit – die Neuen Bundesländer hatten eine deutlich niedrigere Versorgungsdichte als die Alten. Ein entsprechender Unterschied existiert auch heute noch – er ist in den letzten Jahren aber kontinuierlich gesunken. Im gesamtdeutschen Schnitt versorgt eine öffentliche Apotheke heute ca. 3.825 Einwohner.[65]

Die geringfügige Zunahme der Zahl öffentlicher Apotheken seit dem Jahr 2004 hängt mit einer Neuregelung im Rahmen des GKV-Modernisierungsgesetzes (GMG) zusammen: Seit dem 1. Januar 2004 darf eine Apotheke bis zu drei weitere Betriebsstätten betreiben. Die Regelung hat einerseits zur Gründung neuer Be-

[64] Die Zahlen in diesem Kapitel entstammen, wenn nicht anders angegeben, ABDA (div. Jahrgänge).

[65] Damit liegt Deutschland im europäischen Durchschnitt.

triebsstätten geführt, andererseits wurden bestehende Apotheken, die sonst u.U. aufgegeben worden wären, nun als weitere Betriebsstätte fortgeführt. Von den 21.570 Betriebsstätten zum 31. Dezember 2007 waren 2.356 Filialbetriebe.

Tabelle 5.1. Anzahl der öffentlichen Apotheken

Jahr	Zahl der Betriebs-stätten
1992	20.350
1995	21.119
2000	21.592
2001	21.569
2002	21.465
2003	21.305
2004	21.392
2005	21.476
2006	21.551
2007	21.570

5.3.2 Umsatz und Absatz

Vom Netto-Umsatz der öffentlichen Apotheken im Jahr 2006 von 34,9 Mrd. Euro entfielen 32,3 Mrd. Euro (92,6 v. H.) auf Arzneimittel – den Rest machten Krankenpflegeartikel (1,4 Mrd. Euro, 4,0 v. H.) und apothekenübliches Ergänzungssortiment (1,2 Mrd. Euro, 3,4 v. H.) aus. Der Apothekenumsatz ist damit stark auf die Arzneimittelversorgung konzentriert.

25,4 Mrd. Euro (ohne Umsatzsteuer) betrug der Umsatz mit verschreibungspflichtigen Arzneimitteln, 1,5 Mrd. Euro der Umsatz mit ärztlich verordneten nicht-verschreibungspflichtigen Arzneimitteln – der gesamte Verordnungsmarkt lag dementsprechend bei 26,9 Mrd. Euro. Auf die Selbstmedikation entfielen 5,4 Mrd. Euro, davon 4,4 Mrd. Euro auf apothekenpflichtige (aber nicht-verschreibungspflichtige) und 1,0 Mrd. Euro auf nicht-apothekenpflichtige (und nicht ärztlich verordnete) Arzneimittel.

Betrachtet man statt des Umsatzes der verschiedenen Arzneimitteltypen deren Absatz, also die Zahl der abgegebenen Packungen, dann entfielen im Jahr 2006 von den 1.510 Mio. abgegebenen Packungen 686 Mio. (45,5 v. H.) auf verschreibungspflichtige Arzneimittel, und 824 Mio. auf nicht-verschreibungspflichtige. Von letzteren wurden 148 Mio. Packungen auf ärztliche Verordnung hin abgegeben; 603 Mio. entfielen auf die Selbstmedikation mit apothekenpflichtigen und 73 Mio. auf die Selbstmedikation mit nicht-apothekenpflichtigen Arzneimitteln.

Die größere Bedeutung rezeptpflichtiger Arzneimittel bei der Betrachtung des Umsatzes ist Folge ihres höheren durchschnittlichen Apothekenabgabepreises.

Mit Jahresumsätzen von – im Regelfall – zwischen 1,0 und 1,75 Mio. Euro sind Apotheken typische Klein- und Mittelständische Unternehmen.

5.3.3 Die Apotheke als Arbeitgeber

Im Jahr 2006 waren in den öffentlichen Apotheken 46.953 Apotheker – sei es als Inhaber, sei es als Angestellte – beschäftigt. Hinzu kamen 48.656 Pharmazeutisch-Technische Assistenten (PTA), 8.292 Apothekerassistenten und Pharmazieingenieure, 38.355 Pharmazeutisch-Kaufmännische Angestellte (PKA), Helfer etc., sowie 1.518 Pharmaziepraktikanten. Insgesamt waren 143.774 Personen in öffentlichen Apotheken beschäftigt.

In den letzten Jahren hat die Zahl der in den öffentlichen Apotheken Tätigen zugenommen – im Jahr 1996 fanden ‚nur' 130.018 Personen hier Beschäftigung. Bei der Qualifikation der Erwerbstätigen hat sich dabei eine langsame aber stetige Verschiebung ergeben: Die Zahl des pharmazeutischen Fachpersonals (Apotheker, Pharmazieingenieure, PTAs) ist gestiegen, die Zahl der PKAs und sonstigen Beschäftigten hingegen gesunken.

Der Anteil der Frauen an dem approbierten Apothekenpersonal beträgt inzwischen ungefähr zwei Drittel – mit weiterhin steigender Tendenz. Der Frauenanteil an den anderen Berufen in der Apotheke liegt noch deutlich höher. Die Apotheken sind außerdem durch eine weit überdurchschnittliche Zahl von Teilzeitarbeitsplätzen gekennzeichnet.

5.4 Entgeltung für Leistungen

Für einen Wirtschaftsbetrieb ist die Frage der Einkommenserzielung existenziell. Wie schon dargestellt, tätigen Apotheken im Durchschnitt fast 93 v. H. ihres Umsatzes mit Arzneimitteln. Vor diesem Hintergrund sind die unterschiedlichen Regelungen der Apothekenentgeltung für die Abgabe der jeweiligen Arzneimitteltypen von entscheidender Bedeutung für die wirtschaftliche Situation der Apotheken.

5.4.1 Verschreibungspflichtige Arzneimittel

Mit dem GKV-Modernisierungsgesetz wurde zum 1. Januar 2004 die Entgeltung der Apotheken für die Abgabe verschreibungspflichtiger Arzneimittel neu strukturiert: Die Apotheken erhalten jetzt für ihre Leistungen pro Packung ein Fixentgelt von 8,10 Euro zuzüglich einem Zuschlag von 3 v. H. auf den Apothekeneinkaufspreis des jeweiligen Arzneimittels.

Die Summe der Fixentgelte soll – bei effizienter Betriebsführung – die mit dem Betrieb einer Apotheke einhergehenden, nicht einer einzelnen Packung unmittelbar zurechenbaren Kosten decken: Hierzu gehören u. a. die Aufwendungen für Personal, Räumlichkeiten, Strom, Wasser, Heizung, sowie die Ausstattung incl. EDV. Der prozentuale Zuschlag soll die unmittelbar der jeweiligen Packung zurechenbaren Kosten, insbesondere die Kosten der Lagerhaltung, decken.[66]

Die Anpassung der 8,10 Euro erfolgt durch Verordnung des Bundesministeriums für Wirtschaft im Benehmen mit dem Bundesministerium für Gesundheit.

Bis Ende 2003 war die Apothekenentgeltung (auch) bei rezeptpflichtigen Arzneimitteln in Form eines degressiven prozentualen Aufschlags auf den Apothekeneinkaufspreis geregelt. Mit steigendem Einkaufspreis der Arzneimittel sank der prozentuale Zuschlag der Apotheken – aber absolut verdienten sie an teureren Packungen mehr als an niedrigpreisigeren. Langfristige Änderungen in der Preisstruktur der Arzneimittel, insbesondere eine zunehmende Polarisierung in niedrigpreisige Generika einerseits und hochpreisige innovative Präparate andererseits überstrapazierten zunehmend die der alten Apothekenentgeltung innewohnende Mischkalkulation: Die Apotheken waren wirtschaftlich immer stärker von einer vergleichsweise geringen Zahl an Abgaben hochpreisiger Arzneimittel abhängig.

Mit der neuen Arzneimittelpreisverordnung ist die Apothekenentgeltung weit stärker an die Zahl der abgegebenen Packungen gebunden, als dies vorher der Fall war. Hierfür gibt es auch gute Gründe: Der Wert der im Rahmen der Arzneimittelabgabe erbrachten Leistungen der Apotheken, aber auch die dabei anfallenden Kosten, hängen nicht (oder zumindest kaum) vom Preis des jeweiligen Produktes ab. Die neue Entgeltungsstruktur ist dementsprechend leistungsgerechter. Eine ‚Rosinenpickerei' durch Konzentration auf hochpreisige Arzneimittel, wie sie früher drohte, wird mit ihr erschwert.

5.4.2 Nicht-verschreibungspflichtige Arzneimittel

Für nicht-verschreibungspflichtige (aber apothekenpflichtige) Arzneimittel wurde mit dem GMG zum 1. Januar 2004 eine Unterscheidung vorgenommen. Für den Fall einer Abgabe zu Lasten der GKV gilt – weiterhin – eine degressive (prozentuale) Aufschlagstaffelung (s. Tabelle 5.2).

[66] Auf ihre Entgeltung müssen die Apotheken immer dann, wenn das Arzneimittel von der GKV bezahlt wird, einen Rabatt von zurzeit 2,30 Euro pro Packung gewähren – siehe unten.

Tabelle 5.2. Aufschlagsstaffelung für nicht-verschreibungspflichtige Arzneimittel bei GKV-Erstattung

Apothekeneinkaufspreis von ... bis ... Euro		Apothekenzuschlag auf den Apothekeneinkaufspreis in v. H.* bzw. in Euro
0	1,22	68 v. H.
1,23	1,34	0,83 Euro
1,35	3,88	62 v. H.
3,89	4,22	2,41 Euro
4,23	7,30	57 v. H.
7,31	8,67	4,16 Euro
8,68	12,14	48 v. H.
12,15	13,55	5,83 Euro
13,56	19,42	43 v. H.
19,43	22,57	8,35 Euro
22,58	29,14	37 v. H.
29,15	35,94	10,78 Euro
35,95	543,91	30 v. H.
543,92 und mehr		8,263 v. H. + 118,24 Euro

* in v. H. des Apothekeneinkaufspreises

Fast drei Viertel des Umsatzes mit nicht-verschreibungspflichtigen Arzneimitteln werden inzwischen – nach dem weitgehenden Ausschluss nicht-verschreibungspflichtiger Arzneimittel aus dem Leistungskatalog der gesetzlichen Krankenversicherung – mit Selbstzahlern gemacht. In diesem Fall kann die Apotheke den Verkaufspreis frei festlegen. Entsprechendes gilt auch für den gesamten Bereich nicht-apothekenpflichtiger Arzneimittel, sowie für das gesamte apothekenübliche Ergänzungssortiment. Der Preiswettbewerb zwischen den Apotheken hat hierbei in den letzten Jahren kontinuicrlich zugenommen.

5.4.3 Sonstige Entgelte

Für einige Leistungen der Apotheken gibt es Sondervergütungen nach der Arzneimittelpreisverordnung sowie nach ausgehandelten Verträgen zwischen dem Deutschen Apothekerverband e. V. (DAV) und den Spitzenverbänden der gesetzlichen Krankenkassen. Zukünftig wird der Spitzenverband Bund der GKV der Vertragspartner des DAV sein. So kann für die Arzneimittelabgabe außerhalb der gewöhnlichen Öffnungszeiten ein Zuschlag von 2,50 Euro pro Rezept erhoben werden, für die Abgabe von Betäubungsmitteln – wegen des mit ihr verbundenen erhöhten Dokumentations- und Beschaffungsaufwandes – ein Zuschlag von 0,26

Euro pro Packung. Diese Zahlen lassen erahnen, dass die Zuschläge die mit der Bereitstellung der Leistungen einhergehenden zusätzlichen Kosten nicht annähernd decken.

Eine gesonderte Entgeltung – die aufgrund ihrer zum Teil sehr spezifischen Struktur hier nicht im Detail wiedergegeben werden kann – erhalten die Apotheken auch für die Herstellung von Rezepturarzneimitteln (ca. 20 Millionen Stück pro Jahr), sowie für die Hilfsmittelversorgung GKV-Versicherter, aber auch für besondere Betreuungsleistungen im Rahmen integrierter Versorgung. Aber auch hier handelt es sich nicht um kostendeckende Gebühren.

5.4.4 Die GKV als ‚Kunde'

64 v. H. des Umsatzes und 40 v. H. der abgegebenen Packungen werden von den gesetzlichen Krankenkassen ganz oder teilweise getragen.[67] Die gesetzlichen Krankenkassen sind damit größter ‚Kunde' der Apotheken; die GKV betreffende politische Entscheidungen finden dementsprechend schnell ihren Niederschlag in den Bilanzen der Apotheken.

Sozialgesetzliche Vorgaben verpflichten die Apotheken, bei Arzneimittelabgaben zu Lasten der GKV dieser einen besonderen Rabatt zu gewähren. Für verschreibungspflichtige Arzneimittel betrug letzterer ursprünglich 2,00 Euro pro Packung, und wurde mit dem Gesetz zur Stärkung des Wettbewerbs in der GKV (GKV-WSG) zum 1. April 2007 auf 2,30 Euro angehoben. Der DAV und der neue Spitzenverband Bund der GKV haben ihn in Verhandlungen erstmals zum 1. Januar 2009 so anzupassen, „dass die Summe der Vergütungen der Apotheken für die Abgabe verschreibungspflichtiger Arzneimittel leistungsgerecht ist unter Berücksichtigung von Art und Umfang der Leistungen und der Kosten der Apotheken bei wirtschaftlicher Betriebsführung" (§ 130 Abs. 1a SGB V). Falls eine Einigung nicht zustande kommt, wird eine Schiedsstelle entscheiden.

Bei Abgabe nicht-verschreibungspflichtiger Arzneimittel zu Lasten der GKV muss die Apotheke einen Rabatt von 5 v. H. auf den Apothekenabgabepreis gewähren.

Die genannten Rabattverpflichtungen werden damit begründet, die GKV sei für die Apotheken ein ‚Großkunde', dem einen Rabatt zu geben geschäftlichen Usancen entspreche. Allerdings vergibt die GKV keinen ‚Sammelauftrag', so dass sich der Gesamtumsatz aus einer Vielzahl geringerer Beträge zusammensetzt. Der GKV-Rabatt darf von den gesetzlichen Krankenkassen nur in Abzug gebracht werden, wenn sie ihre Zahlung binnen zehn Tagen nach Eingang der Abrechnung der Apotheken leisten. Diese Regelung trägt sicherlich mit dazu bei, dass die Abrechnung der Apotheken mit der GKV im Wesentlichen reibungslos verläuft.[68]

---

[67] Vgl. Bundesvereinigung Deutscher Apothekerverbände (2007a).

[68] Die Apotheken rechnen im Regelfall nicht selbst mit den vielen verschiedenen Krankenkassen (und anderen Kostenträgern, wie z. B. Sozialhilfekassen) ab, sondern schalten ein Apothekenrechenzentrum zwischen, das Abrechnung und Inkasso übernimmt.

5.4.5 Wertschöpfungsanteile

Von 100 Euro Ausgaben der gesetzlichen Krankenkassen für die Arzneimittelversorgung ihrer Versicherten entfielen im Jahr 2007 15,40 Euro auf die Entgeltung der Leistung der Apotheken, 4,00 Euro auf die der Leistungen des pharmazeutischen Großhandels, 64,60 Euro auf die Wertschöpfung der pharmazeutischen Industrie und 16,00 Euro auf die Umsatzsteuer.

Tabelle 5.3 gibt die Anteile der verschiedenen Wertschöpfungsstufen an den Arzneimittelausgaben der gesetzlichen Krankenkassen in den letzten Jahren wieder. Sie verdeutlicht, dass der auf den pharmazeutischen Groß- und Einzelhandel entfallende Anteil (Distributionskosten i.w.S.) kontinuierlich gesunken ist. Die besonders starken Rückgänge von 2002 bis 2004 sind Folge der Änderung der Arzneimittelpreisverordnung (siehe oben) sowie der preisunabhängigen Struktur der neuen Apothekenentgeltung, bei der die Apotheken an der Verschiebung des Arzneimittelumsatzes hin zu hochpreisigen innovativen Arzneimitteln nicht mehr partizipieren. Die Verschiebung der Anteile im Jahr 2007 ist darüber hinaus Folge der Erhöhung der Umsatzsteuer (auch) auf Arzneimittel auf 19 v. H. Mit dieser Erhöhung verdient der Staat inzwischen mehr an Arzneimitteln als die Apotheken für ihre Leistungen erhalten.

Tabelle 5.3. Anteil der Wertschöpfungsstufen an den Arzneimittelausgaben der gesetzlichen Krankenkassen in v. H.

Jahr	Industrie und Vorleistungen	Großhandel	Apotheke	Umsatzsteuer	nachrichtlich: Distributionskosten[69]
1995	55,7	8,9	22,2	13,1	31,2
1996	56,4	8,6	21,8	13,1	30,4
1997	56,8	8,8	21,3	13,2	30,1
1998	56,8	8,7	20,8	13,8	29,4
1999	57,4	8,6	20,2	13,8	28,7
2000	57,7	8,5	20,0	13,8	28,5
2001	58,3	8,5	19,4	13,8	27,9
2002	59,3	8,5	18,4	13,8	26,9
2003	62,2	6,7	17,3	13,8	24,0
2004	64,2	4,2	17,8	13,8	22,0
2005	65,3	4,1	16,8	13,8	20,9
2006	65,7	4,1	16,4	13,8	20,5
2007	64,6	4,0	15,4	16,0	19,4

[69] Distributionskosten = Großhandelsentgelt + Apothekenentgelt.

5.4.6 Umsatzrendite

Aus den Entgelten für ihre Dienstleistungen müssen die Apotheken die Kosten ihrer Betriebsführung bestreiten. Zu diesen gehören wesentlich u. a. die Personalkosten sowie die Kosten für die Betriebsräume und die Lagerhaltung. Für einen Vergleich der Umsatzrendite mit anderen Branchen ist es dabei wichtig, für die erbrachten Eigenleistungen des Apothekeninhabers (Arbeitszeit, Nutzung der im Eigentum befindlichen Räumlichkeiten der Apotheke etc.) einen entsprechenden Kostenansatz vorzunehmen. Die so errechnete Umsatzrendite ist ein Indikator der wirtschaftlichen Vorteilhaftigkeit des Apothekenbesitzes.

Tabelle 5.4 verdeutlicht, dass die Umsatzrendite (betriebswirtschaftlicher Gewinn) im Zeitablauf schwankt; im Durchschnitt lag sie in den letzten Jahren bei knapp unter 1 v. H., aktuell liegt sie bei 0,3 v. H. Die Schwankungen erklären sich im Wesentlichen damit, dass gesetzgeberische Maßnahmen kurzfristig deutliche Auswirkungen auf Zahl und Preis der abgegebenen Arzneimittelpackungen sowie das Apothekenentgelt haben. Eine Anpassung der Kosten der Apotheke ist nur teilweise und dann auch nur mit Verzögerung möglich.

Tabelle 5.4. Umsatzrendite der Apotheken von 1992 bis 2006

1992	1,8
1993	–0,3
1994	–0,2
1995	0,7
1996	0,6
1997	0,1
1998	0,0
1999	0,8
2000	1,0
2001	1,3
2002	1,0
2003	0,9
2004	0,8
2005	0,9
2006	0,3

Die ausgewiesene Umsatzrendite kann mit den Werten anderer Branchen verglichen werden. So liegt die typische Umsatzrendite mittelständischer Industrieunternehmen bei 3 v. H. und mehr[70] und für den Facheinzelhandel bei 4,5 v. H.[71].

[70] Vgl. Institut für Mittelstandsforschung (2007).
[71] Vgl. Hauptverband des Deutschen Einzelhandels (o. J.).

5.5 Aktuelle Entwicklungen

In diesem Abschnitt werden einige aktuelle Entwicklungen vorgestellt, die in letzter Zeit die politische Diskussion und die Arbeitsabläufe in der Apotheke geprägt haben.

5.5.1 Versandhandel mit Arzneimitteln

Mit dem GKV-Modernisierungsgesetz (GMG) ist zum 1. Januar 2004 der Versandhandel mit apothekenpflichtigen Arzneimitteln genehmigt worden. Dies geschah, obwohl der Europäische Gerichtshof in seinem Urteil vom 11. Dezember 2003 das Verbot des Versandhandels mit verschreibungspflichtigen Arzneimitteln in die Entscheidungshoheit des einzelnen EU-Mitgliedstaates gelegt hat. Er darf nur von öffentlichen Apotheken betrieben werden, die verschiedene Auflagen an Ausstattung und Prozessabläufe erfüllen und eine besondere Genehmigung der zuständigen Aufsichtsbehörden haben.

Bei der Einführung des Versandhandels mit Arzneimitteln wurden von seinen Befürwortern Prognosen über hohe Anteile am Arzneimittelumsatz veröffentlicht, sowie damit einhergehende Einsparungen der GKV. Vier Jahre nach Einführung schwanken die Angaben zum Anteil des Versandhandels zwischen weniger als 1 v. H. und bis zu 4 v. H., wobei sein Anteil im Bereich der GKV-Versorgung nach Angaben des Bundesministeriums für Gesundheit bei unter 1 v. H. liegt.[72]

Welche Zahl auch immer stimmt: Der Arzneimittelversand ist bisher ein Nischenversorgungsmodell – trotz freundlicher Berichterstattung durch Medien und Unterstützung durch einige Krankenkassen sowie Teile der Gesundheitspolitik. Die von ihm erhofften Einsparungen werden dementsprechend nicht ansatzweise realisiert.

5.5.2 Generische Substitution und Rabattarzneimittel

Seit Inkrafttreten des Gesetzes zur Begrenzung der Arzneimittelausgaben der gesetzlichen Krankenversicherung (Arzneimittelausgaben-Begrenzungsgesetz – AABG) im Jahr 2002 haben Apotheken die Möglichkeit, vom Arzt verordnete Arzneimittel gegen Arzneimittel mit gleichem Wirkstoff, gleicher Wirkstärke und Darreichungsform auszutauschen (so genannte generische Substitution).[73] Die

[72] Vgl. Bundesministerium für Gesundheit (2007a), Bundesverband des Deutschen Versandhandels (2007), Bundesverband Deutscher Versandapotheken (2007).

[73] Die Apotheken haben dabei verschiedene weitergehende Vorgaben hinsichtlich der Austauschbarkeit der Arzneimittel zu berücksichtigen.

Ärzte können diesen Austausch aber immer durch entsprechende Kennzeichnung auf dem Rezept ausschließen.

Mit der Zulassung der generischen Substitution sollte der Einsatz besonders preisgünstiger Generika (Nachahmerpräparate) gefördert und gleichzeitig die Lagerhaltung der Apotheken vereinfacht werden: Eine Substitution muss zu einem Arzneimittel erfolgen, das einen niedrigeren Preis als das verordnete hat – durch Bevorratung mit besonders niedrigpreisigen Generika konnten die Apotheken mithin die Zahl der verschiedenen bei ihnen auf Lager befindlichen Arzneimittel reduzieren, bei gleichbleibend guter Lieferfähigkeit gegenüber dem Patienten.

Mit dem Gesetz zur Sicherung der Beitragssätze in der gesetzlichen Krankenversicherung und in der gesetzlichen Rentenversicherung (Beitragssatzsicherungsgesetz – BSSichG) wurde ab dem Jahr 2003 den Krankenkassen ermöglicht, für die integrierte Versorgung Rabattverträge mit pharmazeutischen Herstellern abzuschließen: Die Hersteller können der Krankenkasse einen Preisnachlass auf ihre Produkte geben. Für den Hersteller macht ein solcher Rabattvertrag nur dann wirtschaftlich Sinn, wenn ihm im Gegenzug ein Mehrabsatz seiner rabattierten Produkte zugesagt werden kann. Da im Gesetz aber für eine Information von Ärzten und Apothekern über eventuell anzuwendende Rabattverträge keine Regelung getroffen wurde, blieben Marktbedeutung und erzielte Einsparungen durch diese Rabattverträge vernachlässigbar gering.

Mit dem Gesetz zur Stärkung des Wettbewerbs in der GKV (GKV-WSG) hat der Gesetzgeber daraufhin das Instrumentarium der Rabattverträge gestärkt: Die Krankenkassen können jetzt für die ambulante Regelversorgung präferierte Arzneimittel über Rabattverträge festlegen. Die Apotheken haben diese Rabattarzneimittel dann in der Versorgung der Versicherten bevorzugt abzugeben. Die Information der Beteiligten über abgeschlossene Rabattverträge wurde verbessert. Die Folge ist, dass mit den Rabattverträgen inzwischen erhebliche Marktvolumina im Bereich der Arzneimittel mit generischer Konkurrenz ‚vergeben' werden.

Durch ihre, wie schon beschrieben weitgehend preisneutrale, Entgeltung hat der Wechsel von einem verschreibungspflichtigem Arzneimittel zu einem anderen für die Apotheken per se keine wirtschaftlichen Auswirkungen. Die Tatsache, dass für unterschiedliche Krankenkassen unterschiedliche Rabattarzneimittel abzugeben sind, erschwert allerdings die Vorratshaltung in der Apotheke. Sie macht mit der Einführung der generischen Substitution möglich gewordene Einsparungen (Effizienzgewinne) letztlich wieder zunichte. Für den Arbeitsablauf in der Apotheke, insbesondere aber auch für die Versorgung der Patienten, besonders problematisch sind Lieferschwierigkeiten einiger Hersteller, bei denen die durch Rabattverträge induzierte Ausweitung der Nachfrage ihre Liefer- und Produktionskapazitäten übersteigt.

5.5.3 Fremd- und Mehrbesitz

Wie schon anfangs ausgeführt, ist in Deutschland das Eigentum an Apotheken ausschließlich Apothekern vorbehalten – und zwar maximal einer Apotheke mit bis zu drei weiteren Betriebsstätten. Das Fremd- und Mehrbesitzverbot stellt die wirtschaftliche Unabhängigkeit der Apotheke von Interessen Dritter sicher. Weiterhin beinhaltet diese Konstruktion die persönliche, uneingeschränkte Haftung des Apothekenleiters mit seinem gesamten Privatvermögen. In anderen europäischen Ländern befinden sich Apotheken auch im Besitz von Kapitalgesellschaften, z. B. von pharmazeutischen Großhandlungen und Herstellern. Hierbei besteht ein Risiko, dass Arzneimittel dieser Hersteller in den zur jeweiligen Gruppe gehörenden Apotheken überdurchschnittlich häufig abgegeben werden. Die Produkt- und Herstellerneutralität der Beratung ist mithin gefährdet.

In den letzten Jahren hat es in Deutschland immer wieder von interessierter Seite angestoßene Diskussionen gegeben, ob das Fremd- und Mehrbesitzverbot aufgehoben werden sollte. Der Deutsche Bundestag und die Bundesregierung haben an verschiedenen Stellen betont, dass sie in ihm ein wesentliches Element vorbeugenden Verbraucherschutzes sehen.

Durch verschiedene – zwar im Detail unterschiedliche, im Grundsätzlichen allerdings ähnlich gelagerte – Verfahren bedingt, wird in absehbarer Zeit der Europäische Gerichtshof (EuGH) in Luxemburg darüber befinden, ob die Mitgliedstaaten der Europäischen Union den Apothekenbesitz durch Kapitalgesellschaften verbieten dürfen, um damit die Patienten zu schützen, oder ob das Fremd- und Mehrbesitzverbot gegen europäisches Recht verstößt. Über 80 v. H. der Apotheken in EU-Mitgliedsstaaten befinden sich zurzeit im Eigentum von Apothekern.

5.6 Fazit

Die deutschen Apotheken stehen in einem harten Wettbewerb untereinander. Wegen der Besonderheiten des ‚Produktes Arzneimittel‘ bedarf dieser Wettbewerb allerdings einer Regulierung, damit er nicht zu einer schlechteren Arzneimittelversorgung, verstanden in einem umfassenden Sinne, führt. Entsprechend dem Titel des Buches wird im vorliegenden Kapitel letztlich eine eher ‚input-‘ denn ‚outputorientierte‘ Beschreibung der Apotheken gewählt. Es ist aber zu beachten, dass die GKV nur ca. 2,7 v. H. ihrer gesamten Ausgaben für die Entgeltung der diversen Leistungen der öffentlichen Apotheken aufwendet. Der Anteil der Arzneimittelausgaben an den gesamten GKV-Leistungsausgaben liegt zurzeit bei ca. 18 v. H.[74] Der Nutzen ärztlich verordneter Arzneimittel hängt in erheblichem Maße von ihrem sachgerechten Einsatz ab. Der Wert der hierzu erbrachten Leistungen der Apotheken ist nicht einfach abzuschätzen – bei der Suche nach einer Antwort auf die Frage, ob die Apotheken denn „ihren Preis wert sind“, aber letztlich gegen zu rechnen.

[74] Vgl. Bundesministerium für Gesundheit (2007b).

6 Neue Konzepte bei der Abgabe von Arzneimitteln

Ralf Däinghaus

DocMorris, Heerlen (Niederlande)

Der Gesundheitsmarkt ist im Umbruch. Liberalisierung ist das Stichwort. Doch hier geht es nicht um Wasser oder Strom, sondern um ein Gut ganz besonderer Art: Arzneimittel. Manche brauchen sie täglich, andere gelegentlich. Für einige Menschen sind sie lebensnotwendig, für andere lebenserleichternd oder auch -verschönernd. Fakt ist: Ohne Medikamente geht es nicht. Aus diesem Grund hat sich über die Jahrhunderte das Geschäft mit Pillen und Pasten auf eine ganz besondere Art entwickelt. Die Einkaufspreise werden vom Hersteller festgelegt, die Abgabepreise werden staatlich verordnet. Der Markt für Arzneimittel ist mit keinem anderen vergleichbar. Dennoch: Auch hier ist der Wettbewerb eingezogen – und bringt seit ein paar Jahren Veränderung in das System. Nicht nur die sprichwörtlichen Apothekenpreise geraten ins Wanken, auch das Abgabemonopol der Apotheke wackelt. Das Unternehmen, das immer an vorderster Front für Deregulierungen in diesem Markt eingetreten ist, ist DocMorris. Aus diesem Grund sollen in diesem Beitrag aus der Sicht von DocMorris die Entwicklungen im Apothekenbereich in einer Zwischenbilanz dargestellt werden.

6.1 Apothekenkonzepte

6.1.1 Zahlen, Daten, Fakten: Versandapotheken

DocMorris startete mit einer Schlagzeile. „Schluss mit den Apothekenpreisen" titelte die Financial Times Deutschland am 30. Mai 2000. Wenige Tage später, um genau zu sein, am 8. Juni, stieg DocMorris in einen Markt ein, der seit Jahrzehnten geschützt und mit staatlich verordneten Preisen den Apothekern vor Ort einen nahezu paradiesischen Zustand garantierte: den Arzneimittelmarkt.

Die Apotheker sind Unternehmer mit garantierten Margen, mit geringem geschäftlichen Risiko – abgesehen von den Momenten, wenn eine Gesundheitsreform ihrer durch und durch planbaren Kalkulation einen Strich durch die Rechnung macht.

Einen solchen Strich machte das Angebot von DocMorris, die als erste Versandapotheke europaweit Originalarzneien zu günstigen Preisen in deutsche Haushalte schickte. Der grenzüberschreitende Versand von Arzneimitteln war der Anstoß zu mehr Wettbewerb, mehr Angebot und letztlich auch mehr Qualität. Am 1. Januar 2004 hat die Bundesregierung mit dem „Gesetz zur Modernisierung der gesetzlichen Krankenversicherung" (GMG) die Zulässigkeit des Arzneiversandes festgeschrieben. Zusätzlich hat das Bundesgesundheitsministerium dann in einer so genannten Länderliste bestätigt, dass der Versandhandel aus den Niederlanden genauso sicher ist wie in Deutschland.[75] Fakt ist: Arzneimittelversand und Arzneimittellieferungen sind Normalität geworden.

Es gibt die großen Player am Markt, die „Amazons" unter den Versendern. Dazu zählen nach dem Branchenprimus DocMorris beispielsweise auch Sanicare aus Bad Laer, die Europa Apotheek aus dem niederländischen Venlo oder mycare aus Wittenberg. Es gibt zudem zahlreiche Vor-Ort-Apotheken, die eine Versandlizenz beantragt und bekommen haben und die Arzneimittel ihren Kunden auch nach Hause liefern. Nach Angaben des Berufsverbands Deutscher Versandapotheken (BVDVA) haben mittlerweile etwa 1.400 Apotheken in Deutschland eine Lizenz als Versender. Dennoch: Die Veränderungen sind bislang kaum merklich, weil der Anteil der Versandapotheken am Gesamtmarkt nach brancheneigenen Angaben im Jahr 2006/2007 nur etwa vier Prozent ausmachte. Allerdings bedeutet dies in einem 35-Milliarden-Markt immerhin einen Gesamtversandhandelsumsatz von 1,4 Mrd. Euro, der Apotheken ohne Versandlizenz fehlt. Schließlich wird der Markt nicht größer, nur weil es eine Alternative zum Vor-Ort-Angebot gibt, sondern die Umsätze verlagern sich von der einen zur anderen Seite.

6.1.2 Zahlen, Daten, Fakten: Vor-Ort-Apotheken

In Deutschland gibt es nach Angaben der Bundesvereinigung Deutscher Apothekerverbände (ABDA) rund 21.500 Vor-Ort-Apotheken. Im Jahr 2007 betrug der Gesamtumsatz der Apotheken 36,7 Mrd. Euro. Die Branche beschäftigt insgesamt 143.585 Menschen, knapp 48.000 davon sind Apothekerinnen und Apotheker und annähernd 49.000 Pharmazeutisch Technische Assistentinnen und Assistenten.[76]

[75] Wortlaut der Erklärung des BMG vom 21. Juni 2005: „Das BMGS hat auf der Grundlage einer europaweiten Erhebung festgestellt, dass zurzeit in den Niederlanden und im Vereinigten Königreich für den Versandhandel und den elektronischen Handel mit Arzneimitteln dem deutschen Recht vergleichbare Sicherheitsstandards bestehen. Für die Niederlande gilt dies, soweit Versandapotheken gleichzeitig eine Präsenzapotheke unterhalten."

[76] Alle Angaben Bundesvereinigung Deutscher Apothekerverbände (ABDA) (div. Jahrgänge).

Preisbindungen für rezeptpflichtige und rezeptfreie Produkte und das Mehrbesitzverbot ließen lange keinen Wettbewerb zu. Mittlerweile sind Risse im fest betonierten Gefüge zu sehen. Mit der Gesundheitsreform 2004 fiel das Verbot des Versandhandels. Es fiel die Preisbindung für OTC-Produkte und das Mehrbesitzverbot.[77] Was war von Anfang an das eigentliche Thema der Auseinandersetzung? Es war die Sorge vor der Neuordnung des drittgrößten Pharmamarktes der Welt.

Die Diskussion dreht sich heute weniger um den Versand, als vielmehr um den Fremdbesitz. Es stellt sich nicht mehr nur die Frage der alternativen Vertriebskonzepte, sondern die der alternativen Abgabestellen. Das werden die Schlagzeilen von morgen sein. Im lukrativen Vor-Ort-Geschäft positionieren sich mehr oder weniger offen Drogerie- und Supermärkte, die ihren Teil am lohnenden Geschäft machen wollen.

Der mit bundesweit 10.800 Niederlassungen größte deutsche Drogerie-Filialist *Schlecker* suchte im April 2007 nach Berichten des Handelsblatts vom 20. April 2007 einen „Apotheker mit und ohne Berufserfahrung für den Einsatz in der Nähe der deutsch-niederländischen Grenze“. Am 20. Februar 2008 stieg *Schlecker* mit *Vitalsana* in den lukrativen Markt mit Arzneimitteln ein.

Filialist *dm Drogeriemarkt*, mit 936 Niederlassungen im Geschäftsjahr 2006/2007, positioniert sich bereits aktiv als Medikamentenhändler: Seit August 2007 können Kunden in 86 nordrhein-westfälischen dm Drogeriemarkt-Filialen Medikamente bei der holländischen Versandapotheke *Europa Apotheek Venlo* bestellen und, so verspricht dm, spätestens 72 Stunden später am selben Ort abholen. Diese *Pharma Punkte* waren zuvor in acht Filialen getestet worden. Sollte das Fremdbesitzverbot fallen, ist der Weg klar: *dm* kündigte an, nach dem positiven Richterspruch des Bundesverwaltungsgerichts vom 13. März 2008 das Angebot bundesweit auszubauen.

Lebensmittelhändler wie *Edeka* und *Rewe* zeigen sich mit Functional Food und Ernährungstipps in letzter Zeit besonders bemüht um die Gesundheit ihrer Kunden. Damit sind sie am Puls der Zeit: Den Deutschen wird ihre Gesundheit immer mehr wert, der Markt mit rezeptfreien Medikamenten, Nahrungsergänzungsmitteln und Gesundheitsservices wächst. Laut einer aktuellen Studie der Deutschen Bank wird der Anteil der Ausgaben für die Gesundheit bis zum Jahr 2015 12 % des Bruttoinlandsproduktes ausmachen. Schon jetzt wachse der Gesundheitssektor stärker als die gesamte Wirtschaft so die Welt vom 16. Januar 2008. Nach Informationen der Wirtschaftswoche wird *Rewe* in den nächsten Monaten seine Überlegungen zum Eintritt in einen liberalisierten Medikamentenmarkt vorstellen. *Lidl*-Gründer Dieter Schwarz habe bereits zahlreiche Apotheken an seine *Kaufland*-Filialen angeschlossen so die Wirtschaftswoche vom 3. Dezember 2007. Und so wird die Zukunftsvision von Apothekenecken im Supermarkt und Blutzuckermessungen im Lebensmittelladen, wie es die Wirtschaftswoche ausmalte, vielleicht eines Tages Realität.

---

[77] GKV-Modernisierungsgesetz 2004: Aufhebung des Mehrbesitzverbots. Vor dem 1. Januar 2004 durfte ein Apotheker nur eine Apotheke besitzen. Seither darf er bis zu vier Apotheken besitzen.

Noch ist die Präsenzapotheke der Ort, wo Arzneimittel verkauft werden. Noch. Aber es ist schon „Unruhe im Apothekenland", wie die Frankfurter Allgemeine Zeitung in einem ihrer Kommentare titelte.

6.2 DocMorris

6.2.1 Heerlen: Versandapotheke

Die Unruhe im Markt begann mit dem Arzneimittelangebot von DocMorris. Der Marktmacher und Branchenprimus hat sich in den vergangenen sieben Jahren zu Europas größter Versandapotheke entwickelt. Sie ist bei 41,1 % der Bevölkerung die bekannteste Apothekenmarke in Deutschland. Besonders Menschen über fünfzig und Familien mit Kindern vertrauen der Versandapotheke, so das Ergebnis einer Verbraucherbefragung der GfK Marktforschung, Nürnberg, vom Februar 2007.[78]

DocMorris wächst Jahr für Jahr zweistellig. Was ist das Erfolgsrezept der Versandapotheke? Die mittlerweile über eine Million Kunden sparen bares Geld beim Kauf rezeptpflichtiger und rezeptfreier Medikamente. In Summe: Seit ihrer Gründung hat die Versandapotheke über 40 Mio. Euro als Boni an Kunden und Krankenkassen ausgeschüttet.

Weit über die Hälfte der Besteller (57 %) sind über 50 Jahre alt. Nur knapp 10 % bestellen ihre Medikamente dabei über die Internetseite www.docmorris.de oder per Telefon, die große Mehrheit aller Kunden (90 %) ordert per Post. Um die 6.000 Pakete werden täglich gepackt, geprüft und versendet. Rezeptpflichtiges wird nur gegen Originalrezept abgegeben. Um Missbrauch zu vermeiden, hat DocMorris außerdem bei bestimmten freiverkäuflichen Medikamenten Höchstabgabemengen festgesetzt. Die pharmazeutischen Fachkräfte beraten telefonisch oder schriftlich bei allen Fragen zur Bestellung sowie rund um die Gesundheit. Stiftung Warentest hat diese Beratung im Oktober 2007 mit der Note „Gut" bewertet. Doch gemäß Stiftung Warentest vom 27. September besteht nicht jeder Anbieter diesen Test.

Trotz aller Tests und Qualitätssiegel ist der junge Markt der Arzneimittelversender für viele Verbraucher noch unüberschaubar. Die Kunden wollen sparen – aber nicht an der Gesundheit. Es gibt schwarze Schafe am Markt. Aus diesem Grund ist es wichtig, den Verbrauchern eine Orientierung zu geben, um legale von illegalen Anbietern unterscheiden zu können. Jede Initiative, die hier für Aufklärung sorgt, ist wichtig. Denn: Nicht jede Marke ist dem Verbraucher so vertraut

[78] DocMorris ist bei Männern und Frauen gleichermaßen bekannt. Am bekanntesten ist DocMorris in den Altersstufen von 30 bis 39 Jahren (61,6 %) sowie von 50 bis 59 Jahren (49,2 %). Regional genießt DocMorris die höchste Bekanntheit in Rheinland-Pfalz und im Saarland (70,4 %). Es folgen Hessen (51,1 %), Thüringen (48,4 %), Nordrhein-Westfalen (46,6 %) und Bayern (46,1 %).

wie DocMorris. Der Marktführer rät den Verbrauchern, auf fünf Punkte zu achten, wenn sie nach Alternativen zur Vor-Ort-Apotheke suchen:

Wer sich zuerst im Internet über Angebote informiert, sollte im Impressum nachschauen, ob es sich bei dem Anbieter um eine ordentliche Apotheke handelt. In diesem Fall stehen dort der Name des Apothekenleiters, die vollständige Adresse und die Telefonnummer sowie ein E-Mail-Kontakt der Apotheke.

Apotheken, die Arzneimittel versenden, brauchen eine Versandlizenz. Die genehmigende Behörde muss genannt sein. Apotheken, die mit Krankenkassen kooperieren, sind vertrauenswürdig, da sie im Vorfeld einer Zusammenarbeit überprüft werden. Unseriös ist, wenn Rezeptpflichtiges ohne Rezept verkauft wird. Höchste Vorsicht ist geboten, wenn Arzneimittel zu Dumpingpreisen angeboten oder Wundermittel zur Heilung angepriesen werden.

Das Bundesministerium für Gesundheit (BMG) hat bereits im GKV-Modernisierungsgesetz 2004 die gesetzlichen Bedingungen für einen zugelassenen und damit sicheren Versandhandel mit Arzneimitteln formuliert. In einer Pressemitteilung vom 12. September 2007 begrüßt das Ministerium die Resolution des Europarates zum Kampf gegen illegale Arzneimittelangebote im Internet.

DocMorris steht für günstige, marktgerechte Preise. Doch der Preis ist nicht das Kriterium, mit dem ein Unternehmen im Wettbewerb auf Dauer bestehen kann. Nichts ist einfacher, als von einem Mitbewerber preislich unterboten zu werden. Daher ist es die Aufgabe, mit Service und überzeugenden Dienstleistungen zu punkten. So überprüft DocMorris alle Bestellungen anhand des persönlichen Medikationsprofils des Kunden auf Wechselwirkungen und Doppelverordnungen. Dabei bezieht der Apotheker alle Medikamente mit ein, die der Kunde innerhalb der letzten sechs Monate bei DocMorris bestellt hat. Im Falle des Falles warnt DocMorris umgehend. So hat die Versandapotheke bereits über 30.000 Kunden vor unerwünschten Wechselwirkungen bewahrt. Übrigens erhält jeder Kunde mit der Übersicht auch die Preisangaben seiner Arzneimittel. Ein Schritt zu mehr Transparenz, denn die Verbraucher in Deutschland kennen typischerweise nicht die Kosten eines auf Rezept verordneten Arzneimittels. Zusammengefasst: Die Kunden kommen wegen der Preise und bleiben wegen dem Service und der Dienstleistung.

6.2.2
Saarbrücken: Vor-Ort-Apotheken

„Das deutsche Apothekenmodell wird seit geraumer Zeit von mehreren Seiten attackiert: aus Europa, aus der Gesundheitspolitik und nicht zuletzt aus der eigenen Zunft. Schon haben Dutzende Apotheker das rote Apotheken-A abgeschraubt und gegen das grüne DocMorris-Kreuz eingetauscht“, so ein Kommentar der Frankfurter Allgemeinen Zeitung vom 27. September 2007.

Was war passiert? 2006 wagte DocMorris den Schritt nach Deutschland. Die Eröffnung der ersten DocMorris-Apotheke am 3. Juli 2006 hatte wegen des Fremdbesitzverbots in Deutschland für viele Schlagzeilen und andauernde juristische Auseinandersetzungen gesorgt. Mittlerweile liegt der Fall dem Europäischen

Gerichtshof zur Entscheidung vor. Die Apothekerkammer des Saarlandes, der Deutsche Apothekerverband und drei saarländische Apotheker hatten gemeinsam am 1. August 2006 beim Verwaltungsgericht Saarlouis gegen das Saarland und das Gesundheitsministerium Klage und Antrag auf Erlass einer einstweiligen Anordnung eingereicht. Die Klage vom Verband und der Kammer wurden abgelehnt, die der Apotheker wurde angenommen. Der Streitpunkt: Die Betriebserlaubnis für die DocMorris-Niederlassung sei nicht rechtmäßig, da sie gegen deutsches Recht verstoße. Das Verwaltungsgericht Saarlouis hatte am 13. September in einem Eilverfahren (Az 3 F 38/06) die Regierung des Saarlandes aufgefordert, eine so genannte Schließungsverfügung zu erlassen. Nachdem die Apotheke aufgrund dieser einstweiligen Verfügung schließen musste, ist sie seit der positiven Entscheidung des Oberverwaltungsgerichts Saarlouis vom 22. Januar 2007 wieder regulär geöffnet. Nach europäischem Recht darf eine Apotheke aus einem Mitgliedsstaat der EU – ganz gleich, welche Rechtsform diese hat – eine Apotheke in einem anderen EU-Staat eröffnen. Das deutsche Fremdbesitzverbot dürfe der Zulassung in diesem Fall nicht entgegenstehen.

Die Kunden kamen in Scharen und standen Schlange, um ihre Arzneimittel bei DocMorris kaufen zu können. Der Schritt über die Grenze hat einen enormen Effekt: Neben den Schlagzeilen, die die Bekanntheit weiter steigern, ist DocMorris von einem auf den anderen Tag für die Menschen erlebbar geworden. Viele Fragen, die immer wieder gestellt wurden, erübrigten sich mit der Vor-Ort-Apotheke plötzlich: Ist DocMorris eine echte Apotheke? Gibt es dort Originalarzneimittel? Sind dort Apotheker, die beraten können?

Als umstrittenste Apotheke und gleichzeitig bekannteste Apothekenmarke in Deutschland ging DocMorris 2007 mit einem weiteren Konzept an den Markt. Das Unternehmen bietet Vor-Ort-Apotheken die Möglichkeit zur Kooperation. Apotheker und DocMorris schließen bei diesem Modell einen Partnerschaftsvertrag. Der Apotheker bleibt selbständiger Inhaber, der DocMorris-Vorteile – wie die um bis zu 30 % günstigeren Preise für rezeptfreie Medikamente – an seine Kunden weitergeben kann. Die Bilanz nach einem Jahr: Bundesweit haben im Jahr 2007 über 100 Apotheken eine Partnerschaft mit DocMorris geschlossen.

Die Fakten sprechen für sich: Laut einer Studie des Marktforschungsinstituts IMS Health, Frankfurt am Main, steigern sich die Umsätze der frisch umfirmierten Markenpartner nach der Eröffnung enorm. Und sie halten sich auf hohem Niveau: Drei Monate nach der Eröffnung ist der Umsatz immer noch doppelt so hoch wie zuvor. Einige Markenpartner haben aufgrund ihres Erfolgs mittlerweile weitere DocMorris-Apotheken eröffnet. Ziel des Unternehmens ist es, in den nächsten Jahren 500 Markenpartner zu gewinnen.

DocMorris hat mit seinem Konzept den deutschen Apothekenmarkt verändert: Durch die offensive Preispolitik der Markenpartner ziehen mittlerweile auch viele traditionelle Apotheken in der Nachbarschaft mit und bieten Aktionspreise.

Dabei will DocMorris auch im Vor-Ort-Geschäft im Wettstreit um die besseren Services bestehen. Die Partnerapotheken überzeugen durch gute Beratung und günstige Preise. Zudem profitieren die Kunden von den Services des DocMorris Gesundheitsprogramms: „Alles im grünen Bereich“. Das Besondere: Es bietet bundesweit standardisierte Beratungsleistungen. Es ist kein zeitlich befristetes

Projekt oder Angebot, sondern eine dauerhafte Leistung, die der Kunde zu jeder Zeit in Anspruch nehmen kann. Das Gesundheitsprogramm startete im September 2007 und umfasst derzeit einen Diabetes-Risikotest und das Programmelement „Endlich Nichtraucher!". Es werden weitere Services dazu kommen. Das Gesundheitsprogramm kommt dem Einzelnen zugute und entlastet gleichzeitig das Gesundheitssystem, da durch die frühzeitige Risikoerkennung Therapie- und Folgekosten deutlich gemindert werden können.

6.3 Apothekenkooperationen

DocMorris ist nicht der einzige Anbieter von Kooperationen, denn die Konkurrenz rüstet laut Wirtschaftswoche vom 4. Juni 2007 bereits zum Gegenschlag: So baue zum Beispiel *Parmapharm*, ein Verbund von mehreren hundert selbständigen Apothekern, gleichfalls eine Kette auf. Die Mitglieder treten mit ihren Apotheken unter einem einheitlichen Logo an. Ihr Slogan: „Gesund ist bunt." Im kommenden Jahr soll eine nationale Werbekampagne folgen. „Wir wollen wie Edeka sein, eine starke Kooperation mit lauter selbständigen, erfolgreichen Inhabern", sagte Parmapharm-Geschäftsführer Frank Stuhldreier der Wirtschaftswoche. Parmapharm will besonders beim Thema Qualität punkten. Seit Juli 2007 gibt es eine kostenlose 24-Stunden-Hotline. Auch beim Gesundheitscheck und über eine Kundenkarte mit Bonusprogramm will sich Parmapharm von der Konkurrenz abheben.

Eine weitere Kooperation zeigt sich mit dem Namen *Linda. Die Apothekengruppe*. Sie meldete am 13. Mai 2008, dass bereits 1.450 Apotheker unter dieser Dachmarke firmieren. Services der Linda-Apotheken sind beispielsweise eine eigene Produktreihe namens *Prima*, eine Kundenzeitschrift und der Anschluss an das Bonusprogramm *Payback*. Linda-Sprecher Wolfgang Müller, selbst Apotheker, betont in dem Bericht, dass alle Apotheken inhabergeführt und damit eigenständig seien. Hauptlogistikpartner ist *Phoenix*. Der Großhändler unterhält enge Lieferbeziehungen zum *Marketing Verein Deutscher Apotheker (MVDA)*, dem Initiator der Linda-Apothekenkooperationen. Linda-Apotheken gibt es seit Februar 2004. Nach vereinseigenen Angaben beschäftigen die Apotheken insgesamt rund 10.000 Mitarbeiter. Gemeinsam erwirtschafteten die beteiligten Apotheker über drei Milliarden Euro im Jahr 2006.

Rezeptfreie Produkte bieten die Apotheken, die seit 2006 unter dem Namen *easyApotheke* eröffnen. Nach Angaben des Unternehmens generieren Apotheken 70 % ihres Umsatzes mit OTC-Präparaten und Freiwahlprodukten. Das Konzept ist klar: easyApotheke setzt auf Discount. Viele Produkte sollen dauerhaft um die Hälfte reduziert sein. Deshalb verzichten die Apotheken auf teure Einrichtung, Toplage und Kundenbindungsinstrumente wie Gratisproben oder Kundenzeitschriften. Im Mai 2008 meldete das Unternehmen 18 Apotheken deutschlandweit, sechs davon befinden sich in Berlin. Im Jahr 2008 sollen es gemäß einer Unternehmensmeldung vom 6. Dezember 2007 50 werden.

Mit dem rund 2.600 Apotheken starken *Commitment* organisiert der Pharmagroßhändler *GEHE* die größte Gruppe selbstständiger Apotheken in Deutschland. Die Marke „gesund leben" mit dem Claim „... bringt Lebensqualität" ergänzt das Apotheken-Zeichen und ist sichtbarer Ausdruck der Commitment-Gruppe für qualitativ herausragende Beratung, Service und Produkten aus der Apotheke. Das vertikale Geschäftsmodell für Pharmaindustrie, GEHE und Apotheken hat das Ziel, seine Mitglieder zukunftssicher im Markt zu positionieren. Das konsequent an den Bedürfnissen der Apothekenkunden ausgerichtete Programm umfasst Maßnahmen und Dienstleistungen, die die Effizienz, Kompetenz und Kundenfrequenz in der Apotheke steigern. Als Premium-Partner der Bertelsmann-Tochter *Arvato* führt Gehe im ersten Quartal 2008 die Multipartnerkarte „DeutschlandCard" ein. Die Karte soll den Markenauftritt für „gesund leben" stärken und die Kundenfrequenz in den Commitment-Apotheken erhöhen.

6.4 Erfahrungen aus Norwegen und anderen EU-Ländern

Im Service sind die europäischen Nachbarn Deutschland einen Schritt voraus. Die Apothekenkunden in Norwegen, wo es neben unabhängigen Apotheken Apothekenketten gibt, schätzen ihr System. Die Beratung dort ist intensiv, denn der Druck auf die Betreiber der Apothekenketten ist enorm groß. Sie müssen über alle Filialen hinweg einen hohen Standard einführen, halten und sichern. Wird in nur einer von 100 Apotheken einer Kette schlecht beraten, färbt das auf alle anderen ab und die Kunden wechseln zur Konkurrenz – die auch dort oft nebenan ist.

Im Jahr 2000 hat die norwegische Regierung den Apothekenmarkt in ihrem Land komplett neu geordnet. Das System war sehr bürokratisch strukturiert, zum Beispiel mit langen Wartezeiten. Es gab zudem noch nahezu planwirtschaftliche Aspekte, so wurden in einem 5-Jahres-Plan die Apotheken-Neueröffnungen geregelt. Mit dem im März 2001 in Kraft getretenen Gesetz wurde die umfassende Liberalisierung vollzogen.

Die Folgen: Obgleich die norwegischen Apotheker noch im Jahr 2000 behaupteten, das beste Apothekensystem der Welt zu besitzen, gestehen sie heute zu, dass tatsächlich in umfangreichem Maß Verbesserungen eingetreten sind: Verbesserungen in der Versorgung. Verbesserung in der Qualität. Verbesserung in der pharmazeutischen Beratung, weil sich die Apotheker auf diese Kernkompetenz konzentrieren und erstklassige Beratung ein starker Wettbewerbsvorteil ist.

Die Ziele der Liberalisierung sind einfach zu dokumentieren, denn das Weißbuch des norwegischen Gesundheitsministeriums könnte in weiten Teilen als Blaupause dienen:

- Öffnung des Marktes für neue Anbieter.
- Freigabe der Gründung von Apotheken, also die Niederlassungsfreiheit.
- Besserer Zugang zu Arzneimitteln in einem riesigen, bevölkerungsarmen Flächenstaat.

- Längere und verbraucherfreundlichere Öffnungszeiten.
- Besserer Service.
- Mehr Effizienz im Apothekenmarkt, somit Entlastung der Kosten für Gesundheit. Diese wurden auch durch einen entstehenden Preiswettbewerb erzeugt.
- Dauerhafte Verankerung der Arzneimittelversorgung durch Apotheken im Gesundheitssystem.
- Gesetzliche Festlegung von Qualitäts- und Sicherheitsstandards, die auch Basis für die Fortführung der Geschäftstätigkeit sind.

Nach sieben Jahren Liberalisierung zeigen sich fast ausschließlich Erfolge. Das Vertrauen der Bürger in die Versorgung ist drastisch gestiegen. Ihre Zufriedenheit wird regelmäßig untersucht. 60 % der repräsentativ Befragten bewerteten das System mit „sehr gut" oder „gut", lediglich 2 % sahen sich gemäß Apothekenbarometer 9 über den norwegischen Apothekenmarkt vom Dezember 2007 veranlasst, Beschwerden zu formulieren. In der Studie der Bundesagentur für Arbeit (bfai) „Norwegens Pharmamarkt in guter Verfassung" vom 13. Juli 2007 wird berichtet: „Dass die Verbraucher von dem System profitieren, zeigt eine aktuelle Untersuchung des Informationsdienstleisters IMS im Auftrag des schwedischen Apothekenverbandes. Im Rahmen der Auftragsstudie wurde ein Verkaufspreisindex für zehn nordwesteuropäische Länder ermittelt. Demnach sind Arzneimittel in Norwegen innerhalb dieser Ländergruppe am günstigsten (Indexwert 100) und in Irland (Indexwert 137) am teuersten. Für Deutschland wurde ein Indexwert von 122 ermittelt."

Kapitalgesellschaften besitzen im modernen Norwegen Apotheken. Selbstverständlich sind sie gewinnorientiert. Und entsprechend erwirtschaften sie auch positive Ergebnisse, allerdings ohne dass die Kosten für das Gesundheitssystem ansteigen. Das Gegenteil ist der Fall. Norwegen verfügt trotz Ausweitung von Service und Anbietern über die niedrigsten Preise für Arzneimittel in Europa, so der IMS Health-Bericht zu Arzneimittelpreisen in Europa aus dem Jahr 2005. Dieser Effekt tritt ein, weil die Unternehmen intern Prozesse optimiert haben. So werden Verwaltungsaufgaben von Verwaltungsexperten umgesetzt. Der Apotheker hat so Zeit, sich weiterzubilden und durch exzellenten Service dann das beste Argument zur Kundenbindung einzusetzen – Qualität zu günstigen Preisen.

In der gleichen Quelle wird berichtet, dass die Zahl der Apotheken nicht gesunken, sondern gestiegen ist. „2001 waren in Norwegen lediglich 399 Apotheken registriert – Anfang 2006 lag deren Anzahl bereits bei 559 und steigt weiterhin an." Ende 2007 sind es laut Norwegischem Apothekerverband bereits 613. Somit hat sich die Zahl der durchschnittlich pro Apotheke versorgten Einwohner seit der Liberalisierung von 12.000 auf 8.000 reduziert. Um zu verhindern, dass die ländliche Versorgung der Rendite geopfert wird, haben die drei größten Anbieter[79] von Apothekenketten mit dem norwegischen Gesundheitsministerium folgendes vertraglich vereinbart: Sie verpflichten sich, dass einer von ihnen bei drohender

[79] Apokjeden mit der Kette Apotek 1, Celesio AG/NMD mit der Kette Vitusapotek, die Apothekenkette Alliance von Alliance Unichem. In Norwegen sind drei Großhändler als Komplettanbieter tätig: NMD, Akokjeden distribusjon und Holtung AS.

Schließung einer Apotheke in der Fläche diese übernehmen muss, auch wenn sie ein Verlustbringer ist. Somit ist auch für die ländliche Versorgung sichergestellt, dass die Gesundheit des Patienten an erster Stelle steht, nicht die Rendite der Apotheke.

„Norwegische Verbraucher profitieren von den Reformen des inländischen Pharma- und Apothekenmarktes der letzen Jahre. Aber auch für ausländische Unternehmen ist der Markt aufgrund transparenter Regelungen der verfügbaren Absatzkanäle gut zugänglich und bietet interessante Marktchancen," analysiert die Bundesagentur für Außenwirtschaft (bfai) in ihrer Studie vom 13. Juli 2007 die Situation in Norwegen. Übereinstimmend wollen Verbraucher, Politik – und zwar sowohl Regierung wie Opposition – als auch Marktteilnehmer nicht zu dem angeblich „besten System der Welt" zurück. Und auch für die Apotheker hat sich diese Liberalisierung ausgezahlt. Das Beispiel Norwegen zeigt, dass in einem geordneten Liberalisierungsverfahren allen Beteiligten eine gute Option angeboten werden kann, um Qualität und Rendite in Einklang zu bringen, ohne dass die Gesellschaft einer höheren Belastung ausgesetzt wird. Das vom Staat zuvor stark protektionierte System kann einem Vergleich mit dem modernen System von heute nicht standhalten. Der Trend zur Liberalisierung in Europa setzt sich durch – zum besseren System.[80]

In England haben einige Betreiber von Apothekenketten Gesundheitsdienstleistungen entwickelt und als Standards landesweit verankert. Auch ihnen geht es um das Ansehen der Apotheke, getrieben vom Wettbewerb. So haben die Filialapotheken das Bewusstsein für ein gesünderes Leben geschärft und viele intelligente Angebote zur Vorsorge entwickelt.

Oder ein Blick in die Niederlande: Dort ist das Dreiecksverhältnis von Patient, Arzt und Apotheker vorbildlich organisiert – trotz eines intensiven Wettbewerbs. Dort ist es üblich, dass Ärzte und Apotheker Informationen über ihren Patienten austauschen. Vorbildlich ist auch, dass jedes Medikament bei der Abgabe einen Aufkleber erhält, auf dem die wichtigsten Informationen für den Kunden stehen.

---

[80] So schreibt das Ministerium für Arbeit und Soziales in Baden-Württemberg in einer Stellungnahme zur Liberalisierung des Apothekenmarktes – Drucksache 14/1976: „Der Wettbewerb unter den Apotheken würde bei einer Liberalisierung des Apothekenmarktes wesentlich intensiver werden. Die Preise für Arzneimittel könnten dabei möglicherweise sinken. Ein funktionierender fairer Wettbewerb könnte dazu beitragen, unwirtschaftliche Versorgungsstrukturen zu beseitigen. Einzelne Apotheken müssten sich auf den intensiveren Wettbewerb einstellen und mit Qualitätssteigerungen, Effizienzverbesserungen, ausführlicheren Beratungen und attraktiven Zusatzangeboten reagieren. Bei Apotheken, die dies nicht in ausreichendem Maße tun, könnte es zu Umsatzeinbußen kommen. Dies könnte später zur Schließung einzelner Apotheken führen. Mittelfristig könnte es dadurch zu einer Reduktion der derzeit hohen Apothekenanzahl in Deutschland kommen. Es ist aber davon auszugehen, dass eine flächendeckende Versorgung der Bevölkerung mit Arzneimitteln trotzdem sichergestellt werden kann."

6.5 Ausblick

Der Wandel im Apothekenmarkt ist nicht mehr aufzuhalten. Voraussichtlich noch im Jahr 2008 wird der Europäische Gerichtshof (EuGH) entscheiden, ob das Fremdbesitzverbot für Apotheken in Deutschland fällt. Sollte das passieren, müssen noch viele Details geregelt werden – damit nicht über Nacht das Chaos auf dem Gesundheitsmarkt ausbricht. Eine der entscheidenden Fragen lautet: Soll es nach dem Tag X Pillen und Pasten auch außerhalb von Apotheken geben?

Viele hoffen das: Die Anbieter stehen in den Startlöchern, ihre Ideen von Arznei-Automaten bis zu Abholstellen liegen längst nicht mehr nur in den Schubladen. Sie haben sich formiert. Aber Medikamente gehören nur und ohne Ausnahme in die Hände von Apothekern. Die Kunden brauchen Beratung. Ganz gleich, ob Medikamente verschreibungspflichtig sind oder nicht. Es geht darum, Wechselwirkungen und Gegenanzeigen zu erkennen und zu erläutern sowie die sachgerechte Anwendung zu sichern.

Die Anforderungen, die an Apotheker gestellt werden, sind europaweit vergleichbar. Die tägliche Praxis in der Apotheke unterscheidet sich jedoch von Land zu Land. Und soviel ist klar: Wettbewerb ist nichts Schlechtes.

Nur Apotheker sind für die Beratung oder für die Durchführung von Gesundheitsangeboten ausgebildet. Kein anderer kann leisten, was ein Apotheker leistet. Er wird weder den fachlichen Überblick behalten, noch die Zusammenhänge sehen oder den Kunden gut beraten können – selbst wenn er sich noch so viel Mühe gibt. Experte ist nur der Apotheker. Dabei ist es übrigens völlig egal, ob er in seiner eigenen Apotheke arbeitet, in einer Filiale angestellt ist oder in einer Versandapotheke berät. Wir brauchen den Apotheker – nicht vor seinen Schubladen, sondern vor allem als Berater vor dem Kunden.

Teil D:

Rechtliche Aspekte

1 Rechtsfragen bei der Durchführung klinischer Studien

Alexander P. F. Ehlers, Antje-Katrin Heinemann

Ehlers, Ehlers & Partner, München

1.1 Einführung

Medikamente sind Teil unseres Lebens geworden und stehen unter anderem auch als Synonym für die Fortschrittlichkeit der menschlichen Gesellschaft. Aufgrund des hohen Gefährdungspotenzials dürfen Medikamente jedoch nicht so einfach in den Verkehr gebracht werden wie andere Waren des täglichen Lebens.

Um einen dementsprechenden Sicherheitsstandard von Medikamenten gewährleisten zu können, unterliegen sie einer generellen Zulassungspflicht. Der Weg, den ein Medikament bis zu seiner Zulassung gehen muss, ist weit. Die Entwicklungszeit von den ersten Versuchen im Reagenzglas bis zur Marktreife beträgt durchschnittlich 12 Jahre. Teile dieser Entwicklung sind die klinischen Studien, die von vielen Rechtsfragen begleitet sind.

1.2 Begriffe

1.2.1 Klinische Studien und Arzneimittelprüfung

Als klinische Studien werden alle systematischen Humanexperimente und Heilversuche bezeichnet. Hierunter fällt in erster Linie die klinische Prüfung von Arzneimitteln. Die klinische Prüfung ist per Definition jede am Menschen durchgeführte systematische Untersuchung von Arzneimitteln, um klinische, pharmakologische und sonstige pharmakodynamische Wirkungen von Prüfpräparaten zu erforschen oder zu bestätigen und / oder alle Nebenwirkungen von Prüfpräparaten festzustellen und / oder die Resorption, die Verteilung, den Stoffwechsel und die Ausscheidung von Prüfpräparaten zu untersuchen, um deren Unbedenklichkeit und Wirksamkeit festzustellen.[1] Die ausreichende klinische Prüfung des Arzneimittels ist gemäß § 25 Abs. 2 Nr. 2 AMG Vorraussetzung für dessen Zulassung. Es werden allerdings nicht nur neue Substanzen geprüft, sondern auch bekannte Medikamente mit Bezug auf neue Indikationen.

Keine klinische Arzneimittelprüfung ist der Heilversuch im Einzelfall. Die Einordnung von Therapieoptimierungsprüfungen, so genannte TOP, richtet sich danach, ob die jeweilige Prüfung methodisch und sachlich die Prüfung von Arzneimitteleigenschaften bezweckt und umsetzt. Bei der Optimierung einer Arzneimitteltherapie handelt es sich in der Regel um eine klinische Prüfung.[2] Jedoch müssen auch TOP, die keine klinischen Prüfungen sind, den Anforderungen einer solchen Prüfung genügen, insbesondere den Regelungen der „Good Clinical Practice" (GCP).

1.2.2 Durchführung der klinischen Prüfung

Die klinische Arzneimittelprüfung erfolgt in vier Prüfungsphasen. Prüfungen der Phase I finden an wenigen, in der Regel gesunden Probanden statt und dienen der vorläufigen Bewertung der Unbedenklichkeit der Anwendung und der erstmaligen Beschreibung des pharmakokinetischen bzw. pharmakodynamischen Profils sowie der Überprüfung der Dosierung und Verträglichkeit. Die Phasen II bis IV, welche an zunächst kleineren und anschließend an größeren Patientenzahlen stattfinden, dienen der therapeutischen Wirksamkeits- und Unbedenklichkeitsüberprüfung. Die Zulassung eines Arzneimittels wird nach Phase III beantragt. In der Phase IV der klinischen Prüfung wird das Arzneimittel nach seiner Zulassung überwacht.

1.3 Rechtsgrundlagen der klinischen Prüfung

1.3.1 Arzneimittelprüfrichtlinien nach § 26 AMG

Nach § 26 AMG erlässt das Bundesministerium für Gesundheit Arzneimittelprüfrichtlinien, die definieren, welche Anforderungen die zuständige Bundesoberbehörde an die analytische, die pharmakologisch-toxikologische, die klinische Prüfung sowie an die Rückstandsprüfung stellt. Es handelt sich hierbei um allgemeine

---

1 Vgl. Vierter Abschnitt der Bekanntmachung der Neufassung der Allgemeinen Verwaltungsvorschrift zur Anwendung der Arzneimittelprüfrichtlinien vom 05. Mai 1995 (BAnz Nr. 96a).

2 Vgl. Hart, D. (2000), S. 780.

Verwaltungsvorschriften, die sich mittelbar auch an die Antragsteller richten, welche bei der Erstellung der Zulassungsunterlagen die Prüfrichtlinien zu beachten haben.

Mit § 26 AMG wurden europäische Vorschriften[3] für einen einheitlichen Maßstab bei der Prüfung der Qualität, Wirksamkeit und Unbedenklichkeit eines zulassungs- oder registrierungspflichtigen Arzneimittels innerhalb der Europäischen Union umgesetzt. Ergänzt werden die Arzneimittelprüfrichtlinien durch die internationalen Richtlinien der WHO (World Health Organisation), der OECD (Organization for Economic Cooperation and Development) und der PIC (Pharmazeutische Inspektions Convention).

Die Prüfrichtlinien befassen sich mit chemischen, pharmazeutischen und biologischen Versuchen mit Arzneimitteln, mit toxikologischen und pharmakologischen Versuchen und stellen Regeln über klinische Unterlagen auf. Planung, Methode, Durchführung, Auswertung und Dokumentation müssen den Grundsätzen für die ordnungsgemäße Durchführung der klinischen Prüfung von Arzneimitteln, der GCP (Good Clinical Practice), entsprechen.[4]

1.3.2
Kosten

1.3.2.1
Kosten der Arzneimittel

Arzneimittel, die zur klinischen Prüfung bestimmt sind, dürfen nach § 47 I Nr. 2 g AMG an Krankenhäuser und Ärzte nur abgegeben werden, sofern sie kostenlos zur Verfügung gestellt werden. Diese Vorschrift wurde im Rahmen der 5. AMG Novelle geändert und hat den Zweck zu verdeutlichen, dass klinische Prüfungen nicht auf Kosten der Krankenkassen oder zu Lasten Dritter durchgeführt werden sollen.[5] Für die Phasen I bis III der klinischen Prüfung entspricht diese Regelung der gängigen Praxis.

Ausnahmen gibt es hiervon, soweit es sich um reine Anwendungsbeobachtungen, beispielsweise in der Phase IV oder Dosismaximierungsstudien handelt. Ebenso gilt dies aber auch in der experimentellen Onkologie und bei der Anwendung nicht zugelassener Arzneimittel etwa bei lebensbedrohlichen Erkrankungen in Form des *compassionate use*. In diesen Fällen fehlt es an dem Grund für eine Kostenüberwälzung auf den Hersteller und es wäre auch nach der Rechtsprechung des Bundesverfassungsgerichtes ein Übermaß, wenn die genannten Behandlungen, speziell mit teuren onkologischen Präparaten, nur weil sie auch einen wissenschaftlichen Zweck verfolgen, kostenlos zu erfolgen hätten.[6] Insofern hatte das Bundesverfassungsgericht durch einstweilige Anordnung sowie wiederholt durch

---

[3] RL 75/318/EWG zuletzt geändert durch die RL 91/507/EWG.

[4] GCP ist ein Leitfaden, den die ICH (International Conference on Harmonisation) herausgibt.

[5] Vgl. BT-Dr. 12/7572, S. 6.

[6] Vgl. BVerfG NJW 95, S. 771, Deutsch, E. (1999), Rn. 775.

Beschluss die Regelung des § 47 I Nr. 2 g AMG vorläufig, bis zur Entscheidung einer hierzu anhängigen Verfassungsbeschwerde, außer Kraft gesetzt.[7] Diese Aussetzung wurde aufgehoben, nachdem der Gegenstand der eingelegten Verfassungsbeschwerde sich erledigt hatte. Mit Beschluss[8] wurde die Verfassungsbeschwerde nicht zur Entscheidung angenommen. Die Frage nach der Verfassungsgemäßheit von § 47 I Nr. 2g AMG ist also noch immer nicht beantwortet worden, damit gilt es weiter, den Begriff der klinischen Prüfung im Rahmen dieser Regelung sehr eng auszulegen.

1.3.2.2 Honorare

Ein vieldiskutiertes Problem stellen die Honorare für Ärzte zum Beispiel im Rahmen von Anwendungsbeobachtungen dar. In diesem Zusammenhang werden immer wieder Stimmen laut, die sich auf einen Interessenskonflikt des Arztes beziehen, bis hin zu Korruptionsvorwürfen gegenüber dem die Beobachtung durchführenden pharmazeutischen Unternehmen und den Ärzten. Grundsätzlich kann eine Tätigkeit des Arztes, wie beispielsweise das Ausfüllen eines Fragebogens im Rahmen einer Anwendungsbeobachtung, angemessen honoriert werden. Als *angemessen* gilt in diesem Zusammenhang ein Honorar, das die Mühen und den Zeitaufwand für das Ausfüllen und Rücksenden des Berichtbogens vergütet und keinen Anreiz dazu bietet, das zu beobachtende Arzneimittel häufiger als vorgesehen anzuwenden.

Eine vertragliche Honorarvereinbarung vor Durchführung der Studie, welche eine Abrechnung beispielsweise analog GOÄ bestimmt, erscheint hierbei als geeignetes Mittel, um etwaigen Vorwürfen vorzubauen, da insofern eine leistungsbezogene und transparente Honorierung möglich ist. Dies entspricht auch § 18 I des FSA-Kodex[9], der für ärztliche Honorare eine leistungsbezogene und angemessene Vergütung auf Basis einer schriftlichen Vereinbarung vorschreibt.

Eine Anwendungsbeobachtung ist gem. § 67 VI AMG zwar unverzüglich gegenüber der Kassenärztlichen Bundesvereinigung und der gem. § 77 AMG zuständigen Bundesoberbehörde anzuzeigen, aber keine klinischen Prüfungen im Sinne der §§ 40 ff AMG.[10]

Darüber hinaus ist es dem Arzt gemäß § 34 Abs. 1 MBO[11] explizit untersagt, für die Verordnung von Arznei-, Heil- und Hilfsmitteln von dem Hersteller eine Vergütung oder sonstige wirtschaftliche Vergünstigung zu fordern oder anzunehmen. Eine Verordnung unter dem Gesichtspunkt einer Art von Provisionsvereinbarung wäre unärztlich. Die Verordnung eines Medikaments muss sich allein an

[7] Vgl. BVerfG, NJW 95, S.771, BGBl., S. 1720, Rehmann, W. A. (2001), § 47 Rn. 4.
[8] Beschluss vom 14.03.2001 (Az.: 1 BvR 1651/94), Rehmann, W. A. (2001), a.a.O.
[9] Kodex der Mitglieder des Vereins „Freiwillige Selbstkontrolle für die Pharmaindustrie" vom 16.02.2004, geändert am 02.12.2005.
[10] Vgl. Kloesel, A., Cyran, W. (1998), § 67 Anm. 21.
[11] Musterberufsordnung der deutschen Ärzte.

sachlichen, den Interessen der Gesundheit des Patienten dienenden Maßstäben orientieren.[12]

1.3.3 Gesetzessystematik der Arzneimittelprüfung gemäß §§ 40 ff AMG

Die klinische Prüfung von Arzneimitteln ist national in den §§ 40 ff AMG geregelt, die einerseits dem Schutz des Menschen vor den Gesundheitsgefahren der klinischen Prüfung dienen und andererseits die Bedingungen der klinischen Prüfung nur soweit zu regeln versuchen, dass eine klinische Prüfung und insofern eine Neuentwicklung von Medikamenten überhaupt möglich ist. Während § 40 AMG die Vorraussetzungen der klinischen Prüfung am gesunden Menschen bzw. Probanden regelt, normiert § 41 AMG die am Kranken und betrifft insoweit den *Heilversuch* am Patienten.

1.3.4 Allgemeine Voraussetzungen der klinischen Prüfung gemäß § 40 AMG

1.3.4.1 Anwendungsbereich

Die allgemeinen Vorraussetzungen des § 40 AMG beziehen sich auf alle Phasen der klinischen Prüfung. Auch die Arzneimittelprüfungen nach Zulassung, also die der Phase IV, unterfallen gem. § 42 AMG den allgemeinen Voraussetzungen, mit Ausnahme der pharmakologisch-toxikologischen Prüfung, deren Ergebnisvorlage und des Votums der Ethik-Kommission. Die klinische Prüfung darf erst beginnen, wenn sämtliche der Voraussetzungen des § 40 I AMG vorliegen.

1.3.4.2 Pharmakologisch-toxikologische Prüfung

Jeder klinischen Prüfung eines neuen Arzneimittels geht eine präklinische Prüfung gem. § 40 I Nr. 6 AMG voraus. Diese wird als pharmakologisch-toxikologische Prüfung bezeichnet und muss dem jeweiligen Stand der wissenschaftlichen Erkenntnisse, welcher sich aus den Arzneimittelprüfrichtlinien ergibt, entsprechen. Die erforderlichen Angaben über Wirkungen und das biochemische Verhalten des Präparates werden an Organpräparaten und im tierischen Organismus erforscht.

---

[12] Vgl. Ratzel, R., Lippert, H.-D. (2001), § 34 Rn. 1.

1.3.4.3
Prüfplan, Prüfer

Der Prüfplan muss den Prüfort sowie die Prüfer angeben. Als leitende Prüfer dürfen gem. § 40 I Nr. 5 AMG nur Ärzte mit nachgewiesener, mindestens zweijähriger Erfahrung in der klinischen Arzneimittelprüfung, eingesetzt werden. Der Inhalt des Prüfplanes ist nicht abschließend vorgegeben und muss vielmehr, um dem jeweiligen Stand der wissenschaftlichen Erkenntnisse zu genügen, diesem angepasst werden.[13] Insbesondere ist jedoch der aktuelle Stand der Wissenschaft, die Fragestellung der Studie, die wissenschaftliche Begründung der Ziele, Aussagen zur Ethik sowie das Ergebnis einer eventuellen Pilotstudie darzulegen. Weiterhin ist unter anderem die Vorgehensweise, die Gruppenbildung samt Zuteilung, die Auswahl und Kontrollmechanismen, Zahl der Versuchspersonen, Auswertung und Dokumentation, erwartetes Ergebnis und die Abbruchkriterien darzustellen. Insgesamt sollte der Prüfplan also folgende Punkte enthalten:[14]

1. Deckblatt:
   Titel des Projekts, Leiter der Prüfung gem. AMG, Prüfarzt, Beteiligte an der klinischen Prüfung, Biometriker, Sponsor, Monitor, Datum und Version des Prüfplans.
2. Zusammenfassung
3. Inhaltsverzeichnis
4. Einleitung mit wissenschaftlichen Grundlagen
5. Ziele der Studie und Kriterien: Hauptzielkriterien, Nebenzielkriterien
6. Prüfsubstanz:
   allgemeine Beschreibung, therapeutische Wirkungen, unerwünschte Wirkungen, Bereitstellung der Prüfmuster, Chargenbezeichnung, Beschriftung
7. Studientyp (-design)
8. Ein- und Ausschlusskriterien
9. Randomisierungsverfahren / -plan
10. Studienablauf einschließlich Dosierung des Arzneimittels
11. Begleittherapie
12. Sicherheitslabor
13. Definition der unerwünschten und schwerwiegend unerwünschten Ergebnisse
14. Abbruchkriterien: individuell, gesamte Studie
15. Statistisches Design
16. Rechtliche und ethische Aspekte
17. Meldung an Regierungspräsidium, Vorlage des Prüfplans beim BfArM, Hinterlegung der präklinischen Daten, Patienten-Versicherung, Ethikkommission, Datenschutz, Einblick in Originalunterlagen / Monitoring, Patienten- / Probandenaufklärung, Einverständniserkärung
18. Studienbedingte radiologische Diagnostik
19. Unterschriften

---

[13] Vgl. Deutsch, E., Lippert, H.-D. (2001), § 40 Rn. 12.

[14] Vgl. Walter-Sack, I. (1997), S. 304.

Der Prüfplan dient insofern als eine Art Checkliste für die Vollständigkeit der bei der Ethikkommission einzureichenden Unterlagen.

1.3.4.4
Nutzen / Risiken Abwägung

Nach § 40 I Nr. 2 AMG müssen die für den Probanden mit der Durchführung der Prüfung verbundenen Risiken vertretbar sein. Es wird also eine Abwägung zwischen dem Nutzen bzw. der Bedeutung des Arzneimittels für die Heilkunde und den Risiken für die Einzelperson durchgeführt. Für diese Güterabwägung, die ein Arzt sowohl vor Beginn der Prüfung vornimmt, als auch im Verlauf der Prüfung wiederholt, sind die aus der präklinischen Prüfung gewonnenen Erkenntnisse heranzuziehen. Sie werden im Verlauf der Prüfung ständig verifiziert. Die Relation des individuellen Schutzes und die Notwendigkeit des medizinischen Fortschritts, der wiederum der Menschheit und dem Einzelnen nutzt, ist sorgfältig abzuwägen. Maßgebend sind hierfür die Grundsätze der Revidierten Deklaration von Helsinki über die ethische Vertretbarkeit des Risikos.[15]

1.3.4.5
Aufklärung und Einwilligung

Für jede klinische Prüfung ist zwingend eine Einwilligung des Probanden vorausgesetzt. Die Einwilligung ist, abgesehen von den seltenen Ausnahmefällen der Behandlungspflicht, grundsätzlich für jede medizinische Maßnahme erforderlich. Sie kann nur nach angemessener Aufklärung wirksam erteilt werden, wobei der Proband gem. § 40 I Nr. 3 b und c AMG „durch einen Arzt über Wesen, Bedeutung und Tragweite der klinischen Prüfung aufgeklärt" werden muss.[16]

Eine fehlende oder infolge unzureichender Aufklärung unwirksame Einwilligung ist bei einer dennoch erfolgten Prüfung straf- und haftungsrechtlich relevant, da sie die Rechtswidrigkeit des im Verlauf einer klinischen Prüfung stattfindenden Körpereingriffes nicht beseitigt. Es gilt insoweit das Prinzip des *informed consent*, der Einwilligung nach Aufklärung, welches als allgemeiner Rechtsgedanke und Ausfluss des Selbstbestimmungsrechts eines jeden Menschen in der Helsinki-Deklaration des Weltärztebundes als entscheidende Voraussetzung klinischer Prüfungen genannt wird.[17] Als Beispiel sei hier ein Fall aus Kanada angeführt. Ein Student hatte sich zur Verfügung gestellt, ein neues Medikament an sich testen zu lassen. Er wurde darüber aufgeklärt, dass es sich um ein Anästhetikum handelt und ihm ein Katheter in die Armvene eingeführt wird. Die Aufklärung wurde von ihm formgerecht durch Unterschrift auf einem Formular bestätigt, wobei darin auch ein Anspruchsverzicht aufgenommen war. Im Laufe des Versuchs erlitt er einen Herzstillstand, nachdem ihm das Anästhetikum eingespritzt und der Katheter bis ins Herz vorgeschoben wurde. Der Herzstillstand konnte nach 90 Sekunden behoben werden. Der Student war mit seiner anschließenden Klage erfolgreich, da

[15] Vgl. Kloesel, A., Cyran, W. (2005), § 40 Nr. 4.
[16] Vgl. ICH, Kap. 1 Abschn. 1.28.
[17] Vgl. Höfling, W., Demel, M. (1999), S. 540.

das zuständige Gericht feststellte, dass der Eingriff in die körperliche Unversehrtheit des Studenten nicht durch die von ihm erteilte Einwilligung gedeckt war, weil dieser eine unvollständige Aufklärung zu Grunde lag.[18]

Die Aufklärung muss also eine umfassende Darstellung des Ablaufs der Prüfung in Bezug auf den Probanden beinhalten. Sie muss weiterhin konkret auf die Erprobung des betroffenen Arzneimittels eingehen und dem Probanden klarmachen, dass er ein nicht zugelassenes und nicht ausgetestetes Arzneimittel erhält. Es ist hierbei auch auf die Bildung von Kontrollgruppen und im Falle von Blindstudien darauf einzugehen, dass einer Probandengruppe Placebos verabreicht werden.

Im Sinne des Datenschutzgesetzes ist die Einwilligung des Probanden nach § 40 I Nr. 3c AMG auch hinsichtlich der Aufzeichnung und Weitergabe der Krankheitsdaten an die Auftraggeber und die zuständige Behörde einzuholen.

Während das Aufklärungsgespräch zwischen Arzt und Versuchsperson mündlich zu erfolgen hat, wobei *vorbereitende* schriftliche Aufklärungsformulare zulässig und sinnvoll sind, ist gem. § 40 I Nr. 3b und c AMG die Einwilligung vom Probanden selbst schriftlich zu erteilen. Mit Schriftlichkeit ist die handschriftliche Unterzeichnung (gem. § 126 I BGB) gemeint.

Die folgenden Listen[19] zur Aufklärung und Einwilligung gelten sowohl für das Humanexperiment gem. § 40 AMG als auch für den Heilversuch gem. § 41 AMG.

Aufklärung:
1. Wesen, Ablauf und Titel der Studie
2. Sinn der Studie, individueller Nutzen
3. Risiken, unerwünschte Nebenwirkungen
4. Nutzen / Risiko-Abwägung
5. Andere Behandlungsmöglichkeiten (Heilversuch)
6. Randomisierung und ggf. Verblindung
7. Freiwilligkeit der Teilnahme, Rücktrittsrecht
8. Datenschutz (personenbezogene Daten)
9. Einblick in die Originalunterlagen
10. Probanden- / Patienten-Versicherung (Name, Anschrift der Versicherung, Police-Nummer, Obliegenheiten der Patienten)

Einwilligung:
1. Freiwillige Zustimmung zur Teilnahme
2. Erhalt der schriftlichen Patientenaufklärung
3. Bestätigung der *mündlichen* Aufklärung
4. Zustimmung zur Aufzeichnung von Krankheitsdaten
5. Zustimmung zur Weitergabe der Daten und Einsichtnahme durch die Überwachungs- / Bundesbehörde, Mitarbeiter des Auftraggebers, andere Monitore, zum Zweck der Überprüfung

Wirksamkeit der Einwilligung

Die Einwilligung ist nach § 40 I Nr. 3a AMG nur wirksam, wenn die Person, die sie abgibt, geschäftsfähig und in der Lage ist, Wesen, Bedeutung und Tragweite

[18] Vgl. Deutsch, E. (2001), S. 109.
[19] Vgl. Walter-Sack, I. (1997), S. 304.

der klinischen Prüfung einzusehen und ihren Willen hiernach zu bestimmen. Geschäftsfähigkeit des Einwilligenden wird also vorausgesetzt. Seine Einwilligung ist selbst zwar kein Rechtsgeschäft sondern eine tatsächliche Erklärung[20], sie wird jedoch in Übereinstimmung mit einem wirksamen Behandlungs- oder Versuchsvertrag abgegeben. Dabei sollen die vertraglichen Beziehungen unter den Parteien und die Einwilligung zur Teilnahme an klinischen Studien synchron laufen.

Klinische Forschung an Einwilligungsunfähigen

Die klinische Forschung an einwilligungsunfähigen Personen wird sehr kontrovers diskutiert. Es gilt hierbei bei der Vielzahl von sachgerechten Überlegungen und insofern vor allem den Interessen der Betroffenen gerecht zu werden. Nicht zur Einwilligung fähig sind zum einen *psychisch Kranke*, die unter Vormundschaft oder Betreuung stehen. Zum anderen sind das die *nicht mehr Einwilligungsfähigen* wie zum Beispiel der aufgrund eines Unfalls oder Schlaganfalls Bewusstlose. Für beide Gruppen von Einwilligungsunfähigen kommt eine gesetzliche Vertretung im Wege der Vormundschaft oder Betreuung in Betracht. Diese unterliegt wiederum der Beschränkung des § 1904 BGB, der vorschreibt, dass die Einwilligung des Betreuers in medizinische Maßnahmen der Genehmigung des Vormundschaftsgerichts bedarf, soweit zu befürchten ist, dass der Betreute aufgrund der Maßnahme stirbt oder Schaden erleidet.

Eine Ausnahme besteht jedoch für den Fall, dass mit dem Aufschub Gefahr verbunden ist. Der Wortlaut des § 1904 BGB („Untersuchung des Gesundheitszustandes, Heilbehandlung oder ärztlicher Eingriff") spricht zwar im Rahmen der Weite des allgemeinen Sprachgebrauchs dafür ihn auch auf die klinische Prüfung anzuwenden. Jedoch wird dessen Anwendung schon allein deshalb ausgeschlossen sein, weil die Ethikkommission klinische Versuche, bei denen die Gefahr des Todes oder schwerer und länger dauernder gesundheitlicher Schäden besteht, nicht positiv bewerten wird.[21]

In § 41 III Nr. 2 AMG ist im Bezug auf den Einwilligungsunfähigen, in der Rolle des Patienten, geregelt, dass nach Zustimmung seines gesetzlichen Vertreters, der therapeutische Versuch zulässig ist. Der rein wissenschaftliche Versuch ist hiervon nicht erfasst.

Mitunter wird für das Humanexperiment auch die antizipierte, also vorab erklärte Zustimmung des Einwilligungsunfähigen erwogen. Diese erscheint zum Beispiel im Zusammenhang mit einer fortschreitenden Demenz bei Alzheimer-Patienten als möglich. Problematisch ist diesbezüglich aber schon die hinreichend konkrete Zustimmung zu einem in der Zukunft liegenden Forschungsprojekt. Darüber hinaus wird es jedenfalls bei einer lange vor dem Versuch erklärten Einwilligung an einer dementsprechenden Aufklärung fehlen. Zum Zeitpunkt seiner Zustimmung kennt der antizipiert Einwilligende weder die Art, noch den genauen Inhalt des zukünftigen Forschungsprojekts.[22]

Die verfassungsrechtliche Bedenklichkeit des Humanexperiments mit Einwilligungsunfähigen ist, hinsichtlich des Grundrechts auf Leben und körperliche Un-

[20] Vgl. BGHZ 29, 33, 36 und Deutsch, E. (2001), S. 110.
[21] Vgl. Deutsch, E. (2001), S. 111.
[22] Vgl. Höfling, W., Demel, M. (1999), S. 542.

versehrtheit nach Art. 1 GG sowie einer Verletzung der Menschenwürde, evident. Letztlich wird eine diesbezügliche Diskussion auch durch die Umsetzung der Richtlinie 2001/20/EG des Europäischen Parlaments und des Rates vom 04. April 2001 zur Durchführung klinischer Prüfungen mit Arzneimitteln ein Ende finden.[23] Nach dieser Richtlinie sind Versuche an Einwilligungsunfähigen nur insoweit zulässig, als sie zu Gunsten der Versuchsperson erfolgen. Die Ethikkommissionen sind nach der Umsetzung der Richtlinie in nationales Recht an sie gebunden.

Minderjährige
Einwilligungsunfähig sind auch Kinder, die noch nicht selbst über ihre eigene Behandlung bestimmen können. Die Volljährigkeit und unbeschränkte Geschäftsfähigkeit, welche mit der Vollendung des 18. Lebensjahres eintritt, spielt bei der medizinischen Behandlung und Einwilligung nicht die entscheidende Rolle. Normalerweise sind Jugendliche schon im Alter ab 16 Jahren aufklärungs- und einwilligungsfähig. Jedoch gelten für den Minderjährigen bei der klinischen Prüfung gem. § 40 IV AMG besondere Regeln. Das Humanexperiment mit minderjährigen Probanden ist nur subsidiär zur klinischen Prüfung an Erwachsenen zulässig, also nur dann, wenn mit Erwachsenen keine ausreichenden Prüfergebnisse zu erwarten sind.[24]

Die Einwilligung wird durch den gesetzlichen Vertreter oder einen gerichtlich bestellten Pfleger erteilt. Ab einer gewissen Einsichtsfähigkeit des Minderjährigen, welche in der Regel im Alter von 12 Jahren gegeben ist, ist zusätzlich die Einwilligung des Minderjährigen erforderlich. Die klinische Prüfung ist auf Arzneimittel beschränkt, die zum Erkennen oder Verhüten von Krankheiten (Diagnostika und Prophylaktika) bei Minderjährigen bestimmt sind. Darüber hinaus muss die Anwendung des Medikaments angezeigt sein, um bei dem einzelnen Minderjährigen Krankheiten zu erkennen oder ihn vor Krankheiten zu beschützen.

1.3.4.6
Ethikkommission und Votum

Ethikkommissionen befassen sich mit Recht, Ethik und Medizin der klinischen Forschung am Menschen und sind im Arzneimittelgesetz verankert. Insofern darf gemäß § 40 I AMG mit der klinischen Prüfung eines Arzneimittels am Menschen grundsätzlich erst begonnen werden, wenn die konkrete Prüfung bzw. deren Prüfplan zuvor von einer Ethik-Kommission nach der Maßgabe des § 42 AMG zustimmend bewertet und dem BfArM vorgelegt worden ist. Der Prüfrahmen ist mit den Bestimmungen des § 42 AMG vom Gesetzgeber abschließend vorgegeben und darf von der Ethikkommission nicht durch weitere Voraussetzungen erweitert werden. Es bedarf im Falle der Zustimmung keiner Begründung der Bewertung. Nicht ausreichend ist eine bloße Begutachtung durch die Kommission, es muss sich um ein zustimmendes Votum handeln. Der Prüfplan ist ein wesentlicher Ausgangspunkt für die ethische Beurteilung durch die Ethikkommission. Befasst sie sich überhaupt nicht mit dem vorgelegten Prüfplan gilt dies als Ablehnung. Liegt

[23] Umsetzungsfrist nach Art. 22 I der Richtlinie bis 01.05.2003.
[24] Vgl. Deutsch, E., Lippert, H.-D. (2001), § 40 Rn. 21.

kein zustimmendes oder ein ablehnendes Votum vor, ist die klinische Prüfung nur dann möglich, wenn das BfArM innerhalb von 60 Tagen nach Eingang der Unterlagen nicht widerspricht, § 42 I AMG. Insoweit verlagert sich durch das Schweigen die Verantwortung von der Ethikkommission auf die Bundesbehörde.

Bildung und Funktion

Die Ethikkommissionen werden nach Landesrecht errichtet und sind in der Bundesrepublik regelmäßig in den Heilberufsgesetzen der Länder geregelt. Sie sollen einerseits Patienten und Probanden vor den Gefahren einer Gesundheits- bzw. Körperverletzung und des Todes schützen. Weiterhin sollen sie auf eine vollinformierte Zustimmung der Versuchsperson hinwirken und deren Privatsphäre sichern. Andererseits ist es auch die Aufgabe der Ethikkommission die Forscher davor zu bewahren, in ihrem Drang nach Weiterentwicklung die zulässigen Grenzen zu überschreiten. Des Weiteren soll sie auch die Institution, an der sie errichtet wurde, vor den Folgen unethischer Forschung bewahren. Die Ethikkommission hat keinen erwerbswirtschaftlichen Zweck.[25]

Anzeige von Nebenwirkungen

Schwerwiegende oder unerwartet unerwünschte Ereignisse, die die Sicherheit der Studienteilnehmer oder die Durchführung der Studie beeinträchtigen können, sind der Ethikkommission mitzuteilen. Nebenwirkungen sind folgendermaßen definiert: „*schwerwiegende unerwünschte Ereignisse* sind solche, bei denen die Gewissheit oder der begründete Verdacht besteht, dass das Leben bedroht oder die Gesundheit schwer oder dauernd geschädigt wird, oder bei denen die Möglichkeit besteht, dass sie den Tod zu Folge haben, lebensbedrohlich sind, eine maligne Erkrankung verursachen, angeborene Missbildungen hervorrufen, bleibende Schäden verursachen oder eine Einweisung in ein Krankenhaus oder eine Verlängerung des Aufenthalts erforderlich machen. *Unerwartet unerwünschte Ergebnisse* sind solche, die nach Art und Schwere bei der vorgesehenen Dosierung im Prüfplan nicht aufgeführt sind."

Auf die Mitteilung solcher Nebenwirkungen hin hat die Ethikkommission oder ein von ihr beauftragtes Mitglied zu prüfen, ob die Nebenwirkungen die Zulässigkeit der Studie beeinträchtigen. Es kommt dabei auf die Kausalität und das örtliche Vorkommnis an. Bei gravierenden Nebenwirkungen hat sich die Ethikkommission erneut mit der Studie zu befassen und kann dabei ihr Votum abändern, Auflagen machen, eine Trendaufklärung verlangen oder neue Ein- und Ausschlusskriterien festsetzen.[26]

Haftung der Ethikkommission

Die Ethikkommission hat die Pflicht die Bewertung einer klinischen Prüfung so zu treffen, dass das Wohlergehen der Probanden und Patienten sichergestellt ist. Bei einer Verletzung dieser Pflicht kommt eine Haftung der bestellenden Behörde, also der Ärztekammer, Universität oder Großklinik für die institutionelle Ethikkommission, unter den Voraussetzungen der Staatshaftung gem. Art. 34 GG,

[25] Vgl. Deutsch, E. (1999), Rn. 805, und Schenke, W.-R. (1996), S. 745.

[26] Vgl. Göhrlich, H. D. (1995), aktuelle Seiten I, II und Deutsch, E., Lippert, H.-D. (2001), § 40, Rn. 17.

§ 839 BGB, in Betracht. Bei grober Fahrlässigkeit ist der Rückgriff gegen die Mitglieder der Kommission vorbehalten. Das Votum der Ethikkommission ist als solches kein Verwaltungsakt im Sinne des § 35 S. 1 VwVfG, da der Entscheidung jedenfalls das Merkmal der Außenwirkung fehlt.[27]

1.3.4.7 Probandenversicherung

Nach § 40 I Nr. 8 AMG ist der Abschluss einer Versicherung zugunsten der Prüfperson schon vor Beginn einer klinischen Prüfung vorgeschrieben. Diese so genannte Probandenversicherung gewährt Leistungen für den Fall, dass bei der Durchführung der klinischen Prüfung ein Mensch getötet oder der Körper oder die Gesundheit eines Menschen verletzt wird, und leistet auch dann, wenn kein anderer für den Schaden haftet. Die Versicherung muss zugunsten des Probanden selbst abgeschlossen werden. Insofern wird dem Probanden ein unmittelbarer Anspruch gegen die Versicherung eingeräumt. Die Probandenversicherung ist also eine Art der Unfallversicherung zugunsten eines Dritten, was sich an der haftungsrechtlichen Besonderheit zeigt, dass soweit im Einzelfall eine Leistung aus der Versicherung an den Probanden erfolgt, dessen Ansprüche gegenüber den anderen Haftenden erlöschen.[28]

Der Proband hat jedoch nur dann einen Anspruch, wenn die geltend gemachten Schäden kausal auf die bei der klinischen Prüfung, also als Folge der hierbei angewandten Arzneimittel, zurückzuführen ist. Von der Probandenversicherung werden nur Vermögensschäden umfasst. Der Proband hat insofern zu beweisen, dass der bei ihm eingetretene Schaden seines Vermögens durch eine Gesundheitsschädigung eingetreten ist, die im Rahmen der klinischen Prüfung entstand.

Die Versicherung ist unabhängig davon, ob der Gesundheitsschaden des Probanden im Zuge der Prüfung schuldhaft herbeigeführt wurde, verpflichtet einzutreten. Wegen Schmerzensgeld muss der Proband jedoch auf die Verschuldenshaftung zurückgreifen.

Inhalt und Umfang des Versicherungsschutzes richten sich nach § 40 III AMG. Die Probandenversicherung muss bei einem Versicherer abgeschlossen werden, der entweder im Inland zum Geschäftsbetrieb oder im Europäischen Wirtschaftsraum zugelassen ist. Der Umfang der Versicherung hat in einem angemessenen Verhältnis zu den mit der klinischen Prüfung verbundenen Risiken zu stehen und muss für den Fall des Todes oder der dauernden Erwerbsunfähigkeit mindestens 500.000 Euro betragen. Diese Mindestgrenze ist in der Praxis zur Höchstgrenze geworden, was dem Wortlaut des Gesetzes eindeutig widerspricht. Bei höheren Schäden könnte insoweit der Versicherer wegen Verschuldens bei Vertragschluss haftbar sein.[29]

Eine weitere Problematik stellen auch die Allgemeinen Versicherungsbedingungen für klinische Prüfungen von Arzneimitteln (AVB) dar, da manche von ih-

[27] Vgl. dazu Classen, C. D. (1995), S. 145, der die Ethikkommission als Behörde i. S. d. §§ 1 IV, 35 VwVfG bezeichnet.

[28] Vgl. Deutsch, E. (1999) Rn. 798.

[29] Vgl. Deutsch, E., Lippert, H.-D. (2001), § 40 Rn. 20.

nen gesetzeswidrig sind. Dies ist insbesondere bei dem Ausschluss von Spätfolgen durch eine Dreijahresfrist nach Abschluss der Prüfung und dem Ausschluss genetischer Schäden der Fall. Weiterhin ist auch das Verbot einer anderen medizinischen Behandlung ohne das Einvernehmen des klinischen Prüfers gesetzeswidrig, da dies bei einem Notstand nicht durchführbar ist.

Für Therapiestudien, wie zum Beispiel die Therapieoptimierungsprüfung (TOP), die nicht als Arzneimittelprüfungen im Sinne des Arzneimittelgesetzes zu qualifizieren sind, fehlt eine entsprechende Regelung. Der Abschluss einer Probandenversicherung ist aber auch für diese Studien aufgrund der hohen Haftungsrisiken dringend zu empfehlen.

1.4 Besondere Voraussetzungen nach § 41 AMG

Die Bestimmungen des § 41 AMG regeln die klinische Prüfung am *Kranken*. In Modifikation bzw. teilweiser Ergänzung der Regelungen des § 40 AMG tragen sie der besonderen Situation des kranken Menschen Rechnung.

1.4.1 Klinische Arzneimittelprüfung am Kranken

Grundsätzlich darf gem. § 41 Nr. 1 AMG die klinische Prüfung am Kranken nur durchgeführt werden, wenn die Anwendung des zu prüfenden Arzneimittels nach den Erkenntnissen der medizinischen Wissenschaft angezeigt ist, um das Leben des Kranken zu retten, seine Gesundheit wiederherzustellen oder sein Leiden zu erleichtern. Demnach ist bei einer klinischen Prüfung am Kranken die medizinische Indikation des zu erprobenden Arzneimittels im konkreten Fall vorausgesetzt. Insofern ist aber nicht nur die Anwendung eines zu prüfenden Arzneimittels zulässig, sondern auch die kontrollierte Studie, bei der die Patienten randomisiert auf verschiedene Therapiearme zugeteilt werden.[30] Die Problematik in diesem Zusammenhang zeigt sich darin, dass die Mitglieder der Testgruppe einerseits die Gefahren eines neuen Medikaments auf sich nehmen, andererseits aber von dessen möglichen Vorteilen profitieren. Den Mitgliedern der Kontrollgruppe, welche regelmäßig die bisherige Standardtherapie erhalten, entgeht insofern zwar diese Chance, sie tragen aber nicht die Risiken der zu testenden Therapie.

Völlig anders liegt der Fall jedoch, wenn es eine gängige Standardtherapie gar nicht gibt. Insofern kommt eine klinische Prüfung des Testpräparates gegen ein Placebo, also Leerpräparat, in Betracht. In diesem Zusammenhang ergibt sich die Problematik, dass dem Kranken, der nur ein Placebo erhält, eine medikamentöse Therapie vorenthalten wird. Hierbei ist nach der Schwere des Leidens zu differenzieren. Bei minderen Leiden, mit geringer Ausprägung, wie etwa Schlaflosigkeit und Kopfschmerzen, ist eine Blind- oder Doppelblindstudie, Testpräparat gegen

---

[30] Vgl. Rehmann, W. A. (1999), § 41 Rn. 2.

Placebo, durchaus vertretbar, da die so genannte Placebowirkung in einem angemessenen Verhältnis zu der noch ungewissen Wirkung des Testpräparates steht.[31] Bei schweren oder stärker ausgeprägten Leiden wäre jedoch die ausschließliche Gabe eines Placebos nicht mehr mit den Anforderungen des § 41 Nr.1 AMG zu vereinbaren.

1.4.2 Willensbeschränkte

§ 41 AMG enthält mehrere Sonderregelungen bezüglich klinischer Prüfungen mit Willensbeschränkten. Die klinische Prüfung mit Minderjährigen oder Geschäftsunfähigen setzt jedoch neben deren eigenen Einwilligung, sofern sie dazu fähig sind, auch die vorherige Zustimmung des gesetzlichen Vertreters voraus. Ist der Kranke gänzlich willensunfähig, so genügt nach § 41 III Nr. 2 AMG die Einwilligung des gesetzlichen Vertreters.

1.5 Rechtsfolgen und Sanktionen

Die Vorschriften des § 40 und die des § 41 AMG sind Schutzgesetze im Sinne von § 823 Abs. 2 BGB. In den Schutzbereich fallen die in die klinische Prüfung einbezogenen Patienten und Probanden. Der Verstoß gegen die Vorschriften der §§ 40, 41 AMG begründet also eine zivilrechtliche Schadensersatzpflicht. Verwaltungsrechtlich kann die Aufsichtsbehörde im Rahmen ihrer Befugnisse die Durchführung einer klinischen Prüfung untersagen, sofern deren Voraussetzungen nicht erfüllt sind.

Nach § 96 Nr. 10 AMG ist ein Teil der Vorschriften über die klinische Prüfung nebenstrafrechtlich sanktioniert. Insofern macht sich strafbar, wer vorsätzlich eine klinische Prüfung entgegen den Vorschriften des § 40 Nr.1 bis 5, 8 sowie des Abs. 4 oder des § 41 Nr. 1 AMG durchführt. Der Strafrahmen sieht Freiheitsstrafe bis zu einem Jahr oder Geldstrafe vor. Adressaten dieser Norm sind der Leiter der klinischen Prüfung sowie der Leiter der Einrichtung, an der die klinische Prüfung durchgeführt wird und der Prüfarzt. Ist die Tat nur fahrlässig begangen worden, stellt sie eine Ordnungswidrigkeit nach § 97 Abs. 1 dar. Nach § 15 MBO kann standesrechtlich sowohl der Leiter der klinischen Prüfung als auch der Prüfarzt zur Verantwortung gezogen werden, wenn von ihm keine berufsrechtliche und berufsethische Beratung durch die zuständige Ethikkommission der Ärztekammer oder Universität gesucht wurde.

[31] So auch Deutsch, E. (1999), Rn. 792. Anderer Ansicht sind jedoch Kloesel, A., Cyran, W. (1998), § 41 Anm. 1, die eine Anwendung von Placebos für „nicht angezeigt“ halten.

1.6 Werbung für nicht zugelassene Arzneimittel

Nach § 3a HWG (Heilmittelwerbegesetz) ist eine Werbung für Arzneimittel unzulässig, die der Pflicht zur Zulassung unterliegen und die nicht nach den arzneimittelrechtlichen Vorschriften zugelassen sind oder als zugelassen gelten. Als Werbung im Sinne dieser Vorschrift gilt nach der Rechtsprechung nicht nur jede konkret produktbezogene Absatzwerbung, sondern auch nach Aufforderung zugeschicktes oder überlassenes wissenschaftliches Informationsmaterial, sofern es von einem Pharmaunternehmen in seine produktbezogene Absatzwerbung aufgenommen wird.[32] Demzufolge ist auch das Zusenden oder Überlassen eines Sonderdrucks von Statistiken und Berichten über klinische Studien gem. § 3a HWG unzulässig.

Bei dem Bewerben eines als Arzneimittel eingestuften Produktes vor Abschluss des arzneimittelrechtlichen Zulassungsverfahrens, handelt es sich um ein so genanntes *illegales Premarketing*.[33]

Ebenso handelt es sich auch um eine nach § 3a HWG unzulässige Werbung, wenn der Hersteller für ein zugelassenes Arzneimittel mit nicht zugelassenen, weitergehenden Indikationen wirbt, § 3a S. 2 HWG. Ist beispielsweise ein Arzneimittel für eine Therapie von Vitamin-E-Mangelzuständen zugelassen, darf der Hersteller nicht für die Wirksamkeit des Präparates zur Therapie von Arthrose oder arthrosebedingten Gelenkschmerzen werben. Diese spezifischen Indikationen können zwar möglicherweise Folgephänomene des Vitamin-E-Mangels als Basiskrankheit sein, es kann aber nicht ohne weiteres davon ausgegangen werden, dass sie von dem ursprünglichen Zulassungsstatus des Arzneimittels abgedeckt sind.[34]

[32] Vgl. OLG Hamburg, Pharma Recht 1996, S. 212–213, Doepner, U. (2000), § 3a Rn. 9.
[33] Vgl. OLG München, PharmaInd 1999, S. 225–226.
[34] Vgl. OLG Köln, MD 1998, S. 1288–1289, Doepner, U. (2000), § 3a Rn. 11.

2 Arzneimittelhaftung

Christian Dierks

Dierks + Bohle, Rechtsanwälte, Berlin

2.1 Einführung

Das Leben, die Gesundheit und die Unversehrtheit des Körpers sind als besonders wichtige Güter unserer Rechtsordnung nach dem allgemeinen Haftungsrecht geschützt. Wer vorsätzlich oder fahrlässig das Leben, den Körper oder die Gesundheit widerrechtlich verletzt, haftet nach § 823 Abs. 1 BGB auf Schadensersatz. Diese Haftung ist eine verschuldensabhängige Haftung des Bürgerlichen, also des zivilen Rechts.

Zusätzlich hat der Gesetzgeber eine verschuldensunabhängige Gefährdungshaftung für typische Gefährdungssituationen der Industriegesellschaft geschaffen. Danach muss z. B. ein Geschädigter im Einzelfall nicht ein Verschulden desjenigen nachweisen, der ein gefährliches Gut in den Verkehr gebracht hat.

Auch das der Anwendung von Arzneimitteln innewohnende Risiko kann sich an den wichtigen Schutzgütern Leben, Körper und Gesundheit realisieren. Für dieses Szenario hat der Gesetzgeber die Gefährdungshaftung als Sonderfall der Produkthaftung mit dem Arzneimittelgesetz von 1976 geschaffen. Diese Gefährdungshaftung wurde mit dem 2. Schadensrechtsänderungsgesetz von 2002 zu Lasten der pharmazeutischen Unternehmer um vier Punkte verschärft:

- eine Beweislastumkehr für den Fehler des Arzneimittels,
- die Einführung einer Kausalitätsvermutung,
- die Einführung eines Auskunftsanspruchs
- und einen Anspruch auf Schmerzensgeld.

2.2 Gefährdungshaftung nach dem Arzneimittelgesetz (AMG)

§ 84 Gefährdungshaftung

(1) Wird infolge der Anwendung eines zum Gebrauch bei Menschen bestimmten Arzneimittels, das im Geltungsbereich dieses Gesetzes an den Verbraucher abgegeben wurde und der Pflicht zur Zulassung unterliegt oder durch Rechtsverordnung von der Zulassung befreit worden ist, ein Mensch getötet oder der Körper oder die Gesundheit eines Menschen nicht unerheblich verletzt, so ist der pharmazeutische Unternehmer, der das Arzneimittel im Geltungsbereich dieses Gesetzes in den Verkehr gebracht hat, verpflichtet, dem Verletzten den daraus entstandenen Schaden zu ersetzen. Die Ersatzpflicht besteht nur, wenn

1. das Arzneimittel bei bestimmungsgemäßem Gebrauch schädliche Wirkungen hat, die über ein nach den Erkenntnissen der medizinischen Wissenschaft vertretbares Maß hinausgehen oder
2. der Schaden infolge einer nicht den Erkenntnissen der medizinischen Wissenschaft entsprechenden Kennzeichnung, Fachinformation oder Gebrauchsinformation eingetreten ist.

(2) Ist das angewendete Arzneimittel nach den Gegebenheiten des Einzelfalls geeignet, den Schaden zu verursachen, so wird vermutet, dass der Schaden durch dieses Arzneimittel verursacht ist. Die Eignung im Einzelfall beurteilt sich nach der Zusammensetzung und der Dosierung des angewendeten Arzneimittels, nach der Art und Dauer seiner bestimmungsgemäßen Anwendung, nach dem zeitlichen Zusammenhang mit dem Schadenseintritt, nach dem Schadensbild und dem gesundheitlichen Zustand des Geschädigten im Zeitpunkt der Anwendung sowie allen sonstigen Gegebenheiten, die im Einzelfall für oder gegen die Schadensverursachung sprechen. Die Vermutung gilt nicht, wenn ein anderer Umstand nach den Gegebenheiten des Einzelfalls geeignet ist, den Schaden zu verursachen. Ein anderer Umstand liegt nicht in der Anwendung weiterer Arzneimittel, die nach den Gegebenheiten des Einzelfalls geeignet sind, den Schaden zu verursachen, es sei denn, dass wegen der Anwendung dieser Arzneimittel Ansprüche nach dieser Vorschrift aus anderen Gründen als der fehlenden Ursächlichkeit für den Schaden nicht gegeben sind.

(3) Die Ersatzpflicht des pharmazeutischen Unternehmers nach Absatz 1 Satz 2 Nr. 1 ist ausgeschlossen, wenn nach den Umständen davon auszugehen ist, dass die schädlichen Wirkungen des Arzneimittels ihre Ursache nicht im Bereich der Entwicklung und Herstellung haben.

2.2.1 Die Voraussetzungen der Gefährdungshaftung

§ 84 AMG ist die entscheidende Norm der Gefährdungshaftung für Arzneimittel. Die Gefährdungshaftung setzt keine Sorgfaltspflichtverletzung und kein Verschulden voraus. Sie knüpft an das Inverkehrbringen und den entstandenen Schaden an. Die Vorschrift beschreibt die Schutzgüter, die geschützten Personen, die Eingrenzung der haftungsrelevanten Arzneimittel sowie den Kausalzusammenhang und die Verwirklichung der Gefahr.

Gemäß § 84 AMG ist nur der *pharmazeutische Unternehmer* haftbar, der das Arzneimittel im Geltungsbereich dieses Gesetzes in den Verkehr gebracht hat. Pharmazeutische Unternehmer in diesem Sinn sind nicht nur Hersteller und vertreibende Unternehmen, sondern alle, die Arzneimittel unter ihrem Namen in den Verkehr bringen, also auch Importeure und gegebenenfalls der Einzelhandel (zur Definition s. § 4 Abs. 18 AMG). Sind Zulassungsinhaber und vertreibendes Unternehmen nicht identisch, haften beide als Gesamtschuldner, wenn das Arzneimittel unter beider Namen in den Verkehr gebracht wurde. Interne Haftungsabsprachen berühren den Anspruch des Geschädigten nicht.

Schutzgüter sind Leben, Körper und Gesundheit des Menschen. Von der Gefährdungshaftung des § 84 AMG werden Sachen und Tiere nicht umfasst. Die Haftung nach § 84 AMG tritt auch nur dann ein, wenn die Verletzung „nicht unerheblich" ist. Diese *Erheblichkeit* ist nach einem objektiven Maßstab sowohl quantitativ wie auch qualitativ dahingehend zu bestimmen, ob eine erhebliche Beeinträchtigung des körperlichen Wohlbefindens vorliegt, die ärztlicher Behandlung bedarf. Subjektive Überempfindlichkeiten bleiben dabei außer Betracht.

Der Anspruch ist auf den Patienten beschränkt, dem das Arzneimittel in Deutschland (gegebenenfalls auch nach Durchlaufen einer ausländischen Vertriebskette) unmittelbar zugeführt wird. Außerhalb des persönlichen Schutzbereichs liegen daher eigentlich *mittelbar Verletzte*, die durch Ansteckung oder eine Übermaßreaktion des Patienten (z. B. Einschlafen am Steuer) verletzt worden sind. Allerdings wurde dies im Bereich des Deliktrechts vom Bundesgerichtshof anders und dahingehend entschieden, dass z. B. auch für mittelbare Ansteckung gehaftet wird. Auch die europäische Produkthaftungsrichtlinie bezieht den Sekundärgeschädigten in den Anspruch mit ein. Hierauf verweist auch die amtliche Begründung des reformierten Gesetzes, so dass die Gerichte Ansprüche der Sekundärgeschädigten nach dem AMG wohl anerkennen dürften und nicht auf das allgemeine Haftungsrecht verweisen werden.

Bei dem *Arzneimittel* muss es sich um ein zum Gebrauch bei Menschen bestimmtes Arzneimittel handeln, das im Geltungsbereich des Gesetzes an den Verbraucher abgegeben wurde und der Pflicht zur Zulassung unterliegt oder durch Rechtsverordnung von der Zulassung befreit worden ist. Arzneimittel in der klinischen Prüfung können daher die Haftung nach § 84 AMG nicht begründen. Für sie gilt das spezielle Versicherungsregime der §§ 40 ff. AMG. Das Medikament muss angewendet worden sein, d. h. es muss eingenommen, injiziert oder auf den Körper aufgetragen worden sein.

Die Haftung beschränkt sich auf Verletzungen, die infolge der *Anwendung* des Arzneimittels eingetreten sind, z. B. indem durch die Anwendung des Medikaments ein Mensch verletzt oder in seiner Gesundheit beschädigt wurde. Der Kausalitätsbeweis ist seit der Schadensrechtsreform im Jahre 2002 einer komplexen Regelung von Vermutungen und Gegenvermutungen unterworfen (§ 84 Abs. 2 AMG). Diese Neuregelung hat die Arzneimittelhaftung erheblich verschärft. Die Auswirkungen in der Praxis lassen sich jedoch noch nicht sicher beurteilen.

Die *Wirkungslosigkeit* eines Arzneimittels wird von § 84 AMG nicht umfasst, denn eine fehlende Wirkung schließt eine Schädigung durch das Arzneimittel aus. Die Gefährdung wird im Übermaß der Neben- und Wechselwirkung gesehen, nicht aber in Nichterkennung oder Nichtaufhalten der Krankheit. Allerdings kann die Wirkungslosigkeit trotz Wirkungserwartung in den Fällen der Produzentenhaftung (s. Kap. 2.3) eine Rolle spielen.

2.2.2 Gefährdungshaftung wegen der Herstellung von Arzneimitteln, § 84 Abs. 1 Satz 2 Nr. 1, Abs. 3 AMG

Das Arzneimittelrisiko realisiert sich nach § 84 Abs. 1 Satz 2 Nr. 1 AMG in einer Rechtsgutverletzung, konkret also in der Schädigung eines Menschen. Bis zur Schadensrechtsreform im Jahre 2002 war der Geschädigte mit dem Nachweis belastet, dass die schädlichen Wirkungen des Arzneimittels ihre Ursache im Bereich der Entwicklung und Herstellung hatten. Der Gesetzgeber hat mit der Reform die Beweislast nun dem pharmazeutischen Unternehmer zugewiesen, der sich nach Maßgabe des § 84 Abs. 3 AMG entlasten kann.

Gehaftet wird nur für den *bestimmungsgemäßen Gebrauch* des Arzneimittels. Dieser kann als Differenzmenge der zugelassenen Indikationen und Kontraindikationen verstanden werden. Er wird vom pharmazeutischen Unternehmen durch die Packungsbeilage an den Patienten, durch Fachinformation an den Arzt oder Apotheker kommuniziert, kann aber auch durch das produktspezifische Marketing erweitert werden. Bestimmungsgemäß ist auch eine Verwendung, die auf anerkannten Therapiegewohnheiten beruht, insbesondere Gegenstand einer Leitlinie ist, und vom Unternehmen widerspruchslos hingenommen wird. Die Angabe von Kontraindikationen ist daher prinzipiell geeignet, das Haftungsspektrum zu beschränken. Die Bestimmungswidrigkeit ergibt sich jedoch noch nicht in ausreichender Weise aus einer Empfehlung oder dem Gebrauch des Wortes, dass ein Arzneimittel nicht genommen werden „soll" oder „nur nach Weisung des Arztes" oder „nur mit Vorsicht". Dass ein Übermaß an Kontraindikationen andererseits die Haftung des pharmazeutisches Unternehmens für Fälle begründen könnte, in denen Patienten dadurch von der Anwendung des Arzneimittels abgeschreckt werden, wird in der Literatur zwar vereinzelt vertreten, ist aber zu weitgehend.

Das Arzneimittel muss abstrakt-generell *geeignet* sein, den vom Kläger geltend gemachten Schaden herbeizuführen. Für diesen Nachweis stellt § 84 Abs. 2 Satz 2 AMG einen Kriterienkatalog auf, bei dessen Einschlägigkeit der Nachweis als erbracht gilt (Kausalitätsvermutung). Die vermutete Eignung kann vom Hersteller widerlegt werden, wenn ein anderer Umstand ebenso geeignet ist, den Schaden herbeizuführen, § 84 Abs. 2 Satz 3 AMG. Als anderer Umstand gilt allerdings nicht die Anwendung weiterer, ebenso zur Schadensherbeiführung geeigneter Arzneimittel, § 84 Abs. 2 Satz 4 AMG. Die Hersteller beider Arzneimittel haften dann gem. § 93 Satz 1 AMG als Gesamtschuldner. Damit zieht der Gesetzgeber die Konsequenz aus den erfolglosen Schadensersatzprozessen der HIV-Infizierten, die nicht das schadenauslösende Blutprodukt identifizieren konnten. Als Gegenausnahme hierzu können aber solche Arzneimittel nicht als anderer Umstand ins Feld geführt werden, die einen Schadensersatzanspruch nicht begründen können, z. B. weil deren schädliche Wirkungen als vertretbar anzusehen sind.

Die Gefährdungshaftung greift aber auch nur, soweit die schädlichen Wirkungen über ein nach den Erkenntnissen der medizinischen Wissenschaft vertretbares Maß hinausgehen und ihre Ursache im Bereich der Entwicklung oder Herstellung haben. Diese Ursächlichkeit wird allerdings zugunsten des Geschädigten vermutet. Mit der medizinischen *Vertretbarkeit* wird eine Abwägung verlangt, wonach der therapeutische Wert die schädlichen Wirkungen des Arzneimittels überwiegt. Vorausgesetzt ist damit, dass schädliche Nebenwirkungen grundsätzlich in Kauf genommen werden können. Entscheidend für die Abwägung ist die Erkenntnis der medizinischen Wissenschaft. Nicht nur der medizinische Sachverständige muss die Vertretbarkeit beurteilen, auch die Akzeptanz durch den Patienten ist zu berücksichtigen. Entscheidend sind Dauer, Schwere und Häufigkeit der schädlichen Wirkungen sowie therapeutische Alternativen, wenn sie eine geringere Gefahr aufweisen. In der Rechtswissenschaft wird noch kontrovers diskutiert, ob wirtschaftliche Gesichtspunkte eine Rolle spielen können.

Für die Haftung ist letztendlich der *Zeitpunkt* der Beurteilung durch das angerufene Gericht entscheidend. In der Literatur wird zum einen auf den Stand der medizinischen Wissenschaft im Zeitpunkt des Inverkehrbringens abgestellt. Zum anderen wird die Auffassung vertreten, dass der Zeitpunkt der letzten mündlichen Gerichtsverhandlung heranzuziehen sei. Eine vermittelnde Meinung will das im Zeitpunkt der letzten mündlichen Gerichtsverhandlung vorhandene Wissen auf den Zeitpunkt des Inverkehrbringens zurückprojizieren, sodass sich die Frage stellt, ob die schädlichen Wirkungen, wenn sie bekannt gewesen wären, bei dem damaligen Arzneimittelangebot hätten in Kauf genommen werden dürfen. Dies ist die gleiche Frage, wie sie bei der Zulassung des Arzneimittels gestellt wird.

Vor Inkrafttreten der Schadensrechtsreform musste der Anwender des Arzneimittels nachweisen, dass die schädlichen Wirkungen des Arzneimittels ihre Ursache im Bereich der Entwicklung oder Herstellung des Arzneimittels haben. Auf diesen Umstand kommt es nun nicht mehr an. Vielmehr liegt jetzt im (freilich schwer zu erbringenden) Nachweis durch den pharmazeutischen Unternehmer, dass das Arzneimittel *fehlerfrei* ist, ein anspruchsvernichtender Umstand (§ 84 Abs. 3 AMG). Allerdings ist eine lückenlose Erfassung und Sicherung der Befunde zur Fehlerfreiheit nicht erforderlich. Da das Gesetz formuliert, „wenn nach den Umständen davon auszugehen ist", muss die überwiegende Wahrscheinlichkeit einer Fehlerfreiheit als ausreichend angesehen werden.

2.2.3 Haftung wegen Arzneimittelinformation, § 84 Abs. 1 Satz 2 Nr. 2 AMG

Der pharmazeutische Unternehmer haftet nicht nur für unvertretbare schädliche Wirkungen, sondern auch für Schäden, die infolge fehlerhafter Kennzeichnung, Fachinformation oder Gebrauchsinformation eingetreten sind. Dadurch wird zum einen eine Haftung für die Fälle begründet, in denen die arzneimittelbezogene

Kommunikation defizitär ist. Zum anderen bietet die Vorschrift den pharmazeutischen Unternehmern die Möglichkeit, die Haftung für solche schädlichen Wirkungen auszuschließen, die als negative Wirkungen und Eigenschaften des Medikaments in der Kennzeichnung enthalten sind. Allerdings werden diese Angaben im Rahmen des Zulassungsverfahrens auf das beschränkt, was tatsächlich an negativen Eigenschaften über das Produkt bekannt oder nachgewiesen ist. Es ist daher nicht möglich, durch fingierte unerwünschte Wirkungen die Haftung für später möglicherweise eintretende Fälle zu begrenzen.

Die Instruktionspflicht wird flankiert durch die fortlaufende Verpflichtung des Unternehmers, nach der Zulassung erkannte Nebenwirkungen im Rahmen einer *Änderungsanzeige* zu deklarieren. Die Informationsinhalte von Kennzeichnung, Fachinformation und Gebrauchsinformation sind im Rahmen dieses Änderungsverfahrens anzupassen (§ 29 Abs. 1 Satz 1 AMG).

Eine Haftung entsteht vor allem dann, wenn ein Hinweis auf Risiken unterbleibt, die in der klinischen Prüfung bekannt wurden, für die gesicherte Erkenntnisse der medizinischen Wissenschaft vorliegen oder die sich aus der fortlaufenden Beobachtung des Arzneimittels ergeben. Der Hersteller oder pharmazeutische Unternehmer ist nicht auf Gefahrenhinweise und Gefahrenkennzeichnungen beschränkt, die das Gesetz fordert. Er muss dem Anwender des Arzneimittels alle Informationen zur Verfügung stellen, die für eine sichere Anwendung des Arzneimittels notwendig sind. Dies umfasst auch Warnungen vor den Folgen der Arzneimittelanwendungen, den Missbrauch des Arzneimittels und die Unvereinbarkeit bzw. *Wechselwirkungen* mit anderen Arzneimitteln. Für die unterlassene Instruktion bezüglich der Unvereinbarkeit von Arzneimitteln haftet der pharmazeutische Unternehmer auch dann, wenn die Unvereinbarkeit erkennbar war. So liegt der Fall beispielsweise, wenn die parallele Anwendung verschiedener Arzneimittel medizinisch sinnvoll und / oder verbreitet ist.

2.2.4 Rechtsfolgen der Haftung nach dem AMG

Das Arzneimittelgesetz unterscheidet hinsichtlich der Rechtsfolgen der Haftung zwischen einer Ersatzpflicht bei Tötung und einer Ersatzpflicht bei Körperverletzung (§§ 86, 87 AMG).

Im Fall der *Tötung* ist der *Schadensersatz* als Erstattung der Kosten einer versuchten Heilung sowie des Vermögensnachteils zu leisten, den der Getötete dadurch erlitten hat, dass während der Krankheit seine Erwerbsfähigkeit aufgehoben oder gemindert war. Als weiteren einstandspflichtigen Schaden benennt das Gesetz auch den Vermögensnachteil, der durch eine *Vermehrung der Bedürfnisse* während der Krankheit eingetreten ist. Die im Gesetz angesprochene „Vermehrung der Bedürfnisse" bezieht sich auf diejenigen Aufwendungen, mit denen der Verletzte die Störung des körperlichen Wohlbefindens ausgleicht, wie z. B. die Kosten einer auf Dauer notwendigen Diät, die Aufwendungen für Körperersatzstücke oder Pflegemaßnahmen. Davon abzugrenzen sind die Kosten der Behandlung der Krankheit, die als Grundleiden Anlass für die Anwendung des Medikaments gegeben hat. Ist die Heilbehandlung durch die gesetzliche oder private Krankenversicherung oder einen anderen Versicherungsträger bereits finanziert oder erstattet, gehen die Ersatzansprüche des Geschädigten auf den Krankenversicherungs- oder Sozialversicherungsträger über. Der Schadensersatzanspruch umfasst auch den *Verdienstausfall* in Höhe des Nettoverdienstes.

Auch die *Beerdigungskosten*, soweit sie vom Erben oder demjenigen, der dem Getöteten unterhaltspflichtig war, vorfinanziert wurden, sind in dem Umfang zu erstatten, den das Bürgerliche Gesetzbuch als für eine „standesgemäße Beerdigung" notwendig erachtet (§ 1968 BGB). Schließlich umfasst die Schadensersatzpflicht bei Tötung auch die *Unterhaltspflicht* für die mutmaßliche Dauer des Lebens. Der Anspruch besteht auch gegenüber Kindern, die zum Zeitpunkt der Verletzung bereits erzeugt, aber noch nicht geboren waren. Das Gesetz bestimmt für diesen Fall des Schadensersatzes die Entrichtung einer Geldrente (§ 89 Abs. 1 AMG).

Im Fall der Verletzung des *Körpers* oder der *Gesundheit* erstreckt sich die Schadensersatzpflicht auf die Kosten der Heilung und des Vermögensnachteils, den der Verletzte dadurch erleidet, dass infolge der Verletzung seine Erwerbsfähigkeit zeitweise oder dauernd aufgehoben oder gemindert war. Auch hier erstreckt sich die Schadensersatzpflicht auf die Kosten durch Vermehrung der Bedürfnisse.

Im Fall der Tötung oder Verletzung eines Menschen ist die Schadensersatzpflicht auf einen Kapitalbetrag von 600.000 Euro oder einen Rentenbetrag von 36.000 Euro beschränkt (so genannte *Höchstbeträge*). Sind mehrere Menschen getötet oder verletzt worden, beschränkt sich die Gesamthaftung des Ersatzpflichtigen auf einen Kapitalbetrag von 120 Mio. Euro oder einen Rentenbetrag von jährlich 7,2 Mio. Euro. Ist die Summe der Entschädigungen, die mehreren Geschädigten zustehen, insgesamt aber höher, verringern sich die einzelnen Entschädigungen in dem Verhältnis, in welchem ihr Gesamtbetrag zu dem Höchstbetrag steht (§ 88 Abs. 2 AMG). Das Gesetz verbietet Vereinbarungen, mit denen die gesetzlich vorgegebenen Ersatzpflichten ausgeschlossen oder beschränkt werden (§ 92 AMG).

2.2.5 Auskunftsanspruch aus § 84a AMG

Um die beweisrechtliche Stellung des Geschädigten im Arzneimittelprozess zu stärken, wird diesem ein Auskunftsanspruch gegen den pharmazeutischen Unternehmer (sowie gegen Behörden, die für die Zulassung und Überwachung von Arzneimitteln zuständig sind, also das Bundesinstitut für Arzneimittel und Medizinprodukte, das Paul-Ehrlich-Institut und die Überwachungsbehörden der Bundesländer) gewährt. Auskunft kann verlangt werden, wenn Tatsachen vorliegen, welche die Annahme begründen, dass ein Arzneimittel einen Schaden verursacht hat. Die Rechtsprechung verlangt dabei vom Geschädigten den Vortrag von Tatsachen, die den Schluss zu lassen, dass zwischen der Einnahme des Arzneimittels und dem konkreten Schaden ein Zusammenhang besteht.

Der Anspruch ist ausgeschlossen, soweit er sich auf eine Auskunft richtet, die für den Schadensersatzanspruch nach § 84 AMG nicht erforderlich ist. Er ist ferner ausgeschlossen, soweit die Angaben auf Grund gesetzlicher Vorschriften geheim zu halten sind oder die *Geheimhaltung* einem überwiegenden Interesse des pharmazeutischen Unternehmers entspricht.

Inhaltlich hat der Unternehmer Auskunft zu geben über ihm bekannte Wirkungen, Nebenwirkungen und Wechselwirkungen sowie ihm bekannt gewordene Verdachtsfälle und sämtliche weitere Erkenntnisse, die für die Bewertung der Vertretbarkeit schädlicher Wirkungen von Bedeutung sein können. Die Auskunft hat in aller Regel schriftlich zu erfolgen. Besteht Grund zu der Annahme, dass die Angaben nicht mit der erforderlichen Sorgfalt gemacht worden sind, hat der pharmazeutische Unternehmer eidesstattlich zu versichern, dass er die Auskunft nach bestem Wissen erteilt hat.

2.2.6 Gerichtsstand nach § 94a AMG

Nach den §§ 12 ff. Zivilprozessordnung (ZPO) hat der Geschädigte entweder am Sitz des pharmazeutischen Unternehmers oder am Ort der unerlaubten Handlung zu klagen. Wahlweise kann er die Ansprüche aus dem AMG auf Schadensersatz bzw. Auskunft auch bei dem Gericht einklagen, in dessen Bezirk er zurzeit der Klageerhebung seinen Wohnsitz bzw. gewöhnlichen Aufenthaltsort hat, § 94a AMG. Diese Regelung soll dem Geschädigten die Rechtsdurchsetzung erleichtern.

2.3 Haftung nach dem Produkthaftungsgesetz (ProdHaftG) und dem allgemeinen Deliktsrecht (so genannte Produzentenhaftung, § 823 BGB)

ProdHaftG § 1 Haftung
(1) Wird durch den Fehler eines Produkts jemand getötet, sein Körper oder seine Gesundheit verletzt oder eine Sache beschädigt, so ist der Hersteller des Produkts verpflichtet, dem Geschädigten den daraus entstehenden Schaden zu ersetzen. Im Falle der Sachbeschädigung gilt dies nur, wenn eine andere Sache als das fehlerhafte Produkt beschädigt wird und diese andere Sache ihrer Art nach gewöhnlich für den privaten Ge- oder Verbrauch bestimmt und hierzu von dem Geschädigten hauptsächlich verwendet worden ist.

(2) Die Ersatzpflicht des Herstellers ist ausgeschlossen, wenn
er das Produkt nicht in den Verkehr gebracht hat,
nach den Umständen davon auszugehen ist, dass das Produkt den Fehler, der den Schaden verursacht hat, noch nicht hatte, als der Hersteller es in den Verkehr brachte,

er das Produkt weder für den Verkauf oder eine andere Form des Vertriebs mit wirtschaftlichem Zweck hergestellt noch im Rahmen seiner beruflichen Tätigkeit hergestellt oder vertrieben hat,
der Fehler darauf beruht, dass das Produkt in dem Zeitpunkt, in dem der Hersteller es in den Verkehr brachte, dazu zwingenden Rechtsvorschriften entsprochen hat, oder
der Fehler nach dem Stand der Wissenschaft und Technik in dem Zeitpunkt, in dem der Hersteller das Produkt in den Verkehr brachte, nicht erkannt werden konnte.

(3) Die Ersatzpflicht des Herstellers eines Teilprodukts ist ferner ausgeschlossen, wenn der Fehler durch die Konstruktion des Produkts, in welches das Teilprodukt eingearbeitet wurde, oder durch die Anleitungen des Herstellers des Produkts verursacht worden ist. Satz 1 ist auf den Hersteller eines Grundstoffes entsprechend anzuwenden.

(4) Für den Fehler, den Schaden und den ursächlichen Zusammenhang zwischen Fehler und Schaden trägt der Geschädigte die Beweislast. Ist streitig, ob die Ersatzpflicht gemäß Absatz 2 oder 3 ausgeschlossen ist, so trägt der Hersteller die Beweislast.

§ 823 BGB Schadensersatzpflicht
(1) Wer vorsätzlich oder fahrlässig das Leben, den Körper, die Gesundheit, die Freiheit, das Eigentum oder ein sonstiges Recht eines anderen widerrechtlich verletzt, ist dem anderen zum Ersatz des daraus entstehenden Schadens verpflichtet.

(2) Die gleiche Verpflichtung trifft denjenigen, welcher gegen ein den Schutz eines anderen bezweckendes Gesetz verstößt. Ist nach dem Inhalt des Gesetzes ein Verstoß gegen dieses auch ohne Verschulden möglich, so tritt die Ersatzpflicht nur im Falle des Verschuldens ein.

Das Arzneimittelgesetz regelt in §§ 84 ff. die Gefährdungshaftung des pharmazeutischen Unternehmers für zulassungspflichtige Arzneimittel. Neben diesen speziellen Vorschriften bleiben jedoch all diejenigen gesetzlichen Regelungen bestehen, für die § 84 möglicherweise nicht einschlägig ist, die weitergehende Schadenersatzansprüche regeln oder sich gegen alle anderen Ersatzpflichtigen richten (§ 91 AMG). Das Produkthaftungsgesetz kann seine Wirkung z. B. für homöopathische Arzneimittel oder Arzneimittel in der klinischen Prüfung (§ 40 AMG) entfalten. Von weitreichender Bedeutung ist die allgemeine Deliktshaftung des Herstellers, die so genannte „Produzentenhaftung“ nach § 823 Abs. 1 BGB. Daneben ist auch die Haftung für Verletzung eines Schutzgesetzes nach § 823 Abs. 2 BGB zu beachten, da § 5 AMG das Inverkehrbringen bedenklicher Arzneimittel verbietet.

Praktische Bedeutung kommt der Produzentenhaftung nach § 823 BGB z. B. für Haftung gegenüber Dritten, Haftung für die Wirkungslosigkeit von Arzneimitteln und die Haftung bei einem nicht bestimmungsgemäßen Gebrauch zu. Allerdings bestehen zwischen der Deliktshaftung nach dem BGB und der Gefährdungshaftung nach dem AMG sowohl hinsichtlich der Anspruchsvoraussetzungen wie auch in Bezug auf den Anspruchsinhalt erhebliche Unterschiede.

Im Grundsatz ist die Deliktshaftung nach dem Bürgerlichen Gesetzbuch nur bei einem Verschulden (Vorsatz oder Fahrlässigkeit) gegeben. Es handelt sich eben nicht um einen Anspruch aus Gefährdungshaftung. Der Bundesgerichtshof hat allerdings für bestimmte Fälle eine *Beweislastumkehr* zu Gunsten des geschädigten Verbrauchers entwickelt. Kann der Geschädigte nachweisen, dass das Arzneimittel bereits zum Zeitpunkt des Inverkehrbringens fehlerhaft war, darf das Gericht vermuten, dass der pharmazeutische Unternehmer seine Verkehrspflicht schuldhaft verletzt hat. Für die Verwirklichung eines zur Zeit der Herstellung oder dem Inverkehrbringen jedoch noch nicht vorhandenen Entwicklungsrisikos wird nach Deliktsrecht allerdings nicht gehaftet. Eine Haftung kommt auch dann nicht in Betracht, wenn nur ein einzelnes Arzneimittel aus einer Produktionsserie fehlerhaft ist und dieser Fehler trotz aller zumutbaren Sicherheitsmaßnahmen nicht vermieden werden kann.

Im Regelfall wird es dem Geschädigten schwer fallen, dem Hersteller ein Verschulden hinsichtlich der Fehlerhaftigkeit des Produkts nachzuweisen. Für die Praxis des Schadensersatzrechts ist daher die fahrlässige Verletzung einer Gefahrenabwendungspflicht, der so genannten *Verkehrspflicht*, durch den pharmazeutischen Unternehmer von maßgeblicher Bedeutung. Er hat alle erforderlichen und ihm zumutbaren Maßnahmen zu ergreifen, um Gefahren für die Rechtsgüter der Arzneimittelanwender und sonstiger Dritter zu verhindern oder zu beseitigen. Die Verkehrspflichtverletzung wird also an der Erforderlichkeit und Zumutbarkeit von Sicherungsmaßnahmen gemessen. Dabei ist die durchschnittliche Sicherheitserwartung derjenigen Verbraucher in den Blick zu nehmen, für die das Produkt bestimmt ist. Demgegenüber wird die Höchstgrenze für das einzuhaltende Sicherheitsniveau durch die anerkannten Regeln der Technik und der Wissenschaft definiert. Eine Unterschreitung der anerkannten Regeln der Technik bedeutet zugleich auch immer eine Unterschreitung des gebotenen Sicherheitsniveaus. Die Abwägung ist im konkreten Einzelfall unter Abwägung der Größe der Gefahr, der drohenden Gesundheitsschäden und des Aufwands der Sicherheitsmaßnahmen zu treffen.

Die von der Rechtssprechung entwickelten Verkehrspflichten des Herstellers betreffen die Konstruktion und Fabrikation des Produktes, die Instruierung des Produktverwenders sowie schließlich die Produktbeobachtung, die im Einzelfall auch eine Reaktionspflicht des Herstellers nach sich ziehen kann.

Die sach- und zweckgerichtete *Konstruktion* ist Verpflichtung des Herstellers. Er hat eine Herstellungsart zu wählen, die gewährleistet, dass das Arzneimittel für den jeweiligen Verwendungszweck „geeignet und betriebssicher" ist. Die Konstruktionsfehlerbegriffe des Deliktrechts entsprechen denen des Sicherheitsniveaus, das § 84 Abs. 1 Satz 2 Nr. 1 AMG fordert.

Das *Entwicklungsrisiko* ist nicht Gegenstand der Produzentenhaftung. Wenn also eine unvertretbare Arzneimittelwirkung zum Zeitpunkt des Inverkehrbringens nicht zu erkennen ist und auch nicht erkennbar war, liegt ein Entwicklungsrisiko vor, das keine Pflichtverletzung des Herstellers begründet.

Von den Konstruktionspflichten sind die *Fabrikationspflichten* abzugrenzen. Sie beziehen sich auf den Produktionsprozess, der hinsichtlich Planung und Organisation so ausgestaltet sein muss, dass Mängel im Herstellungsprozess ausgeschlossen werden. Die Fabrikationspflicht zielt auf die Einheit von Soll- und Ist-Beschaffenheit. Gelingt dem Hersteller nicht der Nachweis, dass er alles Erforderliche zur Organisation eines einwandfreien Herstellungsprozesses unternommen hat, kann ein Fabrikationsfehler im Herstellungsprozess angenommen werden, wie ihn der Bundesgerichtshof im Fall des verunreinigten Impfstoffs in der so genannten „Hühnerpestentscheidung" (BGHZ 51, 91 ff.) angenommen hatte.

Die *Instruktionspflichten* sollen eine gefahrlose Benutzung gewährleisten, indem der Verbraucher durch Bedienungs- oder Warnhinweise in die Lage versetzt wird, das Arzneimittel im Rahmen der „allgemeinen Zweckbestimmung" einzusetzen. Insbesondere über nahe liegende oder gravierende Risiken ist durch die Kennzeichnung, Packungsbeilage oder Fachinformation zu instruieren. Muss der pharmazeutische Unternehmer einen „ernst zu nehmenden Verdacht" bezüglich eines Arzneimittelrisikos haben oder befürchten, dass Gesundheitsschäden auftreten können, entsteht die Instruktionspflicht. Sie erstreckt sich auch auf die fehlerhafte Arzneimittelwerbung und geht damit über die Gefährdungshaftung wegen Arzneimittelinformation nach § 84 Abs. 1 Satz 2 AMG hinaus.

Entscheidende Unterschiede ergeben sich auch hinsichtlich der *Produktbeobachtungs-* und *Reaktionspflichten* des pharmazeutischen Unternehmers, die über die Pflichten zur Anwendungsbeobachtung (Phase IV) hinausgehen. Hierzu zählt auch, Produkte der Konkurrenz zu beobachten und zu reagieren, wenn beispielsweise diese mit einem höheren Sicherheitsniveau in Verkehr gebracht werden. Unabhängig vom Produkt ist der pharmazeutische Unternehmer auch verpflichtet, sich fortlaufend über die Entwicklung der medizinischen / pharmazeutischen Wissenschaft auf dem Laufenden zu halten. Auf Schäden, die durch die Anwendung des Arzneimittels entstehen, hat er unmittelbar zu reagieren. Der erste Schadensfall, der das Entwicklungsrisiko erkennbar macht, ist allerdings vom haftungsrechtlichen Regime nicht erfasst.

In den vergangenen Jahren hat die Bedeutung des *Off-Label-Use* erheblich zugenommen. Zum bestimmungsgemäßen Gebrauch kann der Off-Label-Use gezählt werden, wenn er vom Hersteller entsprechend beworben wird, Gegenstand einer Leitlinie ist oder die verbreitete Anwendung in der nicht zugelassenen Indikation dem Hersteller bekannt ist, oder hätte bekannt sein müssen, und ihr nicht widersprochen wird. In allen anderen Fällen ist der Off-Label-Use jedoch kein bestimmungsgemäßer Gebrauch und kann daher auch nicht zu einem Anspruch aus Gefährdungshaftung nach § 84 AMG führen. In diese Haftungslücke kann die Marktbeobachtungspflicht des pharmazeutischen Unternehmers eintreten und eine Haftung begründen. Der pharmazeutische Unternehmer muss also einen praktizierten Off-Label-Use oder Compassionate-Use verfolgen, aus der Ärzteschaft zugehende Mitteilungen sammeln, auswerten und die entsprechenden Maßnahmen ergreifen, um Schäden von den Anwendern fern zu halten. Je nach Gefährdung können auch Warnhinweise (z. B. Rote-Hand-Briefe), Indikationseinschränkungen oder Rückrufpflichten entstehen.

Schließlich umfasst die Produzentenhaftung auch den Fall des Schadens durch ein *unwirksames Arzneimittel.* Voraussetzung für einen solchen Schadenersatzanspruch ist, dass der Anwender des Arzneimittels durch die in ihm geweckte Erwartung eine andere, wirksame therapeutische Alternative nicht ergreift. Allerdings muss auch in diesem Fall eine Verkehrspflichtverletzung des Herstellers zur Haftungsbegründung hinzutreten.

2.4 Fazit

Die Haftung für Schäden durch die Anwendung von Arzneimitteln kann sich aus dem Arzneimittelrecht und aus dem Deliktsrecht begründen. Arzneimittelrechtlich kommt die Gefährdungshaftung mit einer Kausalitätsvermutung und einer Beweislastumkehr zum Tragen. Seit dem Jahr 2002 wird auch Schmerzensgeld aus der Gefährdungshaftung geschuldet. Die Haftung jenseits der Haftungshöchstgrenzen des AMG bleibt der Verschuldenshaftung des allgemeinen Deliktrechts vorbehalten. Darüber hinaus erfasst das Deliktsrecht Haftungssituationen (z. B. Haftung wegen Nichtwirkung von Arzneimitteln), für die das AMG keine Haftungsregelung vorsieht.

Teil E:

Spezielle Fragen zu Markt und Unternehmenssteuerung

1 Generika und Biosimilars

Hermann Hofmann, Oliver Schöffski

Pro Generika e. V., Berlin
Universität Erlangen-Nürnberg, Lehrstuhl für Gesundheitsmanagement

1.1 Definitionen

Generika sind gemäß den Richtlinien des Europäischen Parlaments „Arzneimittel, die die gleiche qualitative und quantitative Zusammensetzung von Wirkstoffen und die gleiche Darreichungsform wie das Referenzarzneimittel aufweisen und deren Bioäquivalenz mit dem Referenzarzneimittel durch geeignete Bioverfügbarkeitsstudien nachgewiesen wurden".[1] Generika gibt es sowohl für den verschreibungspflichtigen als auch für den nicht-verschreibungspflichtigen Markt (Over The Counter = OTC). Mit Generika können zwei Drittel aller chronischen Krankheiten nach aktuellem Stand der Wissenschaft behandelt werden. Generika werden sowohl unter einem speziellen Handelsnamen (Branded Generics) als auch unter dem internationalen Freinamen der enthaltenen Wirksubstanz (International Nonproprietary Name – INN) angeboten. Originalarzneimittel, deren Patentschutz abgelaufen ist, werden als Altoriginale, patentfreie Originale oder patentfreie Erstanbieterprodukte bezeichnet.[2]

1.2 Geschäftsmodelle von Original- und Generikaherstellern

Die internationalen Gesundheitssysteme sind von zwei Entwicklungen geprägt: Durch die Erfolge der modernen Medizin werden die Menschen – zumindest in

---

[1] Vgl. Richtlinie 2001/83/EG des Europäischen Parlaments und des Rates vom 6.11.2001 zur Schaffung eines Gemeinschaftskodex für Humanarzneimittel.

[2] Vgl. Accenture Health & Life Sciences (2005), S. 9.

den Industrieländern – immer älter. Gleichzeitig steigt auch die Zahl der chronisch Erkrankten. Die zunehmende Zahl älterer Menschen, die keine kostendeckenden Beiträge in die Sozialsysteme mehr zahlen, führt zudem zu wachsenden Finanzierungsproblemen. Für die Arzneimittelversorgung bedeutet dies, dass sowohl der Bedarf an innovativen Therapiekonzepten als auch an kostengünstigen, qualitativ hochwertigen Arzneimitteln weiter steigt. Generika werden dabei zunehmend als gleichwertige Alternative zu patentfreien Originalpräparaten wahrgenommen. Da auch in Zukunft eine Vielzahl von Patenten für Wirkstoffe mit signifikanten Umsätzen in der Gesetzlichen Krankenversicherung (GKV) auslaufen, wird der Generikamarkt weiter wachsen. Vor diesem Hintergrund haben Original- und Generikahersteller Geschäftsmodelle entwickelt, die sich weitgehend ergänzen.

- *Originalhersteller* fokussieren auf Qualität, Innovation und Spezialisierung. Sie konzentrieren ihre Aktivitäten auf die Erforschung neuer Wirkstoffe und Wirkmechanismen. Daneben entwickeln sie auch neue galenische Formulierungen und Darreichungsformen für ihre patentgeschützten Wirkstoffe. Die freie Preisbildung in Deutschland erlaubt ihnen die Refinanzierung ihrer Investitionen in Forschung und Entwicklung während der Patentschutzzeit. Originalhersteller investieren zudem erheblich in Markenaufbau und Vertrieb. In der Regel spezialisieren sie sich auf ausgewählte Indikationsgebiete, in denen sie Marktführer sind. Zunehmend arbeiten Originalhersteller mit Generikatöchtern oder kooperieren mit externen Generikaherstellern, um den Wertschöpfungszyklus ihrer Wirkstoffe zu optimieren.
- *Generikahersteller* fokussieren auf Qualität, Preis und Vollsortimente. Sie setzen ausschließlich auf die Nutzung patentfreier Wirkstoffe. Ihr Geschäftsmodell ist die Bereitstellung von Arzneimitteln, die den patentfreien Erstanbieterprodukten qualitativ gleichwertig, dabei aber kostengünstiger sind. Generikahersteller müssen nicht in die langjährige und kostenintensive Entwicklung neuer Wirkstoffe und deren Zulassung investieren. Sie können auf den klinischen Studien der Originalhersteller aufbauen und auf die Zulassungsunterlagen des Referenzarzneimittels Bezug nehmen. Generikahersteller konzentrieren sich zumeist auf klinische Prüfungen zum Nachweis der Bioäquivalenz. Allerdings investieren sie häufig auch in galenische Weiterentwicklungen oder die Entwicklung neuer Applikationsformen. Da in der Regel mehrere Generikahersteller Produkte mit dem gleichen Wirkstoff anbieten, stehen sie untereinander in einem intensiven Preiswettbewerb. Die meisten Generikahersteller agieren als Vollsortimenter und bieten ein möglichst großes Spektrum von Wirkstoffen an. Vor allem größere Unternehmen bauen für eine bessere Positionierung und Profilierung eigene Dachmarken auf.[3]
- *Hersteller von Biosimilars* durchbrechen die bis dahin streng unterschiedlichen Geschäftsmodelle. Da sich biotechnologisch hergestellte Arzneimittel insbesondere durch den Herstellungsprozess unterscheiden, sind die Folgeprodukte von „Biologicals“, deren Patentschutz ausgelaufen ist, keine Generika im klassischen Sinne. Weil sie nicht mit dem Original identisch sind, unterliegen sie

---

[3] Vgl. Accenture Health & Life Sciences (2005), S. 14–15.

auch nicht dem Aut-idem-Prinzip (gleicher Wirkstoff) sondern dem Aut-simile-Prinzip (ähnlicher Wirkstoff). Hersteller von Biosimilars müssen bis zur Zulassung auch erheblich mehr Studien durchführen. Daher werden die in diesem Segment tätigen Unternehmen auch als „forschende Generikahersteller" bezeichnet.

1.3 Der Generikamarkt

Der Generikamarkt ist international durch einen intensiven Preiswettbewerb bestimmt. In Deutschland wurde dieser 2006 mit dem Arzneimittelversorgungs-Wirtschaftlichkeitsgesetz (AVWG) und 2007 mit dem GKV-Wettbewerbsstärkungsgesetz (GKV-WSG) nochmals erheblich verschärft.

1.3.1 Regulatorischer Rahmen

Wie auch die Originalpräparate unterliegen Generika einer Vielzahl regulatorischer Einflussfaktoren, die in Europa teilweise deutlich variieren. Das hat Auswirkungen auf die Chancen und Herausforderungen für die Arzneimittelhersteller in den einzelnen Märkten.

1.3.1.1 Patentschutz

Aufgrund der internationalen Vereinbarung auf dem Gebiet des Immaterialgüterrechts (TRIPS) genießen Arzneimittel in der Europäischen Union ab dem Zeitpunkt der Patentanmeldung 20 Jahre lang Patentschutz. Dies ist jedoch nur eine theoretische Zahl. Da nach der Patentanmeldung eines Wirkstoffes fast immer aufwändige Entwicklungsarbeiten, Studien und langwierige Zulassungsprozesse durchlaufen werden müssen, bevor das Arzneimittel tatsächlich auf dem Markt ist, verbleiben ihnen in der Regel rund zehn Jahre effektiver Patentschutz für das marktfähige Präparat. Dieser kann jedoch durch ein so genanntes Supplementary Protection Certificate (SPC) verlängert werden, damit die Hersteller von Originalarzneimitteln ausreichende Möglichkeiten zur Amortisierung ihrer Forschungs- und Entwicklungskosten haben. Diese ergänzenden Schutzzertifikate sind bis zu fünf Jahre gültig. Allerdings sind die Voraussetzungen die SPC's zu erlangen, in den einzelnen EU-Ländern sehr unterschiedlich.

1.3.1.2
Registrierung und Zulassung

Die Zulassung generischer Arzneimittel erfolgt nach dem Bezugnahmeprinzip. Wenn sich ein Generikum innerhalb des Rahmens der Zulassung des Referenzarzneimittels bewegt, können die Zweitanmelder auf die Unterlagen des Originalherstellers (pharmakologisch-toxikologische sowie klinische Prüfungsergebnisse, Sachverständigengutachten) zurückgreifen. Der Generikahersteller muss neben der pharmazeutischen Qualität seines Produkts (Substanz, Reinheit) vor allem dessen Bioverfügbarkeit nachweisen. Bioäquivalent und damit therapeutisch gleichwertig sind Generika, wenn der Wirkstoff bei gleicher Dosierung und unter gleichen experimentellen Bedingungen in der gleichen Geschwindigkeit und im gleichen Ausmaß freigesetzt, resorbiert und am Wirkort verfügbar wird. Das Bezugnahmeprinzip macht die Zulassung von Generika deutlich kostengünstiger und weniger zeitaufwändig als die von Originalprodukten.

Liegt bei der Bezugnahme keine Zustimmung des Erstanmelders vor, kann der Antrag auf Zulassung eines Generikums nach dem EU-Gemeinschaftsrecht frühestens acht Jahre nach Zulassung des Referenzarzneimittels gestellt werden. Die Vermarktung des Generikums darf dann erst nach zehn Jahren erfolgen. Die Vermarktungssperre verlängert sich um ein weiteres Jahr, wenn der Originalhersteller innerhalb von acht Jahren seit der Zulassung die Erweiterung der Zulassung um eines oder mehrere neue Anwendungsgebiete erwirkt hat, die bei der wissenschaftlichen Bewertung einen deutlichen therapeutischen Mehrnutzen gegenüber den etablierten Therapien aufweisen. Mit Zustimmung des Originalherstellers kann aber auch jederzeit während der Patentlaufzeit eine Zulassung für ein Generikum gestellt werden (Early Entry).[4]

1.3.1.3
Verordnungen und Preisregulierungen

Gesundheitspolitik fällt innerhalb der EU unter das Subsidiaritätsprinzip und ist damit grundsätzlich Angelegenheit der Mitgliedsstaaten selbst. Dies hat gravierende Unterschiede bei Preisbildung und Erstattungsfähigkeit zur Folge.

Deutschland
Die deutschen Vertragsärzte sind bei der Arzneimittelversorgung von GKV-Patienten zur wirtschaftlichen Verordnung angehalten. Einige Indikationen bzw. Arzneimittel sind grundsätzlich von der Erstattung durch die GKV ausgenommen. Die Einhaltung dieser Vorgaben wird durch Sanktionen wie Wirtschaftlichkeitsprüfungen oder finanzielle Anreize wie Boni flankiert.

Für die Apotheker gilt bei der Arzneimittelabgabe von Verordnungen patentfreier Wirkstoffe die Aut-idem-Regelung. Hat der Arzt die Substitution durch die Apotheke nicht ausgeschlossen, sind sie verpflichtet, das verordnete Arzneimittel oder eines der drei preisgünstigsten Generika abzugeben, das in Wirkstärke und Packungsgröße mit dem verordneten identisch ist, für den gleichen Indikationsbe-

4 Vgl. Accenture Health & Life Sciences (2005), S. 19–20.

reich zugelassen ist und die gleiche oder eine austauschbare Darreichungsform besitzt. Eine Ausnahme gilt für Arzneimittel, für die ein Rabattvertrag geschlossen wurde. (siehe Kap. 1.3.2)

Zwar besteht für die Arzneimittelhersteller in Deutschland generell das Recht auf freie Preisgestaltung. Dieses wird jedoch nach Ablauf des Patentschutzes sowie bei nicht zuerkannter „echter Innovation“ durch zusätzliche Regulierungen für die Erstattung durch gesetzliche Krankenkassen de facto eingeschränkt. Neben den Festbeträgen hat sich seit 2006 als Folge des AVWG ein zweiter so genannter Generika-Festbetrag etabliert (siehe Kap. 1.3.2.).[5] Die Krankenkassen erhielten mit dem Gesetz die Möglichkeit, Patienten die Zuzahlung zu erlassen, wenn Arzneimittelhersteller eine bestimmte vorgegebene Preislinie unterhalb der Festbeträge erreichen.

Andere europäische Staaten

In *Großbritannien* ist das Gesundheitswesen strikt reguliert. Die Hersteller müssen die Preise für ihre Produkte mit dem Gesundheitsministerium verhandeln. Das erste Generikum muss um 20 % preiswerter als das Originalarzneimittel sein, alle weiteren nochmals um 5 % günstiger. Ärzte sind angewiesen ausschließlich INN-Verordnungen auszustellen. Innovative Arzneimittel werden nur dann erstattet, wenn sie eine positive Empfehlung des National Institute for Clinical Excellence (NICE) haben. Eine Negativliste schließt bestimmte Produkte von der Verordnungsfähigkeit aus.

In *Frankreich* werden die Preise für patentgeschützte Originalarzneimittel in Verhandlungen zwischen Herstellern und Gesundheitsministerium festgelegt. Generikapreise werden ebenso verhandelt, müssen aber grundsätzlich 30 bzw. 40 % unter denen des Referenzproduktes liegen. Die Ärzte müssen eine Mindestverordnungsquote von Generika erreichen. Die Apotheker substituieren nach dem Aut-idem-Prinzip.

In *Spanien* regulieren die autonomen Regionen die Arzneimittelpreise. Bei erstattungsfähigen Arzneimitteln müssen Ärzte prinzipiell – wenn möglich – Generika verordnen. Sie allein treffen eine eventuelle Substitutionsentscheidung. Auch in *Italien* werden die Preise für patentgeschützte Produkte in Verhandlungen zwischen Staat und Herstellern festgelegt. Für Generika wird ein Referenzpreis (Erstattungsobergrenze) ermittelt, der in der Regel mindestens 20 % unter dem des Referenzproduktes liegt. Ärzte müssen sich rechtfertigen, wenn sie ein teureres Originalprodukt verordnen und dem Apotheker die Substitution untersagen. Der Apotheker ist grundsätzlich zur Substitution verpflichtet.

Der *polnische* Arzneimittelmarkt wird rigide vom Staat geregelt, der den Preis für jedes erstattungsfähige Präparat festlegt. Je nach Erstattungsklasse müssen Patienten eine unterschiedliche Zuzahlung leisten.

Das System in den *Niederlanden* ist bei Arzneimitteln dem deutschen sehr ähnlich. Die Hersteller können ihre Preise frei festsetzen. Generika unterliegen aber wegen einer Erstattungsgrenze einer indirekten Preisregulierung. Die Festbeträge werden anders als in Deutschland nicht auf Basis des nationalen Preisniveaus, son-

[5] Vgl. Accenture Health & Life Sciences (2005), S. 22.

dern aus den Durchschnittspreisen von vier Referenzstaaten festgelegt. Apotheker können substituieren und werden an den dadurch erzielten Einsparungen beteiligt.

In *Dänemark* sind die Hersteller von patentgeschützten Originalpräparaten in der Preisbildung frei. Für Generika gilt eine Preisobergrenze, die auf Basis europäischer Referenzpreise ermittelt wird. Ärzte sind nicht zur INN-Verordnung verpflichtet.

1.3.2 Gesundheitspolitische Rahmenbedingungen

Aufgrund der auch im deutschen GKV-Markt immer stärker werdenden Ressourcen-Knappheit wird der Arzneimittelsektor zunehmend Fragen der Nutzen- bzw. der Kosten-Nutzen-Bewertung unterworfen. Eine zentrale Rolle kommt dabei dem Gemeinsamen Bundesausschuss (G-BA) zu, dessen Hauptaufgabe es ist, für die ambulante und stationäre Versorgung das medizinisch Notwendige, Zweckmäßige, Ausreichende und Wirtschaftliche zu definieren. Auf dem Sektor der Arzneimittelversorgung beschließt der G-BA vor allem die Arzneimittelrichtlinien (AMR), die unter anderem Preisvergleiche und Therapiehinweise enthalten. Zudem setzt der G-BA die Festbetragsgruppen fest.

Festbeträge definieren seit ihrer Einführung mit dem Gesundheitsreformgesetz (GRG) im Jahr 1989 die Obergrenze, bis zu der die gesetzlichen Krankenkassen zu ihren Lasten verordnete Arzneimittel erstatten. Für patentfreie Erstanbieterprodukte und ihre wirkstoffgleichen Generika können Festbeträge der so genannten Stufe 1 festgesetzt werden. Für patentgeschützte Originale, deren Wirkstoffe pharmakologisch-therapeutisch vergleichbar – insbesondere chemisch verwandt – sind, können Festbeträge der Stufe 2 festgesetzt werden, wenn mindestens drei Analog-Präparate am Markt präsent sind. Allerdings dürfen patentgeschützte Arzneimittel, die eine therapeutische Verbesserung auch wegen geringerer Nebenwirkungen bedeuten, nicht mit einem Festbetrag belegt werden. Festbeträge der Stufe 3 können schließlich für Arzneimittel mit therapeutisch vergleichbarer Wirkung (insbesondere Arzneimittelkombinationen) festgesetzt werden. Gekoppelt mit der Aut-idem-Regelung sollen vor allem die Festbeträge der Stufe 1 zu einer vermehrten Verordnung und Abgabe preisgünstiger Generika führen.

Mit dem AVWG wurde 2006 eine weitere de-facto-Preisobergrenze („Generika-Festbetrag") geschaffen. Den Spitzenverbänden der Krankenkassen wurde erlaubt, Arzneimittel dann von der Zuzahlung freizustellen, wenn deren Preise auf Basis des Apothekeneinkaufspreises 30 % und mehr unter dem jeweiligen Festbetrag liegen. Die bis dahin erlaubte Abgabe kostenloser Arzneipackungen an Apotheken („Naturalrabatt") wurde untersagt. Um den Krankenkassen die hieraus freiwerdenden Mittel zur Verfügung zu stellen, wurde für alle Arzneimittel im generikafähigen Markt ein genereller Herstellerrabatt von 10 % festgesetzt. Davon ausgenommen sind lediglich Arzneimittel, deren Preise um 30 % niedriger als der jeweilige Festbetrag sind.

Das GKV-Wettbewerbsstärkungsgesetz (2007) hatte das Ziel, mehr Wettbewerb in das Gesundheitswesen einzuführen. Zentrales Instrument für die Arzneimittelversorgung ist die Möglichkeit der Krankenkassen, mit Herstellern Rabattverträge abzuschließen, deren Umsetzung für die Apotheken verpflichtend ist. Wenn ein Rabattvertrag besteht, dürfen Apotheken den jeweiligen Versicherten nur die rabattierten Medikamente eines Wirkstoffbereichs abgeben. Rabattverträge waren zwar bereits seit Januar 2003 erlaubt, ihre Umsetzung war den Apotheken allerdings bisher weitgehend freigestellt. Nach Angaben des Bundesgesundheitsministeriums hatten zum Stichtag 15. Juni 2007 mehr als 200 Krankenkassen Rabattverträge mit 55 Arzneimittelherstellern abgeschlossen.[6] Dabei setzten die Krankenkassen auf zwei unterschiedliche Modelle von Rabattverträgen. Während der AOK-Verbund, dem rund 40 % der gesetzlich Krankenversicherten als Mitglieder angehören, reine Wirkstoffverträge ausschrieb (pro Wirkstoff erhält dann eine begrenzte Zahl von Unternehmen den Zuschlag), favorisierten andere Krankenkassen – allen voran die Ersatzkassen – Rabattverträge mit Arzneimittelherstellern über deren gesamtes Sortiment.

Allerdings führt das Nebeneinander von zentralen Steuerungsinstrumenten und dezentralen Verhandlungslösungen immer wieder zu Konflikten. Zunehmend setzen sich deshalb Gesundheitsökonomen dafür ein, das Neben-, Mit- und teilweise Gegeneinander zentraler dirigistischer Steuerungsmaßnahmen und dezentraler Vertragslösungen zu Gunsten der wettbewerblichen Verhandlungslösungen zu beenden. Hierfür votieren unter anderem die Professoren Dieter Cassel und Eberhard Wille in ihrem Gutachten „Markt- und wettbewerbstheoretische Analyse der Regulierung des GKV-Arzneimittelmarktes", das Teil des im Auftrag des Bundesgesundheitsministeriums erstellten Gutachtens „Steuerung der Arzneimittelausgaben und Stärkung des Forschungsstandortes für die pharmazeutische Industrie" ist. In einem Vertragswettbewerb, so die beiden Autoren, seien zentrale Steuerungsinstrumente wie Festbeträge, Zwangsrabatte von Herstellern, Preismoratorien, Bonus-Malus-Regelungen etc. als entbehrlich einzustufen.

1.3.3 Der internationale Generikamarkt

Weltweit repräsentieren Generika rund zehn Prozent der Arzneimittelumsätze zu Herstellerabgabepreisen. Nach den USA ist Deutschland der zweitgrößte Generikamarkt in der Welt. Europaweit ist eine Steigerung der Verordnung und Abgabe von Generika zu beobachten. Dabei verlangsamt sich das Umsatzwachstum in den „reifen" Generikamärkten wie Deutschland, Großbritannien und den Niederlanden. Dies ist vor allem Folge der seit einigen Jahren zu beobachtenden massiven Preissenkungen der Generikahersteller. Dagegen wachsen relativ junge Generikamärkte wie beispielsweise Frankreich sehr stark. Gute Wachstumsprognosen werden auch für Spanien und Osteuropa, vor allem Russland und Polen ausgestellt.

[6] Vgl. www.die-gesundheitsreform.de (Stand 15.6.2007).

Im internationalen Kontext spielen deutsche Generikahersteller eine führende Rolle. Die drei umsatzstärksten deutschen Anbieter zählen zu den zehn weltweit führenden Unternehmen der Generikaindustrie.[7] Trotz der Internationalisierung haben die deutschen Generikahersteller nach wie vor ihre Unternehmenszentralen sowie große Teile der Forschung und Entwicklung und Produktion in Deutschland. Aufgrund des anhaltenden Kostendrucks ist eine stärkere Verlagerung in Niedriglohnländer wahrscheinlich. Stellenabbau droht bei Außendiensten. Aufgrund neuer Rahmenbedingungen werden Vertriebsstrukturen angepasst und Außendienstlinien durch ein deutlich weniger personalintensives Key-Account-Management abgelöst.

1.3.4 Der deutsche Generikamarkt

Der deutsche Generikamarkt ist wie in Kap. 1.3.2 beschrieben in besonderer Weise politikanfällig. Dies zeigte sich insbesondere in den Jahren 2006 und 2007, in denen es als Folge des AVWG und des GKV-WSG zu massiven Preissenkungen kam, die auch direkte Auswirkungen auf die Umsatz- und Absatzentwicklung hatten.

1.3.4.1 Preisentwicklung

Vor allem die Maßnahmen des AVWG (Absenkung der Festbeträge in den Stufen 2 und 3 in das untere Preisdrittel, Zuzahlungsfreistellungen) haben den ohnehin harten Preiswettbewerb unter den Generikaherstellern nochmals verschärft. Innerhalb nur eines Jahres (von März 2006 bis April 2007) reduzierten die Unternehmen ihre Herstellerabgabepreise um durchschnittlich 31 %.[8] Sie stellten damit den gesetzlichen Krankenkassen ein zusätzliches Einsparvolumen in Höhe von 835 Mio. Euro zur Verfügung. Der kostensenkende Effekt wurde dadurch verstärkt, dass überdurchschnittliche Preissenkungen vor allem bei umsatzstarken Wirkstoffen zu verzeichnen waren, die gegen die kostenträchtigen chronischen Volkskrankheiten eingesetzt werden.

---

[7] Vgl. Accenture Health & Life Sciences (2005), S. 23.
[8] Vgl. IMS Health (2007).

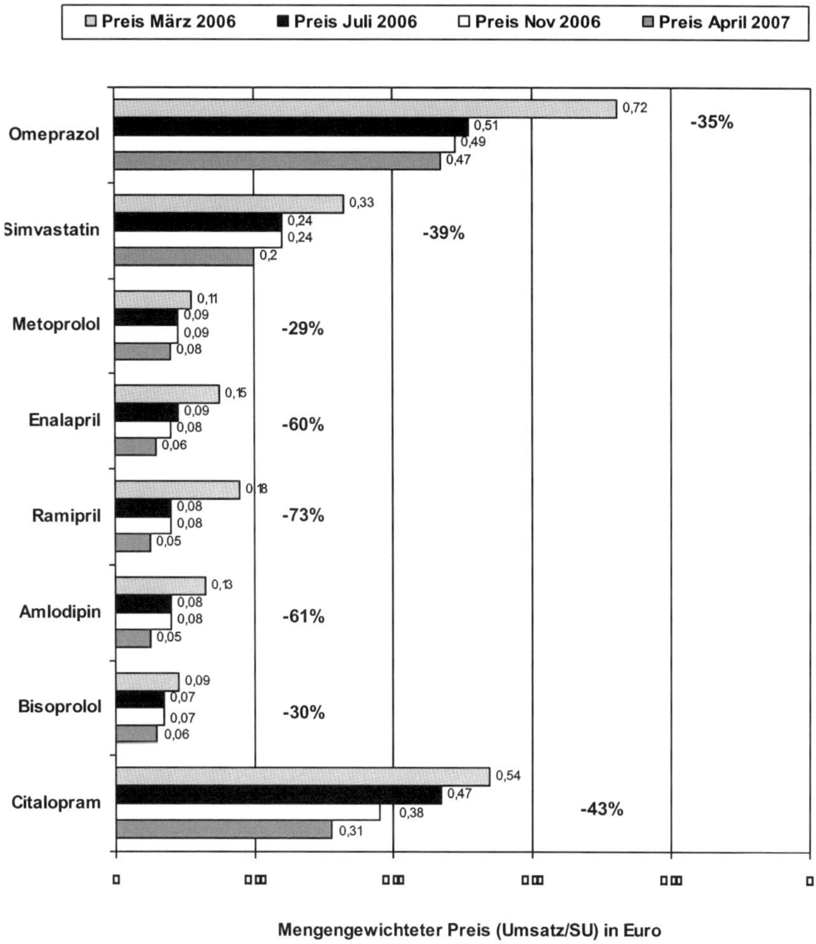

Abb. 1.1. Vergleich der Durchschnittspreise aller oralen, festen Formen der Top 8 rezeptpflichtigen Generika (nach Umsatz 07/2006) in Deutschland pro Tablette auf Herstellerabgabelevel (in Euro)[9]

So sanken die Preise für Omeprazol-Präparate um rund 35 %, für Simvastatin um 39 % und für Ramipril sogar um 73 %. Dabei basiert die Analyse von IMS Health, der diese Zahlen entstammen, auf den Listenpreisen. Die Preisnachlässe, die aus Rabattverträgen zwischen Krankenkassen und Herstellern resultieren, konnten nicht berechnet werden, da sie zwischen den jeweiligen Vertragspartnern als vertraulich vereinbart wurden. Tatsächlich wurde die GKV also noch einmal deutlich stärker entlastet.[10]

[9] Quelle: IMS DDB® (IMS DPM®).
[10] Vgl. Pro Generika (2007).

1.3.4.2 Umsatz- und Absatzentwicklung

Die massiven Preissenkungen sowie die Rabattverträge führten zu einer erheblichen Steigerung der Generika-Absätze. Im ersten Halbjahr 2007 lag die Generikaquote im GKV-Gesamtmarkt bei 56,7 %. Im generikafähigen Markt erreichte sie sogar den neuen Rekord von 81,7 %. Der Vergleich der Absatz- und Umsatzentwicklung zeigt allerdings ein Problem auf, das sich für die Industrie zunehmend verschärft. Im Jahr 2006 stand unter dem Eindruck des AVWG und den daraus resultierenden Preissenkungen der Absatzerhöhung von 5,4 % eine unterproportionale Erlössteigerung von 2,5 % gegenüber. Im ersten Halbjahr 2007 stand der Mehrabsatz von 8,1 % sogar im Gegensatz zu sinkenden Umsätzen (–5,4 %).[11] Auch hier kommen die Preisnachlässe aus den Rabattverträgen verschärfend hinzu. Denn jedes kassenindividuelle Preiszugeständnis schmälert den Erlös der Unternehmen zusätzlich. Im Gegensatz dazu realisierten die Hersteller patentgeschützter Arzneimittel ebenfalls im ersten Halbjahr 2007 bei stagnierenden Absatzzahlen einen Umsatzzuwachs von 11,3 %.

1.4 Zur Problematik internationaler Preisvergleiche

Das Preisniveau der Generika in Deutschland war lange Zeit ein kontroverses Thema. Oft behaupteten forschende Pharma-Unternehmen und ihre nationale Lobby-Organisation, die deutschen Generikapreise seien im internationalen Vergleich zu hoch. Nicht ohne Erfolg wurde so versucht, die Aufmerksamkeit des Gesetzgebers auf den Generikamarkt zu lenken und von eigener Preisgestaltung abzulenken. Dabei sind internationale Preisvergleiche eine komplexe Angelegenheit:

Unterschiedliche Beurteilungen kommen etwa dadurch zustande, dass unterschiedliche Vergleichsparameter benutzt werden. Oft wird der Apothekenverkaufspreis (AVP) als Grundlage für den Preisvergleich herangezogen. Dieser bietet aber vor allem für Generika ein verzerrendes Bild. Zum einen ist Deutschland neben Dänemark, Österreich und der Slowakei eines der wenigen Länder in der EU, das den vollen Mehrwertsteuersatz auf rezeptpflichtige Arzneimittel erhebt.[12] Zum anderen werden die Preise für Generika in Deutschland aufgrund der preisneutralen Apothekervergütung vom Werkstor bis zur Abgabe in der Apotheke mehr als verdoppelt. Während der Netto-Herstellerabgabepreis zwischen Januar und November 2007 bei durchschnittlich 9,05 Euro lag, mussten die Krankenkassen für ein durchschnittliches Generikum einen Netto-Apothekenverkaufspreis von 18,93 Euro zahlen.[13] Hinzu kommt, dass bei vielen Preisvergleichen keine Kaufkraftvergleiche berücksichtigt werden. Wesentlich ist schließlich auch, die

---

[11] Vgl. Pro Generika (2007).
[12] Vgl. Bundesvereinigung Deutscher Apothekerverbände (2007b).
[13] Vgl. www.progenerika.de/de/publik/ims.html.

berücksichtigten Arzneimittel hinsichtlich ihres Umsatz- und Verordnungsanteils zu gewichten, um ein repräsentatives durchschnittliches Preisniveau zu ermitteln.

Bezogen auf die Herstellerabgabepreise (HAP), also die einzigen Preise, die die Unternehmen selbst beeinflussen können, ist Deutschland ein europäisches Niedrigpreisland für Generika. Dies belegt eine im September 2006 von IMS Health vorgelegte europäische Preisstudie, die sich auf die im Juli 2006 gültigen HAP bezog.[14] Untersucht wurden die Preise für orale feste Formen, die in den Top 5 Pharmamärkten der Europäischen Union (Deutschland, Frankreich, Großbritannien, Italien und Spanien) nach Absatz 89 % und nach Umsatz 90 % des Marktes umfassen.

Im Ergebnis belegte diese Studie, dass Deutschland die niedrigsten Generikapreise unter den Top 5 Pharmamärkten der EU hat. Der durchschnittliche HAP lag bei 16 Cent pro Tablette. In Italien und Spanien lagen die Tablettenpreise bei 17 Cent, in Großbritannien bei 19 Cent und in Frankreich sogar bei 21 Cent. Deutsche Generika waren damit um 16 % preiswerter als die britischen und um 24 % günstiger als die französischen Generika.

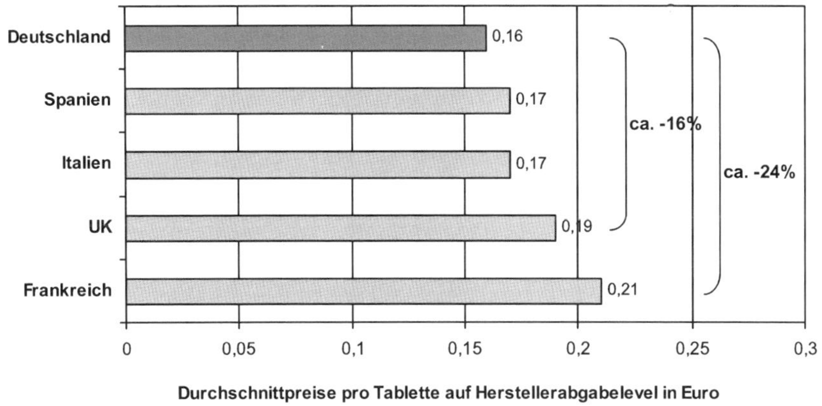

Abb. 1.2. Durchschnittspreise der oralen festen Formen pro Tablette auf Herstellerabgabelevel (in Euro)[15]

[14] Vgl. IMS Health (2006).

[15] Quelle: IMS Health Midas® (2006). Die Durchschnittspreise wurden über alle Packungen / Wirkstärken für den Juli 2006 ermittelt, basierend auf 48 Substanzen und mengengewichtet.

1.5 Über den Wertbeitrag der Generikaindustrie

Generika leisten ihren Wertbeitrag zur Gesundheitsversorgung auf verschiedenen Ebenen. Zum einen tragen sie zur Verbesserung der Kostenstrukturen bei, zum anderen leisten sie auch Beiträge zu innovativen Darreichungsformen oder Qualitätsverbesserungen.

1.5.1 Einsparpotentiale

Ausweislich aller regelmäßig durchgeführten Untersuchungen zum GKV-Arzneimittelmarkt (Arzneiverordnungsreport[16], GEK-Arzneimittelreport[17] und Arzneimittel-Atlas[18]) leisten Generika einen sehr hohen Sparbeitrag für das Gesundheitssystem. Dieser wird bei allen Studien aus den Preisdifferenzen zwischen patentfreiem Erstanbieterprodukt und Generikum sowie der tatsächlichen Menge an abgegebenen Generika berechnet. In den Monaten Januar bis November 2007 lag der durchschnittliche Apothekenabgabepreis für ein Generikum bei 18,93 Euro – der durchschnittliche Preis eines patentfreien Erstanbieterpräparates dagegen bei 36,95 Euro.[19] Aufgrund der hohen Generikaquote des Jahres 2007 und der massiven Preissenkungen haben die gesetzlichen Krankenkassen durch den Einsatz von Generika 2007 erstmals mehr als fünf Milliarden Euro eingespart. Allerdings blieb ein Einsparpotenzial von weiteren 1,4 Mrd. Euro ungenutzt, weil immer noch patentfreie Erstanbieterprodukte verordnet und abgegeben wurden.

1.5.2 Optimierung

Neben diesen Beiträgen zur Kosteneffizienz tragen Generikahersteller auch zur Weiterentwicklung der Pharmakotherapie und der Pharmaindustrie bei.[20]

- Generikahersteller *verbessern* häufig *die Galenik*, indem sie modifizierte Freisetzungen (Retard- oder Forte-Formen) entwickeln. In vielen Fällen vermeiden sie problematische Hilfsstoffe und arbeiten auch an der Verbesserung der Stabilität des Arzneimittels sowie der Optimierung der Lösungsfähigkeit.
- Darüber hinaus entwickeln Generikahersteller *verbesserte Darreichungsformen*, indem sie neue Dosierungen, bessere Dosierbarkeit mit feinerer Abstimmung oder leichter schluckbare Darreichungen auf den Markt bringen. Dies er-

[16] Vgl. Schwabe, U., Paffrath D., (Hrsg.) (div. Jahrgänge).
[17] Vgl. Glaeske, G., Jahnsen, K. (div. Jahrgänge).
[18] Vgl. Häussler, B., u. a. (div. Jahrgänge).
[19] Vgl. www.progenerika.de/de/publik/ims.html.
[20] Vgl. Accenture Health & Life Sciences (2005), S. 40.

leichtert den Patienten die Einnahme und führt zu einer besseren Akzeptanz der Arzneimittel (Compliance)

- Für eine Vielzahl von Arzneimitteln benötigen die Patienten Verabreichungshilfen (Applikatoren). Generikahersteller, die sich in der *Entwicklung neuer Applikationsformen* engagieren, entwickeln und verbessern beispielsweise Applikatoren für Gel- und Flüssigformen oder Inhalate sowie Pflastertechnologien für die transdermale Anwendung.
- Schließlich leisten die Generikahersteller ihren Beitrag zur *Optimierung der Verfahren und Prozesse*. Sie suchen nach kostengünstigeren Synthesewegen und versuchen Wirkstoffe in größerer Reinheit oder in leichter zu reinigender Form zu entwickeln. Darüber hinaus entwickeln sie im Bereich der Logistik Konzepte für eine effizientere und zeitsparendere Verteilung von Arzneimitteln, die die Logistikleistung der gesamten pharmazeutischen Industrie beeinflussen.

1.6 Biosimilars

In den 80er Jahren wurden erstmals biotechnologisch hergestellte Proteine (rekombinante Proteine) auf den Markt gebracht. Darunter versteht man Eiweiße, die mit Hilfe von gentechnisch veränderten Mikroorganismen hergestellt werden. Allgemein werden diese auch als Biopharmazeutika bezeichnet. Heute sind Biopharmazeutika wie rekombinantes Insulin, Interferon oder Erythropoietin aus der Arzneimitteltherapie nicht mehr wegzudenken. Denn in vielen Therapiefeldern gibt es zu ihnen keine Alternativen. Bereits jetzt liegt der Anteil von Biopharmazeutika bei 10 %.

Biopharmazeutika unterscheiden sich von „herkömmlichen" Arzneimitteln vor allem dadurch,

- dass sie deutlich komplexere Moleküle mit einem Molekulargewicht zwischen 5.000 und 145.000 Dalton haben. In Einzelfällen beträgt das Molekulargewicht sogar bis zu 500.000 Dalton. Zum Vergleich: Aspirin hat ein Molekulargewicht von 180 Dalton.
- dass Biopharmazeutika und ihre Qualität entscheidend vom Herstellungsprozess bestimmt werden, der sehr aufwändig ist. Ihre biologische Wirkung hängt von zahlreichen Faktoren wie beispielsweise den Wachstumsbedingungen der Wirtszellen, Lösungszusätzen, Fermentierungsprozessen, Temperatur und anderen physikalische Bedingungen ab. Da sich die therapeutische Wirkung eines Biopharmazeutikums in vitro nur begrenzt beurteilen lässt, sind umfangreiche präklinische und klinische Studien erforderlich. Zudem muss im Gegensatz zu Arzneimitteln mit einer niedermolekularen Struktur bei der Herstellung darauf geachtet werden, ob der menschliche Organismus Antikörper gegen den Wirkstoff bzw. die Proteine der Wirtszelle entwickelt.

- dass Biopharmazeutika generell von der zentralen europäischen Zulassungsbehörde EMEA zugelassen werden.

Der hohe Preis dieser innovativen Medikamente führt dazu, dass die Produkte nur schleppend in die Arzneimitteltherapie zu Lasten der Sozialversicherungssysteme eingeführt werden. Genau dieses Problem können die Folgeprodukte der Biopharmazeutika, die Biosimilars, lösen. Nach Berechnungen der European Generic Medicines Association (EGA), die auf einem 20 %-igen Preisvorteil der Biosimilars gegenüber den Originatoren beruhen, können innerhalb der Europäischen Union jedes Jahr 1,6 Mrd. Euro allein dadurch eingespart werden, dass zu fünf Biopharmaceuticals, deren Patentschutz abgelaufen ist, Biosimilars angeboten werden.[21] Zum Vergleich beziffert die EGA die gesamten Einsparungen durch Generika innerhalb der EU auf jährlich 20 Mrd. Euro. Das Einsparvolumen durch Biosimilars wird sich nach allen Erwartungen mit dem Ablauf weiterer Patente von Biopharmaceuticals nochmals erheblich potenzieren.

Die Entwicklung und Herstellung von Biosimilars ist mit der Entwicklung und Produktion klassischer Generika nicht zu vergleichen. Der Herstellungsprozess muss komplett neu entwickelt und neue Produktionsanlagen aufgebaut werden. Zudem sind für die Marktzulassung von Biosimilars aufgrund ihrer komplexen Struktur anders als bei klassischen Generika zusätzliche präklinische und klinische Studien erforderlich. Das präklinische Prüfprogramm besteht aus in-vitro- und in-vivo-Studien, bei denen beispielsweise die pharmakodynamische Wirkung, die Toxizität und die lokale Verträglichkeit verglichen werden. In den klinischen Studien der Phase III muss zudem nachgewiesen werden, dass das Biosimilar hinsichtlich seiner Wirksamkeit und Unbedenklichkeit mit dem Referenzprodukt vergleichbar ist. Schließlich müssen die Art, der Schweregrad und die Häufigkeit auftretender unerwünschter Arzneimittelwirkungen festgestellt werden. Bereits der Zulassungsantrag muss eine ausführliche Beschreibung des Systems zur Arzneimittelüberwachung und einen Risiko-Management-Plan enthalten.

Da die Entwicklung und Herstellung von Biosimilars sehr aufwändig ist, kann sie nur von größeren und leistungsstarken Generikaherstellern geleistet werden. Unternehmen, die sich in diesem Segment bewegen wollen, müssen bis zur Zulassung ihrer Produkte pro Biosimilar Investitionen in dreistelliger Millionenhöhe tätigen.

1.7 Trends und Perspektiven

Allgemein lassen sich folgende Trends und Perspektiven für den Markt der Generika und Biosimilars aufzeigen, die auch im Rahmen einer Expertenbefragung bestätigt wurden.[22]

---

[21] Vgl. European Generic medicines Association (EGA) (2007), S. 2.

[22] Vgl. Accenture Health & Life Sciences (2005), S. 50.

- Der anhaltende Kostendruck in den Gesundheitssystemen wird das Marktwachstum für Generika weiter vorantreiben. Dieser Trend wird auch dadurch gestützt, dass in den kommenden Jahren weitere Patente umsatzstarker Wirkstoffe auslaufen.
- Der Markt für Generika wird sich in den nächsten Jahren vollständig globalisieren. Große deutsche Hersteller werden durch Akquisitionen weltweit weiter wachsen. Gleichzeitig werden internationale Generikahersteller ihre Präsenz auf dem deutschen Markt weiter ausbauen.
- Die bereits seit Jahren feststellbare Konsolidierung bei den forschenden Arzneimittelunternehmen und den Generikaherstellern wird weiter voranschreiten.
- Im Rahmen von Rabattverträgen und Modellen der integrierten Versorgung werden neue Partnerschaften entstehen. Hierbei werden sich vor allem Ausschreibungsverfahren für den Arzneimitteleinkauf marktverändernd auswirken. Arzneimittelhersteller werden mit Krankenkassen und anderen Akteuren im Gesundheitswesen Allianzen bilden. Große Hersteller mit breiten Portfolios werden sich als Partner für große Netzwerke mit breitem Indikationsspektrum positionieren. Spezialisierte Anbieter werden sich dagegen auf Netzwerke mit Indikationsschwerpunkten konzentrieren.
- Da der Zeitpunkt des Markteintritts auf dem generikafähigen Markt ein entscheidender Wettbewerbsfaktor ist, von dem sowohl das Generikaunternehmen als auch der Originalhersteller profitieren können (Early Entry), werden neue Partnerschaften zwischen forschenden Unternehmen und Generikaherstellern entstehen. Gleichzeitig ist davon auszugehen, dass Originalhersteller noch stärker als heute im Generikamarkt auftreten werden.

Generikahersteller werden sich in den nächsten Jahren noch stärker zwischen einer Strategie als Vollsortimenter oder als Nischenanbieter entscheiden. Langfristig werden große Unternehmen mit Vollsortiment auch in profitable Nischen eindringen. Wie im Bereich der Originalpräparate werden auch im Generikasegment biotechnologisch hergestellte Produkte zum entscheidenden Wachstumsfaktor für die Branche werden. Die Entwicklung und Zulassung von Biosimilars stellt Generikahersteller vor besondere Herausforderungen, die nur leistungsstarke Unternehmen schultern können.

Das Neben- und Gegeneinander von zentralen Steuerungsinstrumenten und dezentralen Verhandlungslösungen hat massive Spuren in den Erlösen der Generikahersteller auf dem deutschen Markt hinterlassen. Bereits jetzt haben zahlreiche deutsche Unternehmen mit Personalabbau begonnen. Betroffen sind davon in erster Linie Mitarbeiterinnen und Mitarbeiter im Arzt-Außendienst. Aufgrund der neu eingeführten Rabattverträge zwischen Krankenkassen und Herstellern, die die Entscheidungsfreiheit des Arztes einschränken, verzichten viele Firmen mittlerweile auf Pharmareferenten und bauen stattdessen ein Key-Account-Management auf.

Die Generikaunternehmen verstehen sich als Partner der Gesundheitssysteme. Die Vollsortimenter haben an sich selbst den Anspruch, unmittelbar nach Patentablauf neue Generika zur Verfügung zu stellen und so die Arzneimittelausgaben der gesetzlichen Krankenkassen weiter zu entlasten.

Eine starke Generikaindustrie sorgt aber nicht nur für Einsparungen. Mit ihren günstigen Preisen ermöglicht sie die flächendeckende Nutzung moderner Therapieformen für alle gesetzlich Krankenversicherten und setzt die forschenden Arzneimittelhersteller damit gleichzeitig unter einen hohen Innovationsdruck. Der Generikastandort Deutschland steht allerdings unter wachsendem Druck. Einerseits werden neue gesundheitspolitische Rahmenbedingungen (Stichwort: Rabattverträge) gesetzt, die eine veränderte strategische Ausrichtung der Hersteller hin zu Krankenkassen verlangt; andererseits verweigert sich der Gesetzgeber bislang der Aufgabe, den ordnungspolitischen Rahmen klar zu definieren. Großer Streit ist um die Frage entbrannt, ob Krankenkassen als öffentliche Auftraggeber anzusehen sind und die Ausschreibung von Rabattverträgen daher den vergaberechtlichen Bestimmungen unterliegt oder nicht.

Negativ auf den Standort wirkt sich darüber hinaus das Neben-, Mit- und Gegeneinander von neu eingeführten dezentralen selektiven Vertragsmodellen und zentralen dirigistischen Eingriffen aus. Eine Grundsatzentscheidung für eines der beiden Modelle sowie eine damit einhergehende umfassende Deregulierung wird nicht nur von den Interessenvertretern der Generikaindustrie sondern auch von Regierungsberatern angemahnt. Längst haben große deutsche Generikaunternehmen begonnen, ihre Geschäftsentwicklung vom deutschen Markt unabhängiger zu machen. Die Verlagerung von Produktionsstätten in Niedriglohnländer sowie der Abbau hochqualifizierter Arbeitsplätze in Deutschland ist die Folge.

2 Orphan Drugs

Daniel Hagn, Oliver Schöffski

Universität Erlangen-Nürnberg, Lehrstuhl für Gesundheitsmanagement

2.1 Orphan Diseases

Seltene Leiden, deren Anzahl man weltweit auf 5.000 bis 8.000 schätzt, zählten bis vor wenigen Jahren zu den von der Öffentlichkeit, der Medizin, der Politik und der Pharmaindustrie kaum beachteten Krankheiten. Wer – außer den Angehörigen der Betroffenen und einigen Experten – kennt schon Leiden wie das Katzenschrei-Syndrom, das Gerstmann-Sträussler-Scheinker-Syndrom oder das Lesch-Nyhan-Syndrom? Oftmals wissen nicht einmal Allgemeinärzte, worum es sich bei diesen Krankheiten handelt, obwohl laut einer vom Europäischen Parlament in Auftrag gegebenen Studie in der EU zwischen 25 und 30 Millionen Bürger von einem seltenen Leiden betroffen sind.[23] Davon warten und hoffen viele auf die Entwicklung eines auf ihre Krankheit zugeschnittenen Arzneimittels. Bis Dezember 2007 erhielten 499 Wirkstoffe den Orphan-Drug-Status, von denen 50 als Orphan Drugs zugelassen wurden. Mit diesen Medikamenten können etwa 2,5 Millionen Patienten in der EU behandelt werden. Dennoch sind für eine große Anzahl von Patienten, die an seltenen Krankheiten leiden, die Aussichten bisher eher schlecht, dass sie für ihre spezielle Erkrankung eine wirksame Therapie erhalten.

Bei der heutigen Technik und dem aktuellen Wissensstand dürfte das eigentlich kein unlösbares Problem sein, doch die großen Pharmakonzerne entwickeln vorzugsweise Wirkstoffe, für die in den Industrieländern häufig auftretenden Krankheiten. Fortschritte in der Gen- und Biotechnik haben dazu geführt, dass sich eine Vielzahl von kleinen Unternehmen dieser *Marktnische* angenommen hat. Diese können aber ohne Förderung durch den Staat die für die Entwicklung und Zulassung anfallenden Kosten nicht tragen.

---

[23] Vgl. European Parliament (1999).

2.2 Begriffsdefinition Orphan Drugs

Orphan Drugs kann ins Deutsche übersetzt werden mit „Waisenkinder unter den Arzneimitteln“.[24] Diese Medikamente dienen zur Behandlung von Krankheiten, die so selten auftreten, dass Investoren kaum bereit sind, sie unter den gegenwärtigen Marktbedingungen zu entwickeln und auf den Markt zu bringen. Bestimmt sind diese Arzneimittel für die Diagnose, Verhütung oder Behandlung einer lebensbedrohenden Krankheit, eines zu schwerer Invalidität führenden oder eines schweren und chronischen Leidens. Wegen ihres seltenen Auftretens gibt es für die meisten dieser Krankheiten gegenwärtig entweder gar keine Behandlung oder keine zufriedenstellenden Behandlungsmöglichkeiten.[25]

2.3 Orphan Drugs, Forschung und Entwicklung

Weltweit sind heute nahezu 30.000 Krankheiten bekannt. Allein diese große Anzahl macht es für die Pharmaindustrie unmöglich, für alle Erkrankungen entsprechende Medikamente herzustellen. Die Arzneimittelindustrie überlegt deshalb sehr genau, auf welche Gebiete sie ihre Forschungsanstrengungen und Entwicklungskapazitäten besonders konzentriert. Obwohl in den vergangenen Jahren weltweit die Investitionen der Pharmaindustrie in Forschung und Entwicklung ständig gestiegen sind – im Jahr 2005 betrugen diese in Europa, den USA und Japan 54,3 Mrd. US-Dollar – lag die durchschnittliche Anzahl der New Chemical and Biological Entities auf dem Weltmarkt in den vergangenen 20 Jahren bei jährlich nur etwa 40.[26] Der Grund dafür ist, dass die Entwicklung neuer Wirkstoffe viel Zeit und ein umfassendes Know-how benötigt. Vom Entschluss, für eine bestimmte, bisher nicht ausreichend behandelbare Erkrankung ein Arzneimittel zu entwickeln, bis zum marktreifen Medikament sind etwa 800 Arbeitsschritte erforderlich. Deshalb rechnet die Pharmaindustrie mit Kosten von durchschnittlich 895 Mio. Euro[27] und einer Entwicklungszeit von acht bis zwölf Jahren[28], um ein Pharmakon mit einem neuen Wirkstoff auf den Markt zu bringen. Das Risiko, dass dabei unerwartete Fehlschläge eintreten, ist während der gesamten Entwicklungszeit überaus groß. Deshalb erreicht im Durchschnitt nur einer von 5.000 bis 10.000 getesteten Wirkstoffen die Marktzulassung. Bei Orphan Drugs kann die Höhe der Entwicklungskosten wahrscheinlich niedriger angesetzt werden, da die umfangreichen klinischen Studien auf Grund der niedrigen Patientenzahl weniger Zeit und Aufwand in Anspruch nehmen. Dennoch fokussieren die Betriebe ihre Forschungsanstren-

[24] Elbers, R. (2004), S. 2.
[25] Vgl. Amtsblatt der Europäischen Gemeinschaft (2000a), S. 1711.
[26] Vgl. European Federation of Pharmaceutical Industries and Associations (2007), S. 20.
[27] Vgl. European Federation of Pharmaceutical Industries and Associations (2003), S. 14.
[28] Vgl. Bundesverband der Pharmazeutischen Industrie (2003), S. 25.

gungen auf Krankheiten mit großen Patientenzahlen, da man sich davon einen großen Umsatz für das Produkt verspricht und sich die bis zur Marktreife anfallenden Kosten schnell amortisieren. Um dem Marktversagen bei Orphan Drugs entgegenzuwirken, haben wichtige Wirtschaftsregionen wie die USA, Japan, Australien und die Europäische Union gesetzliche Regelungen erlassen, die der Pharmaindustrie Anreize bieten sollen, verstärkt die Entwicklung von Orphan Drugs zu fördern.

2.4 Verordnung der Europäischen Union über Arzneimittel für seltene Leiden

Mit der Veröffentlichung der „Verordnung (EG) Nr. 141/2000 des Europäischen Parlaments und des Rates vom 16. Dezember 1999 über Arzneimittel für seltene Leiden“[29] im Amtsblatt der Europäischen Gemeinschaft am 22. Januar 2000 trat diese in Kraft. Hierin wird ein Medikament gemäß Artikel 3 der Orphan-Drug-Verordnung als Arzneimittel für seltene Krankheiten ausgewiesen, wenn der Investor nachweisen kann,

a) dass das Arzneimittel für die Diagnose, Verhütung oder Behandlung von Leiden bestimmt ist, die
   - lebensbedrohend sind oder eine chronische Invalidität nach sich ziehen. Zum Zeitpunkt der Antragsstellung dürfen in der Gemeinschaft nicht mehr als fünf von zehntausend Personen von der Krankheit betroffen sein.
   - lebensbedrohend sind, zu schwerer Invalidität oder zu einem schweren und chronischen Leiden führen. Mit dem Arzneimittel können in der EU, vermutlich ohne Anreize, nicht genügend Gewinne erzielt werden, um die notwendigen Investitionen zu rechtfertigen.

b) dass in der EU
   - noch keine zufriedenstellende Methode für die Diagnose, Verhütung oder Behandlung zugelassen wurde, oder
   - zwar eine solche Methode besteht, das neu beantragte Arzneimittel für die von diesem Leiden Betroffenen aber von erheblichem Nutzen sein wird.[30]

Die Vorgehensweise wird auch noch einmal in Abb. 2.1 schematisch dargestellt.

[29] Vgl. Amtsblatt der Europäischen Gemeinschaft (2000a), S. 18/1.
[30] Vgl. Amtsblatt der Europäischen Gemeinschaft (2000a), S. 18/2.

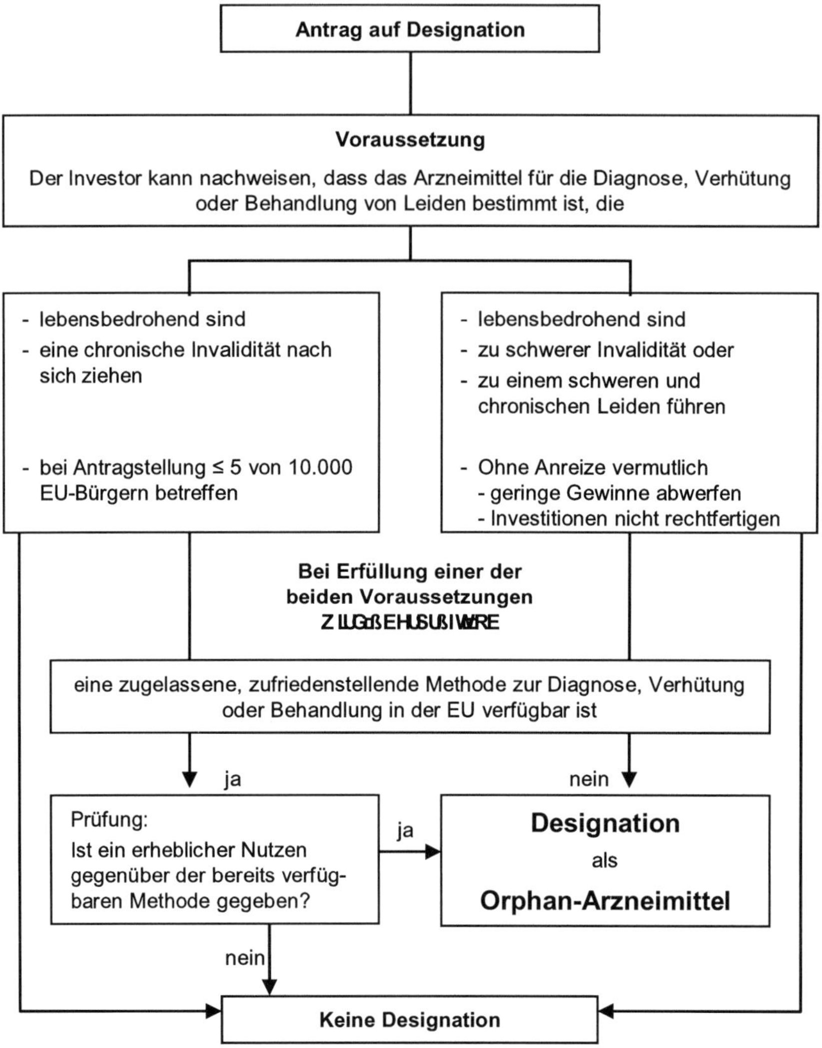

Abb. 2.1. Gesetzliche Voraussetzung für eine Designation im Überblick

2.4.1 Designation als Orphan Drug gemäß Artikel 5

Um den Orphan-Drug-Status zu erhalten, muss der Investor in einem beliebigen Stadium der Entwicklung eines Arzneimittels einen entsprechenden Antrag bei der *European Agency for the Evaluation of Medicinal Products (EMEA)* stellen. Aus dem eingereichten Antrag zur Designation muss hervorgehen, dass die Kriterien des Artikels 3 erfüllt sind; außerdem müssen die Wirkstoffe des Arzneimittels und das vorgeschlagene therapeutische Anwendungsgebiet ersichtlich sein. Die EMEA überprüft die Unterlagen und erteilt dann die *Ausweisung als Arzneimittel für seltene Leiden*, die so genannte *Designation*. Designierte Arzneimittel werden in das Gemeinschaftsregister für Arzneimittel für seltene Leiden eingetragen. Die Designation, die vor der Marktzulassung zu beantragen ist, eröffnet den Unternehmen die Möglichkeit, die gesetzlich verankerten Anreize in Anspruch zu nehmen:

- Protokoll-Assistenz gemäß Artikel 6
  Die Unternehmen erhalten von der EMEA Auskünfte zur Durchführung der verschiedenen Studien, die zum Nachweis der Qualität, Sicherheit und Wirksamkeit des Medikaments notwendig sind. Dadurch soll die Aussicht, eine Marktzulassung zu erhalten, verbessert werden.
- Zentrale Zulassung und Gebührenminderung / -erlass gemäß Artikel 7
  Pharmaka, die zur Behandlung von seltenen Leiden anerkannt sind, erhalten eine zentrale Zulassung für die ganze EU. Dadurch entfällt die Prozedur der Zulassung in den einzelnen Mitgliedstaaten. Die generelle Gebühr für die Erteilung einer europäischen Zulassung durch die EMEA beträgt ca. 232.000 Euro.[31] Davon können als Orphan Drug ausgewiesene Medikamente auf Antrag ganz oder teilweise befreit werden. Finanziert wird diese Maßnahme aus Mitteln der Europäischen Kommission.
- Marktexklusivität gemäß Artikel 8
  Der wirkungsvollste Anreiz für Unternehmen ist das Alleinvertriebsrecht für zehn Jahre. Während dieser Zeit nimmt weder die EU noch einer ihrer Mitgliedstaaten einen weiteren Antrag auf Marktzulassung für ein ähnliches Arzneimittel mit demselben therapeutischen Anwendungsgebiet an. Weitere entsprechende Marktzulassungen werden nicht erteilt. Auch Anträgen auf eine Erweiterung bereits bestehender Genehmigungen wird nicht zugestimmt.
- Sonstige Anreize gemäß Artikel 9
  Von der Europäischen Kommission und den einzelnen Mitgliedstaaten können darüber hinaus weitere Maßnahmen zur Förderung der Forschung, Entwicklung und Inverkehrbringung von Arzneimitteln für seltene Leiden ergriffen werden. Dabei kann es sich unter anderem um Fördergelder oder Steuerbefreiungen handeln. Da in der EU kein einheitliches Steuerrecht gilt, bleibt dieses Instrumentarium den jeweiligen Staaten vorbehalten.[32]

2.4.2 Verlust der Marktexklusivität gemäß Artikel 8.2

Stellt sich nach fünf Jahren heraus, dass sich die Kriterien[33], deretwegen die Designation erteilt wurde, grundlegend geändert haben, kann nach einer Überprüfung

[31] Vgl. European Agency for the Evaluation of Medicinal Products (2007b).
[32] Vgl. Amtsblatt der Europäischen Gemeinschaft (2000a), S. 18/1–5.
[33] Prävalenzzahl und nicht ausreichender Gewinn.

der Unterlagen das Marktexklusivitätsrecht aberkannt werden. Dazu leitet die EMEA ein Aberkennungsverfahren nach Artikel 5 ein. Dies kann aber nur geschehen, wenn ein Mitgliedstaat einen entsprechenden Antrag stellt. Bisher wurde von der EMEA von dieser Möglichkeit noch kein Gebrauch gemacht.

2.4.3 Inverkehrbringung ähnlicher Arzneimittel gemäß Artikel 8

Es gibt drei Ausnahmen, bei denen die EMEA, unabhängig von den Vorschriften über geistiges Eigentum oder anderen Vorschriften der EU, einem ähnlichen Arzneimittel mit demselben therapeutischen Anwendungsgebiet eine Marktzulassung erteilen kann. Dies ist möglich, wenn

- der Inhaber der Marktzulassung des zuerst als Orphan-Arzneimittel ausgewiesenen Medikaments dem zweiten Antragsteller dies erlaubt,
- der Inhaber der Marktzulassung des zuerst als Orphan-Arzneimittel ausgewiesenen Arzneimittels das Medikament nicht in ausreichender Menge liefern kann,
- der zweite Antragsteller nachweisen kann, dass sein Arzneimittel dem zuerst zugelassenen zwar ähnlich, aber sicherer, wirksamer oder unter anderen Aspekten klinisch überlegen ist.[34]

2.5 Aufgaben der EMEA und des COMPs

Die Europäische Kommission hat, wie in Artikel 4 der Verordnung über Arzneimittel für seltene Leiden gefordert, einen Ausschuss für Arzneimittel für seltene Leiden bei der EMEA eingerichtet. Dieser wird *Committee for Orphan Medicinal Products*, kurz *COMP*, genannt. Die Mitglieder des Ausschusses werden für drei Jahre von der Kommission und den Mitgliedstaaten ernannt, eine erneute Ernennung ist möglich. Von den Ausschussmitgliedern wird der Vorsitzende für die Dauer von drei Jahren gewählt, eine einmalige Wiederwahl ist möglich. Dem Ausschuss gehören an: der Vorsitzende, jeweils ein Vertreter aus den 27 EU-Mitgliedstaaten, drei Vertreter von Patientenorganisationen, die von der Europäischen Kommission ernannt werden, drei Mitglieder, die auf Empfehlung der EMEA von der Europäischen Kommission ernannt werden sowie jeweils ein Vertreter aus Island, Liechtenstein und Norwegen und ein Vertreter der Europäischen Kommission, letztere ohne Stimmrecht.[35]

Der COMP überprüft anhand der vorgelegten Anträge, ob einem Medikament der Status *Arzneimittel gegen eine seltene Krankheit* zuerkannt werden kann.

[34] Vgl. Amtsblatt der Europäischen Gemeinschaft (2000b), S. 178/2.
[35] Vgl. Amtsblatt der Europäischen Gemeinschaft (2000a), S. 18/3.

Stimmt die Europäische Kommission dem Votum des Ausschusses zu, wird das entsprechende Produkt in das Orphan-Drug-Register der EU aufgenommen.

Für die Pharmaindustrie ist die Designation eines neu entwickelten Wirkstoffes ein wichtiger Status, denn dadurch ist dem Unternehmen für sein künftiges Arzneimittel die zehnjährige Marktexklusivität garantiert, die erst mit der Markteinführung des Produkts beginnt. Damit Produkte, die diesen Status nicht verdienen, keine Designation erhalten, werden alle Anträge vom COMP, der im Zweifelsfall Experten zur Unterstützung heranzieht, einer Prüfung unterzogen. Treten bei der Validierung der Unterlagen Fragen auf, wird der Investor kontaktiert, der für die Klärung eine Frist von drei Monaten hat. Verstreicht diese, ohne dass eine Antwort des Investors eingegangen ist, muss er einen neuen Antrag einreichen.[36] Die Evaluation führen zwei vom COMP ernannte Koordinatoren durch, die auch einen zusammenfassenden Bericht erstellen, der den COMP-Mitgliedern zur Stellungnahme vorgelegt wird. Innerhalb von 90 Tagen fällt das COMP seine Entscheidung, die mit einer Zweidrittelmehrheit erfolgen muss. Besteht die Gefahr der Ablehnung, kann der Investor vom COMP zu einer Stellungnahme eingeladen werden. Der endgültige COMP-Bericht wird von der EMEA geprüft und mit einer Stellungnahme an die Europäische Kommission und den Investor weitergeleitet. Bei Zustimmung wird das nun designierte Arzneimittel in das Gemeinschaftsregister für Orphan-Arzneimittel aufgenommen.[37] Sollte der Antrag abgelehnt werden, dann kann der Investor innerhalb von 90 Tagen nach Erhalt der Ablehnung Einspruch bei der EMEA einlegen.

2.6 Analyse der europäischen Orphan-Drug-Verordnung

Seit dem Inkrafttreten der Verordnung im Jahr 2000 wurden, wie Abb. 2.2 zeigt, 769 Anträge auf eine Designation gestellt, wovon 499 bis Dezember 2007 die Designation erhalten haben.

Von den designierten Wirkstoffen erhielten bisher 50 eine Zulassung als Arzneimittel für den europäischen Markt. Beachtlich ist, dass annähernd 20 % der gesamten Arzneimittelzulassungen durch die EMEA von 2000 bis Dezember 2007 Orphan Drugs betreffen.[38] Das ist ein Zeichen dafür, dass die Orphan-Drug-Verordnung der Industrie eine ganze Reihe positiver Anreize zur Entwicklung von Orphan Drugs bietet, dennoch würden Patientengruppen und die Pharmaindustrie weitere Anreize befürworten.

[36] Vgl. Jilma, B., (2004).
[37] Vgl. European Agency for the Evaluation of Medicinal Products (2000a), S. 3–4.
[38] Vgl. Europäische Kommission, DG Enterprise, Pharmacos (2007).

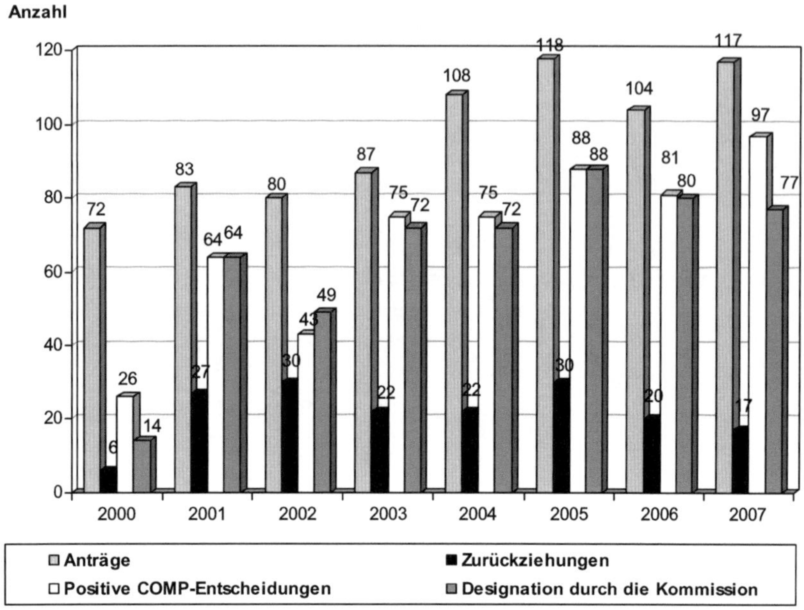

Abb. 2.2. Überblick über die erteilten Designationen von 2000 bis 2007[39]

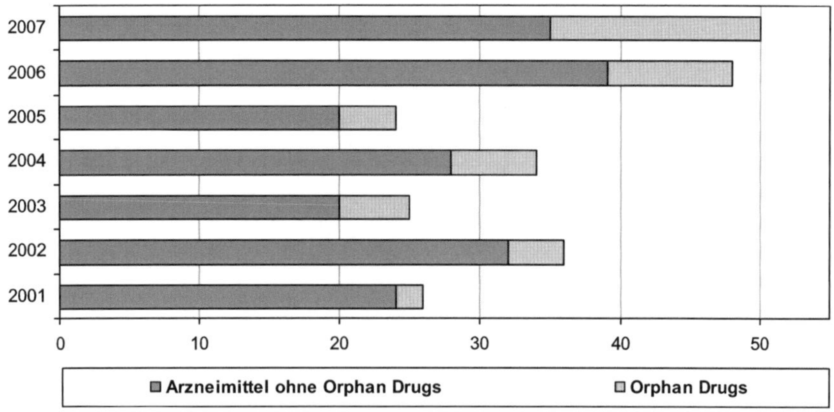

Abb. 2.3. In der EU zugelassene Orphan Drugs von 2001 bis 2007[40]

Im Laufe des Zulassungsprozesses kann den Unternehmen von der EMEA ein vollständiger oder teilweiser Gebührenverzicht nach Artikel 7 der Orphan-Drug-

[39] Quelle: eigene Darstellung, basierend auf COMP (2007), S. 4.

[40] Quelle: eigene Darstellung, basierend auf Europäische Kommission, DG Enterprise, Pharmacos (2007).

Verordnung gewährt werden. Von 2000 bis 2007 erfolgte dadurch eine indirekte Förderung in Höhe von 30,2 Mio. Euro.[41]

Ein weiterer Anreiz, den die Orphan-Drug-Verordnung bietet, ist die bevorzugte Bearbeitung der Anträge im Vergleich zu anderen Pharmaka. Faktisch spielt dieses nur eine nachgeordnete Rolle, da sie im Vergleich zu der Zeit, die zwischen dem Eintritt in die klinischen Studien und der Erhältlichkeit in den Apotheken vergeht, kaum ins Gewicht fällt. Während in Deutschland Orphan Drugs durchschnittlich 35 Tage nach Zulassung durch die EMEA in den Apotheken verfügbar sind, dauert es in Portugal mit durchschnittlich 212 Tagen mehr als sechsmal so lang bis die Medikamente erhältlich sind.[42]

Treten bei der Bearbeitung von Zulassungsanträgen oder klinischen Studien Fragen auf, bietet die EMEA den Herstellern wissenschaftliche Beratung an. Im Wesentlichen konzentrieren sich diese auf die Phase III der klinischen Studien, wo an einer ausreichenden Anzahl von freiwilligen Patienten die deutliche Überlegenheit des Arzneimittels im Vergleich zu bisherigen Therapien nachgewiesen werden muss. Da dies bei Orphan Diseases auf Grund der geringen Patientenzahl kaum möglich ist, müssen die Hersteller bei der EMEA Ausnahmeregelungen beantragen.

Fasst man die Anzahl der Designationen nach Forschungsschwerpunkten zusammen, so fällt auf, dass die europäische Pharmaindustrie verstärkt auf dem Gebiet der Onkologie tätig ist. Die Unternehmen scheinen in diesem Bereich verstärkt zu forschen, da sie hier hohe Renditen erwarten, vor allem weil man hofft, dass ein Wirkstoff, der für ein spezielles Krebsleiden entwickelt wird und deshalb momentan zu den Orphan Drugs zählt, in Zukunft zur Behandlung anderer Krebsleiden eingesetzt werden kann. Außerdem deuten Statistiken darauf hin, dass Krebsleiden, die bereits heute in Europa für einen Großteil der DALYs (disability-adjusted life years) verantwortlich sind, ab dem Jahr 2020 die häufigste Todesursache in den Industrieländern sein werden.

2.7 Wirtschaftlichkeitsanalyse der Orphan Drugs

Im Jahr 2006 betrug der weltweite Arzneimittelumsatz 643 Mrd. US-Dollar und lag damit rund sieben Prozent über dem Niveau des Vorjahres.

[41] Vgl. European Agency for the Evaluation of Medicinal Products (2000–2007).
[42] Vgl. European Agency for the Evaluation of Medicinal Products (2003b), S. 63.

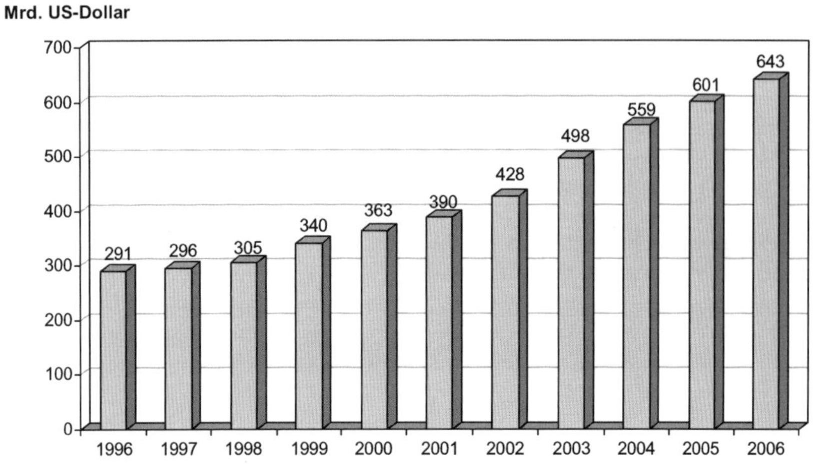

Abb. 2.4. Weltmarkt für humane Arzneimittel in Mrd. US-Dollar[43]

Auch für die kommenden Jahre werden weitere Zuwächse prognostiziert. Der größte Teil des Umsatzes, an dem auch die Orphan Drugs beteiligt sind, wird in den Vereinigten Staaten, der EU und im japanischen Raum erwirtschaftet. Auf dem Gebiet der Arzneimittelproduktion dominieren die Gesetze der freien Marktwirtschaft. die durch Angebot und Nachfrage reguliert werden. Bei Orphan Drugs greift der Regelmechanismus von Angebot und Nachfrage allerdings nicht. Wegen der niedrigen Verkaufszahlen wird die Gewinnschwelle – wenn überhaupt – erst nach vielen Jahren überschritten.[44] Die Wirkstoffe haben eine Patentlaufzeit von 20 Jahren, während der das Unternehmen das Alleinvertriebsrecht hat und vor Anbietern von Generika geschützt ist. Intensivere Forschungsarbeiten und umfangreichere klinische Studien führen dazu, dass bis zur Markteinführung immer mehr Zeit vergeht. Inzwischen beträgt die Patentrestlaufzeit oft weniger als fünf Jahre. Unter diesen Voraussetzungen wird kaum ein Hersteller bereit sein, in Forschung und Entwicklung von Produkten zu investieren, die wenig Gewinn erwarten lassen.

Versagt der Marktmechanismus, kann der Gesetzgeber, um den technischen Fortschritt zu fördern oder das Marktversagen zu beheben, in den Markt durch die Vergabe von zeitlich befristeten Patenten eingreifen. Weltweit haben sich sechs Staaten dazu entschlossen, dem Marktversagen im Bereich Orphan Drugs durch Regelungen entgegenzuwirken. Das Hauptaugenmerk wurde dabei von fast allen Staaten auf den Schutz geistigen Eigentums gelegt, womit den Pharmaunternehmen für einen gewissen Zeitraum das Alleinvertriebsrecht bei Orphan Drugs gewährt wird. Während der Marktexklusivität kann kein Dritthersteller ein Generi-

[43] Quelle: eigene Darstellung, basierend auf Bundesverband der pharmazeutischen Industrie (2007), S. 24.

[44] Vgl. Walluf-Blume, D. (2002), S. 75.

kum auf den Markt bringen. Dadurch erhält der Hersteller für sein Produkt ein künstlich geschaffenes Monopol, das ihm die Chance bietet, nicht nur die entstandenen Forschungs- und Entwicklungskosten zu decken, sondern auch Gewinne zu erzielen. Durch dieses Monopol ist es Unternehmen möglich, sich mit der Herstellung von Orphan Drugs eine Marktnische zu erschließen und sich auf dem Markt zu etablieren.

Der Eingriff des Gesetzgebers in die Marktwirtschaft ermöglicht es Herstellern, bei den Preisverhandlungen mit den jeweils zuständigen Behörden ihre Monopolstellung auszunutzen. Normalerweise nimmt die Nachfrage nach einem Gut ab, wenn sein Preis erhöht wird, und die Nachfrager steigen auf Substitutionsprodukte um. Bei Orphan Drugs gibt es diese Möglichkeit in der Regel nicht. Im Jahr 2001 waren unter den zehn weltweit umsatzstärksten Biotech-Arzneimitteln acht Medikamente, die in den Vereinigten Staaten den Orphan-Drug-Status erhalten haben.[45] Das ist ein Beleg dafür, dass die Marktexklusivität, die den Orphan Drugs gewährt wird, einigen Herstellern große Umsätze bringen kann. Damit soll aber nicht – wie Abb. 2.5 zeigt – der Eindruck erweckt werden, dass es sich bei Orphan Drugs nur um *Cash Cows* handelt. Nicht alle Orphan Drugs werden innerhalb der Marktexklusivität den Break-Even-Point erreichen.[46]

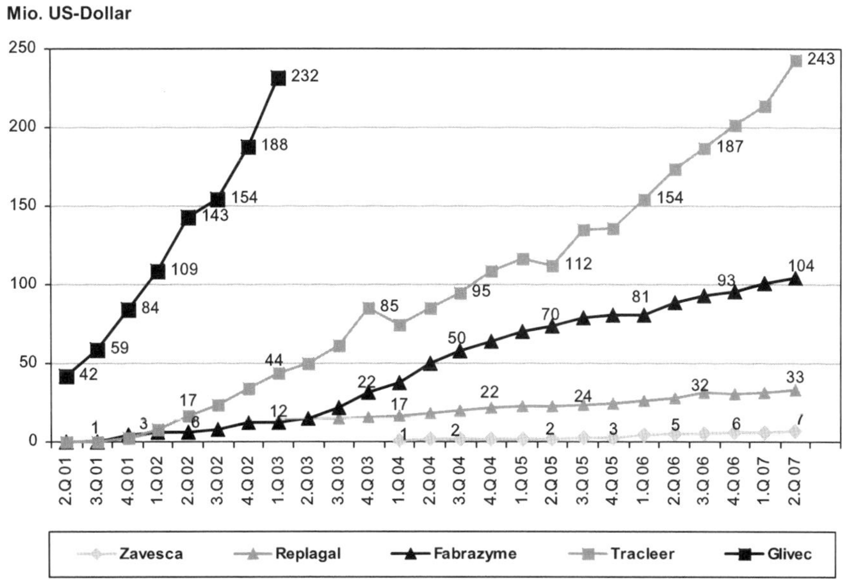

Abb. 2.5. Umsatzentwicklung anhand von sechs ausgewählten Orphan Drugs[47]

[45] Vgl. Maeder, T. (2003), S. 75.
[46] Vgl. Maywald, C. (2007).
[47] Quelle: eigene Darstellung, basierend auf Quartalsberichten / Jahresberichten der Unternehmen Actelion, Genzyme, Novartis, Shire.

In den USA kann ein Hersteller nach der FDA-Zulassung unter dem Schutz der Marktexklusivität sein Arzneimittel frei vermarkten, staatliche Preiskontrolle und Preisfestsetzungen gibt es nicht. In der EU, deren Orphan-Drug-Verordnung erst später in Kraft trat, hat der Gesetzgeber dieses Problem erkannt und in der Verordnung berücksichtigt. Zeigt sich bereits fünf Jahre nach Marktzulassung, dass mit dem Orphan Drug zu große Gewinne erzielt werden, kann eine Überprüfung stattfinden und die Marktexklusivität aberkannt werden.[48]

Es besteht auch die Möglichkeit, dass ein Wirkstoff, der zunächst für eine bestimmte Orphan Disease entwickelt wurde, sich später auch bei anderen Krankheiten als wirksam erweist. So bekam Glivec® im Jahr 2001 die Marktzulassung für chronisch myeloische Leukämie. In den folgenden Jahren erhielt der Wirkstoff Zulassungserweiterungen zur Behandlung weiterer Leiden. Dadurch erhöhte sich sprunghaft die Zahl der Patienten, die mit diesem Medikament therapiert werden können, und damit der Umsatz. Inwieweit in solchen Fällen die Aufrechterhaltung der Marktexklusivität gerechtfertigt ist, wäre zu überdenken.

In Deutschland ist seit 2001 das Medikament Glivec®, seit 2002 das Medikament Tracleer® in den Apotheken erhältlich. Die Behandlung mit einem der beiden Orphan Drugs kostet jeweils etwa 30.000 Euro pro Jahr. Auch wenn man davon ausgeht, dass in absehbarer Zeit nicht für alle Orphan Diseases eine Therapie möglich sein wird, werden auf die Krankenkassen dennoch höhere Ausgaben zukommen, nicht nur weil Orphan Drugs einen höheren Apothekenverkaufspreis haben, sondern auch weil die Lebenserwartung der Patienten durch die speziell auf ihre Erkrankung zugeschnittenen Wirkstoffe erheblich steigt.

Orphan Diseases sind Krankheiten, von denen nur sehr wenige Menschen betroffen sind. Dennoch unterscheiden sich die Patientenzahlen, die mit einzelnen Orphan Drugs therapiert werden, oft sehr stark, wie Abb. 2.6 zeigt. Von den 50 in der EU zugelassenen Orphan Drugs, wurden 22 für Krankheiten mit einer Patientenzahl unter 30.000 entwickelt. Werden Orphan Drugs für diese Patientengruppe hergestellt, wird es für die Unternehmen unter normalen Marktbedingungen fast unmöglich sein, die Entwicklungskosten zu decken, ohne verhältnismäßig hohe Preise anzusetzen.[49] Um das zu vermeiden, müssten diese Orphan Drugs noch mehr gefördert und für sie noch bessere Rahmenbedingungen geschaffen werden:

- Kosteneinsparung durch die Schaffung verbesserter Zugangsmöglichkeiten zur Grundlagenforschung durch die Einrichtung einer Schnittstelle zwischen der Grundlagenforschung und der Industrie
- Reduzierung klinischer Anforderungen und der Produkthaftung
- Gewährung von Steuervergünstigungen für medizinische und biologische Forschungsarbeiten, die im direkten Zusammenhang mit der Entwicklung von Orphan Drugs stehen

[48] Diese Regelung kam bislang nicht zur Anwendung.
[49] Vgl. Smit, C. u. a. (1998), S. 79–80.

- Übertragbarkeit der Marktexklusivität
  Die WHO hat für Neglected Diseases[50] die Idee der *roaming market exclusivity* entwickelt, die sich auch auf Orphan Diseases übertragen ließe.[51] Ein Hersteller, der für ein Orphan Drug die Marktzulassung erhalten hat, kann die damit verbundene Marktexklusivität auf ein anderes Pharmakon mit vergleichsweise größeren Umsatzzahlen übertragen. Durch dieses *roaming* könnte das Interesse an der Entwicklung von Orphan-Arzneimitteln steigen.
- Unterscheidung zwischen Orphan Drugs und Super Orphan Drugs durch Aufsplittung der Prävalenzzahl verbunden mit einer Differenzierung der Anreize.

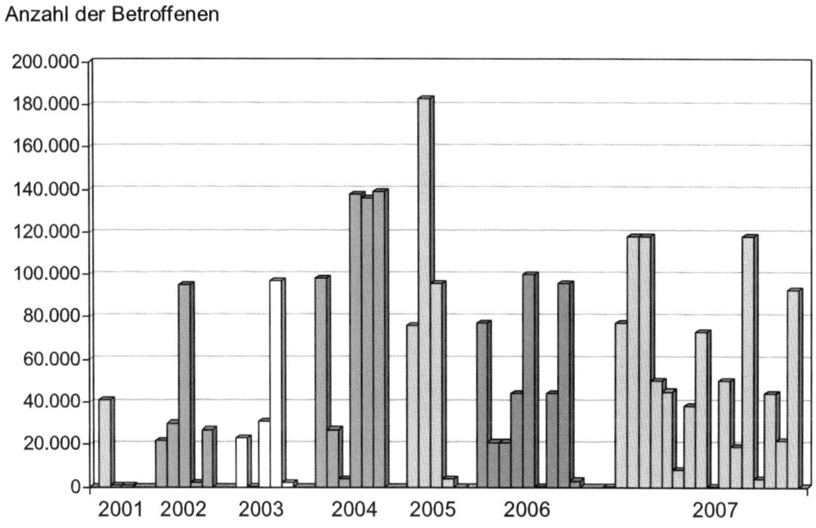

Abb. 2.6. In der EU zugelassene Arzneimittel für seltene Leiden in Abhängigkeit von der Anzahl der Betroffenen[52]

Prävalenzzahlen bergen die Gefahr, dass Krankheiten so definiert werden, dass die betroffene Patientenzahl die vorgegebenen Werte unterschreitet. Durch das *salami slicing* könnten bekannte Krankheitsbilder immer stärker differenziert werden. Dadurch würde die Möglichkeit geschaffen, dass ein Wirkstoff, der zunächst nur für ein sehr begrenztes Anwendungsgebiet entwickelt wurde, sich später auch bei

[50] Während in Europa die meisten Menschen an Krebs sowie Herz- und Kreislauferkrankungen sterben, sind in Afrika Infektionskrankheiten und parasitäre Erkrankungen immer noch die häufigste Todesursache. Leishmaniose, Malaria und Tuberkulose sind drei von den am weitest verbreiteten Krankheiten, die zu den Neglected Diseases gezählt werden.

[51] Vgl. Kettler, H. u. a. (2002), S. 24.

[52] Quelle: eigene Darstellung, basierend auf European Agency for the Evaluation of Medicinal Products (2001–2007).

ähnlichen Therapiegebieten als wirksam erweist, womit die Patientenzahl sukzessive steigt.[53]

2.8 Die vier wichtigsten Orphan Drug Rules im Vergleich

Zurzeit existieren in Australien, der EU, Japan, Singapur, Südkorea, Taiwan und den USA gesetzliche Regelungen zur Förderung der Forschung und Entwicklung von Orphan Drugs. Vier dieser Regelungen werden in Tabelle 2.1 kurz zusammengefasst. Weitere Länder wie Indien, Kanada und Neuseeland planen die Verabschiedung gesetzlicher Regelungen.

Tabelle 2.1. Überblick über die wichtigsten Orphan Drug Rules

	USA	Japan	Australien	EU
In Kraft seit	1983	1993	1998	2000
Gesetzliche Grundlage	Orphan Drug Act im Federal Food, Drug and Cosmetic Act	Pharmagesetz	Regulation 16 of the Therapeutic Goods Regulations	Verordnung Nr. 141/2000 des EP und des Rates
Zuständige Verwaltung	OOPD[54] in der FDA[55]	MHLW[56]	TGA[57]	COMP in der EMEA
Förderberechtigte	Investoren / Forscher	Investoren	Investoren	Investoren
Berechnung der Prävalenzzahlen				
Prävalenz	75/100.000	40/100.000	11/100.000	50/100.000
Einwohner	295.734.000	127.417.000	20.090.000	487.700.000
Geschätzte Anzahl der Betroffenen	20 Mio.			25–30 Mio.
Prävalenzzahl	≤ 221.800	≤ 50.970	≤ 2.210	≤ 243.850
Gültigkeitsbereich				
Arzneimittel	+	+	+	+
Medizinisches Gerät	nur F&E	+	–	
Ernährung	nur F&E	–	–	–
Anreize				
Marktexklusivität	7 Jahre	10 Jahre	–	10 Jahre
Gebührenverzicht	Ja	teilweise	ja	teilweise
Beratung	+	+	+	+

[53] Vgl. Europäische Kommission, Public Health (2007), S. 1.
[54] Office of Orphan Products Development.
[55] Food and Drug Administration.
[56] Ministry of Health, Labour and Welfare.
[57] Therapeutic Goods Administration.

Tabelle 2.1. *(Fortsetzung)*

	USA	Japan	Australien	EU
Bevorzugte Bearbeitung	+	+	+	+
Steuergutschriften	50% der Forschungskosten	6% der Forschungskosten	–	EU-Staaten vorbehalten
Zuschüsse	klinische Studien	möglich	–	Nationale Maßnahmen
Verlust der Marktexklusivität bei				
Lieferschwierigkeiten	+	–	+	–
zu hohen Gewinnen	–	–	–	+
Zulassungszahlen				
Designationen	1.757	190	124	499
Marktzulassungen	306	109	44	50
Relation Designation/Marktzulassung	17 %	57 %	35 %	10 %

3 Strategische Erfolgsfaktoren der Neuprodukteinführung

Ralf Zeiner

IMS Health GmbH & Co. OHG, Frankfurt/Main

3.1 Einleitung

Ein Launch kommt für eine börsennotierte Pharmafirma nach vielen Jahren Forschung, Entwicklung, Planung und hohen strategischen Investitionen (durchschnittlich ca. 700 Millionen Euro in F&E pro neuem Produkt) und insbesondere vor dem Hintergrund einer aufmerksamen Wachsamkeit der Kapitalmärkte über die Pipelines in der Arzneimittelforschung einem großen unternehmerischen Abenteuer gleich. Dies gilt zugespitzt im Verlauf der Produkteinführung, d. h. etwa zwei Jahre vor und nach dem Launchdatum. Damit wird diese Phase zum alles entscheidenden Zeitfenster in einem im Normalfall zwanzig und mehr Jahre dauernden Produkt-Lebenszyklus eines Arzneimittels. IMS Health hat deshalb über acht Jahre hinweg in acht Ländern über 4.000 Launches mittels quantitativer Marktkenngrößen beobachtet und vier Schlüsselerfolgsfaktoren empirisch belegt. Resultat: bei nur 35 aus über 4.000 untersuchten Neueinführungen kann im Kontext dieser harten Kennzahlen von Launch Excellence™ gesprochen werden. Eine für die Branche bedenkliche Diagnose? Ein General Manager, der diese Erfolgsfaktoren nicht kennt und die Kenngrößen dahinter nicht zeitnah transparent auf dem Tisch hat, ist mindestens auf einem Auge blind, im Zweifelsfall eine teure Sehschwäche. Weiß man aber um die Determinanten, werden Erfolge plan- und die Resultate so zeitnah messbar, dass man den Einführungserfolg eines Arzneimittels nicht dem Zufall überlassen muss.

Die Launch Excellence™ Studie von IMS Health im Profil: drei erfolgsdeterminante Phasen der Produkteinführung im Pre- bzw. Post-Launch Zeitfenster wurden untersucht (siehe Abb. 3.1).

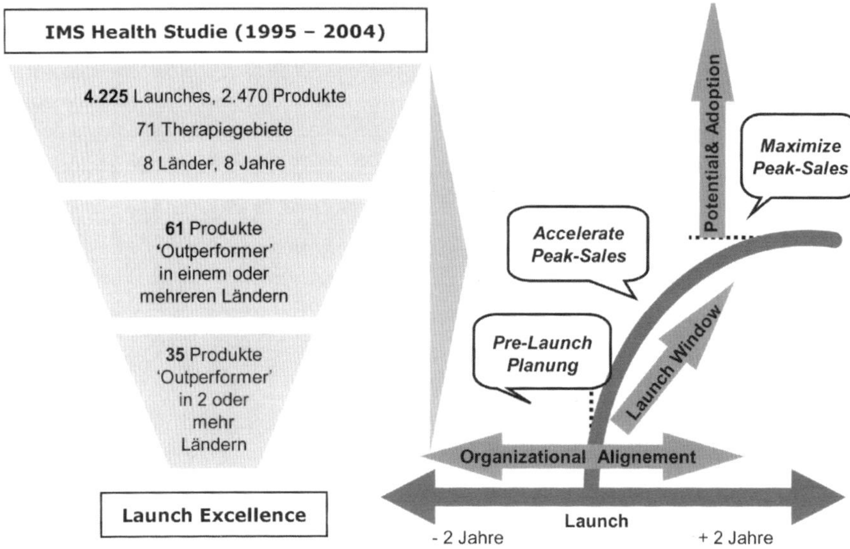

Abb. 3.1. Erfolgsdeterminante Phasen für die Produkteinführung

3.2 Studienkonzept

IMS analysierte über acht Jahre (1995 bis 2004) hinweg systematisch quantitative Marktdaten von 4.225 Launches in acht großen Ländern (USA, Kanada, Japan, Großbritannien, Frankreich, Deutschland, Spanien, Italien). Analytische Basis waren Kennzahlen zur Umsatz- bzw. Marktanteilsentwicklung über die Zeit im Verhältnis zu den Werbeausgaben pro Land. Im Fokus der Studie: zu 77 % ‚Primary-Care‘ Produkte und zu 23 % Produkte aus Spezialmärkten, also aus fachärztlichen Therapiegebieten. Indikationen, die typisch sind für den stationären Bereich, z. B. Onco, Epo, Neupo oder Anti-TNF, wurden nicht einbezogen. Dazu kamen strukturierte Interviews mit vielen Vertretern der Industrie, insbesondere dann, wenn herausragende Auffälligkeiten zu konstatieren waren. Dass es offenbar weltweit darauf ankommt, dass Pharma Executives das Phänomen Produkt Launch besser in den Griff bekommen, zeigen die global rückläufigen Wachstumsraten im Arzneimittelmarkt (Abb. 3.2).

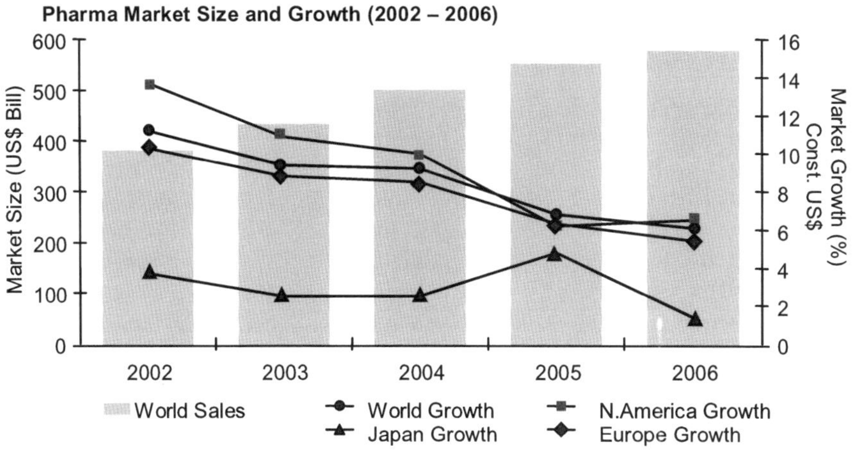

Abb. 3.2. Rahmenbedingungen für die Arzneimittelindustrie – Das Wachstum der Pharmamärkte flacht ab – weltweit[58]

3.3 Was ist Launch Excellence™ und wie ist diese messbar?

Es gibt nachweisbar und statistisch belegbar drei Erfolgsindikatoren (Abb. 3.3).

Erfolgsdimension	KPI	Metrics
Medizinische Kompetenz	Dominantes Therapieprinzip	Marktanteil: Rang 1 oder 2 pro Land in TA nach 2 Jahren
Promotion Effectiveness	Share of Voice vs. Promotion Response	Marktanteil: Standardabweichung >1 bzgl. 'Share-of- Voice / Share-of-Market' Beziehung in Land
Markt Penetration	Tempo & Kritische Masse	Steigung der Umsatzkurve pro Zeiteinheit in Land

Abb. 3.3. IMS Launch Excellence™ – kritische Erfolgsindikatoren

[58] Quelle: IMS Health (MIDAS® MAT) (2006).

IMS Health erkennt im Rahmen dieser Launch Excellence™ Studie (1997 bis 2004) drei kritische Erfolgsdeterminanten:

- Medizinische Kompetenz setzt sich durch – einen führenden Marktanteilsrang innerhalb von zwei Jahren erreichen und damit ein dominantes Therapieprinzip etablieren sowie in einer gegebenen Indikation den Markt nachhaltig ins Wachsen bringen
- Promotion Effectiveness zeigt sich in einem intelligent geplanten Werbefeldzug, der in günstiger Relation zum so genannten ‚Share of Voice' einen signifikant höheren Marktanteil erbringt und damit einen schnellen Return on Investment (ROI)
- Marktpenetration macht den geldwerten Unterschied, indem eine gleichsam steile und hohe so genannte ‚Time-to-Peak-Sales' Kurve post Launch und über die Länder hinweg vergleichbar im Tempo, also sozusagen im Gleichschritt umgesetzt wird

Ein Blick auf die Resultate aus der Vogelsperspektive zeigt ein in dieser Größenordnung überraschendes Performanz-Defizit: Unter den 4.225 analysierten Launches erreichten lediglich 88 Neueinführungen (magere 4 %) alle drei statistisch signifikanten Exzellenzkriterien von IMS Health in mindestens einem der acht untersuchten Länder. Und nur 35 Launches schafften diese in harten Marktdaten faktisch belegbare dreifache Performanz sogar in zwei oder mehr Ländern (Abb. 3.4).

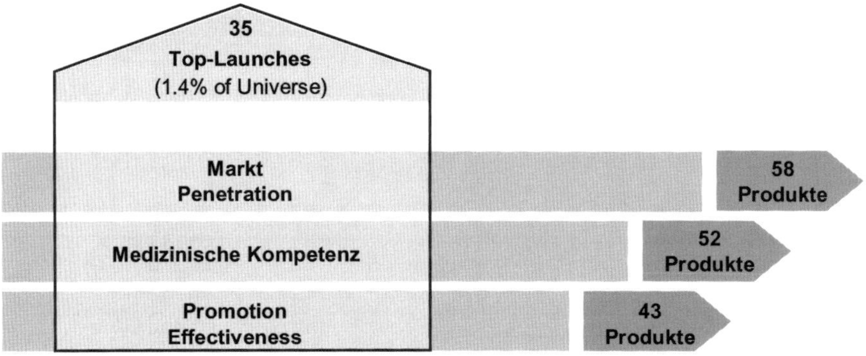

Abb. 3.4. Launches, die in allen drei Erfolgsdimensionen gleichermaßen überdurchschnittlich „punkten" – nur 35 von über 4.200 erreichen die Launch Excellence Kriterien

3.4 Ergebnisse in Schlagzeilen

Nur 28 von 271 NCE (New Chemical Entities), die in der Studie erfasst wurden, überwanden die dreifache Performanzhürde in mindestens einem Land. Allerdings sind 29 von den 35 Top-Launches echte NCE. ‚Innovation' ist also noch keine Erfolgsgarantie per se, aber es muss konstatiert werden, dass ein Drittel der 35 Top-Launches laut Einstufung der ‚French Transparency' Kommission (ASMR) einen fortschrittlichen therapeutischen Nutzen bzgl. Wirksamkeit und Sicherheit klinisch belegen können. Augenfällig: nur 3 % der ‚Primary-Care' aber immerhin 7 % der Produkte für Spezialmärkte schafften die dreifache Performanz-Exzellenz in mindestens zwei Ländern. Kombinationsprodukte kommen am schlechtesten weg: nur 2 % werden „exzellent" eingeführt. Dieser Befund kann nicht überraschen, bewegt man sich doch ohne evidenten ‚Medical Need' häufig genug in den ‚me-too' Bereich hinein, der von den Leistungserbringern gemeinhin als scheininnovativ gebrandmarkt und von der Gesundheitspolitik als kostentreibend eingestuft und deshalb zunehmend reglementiert wird.

Auch nicht alle exzellenten Launches haben Blockbuster-Qualität, nicht zuletzt weil nicht jedes Therapiegebiet entsprechende Patientenpotenziale birgt. In allen untersuchten Ländern ereichten die exzellent klassifizierten Launches nachhaltig höhere Marktanteile. Der durchschnittliche normalisierte Marktanteil, d. h. normalisiert mit der Anzahl der werbeunterstützten Brands in einem Therapiegebiet, zeigt klar, dass sich Marktanteil lohnt, denn die Resultate der Prädikats-Launches sind im Hinblick auf diesen Performanz-Indikator signifikant besser, auch in Deutschland (Abb. 3.5):

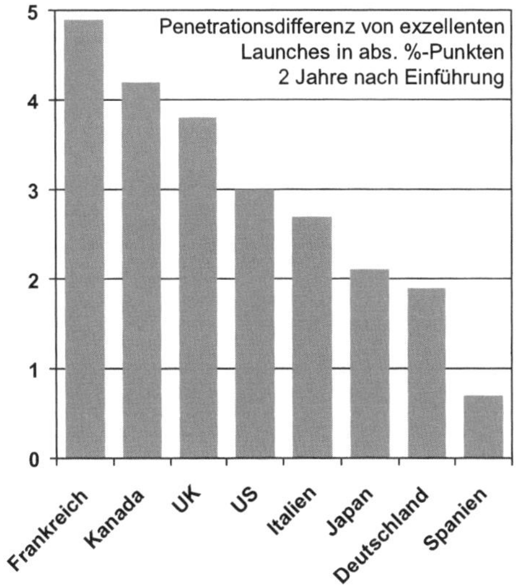

In allen acht Ländern ist feststellbar, dass bei exzellenten Launches zwei Jahre nach der Markteinführung signifikant bessere Ergebnisse erreicht werden bzgl. der normalisierten Marktpenetration.

Wenn dieser Marktanteilsvorsprung auf 2008 projiziert wird, erreichen diese 35 Brands im Median über 350 Millionen Dollar Umsatz p.a. mehr in diesen acht Ländern als der Durchschnitts-Launch.

Abb. 3.5. Kommerzielle Evidenz für Launch Excellence[59]

Exzellente Launches erreichen signifikant höhere Marktanteile und Umsatzzuwächse. Der normalisierte Marktanteil berücksichtigt die Tatsache, dass es wahrscheinlicher ist, eine hohe Marktpenetration zu erreichen, wenn es beispielsweise nur drei werbeunterstützte Wettbewerber gibt als wenn man gegen ein Heer von

[59] Quelle: IMS Health Launch Excellence Database.

Pharmareferenten hinter 20 eingeführten Brands antritt. Rechnet man diesen Marktanteilsvorsprung der exzellenten Launches über die acht Länder und die Marktgröße bzw. das Marktwachstum hoch, so ergibt sich auf 2008 ein projizierbarer Umsatzzuwachsvorsprung: diese 35 „Exzellenz"-Brands erreichen im Median mehr als 300 Millionen Euro Umsatz p.a. mehr als der Durchschnitts-Launch.

3.5 Erkenntnisse: Auf welche Erfolgsfaktoren kommt es an?

Die Studienergebnisse gerinnen in vier missionskritischen Erfolgsfaktoren, in denen sich die Management-Kompetenz und Wettbewerbsfähigkeit eines forschenden Pharmaunternehmens spiegeln (Abb. 3.6):

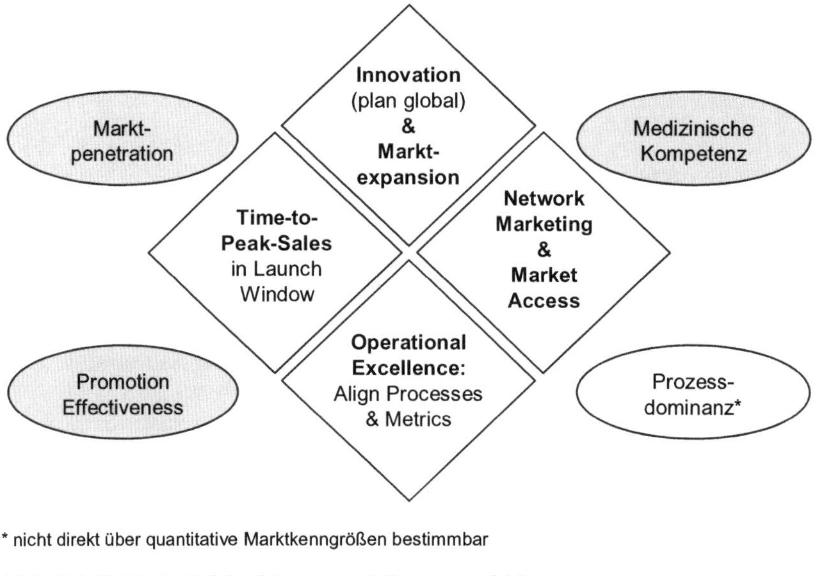

Abb. 3.6. Kritische Erfolgsfaktoren und Kompetenzfelder

Den drei messbaren Launch Excellence™ Erfolgsdimensionen lassen sich vier wettbewerbskritische Kompetenzfelder zuordnen.Diese vier Kernkompetenzfelder entscheiden also bewiesenermaßen über den Erfolg einer Neuprodukteinführung:

1. Innovation & Marktexpansion
2. Netzwerk Marketing & Marktzugangssicherung (Market Access)
3. Launch Window Management & Monitoring (Balanced Scorecard)
4. Operational & Process Excellence.

3.6 Erfolgsfaktor Innovation & Marktexpansion

Die ‚Medizinische Kompetenz' einer Arzneimittel-Marke drückt sich wie oben bereits erwähnt in einer führenden Marktanteilsposition aus. Diese wiederum ist abhängig vom Grad an Innovation und therapeutischem Fortschritt. Diese vom Markt in der Post-Launch-Phase manifestierte Image-Kompetenz in der Fachöffentlichkeit, d. h. bei den Leistungserbringern und Kassen ist also der Gradmesser Nr. 1 für den Launch-Erfolg. Die Studie zeigt allerdings auch ganz klar, dass im Sog der Nachfrage nach wirklich fortschrittlichen Therapieprinzipien auch der ganze Markt wächst (die ATC-Gruppe expandiert bei ca. 60 % der exzellenten Launches), eine innovationsgetriebene Marktexpansion also. Dass die ‚Medizinische Kompetenz' eines Arzneimittels erfolgsdeterminant ist, liegt auf der Hand, lässt sich aber auf der Basis quantitativer Marktdaten von IMS Health erhärten. Medical Radar®-Analysen zufolge erreichen die Marken Enbrel und Humira im stark wachsenden und innovationsgetriebenen Therapiegebiet Rheumatoide Arthritis in Großbritannien post Launch bei einem vergleichbaren Recall einen signifikant höheren dynamischen Marktanteil – Neueinstellungen und Umstellungen – im Vergleich mit den Brands Remicade oder MabThera. Dies deutet klar darauf hin, dass die Qualität der ‚Message' für den Verordner den Ausschlag über die ultimative Marktanteilsverteilung gibt und nicht der Werbedruck (Abb. 3.7).

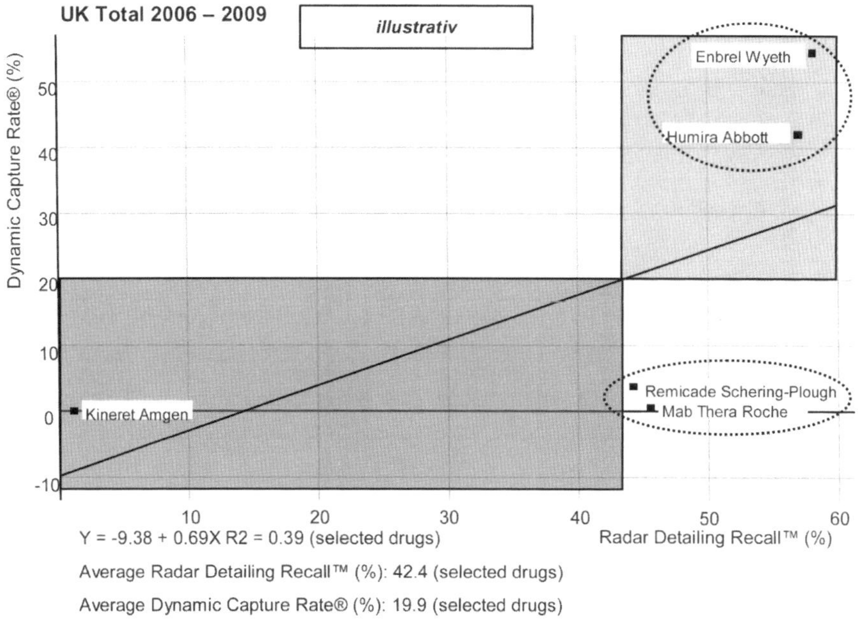

Abb. 3.7. Erfolgsfaktor Marktexpansion

Inhalte, d. h. Positioning & Messaging, prägen ultimativ den lokalen dynamischen Marktanteil stärker als die schiere Wucht des Werbedrucks.

Wie Interviews mit den Verantwortlichen in den Pharmaunternehmen mehrheitlich zeigten, kommt dabei einem systematischen und länderspezifischen Pre-Launch Marketing mit ärztlichen und regulatorischen Key Opinion Leadern eine entscheidende Bedeutung zu.

3.7 Erfolgsfaktor Netzwerk Marketing

Schon in Phase 3 der Klinischen Forschung (Pre-Launch Phase) aber insbesondere in Phase 4 müssen länderspezifische Aspekte im Studiendesign berücksichtigt und die Studienergebnisse stringent in eine lokal trennscharfe Wettbewerbspositionierung übersetzt werden, mit der ein durchschlagskräftiges frühes, flächendeckendes Netzwerk-Marketing unterfüttert wird, das die lokale therapeutische Praxis in den relevanten Zielgruppen nachhaltig verändert: z. B. Therapierichtlinien für Leistungserbringer / Early Adopter Verordner / Patientengruppen (Abb. 3.8).

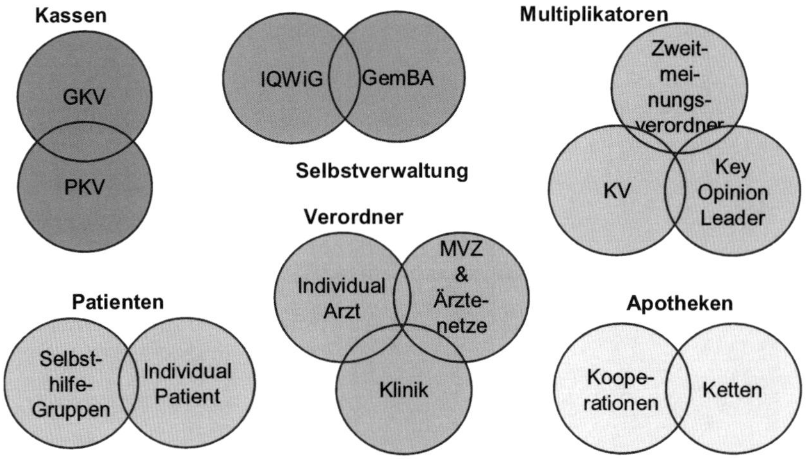

Abb. 3.8. Erfolgsfaktor Netzwerkmarketing – Marktexpansion: Investment in ‚Netzwerk-Marketing' missionskritisch!

Insbesondere die gesundheitsökonomische Reife eines Marktes entscheidet dann in der Post-Launch Phase über die Perspektiven eines innovativen Therapieprinzips. Man erinnere sich an die Bewertung der kurzwirksamen Insuline durch das IQWiG im Jahre 2006. In Deutschland waren seit dem GMG so genannte HTA (Health Technology Assessments) das Maß der Dinge, aber mit dem GKV-WSG wird die gestärkte Rolle der Selbstverwaltung im Hinblick auf den Marktzugang und die Preisbildung und insbesondere die neuen Steuerungsinstrumente Kosten-Nutzen-Analysen (Health Economics & Outcomes Research), Höchsterstattungs-

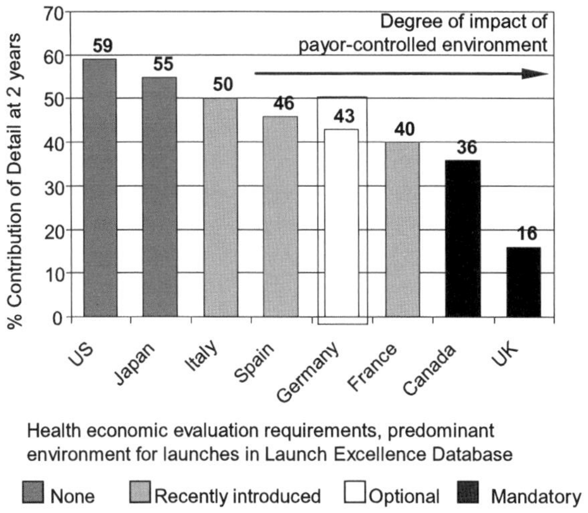

- im gesundheitsökonomisch hochregulierten GB erklärt der Außendienstdruck nur noch mit 16 % Gewicht den Launcherfolg
- GB und Kanada richtungsweisend im Hinblick auf die Bedeutung von HEOR für den Marktzugang
- Deutschland bis dato 'Schwellenland' in punkto HEOR aber mit dem GKV-WSG an der Front

*ökonometrische Analyse des Einflusses des Außendienstes

Abb. 3.9. Erfolgsfaktor Market Access – Einfluss des Health Economics & Outcomes Research (HEOR) bzw. des Außendienstes auf den Launcherfolg[60]

beträge sowie Zweitmeinungsverordner den Marktzugang (Market Access) für neue Produkte und damit die Potenzialausschöpfung post Launch erheblich tangieren (Abb. 3.9).

„Viel (Detailing) hilft viel" – diese simple Formel gilt wegen unterschiedlicher Marktzugangsbarrieren nicht (mehr) in allen Märkten gleichermaßen.

Ein herausragendes Beispiel für eine erfolgreiche Netzwerk Marketing Strategie ist Merck's Launch des Osteoporose Medikaments Fosamax® (Alendronsäure) in den neunziger Jahren, indem der Arzneimittelhersteller Gesundheitspolitik und Kassen international vom Sinn einer präventiven Behandlung dieses weit verbreiteten Frauenleidens mit Bisphosphonaten überzeugen konnte, die Ärzteschaft rechtzeitig und systematisch fortgebildet (bzgl. Anamnese, Diagnose und Risikofaktoren) sowie die Patientenöffentlichkeit nachhaltig beeinflusst hat. Dabei wurden lokale Unterschiede bzgl. Epidemiologie und daraus resultierendem Medical Need systematisch erforscht und über die verschiedenen Zielgruppen hinweg gezielt programmatisch adressiert. Als vergleichbares Erfolgsbeispiel darf der Launch der Blockbuster-Brand Lipitor® von Pfizer Ende der neunziger Jahre gelten. Nicht nur dass Lipitor das umsatzstärkste Arzneimittel weltweit werden konnte, sondern die Art und Weise eines vorausschauenden Pre-Launch Netzwerk-Marketing, auf der Basis von gesundheitsökonomisch evidenten Studienergebnissen ist beeindruckend IMS Health stellte fest, dass der Anteil von Dyslipidemia Patienten, die mit Cholesterol bzw. Trigycerid regulierenden Therapeutika behandelt wurden, zwischen 1996 und 1998 von 58 % auf 72% angestiegen ist. Die Sub-

[60] Quelle: IMS Launch Excellence Database, P-Wert in allen Ländern und Jahren beträgt 0.005 oder weniger.

stanzklasse der Statine wurde im Sog der Lipitor-Einführung trotz der höheren Therapiekosten zum Goldstandard in der Arteriosklerose-Medizin, nicht zuletzt durch die belegbaren Vorteile unter Cost-Effectiveness Aspekten aus der Sicht der Kassen.

3.8 Erfolgsfaktor ‚Launch Window' Management & Monitoring

In dieser Kompetenzdimension sind zwei Aspekte missionskritisch für erfolgreiche Neuprodukteinführungen: a) das Einführungs-Tempo bzw. die Steigung der Launch Kurve (Time-to-Peak-Sales) sowie b) die Promotion Effektivität. Nach IMS Befunden hat zwar der Werbedruck in der Launch-Phase durch den Außendienst an relativer Bedeutung für den Launch-Erfolg zwischen 2000 und 2004 um ca. 17 % verloren, dennoch ist das so genannte Detailing immer noch der wichtigste einzelne Treiber von Launch Excellence.

Einführungs-Tempo und Steigung der Launch Kurve (Time-to-Peak-Sales): Schließlich und endlich sind in der frühen Post-Launch-Phase zehntausende von Ärzten in der Fläche zu erreichen und es gilt das gute alte Prinzip erfolgreicher Werbung AIDA (1. Attention, 2. Interest, 3. Desire, 4. Action), wobei dem Faktor Attention die Bedeutung einer Eintrittskarte in den Markt gleichkommt. Parallel kann dem ‚Pull' nach neuen Therapieprinzipien durch den informierten Patienten, insbesondere mit chronischem Leidensdruck, eine zentrale Bedeutung für das Anlaufen der Penetrationskurve zukommen, was in Ländern mit Verbot von DTC-Werbung nach effektiven PR-Kampagnen schreit. Die Analysen von IMS Health zeigen weiterhin klar, dass ein Großteil der Marktanteilsgewinne exzellenter Launches im ersten Halbjahr nach Einführung erreicht werden, d. h. dass das so genannte ‚Window of Opportunity' sehr eng ist und dass zur Potenzialausschöpfung alle Kraft in Marketing und Vertrieb gebündelt werden muss.

Promotion Effektivität: Aber auch und gerade in dieser erfolgskritischen Time-to-Peak-Sales Phase können Fehler durch ‚Over-Engineering' passieren, die sich verhängnisvoll auf die Ergebniskurve und den Return on Investment (ROI) im Schatten eines Launches auswirken, denn das Motto ‚viel hilft viel' kann auch viel Geld kosten, wenn man sich mit hohen Streuverlusten und sub-optimalem Marketing Mix in den falschen, weil zu wenig potenzialträchtigen Zielgruppen im Grenznutzenbereich der Werbewirkung bewegt (Abb. 3.10).

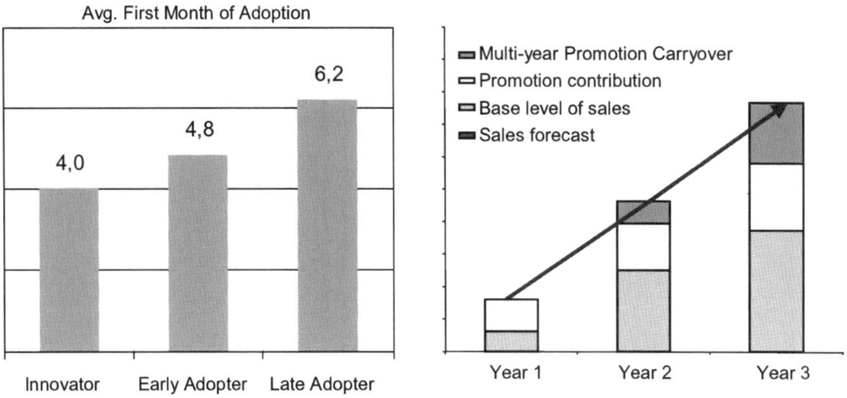

IMS Precision Sales Force™
Longitudinale Analysen des ärztlichen Verordnungsverhaltens unterstützen eine verhaltensbasierte Segnmentierung der Verordner

Pre-Launch Segmentierung ermöglicht eine bedarfsgerechte Staffelung der Ressourcen- und Besuchsplanung

IMS Promo.360™
Evidenzbasierte ökonometrische Optimierungsmodelle helfen bei einer auf Time-to-Peak-Sales hin optimierten Mittelallokation und Mix-Definition

Abb. 3.10. Erfolgsfaktor Lanuch Window Management

Bewährte ökonometrische Modelle auf dem Fundament valider Marktdaten ermöglichen eine effektive (weil dynamische) und effiziente (weil bzgl. ROI optimierte) Marktpenetration.

Targeting, Share of Voice und Call-Planung können aber durchaus treffsicher und effizient gemanagt werden, wenn man den Ressourceneinsatz und Marketing-Mix auf Basis quantitativer Marktdaten und valider ökonometrischer Modelle optimiert. Darüber hinaus kommen für eine schnelle Marktpenetration und Potenzialausschöpfung verhaltensbasierte Typologien der Verordner ‚unter Einfluss' (z. B. der Selbstverwaltung) als fortschrittliche Segmentierungsansätze zum Tragen, die eine gezielte, bedarfsgerechte und erst damit effektive Arzt-Ansprache möglich machen. Dabei ist es entscheidend, dass im Sinne eines Business-Planes die Marketing-Ziele pro Land sauber definiert, dass überprüfbare Meilensteine bestimmt und dass bei Planabweichung gegebenenfalls Interventionskonzepte (What-if / Plan B) verfügbar sind. Hinsichtlich Bewertung und Monitoring der Performanz von Launches gehen heute die meisten Pharmaunternehmen global oder aber mindestens regional standardisierte Wege hinsichtlich konsistenter Key Performance Indikatoren (KPI) bzw. eines Launch Best Practice Benchmarking bzw. Transfer auf dieser durchgängigen Basis über die Länder hinweg. Cialis® von Eli Lilly, indiziert für Erectyle Dysfunction, ist ein Paradebeispiel für einen erfolgreichen Tempo-Launch: in den USA im Jahre 2002 immerhin gegen Viagra® eingeführt, erreichte das Produkt bereits vier Monate nach Einführung die Spitzenmarke von ca. 35 % des dynamischen Marktanteils in diesem bei Arzt und Patient hart umkämpften Therapiegebiet. Das Beispiel zeigt, dass der klassische Marktanteil als langsame Resultante und damit als so genannter Lag-Indikator gesehen werden muss und dass statt dessen besser der zeitnahe dynamische Marktanteil – quasi der Saldo aus Neueinstellungen und Therapieumstellungen im Verhältnis zu Therapieabbrüchen und Verlusten an den Wettbewerb (stabile Folgeverordungen in dieser Betrachtung gedanklich ausgenommen) – wie man ihn aus longitudinalen Patientendaten gewinnen kann, die in dieser kritischen Phase geeignete Performanz-Kenngröße ist, ein so genannter Lead-Indikator (Medical Radar® bzw. LRx Market Dynamics® sowie der Regionale Versorgungsmonitor™ von IMS Health). Darüber hinaus gilt es, insbesondere in der späteren Post-Launch-Phase (Monat 6 bis 24), epidemiologische Potenzial- bzw. Versorgungs-Indikatoren wie Inzidenz und Prävalenz im Auge zu behalten sowie die Persistenz und Compliance des Patienten, beides auch Lead-Indikatoren im Hinblick auf die Ausschöpfung des therapeutischen Bedarfes vor dem Hintergrund von Patientenverhalten bzw. -marketing. Diesen Gestaltungsbereich haben die wenigsten Pharmaunternehmen bis dato auch nur annähernd ausgereizt. Die nötigen Markteinblicke liefern Daten aus der Arztsoftware wie sie beispielsweise der IMS Disease Analyzer® für große europäische Länder zuverlässig liefert. Als führender Anbieter von Healthcare Market Intelligence kann IMS Health aber feststellen, dass selbst unter den multinationalen Arzneimittelherstellern die wenigsten über einen konsistente und umfassende Launch Balanced Scorecard verfügen.

Erfolgsfaktor Operational & Process Excellence: Eine signifikante Auffälligkeit der Launch Excellence™ Studie von IMS Health ist ferner, dass es im Ländervergleich selbst zwischen den Prädikats-Launches große lokale Performanz-Unterschiede gibt (nur das absolute Spitzen-Drittel der Top-Launches punktet vergleichbar stark in allen Ländern). Besonders in der Erfolgsdimension Promotion Effectiveness sind große Differenzen zu konstatieren, die darauf hindeuten, dass es offenbar einen weit verbreiteten ‚Disconnect' zwischen den Ergebnissen klinischer Studien und der Umsetzung dieser zentralen / globalen Hoffnungen durch die lokalen absatzwirtschaftlichen Bereiche gibt.

Hauptursache für dieses wertvernichtende Phänomen ist eine fehlende Standardisierung von Launch-Strukturen und -Prozessen sowie eine effektive, rechtzeitige Vernetzung der F&E mit den M&V-Funktion auf globaler, regionaler und lokaler Ebene auf hohem Performanz-Niveau. Eine Ausschöpfung dieser ablauforganisatorischen Leistungsreserven kann aber Berge versetzen (Abb. 3.11).

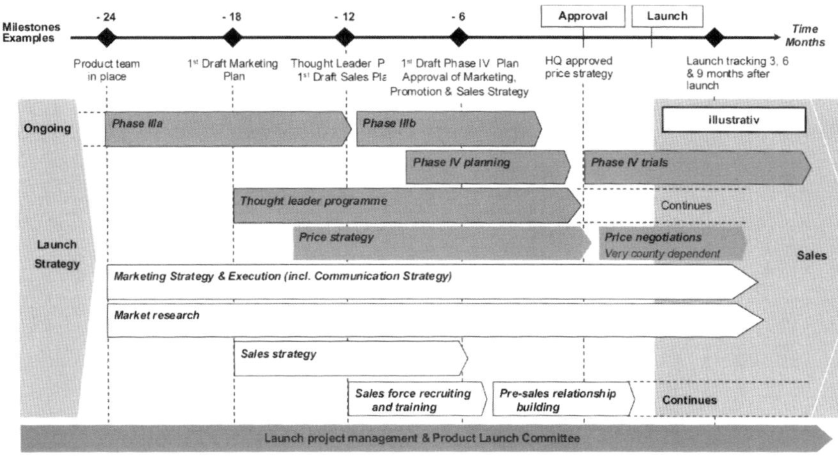

Abb. 3.11. Prozesskompetenz

Exzellente Launches setzen auf integrierte Prozesse zwischen global und lokal bzw. F&E und M&S.

Das oben genannte Beispiel eines organisatorischen Redesigns des Launch-Prozesses für ein führendes Pharmaunternehmen zeigt andeutungsweise die Komplexität aber auch, dass nur eine stringente Organisation zum Ziel führt: Launch Excellence durch „seamless cross-functional processes & a rigorously flawless execution“ (O-Ton CEO).

3.9 Fazit

Die langjährige internationale Launch Excellence™ Studie von IMS Health zeigt, dass die Pharmaindustrie noch über große Spielräume zur Verbesserung ihrer Wertschöpfung durch Produktneueinführungen verfügt. Die Verantwortung für die im Kontext dieser Performanz-Defizite der Branche nötige Transformation tragen die P&L-Verantwortlichen, bis hinein in die Tochtergesellschaften internationaler Konzerne in den Ländern. Die Schlüsselerfolgsfaktoren liegen auf der Hand:

1. Innovation & Marktexpansion
2. Netzwerk Marketing & Marktzugangssicherung (Market Access)
3. Launch Window Management & Monitoring (Balanced Scorecard)
4. Operational & Process Excellence.

Ob daraus aber durchschlagskräftige Kernkompetenzfelder und nachhaltige Wettbewerbsvorteile für ein einzelnes Pharmaunternehmen werden, entscheidet nur die Konsequenz der Umsetzung.

Teil F:

Internationale Aspekte

1 Internationale Trends in der pharmazeutischen Industrie

Murray Aitken, Frank-Ulrich Fricke, Andreas Reichelt

IMS Health Inc., Norwalk
IMS GmbH & Co. OHG, Health Economics & Outcomes Research, Nürnberg

1.1 Ausgangssituation

Die pharmazeutische Industrie versorgt Patienten rund um den Erdball mit Arzneimitteln. Die Gesamtumsätze dieser Branche werden weltweit auf 712 Mrd. US-Dollar (2007) geschätzt. Eine Reihe von Faktoren markieren Trends, die einen signifikanten Wandel für Art und Wachstum des globalen Arzneimittelmarktes bedeuten. Die Ausmaße des Wandels, der in den nächsten fünf Jahren erwartet wird, zwingt die Pharmaunternehmen, umfassende Anpassungen ihrer Strategie, der Umsatzerwartungen und der Organisationsstruktur vorzunehmen.

1.2 Faktoren des Wandels

Erste Faktoren, die einen Wandel in der pharmazeutischen Industrie ankündigen, werden für die Unternehmen spürbar. Von ihnen wird erwartet, dass sie die zukünftige Entwicklung der Pharmabranche mitbestimmen werden. Im Folgenden werden diese erläutert.

1.2.1 Innovationsrückgang

Mitverantwortlich ist der Rückgang an patentierbaren Innovationen, die aus Investitionen in die Forschung resultieren. Parallel dazu läuft der Patentschutz bestehender Produkte aus. Das Wachstum der pharmazeutischen Industrie hängt jedoch zu einem bedeutenden Teil von der Einführung und Akzeptanz neuer, patentierter Arzneimitteltherapien ab. Sie müssen den Wertverlust ausgleichen, den andere Produkte durch Auslaufen des Patentschutzes und den Wettbewerb mit Generika verursachen.

In den letzten Jahren ist die Zahl der neuen Substanzen, die auf den Markt gebracht wurden, gesunken. Waren es von 1996 bis 2000 im Jahresdurchschnitt noch 44 neue Wirkstoffe, sank die Zahl der Neuzulassungen auf 27 im Jahr 2007. Der kumulierte Wert der Verkäufe der neuen Wirkstoffe, die von 2002 bis 2006 auf den Markt kamen, erreichte mit 52 Mrd. US-Dollar nur noch knapp den Wert der Vorjahre. Der Rückgang der zulassungsfähigen neuen Wirkstoffe ist Ausdruck für einen Produktivitätsverlust der F&E Investitionen, die in den letzten 10 bis 15 Jahren stattgefunden haben. Auch die Umsatzerwartungen, die mit den Produkten bei Markteinführung verbunden werden, haben sich verändert: So sind in den vergangenen fünf Jahren weniger so genannte Blockbuster auf den Markt gebracht worden. Blockbuster sind Produkte, an die sehr hohe Umsatzerwartungen (1 Mrd. US-Dollar und mehr) geknüpft werden. Stattdessen zielt die Mehrzahl der neuen Arzneimittel auf die Behandlung kleinerer Patientengruppen (so genannte Nischenmärkte) und ist weniger auf die Behandlung großer Patientengruppen ausgerichtet. Ein Drittel der im Jahr 2007 erschienenen neuen Arzneimittel hat Orphan Drug-Status, was die Positionierung in Nischen unterstreicht. Orphan Drugs sind Arzneimittel, die bei seltenen Erkrankungen oder bei selten vorkommenden Behandlungssituationen eingesetzt werden.

In den nächsten fünf Jahren wird sich vermutlich der starke Rückgang der Anzahl an Innovationen sowohl von Arzneimitteln auf chemischer Basis als auch von Biotech-Produkten, die auf rekombinanter DNA Technologie basieren, weiter fortsetzen. Die Aussage wird gestützt durch die Anzahl und Art der Wirkstoffe, die sich in einem späten Stadium in der Pipeline der Pharmaunternehmen befinden. Auch bestehen wachsende Bedenken der Zulassungsbehörden hinsichtlich der Sicherheit neuer Wirkstoffe. Diese Bedenken äußern sich in einem zunehmenden Bedarf an Studien und Analysen zur Produktsicherheit, um eine Zulassung zu erreichen. So haben mehrere Produkte, von denen 2007 die Markteinführung erwartet wurde, das Zulassungsverfahren mit erheblicher Verzögerung durchlaufen oder sind komplett zurückgezogen worden. Die Wirkstoffe, die sich in einer späten Phase der Entwicklung befinden und mit deren Markteinführung in den nächsten fünf Jahren zu rechnen ist, stehen für wissenschaftliche Leistungsfähigkeit und innovative Funktionsmechanismen. Dazu gehören 107 Wirkstoffe zur Behandlung onkologischer Erkrankungen, 65 weitere dienen zur Behandlung von Erkrankungen des zentralen Nervensystems und 42 sollen im Bereich Diabetes (18 Wirkstoffe) und kardiovaskulärer Erkrankungen (24 Wirkstoffe) eingesetzt werden. Dennoch ist in diesem Zeitraum keine signifikante Umsatzsteigerung durch diese Produkte im Markt zu erwarten.

Die Pharmaunternehmen müssen aber nicht nur einen Rückgang der Innovationen in ihrem Entwicklungsportfolio verkraften. Hinzu kommt der Patentablauf von Produkten mit bislang großen Umsätzen. Durch den Patentablauf entsteht Nachahmerwettbewerb und damit Preisdruck auf die Arzneimittel ohne Patentschutz. In den letzten fünf Jahren haben Produkte mit einem Umsatzvolumen von mehr als 91 Mrd. US-Dollar in Schlüsselmärkten Konkurrenz durch Generika erhalten. Im hart umkämpften Pharmamarkt der USA verlieren Wirkstoffe, deren Patentschutz ausläuft, in den ersten 12 Monaten durch die Einführung von Generika typischerweise 60 % bis 90 % an Wert. Generische Substanzen haben mittlerweile einen Anteil von mehr als 60 % am Pharmamarkt in den USA. In Kanada, Großbritannien und Deutschland liegt er zwischen 47 und 59 %. Andere wichtige europäische Märkte weisen einen geringeren Anteil an Generika auf, der in Italien, Spanien und Frankreich zwischen 29 und 35 % liegt. Den geringsten Generikaanteil weist mit weniger als 15 % der Pharmamarkt Japans auf.

Verschärft wird die Situation, da die Kostenträger weltweit den Einsatz von Generika auf verschiedenste Weisen fördern. Fest steht, dass durch dieses Engagement der Markt für Generika weiter wächst. Darüber hinaus verlieren in den Jahren 2008 bis 2012 Wirkstoffe mit einem Umsatzvolumen von 129 Mrd. US-Dollar ihren Patentschutz und werden dem Wettbewerb durch Generika ausgesetzt. Auch in Japan hat die Regierung mehrere Initiativen angestoßen, um die Bevölkerung von der Sicherheit und Wirksamkeit generischer Arzneimittel zu überzeugen. Ziel ist die Anhebung der Verordnungen von Generika bis zu einem Anteil von 30 % am Gesamtvolumen bis 2012.

1.2.2 Sicherheitsbedenken und Behördenbeschlüsse

Das Verhältnis zwischen Nutzen und Risiko ist für jedes Arzneimittel von Bedeutung. Eine der Aufgaben der Zulassungsbehörden ist es, dafür zu sorgen, dass diese Balance sowohl von Ärzten als auch von Patienten verstanden wird. Anlass für eine erhöhte Aufmerksamkeit bezüglich der Arzneimittelsicherheit auf dem US-amerikanischen Pharmamarkt gab der Rückzug des Wirkstoffes Rofecoxib (Handelsname Vioxx®, Arzneimittel zur Behandlung rheumatischer Beschwerden und Schmerzen). Eine Studie zeigte, dass sich die Herzkreislauferkrankungen (insbesondere Infarkte, Schlaganfälle und instabile Angina Pectoris) in der Behandlungsgruppe nach 18 Monaten im Vergleich zur Kontrollgruppe verdoppelt hatten. Das erhöhte öffentliche Interesse an Arzneimittelsicherheit führte zu einem verstärkten Engagement des Kongresses, die Verfügbarkeit klinischer Informationen zu erhöhen, um potenzielle Risiken und Nebenwirkungen von Wirkstoffen vor und nach der Zulassung zu identifizieren.

Eine Folge dieses Engagements des Kongresses war die Zunahme an so genannten „black box warnings“. Dabei handelt es sich um Sicherheitshinweise, die durch die Art des Drucks, Rahmung (black box) und Stellung im Text in Fachinformationen und auf Beipackzetteln hervorgehoben sind und auf die Risiken des Wirkstoffes hinweisen. Während im Jahr 2004 24 dieser Sicherheitshinweise veröffentlicht wurden, erhöhte sich die Anzahl im Jahr 2007 auf 73 und betraf Produkte mit einem Umsatzvolumen von 139 Mrd. US-Dollar. Zusätzlich nimmt der Umfang an klinischer Evidenz, der zur Zulassung benötigt wird ständig zu. Zum Teil liegt dies begründet in dem ständig wachsenden Verständnis der Pharmakotherapie und ihrer direkten und indirekten Wirkung auf die Körperfunktionen. Eine höhere Aufmerksamkeit bezüglich der Arzneimittelsicherheit mag zudem zu vermehrter Vorsicht bei den verschreibenden Ärzten führen, wenn sie die Bedürfnisse des Patienten und die Effekte der Arzneimittel gegeneinander abwägen.

1.2.3 Geringschätzung geistigen Eigentums

Der Schutz geistigen Eigentums besitzt eine zentrale Stellung im Zusammenspiel von Investition, Innovation und Vermarktung und ist bedeutend für das Überleben der Pharmaindustrie. Deshalb können Veränderungen beim Patentschutz den gesamten Unternehmensprozess pharmazeutischer Unternehmen (das so genannte Geschäftsmodell) erheblich beeinflussen. In diesem Zusammenhang werden insbesondere die so genannten Follow-on Proteins oder auch Biosimilars[1] genannt. Biopharmazeutische Arzneimittel werden aus lebenden Zellen hergestellt, sind hochkomplexe Proteine mit heterogenen Strukturen, die analytisch nur schwer zu charakterisieren sind. Aufgrund der Komplexität des Moleküls und der Herstellung sind Biosimilars dem jeweiligen Original nur ähnlich aber nicht identisch. Nun wird es darauf ankommen, inwieweit dieser Unterschied auch im Rahmen der Bemühungen um Ausgabensenkungen in den verschiedenen Gesundheitssystemen berücksichtigt wird.

In Europa ist die Zulassung dieser Produkte bereits geregelt. So ist das Biosimilar Epoetin alfa bereits in den britischen und deutschen Markt eingeführt. In Amerika dagegen ist die Rechtslage noch unklar. Trotzdem ist davon auszugehen, dass Biosimilar-EPOs innerhalb der nächsten fünf Jahre auch auf dem US-amerikanischen Markt erhältlich sind. Dies bedeutet aber einen Wendepunkt für Biotech-Produkte, die bisher die Vorzüge eines langen Schutzes vor Wettbewerbern genossen.

Um offene Fragen zum geistigen Eigentum weltweit zu regeln, legte die WTO einen Vorschlag für das so genannte TRIPS Abkommen (Trade-related aspects of intellectual property rights) vor. Es legt für Rechtssysteme Mindeststandards im Bezug auf Immaterialgüterrechte (z. B. Marken, Patente) fest und sieht den Beitritt aller WTO-Staaten vor. Die Notwendigkeit dieses Abkommens drückte sich beispielsweise in dem Konflikt zwischen Novartis und indischen Pharmaherstellern aus, die den von Novartis geschützten Wirkstoff Imatinib Mesylate ohne Lizenz herstellten. Die Nachahmer gaben an, dass die Dritte Welt auf diese Weise preis-

---

[1] Als Follow-on biologics oder Biosimilars werden biopharmazeutische Produkte bezeichnet, die infolge des Patentablaufs eines „wirkstoffgleichen" biopharmazeutischen Produktes hergestellt werden können.

günstiger antiretrovirale Wirkstoffe erhalte. Dennoch ist der langfristige Trend, geistiges Eigentum anzuerkennen, ein wichtiger Schritt, auch wenn weitere Interessenkonflikte Fortschritte zur weltweiten Anerkennung von Patenten behindern. Zu den Konfliktherden zählen auch die Zwangslizenzen, wie sie Thailand und Brasilien nutzen. Sie verwenden diese Lizensierungsstrategie, um ihrer Bevölkerung bestimmte so genannte „essentielle Arzneimittel" zur Behandlung von HIV / AIDS zur Verfügung zu stellen. Diese Entwicklung wird von der Pharmaindustrie kritisiert, da nicht abzusehen ist, wohin der Trend führt. So wird in Thailand bereits erwogen, für einige Arzneimittel zur Behandlung kardiovaskulärer Erkrankungen zu prüfen, ob sie den nationalen Kriterien für „essentielle Arzneimittel" entsprechen.

1.2.4 Der Einfluss von Kostenträgern und Patienten verstärkt sich in Relation zu den Ärzten

Die Kostenträger stehen vor der Herausforderung, die steigenden Gesundheitsausgaben und im Speziellen die Arzneimittelausgaben mit der Nachfrage der Patienten nach innovativen Produkten in Einklang zu bringen. Dieser Kostendruck ist weltweit derselbe und Arzneimittelbudgets stellen in diesem Zusammenhang eine relativ einfache Stellschraube dar, auch wenn sie teilweise nur 10 bis 15 % der Gesamtausgaben für Gesundheit ausmachen. Die Mechanismen der Kostenträger zur Kostenkontrolle werden daher jedes Jahr komplexer. Die Bandbreite dieser Mechanismen umfasst willkürliche Preiskürzungen für zugelassene Arzneimittel, Prüfungen der Kosteneffektivität, um Erstattungsbeträge festzulegen sowie Bonusregelungen für Ärzte, um das Verordnungsverhalten zu beeinflussen.

Neben den Kostenträgern beeinflussen Patienten den Pharmamarkt zunehmend. Ihre Rolle ist dabei aus drei Gründen hervorzuheben. Erstens sind sie aktiv in die Erhaltung der eigenen Gesundheit und der ihrer Bezugspersonen involviert. Von ihnen wird die letzte Entscheidung bezüglich Diagnose und Therapieoptionen getroffen. Zweitens tragen sie die Kosten des Gesundheitssystems durch Selbstbehalte und Versicherungsprämien. Und schließlich sind sie Wähler und können so ihren politischen Einfluss auf das Gesundheitswesen unterstreichen. Auf diese Weise ist der Patient, ob als Individuum oder als Teil einer Gruppe (z. B. Selbsthilfegruppe) ein Akteur im Gesundheitssystem, dessen Macht zunimmt und der die Zukunft des Systems direkt und indirekt mitgestaltet.

1.2.5 Die demographische und ökonomische Entwicklung schreitet voran

Die Alterung der Weltbevölkerung ist ein wesentlicher Faktor für das Wachstum des weltweiten Gesundheitsmarktes. Sie wird zu einem Teil verursacht durch niedrige Geburtenraten in den Industrienationen und zum anderen durch eine verbesserte Gesundheitsversorgung und Vorsorge besonders bei chronischen Erkrankungen. Die wirtschaftliche Entwicklung – und insbesondere das schnelle Wachstum neuer Märkte – ist ebenfalls eine bedeutende Kraft, die zur Veränderung des Arzneimittelmarktes führt. Ein Vergleich des Wachstums verschiedener Bruttoinlandsprodukte und der Gesundheitsausgaben lässt einen losen aber positiven Zusammenhang erkennen. Ein besonders schnelles Wachstum der Arzneimittelausgaben tritt immer dann auf, wenn die Bevölkerung eines Landes Zugang zu Arzneimitteln erhält, den sie vorher nicht hatte. Initial ist dies der Zugang zu Medikamenten zur Behandlung von Infektionen inklusive Malaria und Tuberkulose. Mit der Zeit und der wirtschaftlichen Entwicklung eines Landes zielen die Behandlungsschwerpunkte eher auf asymptomatische Zustände wie Diabetes, Bluthochdruck oder Erkrankungen der Atemwege und des zentralen Nervensystems.

1.3 Trends in der pharmazeutischen Industrie

Die beschriebenen Faktoren sind Ursache für verschiedene Trends, die für den Strukturwandel in der Pharmaindustrie von Bedeutung sind. Obwohl keiner dieser Trends gänzlich neu ist, wird ihr Einfluss auf den Pharmamarkt in Zukunft wahrscheinlich größer sein als bisher. Die Trends wirken in fünf Bereichen auf die Pharmaindustrie ein:

1.3.1 Märkte

Das Wachstum bewegt sich weg von den sieben wichtigsten Industrienationen, den USA, Japan, Deutschland, Frankreich, Großbritannien, Italien und Spanien in Richtung sieben anderer stark wachsender neuer Märkte in China, Brasilien, Südkorea, Mexiko, Türkei, Russland und Indien. Der Anteil der Industrienationen am weltweiten Marktwachstum ist in den Jahren von 2003 bis 2007 von 71 % auf 49 % gefallen. Es wird erwartet, dass er in den nächsten fünf Jahren weiter fällt. Die Wachstumsraten dieser Märkte liegen nun im niedrigen, einstelligen Bereich und ein Anstieg ist nicht in Sicht.

Währenddessen stieg der Anteil am globalen Marktwachstum der aufstrebenden Märkte wie China von 12 % im Jahr 2003 auf 26 % in 2007. Für die nächsten fünf Jahre wird für diese Märkte eine hohe, einstellige Wachstumsrate vorhergesagt. China beispielsweise ist mit einem Umsatzvolumen von 18 Mrd. US-Dollar der achtgrößte Pharmamarkt weltweit. Auch wenn mit einer moderaten Wachstumsrate gerechnet wird, ist davon auszugehen, dass der Markt für pharmazeutische Erzeugnisse in China andere wie Großbritannien, Italien, Deutschland und Spanien bis 2011 überholt. Die Ursachen hierfür liegen insbesondere im starken Wirtschaftswachstum, mit dem in der Regel auch ein wachsender Gesundheitsmarkt verbunden ist. Gesundheit ist ein Gut, das bei steigendem Wohlstand einer Gesellschaft überproportional nachgefragt wird.

Obwohl die Industrienationen nach wie vor die Mehrheit der Anteile an weltweiten Arzneimittelmärkten haben, tragen sie weniger zum globalen Wachstum bei als in der Vergangenheit. Es wird erwartet, dass die weltweiten Märkte bis 2011 um ca. 5 bis 8 % wachsen. Nordamerika, Japan und die fünf größten europäischen Nationen werden allerdings signifikant niedrigere Wachstumsraten haben, als Experten sie für Lateinamerika, Asien und Osteuropa erwarten.

1.3.2 Einfluss der Ärzte

Ein weiterer Trend, der in den vergangenen Jahren festzustellen war, ist die Verringerung des Arzneimittelausgabenzuwachses bei den Hausärzten bei gleichzeitig steigendem Zuwachs bei den Fachärzten. Eine Ursache dafür sind die Patentabläufe für die Wirkstoffe, die bei Bluthochdruck, Erkrankungen des Magen-Darm-Trakts und Depression häufig von Hausärzten eingesetzt werden. Eine weitere Ursache ist die schnellere Markteinführung und -verbreitung von innovativen Wirkstoffen in der Onkologie und bei Autoimmunerkrankungen, die häufiger von Fachärzten behandelt werden.

Daher schrumpfte der Arzneimittelmarkt im Bereich der hausärztlichen Versorgung von 66 % des Gesamtmarktes im Jahr 2003 auf 60 % im Jahr 2007. Es wird erwartet, dass sich diese Entwicklung fortsetzt. Produkte, die im Wesentlichen von Fachärzten eingesetzt werden, erreichen häufiger große Umsätze und werden Blockbuster. Im Jahr 2007 wurde erstmals die Mehrzahl der Blockbuster von Fachärzten verordnet.

Während Hausärzte weiterhin eine wichtige Rolle in der Prävention, der Früherkennung und der frühzeitigen Behandlung von Krankheiten spielen und einen erheblichen Anteil an den Arzneimittelverordnungen haben, wird der Wert ihrer Verordnungen fallen. Medikamente, die sich in späten Stadien der Entwicklung befinden, dienen größtenteils der Behandlung onkologischer Erkrankungen oder Störungen des zentralen Nervensystems. In den nächsten Jahren ist daher nicht mit einer Ausweitung des Angebots an innovativen Arzneimitteln, die vorwiegend von Hausärzten eingesetzt werden können, zu rechnen.

1.3.3 Produktmix

Das „Blockbuster Modell", welches große Pharmaunternehmen während der späten 90er Jahre und bis hinein in dieses Jahrzehnt verfolgt haben, führte dazu, dass wenige Wirkstoffe das Wachstum des Arzneimittelmarktes unter sich aufteilen. Im Jahr 2001 beispielsweise waren 75 % des US-amerikanischen Wachstums des Arzneimittelmarktes 35 Produkten zu verdanken, deren Umsatz in dem Jahr jeweils eine Mrd. US-Dollar überschritt. Auf globaler Ebene war die Konzentration geringer, aber weiterhin bemerkenswert: 57 % des Wachstums ist auf 52 Blockbusterarzneimittel zurückzuführen.

In den letzten Jahren hingegen verloren einige dieser Blockbuster ihren Patentschutz und mussten sich dem Wettbewerb mit Generika stellen. Bezüglich anderer gab es Sicherheitsbedenken, die in einigen Fällen zu einem Rückzug des Produktes vom Markt führten. Deshalb schrumpften die Umsätze der Blockbuster 2007 erstmalig und trugen nicht zum Wachstum des Marktes bei. Im Gegensatz dazu wächst die Bedeutung der Wirkstoffe mit eng umrissenen Erkrankungszuständen. Manche dieser Substanzen werden während ihres Produktlebenszyklus zwar den Blockbusterstatus erreichen, aber nur sehr wenige werden Umsätze von mehreren Mrd. US-Dollar generieren, wie Wirkstoffe Anfang des Jahrzehnts. Der Produktmix in den Pipelines der Pharmaindustrie spricht jedenfalls dafür, dass die Zeit der Blockbuster vorbei ist. Es werden viele kleine Produkte sein und nicht wenige große, die das Wachstum des Arzneimittelmarktes vorantreiben.

1.3.4 Wissensbasis

Die Stärke der Pharmaindustrie von heute liegt in der Fähigkeit, chemische Moleküle zu entwickeln. In den letzten 20 Jahren wendete sich die Wissenschaft allerdings zunehmend Biotech-Produkten zu, welche als Arzneimittel oder Impfstoffe definiert sind, die in lebenden Organismen mittels rekombinanter DNA-Technologie produziert werden.

Das Volumen des Marktes für Biotech-Produkte beträgt mittlerweile 75 Mrd. US-Dollar und war in den letzten fünf Jahren mit einer Rate von 15 bis 25 % weiter auf Wachstumskurs. Im Moment existieren am Markt 19 Blockbuster-Biotech-Produkte: Erythropoiese-stimulierende Mittel und verschiedene Anti-TNF Antikörpertherapien. Die Verschiebung der Forschungsschwerpunkte in Richtung Biotech-Produkte wird sich fortsetzen, zumal sie 24 % der Produkte ausmachen, die sich in der klinischen Entwicklungsphase befinden. Eine große Anzahl dieser Biotech-Produkte wird von kleinen, unabhängigen Biotech-Unternehmen entwickelt. Ein wachsender Teil der Biotech-Forschung wird jedoch aufgekauft oder findet unter Mitwirkung der chemischen Pharmaindustrie statt, welche die Arzneimittelforschung und Entwicklung in den letzten Jahren dominiert hat.

1.3.5 Arzneimittelklassen

Die Verschiebung der Forschungsschwerpunkte und der Verlust des Patentschutzes für viele verschiedene Substanzen führen auch zu einer Veränderung von Größe und Wachstum der Arzneimittelklassen. Die führenden Arzneimittelklassen der letzten fünf Jahre wie Antihypertensiva, Lipidregulatoren oder Protonenpumpenhemmer räumen das Feld, wo sie die medizinischen Erfordernisse nicht mehr erfüllen und neue, innovative Produkte den Patienten erreichen. Die Onkologie gehört zu den Behandlungsfeldern mit dem größten Wachstum mit 41 Mrd. US-Dollar Umsatz und einem weltweiten Wachstum von 16 % im Jahr 2007. Weitere

Arzneimittelklassen mit vielversprechenden Wachstumsraten sind Mittel gegen Autoimmunerkrankungen, insbesondere der rheumatoiden Arthritis oder anderen entzündlichen Erkrankungen, Antidiabetika, Antiepileptika und Angiotensin II Antagonisten. Alle sind 2007 14 % gewachsen. Zur gleichen Zeit ist der Markt für Lipidregulatoren um 7 % geschrumpft und Ausdruck dafür, dass wichtige Wirkstoffe ihren Patentschutz verloren haben. Entsprechend sind die Umsätze der Klassen der Protonenpumpenhemmer, Antidepressiva und Kalziumantagonisten zurückgegangen oder nur marginal gewachsen.

Der Trend des Wachstums bestimmter Arzneimittelklassen wird sich fortsetzen. Onkologika, Diabetika und entzündungshemmende Wirkstoffe werden dabei durch ein hohes Umsatzwachstum herausstechen. Trotzdem werden sich diese Arzneimittel im Vergleich zu ihren Vorgängern einer erhöhten Sensitivität der Kostenträger bezüglich der Kosteneffektivität stellen müssen. Die Onkologika werden unter genauer Beobachtung stehen genauso wie andere innovative Therapien mit engen Anwendungsgebieten, deren Einsatzbereich nach der Markteinführung ausgedehnt werden soll.

1.4 Faktoren für Langzeitwachstum

Die oben identifizierten Trends und Faktoren werden vorrangig für die Dynamik im Pharmamarkt der nächsten fünf Jahre verantwortlich sein. Das Ergebnis wird ein Rückgang der globalen Wachstumsraten sein, der aus den letzten fünf Jahren bereits bekannt ist. Dennoch wird es individuelle Märkte, Arzneimittelklassen und Produkte geben, die eine hohe Wachstumsrate verzeichnen. Allerdings gibt es weitere Faktoren für ein Langzeitwachstum des Arzneimittelmarktes, die man bezüglich einer Ausweitung im Auge behalten sollte. Das Tempo der Fortschritte in diesen Bereichen ist unsicher und die Ergebnisse sind heute weniger spürbar als noch vor fünf Jahren vorhergesagt worden ist. Dennoch haben diese Faktoren das Potenzial, den Arzneimittelmarkt zu verändern und neue, kosteneffektive Wirkstoffe zu den Patienten zu bringen.

1.4.1 Neue Forschungsfelder

Während die Produkte, die sich in den späten Stadien der Entwicklung und klinischen Prüfung befinden, in den nächsten fünf Jahren nicht zu einem signifikanten Anstieg der innovativen Arzneimittel beitragen, erweiterte sich die Pipeline der Arzneimittel in Phase I und II über die gesamte Pharmaindustrie gesehen um 10 %. So befanden sich Ende 2007 2.200 Produkte in diesen Phasen der Entwicklung gegenüber 1.420 im Jahr 2002. Auch wenn die Qualität und der Erfolg der Arzneimittel nicht vorherzusehen ist, trägt die vermehrte Investitionstätigkeit der Pharmaunternehmen in den späten 90er Jahren Früchte und bietet Potenzial für die

Zukunft. Die Möglichkeiten, das menschliche Genom darzustellen, führt zur Entdeckung neuer Forschungsfelder, wie dem der RNA Interferenz (RNAi)[2], an dem viele Wissenschaftler großes Interesse zeigen. Therapien, die auf RNAi basieren, werden zwar in den nächsten fünf Jahren noch kaum eine Rolle spielen. In 15 bis 20 Jahren hingegen sind deutliche Erfolge auf diesem Gebiet zu erwarten.

1.4.2 Ausweitung des Zugangs zu entwickelten Märkten

Die Anstrengungen, die die Kostenträger unternehmen, um das Wachstum ihrer Arzneimittelausgaben einzudämmen, mögen in der kurzen Frist effektiv sein. Langfristig kann es jedoch zu Mehrkosten für das Individuum oder auf nationaler Ebene kommen. Der Nachweis der Kosteneffektivität von Arzneimitteln könnte daher ein Anlass für die Kostenträger sein, ihr Arzneimittelbudget in der Hoffnung auszuweiten, in anderen Bereichen ihre Ausgaben verringern zu können. Dies würde zu einem erleichterten Zugang zu einer breiten Palette bewährter Arzneimittel führen, deren Kosteneffektivität sich eindeutig nachweisen lässt. Das Potenzial für ein substantielles Wachstum des Arzneimittelmarktes wäre groß. Allerdings ist derzeit unklar, ob die Kostenträger sich für diese Möglichkeit entscheiden und sich die Orientierung zu einer Ausgabenreduktion bei Arzneimitteln ändern lässt.

1.4.3 Bessere Compliance durch gesicherte Behandlungspfade

Weltweit existieren unterschiedlichste Leitlinien zur Behandlung von Erkrankungen und Probleme in der Umsetzung bleiben ein bedeutender Faktor für die suboptimale Behandlung von Patienten. Beispiele dazu enthält der Dartmouth Atlas of Health in den USA und die UK's National Health Service Cancer Reform Strategy. Viel Einsatz wird bei der Verbesserung von diagnostischen Verfahren gezeigt, um das Auftreten von undiagnostizierten Erkrankungen zu minimieren. Dennoch bleiben asymptomatische Erkrankungen wie Diabetes und Bluthochdruck häufig unerkannt. Zusätzlich existieren Behandlungsleitlinien basierend auf dem aktuellen medizinischen Wissen, werden Ärzte zu höherer Compliance bezüglich dieser Leitlinien angehalten und Patienten geschult, die eigene Gesundheit zu erhalten und den Anweisungen des medizinischen Personals Folge zu leisten. Auch wenn es in einigen dieser Bereiche Fälle von Überversorgung gibt, werden diese sicherlich von Fällen der Unter- oder Fehlversorgung übertroffen. Daher kann eine höhere Compliance bezüglich der Behandlungspfade zu einer Ausweitung des Arzneimittelmarktes führen. Die Intention, die Gesundheitsversorgung zu verbessern, ist allen Akteuren gemeinsam. Die Anstrengungen, die einzelnen Fragmente der

[2] RNA-Interferenz ist ein in eukaryontischen Zellen vorkommender Prozess, der die Genexpression hemmt.

Versorgung zusammenzuführen, um dieses Ziel zu erreichen, bleiben allerdings beschränkt.

1.4.4 Einführung von Informationstechnologie

Nach Meinung der meisten Experten bleibt der Gesundheitssektor ein Nachzügler im Bereich der Einführung von Informationstechnologien. Die Einführung einer elektronischen Patientenakte, elektronischer Rezepte und die Vernetzung der Akteure im Gesundheitswesen findet derzeit weltweit statt. Aber die Geschwindigkeit, mit der das geschieht, ist niedriger, als man erwarten würde, und die Vorteile sind weniger spürbar als ursprünglich versprochen. Im Jahr 2007 scheiterte das High Profile Project des National Health Service in Großbritannien, weil Zeitpläne nicht eingehalten wurden, die Verantwortlichen für die Implementierung wechselten und das öffentliche Vertrauen schwand. Im Gegensatz dazu gibt es in den USA Fortschritte bei der Umsetzung der Presidential Executive Order, bis 2014 geschützte, elektronische Patientenakten zu schaffen, die die Durchdringung des amerikanischen Gesundheitssystems mit Informationstechnologien weiter vorantreiben. Mit dem Einsatz von Informationstechnologien könnte die Gesundheitsversorgung deutlich effizienter gestaltet und die korrekte Anwendung von Arzneimitteln verbessert werden. Die Durchdringung der Gesundheitssysteme mit Informationstechnologien wird sehr unterschiedlich vonstatten gehen und langsamer sein, als erwartet. Die Informationstechnologie bleibt aber ein wesentlicher Faktor für das langfristige Wachstum des Arzneimittelmarktes.

1.5 Fazit

Jeder der oben diskutierten Faktoren und Trends wird neue Dynamik in das Langzeitwachstum des Arzneimittelmarktes bringen. Die Verantwortlichen der pharmazeutischen Industrie müssen sich zukünftig auf schnellere Veränderungen einstellen als in der Vergangenheit, da der Markt sich ständig weiterentwickelt. Der Erfolg der pharmazeutischen Industrie wird auch in Zukunft davon abhängen, dass die Patientenbedürfnisse befriedigt werden. Nur so kann die Industrie ihre Mission erfüllen, die Gesundheitsversorgung für alle weiterzuentwickeln.

2 Unternehmenszusammenschlüsse und Konzentration

Martin Bierbaum, Oliver Schöffski

Universität Erlangen-Nürnberg, Lehrstuhl für Gesundheitsmanagement

2.1 Grundlagen

Unter Unternehmenszusammenschlüssen versteht man im weitesten Sinne die Verbindung bisher rechtlich und wirtschaftlich selbständiger Unternehmen, wobei die Selbständigkeit durch den Zusammenschluss nicht zwingend beeinflusst werden muss. Die Art und Weise der Ausgestaltung von Zusammenschlüssen erstreckt sich über eine Vielzahl rechtlicher Konstruktionen und wirtschaftlicher Möglichkeiten. Anhand der Bindungsstärke und dem Grad der Abhängigkeit zwischen den Partnern lässt sich allerdings eine Unterscheidung in Kooperation und Konzentration festmachen.[3]

Im Rahmen einer Kooperation bleibt die rechtliche und wirtschaftliche Selbständigkeit der Partner gewahrt, es kommt lediglich zur Einschränkung der wirtschaftlichen Entscheidungsfreiheit in den von der Kooperation betroffenen Bereichen.[4] Als Beispiel kann man hier die Gewährung einer Lizenz für den Vertrieb eines Medikamentes durch ein anderes Unternehmen in vertraglich festgelegten Regionen anführen. Bei einer Konzentration wird mindestens die wirtschaftliche Selbständigkeit eines Partners aufgegeben, im Fall der Fusion als höchster Konzentrationsform geht auch die rechtliche Selbstständigkeit verloren.[5]

Weiterhin ist eine Unterscheidung nach der Art des Zusammenschlusses möglich. So kann die Verbindung zum anderen Unternehmen als Form vertikaler, horizontaler und diagonaler Integration erfolgen. Als vertikale Form der Integration könnte man am Beispiel der Pharmaindustrie den Zukauf eines insbesondere in

---

[3] Vgl. Jung, H. (2006), S. 126–127.
[4] Vgl. Brast, C. (2006), S. 11.
[5] Vgl. Jung, H. (2006), S. 153.

der Grundlagenforschung aktiven Start-Ups durch ein großes Pharmaunternehmen beschreiben. Ein Beispiel für einen horizontalen Zusammenschluss wäre die Übernahme eines Konkurrenten, dessen Stärken im gleichen Indikationsgebiet wie die des eigenen Unternehmens liegen, um die eigene Machtposition in diesem Gebiet zu stärken. Ein diagonaler Zusammenschluss dürfte im Bereich der Pharmaindustrie von eher untergeordneter Bedeutung sein. Hierunter würde man beispielsweise den Zukauf eines auf Tiermedikamente oder Life-Style-Produkte spezialisierten Unternehmens durch ein auf Humanmedikamente fokussiertes Unternehmen zählen.

2.1.1 Allgemeine Ziele und Gründe für Zusammenschlüsse

Bei Unternehmenszusammenschlüssen muss grundsätzlich bei den Beteiligten die Überzeugung vorhanden sein, dass der Zusammenschluss langfristig den Fortbestand der Unternehmung sichert und die Gewinnsituation verbessert.[6] Denn nur mit deutlichen unternehmerischen Vorteilen lässt sich die Aufgabe rechtlicher und wirtschaftlicher Freiheiten erklären.

Ein häufig für Zusammenschlüsse angeführter Grund sind Synergieeffekte. Darunter versteht man den Zusatznutzen, welcher sich aus einer effizienteren Nutzung vorhandener Ressourcen ergibt.[7] Unterschieden wird dabei zwischen solchen Synergieeffekten, die durch Größenvorteile (economies of scale) entstehen und jenen, die sich aus Verbundvorteilen (economies of scope) ergeben.[8] Größenvorteile sind Kostenvorteile, die sich bei zunehmender Ausbringungsmenge ergeben, da sich die Kosten pro Einheit verringern. Klassische Gründe dafür sind zum Beispiel die größere Verhandlungsmacht gegenüber Lieferanten oder Losgrößenersparnisse durch Verteilung der losfixen Kosten. Für pharmazeutische Unternehmen lässt sich hier eine verbesserte Auslastung von F&E-Abteilungen anführen.[9] Verbundvorteile bezeichnen Einsparungen, die sich aus der Nutzung vorhandener Ressourcen und Fähigkeiten in zusätzlichen Anwendungsbereichen ergeben. Sie entstehen wenn die Kosten der gemeinsamen Verrichtung verschiedener Aktivitäten geringer sind als die Summe der Kosten der isolierten Verrichtung jeder Aktivität.[10] Verdeutlichen lässt sich das im pharmazeutischen Außendienst. Wo vor einem Zusammenschluss zwei Mitarbeiter einen Arzt aufsuchten oder ein Unternehmen eventuell gar keinen Außendienst hatte, kann nach dem Zusammenschluss ein einzelner Mitarbeiter über die gesamte Produktpalette beider Unternehmen informieren. Somit kann die Effizienz des Außendienstes gesteigert werden und nebenbei wird als externer Effekt auch das Zeitbudget des Arztes geschont.

Die mit einem Zusammenschluss konkret verfolgten Ziele können im Gegensatz zu den eher allgemeinen gefassten Gründen für den Zusammenschluss viel-

[6] Vgl. Jung, H. (2006), S. 127.
[7] Vgl. Siegwart, H., Neugebauer, G. (1999), S. 199.
[8] Vgl. Stegmann, R. (2002), S. 23.
[9] Vgl. Stein, I. (1992), S. 49.
[10] Vgl. Schaper-Rinkel, W. (1998), S. 81.

fältiger Natur sein. Hier zählen neben zahlreichen weiteren Zielen die Verbesserung der Wirtschaftlichkeit (Rationalisierung), verbesserte Produktions- und Forschungsmöglichkeiten (gemeinsame F&E-Anstrengungen), Wettbewerbsfähigkeit (höhere Marktmacht, veränderte Verhandlungsmöglichkeiten), Verminderung von Risiken, Bildung von Organisationen (Interessenvertretung) oder Steueroptimierung. Neben diesen auf Teilgebiete des unternehmerischen Handelns ausgerichteten Zielen kann der Zusammenschluss auch das Ziel anstreben eine marktbeherrschende Stellung zu erreichen, um sich des Wettbewerbs zu entledigen.[11] In der Pharmaindustrie ist man angesichts des aktuellen Konzentrationsgrades davon allerdings noch weit entfernt.

2.1.2 Branchenspezifische Gründe und Ziele für Zusammenschlüsse

Grundsätzlich lassen sich in der pharmazeutischen Industrie drei Gründe für Zusammenschlüsse ausmachen. Dazu zählt zum einen der über die Jahre gestiegene Kapitalbedarf für Neuentwicklungen. Höhere Kosten für Forschung und Entwicklung sowie große klinische Studien sind hier als primäre Kostentreiber zu nennen. Zum zweiten ist ein gestiegener Erfolgsdruck bezeichnend für die gesamte Branche. Shareholder und Analysten, welche jahrelang durch hohe Renditen verwöhnt wurden, erwarten für die Zukunft höhere oder zumindest gleichbleibende Zuwächse und versuchen entsprechend auf die Unternehmen einzuwirken. Ein dritter Grund sind die deutlich gestiegenen Risiken für wirtschaftliche Rückschläge auch nach der Zulassung eines Medikamentes. Prominentestes Beispiel für solch einen Rückschlag in der jüngsten Vergangenheit ist das inhalative Insulinpräparat Exubera® von Pfizer, welches vom Markt nicht angenommen und eingestellt werden musste. Dieser Rückschlag belastete Pfizer mit Sonderbelastungen in Milliardenhöhe.[12] Doch auch andere Hersteller haben mit zunehmend strengeren Aufsichtsbehörden, gestiegenen Anforderungen in der Arzneimittelzulassung und zunehmend effizienzorientierten Kostenträgern zu kämpfen.

Eine besondere Herausforderung der Pharmabranche ist der enorme Innovationsdruck, bedingt durch die festen Patentlaufzeiten und die damit verbundene Befristung der Gewinnerzielungsphasen einzelner Präparate. Verschärft wird diese Situation durch die abnehmende Produktivität der Forschungs- und Entwicklungsabteilungen bei gleichzeitig steigenden F&E-Ausgaben, insbesondere getrieben von immer komplexeren und umfassenderen klinischen Studien.[13] Trotz deutlich gestiegener F&E-Ausgaben (vgl. Abb. 2.1) ist ein ständiger Rückgang neuer Produkte, so genannter New Medical Entities (NME), zu beobachten.

[11] Vgl. Siegwart, H., Neugebauer, G. (1999), S. 202.
[12] Vgl. Landesbank Berlin (2007), S. 2.
[13] Vgl. July-Grolmann, M. (2002), S. 159.

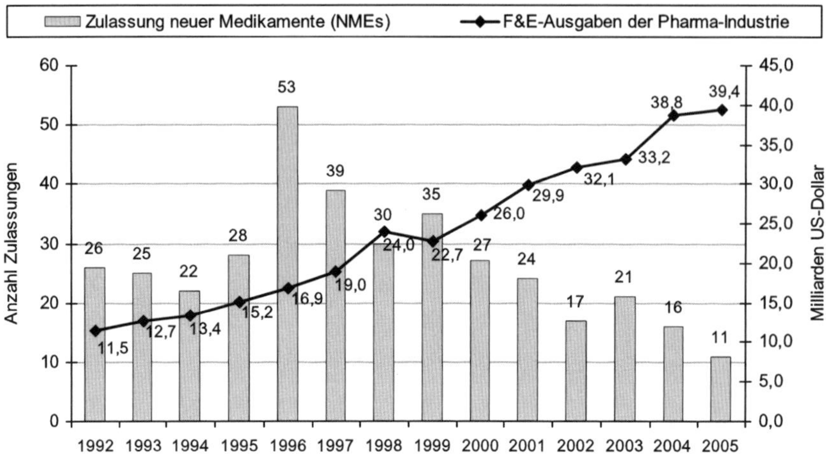

Abb. 2.1. Das Innovationsproblem der Pharmaindustrie[14]

Zu berücksichtigen ist auch die Tatsache, dass nicht jedes neue Produkt das Potenzial zum Blockbuster hat. Diese sind jedoch notwendig, sollen die gewohnten Umsätze der führenden Unternehmen der Branche aufrechterhalten werden. So werden zum Beispiel bei Pfizer 50 % des Gesamtumsatzes von nur vier von über hundert Medikamenten erzielt (vgl. Tabelle 2.1). Und von diesen vier ist wiederum ein einzelnes, Lipitor, für über 25 % des Gesamtumsatzes verantwortlich. Nach Analystenmeinungen dürften allein die acht größten Pharmaunternehmen bis 2012 durch Patentausläufe zwischen 14 % und 40 % ihrer heutigen Umsätze verlieren (vgl. Tabelle 2.2).[16] Damit wird deutlich, welche Bedrohung der Patentauslauf dieser Präparate für ein Pharmaunternehmen darstellt.

Um das Problem des Umsatzverlusts durch auslaufende Patente zu lösen, existieren zwei verschiedene Ansätze. Entweder versucht ein Unternehmen aus eige-

Tabelle 2.1. Umsatzverteilung nach Präparaten bei Pfizer[15]

Medikament	Umsatz in Mrd. US-Dollar	Anteil am Gesamtumsatz
Lipitor	12,9	26,7 %
Norvasc	4,9	10,1 %
Zoloft	2,1	4,3 %
Celebrex	2,0	4,1 %
Andere	26,5	54,8 %
Gesamt	48,4	100,00 %

14 Quelle: Eigene Darstellung, basierend auf Biopro Baden-Württemberg GmbH (2006)
15 Quelle: Eigene Darstellung, basierend auf Pfizer (Hrsg.) (2007a), S. 16, Pfizer (Hrsg.) (2007b), S. 8.
16 Vgl. PriceWaterhouseCoopers (2007a).

ner Kraft neue, umsatzstarke Präparate zu entwickeln und zur Marktreife zu führen oder es füllt die Lücke durch Zukäufe, die das eigene Produktportfolio ausbauen.[17] Besonders etablierte, große Pharmaunternehmen kaufen häufig junge, innovative Start-Ups aus der Biotechnologiebranche um sich vielversprechende Ansätze und Produkte aus deren Pipeline zu sichern.[18] Jedoch sind nicht nur kleine Biotechs Übernahmeziele, auch traditionelle Pharmaunternehmen können zum Übernahmekandidaten werden. Dass diese Strategie des externen Wachstums sehr erfolgreich sein kann, lässt sich wiederum gut am Beispiel von Pfizer zeigen. So sind Pfizers wichtigste Umsatzbringer, die so genannten Blockbuster, fast alle durch Zukäufe ins Unternehmen gelangt. Im Fall von Sortis durch die Übernahme von Warner Lambert. Celebrex und Bextra kamen mit der Übernahme von Pharmacia zu Pfizer. Ein weiterer Übernahmegrund für Pharmacia war zudem die Tatsache, dass elf der zwölf umsatzstärksten Produkte des Unternehmens Patentschutz bis 2010 genießen.[19]

Tabelle 2.2. Übersicht bedeutender Patentausläufe[20]

Unternehmen	Umsatzrückgang in Mrd. US-Dollar 2010		2011		2012		Anteil am Gesamtumsatz
Astra Zeneca	Arimidex	2,2	Seroquel	4,7	Symbicort	3,7	38 %
GSK	Advair	3,8			Avandia	2,5	23 %
Eli Lilly			Zyprexa	4,8			22 %
Merck	Cozaar	3,2			Singulair	4,5	22 %
Novartis	Femara	1,1			Diovan	6,0	14 %
Pfizer	Aricept	0,8	Lipitor	12,1	Viagra	1,7	41 %
			Xalantan	1,6	Detrol	0,9	
					Geodon	1,1	
Sanofi-Aventis	Taxotere	2,0	US Plavix	3,8	Lovenox	3,1	34 %
			Avapro	2,1			

Ein weiteres Motiv für Zusammenschlüsse in der Pharmabranche sind die gestiegenen wirtschaftlichen Risiken. Die bereits angesprochene Aufgabe des Hoffnungsträgers Exubera® oder die Aufnahme von Sortis in die Festbetragsregelung in Deutschland sind eindrucksvolle Beispiele. So ging der Umsatz von Sortis nach dieser Maßnahme um 34,9 % zurück.[21] Da auch in Zukunft mit weiterer staatlicher Reglementierung, insbesondere Versuchen zur Kostendämpfung, zu rechnen ist, wird sich die Risikosituation auf der Ertragsseite für Pharmaunternehmen eben-

[17] Vgl. Stegmann, R. (2002), S. 23.
[18] Vgl. Stros, M., Hari, J. (2005), S. 34.
[19] Vgl. Frankfurter Allgemeine Zeitung vom 16. Juli 2002.
[20] Quelle: Eigene Darstellung, basierend auf PricewaterhouseCoopers (2007a).
[21] Vgl. Fricke, U., Schwabe, U. (2006), S. 97.

falls weiter verschärfen.[22] Um diese veränderten Rahmenbedingungen bewältigen zu können, bedarf es für klassische Pharmaunternehmen zwingend einer gewissen Unternehmensgröße und damit einhergehender Finanzkraft.

2.1.3 Häufige Kooperationsformen in der pharmazeutischen Industrie

2.1.3.1 Joint Venture

Unter einem Joint Venture versteht man eine „Investition [...] bei der ein rechtlich unabhängiges Unternehmen mit autonomer Führung von zwei oder mehreren Muttergesellschaften gegründet wird, um ein bestimmtes Tätigkeitsfeld, das im gemeinsamen Interesse der Gründer liegt, in Gang zu bringen."[23] Meist stellt ein Unternehmen Kapital und den Marktzugang bereit, das andere Unternehmen bringt die Technologie, das Wissen oder die Produkte ein.[24] Der Begriff Joint Venture, wie er im deutschsprachigen Raum verwendet wird, darf nicht mit dem Joint Venture Begriff der angelsächsischen Literatur verwechselt werden. Dort wird dieser als Oberbegriff verwendet, unter den auch Zusammenschlüsse gefasst werden, bei denen es nicht zu einer Neugründung einer rechtlichen Einheit kommt.[25]

Das Unternehmen Sanofi Pasteur MSD ist ein solches Joint Venture zwischen Sanofi-Aventis SA und Merck&Co. Das Gemeinschaftsunternehmen hat sich auf die Entwicklung von Impfstoffen spezialisiert und mit Gardasil den ersten Impfstoff gegen Gebärmutterhalskrebs auf den Markt gebracht.[26] Beide Unternehmen sind zu jeweils 50 % an dem Joint Venture beteiligt.[27]

2.1.3.2 Strategische Allianz

Unter einer strategischen Allianz ist eine Zusammenarbeit von mindestens zwei rechtlich selbständigen Firmen zu verstehen, die dieser Kooperation eine große strategische Bedeutung beimessen und hierdurch langfristig bedeutende Wettbewerbsvorteile in bestimmten Geschäftsfeldern oder Märkten erzielen wollen.[28] Um diese Vorteile zu realisieren, müssen die Beteiligten ihre Aktivitäten durch kollektive Entscheidungsfindung aufeinander abstimmen. Hierdurch entsteht eine wechselseitige Interdependenz, welche jedoch auf das Gebiet der Zusammenarbeit beschränkt ist.[29] Ziel von strategischen Allianzen ist meist ein verbesserter Zugang

[22] Vgl. Schmoly, E. (2005), S.74.
[23] Desenzani, L., Larsen, G. (1994), S. 37.
[24] Vgl. Stros, M., Hari, J. (2005), S. 200.
[25] Vgl. Jansen, S. A. (1999), S. 94.
[26] Vgl. Hoch, D., Watson, M. (2006).
[27] Vgl. Sanofi Pasteur MSD (2008).
[28] Vgl. Heck, A. (1999), S. 4.
[29] Vgl. Schaper-Rinkel, W. (1998), S. 21.

zu Innovationen oder Einsparungen.[30] Daneben spielt auch die Möglichkeit, Risiko und Kapitalbedarf zu teilen eine nicht unerhebliche Rolle.[31] Branchenübergreifend lässt sich ein Anstieg an Allianzen feststellen, insbesondere bei grenzüberschreitenden Allianzen welche eine Reaktion auf die Globalisierung darstellen.[32]

Ein Beispiel für eine strategische Allianz in der Pharmaindustrie ist die zwischen dem Schweizer Pharmaunternehmen Roche und dem amerikanischen Biotechnologieunternehmen Maxygan. Die Allianz sieht vor, dass Roche die weltweiten Vermarktungsrechte an neuartigen Interferon-Produkten erhält. Im Gegenzug sichert Roche Maxygan zu die Forschung und Entwicklung dieser Produkte finanziell zu unterstützen.[33]

2.1.3.3 Patentlizenzen

Von Patentlizenzen wird gesprochen, wenn ein Patentnehmer das Recht erhält, eine patentierte Technologie einzusetzen und im Gegenzug dafür dem Patentgeber eine Lizenzgebühr zahlt. Häufig sind Patentlizenzen jedoch nur Teil einer Vereinbarung.[34] Oft hat das lizenzgebende Unternehmen zwar ein innovatives Produkt, verfügt jedoch nicht über die nötigen Ressourcen, dieses auch zur Marktreife zu bringen und zu vertreiben. Also vergibt es eine Lizenz an ein Unternehmen, das über entsprechende Ressourcen verfügt. So ergibt sich für beide Unternehmen eine win-win-Situation. Der Lizenzgeber erhält regelmäßige Einnahmen, welche wieder in die Forschung investiert werden können. Der Lizenznehmer erhält Zugang zu innovativen Produkten und kann mit diesen Lücken in der eigenen Pipeline füllen und seine Vertriebsorganisation auslasten.[35]

2.1.3.4 Forschungskooperation

Unter einer Forschungskooperation ist eine gemeinsame Forschungsaktivität von zwei oder mehr Unternehmen zu verstehen. Vor Beginn der Forschungsarbeiten muss geregelt sein, wer welche Rolle innerhalb der Kooperation einnimmt. So müssen Verantwortungsbereiche abgesteckt und Vereinbarungen getroffen werden, wer das geistige Eigentum an den Ergebnisse erhält.[36] Man unterscheidet bei Forschungskooperationen zwischen denen, die sich auf bestimmte Forschungsstufen fokussieren und denen, die auf bestimmte Anwendungsfelder spezialisiert sind.[37] Ein Beispiel ist hier die Kooperation zwischen Pfizer und pSivida, einem international tätigen Bio- und Nanotechnologieunternehmen. Im April 2007 haben

---

[30] Vgl. Stros, M., Hari, J. (2005), S. 199.
[31] Vgl. Bryan, L., Fraser, J., Oppenheim, J., Rall, W. (2000), S. 86.
[32] Vgl. Kummer, C. (2005), S. 25, und Freidheim, Cyrus (1999), S. 62.
[33] Vgl. Stros, M., Hari, J. (2005), S. 200.
[34] Vgl. Fischer, D., Breitenbach, J. (2007), S. 197.
[35] Vgl. Wurche, S. (1994), S. 251–253.
[36] Vgl. Fischer, D., Breitenbach, J. (2007), S. 197.
[37] Vgl. Wurche, S. (1994), S. 255.

sich beide Partner darauf geeinigt ein gemeinsames Forschungsprogramm durchzuführen um augenärztliche Produkte zu entwickeln.[38]

2.1.3.5 Marketingkooperation

Eine weitere Form der Kooperation sind Marketingkooperationen. Hierbei lassen sich Co-Marketing-Modelle, Co-Promotion-Modelle und das Einführen eines friendly generics unterscheiden. Alle drei sind eine Abkehr von der traditionellen Einzelvermarktung, bei der der Anbieter versucht sein Produkt im Alleingang am Markt zu verkaufen. Diese Art der Vermarktung bietet zwar einige Vorteile, wie zum Beispiel vollständige Autonomie und volle Partizipation am Erfolg, ist jedoch auch mit Nachteilen verbunden. Diese bestehen zum Beispiel darin, dass ein Unternehmen die gesamten Kosten für die Vermarktung alleine tragen muss und darüber hinaus aufgrund des geringeren Promotionsdrucks die Marktpenetration langsamer erfolgt.[39] Durch Co-Marketing können diese Probleme verringert werden.

Unter *Co-Marketing* versteht man die gemeinsame Vermarktung einer Substanz durch zwei Firmen unter verschiedenen Markennamen. Da es sich um zwei verschiedene Marken handelt, sind auch zwei Zulassungsverfahren notwendig. Bestandteil eines jeden Co-Marketingvertrages ist eine Patentlizenz. Ziel des Co-Marketing ist es, höhere Absatzzahlen zu erreichen und nationale Bestimmungen zu umgehen.[40] Negativ zu bewerten ist, dass die beiden Produkte gegeneinander konkurrieren, was dazu führt, dass es bei Ärzten zu Verwirrungen kommen kann und Krankenhäuser sowie Apotheken zwei Produkte bevorraten müssen.

Beim *Co-Promotion* wird eine Substanz durch zwei oder auch mehr Firmen unter demselben Markennamen verkauft, weshalb auch nur eine arzneimittelrechtliche Zulassung nötig ist.[41] Durch Co-Promotion lassen sich Märkte vor allem bei der Markteinführung neuer Produkte leichter erschließen. Es fallen nur die Kosten für ein Werbekonzept an, welches aber durch zwei Vertriebsteams ausgeführt wird. Allerdings geht dies mit zusätzlichem Koordinationsaufwand einher, um die beiden Vertriebsorganisationen aufeinander abzustimmen. In der Praxis lassen sich auch Mischformen von Co-Marketing und Co-Promotion finden.

Die *friendly generic Strategie* ist eine spezielle Form der Patentlizenz. Hierbei vergibt der Originalprodukthersteller kurz vor dem Auslaufen eines Patentes eine Patentlizenz an einen qualitativ anerkannten Generikahersteller. Dieser kann nun sein Generikaprodukt bereits vor den anderen Generikaherstellern auf dem Markt etablieren und somit eine bessere Marktposition erlangen. Für den Originalprodukthersteller bietet diese Strategie den Vorteil, dass er durch die Lizenzeinnahmen noch Umsatz mit einem Produkt generieren kann, für welches die Verkaufszahlen ohnehin bald drastisch einbrechen.[42]

[38] Vgl. pSivida (Hrsg.) (2007).
[39] Vgl. Fischer, D., Breitenbach, J. (2007), S. 198.
[40] Vgl. Volk, W. (2002), S. 340.
[41] Vgl. Volk, W. (2002), S. 343.
[42] Vgl. Fischer, D., Breitenbach, J. (2007), S. 200.

Ein weiteres Beispiel für Marketing-Kooperationen, welches allerdings losgelöst von obigen Ausführungen zu sehen ist, ist der Verband Forschender Arzneimittelhersteller e. V. (VFA).[43] Es handelt sich hierbei um eine Dachorganisation, der nahezu alle namhaften forschenden Pharmaunternehmen angehören. Erklärte Ziele des VFA sind die Förderung des therapeutischen Fortschritts, die Stärkung des Pharmastandorts Deutschland, die Deregulierung des Gesundheitswesens sowie die Mitgestaltung der Zukunft.[44]

2.2 Konzentrationsprozesse in der Vergangenheit

In der Historie der pharmazeutischen Industrie findet man zahlreiche eindrucksvolle Beispiele für Kooperationen und Konzentration. Insbesondere in der näheren Vergangenheit war die Pharmaindustrie Schauplatz großer Fusionen. Die weltgrößten Unternehmen sind das Ergebnis dieser bis zuletzt sehr dynamischen Entwicklung. Im Gegensatz zu den Großfusionen der letzten Jahre sieht man gegenwärtig verstärkt eine Veränderung hin zu Kooperationen.

Die Zahl der in der Pharmaindustrie durchgeführten Unternehmenstransaktionen stieg von 243 im Jahr 1998 auf 719 in 2006 an. Gleichzeitig stieg im selben Zeitraum auch das Transaktionsvolumen von 61 Mrd. auf 113 Mrd. US-Dollar an. In Abb. 2.2 lässt sich diese Entwicklung sehr gut nachvollziehen. Dabei fällt auf, dass die Transaktionsvolumina stark schwanken, die Anzahl an Transaktionen jedoch relativ konstant ansteigt. Dies lässt sich einerseits damit begründen, dass es in einigen Jahren zu so genannten Megafusionen mit besonders hohem Volumen kam und in anderen Jahren nicht. Zudem beeinflussen auch die Aktienkurse und Bewertungsmaßstäbe das veranschlagte Volumen. Tabelle 2.3 zeigt eine Auswahl bedeutender Fusionen und Übernahmen, deren Transaktionsvolumen im Millarden Dollar Bereich liegt. Bedenkt man jedoch, dass das durchschnittliche Transaktionsvolumen lediglich bei knapp 75 Mio. US-Dollar liegt, zeigt sich recht deutlich, dass diese Großfusionen gemessen an der Transaktionshäufigkeit nur ein sehr kleiner Ausschnitt der Kooperations- und Konzentrationsbewegungen in der Pharmaindustrie darstellen.

[43] Vgl. Internetauftritt des VFA: www.vfa.de.
[44] Vgl. Verband Forschender Arzneimittelhersteller (2007d).

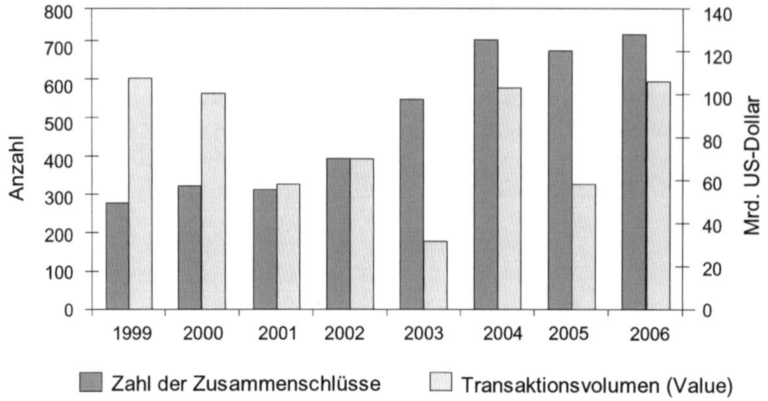

Abb. 2.2. Zusammenschlüsse und Transaktionsvolumen 1999 bis 2006[45]

Tabelle 2.3. Bedeutende Fusionen und Übernahmen in der Pharmabranche[46]

Jahr	Beteiligte Unternehmen	Transaktionsvolumen in Mrd. US-Dollar
1989	BristolMyers – Squibb	12,1
1995	Glaxo – Wellcom	14,2
1997	Sandoz – Ciba-Geigy (Novartis)	30,1
1998	Astra – Zeneca	37,2
1999	Pfizer – Warner-Lambert	87,0
2000	GlaxoWellcome – SmithKline Beecham	75,8
2002	Pfizer – Pharmacia	60,0
2004	Sanofi-Synthélabo – Aventis	67,0
2006	Schering – Bayer	22,5
2006	Pfizer Consumer Health Care – Johnson & Johnson	16,6
2006	Merck KGaA – Serono International	13,5
2006	Altana Pharma – Nycomed	5,8

Durch die Fusionen und Übernahmen haben sich die Strukturen und Marktanteilsverhältnisse in der Pharmabranche deutlich verschoben. 1981 hatten die zehn umsatzstärksten Unternehmen zusammen lediglich einen weltweiten Marktanteil von ca. 23 %. Dieses Niveau blieb bis 1998 mit ca. 25 % relativ konstant. Danach verschärfte sich der Konzentrationsprozess allerdings und so konnten die Top Ten im Jahr 2000 bereits 45 % kumulierten Marktanteil auf sich vereinen und diesen bis 2005 auf über 50 % ausbauen.[47] Neben dieser Gesamtbetrachtung zeigt

45 Quelle: Eigene Darstellung, basierend auf PricewaterhouseCoopers (2004), S. 4, PricewaterhouseCoopers (2007b), S. 5.

46 Quelle: Eigene Darstellung, basierend auf PricewaterhouseCoopers (2007b), S. 5, Welge, M. K., Holtbrügge, D. (2006), S. 416.

47 Vgl. Schmoly, E. (2005), S. 69, Fischer, D., Breitenbach, J. (2007), S. 18.

auch die genauere Untersuchung der Top 10 interessante Verschiebungen der Marktanteile. War zum Beispiel GlaxoWelcome, selbst aus einer Fusion von Glaxo und Welcome entstanden, 1994/95 mit einem Umsatz von 12,2 Mrd. US-Dollar und 5,7 % Marktanteil die weltweite Nummer eins, belegte es trotz einer weiteren Fusion mit SmithKlineBeecham und einer Umsatzsteigerung auf 34 Mrd. US-Dollar im Jahr 2005 nur noch Platz zwei. Nummer eins ist seitdem Pfizer. 1994/95 mit 5,8 Mrd. US-Dollar Umsatz (2,7 % Marktanteil) als Nummer sieben gestartet, konnte Pfizer durch die Übernahmen von Warner-Lambert, Pharmacia, Searl und Upjohn seinen Umsatz fast verachtfachen und seinen Marktanteil um 6 % auf 8,7 % vergrößern. Parallel dazu stieg der Börsenwert von Pfizer um mehr als 240 Mrd. US-Dollar und hatte sich somit gegenüber 1993 mehr als verzehnfacht.

Neben diesen beiden prominenten Vertretern sind auch fast alle anderen großen Pharmaunternehmen aus solchen Fusionen und Zukäufen zu ihrer aktuellen Größe gekommen.

2.3 Entwicklungsmöglichkeiten und Konzentrationspotenziale

Obwohl in der Vergangenheit viele und vor allem große Fusionen in der Pharmabranche zu beobachten waren, finden sich Indizien, dass dieser Trend auch in Zukunft noch anhalten wird. Die wohl spannendste Frage dabei wird sein, ob dieser Prozess eher von Kooperationen oder Übernahmen und Fusionen geprägt sein wird und welche dieser beiden Strategien langfristigen Erfolg sichern wird.

Einen deutlichen Hinweis auf weiteres Potenzial für Zusammenschlüsse bieten die Ergebnisse der von A.T. Kearney durchgeführten Merger Endgames Studie.[48] Im Rahmen der Studie wurden weltweit 25.000 Unternehmen mit einer kumulierten globalen Marktkapitalisierung von zusammen ca. 98 % über 11 Jahre hinweg empirisch untersucht. Dabei kamen die Autoren zu dem Ergebnis, dass Konsolidierungstrends in Industrien nach festen Mustern verlaufen und durch vier Phasen gekennzeichnet sind.

In Phase eins, der so genannten Eröffnungsphase, kommt es zu ersten Übernahmen und Fusionen, wobei die M&A Aktivitäten insgesamt noch als gering angesehen werden können. Gegen Ende der Eröffnungsphase ist die Anzahl der am Marktgeschehen teilnehmenden Unternehmen am größten.

In der zweiten Phase, der Kumulationsphase, steigt die Anzahl von Fusionen und Übernahmen an. Der Konzentrationsgrad einer Branche steigt auf circa 45 % an und die Anzahl an Unternehmen kann sich um bis zu 70 % verringern. Es bilden sich Markführer heraus, denen sich im verbliebenen Mittelfeld eine Vielzahl möglicher Übernahmeziele bietet. Aufgrund der hohen Konzentrationsdynamik kommt es in der Rangfolge führender Unternehmen zu häufigen Verschiebungen.

---

[48] Vgl. Deans, G. K., Kröger, F., Zeisel, S. (2002).

Die dritte Phase ist dadurch gekennzeichnet, dass sich die Unternehmen auf ihr Kerngeschäft konzentrieren und Randgeschäfte abstoßen. Sie wird daher als Fokusphase bezeichnet. Organisches Wachstum ist in dieser Phase nur noch schwer möglich, daher bleibt der Konzentrationsanstieg weiterhin hoch, jedoch ist die Anzahl an Transaktionen rückläufig. Der Grund ist das sowohl absolut verringerte Angebot an Übernahmekandidaten als auch die geringere Menge geeigneter Kandidaten. Durch diese Umstände nehmen Umfang und Bedeutung der Fusionen zu und es kommt vermehrt zu so genannten Megafusionen. Der Konzentrationsgrad der Branche kann jetzt bis auf ca. 80 % ansteigen.

Zuletzt kommt es zur Balancephase, in der ein Industriezweig dann von wenigen großen Unternehmen dominiert wird. Der Konzentrationsgrad erreicht sein Maximum von bis zu 90 %.[49] Die M&A-Aktivitäten nehmen ab, weil die schiere Größe der verbliebenen Unternehmen Übernahmen stark erschwert und andererseits auch kartellrechtliche Bedenken einer weiteren Konzentration entgegenstehen. Als Ausweg kommt es vermehrt zu Allianzen und Netzwerken. Gegen Ende der Phase kann die Anzahl der Unternehmen am Markt wieder leicht ansteigen.[50]

Abbildung 2.3 zeigt eine Übersicht der Phasen, in denen sich verschiedene Industrien zum Zeitpunkt der Studie befanden. Angesichts des derzeitigen Konzentrationsgrades der pharmazeutischen Industrie kann man sehen, dass sich die Branche trotz des dynamischen Konzentrationsprozesses der Vergangenheit offenbar erst in der zweiten Phase befindet. Vorausgesetzt die gefunden Gesetzmäßigkeiten treffen auch auf die Pharmaindustrie zu, ist davon auszugehen, dass es auch in Zukunft noch viele und vor allem größere Fusionen und Übernahmen geben wird. So ist es durchaus möglich, dass bis 2010 nicht wie 2005 die Top Ten 50 % Weltmarktanteil auf sich vereinen, sondern schon die Top Five dafür ausreichen.[51] So tauchen auch in der Fach- und Wirtschaftspresse regelmäßig Hinweise auf mögliche Übernahmekandidaten und Fusionspartner auf. Beispielsweise verfügen gegenwärtig sowohl Pfizer als auch Novartis über das nötige Potenzial auch größere Übernahmevorhaben in Angriff zu nehmen.[52]

---

[49] Vgl. Hoffmann, W., Roventa, R., Weichsel, D. (2003), S. 6.
[50] Vgl. Deans, G. K., Kröger, F., Zeisel, S. (2002).
[51] Vgl. Labbé, M. (2002), S. 368.
[52] Vgl. Landesbank Berlin (2007).

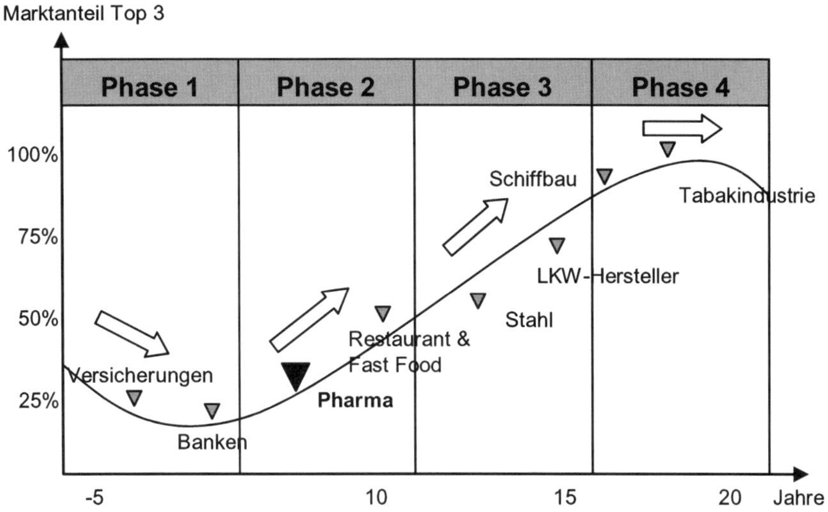

Abb. 2.3. Endgames Kurve[53]

Ein Problem der Merger Endgames Studie ist die Tatsache, dass nur Branchen als Ganzes betrachtet wurden. Insofern ist es möglich, dass in Teilbereichen einer Branche bereits deutlich höhere Konzentrationsniveaus erreicht wurden, als es durch die reinen Unternehmensgrößen suggeriert wird. In der Pharmaindustrie beispielsweise wäre es vorstellbar, dass in einzelnen Indikationsgebieten schon Konzentrationsniveaus von deutlich über 25 % erreicht wurden. So konnte bereits 1992 gezeigt werden, dass bei der Medikation bestimmte Krankheitsbilder zwei bis vier Unternehmen tonangebend waren und die Gefahr von Monopol- und Kartellbildungen gesehen wurde.[54]

Insbesondere in der Pharmabranche stellt sich jedoch auch die Frage, ob weiteres Wachstum überhaupt erwünscht ist. So wird gegenwärtig diskutiert, inwieweit die Strukturen der Global Player Einfluss auf das F&E-Potential der Unternehmen haben. Dabei wird postuliert, dass die Forschung mit zunehmender Größe und damit einhergehender Standardisierung eher gelähmt denn gefördert wird. So sind insbesondere bei Roche Tendenzen zu beobachten, interessante Wirkstoffe und Ansätze nur zu lizenzieren und sich stattdessen auf die Fertigstellung der Marktreife und den Vertrieb zu konzentrieren. Diese Strategie spräche dafür, dass zwar auch in Zukunft Fusionen und Übernahmen auf horizontaler Ebene stattfinden werden, es in der Vertikale jedoch gleichzeitig vermehrt zu Auslagerungen und zur Konzentrationen auf Kernkompetenzen kommen wird.

Inwieweit aufstrebende Konzerne aus den BRIC-Staaten die Konsolidierungswelle beeinflussen, lässt sich derzeit noch nicht prognostizieren. Aus Gesprächen mit Branchenvertretern wurde ersichtlich, dass diese Entwicklungen zwar mit ge-

[53] Quelle: Eigene Darstellung, basierend auf Hoffmann, W., Roventa, R., Weichsel, D. (2003), S. 2.
[54] Vgl. Friesewinkel, H. (1992), S. 461.

steigertem Interesse beobachtet werden, man allerdings (noch) keine Bedrohung der eigenen Marktposition sieht. Inwieweit Kooperationen nötig werden um Zugang zu neuen Märkten, insbesondere in China und Indien, zu erhalten wäre angesichts der hohen Entwicklungsdynamik in diesen Ländern ebenfalls größtenteils Spekulation. Einerseits ist gerade China nicht gerade dafür bekannt, fremdes geistiges Eigentum nach westlichen Maßstäben zu respektieren und zu schützen, was gerade auf die Pharmabranche nicht gerade einladend wirkt. Anderseits bietet China sowohl interessante Möglichkeiten zur Forschung als auch eine Vielzahl motivierter und gut ausgebildeter Arbeitskräfte und nicht zuletzt einen schnell wachsenden Markt von enormer Größe. Das langfristig ein intensives Engagement in China und Indien nötig sein wird, steht daher sicher außer Frage. Welche Wege mittelfristig dorthin führen, wird allerdings noch für viel Diskussionsstoff in Wissenschaft und Wirtschaft sorgen.

3 Preissetzung und Kostenerstattung von Arzneimitteln in Europa

Florian Sauer, Michael Bartram

Simon-Kucher & Partners, Bonn

3.1 Einleitung

Während für viele neue Arzneimittel die Marktzulassung in der Europäischen Union bereits zentral und einheitlich für alle Mitgliedsstaaten erfolgt, gelten für die Preissetzung und die Kostenerstattung unterschiedliche nationale Regelungen und Prozesse. Dieser Beitrag beschreibt für die fünf größten europäischen Arzneimittelmärkte (Deutschland, Frankreich, Italien, Spanien und Vereinigtes Königreich (UK)) die grundlegenden Abläufe und Mechanismen und versucht die wichtigsten Implikationen für das multinationale Produkt- bzw. Preismanagement von innovativen Arzneimitteln herauszuarbeiten.

3.2 Deutschland

3.2.1 Struktur der Gesundheits- und Arzneimittelversorgung

Die Gesundheitsversorgung im Rahmen des gesetzlichen Krankenversicherungssystems (GKV)[55] ist durch das Prinzip der „Gemeinsamen Selbstverwaltung" geprägt, die gemeinsam durch die Leistungserbringer (Ärzte) und die Kostenträger (Krankenkassen) ausgeübt wird. Auf nationaler Ebene ist der Gemeinsame Bun-

---

[55] Die GKV umfasst ca. 86 % der Bevölkerung. Der übrige Teil ist typischerweise durch private Krankenvollversicherungen und besondere Kostenträger abgesichert.

desausschuss (G-BA) das oberste Beschlussgremium und ist paritätisch mit Vertretern der Krankenkassen und Vertretern der Ärzteschaft besetzt. In den Arzneimittelrichtlinien legt der G-BA fest, welche Arzneimittel und medizinische Verfahren durch Vertragsärzte zu Lasten der GKV verordnet werden können bzw. davon u. U. ausgeschlossen werden. Seit 2004 ist das unabhängige Institut für Qualität und Wirtschaftlichkeit im Gesundheitswesen (IQWiG) mit Nutzenbewertungen von Arzneimitteln betraut. Diese Nutzenbewertungen dienen dem G-BA als unverbindliche Entscheidungsgrundlage.

3.2.2 Preissetzung und Kostenerstattung

In Deutschland können die Arzneimittelpreise durch Hersteller frei bestimmt werden. Dies gilt sowohl für Arzneimittel, die zu Lasten der GKV verordnet werden können, als auch für Arzneimittel, deren Kostenübernahme durch die GKV ausgeschlossen ist. Allerdings waren bis zum 31. März 2008 die Preise für bereits vermarktete Arzneimittel, die zu Lasten der GKV verordnet werden, de facto eingefroren (Preiserhöhungen müssen als Rabatte in gleicher Höhe an die GKV zurückgegeben werden).

Im Rahmen des Einkaufs von Krankenhäusern ist die Preissetzung von Arzneimitteln und Konditionengestaltung ebenfalls grundsätzlich frei. Krankenhäuser entscheiden eigenständig, welche Arzneimittel sie unter welchen Bedingungen für den regulären Gebrauch im (teil-)stationären Bereich verfügbar machen (mittels Arzneimittelliste). Da die Krankenhausvergütung auf das DRG-basierte Leistungsprinzip umgestellt wird und bis zum Jahre 2009 Krankenhausleistungen zu landesweit gleichen Pauschalpreisen durch die Krankenkassen bezahlt werden, besteht für Krankenhäuser ein natürlicher Anreiz zu einem kosteneffektiven Einsatz von Arzneimitteln. Allerdings existiert für ausgewählte Therapien die Möglichkeit, im Rahmen von DRG-Zusatzentgelten und durch das Programm für „Neue Untersuchungs- und Behandlungsmethoden“ (NUBs) zusätzliche finanzielle Mittel zu erhalten.

Nach Marktzulassung eines neuen verschreibungspflichtigen Arzneimittels kann dieses durch niedergelassene Vertragsärzte und im Rahmen ambulanter Krankenhausbehandlungen nach § 116b SGB typischerweise sofort zu Lasten der GKV verordnet werden (sofern keine Ausschluss-Mechanismen greifen oder die Kostenübernahme explizit durch den G-BA ausgeschlossen wird). Dabei gilt für verordnete Leistungen das Wirtschaftlichkeitsgebot nach § 12 SGB V. Dieses wird durch den Gesetzgeber und durch die Arzneimittelrichtlinien des G-BA näher spezifiziert. Um sicherzustellen, dass die zu Lasten der GKV verordneten Leistungen ausreichend, zweckmäßig und wirtschaftlich sind und somit die Kostenbelastung durch Arzneimittelverordnungen begrenzt wird, hat der Gesetzgeber dem G-BA in den vergangenen Jahren eine Reihe von Instrumenten in die Hand gegeben, die im Folgenden übersichtsartig dargestellt werden:

- *Von der Versorgung ausgeschlossene Arzneimittel:* Nicht-verschreibungspflichtige Arzneimittel (mit Ausnahmen), Arzneimittel für Bagatellerkrankungen, Lifestyle Arzneimittel, Arzneimittel für geringfügige Gesundheitsstörungen und unwirtschaftliche Arzneimittel sind von der Kostenübernahme ausgeschlossen.

- *Festbetragsregelung / Kostenerstattungs-Obergrenze:* Grundsätzlich existieren drei verschiedene Arten von Festbetragsstufen, innerhalb derer für bestimmte Gruppen von Arzneimitteln Erstattungshöchstbeträge bestimmt werden. Übersteigt der Preis von einem verordneten Arzneimittel den für diese Gruppe bestimmten Festbetrag, so muss der Versicherte den Differenzbetrag selber tragen. Patentgeschützte Arzneimittel, die eine therapeutische Verbesserung bewirken, sind dabei von der Festbetragsregelung ausgenommen. In der Vergangenheit hat sich dabei durch die gemeinsame Festbetragsgruppenbildung von generischen und patentgeschützten Arzneimitteln ohne therapeutischen Zusatznutzen („Jumbo-Gruppen") ein starker Preisdruck für einige patentgeschützte Arzneimittel entwickelt.
- *Arzneimittelrichtgrößen und Wirtschaftlichkeitsprüfungen:* Für die verschiedenen Facharztgruppen werden auf regionaler Ebene Richtgrößen bestimmt, die für Vertragsärzte das durchschnittliche Volumen der Arzneimittelverordnungen pro Patient und pro Quartal festlegen. Diese Richtgrößen dienen dem Vertragsarzt als Orientierungshilfe und werden auch als Vergleichsmaßstab bei Wirtschaftlichkeitsprüfungen herangezogen. Sofern die Verordnungen eines Arztes die für ihn geltende Richtgröße um einen bestimmten Prozentsatz überschreiten, wird sein Verschreibungsverhalten in einer Wirtschaftlichkeitsprüfung überprüft und ihm droht eine Rückerstattung des Mehraufwands. Dies gilt jedoch nicht, sofern der Arzt Praxisbesonderheiten in der Prüfung geltend machen kann. Die Aussicht auf mögliche (bzw. die Furcht vor) Wirtschaftlichkeitsprüfungen bzw. Regressverfahren kann somit starke Anreize für ein möglichst wirtschaftliches Verordnungsverhalten erzeugen.
- *Therapiehinweise des G-BA und IQWiG-Bewertungen:* Der Gemeinsame Bundesausschuss konkretisiert mittels Therapiehinweisen die wirtschaftliche Verordnung von ausgewählten Arzneimitteln in der ambulanten Versorgung. Im Falle von Wirtschaftlichkeitsprüfungen und bei Nichtbeachtung dieser Hinweise können u. U. Regressforderungen geltend gemacht werden. Bewertungen des therapeutischen Nutzens von Therapien durch das IQWiG können dabei dem G-BA als Grundlage für vollständige oder bedingte Verordnungsausschlüsse dienen (wie zuletzt bei inhalierbarem Insulin oder kurzwirksamen Insulinanaloga). Im Rahmen des im April 2007 in Kraft getretenen GKV-Wettbewerbsstärkungsgesetz wurde zudem die Grundlage für Kosten-Nutzen-Bewertungen durch das IQWiG geschaffen. Die Methodik für Kosten-Nutzen-Bewertungen von Therapien wird zurzeit entwickelt und ein erster Entwurf wurde im Frühjahr 2008 vorgestellt. Auf Basis „ungünstiger" Kosten-Nutzen-Bewertungen kann dann der G-BA über Therapiehinweise, Verordnungseinschränkungen und -ausschlüsse entscheiden sowie von den Spitzenverbänden der Krankenkassen[56] u. U. ein Erstattungshöchstpreis für ein Arzneimittel festgelegt werden. Die ge-

[56] Ab 1.7.2008 mit dem Namen „Spitzenverband Bund der Krankenkassen".

nauen Auswirkungen dieser neuen gesetzlichen Rahmenbedingungen lassen sich allerdings Anfang 2008 noch nicht vollständig abschätzen.

- *Weitere Instrumente zur Kostenkontrolle:*
  - Zweitmeinungsinstrument (Notwendigkeit der Überprüfung der Verordnungsentscheidung durch einen speziell ausgewiesenen Arzt bei (teuren) Spezialpräparaten)
  - Quotenregelung für die Verordnungen von Leitsubstanzen in 12 bedeutsamen Indikationen (Weiterentwicklung der Bonus-Malus Regelung)
  - Arzneimittelzuzahlungen durch Versicherte (5 bis 10 Euro, maximal jedoch die Packungskosten. Es gelten Ausnahmeregelungen.)
  - Regelungen zur Arzneimittelabgabe in Apotheken (Förderung der Abgabe von preisgünstigen Generika (im Rahmen der Aut-idem-Regelung) und von parallel importierten Arzneimitteln)

3.2.3 Zusammenfassende Bewertung

Die vielfältigen Regulierungsmechanismen – und allen voran die Festbetragsregelung – haben in der Vergangenheit zu einer effektiven Kontrolle der Arzneimittelausgaben in vielen Indikationsbereichen geführt. Zusätzlich sorgt die persönliche Haftbarmachung der niedergelassenen Ärzte für ihr Verschreibungsverhalten dafür, dass der deutsche Arzneimittelmarkt durch eine hohe Preissensitivität gekennzeichnet ist. Diese strukturelle Besonderheit spiegelt sich auch in der im europäischen Vergleich relativ zurückhaltenden Verwendung innovativer (und meist teurer) Medikamente wider. Trotzdem wurde das Wachstum im Arzneimittelmarkt zuletzt vornehmlich durch Spezialpräparate in relativ kleinen Indikationen (z. B. Krebstherapien und Immuntherapeutika) getrieben. Nicht zuletzt für diese Bereiche hat der Gesetzgeber mit der Möglichkeit von Kosten-Nutzen-Bewertungen durch das IQWiG (und der daran u. U. angeschlossenen Festlegung von Erstattungshöchstpreisen) die Grundlage für eine Kostenkontrolle auch in diesen Bereichen geschaffen. Es bleibt allerdings abzuwarten, wie diese neuen gesetzlichen Möglichkeiten durch G-BA und IQWiG umgesetzt werden. Der vom Gesetzgeber in § 35b Abs. 1 SGB V nur vage formulierte Auftrag, dass das IQWiG bei wirtschaftlichen Bewertungen „die Angemessenheit und Zumutbarkeit der Kostenübernahme durch die Versichertengemeinschaft" berücksichtigen soll, lässt im Rahmen von gesundheitsökonomischen Bewertungen und gesellschaftspolitischen Diskussionen einen breiten Interpretations-Spielraum zu.

Erstattungshöchstbeträge für Arzneimittel – bedingt durch zukünftige (negative) Kosten-Nutzen-Bewertungen durch das IQWiG oder durch heutige Festbetragsregelungen – üben trotz der freien Preissetzung in Deutschland einen starken Druck auf die Preispolitik von Herstellern aus. Im Falle eines Arzneimittelpreises über dem Erstattungsbetrag (und einer signifikanten zusätzlichen Zahlung durch den Versicherten) läuft der Hersteller Gefahr, Marktanteile zu verlieren. Umgekehrt würde allerdings eine Preissenkung typischerweise zu einem geringeren Gewinn sowohl im Inland als auch im europäischen Ausland führen, da eine erhebliche Anzahl von preiskontrollierten Ländern (z. B. Frankreich, Italien, Spanien) den Produktpreis in Deutschland als Entscheidungsgrundlage für die Bestimmung des nationalen Produktpreises heranziehen (internationale Preisreferenzierung). Insofern sind preispolitische Maßnahmen in Deutschland stets mit möglichen Preis- und Umsatzeffekten auch in anderen Ländern abzuwägen.

3.3 Frankreich

3.3.1 Struktur der Gesundheits- und Arzneimittelversorgung

Ähnlich wie in Deutschland existiert in Frankreich ein Krankenversicherungssystem, das größtenteils über Sozialversicherungsbeiträge finanziert wird. Vier große Krankenkassen für Arbeitnehmer, Selbständige, Landwirte und Haushalte mit geringem Einkommen übernehmen die Kosten für die meisten medizinischen Leistungen. Während die grundlegende medizinische Versorgung durch Allgemeinmediziner im niedergelassenen Bereich sichergestellt wird, erfolgt die Behandlung durch Spezialisten typischerweise in Krankenhäusern. Anders als in Deutschland ist in Frankreich die Preissetzung und Kostenerstattung von Arzneimitteln weitaus stärker staatlich auf nationaler Ebene reguliert. Grundvoraussetzung für die Kostenerstattung eines Arzneimittels ist, dass das Gesundheitsministerium ein Produkt offiziell auf eine Positivliste aufnimmt und somit den „Zugang" zu der nationalen Gesundheitsversorgung ermöglicht.

3.3.2 Preissetzung und Kostenerstattung

Nach der nationalen oder europäischen Marktzulassung kann die französische Zulassungsbehörde AFFSaPS[57] für ein Arzneimittel verschiedene Regelungen hinsichtlich der Verordnung (z. B. nur im Krankenhaus oder durch einen Facharzt), dem Abgabeort (z. B. nur durch Krankenhausapotheke) und dem Verwendungsort (z. B. nur im Krankenhaus) bestimmen. Abhängig von diesen Einschränkungen und vom Vertriebsweg (Krankenhausmarkt vs. Apothekenmarkt) ergeben sich verschiedene Implikationen bezüglich der Preissetzung und Kostenerstattung.

Am Anfang der Preisbestimmungsprozedur für ein neues Arzneimittel im Apothekenmarkt[58] steht die therapeutische Bewertung eines Arzneimittels durch die

[57] Agence francaise de securite sanitaire des produits de sante.

[58] D. h. für alle Medikamente, die direkt durch das öffentliche Krankenversicherungssystem erstattet werden und deren Abgabe meist in öffentlichen Apotheken erfolgt.

„Commision de la Transparence“ (CT)[59]. Die CT verwendet verschiedene Rating-Skalen, um auf Grundlage des vom Hersteller eingereichten Dossiers sowohl den Grad des medizinischen Nutzens („Service Médical Rendu“, SMR) als auch den Grad der Verbesserung des therapeutischen Nutzens gegenüber existierenden Therapien („Amélioration du Service Médical Rendu“, ASMR) zu bewerten. Die SMR-Bewertung des medizinischen Nutzens wird primär durch den Schweregrad der Indikation und durch das Wirksamkeits- und Nebenwirkungsprofil des Arzneimittels bestimmt. Mögliche SMR-Bewertungen reichen von „SMR Majeur“ (bedeutender medizinischer Nutzen) bis „SMR Insuffisant“ (ungenügender medizinischer Nutzen).

Basierend auf der SMR-Nutzenbewertung und der Schwere der Indikation bestimmt der Nationale Krankenkassenverband UNCAM[60] den Kostenerstattungssatz (in %), für den die nationale Gesundheitsversorgung die Kosten für ein Arzneimittel übernimmt. Diese Erstattungssätze liegen typischerweise auf fünf Stufen:

- 100 % Kostenerstattung: Arzneimittel für lebensbedrohliche oder chronische Erkrankungen (z. B. Onkologie oder Diabetes), Arzneimittel zur (teil-)stationären Verwendung und einige Krankenhausprodukte, die auch ambulant verwendet werden dürfen (siehe unten „Liste Rétrocession“)
- 65 % Kostenerstattung: Arzneimittel mit „SMR Majeur“ und „SMR Important“, die zur Behandlung schwerer Krankheiten dienen
- 35 % Kostenerstattung: Typischerweise Arzneimittel zur Behandlung „minderschwerer“ Erkrankungen
- 15 % Kostenerstattung: Arzneimittel, denen gegebenenfalls zu einem späteren Zeitpunkt der völlige Ausschluss von der Kostenübernahme droht („Übergangsstatus“, nicht üblich für neue Arzneimittel)
- 0 % Kostenerstattung: Arzneimittel mit „SMR Insuffisant“.

Die verbleibenden Prozentanteile werden meist nicht von Patienten selbst gezahlt, sondern von privaten bzw. non-profit Versicherern („Mutuelles“) übernommen, da ein großer Teil der Bevölkerung über entsprechende Zusatzversicherungen verfügt. Es gelten weiterhin Zuzahlungs-Ausnahmeregelungen für bestimmte Personengruppen.

Die andere durch die CT vergebene therapeutische Bewertung, die ASMR-Bewertung, zeigt die relative Verbesserung eines Arzneimittels gegenüber den bereits verfügbaren Therapieoptionen an. Als Vergleichsmaßstab wird von der CT typischerweise der Behandlungsstandard („Goldstandard“) in der jeweiligen Indikation herangezogen. Beim ASMR gibt es fünf Stufen der therapeutischen Verbesserung: ASMR I (Bedeutend), ASMR II (Wichtig), ASMR III (Mäßig), ASMR

[59] Die CT gehört zur „Haute Autorité de Santé“ (HAS), die als unabhängige öffentliche Institution sicherstellen soll, dass nur medizinisch nützliche Gesundheitsleistungen und Produkte erstattet werden.

[60] UNCAM = Union nationale des caisses d'assurance maladie.

IV (Gering), ASMR V (Keine Verbesserung)[61]. Die ASMR-Bewertung durch die CT hat im nächsten Schritt einen starken Einfluss auf den im Zuge der Verhandlungen mit dem „Comité économique des produits de santé" (CEPS) erzielbaren Produktpreis.

Ein ASMR von I, II oder III ermöglicht dem Hersteller in der Regel einen im Vergleich zum Referenzprodukt höheren Preis zu erzielen. Zusätzlich hierzu garantiert CEPS für innovative Produkte mit einem ASMR I–III (in Ausnahmefällen auch mit ASMR IV) einen Preis, der mindestens so hoch ist wie der niedrigste Preis desselben Produktes in Deutschland, Italien, Spanien und UK. Im Gegensatz hierzu gibt es für Produkte mit ASMR IV und V meist keine internationale Preisreferenzierung und es ist auch nur ein zum Referenzprodukt vergleichbares Preisniveau (ASMR IV) bzw. ein geringeres Preisniveau (ASMR V) erreichbar. Neben dem ASMR berücksichtigt CEPS in den Preisverhandlungen noch weitere Faktoren, wie z. B. die durch das neue Produkt zu erwartende Kostenbelastung und andere gesundheitspolitische Prioritäten.

Im Krankenhausbereich können die Preise für Arzneimittel prinzipiell frei von den Herstellern gesetzt werden. Zusätzlich hierzu kann jedes Krankenhaus oder jede Einkaufsgemeinschaft Rabatte auf die vom Hersteller festgelegten Listenpreise aushandeln. Die Finanzierung der (teil-)stationär eingesetzten Arzneimittel erfolgt typischerweise über ein DRG-ähnliches System (Tarification á l'activité, T2A bzw. GHS System)[62] und für Krankenhäuser ergibt sich somit ein Anreiz für eine kosteneffektive Verwendung von Arzneimitteln. Bei einigen teueren Arzneimitteln besteht für Krankenhäuser allerdings die Möglichkeit, deren Kosten direkt an die Krankenversicherungen „durchzureichen":

- „T2A-Ausschluss-Liste": Innovative und besonders teure Arzneimittel, die nur im (teil-)stationären Bereich eingesetzt werden dürfen und die in ihrer Höhe den gewöhnlichen DRG-Tarif übersteigen würden (z. B. EPOs, intravenös verabreichte Onkologieprodukte)
- „Liste Rétrocession": Innovative und besonders teure Arzneimittel, die nur von Krankenhausapotheken ausgegeben werden dürfen und im ambulanten Bereich (d. h. auch beim Patienten zu Hause) verwendet werden können (z. B. HIV-Therapien, orale Onkologieprodukte)

Für Arzneimittel auf diesen Listen werden – abweichend von den übrigen Krankenhausprodukten und ähnlich wie für Arzneimittel im Apothekenmarkt – die Preise durch CEPS bestimmt und es findet eine direkte Kostenerstattung durch die Krankenversicherungen statt. Über die Aufnahme von Produkten auf diese Listen entscheidet CEPS im Rahmen von Verhandlungen mit den Herstellern.

Allgemein gilt in Frankreich für die nicht durch die Krankenkassen erstatteten verschreibungspflichtigen Arzneimittel (mit „SMR Insuffisant") sowie für OTCs die freie Preissetzung durch die Hersteller. Für einige erstattungsfähige, generi-

[61] Die Häufigkeitsverteilung der ASMR-Bewertungen in 2006: ASMR I: 4 %, ASMR II: 19 %, ASMR III: 15 %, ASMR IV: 9 %, ASMR V: 51 %, kein ASMR möglich: 2 %.

[62] Das T2A-System wurde 2005 eingeführt, um das damals vorherrschende System der Globalbudgets abzulösen. Die Übergangsphase dieses Systemwechsels wird im Jahr 2012 abgeschlossen sein.

sche Wirkstoffe existiert weiterhin eine Festbetragsgruppen-Regelung, mittels der die maximalen Erstattungspreise durch die nationale Gesundheitsversorgung festgelegt werden. Bei Patentablauf muss der Preis eines Originalproduktes um mindestens 15 % gesenkt werden, und die Preise der Generika müssen um mindestens 50 % unterhalb des Preises des Originalproduktes liegen.

Neben den Regelungen zur Preissetzung und Kostenerstattung existieren noch weitere Instrumente, mit denen Krankenkassen und Behörden die Kostenbelastung für das Gesundheitssystem und für die Verwendung von Arzneimitteln zu kontrollieren versuchen:

- *Nutzenbewertung für Patienten-Subgruppen:* Für bestimmte Arzneimittel kann die Nutzenbewertung der CT für Patienten-Subgruppen innerhalb der offiziellen Marktzulassung / Indikation variieren. Die CT gibt dann differenzierte ASMR-Bewertungen ab, z. B. ein ASMR III für eine spezielle Patientenuntergruppe und ASMR V für alle restlichen Patienten, für die die Zulassung besteht. Möchte der Hersteller aufgrund des ASMR III einen erhöhten Preis im Vergleich zum Referenzprodukt durchsetzen, kann CEPS diese Einschränkung der Patientenpopulation auch in einer Mengenvereinbarung mit dem Hersteller (siehe nachfolgender Absatz) berücksichtigen.
- *Vertrauliche Mengenvereinbarungen:* In Ergänzung zu der Preisvereinbarung zwischen CEPS und Hersteller kann eine Mengenvereinbarung auf Produktebene getroffen werden. Hierbei wird ein maximales Verordnungs- bzw. Umsatzvolumen für ein Arzneimittel pro Jahr festgelegt, für das die staatliche Gesundheitsversorgung die Kosten übernimmt. Umsätze / Verordnungen, die über dieses Limit hinausgehen, müssen am Jahresende vom Hersteller wieder an die Krankenkassen zurückgezahlt werden. Dieses Mittel der Kostenkontrolle kann von CEPS aus verschiedenen Gründen eingesetzt werden. Ein möglicher Grund ist ein hoher Preis, der nur aufgrund der ASMR-Bewertung in einer Patientenuntergruppe (siehe oben) vergeben wurde. In anderen Fällen kann die Mengenvereinbarung dazu genutzt werden, sowohl einen hohen offiziellen Arzneimittel-Listenpreis (oft im Interesse des Herstellers aufgrund von internationalen Preisreferenzierungseffekten) als auch eine geringe Nettopreis-Belastung für das Gesundheitssystem zu erwirken.
- *„Ausnahmestatus" für Arzneimittel:* Für teure Arzneimittel, bei denen die Kostenübernahme auf einzelne Indikationen und / oder Patientengruppen beschränkt ist, kann verfügt werden, dass Ärzte bei der Verordnung eine gesonderte Erklärung abgeben müssen. So müssen Ärzte unter Verwendung eines speziellen Rezeptblocks bestätigen, dass ihre Verordnung mit den durch die CT in den „Fiche d'information therapeutique" spezifizierten Bedingungen übereinstimmt. Andernfalls werden die Kosten für das Arzneimittel nicht erstattet. Durch diese zusätzliche Hürde können Ärzte in Zweifelsfällen dazu geneigt sein, die betroffenen Arzneimittel weniger häufig zu verordnen.
- *Verordnungsziele und -kontrollen:* Auch wenn zur Kontrolle des Verordnungsverhaltens von niedergelassenen Ärzte keine Budgets eingesetzt werden, so wird ihr Verordnungsverhalten dennoch regelmäßig überwacht. Ärzte erhalten von den Krankenkassen Informationen über ihr Verschreibungsverhalten im

Vergleich zum regionalen und nationalen Durchschnitt. Bei „auffälligen Ärzten" kann es zudem zu Beratungsgesprächen mit (von Krankenkassen bestellten) „Verordnungsberatern" kommen. Zusätzlich gelten die von UNCAM und den Ärzteverbänden auf nationaler Ebene vereinbarten Verordnungsziele für bestimmte Arzneimittelgruppen (z. B. Kostensenkungsziele für Statine und Antibiotika), die auf die einzelnen Ärzte heruntergebrochen werden und das Verordnungsverhalten entsprechend beeinflussen sollen.

- *Behandlungsrichtlinien:* Sowohl für bestimmte chronische Erkrankungen („Affections de Longue Duree", ALD) als auch für andere Krankheitsbilder werden von der „Haute Autorité de Santé" (HAS) nationale Behandlungsrichtlinien („Recommendations den bonne pratique") herausgegeben. Ärzten wird ausdrücklich empfohlen, diesen Richtlinien – auch bei der Arzneimitteltherapie – zu folgen. In der Praxis wird die Einhaltung dieser Richtlinien allerdings bisher (noch) nicht überprüft.

3.3.3 Zusammenfassende Bewertung

Der französische Markt für Arzneimittel ist durch weitreichende staatliche Regulierung geprägt. Dies bedeutet für Hersteller, dass die genaue Kenntnis und Antizipation der verschiedenen regulatorischen Mechanismen grundlegend ist für die erfolgreiche Vermarktung ihrer Produkte. Zum Beispiel ist für innovative (und meist teure) Arzneimittel im Krankenhausbereich die Aufnahme in die T2A-Ausschluss-Liste oder „Liste Rétrocession" entscheidend. Zum einen muss so die Verwendung eines Produktes nicht durch die entsprechende DRG finanziert werden, zum anderen kann im Falle einer günstigen ASMR Bewertung von der internationalen Preisreferenzierung durch CEPS profitiert werden. Auch ist es z. B. für Hersteller hinsichtlich der ASMR-Bewertung bereits in einem frühen Stadium der Produktentwicklung ratsam, das Design von klinischen Studien auf den (vermutlich später von der CT zur Bewertung herangezogenen) „Behandlungs-Goldstandard" auszurichten. Für den Apothekenmarkt gilt, dass den verschiedenen staatlichen Institutionen eine Reihe von Maßnahmen zur Verfügung stehen, die die Verwendungsmöglichkeiten und Verordnungsanreize von zugelassenen Arzneimitteln empfindlich reduzieren können. Weiterhin werden durch Mengenvereinbarungen die Gewinnmöglichkeiten für Hersteller erheblich geschmälert.

Trotz der verschiedenen Maßnahmen zur Kosteneinsparung in den letzten Jahren ist das französische Gesundheitssystem stark defizitär geblieben. Aus diesem Grunde ist anzunehmen, dass sich die Bemühungen zur Kostenkontrolle in den nächsten Jahren weiter intensivieren werden. Entwicklungstendenzen zeichnen sich insbesondere in den folgenden Bereichen ab:

- Gezielte Preissenkungen durch CEPS für patentgeschützte Arzneimittel, die sich in Konkurrenz zu generischen (und festbetragsgeregelten) Wirkstoffen in der gleichen Indikation befinden (z. B. patentgeschützte Statine).

- Gezielte Preissenkungen durch CEPS für teure, patentgeschützte Arzneimittel (Arzneimittel mit ASMR IV oder V oder wenn diese bereits länger als fünf Jahre vermarktet werden). Ende 2007 wurde dazu von CEPS eine Liste mit 20 Arzneimitteln vorgestellt.[63]
- Förderung der Verwendung von Generika: Zu diesem Zweck werden u. U. für weitere generische Wirkstoffe Festbetragsgruppen gebildet / Erstattungshöchstbeträge eingeführt und nationale Zielwerte für die generische Substitution (in Apotheken) bestimmt.
- ASMR-Neubewertung aufgrund von Phase IV-Studien: Für eine Vielzahl von Arzneimitteln wurde bereits in der Vergangenheit die ASMR-Bewertung unter der Auflage der Durchführung von weiteren klinischen Studien vergeben. Abhängig von dem Ergebnis dieser „post-launch" Studien kann es zu einer ASMR-Neubewertung und zu Neuverhandlungen mit CEPS über den Produktpreis kommen.
- Mögliche Reduzierung der Kostenübernahme von einigen momentan noch zu 100 % erstatteten Arzneimitteln (Arzneimittel, die zurzeit noch im „Affections de Longue Duree"-Programm berücksichtigt sind, z. B. Mittel zur Behandlung von Diabetes oder Bluthochdruck).

3.4 Italien

3.4.1 Struktur der Gesundheits- und Arzneimittelversorgung

In Italien wird die steuerfinanzierte staatliche Gesundheitsversorgung durch den „Servizio Sanitario Nazionale" (SSN) sichergestellt, der direkt dem Gesundheitsministerium unterstellt ist. Das Budget für die Gesundheitsversorgung wird von der nationalen Ebene auf die 20 Regionen verteilt, und innerhalb dieser weiter auf landesweit 195 lokale Versorgungszentren („Aziende Sanitarie Locali", ASL) heruntergebrochen.[64] Diese regionalen bzw. lokalen Einheiten finanzieren u. a. die Leistungen von niedergelassenen Ärzten und Krankenhäusern und sind auch die direkten Kostenträger von Arzneimitteltherapien. Die grundlegende medizinische Versorgung der Bevölkerung wird zumeist durch niedergelassene Allgemeinmediziner sichergestellt. Leistungen von medizinischen Spezialisten werden entweder in Krankenhäusern (zu Lasten des SSN) oder durch niedergelassene Ärzte (oft per Privatrechnung) erbracht.

63 Vgl. Pharma Pricing & Reimbursement (2007), S. 309.
64 Vgl. IMS Health (2006), S. 180.

3.4.2 Preissetzung und Kostenerstattung

In Italien entscheidet auf nationaler Ebene die „Agenzia Italiana del Farmaco“ (AIFA) über den Preis und Kostenerstattungsstatus von Arzneimitteln, die zu Lasten des SSN verordnet werden. Innerhalb der AIFA lassen sich zwei Kommissionen unterscheiden: Die „Commissione Tecnico-Scientifica“ (CTS), die eine therapeutische Bewertung von Produkten vornimmt, und das „Comitato Prezzi e Rimborso“ (CPR), das die Entscheidung über den Preis und den Kostenerstattungsstatus von Produkten trifft. Nach Marktzulassung eines neuen Arzneimittels beantragt der Hersteller bei AIFA den „Zugang“ seines Produktes zum SSN. Danach gibt CTS eine Produktbeurteilung ab, und CPR führt Gespräche mit dem Hersteller. Wichtige Kriterien für AIFA/CPR im Rahmen der Entscheidungsfindung über den Preis und Kostenerstattungsstatus eines Arzneimittels sind:

- der therapeutische Nutzen und Behandlungsfortschritt in der betreffenden Indikation,
- die zu erwartende Kostenbelastung durch das Arzneimittel für das SSN bei dem beantragten Preis in den kommenden drei Jahren („Budget Impact“),
- der Produktpreis in Deutschland, UK, Frankreich und Spanien (soweit verfügbar).

Investitionen von Herstellern in Forschung- und Produktionsanlagen in Italien können sich zudem positiv auf den erzielbaren Produktpreis / nationalen Listenpreis auswirken. Neben dem Listenpreis werden durch AIFA auch häufig noch weitere Maßnahmen zur Reduzierung des Nettopreises für das SSN festgelegt:

- Zwangsrabatte: AIFA bestimmt einen obligatorischen Rabatt, den der Hersteller ASLs bzw. Krankenhäusern bei dem Einkauf seiner Produkte einräumen muss.
- Preis-Mengen-Vereinbarungen: AIFA bestimmt für ein Produkt eine maximale jährliche Umsatz-Obergrenze (im Rahmen von Verkäufen an das SSN), bei dessen Überschreitung eine Rückzahlung durch den Hersteller erfolgt.
- Risiko-Übernahme-Abkommen: AIFA bestimmt für teure Therapien mit unsicherer Wirksamkeit (z. B. Krebstherapien mit geringen Ansprechraten) einen Zwangsrabatt von 50 % (beim Verkauf an ASLs bzw. Krankenhäuser; bestimmt für die Initialbehandlung von Patienten). Nur wenn die Behandlung eines Patienten mit einem solchen Arzneimittel erfolgreich verläuft, muss für die fortgesetzte Behandlung der volle Preis für das Arzneimittel gezahlt werden.

Hinsichtlich des Kostenerstattungsstatus werden Arzneimittel von AIFA in drei Klassen eingeteilt:

- Klasse A: 100 % Kostenerstattung durch das SSN
- Klasse C: 0 % Kostenerstattung durch das SSN (alle OTCs sowie einige verschreibungspflichtige Arzneimittel)

- Klasse H: 100 % Kostenerstattung durch das SSN für Produkte, die ausschließlich in Krankenhäusern abgegeben werden

Die Preise für Arzneimittel, deren Kosten nicht durch den SSN erstattet werden (Klasse C), können weitestgehend frei durch Hersteller gesetzt werden (mit gewissen Einschränkungen bezüglich Preiserhöhungen).

Allgemein bestimmt der Italienische Gesetzgeber, dass die Gesamtausgaben für Arzneimittel nicht einen bestimmten Anteil des gesamten Budgets für die Gesundheitsversorgung überschreiten dürfen (für 2008: 16,4 %).[65] Sofern absehbar ist, dass diese Grenze überschritten wird, ergreift AIFA typischerweise verschiedene Maßnahmen. Dadurch erklärt sich auch, warum die Politik von AIFA in den vergangenen Jahren durch zahlreiche Kosteneinsparungsmaßnahmen bzw. Preissenkungsanordnungen (z. T. mehrmals pro Jahr) geprägt war. Zu unterscheiden sind dabei die folgenden Instrumente:

- Selektive Preissenkungen für Produkte mit überdurchschnittlichen Umsatzzuwächsen: in den Jahren 2005 und 2006 wurde für Produkte, deren Umsätze stärker wuchsen als der Marktdurchschnitt, Preissenkungen von bis zu 10 % auf den Apothekenabgabepreis angeordnet.
- Allgemeine Preissenkungen: in 2005 und 2006 wurden verschiedene allgemeine Preissenkungsmaßnahmen durch AIFA verfügt, die fast alle zu Lasten des SSN verordnungsfähigen Produkte betrafen.

Hersteller, die die Preissenkungsmaßnahmen von AIFA nicht akzeptieren, kann dabei der Kostenübernahme-Ausschluss für ihr Produkt drohen (Einordnung in Klasse C).

Für bestimmte Wirkstoffe ohne Patentschutz gilt landesweit ein Festbetragsgruppen-System. Danach werden durch das SSN nur die Kosten des günstigsten Produkts in der Wirkstoffgruppe erstattet und der Differenzbetrag zu einem gegebenenfalls teurer abgegebenen Produkt ist durch den Patienten selbst zu tragen. Der Preis des ersten generischen Produktes eines Wirkstoffs muss um mindestens 20 % unterhalb des Preises des Originalproduktes liegen.

Bei der Arzneimittelbeschaffung im Krankenhausbereich gilt der Herstellerabgabepreis (dieser ergibt sich aus dem nationalen Listenpreis / Apothekenabgabepreis minus Handelsmargen und Steuern) als Maximalpreis für ein Produkt. Davon abgezogen werden gegebenenfalls die auf nationaler Ebene einheitlich durch AIFA bestimmten Zwangsrabatte und Nachlasse, die sich aus Risiko-Übernahme-Abkommen ergeben. Weitere Individualrabatte sind möglich. Zwecks Erzielung besserer Konditionen erfolgt der Einkauf meist gebündelt für mehrere Krankenhäuser in Abstimmung mit der lokalen ASL. Im Allgemeinen werden in Italien Krankenhausleistungen durch DRGs vergütet. Eine wichtige Rolle für die direkte Kostenweitergabe von vielen hochpreisigen ambulanten Krankenhaustherapien an die ASLs / Regionen spielt der „File F" Mechanismus: Danach bekommen die Krankenhäuser die Kosten für diese Therapien auf Antrag erstattet (je

[65] Vgl. Pharma Pricing & Reimbursement (2007), S. 339, 375.

nach Region ist die Erstattungshöhe teilweise begrenzt) und die Kosten müssen nicht im Rahmen der jeweiligen DRG finanziert werden.

Weitere Hürden für die Verordnung oder Kostenerstattung von Arzneimitteln ergeben sich durch die folgenden Instrumente:

- *„Nota" für Klasse-A-Produkte:* AIFA kann die Kostenübernahme für Klasse-A-Produkte auf Unterbereiche innerhalb der zugelassenen Indikation beschränken. Dies ist möglich, wenn a) bei mehreren zugelassenen Indikationen die Kostenübernahme für bestimmte Verwendungen ausgeschlossen werden soll, wenn b) eine Therapie nur für bestimmte Patientensubgruppen einen Nutzen hat oder wenn c) der Nutzen für den Gebrauch in bestimmten Indikationen nicht zweifelsfrei nachgewiesen ist. Im Rahmen von Verordnungen sind die Ärzte verpflichtet, die entsprechende Nota-Nummer des Arzneimittels als Kenntnisnahme-Nachweis auf der Verordnung zu vermerken.
- *Regionale Verordnungs-Budgets, -Kontrollen und -Anreize:* In Italien werden zur Steuerung des Verordnungsverhaltens der niedergelassenen Ärzte regional unterschiedliche Instrumente eingesetzt. Während einige Regionen (wie z. B. Abruzzen) finanzielle Boni für die Einhaltung von bestimmten Verordnungs-Ausgabengrenzen in Aussicht stellen, versuchen andere Regionen das Verordnungsverhalten mit arztindividuellen Verordnungsbudgets zu steuern (z. B. Lombardei und Venetien). In der Region Lazio werden die Ärzte systematisch über ihr Verordnungsverhalten der vergangenen 30 Tage informiert und müssen, sofern ihre Arzneimittel-Verordnungen um mehr als 15 % von den lokalen Zielvorgaben abweichen, die höheren Verordnungskosten gegenüber ihrem ASL verantworten.
- *Regionale Arzneimittellisten:* Einige Regionen (wie z. B. Toskana und Emilia-Romagna) legen mittels Arzneimittelliste fest, welche Produkte für den regulären Gebrauch in der Region verwendet werden dürfen (ähnlich den „PCT Formularies" in UK). Im Interesse einer breiten Marktdurchdringung ergibt sich daraus für Hersteller die Herausforderung, die Listung ihrer Produkte auf diesen Arzneimittellisten sicherzustellen. Die Mehrzahl der Regionen verfügt jedoch zurzeit entweder über keine oder für Ärzte „nicht-bindende" regionale Arzneimittellisten.

3.4.3 Zusammenfassende Bewertung

Das Preissetzungs- und Kostenerstattungsumfeld für Arzneimittel in Italien ist durch eine umfassende Regulierung und einen starken Preisdruck gekennzeichnet. Nicht zuletzt durch die gesetzlich vorgeschriebene Obergrenze für Arzneimittelausgaben sieht sich AIFA gezwungen, möglichst niedrige (Netto-)Preise für neue Arzneimittel anzustreben (mittels niedriger Listenpreise, Zwangsrabatte, Preis-Mengen- und Risiko-Übernahme-Abkommen) und regelmäßig Preissenkungen für bereits vermarktete Produkte anzuordnen. Hersteller können versuchen, diesem Preisdruck durch das Aufzeigen eines hohen therapeutischen Zusatznutzens und durch hohe Referenzpreise ihrer Produkte in anderen Europäischen Ländern entgegenwirken. Den konsequentesten Schritt, nämlich die Inkaufnahme des Ausschlusses von der Kostenerstattung durch das SSN zugunsten einer herstellerbestimmten Preispolitik, wagen indes nur wenige Hersteller (z. B. Schering-Plough bei Mometason). Allerdings sind auch der Kostensenkungs-Politik von AIFA Grenzen gesetzt: So sieht sich die Behörde nicht selten dem Vorwurf einer innovationsfeindlichen Politik ausgesetzt, die Parallelhandel durch niedrige Preise fördert und forschende Pharmafirmen benachteiligt.

Weitere wichtige Entwicklungen zeichnen sich in den folgenden Bereichen ab:

- Algorithmus zur Klassifizierung medizinischer Innovationen: Zwecks besserer Bewertung des Nutzens von Arzneimitteln wird AIFA Therapien zukünftig systematisch in Innovationsklassen einteilen, die den erzielbaren Produktpreis beeinflussen.[66] Faktoren zur Bestimmung der Innovationsklasse sind dabei die Schwere der Erkrankung, die bereits in den Indikationen vorhandenen Therapieoptionen und der durch die Therapien gestiftete Zusatznutzen.
- Einführung von „Umsatzbudgets“ für Hersteller: Ab 2008 bestimmt AIFA für Arzneimittelumsätze zu Lasten des SSN herstellerspezifische Budgets, bei deren Überschreitung sich Rückzahlungsverpflichtungen ergeben (ausgenommen davon sind Verkäufe an Krankenhäuser).[67]
- Regionale „Aktionspläne“ zur Kosteneinsparung: Regionen, die das Ausgabenziel für Arzneimittel signifikant überschreiten, müssen sich im Rahmen von Abkommen mit der italienischen Regierung zur Umsetzung von bestimmten Kostensenkungsmaßnahmen verpflichten.[68] Diese Maßnahmen können die Einführung von regionalen „Jumbo-Festbestragsgruppen“, Verpflichtungen zur Verordnung von Wirkstoffnamen (statt Markennamen) sowie zusätzliche Patientenzuzahlungen umfassen. Die Rechtmäßigkeit und Zweckmäßigkeit der verschiedenen Maßnahmen wird jedoch zurzeit noch intensiv diskutiert.

3.5 Spanien

3.5.1 Struktur der Gesundheits- und Arzneimittelversorgung

Im steuerfinanzierten spanischen Gesundheitssystem entscheiden verschiedene nationale Institutionen über Preise, Kostenerstattungsstatus und Verordnungsrestriktionen für Arzneimittel. Die 17 Regionen des Landes treten dabei als Kostenträger für die Gesundheitsleistungen / Arzneimittel für ihre Bevölkerung auf und können, abgesehen von gewissen nationalen Mindestanforderungen, weitestgehend selbst

---

66 Vgl. Motola D., De Ponti F., Rossi P., Martini N., Montanaro N. (2005), S. 377–378, Pharma Pricing & Reimbursement (2007), S. 364, 274.

67 Vgl. Pharma Pricing & Reimbursement (2007), S. 339.

68 Vgl. Pharma Pricing & Reimbursement (2007), S. 100–102, 375.

bestimmen, welcher Anteil der regionalen öffentlichen Ausgaben in den Gesundheitssektor fließt. Innerhalb der Regionen wird die gesundheitliche Versorgung in weitere Zonen aufgeteilt, in denen dann zumeist öffentliche ambulante Gesundheitszentren[69] mit mehreren Ärzten (oft Allgemeinmediziner, Zahn- und Kinderärzte) die grundlegende medizinische Versorgung übernehmen. Daneben existieren ambulante Zentren mit mehreren Spezialisten für verschiedene medizinische Fachrichtungen, die typischerweise an Krankenhäuser angegliedert sind.

3.5.2 Preissetzung und Kostenerstattung

Nach der Marktzulassung eines neuen verschreibungspflichtigen Arzneimittels spielen auf nationaler Ebene die „Subdirección General de Calidad de Medicamentos y Productos Sanitarios“ (SDGCMPS[70]) sowie die „Comisión Interministerial de Precios de los Medicamentos“ (CIPM) eine entscheidende Rolle für die Preissetzung und den Kostenerstattungsstatus eines Produktes. Auf Antrag des Herstellers, der u. a. neben einem Preisvorschlag Informationen zum Arzneimittel, den Forschungs- und Entwicklungskosten, dem erwarteten Absatz und dem Preis des Produkts in anderen Ländern enthält, prüft SDGCMPS den „Zugang“ des Arzneimittels zur staatlichen Gesundheitsversorgung. SDGCMPS gibt nach Konsultationen mit dem Hersteller eine Preisempfehlung ab, die dann durch CIPM meist ohne weitere Änderungen offiziell beschlossen wird. Schlüsselkriterien für die Preisentscheidung durch SDGCMPS sind dabei typischerweise:

- der Produktpreis in Deutschland, UK, Frankreich und Italien (soweit verfügbar),
- die zu erwartende Kostenbelastung durch das Arzneimittel für die staatliche Gesundheitsversorgung bei dem beantragten Preis („Budget Impact“),
- die Produktkosten (inklusive Herstell-, Vermarktungs-, Forschungs- und Entwicklungskosten und einer „angemessenen“ Profit-Marge) sowie
- der therapeutische Nutzen und Behandlungsfortschritt in der betreffenden Indikation durch das Arzneimittel.

Parallel zur Preissetzung wird der Kostenerstattungsstatus eines Arzneimittels durch SDGCMPS bestimmt. Dabei werden vier Gruppen unterschieden:

- 100 % Kostenerstattung von Arzneimitteln, die im Krankenhaus abgegeben werden
- 90 % Kostenerstattung von Arzneimitteln, die zur Behandlung chronischer oder lebensbedrohlicher Krankheiten indiziert sind (z. B. Krebs, Asthma, Diabetes)

[69] „Centro de Salud“ bzw. „Centro de Atención Primaria“.
[70] Die SDGCMPS ist innerhalb der „Dirección General de Farmacia y Productos Sanitarios (DGFPS)“ angesiedelt.

- 60 % Kostenerstattung von Arzneimitteln, die zu Lasten der staatlichen Gesundheitsversorgung verordnet werden können und nicht zu den oben genannten Gruppen gehören
- 0 % Kostenerstattung von Arzneimitteln, die per Negativliste oder als „bewerbbare OTCs“ (siehe unten) von der Kostenerstattung ausgeschlossen sind

Die übrigen Kostenanteile für die Arzneimittel müssen die Patienten selbst tragen. Bei Arzneimitteln zur Behandlung chronischer oder lebensbedrohlicher Krankheiten ist die Zuzahlung jedoch auf 2,64 Euro pro Packung begrenzt und es gelten viele Zuzahlungsbefreiungen für besondere Personengruppen.

Auf der nationalen Negativliste (0 % Kostenerstattung) sind typischerweise Lifestyle Arzneimittel und Mittel zur Behandlung von Bagatellerkrankungen aufgeführt. Einige Regionen weichen jedoch von dieser Regelung ab und erstatten dennoch teilweise die Kosten für bestimmte Therapien (z. B. Mittel zur Raucherentwöhnung in Navarra und Galizien). Anders als für „bewerbbare OTCs“, für die öffentlich Werbung gemacht werden darf und deren Kosten nicht erstattet werden, können die Kosten für spezifizierte „nicht-bewerbbare OTCs“ durch die nationale Gesundheitsversorgung übernommen werden. Für diese Produkte gilt die gleiche Preissetzungs- und Kostenerstattungsprozedur wie oben beschrieben. Prinzipiell ist jedoch dieser Ablauf nur relevant, wenn ein Arzneimittelhersteller für sein Produkt die Kostenübernahme durch die staatliche Gesundheitsversorgung anstrebt. Daher kann für ein zugelassenes Arzneimittel, dessen Kosten nicht durch die staatlichen Systeme übernommen werden, ein beliebiger Preis durch den Hersteller gewählt werden.

Für bestimmte generische Wirkstoffgruppen gilt weiterhin eine nationale Festbetragsgruppen-Regelung mit Erstattungshöchstbeträgen. Die Preise von Nachahmerpräparaten dürfen dabei maximal auf den Festbetrag gesetzt werden und für Apotheker ergibt sich unter bestimmten Bedingungen eine Substitutionspflicht zugunsten des billigsten Präparats in einer Wirkstoffgruppe.

Die durch die staatlichen Institutionen bestimmten Preise gelten auch als Maximalpreise bei der Arzneimittelbeschaffung von Krankenhäusern. Allerdings können im Rahmen einer freien Vertragsgestaltung auch niedrigere Produktpreise ausgehandelt werden. In einigen Regionen wird der Einkauf zwecks günstigerer Beschaffungskosten zentral für mehrere Krankenhäuser zusammengefasst. Auch wenn in spanischen Krankenhäusern das DRG / Fallpauschalen-System nicht implementiert ist (statt dessen Globalbudgets), existieren dennoch aufgrund der immensen Ausgabenanstiege in den letzten Jahren Anreize für eine möglichst wirtschaftliche Arzneimitteltherapie.

Neben der Festlegung des nationalen Arzneimittelpreises und des Erstattungsstatus gibt es im Rahmen der ambulanten Versorgung in Spanien noch zusätzliche Hürden, die Arzneimittelverordnungen erschweren oder einschränken können. Dazu gehören:

- *Einschränkung des Verschreibungs- und Abgabestatus von Arzneimitteln:* SDGCMPS entscheidet u. U. in Abstimmung mit der Spanischen Zulassungsbehörde AEMPS[71] über einen besonderen Arzneimittel-Status:
  - Status H: Verschreibung und Abgabe nur im Krankenhaus
  - Status DH – Variante 1: Verschreibung nur im Krankenhaus, Abgabe in Krankenhaus- oder öffentlicher Apotheke
  - Status DH – Variante 2: Erstmalige Verschreibung nur im Krankenhaus, Folgeverordnungen sind auch außerhalb des Krankenhauses möglich. Abgabe in Krankenhaus- oder öffentlicher Apotheke.

  Die Verordnung und Abgabe von Therapien, mit denen besondere Sicherheitsrisiken verbunden sind oder die spezielle Indikationskenntnisse erfordern, kann somit auf einen engen Spezialistenkreis beschränkt werden. Allerdings kann diese Klassifizierung auch als Instrument zur Einschränkung der Arzneimittelausgaben verstanden werden, da somit die Marktdurchdringung eines Arzneimittels im ambulanten Bereich wirkungsvoll unterbunden werden kann.
- *„Visado de inspección“:* SDGCMPS und AEMPS auf nationaler Ebene (sowie regionale Gesundheitsbehörden auf Antrag) können für ausgewählte Arzneimittel bestimmen, dass ärztliche Arzneimittel-Verordnungen durch bestellte Gutachter / Pharmazeuten auf die Richtigkeit der „on-label“ Verordnung überprüft werden (Überprüfung der Übereinstimmung von medizinischer Indikation und zugelassener Verwendung des Arzneimittels). Als offizielle Begründung für die Festlegung eines „Visado“ werden oft Sicherheitsrisiken und die Förderung einer rationalen Arzneimitteltherapie angeführt. Allerdings wurde zuletzt durch die pharmazeutische Industrie in Spanien die Kritik geäußert, dass dieses Instrument die Verordnungsfreiheit des Arztes unterminiert und vornehmlich zur Kostenkontrolle dient.
- *Regionale Verordnungs-Budgets und -Anreize:* Zwecks Kostenkontrolle legen viele Regionen für ihre Ärzte im ambulanten Bereich Verordnungsbudgets fest, die ein kosteneffektives Verordnungsverhalten fördern sollen. Weiterhin existieren verschiedene Anreizsysteme in Form von Verordnungszielen, die bei Erfüllung Bonuszahlungen vorsehen. Diese Verordnungsziele sind z. B. bestimmte Generika-Quoten oder (niedrige) Verordnungsanteile von neuen Arzneimitteln mit einem unsicheren therapeutischen Nutzen.
- *Regionale Arzneimittel-Evaluationen und Verordnungsempfehlungen:* Mehrere Regionen (wie z. B. in Katalonien, Andalusien und Aragon) haben Komitees zur Bewertung von Arzneimitteltherapien eingesetzt. Diese prüfen die Datenlage von neuen Arzneimitteln, bewerten den Nutzen und die Kosten gegenüber alternativen Behandlungsmöglichkeiten und geben Empfehlungen für eine rationale Arzneimitteltherapie ab. Diese sollen die Ärzte bei ihren Verordnungsentscheidungen leiten und regionale Arzneimittelausgaben unter Kontrolle halten.

[71] Agencia Española de Medicamentos y Productos Sanitarios.

3.5.3 Zusammenfassende Bewertung

Während in Spanien die regionalen Gesundheitsbehörden als Kostenträger von Arzneimitteln auftreten, werden Kostenerstattungsstatus und Arzneimittelpreise zentral durch nationale Institutionen bestimmt. Deren Preisentscheidung für ein neues Produkt wird dabei stark durch den Produktpreis in den anderen großen europäischen Ländern beeinflusst. Weiterhin sind Hersteller auch in Spanien nicht vor allgemeinen Preissenkungen geschützt: So wurden in den Jahren 2005 und 2006 die Preise für mehrere Tausend patentgeschützte Arzneimittel um pauschal 4,2 % bzw. 2 % auf Basis des Herstellerabgabepreises gesenkt. Abgesehen von Rabatt-Gewährungen für Krankenhäuser und Preissenkungen ist das Instrument der Preispolitik den Herstellern in Spanien, wie auch in Frankreich und Italien, weitestgehend aus den Händen genommen.

Einen Einfluss auf das Verordnungsverhalten von Ärzten können die Regelungen zum „Visado" sowie die verschiedenen regionalen Verordnungsanreize und Verordnungsempfehlungen haben. Insbesondere wenn günstige und therapeutisch vergleichbare Alternativen zu einem neuen und teureren Arzneimittel existieren, bestehen vielfältige Anreize für Ärzte eine günstigere Therapie zu wählen.

Die Zukunft der Preissetzung und Kostenerstattung von Arzneimitteln in Spanien wird u. a. durch zwei Entwicklungen geprägt werden:

- Nutzenbewertung durch AEMPS und selektive Kostenerstattung: 2006 wurde die gesetzliche Grundlage für die Einrichtung einer Sub-Kommission[72] innerhalb der AEMPS zur Nutzenbewertung von Therapien geschaffen. Das Ziel ist es, SDGCMPS und CIPM bei der Entscheidungsfindung für die Preissetzung und den Kostenerstattungsstatus von Arzneimitteln zu unterstützen. Am Ende der Entwicklung könnten dabei Nutzenbewertungen durch diese Sub-Kommission zu stärkeren selektiven Kostenerstattungsentscheidungen (bzw. Einschränkungen in der Kostenübernahme) führen. Anfang 2008 ist jedoch weder diese Sub-Kommission eingerichtet noch sind Details über ihre Entscheidungsprinzipien und Kompetenzen bekannt.
- Duales Pricing und Management von Parallelimporten: Bedingt durch die (im europäischen Vergleich) niedrigen Preise dient Spanien vielen pharmazeutischen Großhändlern als Einkaufsquelle für den Export von Arzneimitteln in höherpreisige Länder. Einige Hersteller haben daraufhin mit Mengenrestriktionen bei den Verkäufen an Großhändler reagiert. Dadurch kam es in der Vergangenheit teilweise zu Engpässen bei der Versorgung mit bestimmten Arzneimitteln. Der Gesetzgeber hat daraufhin mit verschiedenen Maßnahmen reagiert. So wurde die gesetzliche Möglichkeit des „Dualen Pricings" eingeführt, das Herstellern die Preisdifferenzierung für ein Produkt abhängig von der Inlandsverwendung oder dem Export des Produktes (durch Großhändler) erlaubt. Die Rechtmäßigkeit des Dualen Pricing Systems sowie der Mengenre-

[72] Comité de Evaluación Terapéutica des los Medicamentos de Uso Humano.

striktionen durch Hersteller wird zurzeit noch auf europäischer Ebene überprüft.

3.6 Vereinigtes Königreich (UK)

3.6.1 Struktur der Gesundheits- und Arzneimittelversorgung

In UK wird die steuerfinanzierte Gesundheitsversorgung durch den „National Health Service“ (NHS) sichergestellt. In England organisieren und finanzieren 152 „Primary Care Trusts“ (PCT) auf lokaler Ebene die Gesundheitsversorgung.[73] Die PCTs erhalten dabei ihre Budgets für die medizinische Versorgung (und somit auch für Arzneimittelausgaben) direkt vom Gesundheitsministerium zugeteilt. Anders als in Deutschland werden dabei viele spezialisierte Behandlungen und Leistungen nur im ambulanten Krankenhausbereich angeboten (z. B. Krebsbehandlung), für die grundlegende gesundheitliche ambulante Versorgung sind „General Practitioners“ (GPs) zuständig.

3.6.2 Preissetzung und Kostenerstattung

Die Preissetzung für Arzneimittel in UK ist grundsätzlich frei. Allerdings werden im Rahmen des „Pharmaceutical Price Regulation Scheme“ (PPRS, ein Rahmenvertrag zwischen dem Gesundheitsministerium und der Vereinigung der britischen pharmazeutischen Industrie) die Gewinne der pharmazeutischen Hersteller reguliert, was im Falle des Überschreitens von einer bestimmten Profitabilitäts-Höchstgrenze verpflichtende Arzneimittel-Preissenkungen oder Rückzahlungen an das NHS nach sich ziehen kann.[74] Im Zuge des PPRS-2005 wurden die Hersteller zudem zu einer durchschnittliche Preissenkung ihrer Produkte in Höhe von 7 % verpflichtet und spätere Preiserhöhungen an bestimmte weitere Bedingungen geknüpft („price freeze“). Allerdings steht es den Herstellern bei verpflichtenden Preissenkungen im Rahmen des PPRS frei, die betroffenen Produkte für eine Preissenkung im Sortiment selbst zu wählen (solange das durchschnittliche Preissenkungsziel erreicht wird). Insofern ergibt sich hier insbesondere für strategische Produkte typischerweise ein ausreichender preispolitischer Spielraum.

---

73 In Wales, Schottland und Nordirland übernehmen lokale „Health Boards“ die Funktion von PCTs.

74 Das PPRS gilt für alle Hersteller von verschreibungspflichtigen und nicht-generischen Arzneimitteln, die das NHS mit Produkten im Wert von mehr als £ 1 Million versorgen. Im Rahmen des 2005 geschlossenen PPRS-Abkommens ist für den herstellerindividuellen „Return on Capital (ROC)“ eine jährliche Zielmarke von 21 % (mit Toleranzbereichen) vorgesehen.

Bei Verkäufen von Arzneimitteln an Krankenhäuser bilden die im Rahmen des PPRS bestimmten Produktpreise nur die Basis für eine weithin freie Vertragsgestaltung zwischen NHS Hospital Trusts und Großhändlern bzw. Herstellern. Da Krankenhäuser für ihre ambulanten und stationären Leistungen in vielen Fällen mittels des HRG-Fallpauschalen-Systems[75] von den PCTs vergütet werden, besteht ein natürlicher Anreiz für Krankenhäuser für einen kosteneffektiven Einsatz von Arzneimitteln.

Hinsichtlich der Kostenübernahme entscheiden die lokalen PCTs eigenständig über die Verfügbarmachung und die Verordnungsbedingungen von Arzneimitteln. Mittels Aufnahme auf die Arzneimittelliste („Formulary") werden Arzneimittel für den regulären Gebrauch verordnungsfähig; darüber hinaus können aber auch Ärzte und Patienten für nicht auf der Formulary aufgeführte Arzneimittel (bzw. nicht aufgeführte Indikationen) patienten-individuelle Sonderanträge an das PCT stellen. Über Aufnahme und Ausschluss von Arzneimitteln auf die PCT-Formulary entscheidet eine Arzneimittelkommission, die typischerweise aus pharmazeutischen Beratern, Apothekern, Ärzten und PCT-Management-Repräsentanten besteht. Die in einem PCT gelegenen Krankenhäuser verfügen zudem meist noch über separate „hospital formularies", die noch weitere krankenhausspezifische Arzneimittel aufführen und in Schnittpunkten meist mit der PCT-Formulary inhaltlich abgestimmt sind. Wenn über die Verfügbarmachung eines neuen Arzneimittels entschieden wird, stehen für PCTs neben dem therapeutischen Wert der Therapie auch die zu erwartende Kostenbelastung im Zentrum der Überlegungen.

Die Preissetzung für OTCs ist ebenfalls frei. Allerdings müssen die Kosten für diese Arzneimittel durch die Patienten selbst getragen werden. Insgesamt zeichnet sich das Vereinigte Königreich durch eine progressive OTC-Politik aus. So wurde bereits im Jahre 2004 der Wirkstoff Simvastatin, die (international typischerweise verschreibungspflichtige) Leitsubstanz bei den Blutfettsenkern, in den OTC-Bereich überführt. Mit dieser Politik geht natürlich auch eine geringere Kostenbelastung für das NHS einher.

Auch die Preissetzung für Generika ist frei, sofern die Preise der Nachahmerprodukte unterhalb des Preises für das Originalprodukt bleiben. Allerdings werden die in Apotheken abgegebenen Generika nur in der Höhe der im „Drug Tariff-Part VIII" angegebenen Preise durch das NHS erstattet. Diese werden fortlaufend durch staatliche Stellen auf Basis der Verkaufsdaten von Herstellern und Großhändlern aktualisiert und angepasst.

Um die Kosten der zu Lasten des NHS / der PCTs verordneten Arzneimittel zu kontrollieren, spielen insbesondere die im Folgenden beschriebenen Instrumente eine wichtige Rolle:

- *„Negative List" und „Grey List":* Die in diesen Listen spezifizierten Arzneimittel können entweder gar nicht (Negative List) oder nur für bestimmte Indikationen oder Patientengruppen (Grey List) zu Lasten des NHS landesweit verordnet werden. Beispielsweise befinden sich OTCs auf der „Negative List" und Arzneimittel zur Behandlung der Influenza auf der „Grey List".

[75] HRG = Health Resource Groups, ähnlich dem DRG System in Deutschland.

- *Kosten-Nutzen*[76]*-Bewertungen durch NICE:* Das englische Gesundheitsministerium und das walisische Parlament können NICE[77] mit der Kosten-Nutzen-Bewertung von Therapien beauftragen. Im Rahmen der gesundheitsökonomischen Überprüfung werden die Lebensverlängerungs-, Lebensqualitäts- und Kosteneffekte einer Therapie mit dem Behandlungsstandard in einer Indikation verglichen und die „Cost-per-QALY“ Kennzahl gebildet, die das inkrementelle Kosten-Nutzen-Verhältnis darstellt. Therapien, die für bestimmte Verwendungen einen höheren Wert als £ 20,000 bis £ 30,000 pro QALY aufweisen, werden häufig durch NICE als nicht kosteneffektiv bewertet. In vielen Fällen führt ein solches negatives Urteil zu einem Ausschluss der Kostenübernahme der betreffenden Therapien durch die einzelnen PCTs (meist landesweit). Umgekehrt sind die lokalen PCTs im Falle einer positiven NICE Bewertung formal dazu verpflichtet, die Kosten für die betreffenden Therapien zu übernehmen. In der Praxis kann jedoch beobachtet werden, dass es trotz dieser Verpflichtung in manchen PCTs zu einer teilweise verzögerten Aufnahme in die PCT-Arzneimittellisten oder zu einer Listung unter Verwendungsbeschränkungen kommt. Eine besondere Situation ergibt sich darüber hinaus für neue Arzneimittel, wenn (noch) keine NICE-Bewertung vorliegt. In diesen Fällen können die einzelnen PCTs durchaus unterschiedlich über die Verfügbarmachung der Therapien entscheiden. In Schottland übernimmt das „Scottish Medicines Consortium“ (SMC) die Funktion von NICE.
- *Verordnungs-Anreize für GPs:* GPs bekommen für ihre Arzneimittel-Verordnungen durch die PCTs ein virtuelles Verordnungs-Budget zugeteilt. Bei Überschreitung des Budgets können aber keine Rückzahlungen von GPs eingefordert werden. In einigen PCTs existieren finanzielle Anreize für GPs, wenn sie das virtuelle Budget nicht überschreiten oder bestimmte Generika-Verordnungsquoten erfüllen. Zusätzlich können im Rahmen des „Quality and Outcomes Framework (QoF)“ durch richtliniengetreues Verschreibungsverhalten Punkte gesammelt werden, die dann am Ende einer Periode zu Sonderzahlungen führen. Sofern GPs trotz dieser Anreize auffällig hohe Verordnungskosten erzeugen, können „Prescribing Advisors“ der PCTs für eine persönliche Besprechung des Verordnungsverhaltens eingesetzt werden.

3.6.3 Zusammenfassende Bewertung

Trotz der scheinbar umfassenden Regulierungen im Rahmen des PPRS kann über die Preissetzung für einzelne Arzneimittel durch die Hersteller relativ frei entschieden werden. Es liegt auf der Hand, dass Hersteller im Falle einer angeordneten durchschnittlichen Preissenkung die Preise jener Produkte im Portfolio senken,

[76] Gesundheitsökonomisch präzise formuliert handelt es sich bei den NICE-Bewertungen um Kosten-Nutzwert-Analysen.

[77] National Institute for Health and Clinical Excellence, ein wissenschaftliches Institut zur Bewertung von medizinischen Technologien.

die sich in einem späteren Produktlebenszyklus befinden oder die sonst einem stärkeren Wettbewerbsdruck ausgesetzt sind. Tatsächlich konnte im Rahmen der im PPRS-2005 verfügten 7 %-igen Preissenkung beobachtet werden, dass die Hersteller insbesondere die Produktpreise jener Arzneimittel senkten, die einem starken Wettbewerbsdruck durch billigere Parallelimporte ausgesetzt sind.[78] Die zukünftige Rolle des PPRS wird indes intensiv diskutiert: So werden zurzeit auf Regierungsebene Überlegungen angestellt, mittelfristig die Preissetzung von Arzneimitteln stärker an deren therapeutischen Wert auszurichten und das PPRS gegebenenfalls stark zu modifizieren oder abzuschaffen.[79] Ferner mehren sich die Anzeichen, dass für 2008 erneut mit massiven Preissenkungen (bis zu 10 %) im Rahmen des PPRS zu rechnen ist.[80]

Eine Schlüsselfunktion für die Kostenübernahme von Arzneimitteln in UK kommt den lokalen Arzneimittelkommissionen / PCTs sowie den Kosten-Nutzen-Bewertungen durch NICE zu. Die NICE-Evaluationen auf nationaler Ebene wurden ursprünglich u. a. deswegen geschaffen, um für bedeutende und kosteneffektive Therapien die Kostenübernahme in allen PCTs im Vereinigten Königreich sicherzustellen.[81] Umgekehrt haben sich negative NICE-Bewertungen für innovative Therapien in den letzten Jahren zu einem „Quasi-Todesurteil" für den Markterfolg dieser Produkte in UK entwickelt. Von NICE negativ bewertete Arzneimittel werden typischerweise in keinem PCT mehr auf die Arzneimittelliste gesetzt und Verordnungen sind nur noch im Rahmen patienten-individueller Sonderanträge möglich (oder wenn der Patient die Kosten für die Therapie selbst trägt). Diese Praxis hat dazu geführt, dass z. B. heutzutage in UK die Kosten für eine Vielzahl von modernen Krebstherapien durch das NHS nicht übernommen werden und diese Arzneimittel – bedingt durch die hohen Kosten – auch durch die Patienten selbst meist nicht bezahlt werden können und somit nicht verordnet werden. Niedrigere Arzneimittelpreise würden zwar die Kosten-Nutzen-Bewertung durch NICE verbessern und gegebenenfalls die Kosten unterhalb die Grenze von £ 30,000/QALY drücken, dies wiederum jedoch würde bedingt durch internationale Preisreferenzierungseffekte einen starken Preisdruck auf das identische Produkt in anderen europäischen Ländern ausüben, in denen gegebenenfalls prinzipiell ein höherer Preis erzielbar wäre.

Ein möglicher Lösungsansatz für dieses Dilemma zeichnet sich indes durch die Einführung von innovativen Verträgen mit Herstellern ab. So wurde z. B. für das Krebsmedikament „Velcade" von Janssen-Cilag im August 2007 eine positive NICE-Empfehlung ausgesprochen nachdem sich der Hersteller verpflichtete, dem NHS die Therapiekosten für Patienten, die nicht auf diese Therapie ansprechen, zurückzuzahlen („Risk-Sharing Scheme"). Andere Ansätze zielen darauf ab, die Therapiekosten pro Patient für das NHS auf ein Maximum zu begrenzen. In solchen Fällen kann durch NICE eine positive Empfehlung zur Verwendung der Arzneimittel gegeben werden, ohne dass der offizielle NHS-Listenpreis gesenkt

[78] Vgl. IMS Health (2006), S. 348.
[79] Vgl. Pharma Pricing & Reimbursement (2007), S. 96–98, 255.
[80] Vgl. Financial Times (2008).
[81] D.h. eine national einheitliche medizinische Versorgung sicherzustellen und das so genannte „post code prescribing" abzuschaffen.

werden muss. Es bleibt für die Zukunft abzuwarten, ob sich diese Art von innovativen Verträgen weiter durchsetzen wird. Dem besseren Zugang zu innovativen Therapien für Patienten stehen ein erhöhter Verwaltungsaufwand und eine größere Kostenintransparenz gegenüber.

3.7 Abschießende Betrachtung

In den vorangegangen Kapiteln wurden die verschiedenen nationalen Regelungen zur Preisbestimmung und Kostenerstattung von Arzneimitteln beschrieben. Dabei wurden die landesinternen Abhängigkeiten zwischen Preissetzung und Kostenerstattung einerseits sowie die internationalen Interdependenzen hinsichtlich der Preissetzung andererseits herausgearbeitet. Tabelle 3.1 fasst die verschiedenen nationalen Regelungen für einige wichtige Kriterien zusammen.

Tabelle. 3.1. Nationale Regelung der wichtigsten Kriterien

	Deutschland	**Frankreich**	**Italien**	**Spanien**	**UK**
Preissetzung für neue Arzneimittel	Frei	Festlegung durch CEPS	Festlegung durch AIFA	Festlegung durch SDGCMPS	Frei (im Rahmen des PPRS)
Internationale Preisreferenzierung	Nein	Ja	Ja	Ja	Nein
Generelle Regelungen zur Kostenübernahme im ambulanten Bereich	I. d. R. automatische Kostenübernahme sofern kein Ausschluss	Festlegung durch UNCAM	Festlegung durch AIFA	Festlegung durch SDGCMPS	I. d. R. lokale PCT Entscheidungen
Generelle Finanzierung von (teil-) stationären Leistungen	DRG-System	DRG-ähnliches System (GHS)	DRG-System	Krankenhaus Budget	DRG-ähnliches System (HRG)
Nutzenbewertung von Arzneimitteln auf nationaler Ebene	IQWiG-Bewertungen für ausgewählte Therapien	Bewertungen durch CT für alle neuen Therapien	Bisher informell durch AIFA, in Zukunft	Bisher informell, in Zukunft Bewertung durch	Berechnung des „QALY" bzw. „Cost-per-QALY"

Tabelle. 3.1. *(Fortsetzung)*

	Deutschland	Frankreich	Italien	Spanien	UK
	(in Zukunft auch Kosten-Nutzen-Bewertungen)	(SMR, ASMR)	strukturierter Algorithmus	eine Kommission innerhalb AEMPS möglich	Maßes durch NICE / SMC

Allerdings zeigen sich auch Gemeinsamkeiten in einer Reihe von Regelungen:

- Erstattungshöchstbeträge für ausgewählte generische Wirkstoffe
- Zumeist keine Kostenübernahme von OTCs
- Zumeist freie Preisverhandlungen im Krankenhausbereich (allerdings z. T. mit Arzneimittel-Höchstpreisen)
- Verordnungskontrollen und / oder -anreize für niedergelassene Ärzte

Für das multinationale Produkt- bzw. Preismanagement von Arzneimitteln ergibt sich aus diesen Erkenntnissen eine Reihe von Implikationen:

1. *Die „Zahlungsbereitschaften" der nationalen Märkte kennen und Zielpreise bestimmen:* Das Produkt- bzw. Preismanagement sollte grundsätzlich zunächst jene Preisbereiche für ein Arzneimittel identifizieren, die die Gewinne in den verschiedenen Ländern maximieren. Dabei ist bei der Preisanalyse im Rahmen von Markterhebungen zwischen den verschiedenen nationalen Ebenen zu unterscheiden: Während auf nationaler oder regionaler Ebene für die verschiedenen Institutionen oft ein maximal akzeptabler Produktpreis für den „Zugang" zur staatlichen Gesundheitsversorgung existiert, ergibt sich auf lokaler Ebene für die verordnenden Ärzte durch die vielfältigen Verordnungskontrollen und -anreize typischerweise eine Preissensitivität, aus der sich der gewinnoptimale Preisbereich ableitet. Mittels Abgleich der Ergebnisse auf den verschiedenen nationalen Ebenen ergibt sich ein optimaler bzw. realistischer Preisbereich für ein Arzneimittel in den verschiedenen Ländern.
2. *Die Reihenfolge von Markteinführungen planen:* Da bei der staatlichen Preissetzung in den romanischen Ländern u. a. die Produktpreise in Deutschland und UK herangezogen werden (internationale Preisreferenzierung) und die Zahlungsbereitschaften der nationalen Institutionen oft geringer sind als der vom Hersteller angestrebte Preisbereich, ist es meist ratsam, Arzneimittel zunächst in Ländern mit freier Preissetzung einzuführen. Hinsichtlich der übrigen europäischen Länder (z. B. in Benelux, Skandinavien und Osteuropa) gilt, dass diese sich bei der Preissetzung ebenfalls oft an den Preisen in den großen europäischen Ländern orientieren.
3. *Maßnahmen zur Unterbindung von Parallelhandel treffen:* Sofern sich in der EU für ein Produkt zu große Preisunterschiede ergeben, besteht die Gefahr von Parallelhandel. Dieser schmälert typischerweise den multinationalen Gesamtgewinn des Herstellers. Eine Lösung dafür ist die Schaffung eines Preiskorri-

dors. So wird z. B. in einigen Ländern ein niedrigerer Produktpreis gewählt, obwohl ein höherer Preis möglich und sinnvoll wäre. In anderen Ländern mit staatlicher Preiskontrolle kann versucht werden, einen höheren Listenpreis für ein Produkt durch eine striktere Mengenvereinbarung zu erwirken. Dadurch können Preisdifferentiale und Anreize zum Parallelhandel gesenkt werden. Eine weitere Möglichkeit stellen Verkaufsmengen-Begrenzungen in Ländern mit niedrigen Produktpreisen dar.

4. *Die produktspezifischen Preissetzungs- und Kostenerstattungs-Implikationen kennen:* Abhängig von dem betrachteten Arzneimittel und der Phase im Produktlebenszyklus können sich unterschiedliche Mechanismen für die Preissetzung und Herausforderungen für die Sicherstellung der Kostenerstattung von Arzneimitteln ergeben. Als Beispiele seien hier die freien Preisverhandlungen für Krankenhausprodukte und die speziellen Kostenerstattungsmechanismen für ambulant im Krankenhaus eingesetzte Arzneimittel (z. B. T2A-Ausschluss-Liste und File F) genannt. Weiterhin ergeben sich spezielle Fragestellungen im Falle von Indikationserweiterungen, bei Änderungen von Darreichungsform, Dosierung und Packungsgrößen sowie beim Ablauf des Patentschutzes (mit z. T. obligatorischen Preissenkungen). Es zeigt sich, dass der Einfluss der nationalen Preissetzungs- und Kostenerstattungs-Regelungen stets sehr produktspezifisch beurteilt werden muss.
5. *Informationsbedürfnisse adäquat befriedigen und eine hohe Wertwahrnehmung schaffen:* Die Wahrnehmung des Werts eines Arzneimittels relativ zum wettbewerblichen Umfeld beeinflusst unmittelbar Verordnungsintensität eines Arzneimittels sowie die Preisakzeptanz / Zahlungsbereitschaft von Ärzten und staatlichen Institutionen. Dies wiederum wirkt sich auf den erzielbaren Gewinn für den Hersteller aus. Es gilt, die spezifischen Informationsbedürfnisse der verschiedenen nationalen Ebenen optimal zu bedienen, um eine möglichst hohe Wertwahrnehmung zu schaffen. Während für nationale und regionale Institutionen neben einer soliden klinischen Datenlage insbesondere Budget-Impact- und / oder Kosten-Nutzen-Daten (u. a. auch mit Einsparmöglichkeiten in anderen Bereichen) eine Rolle spielen, sind für die behandelnden Ärzte insbesondere die relativen therapeutischen Vorteile gegenüber den relevanten Behandlungsalternativen von Interesse. Die Wahl von geeigneten klinischen Endpunkten und Kontrolltherapien im Rahmen von randomisierten und verblindeten klinischen Studien ist dabei Voraussetzung für die Akzeptanz von Studienergebnissen auf allen Ebenen.

4 Arzneimittel-Importe in Europa

Jörg Geller

Kohl Medical AG, Perl

4.1 Einführung in den Arzneimittel-Import

Grundsätzlich unterscheidet man bei Import-Arzneimitteln zwischen „Parallelimport" und „Reimport". Unter Parallelimport versteht man die Einfuhr von Arzneimitteln, die im Ausland von multinationalen Pharmakonzernen, auch für den deutschen Markt produziert wurden und sowohl vom Hersteller als auch vom Importeur parallel nach Deutschland verbracht werden. Die ausdrückliche Einwilligung des ursprünglichen Herstellers ist dazu nicht erforderlich.[82]

Ein Beispiel für ein parallelimportiertes Arzneimittel ist Innohep 20.000 Anti-Xa I.E. Fertigspritzen. Sie werden sowohl für den deutschen Markt als auch für Belgien, Griechenland, Spanien und Schweden in Frankreich (Vernouillet) von Laboratoires LEO S.A. hergestellt und nach Deutschland importiert.

Der Begriff Reimport bezeichnet die Rückführung in Deutschland hergestellter Markenpräparate, die zuvor exportiert wurden. Ein Beispiel für ein reimportiertes Präparat sind Aspirin-Tabletten der Bayer Bitterfeld GmbH, die in Deutschland (Greppin) hergestellt und nach Griechenland exportiert werden. Von dort werden sie nach Deutschland reimportiert.

In diesem Zusammenhang sollte erwähnt werden, dass der weitaus überwiegende Teil der auf dem deutschen Markt befindlichen Importarzneimittel so genannte Parallelimporte sind (ca. 90 %). Ursache dafür ist die Tatsache, dass nur ein kleiner Teil der in Deutschland vertriebenen Arzneimittel tatsächlich auch in Deutschland hergestellt wird.[83]

---

[82] Vgl. West, P., Mahon, J. (2003), S. 1.

[83] Vgl. Pressemitteilung des Verbands der Arzneimittelimporteure Deutschlands e. V. (VAD): Gegen Falschinformationen, 18. August 2003 (www.vad-news.de/reform5a.html).

Grundlage des Arzneimittelimports sind internationale Preisunterschiede, die im Wesentlichen auf Preisdifferenzierungen der Hersteller sowie auf national unterschiedliche Regulierungen des Arzneimittelmarktes zurückzuführen sind. Eine eher untergeordnete Rolle spielen unterschiedliche Produktionskosten oder Präferenzen der Patienten.

Leider kann der Preisunterschied zwischen dem Preis im Einkaufsland und dem deutschen Verkaufspreis nicht in voller Höhe an den Kostenträger oder den Verbraucher weitergegeben werden. Um einen Import in Deutschland überhaupt marktfähig zu machen, entstehen dem Importeur erhebliche Transaktionskosten. Dazu zählen insbesondere Transportkosten, Kosten der Kennzeichnung und Vertriebskosten. Solange der Preisunterschied zwischen Inland und Ausland größer ist als die mit dem Import verbundenen Gesamtkosten, ist ein Anreiz gegeben, Arzneimittel zu importieren.

Die mit dem GKV-Modernisierungsgesetz neu geregelte Preisspannenverordnung setzt mit ihren festen Apothekenzuschlägen für die Apotheke keinen besonderen Anreiz, günstige Importarzneimittel zu vertreiben. Allerdings sind Importe auch nicht mehr benachteiligt, wie dies bis zum 31. Dezember 2003 der Fall war, als noch die Apothekenzuschläge im Prinzip umso höher waren, je höher der Einkaufspreis war. Es war daher notwendig, die Abgabe von Importarzneimitteln durch unterschiedliche gesetzliche Regelungen zu fördern.

4.2
Rechtliche Grundlagen des Re- und Parallelimports

Am 25. März 1957 entsteht mit den Römischen Verträgen die Europäische Wirtschaftsgemeinschaft (EWG). Mit dem Abschluss dieser Verträge und einer gemeinsamen Wirtschaftspolitik verfolgen die sechs Gründerstaaten der Montanunion Belgien, die Bundesrepublik Deutschland, Frankreich, Italien, Luxemburg und die Niederlande das Ziel, einen freien Markt ohne Handelsschranken zu schaffen. Sie wollen dazu beitragen, die Lebensverhältnisse grenzübergreifend anzupassen. Die politische Einheit Europas ist ihr wichtigstes politisches Ziel.[84] Für die Entstehung des Importmarktes entscheidend sind vor allem die Artikel 28 und 30 sowie auch 81 und 82 des EG-Vertrags (EGV), das Verbot mengenmäßiger Einfuhrbeschränkungen mit den entsprechenden Ausnahmeregelungen einerseits und die Verbote wettbewerbsbeschränkender Vereinbarungen und Verhaltensweisen und des Missbrauchs einer marktbeherrschenden Stellung andererseits.[85]

Eine Tendenz, die Gesundheitsmärkte der Mitgliedsstaaten der Europäischen Union anzugleichen, ist auch 50 Jahre nach Ratifizierung dieser richtungsweisenden Verträge nicht festzustellen. Im Gegenteil: Bisher halten es die nationalen Regierungen gerade in diesem speziellen Markt für notwendig, durch Fortschreibung

---

[84] Vgl. Becker, W. (1994), S. 135–154, Groeben, H. v. d. (1982), Münch, W., Rinsche, G. (1989).

[85] Vgl. Portal der Europäischen Union: Vertrag zur Gründung der Europäischen Gemeinschaft (http://europa.eu/scadplus/treaties/eec_de.htm).

und Weiterentwicklung der nationalen Gesetzgebungen vor allem die Finanzierbarkeit der länderspezifischen Gesundheitssysteme zu erhalten. Die Anbieter in den jeweiligen Märkten versuchen naturgemäß, jeweils den maximal durchsetzbaren Preis für ihre Waren und Leistungen zu erzielen.[86] Daraus ergeben sich für identische Präparate des gleichen multinationalen Anbieters teilweise enorme Preisunterschiede auf den europäischen Märkten. Sie bilden die Grundlage des Parallel- bzw. Reimports.[87]

Die Römischen Verträge gewährleisten den freien Warenverkehr innerhalb der EU. Dennoch sind Arzneimittel Waren besonderer Art, deren Inverkehrbringen an nationale und europäische Zulassungsvorschriften geknüpft ist. Der deutsche Importeur ist daher verpflichtet, jedes Arzneimittel, das nicht über eine europaweite Zulassung durch die EMEA (European Medicines Agency) verfügt, je nach Zulassungsstatus des in Deutschland vertriebenen Präparats des Erstanmelders bei der zuständigen Behörde entweder zu registrieren oder zuzulassen.[88]

Die Europäische Kommission hat 2003 in Bezug auf pharmazeutische Produkte eine Mitteilung über Paralleleinfuhren von Arzneimitteln, deren Inverkehrbringen bereits genehmigt ist, veröffentlicht. Sie stellt darin klar, wie bei Paralleleinfuhren von Arzneimitteln der Grundsatz des freien Warenverkehrs in der EU anzuwenden ist. Für ein parallel eingeführtes Arzneimittel sollen die zuständigen Behörden der Mitgliedsstaaten auf der Basis eines vereinfachten Verfahrens eine Zulassungsgenehmigung erteilen.

Um die importierte Ware in Verkehr bringen zu können, muss sie nach den deutschen Vorschriften gekennzeichnet sein. Dies geschieht entweder durch Aufbringen von Aufklebern oder das Umpacken der Ware in eine eigens gedruckte deutschsprachige Faltschachtel. Ferner wird cin deutschsprachiger Beipackzettel hinzugefügt.[89]

4.3 Arzneimittel-Importe in Europa

Der Import von Arzneimitteln ist keinesfalls nur ein deutsches Thema. Arzneimittelimporte sind in alle Richtungen und zwischen allen Ländern der Europäischen Union denkbar und finden auch in alle Richtungen statt. Gewissen Einschränkungen ist der Arzneimittelimport aus den neuen Mitgliedsstaaten der EU unterworfen.[90] Durch den so genannten spezifischen Mechanismus können bestimmte Arzneimittel erst ab 2019 importiert werden.[91]

[86] Vgl. Schmidt, F. u. a. (2002), Darba, J., Rovira, J. (1998).
[87] Vgl. Gräfe und Partner (www.graefe-partner.de/gup/reimport.html).
[88] Vgl. Bundesministerium für Gesundheit (1996), S. 398.
[89] Vgl. Europäische Kommission (2003).
[90] Vgl. Bekanntmachung des BfArM, des PEI sowie des Bundeamtes für Verbraucherschutz und Lebensmittelsicherheit über die Bestimmungen des besonderen Mechanismus vom 30.04.2004.
[91] Vgl. Kobelt, H. (2007).

Die folgenden Marktanteile des Arzneimittelimportes werden für verschiedene EU-Länder im Jahre 2007 berichtet.[92]

England	13,00 %
Niederlande	11,00 %
Dänemark	11,00 %
Schweden	14,00 %
Deutschland	9,00 %
Finnland	4,00 %

4.4 Der Importmarkt in Deutschland – eine Erfolgsbilanz

4.4.1 Entwicklung der Marktanteile

Insbesondere das enorme Wachstum im Markt der generischen Arzneimittel hat in Deutschland die forschenden Pharmaunternehmen dazu animiert, Umsatzverluste aus dem Geschäft mit generisch ersetzbaren Präparaten über die Festsetzung der Preise für echte Innovationen und Scheininnovationen mindestens zu kompensieren oder sogar überzukompensieren. Trotz eines Preisverfalls im generischen Marktsegment konnte damit über Jahre der Pharmamarkt in Deutschland ein spürbares Wachstum verzeichnen: Betrug der Marktanteil bei den Reimporten im Jahr 1997 noch 1,67 % (rund 217 Millionen Euro), so konnte er bis 2007 auf 8,91 % (rund 2,0 Milliarden Euro) gesteigert werden.[93] Die Arzneimittel-Importeure konnten sich in diesem Marktumfeld – teilweise mit Hilfe der Unterstützung der Kostenträger – erfolgreich als Wettbewerber zu den Anbietern patentgeschützter Präparate etablieren.

Nach einem Einbruch der Reimportumsätze im Jahr 2004 (GMG) konnten die Anbieter von Reimport-Produkten in den folgenden Jahren im deutschen Apothekenmarkt kontinuierliche Zuwächse realisieren. Auch 2007 gehörten die Arzneimittel-Importeure zu den großen Gewinnern auf dem deutschen Apothekenmarkt. Sie erzielten mit ihren Präparaten einen Umsatz von mehr als zwei Milliarden Euro zu Herstellerabgabepreisen. Gegenüber dem Vorjahr entspricht das einem Zuwachs von 20,2 %. Damit stieg der Umsatzanteil der Arzneimittel-Importeure am gesamten Apothekenmarkt auf 8,9 %. Ein Jahr zuvor hatte er noch bei gut 7,7 % gelegen. Damit konnten die Anbieter von Import-Arzneimitteln 2007 ihre Position im hart umkämpften Arzneimittelmarkt nicht nur behaupten, sondern auch kontinuierlich ausbauen.[94]

---

[92] Vgl. Kobelt, H. (2007), S.7.

[93] Vgl. IMS Health (www.imshealth.de).

[94] Vgl. Arzneimittel-Zeitung vom 24. Januar 2008 „Nach Stagnation 2007 wieder Zuwachs“.

4.5 Entwicklung des gesundheitspolitischen Rahmens

Seit dem 1. Januar 1989 waren die deutschen Apotheker aufgrund des § 129 SGB V und eines zwischen den Spitzenverbänden der Krankenkassen und der Apothekerschaft geschlossenen Arzneimittelliefervertrages dazu verpflichtet, dann Importarzneimittel abzugeben, wenn

- sich ein solches Mittel legal auf dem inländischen Markt befand
- es in der großen deutschen Spezialitätentaxe (Lauer-Taxe) eingetragen war
- im Einzelfall innerhalb von 24 Stunden verfügbar war
- im Apothekenpreis gegenüber inländischen Fertigarzneimitteln preisgünstiger war
- ein betreffendes Fertigarzneimittel in gleicher Stärke, Darreichungsform und Packungsgröße im Kalendermonat vor der Abgabe bereits mehrfach in der jeweiligen Apotheke abgegeben worden war und
- der Abgabe keine Qualitätsmängel entgegenstanden.[95]

In den einzelnen Bezirken der Kassenärztlichen Vereinigungen (KV) haben unterschiedliche Strategien bei der Kontrolle dieser Abgabeverpflichtung der in der Regel lokal organisierten Kostenträger zu einer sehr unterschiedlichen Ausprägung der Marktanteile geführt. Zum Teil wurde ein sehr deutlicher Anstieg des Marktanteils der Importarzneimittel in solchen Regionen verzeichnet, in denen intensiv durch die Krankenkassen retaxiert wurde.

Der für den Arzneimittelimport wesentliche Abs. 1 Nr. 2 wurde 1996 abgeschafft und 1999 leicht verändert wieder eingeführt.[96] Die Änderung des § 129 SGB V hat die Entwicklung des Importmarktes nicht behindert, da der Arzneimittelliefervertrag weiter bestehen blieb.

Weiterhin hat die Einführung ärztlicher Budgets wesentlich zum Erfolg der Importarzneimittel auf dem deutschen Markt beigetragen.[97] Der Arzt interessierte sich bis dahin nur sehr begrenzt für die Kosten der von ihm verordneten Arzneimittel. Durch die Budgets wurde er jetzt gezwungen, sein Verordnungsverhalten zur Vermeidung eines Regresses unter wirtschaftlichen Aspekten zu kontrollieren. Vor diesem Hintergrund boten gerade die Importarzneimittel dem Arzt die Gelegenheit, sich in nahezu allen Indikationsbereichen sowohl für ein modernes Markenpräparat als auch einen günstigen Preis entscheiden zu können.

Einige forschende Pharmaunternehmen erkannten durch dieses neue ökonomisch bedingte Verordnungsverhalten, dass der Wettbewerb der Importeure nicht nur zu Spannungsverlusten in der konsolidierten Konzernbetrachtung führen kann, sondern gleichzeitig die Existenz eines gleichwertigen, namensgleichen und preiswerteren Importangebots ein Wachstum des Marktanteils der betroffenen Marke zur Folge haben kann. Somit profitieren die betroffenen Unternehmen zunächst

[95] Vgl. Niesel, K., Gürtner, K. (2007), § 129 SGB V RdNr. 6.
[96] Vgl. Niesel, K., Gürtner, K. (2007), § 129 SGB V RdNr. 1.
[97] Vgl. Bundesministerium für Gesundheit (2001).

unbeabsichtigt von den Vorteilen der Zwei-Marken-Strategie.[98] Die anfänglich naturgemäß ablehnende Haltung gegenüber Importen hat sich entsprechend in einigen Fällen gewandelt. Zudem werden in den meisten Unternehmen die dem Frankfurter Institut für medizinische Statistik (IMS) gemeldeten Umsätze der Importarzneimittel bei der Steuerung des Außendienstes wie eigene Umsätze behandelt.

Andere forschende Pharmaunternehmen fühlen sich durch das Angebot von Importen immer noch bedroht. Mit Quotierungen und anderen Maßnahmen des Supply-Chain-Managements oder der Einführung eines Dual-Pricings versuchen sie, die Einkaufsmöglichkeiten der Arzneimittel-Importeure zu beschränken. Eine Gegenstrategie der Originalhersteller ist beispielsweise der Versuch, den Großhandel zu einem reinen Logistiker zu degradieren, um ihn zu hindern, Medikamente an Importeure zu verkaufen. Damit wird es für die Importeure immer schwieriger, günstige Originalpräparate in hinreichenden Mengen im Ausland zu beschaffen.[99]

Häufig wird dabei nach wie vor das große Risiko außer Acht gelassen, das mit solchen Strategien verbunden ist. Eine Behinderung des freien Warenverkehrs kann die Europäische Kommission gemäß der Verordnung 17 (VO 17) mit einer Strafe belegen. Sie kann sich bis auf 10 % des Weltumsatzes des Konzerns belaufen. Es bleibt dahingestellt, ob dieses Risiko in einem angemessenen Verhältnis zu den Renditeverlusten und möglichen Einbrüchen der Börsennotierungen steht, die die Konzerne erleiden könnten.

Eine andere Strategie, mit denen die Originalhersteller Import-Arzneimitteln versuchen zu begegnen, liegt im Anzweifeln der Kostenersparnisse, die der Import im deutschen Gesundheitswesen generiert. So hat zum Beispiel Aventis Pharma Deutschland mit Unterstützung seiner Wirtschaftsprüfungsgesellschaft PricewaterhouseCoopers (PwC) behauptet, dass die Minderausgaben der GKV durch die Abgabe von Importarzneimitteln durch Steuerausfälle überkompensiert würden.[100] Das ist allein schon deshalb eine absurde Argumentation, da in Deutschland kein staatlich finanziertes Gesundheitswesen existiert: Die GKV-Finanzierung speist sich daher nicht aus Steuermitteln, sondern aus den Beiträgen der Versicherten und deren Arbeitgebern.

Die Berechungen von PWC sind so nicht nachvollziehbar, da die Steuerzahlungen von Aventis Pharma Deutschland in die Konzernbilanz eingehen und somit Dritten nicht zugänglich sind. Auch ist die Berechnung der von den Importeuren gezahlten Steuern schlicht falsch. Beispielsweise wurde hier nicht beachtet, dass auch Importunternehmen Körperschaftssteuer zahlen. Die These, dass auch auf der Ebene Apotheke und Großhandel Steuermindereinnahmen anfallen würden, will nicht recht mit der ebenfalls vertretenen Auffassung einher gehen, dass Apotheker von der Abgabeverpflichtung für Importarzneimittel profitieren. In aller Regel ziehen Profite schließlich auch Steuern nach sich. Ebenso wurde ganz einfach nicht in Betracht gezogen, dass durch die Wertschöpfung der Importfirmen

[98] Vgl. Harmonisierungssamt für den Binnenmarkt (http:// oami.europa.eu/de).
[99] Vgl. Braun, T. (2007).
[100] Vgl. Arzneimittel-Zeitung vom 4. Juli 2002 „Importabgabe: Die öffentliche Hand zahlt drauf“.

mit ihren rund 3.000 Mitarbeitern aller Qualifikationen erhebliche Beträge in die Kassen der Sozialversicherungsträger fließen. Seriös betrachtet ergibt sich bei der sachlich falschen Saldierung der Steuereffekte und Einsparungen der Krankenversicherungen ein Plus für die öffentliche Hand von ca. 140 Millionen Euro in 2002.[101]

Aufgrund eines Schiedsspruches vom 6. August 2001 erfolgten die Kündigung des Arzneimittelliefervertrages und der Neubeschluss dieses Vertrages. Die oben beschriebene Regelung wurde durch eine Quotenregelung ersetzt. Der Apotheker war demzufolge seit dem 1. April 2002 verpflichtet, einen bestimmtem Anteil seines Fertigarzneimittelumsatzes mit jeder Krankenkasse, mit der er einen bestimmten Mindestumsatz erreicht, durch Importarzneimittel abzudecken. Für 2002 wurde eine Quote von 5,5 % und für 2003 eine Quote von 7 % festgelegt.

Im Zuge des Gesetzes zur Modernisierung der gesetzlichen Krankenversicherung (GKV-Modernisierungsgesetz) traten zu Beginn des Jahres 2004 veränderte rechtliche Regelungen für den Vertrieb von importierten Arzneimitteln in Deutschland in Kraft. Die maßgeblichen rechtlichen Änderungen betreffen

- eine veränderte Preisabstandsklausel für Importarzneimittel und
- eine veränderte Mindestimportquote.

Apotheken sind gemäß § 129 Absatz 1 Nr. 2 SGB V verpflichtet zur „Abgabe von preisgünstigen importierten Arzneimitteln, deren für den Versicherten maßgeblicher Arzneimittelabgabepreis mindestens 15 vom Hundert oder mindestens 15 Euro niedriger ist als der Preis des Bezugsarzneimittels [...].“

Das heißt: Apotheken müssen nur dann Importarzneimittel abgeben, wenn diese gemessen am Apothekenverkaufspreis mindestens 15 % oder 15 Euro günstiger sind als das entsprechende Originalpräparat, nur dann tragen sie zur Erfüllung der Importquote bei. Bei niedrigeren Preisabständen besteht keine Verpflichtung Importarzneimittel abzugeben. Der Preisabstand vor dem Jahr 2004 betrug 10 %.

Parallel dazu wurde die Mindestimportquote der Apotheken von 7 % des Umsatzes im Jahr 2003 auf nunmehr 5 % gesenkt. Demnach müssen jetzt 5 % aller von den Apotheken zu Lasten der GKV abgegebenen Arzneimittel aus Importen mit dem neu festgelegten Preisabstand stammen. In § 5 Absatz 3 des Rahmenvertrages über die Arzneimittelversorgung nach § 129 Absatz 2 SGB V zwischen den Spitzenverbänden der Krankenkassen und dem Deutschen Apothekerverband ist diese Quote festgeschrieben.

Beide Änderungen erhöhten die Barrieren für den Absatz von Importarzneimitteln. Sie hatten schrumpfende Marktanteile zur Folge und bewirkten somit rückläufige Einsparungen für die Krankenkassen.

So führte die Erhöhung der Preisabstandsklausel für Importarzneimittel über einen Rückgang der importierten Menge zu unmittelbar spürbaren Kostenssteigerungen. Da keiner der Akteure im Gesundheitswesen ein echtes Interesse hat, kostengünstige Medikamente zu verkaufen, ist dieser Rückgang der Importe nach In-Kraft-Treten der neuen erhöhten Preisabstandsklausel leicht zu verstehen.

[101] Vgl. Bundesverband der Arzneimittel-Importeure (BAI), Presseerklärung vom 15. August 2002.

Wie 2006 eine Studie für den Verband der Arzneimittelimporteure Deutschlands (VAD) zeigte, gehen vom Import von Arzneimitteln auf den deutschen Markt erhebliche Einsparungen für die Kostenträger aus.[102] In der Vergangenheit ergab sich für den im Rahmen dieser Studie fokussierten Markt der verschreibungspflichtigen Medikamente und die Krankenkassen als Kostenträger ein Einsparvolumen von bis zu 200 Millionen Euro pro Jahr. Diese Untersuchung verdeutlichte zudem, dass dieses Volumen durch die Neuregelungen des GMG spürbar zurückgegangen ist. Allein durch die um 5 % erhöhte Preisabstandsklausel ist das Einsparvolumen um 56 Millionen Euro zurückgegangen.

Die erzielten Einsparungen fallen geringer aus als das vorhandene Potenzial. Schätzungen weisen hier ein Einsparvolumen von mehr als 200 Millionen Euro aus, unter optimistischen Annahmen sogar von bis zu 500 Millionen Euro pro Jahr. In der Vergangenheit sind damit 20 % und mehr des vorhandenen Potenzials nicht ausgeschöpft worden.

4.6 Marketingstrategien für Importarzneimittel

Sowohl bei Parallel- als auch bei Reimporten handelt es sich um Markenpräparate, die mit dem in Deutschland zugelassenen Originalpräparat therapeutisch identisch und somit ebenso wirksam in der Anwendung sind. Form und Farbe von Importarzneimitteln können vom deutschen Original abweichen, in einigen wenigen Fällen können auch die Hilfsstoffe anders sein.

Das äußere Erscheinungsbild der Packung des in Deutschland vertriebenen Importarzneimittels ist heute einwandfrei. Den Importeuren bleibt der Preis als einziges relevantes Marketingargument. Aufgrund der gesetzlichen Regelungen ist zu berücksichtigen, dass der Preisabstand zwischen dem deutschen Präparat des Originalherstellers und dem Import mindestens 15 % oder 15 Euro betragen soll. In den meisten Fällen werden die Importeure dieser Anforderung gerecht. Bei einigen Präparaten lässt sich dieser Preisabstand jedoch nicht darstellen, weil der zur Realisation dieses Preisabstands notwendige Einkaufspreis in den Einkaufsmärkten nicht erzielt werden kann.

Für den Markterfolg entscheidend ist jedoch nicht nur der geforderte Preisabstand, den im Prinzip alle Anbieter gewährleisten. Ausschlaggebend ist zum einen vor allem, eine gute Verfügbarkeit des Sortiments sicherzustellen und zum anderen, die Entscheider an die Importalternative am Point of Sale zu erinnern.

Wie bereits dargestellt sind seit der Einführung der ärztlichen Budgets die Ärzte sehr stark an einer kostengünstigen Verordnung interessiert. Aus Sicht eines Importeurs bestand das Problem jedoch zunächst darin, dass ein erfahrener Arzt im Normalfall ein ihm seit langem bekanntes Arzneimittel verordnet. Er nutzt aufgrund seiner Routine nicht oder nur höchst selten die in den unterschiedlichen Arzneimitteldatenbanken bestehenden Möglichkeiten eines Preisvergleichs. Vielmehr haben sich die meisten Ärzte in ihrem Praxisverwaltungssystem eine so ge-

[102] Vgl. Prognos AG (2006).

nannte Hausapotheke angelegt. Dort haben sie die in ihrer Praxis ständig wiederkehrenden Präparate zur vereinfachten Verordnung gelistet. Die Herausforderung bestand nun darin, einen Weg zu finden, den interessierten Arzt immer dann auf das Vorhandensein einer Importalternative aufmerksam zu machen, wenn er sich zumindest vorläufig für eine Marke entschieden hat.

Nach dem Vorbild der generischen Industrie, die derartige Konzepte schon früher eingeführt hatte, wurden dazu Kooperationsverträge mit den relevanten Anbietern von Praxisverwaltungssystemen geschlossen. Diese Verträge verfolgten das Ziel, dem an einer solchen Anzeige interessierten Arzt bei Auswahl eines in Deutschland vertriebenen Präparats eines multinationalen Konzerns eine entsprechende Importalternative zur Verordnung anzubieten – unabhängig von der Datenquelle, aus der der Arzt das entsprechende Medikament ausgesucht hatte.

Das Bewerben von Importen mithilfe der ärztlichen Software wurde jedoch vor dem Hintergrund der Umkehr der Aut-idem-Regelung entwertet. Diese Änderung zwingt den Arzt jetzt, Aut idem explizit zu verbieten, wenn er nicht wünscht, dass dem Apotheker eventuell eine Auswahlentscheidung bleibt. Bereits in der Vergangenheit hatte der Apotheker die ärztliche Verordnung bei Generika und Importen häufig missachtet, doch nun fühlt er sich auch moralisch zu einer solchen Vorgehensweise berechtigt. Die Bedeutung des Apothekers im Geschäft mit Importarzneimitteln hat damit deutlich zugenommen.

4.7 Ausblick

Durch die Verordnung und Abgabe von Importarzneimitteln werden in Deutschland jährlich Einsparungen von rund 200 Millionen Euro erzielt. Zusätzlich hat der Wettbewerb vor allem im patentgeschützten Bereich Preiserhöhungen der Originalhersteller verhindert oder erschwert. Die Politik wird damit auch in der Zukunft nicht auf Arzneimittelimporte verzichten können und wollen. Und solange Gewinnmaximierungsabsichten der Originalhersteller auf den nationalen Märkten im Vordergrund stehen, ist eine kurz- oder mittelfristige Preisangleichung der Präparate auf den europäischen Märkten ebenfalls nicht wahrscheinlich.

Der Beitritt osteuropäischer Länder zur Europäischen Union wird in absehbarer Zeit neue Importmärkte begründen. Damit werden die Arzneimittel-Importeure auch zukünftig europaweit die Zielsetzung der Römischen Verträge fördern, eine Angleichung der Lebensverhältnisse und des Preisniveaus in Europa zu erreichen.

5 Programme zur Bekämpfung von Krankheiten in Entwicklungsländern

Oliver Schöffski, Frank-Ulrich Fricke, Silvio C. Gabriel

Universität Erlangen-Nürnberg, Lehrstuhl für Gesundheitsmanagement
IMS GmbH & Co. OHG, Health Economics & Outcomes Research, Nürnberg
Novartis Pharma AG, Basel

5.1 Einführung

5.1.1 Problemstellung

Das Betätigungsfeld der pharmazeutischen Industrie ist in erster Linie die Entwicklung, die Produktion und der Vertrieb von Produkten zur Bekämpfung von Krankheiten. Die pharmazeutischen Unternehmen sind dabei privatrechtlich organisiert, meist in der Rechtsform einer Kapitalgesellschaft. In jedem Fall gibt es Kapitalgeber, die für den Unternehmenszweck Finanzmittel einsetzen und dafür einen Ertrag erwarten. Pharmazeutische Unternehmen müssen daher Gewinne erzielen, damit ihnen das zur Verfügung gestellte Kapital für ihre Geschäftstätigkeit auch weiterhin erhalten bleibt. Zudem sind Pharmaunternehmen in vielen entwickelten Volkswirtschaften in ein komplexes Netz staatlicher Regulierung eingebunden. Dieses soll den Interessen all derer gerecht werden, die in einem „Gesundheitsmarkt" als Anbieter oder Nachfrager interagieren. Für die Anbieterseite, zu der auch die pharmazeutischen Unternehmen zählen, bedeutet dies die Möglichkeit der Gewinnerzielung. Die Nachfrageseite möchte u. a. von einer Arzneimittelversorgung auf hohem Niveau profitieren. Beide Seiten können allerdings nur zufrieden gestellt werden, wenn wie in entwickelten Ländern ausreichend Ressourcen vorhanden sind, um diesen Konflikt zu lösen (oder zumindest zu mildern).

Anders ist die Situation in den Entwicklungsländern. Hier sind die finanziellen Möglichkeiten für Investitionen im Gesundheitswesen stark eingeschränkt. Entsprechend stehen die Staaten bei der Arzneimittelversorgung ihrer Bevölkerung vor großen Herausforderungen. Zwei Bereiche sind dabei hervorzuheben:

a) Krankheiten, für die Arzneimittel existieren, die man sich in Entwicklungsländern aufgrund der hohen Preise nicht leisten kann. Hier wäre als Beispiel HIV/AIDS zu nennen, wofür mittlerweile potente Arzneimittel zur Verfügung stehen, das Budget der Entwicklungsländer für eine ausreichende Versorgung der Erkrankten aber nicht ausreicht.
b) Krankheiten, die auch die Industrienationen betreffen, für die einige wenige Behandlungsoptionen existieren, es sich aber finanziell nicht lohnt, weitere Forschung in diesem Bereich zu betreiben. Würde dennoch Forschung betrieben, kämen dabei Produkte heraus, die die Entwicklungsländer finanziell überforderten (z. B. Malaria). Im Prinzip ähnelt die hier angesprochene Problematik den Orphan Diseases (s. Kap. E 2). Während es sich bei den Orphan Diseases um seltene Erkrankungen handelt, spricht man im Bereich der medizinischen Versorgung von Entwicklungsländern von „Neglected Tropical Diseases", d. h. Erkrankungen, die zwar sehr häufig sind, aber trotzdem (z. B. aus ökonomischen Gründen) vernachlässigt werden.[103]

5.1.2 Entwicklungsländer, insbesondere Entwicklungsländer südlich der Sahara

Für den Begriff Entwicklungsland existiert keine eindeutige Definition und es gibt keine abschließende Liste der Entwicklungsländer. Es ist sogar unklar, an welchen Merkmalen man ein Entwicklungsland festmachen kann und wie die Ausprägung dieses Merkmals sein muss, damit es in die eine oder andere Kategorie fällt. Häufig gewählte Merkmale sind beispielsweise die Höhe des Pro-Kopf-Einkommens, die Bildungsmöglichkeiten und der Umfang der Gesundheitsversorgung.[104] Die Länder, die meist im Fokus von Arzneimittelprogrammen der pharmazeutischen Industrie stehen, befinden sich häufig in Afrika und hier dominierend in der Region südlich der Sahara. Diese Region wird im Folgenden kurz charakterisiert.

Die Region südlich der Sahara (kurz auch Schwarzafrika genannt), ist das Kerngebiet der dunkelhäutigen Weltbevölkerung. Etwa 10 % der Weltpopulation leben in diesem Gebiet. Besonders auffällig in dieser Region ist die Zuwachsrate der Bevölkerung, die mit 2,8 % nahezu doppelt so hoch ist wie der weltweite Durchschnitt. Eine Frau bringt dort im Durchschnitt 5,5 Kinder zur Welt, das sind fast drei Kinder mehr als der Weltdurchschnitt.[105] Viele Menschen in Afrika südlich der Sahara leben immer noch in einem Umfeld, das von Unsicherheit und Instabilität gekennzeichnet ist. Von Hungerkatastrophen durch Dürre, Kriege und

[103] Vgl. Hotez, P. J. u. a. (2006), S. 577.
[104] Vgl. Bundeszentrale für politische Bildung (BpB) (1996).
[105] Vgl. United Nations Development Programme (UNDP) (Hrsg.) (2007), S. 246.

Vertreibung sind Millionen von Menschen betroffen. Dadurch können die wirtschaftlichen Potenziale nicht ausgeschöpft werden. Man ist auf den Export der eigenen Rohstoffe angewiesen und auf Fertigprodukte aus den Industrienationen. Die Ausgaben für Importe übersteigen die Einnahmen aus Exporten. Als Folge verlieren die afrikanischen Länder immer mehr den Anschluss auch an die anderen Einwicklungsländer und hinken in der Entwicklung hinterher. Außer Südafrika gibt es in der Region keinen Industriestaat. Daher sind die meisten Volkswirtschaften gekennzeichnet durch eine geringe industrielle und landwirtschaftliche Produktivität und ein geringes Ausbildungsniveau, es überwiegt das Wirtschaften für den Eigenbedarf. Das Bruttoinlandsprodukt (BIP) pro Kopf lag im Jahr 2005 im Afrika südlich der Sahara durchschnittlich bei 1.998 US-Dollar, weltweit liegt der Schnitt bei ca. 9.543 US-Dollar.[106] Arbeitslosigkeit, Hunger und Armut kennzeichnen die Situation. Das durchschnittliche Pro-Kopf-Einkommen liegt in der Region (ohne Südafrika) bei 316 US-Dollar pro Jahr und ist damit weltweit das niedrigste. Trotzdem existieren innerhalb der Region noch erhebliche Unterschiede zwischen den Staaten, so liegt das Pro-Kopf-Einkommen von Botswana bei 2.880 US-Dollar, während es in Äthiopien bei ca. 100 US-Dollar liegt. Derzeit leben ca. 290 Millionen Afrikaner, fast die Hälfte der Bevölkerung Afrikas südlich der Sahara, in Armut.

Schon anhand der wenigen dargestellten Fakten wird deutlich, dass die Länder südlich der Sahara weltweit am stärksten von externer Unterstützung abhängig sind. Dieses gilt neben der allgemeinen Wirtschaft in erster Linie auch für das Gesundheitswesen. So müssen diese Länder noch zusätzlich die Lasten von Krankheitsepidemien tragen, die erste Ansätze für eine positive Entwicklung wieder im Keim erstickt haben. In manchen Ländern ist die durchschnittliche Lebenserwartung durch die AIDS-Epidemie schon um 10 bis 20 Jahre gesunken und liegt niedriger als noch im Jahr 1950.[107] Zudem entfallen 60 % der 350–500 Millionen jährlichen Malariafälle weltweit und mehr als 80 % der malariabedingten Todesfälle auf Afrika.[108] Die Südsaharastaaten gehören dabei zu den am stärksten von Malaria betroffenen Gebieten des Kontinents und zählen gleichzeitig zu den ärmsten Ländern der Dritten Welt. Daher existiert ein ständig wachsender Bedarf an Hilfe bei der medizinischen Versorgung, weil durch die Krankheiten nicht nur Lebensjahre, sondern auch Humankapital vernichtet wird, das nicht mehr zum Aufbau des Landes zur Verfügung steht.

Durch die schlechte wirtschaftliche Situation ist auch die katastrophale gesundheitliche Situation bedingt. Verstädterung und Slumbildung (z. B. durch Kriege und Vertreibung) verschärfen das Problem des Wassermangels und der mangelhaften Hygiene. Nach WHO-Angaben betragen die Gesundheitsausgaben pro Kopf in den Subsaharastaaten beispielsweise zwischen 15,3 US-Dollar (Demokratische Republik Kongo) und 748 US-Dollar (Südafrika) pro Jahr (2004). Die Gesamtausgaben für Gesundheit erreichen in der Region 1,6 % (Äquatorialguinea)

[106] Vgl. United Nations Deveploment Programme (UNDP) (Hrsg.) (2004), S. 232.
[107] Vgl. United Nations Children's Fund (UNICEF) (Hrsg.) (o. J.), S. 3–4.
[108] Vgl. World Health Organization (WHO) (2005).

bis 12,9 % (Malawi)[109] des BIP. Dagegen wird in Deutschland mehr als 10 % des BIP für Gesundheit ausgegeben, wegen der stärkeren Wirtschaftskraft ist das in absoluten Geldeinheiten mehr als das 150fache.[110] Problematisch ist in diesem Zusammenhang aber auch die fehlende medizinische Infrastruktur in den Ländern. Beispielsweise fehlen Logistiksysteme zur Verteilung von Arzneimitteln, damit theoretisch verfügbare Arzneimittel überhaupt zum Patienten gelangen können. Daher gilt der Aufbau eines funktionierenden und auch auf die Bedürfnisse des Landes zugeschnittenen Gesundheitssystems als eine der dringlichsten Herausforderungen in der Region.

Die notwendige Hilfe wird nicht allein durch den öffentlichen Sektor zur Verfügung gestellt werden können. Es müssen neue Wege der Entwicklungshilfe gefunden werden, insbesondere durch die Einbindung von privaten Institutionen. Wesentliche Komponenten der Hilfe sind dabei neben der Politikberatung der Ausbau und die Instandhaltung der Infrastruktur. Dieses wird in erster Linie durch staatliche Entwicklungshilfe erfolgen müssen. Daneben muss eine Grundversorgung der Bevölkerung mit Gesundheitsleistungen sichergestellt werden (z. B. durch die Qualifikation von Personal und die erstmalige Bereitstellung und Organisation von ambulanten und stationären Einrichtungen), hier können sich beispielsweise freie Wohlfahrtsträger und Kirchen engagieren. Weiterhin muss für die Bewohner dieser schlecht entwickelten Regionen der Zugang zu lebenswichtigen Arzneimitteln gewährleistet werden, wofür die Unterstützung durch die pharmazeutische Industrie notwendig ist.

Insgesamt wird deutlich, dass zwei große Hürden überwunden werden müssen, bevor eine wirksame Hilfe anlaufen kann: Zum einen die fehlende Infrastruktur und zum anderen die fehlenden finanziellen Mittel (wobei Zweiteres natürlich Ersteres mit bedingt). Viele Probleme bei der Gesundheitsversorgung der Bevölkerung stehen nicht in erster Linie in Zusammenhang mit der Verfügbarkeit von Medikamenten, sondern einem maroden oder nicht vorhandenen Gesundheitssystem sowie der öffentlichen Gesundheitspolitik in dem Land. Gerade in ländlichen Gebieten ist der Zugang zu medizinischen Leistungen aufgrund der knappen Ressourcen, der Infrastruktur und der zur Verfügung stehenden Fachleute so gut wie nicht möglich. Daher müssen insbesondere auch die regional verfügbaren Kräfte (Medizinmänner, Heiler) mit eingebunden werden.

---

[109] Der Anteil der Gesundheitsausgaben am BIP mag bei einigen Subsaharastaaten auf den ersten Blick nicht problematisch erscheinen (Malawi 12,9 %, São Tomé und Príncipe 11,5 %). Allerdings ist das BIP von Malawi (ca. 3 Mrd. US-Dollar) um das 1.000fache und das von São Tomé und Príncipe (ca. 142 Mio. US-Dollar) um das ca. 21.000fache niedriger als das eines Industrielandes wie Deutschland (ca. 3. Bio. US-Dollar).

[110] Vgl. United Nations Development Programme (UNDP) (Hrsg.) (2007), S. 247.

5.1.3
Besondere Anforderungen an Arzneimittel für Entwicklungsländer

Neben klimatischen Besonderheiten bedingt insbesondere die schlechte Infrastruktur im Gesundheitswesen besondere Anforderungen an Arzneimittel für Entwicklungsländer. So sollten Arzneimittel

- effektiv sein und besonders wenige Nebenwirkungen haben, da diese kaum ärztlich behandelt werden können,
- eine möglichst hohe Resistenztoleranz besitzen, da nicht mit laufenden Weiterentwicklungen gerechnet werden kann,
- in fixen Dosen verabreicht werden können, da eine laufende Dosisanpassung nicht realisiert werden kann,
- auf Wirkstoffen basieren, die auch unter tropischen Bedingungen stabil sind und möglichst in Umgebungstemperatur für eine lange Zeit gelagert werden können,
- einfach und ohne ärztliche Kontrolle anwendbar und in ihrer Wirkung leicht kontrollierbar sein,
- für die Industrienationen nur von geringem Nutzen sein, um den Reimport und das Entstehen von Schwarzmärkten zu verhindern.

5.1.4
Patentschutz: Fluch und Segen

Wie bereits in den vorangegangen Kapiteln des Buchs dargestellt, ist die Forschung und Entwicklung von Arzneimitteln sehr kostenintensiv. Ein pharmazeutisches Unternehmen wird nur in neue Produkte investieren, wenn es eine gewisse Wahrscheinlichkeit gibt, dass sich die Kosten auch wieder amortisieren (zumindest im Durchschnitt aller Produkte). Dem Patentschutz kommt dabei eine besondere Rolle zu. Üblicherweise gilt nach internationalen Übereinkommen ein Patentschutz für eine Dauer von 20 Jahren ab Eintragung, effektiv am Markt ist ein Produkt in der Regel noch zwischen 7 und 9 Jahren geschützt.[111] Innerhalb dieses Zeitraums ist der Preis von innovativen Präparaten in der Regel hoch, um die Forschungs- und Entwicklungskosten zu erwirtschaften. Nach dem Ablauf der Patenschutzfrist können Generika-Hersteller den Wirkstoff wesentlich kostengünstiger auf den Markt bringen, da sie auf die Forschungsergebnisse des Originalherstellers zurückgreifen können. Ab diesem Zeitpunkt ist eine deutliche Preisreduktion[112] üblich und das Problem für die Entwicklungsländer wird wesentlich entschärft.

---

[111] Vgl. dazu auch Kap. B 8 dieses Buchs.

[112] „Die meisten Originalpräparate erhielten innerhalb des ersten Jahres nach Ablauf des Patentschutzes Konkurrenz durch Generika. Die Preise der Generika lagen im Durchschnitt etwa ein Viertel unter denen der Originalpräparate […]“, vgl. Breyer, F., Zweifel, P., Kifmann, F. (2005) , S. 478.

Problematisch ist die Situation während der patentgeschützten, hochpreisigen Phase.

In jüngerer Zeit gab es Beispiele, in denen Staaten unter Berufung auf einen nationalen Notstand den Patentschutz aufgehoben und es dadurch Generika-Herstellern aus dem eigenen Land oder einem Drittland ermöglicht haben, die Produkte wesentlich preiswerter zu produzieren und zur Verfügung zu stellen. Diese Vorgehensweise ist natürlich zweischneidig. Kurzfristig mag sie zwar helfen, aber sie zerstört ein (eventuell vorhandenes) Vertrauensverhältnis zwischen der Industrie und dem Land. Da die Aufhebung des Patentschutzes mit den Interessen der Pharmaindustrie in Konflikt steht, ist mittelfristig nicht mit einem weiteren Wohlwollen (z. B. durch Förderprogramme) zu rechnen. Auch langfristig führen solche Fälle dazu, dass die Forschung und Entwicklung in Bereichen eingeschränkt oder sogar eingestellt wird, in denen solche Maßnahmen erwartet werden. Es wäre dann sinnvoller für die Industrie sich weiterhin in erster Linie mit Zivilisationskrankheiten zu beschäftigen, d. h. nur mit Produkten, von denen man weiß, dass sich die Gesundheitssysteme diese auch leisten können.

5.2 Träger von Programmen zur Bekämpfung von Krankheiten

Programme zur Bekämpfung von Krankheiten in Entwicklungsländern werden von den unterschiedlichsten Institutionen durchgeführt. Diese werden im Folgenden kurz charakterisiert:

a) Weltgesundheitsorganisation
   Die World Health Organization (WHO) ist die größte und wichtigste Organisation in diesem Zusammenhang. Als UN-Sonderorganisation berät sie im Gesundheitsbereich ihre Mitglieder wissenschaftlich, technisch und konzeptionell.[113] Die WHO baut anhand von Fonds, die selbst oder mit der Unterstützung von einzelnen Staaten und privaten Investoren gebildet wurden, in Massenkrankheitsgebieten die Forschungsarbeit auf und ist damit vor Ort tätig. Die WHO kooperiert dabei mit Institutionen und Universitäten. Sie fördert eine armutsorientierte Gesundheitspolitik und wirkt in diesem Sinne auch auf die weiteren Mitgliedsstaaten der UN ein.
b) Weltbank
   Die Weltbank, auch „Internationale Bank für den Aufbau und Entwicklung“ genannt, ist die zweite große internationale Organisation, die im Bereich des Gesundheitswesens tätig ist. Die offizielle Zielsetzung ist die Bekämpfung der Armut und die Förderung der wirtschaftlichen Entwicklung der Staaten. Allein im Jahr 2003 wurden von der Weltbank ca. 120 Mio. US-Dollar Fördergelder zur Bekämpfung von globalen Epidemien zur Verfügung gestellt.[114] Auch die

[113] Vgl. Diesfeld, H. (2001), S. 55.
[114] Vgl. Kates, J., Summers, T. (2003), S. 2.

Weltbank sieht es als ihre Aufgabe an, mit großen pharmazeutischen Unternehmen Konditionen für große Abnahmemengen von Arzneimitteln auszuhandeln und diese dann den armen Ländern zur Verfügung zu stellen.

c) Direkt bei der UN angesiedelte Programme
Bei besonders bedrohlichen Indikationen legt die UN direkt eigene Programme auf. Zu nennen ist hier beispielsweise das „Joint United Nations Programme on HIV and AIDS (UNAIDS)". Dieses wurde als Koordinationsinstrument der UN-Familie für die bessere internationale Zusammenarbeit in diesem Krankheitsgebiet geschaffen. Es liefert Daten zur globalen Überwachung und zur Wirkungsanalyse und fördert die Kooperation zwischen öffentlichen Institutionen, Zivilgesellschaft und Gebern aus der Privatwirtschaft. Im Jahr 2003 stellt UNAIDS ca. 350 Mio. US-Dollar zur Verfügung.[115]

d) Nichtregierungsorganisationen (NGOs)
Nichtregierungsorganisationen sehen ihr Betätigungsfeld in erster Linie darin, die Menschen in Entwicklungsländern bei der Entwicklung ihrer Fähigkeiten und Ressourcen zu stärken. Damit sind sie zu wichtigen Akteuren in der Entwicklungsarbeit bei der unmittelbaren Nothilfe geworden. Sie kennen die Situation vor Ort und sind somit auch geeignete Ansprechpartner für Projekte. In erster Linie handelt es sich bei NGOs um wohltätige Organisationen, aber auch Dienstleistungsanbieter und private Unternehmen werden unter diesem Begriff subsumiert.

e) Public-Private Partnerships
Hierbei handelt es sich um eine neue Spezies von Hilfsorganisationen, die sich aus unterschiedlichen Partnern zusammensetzt und gemeinschaftlich versucht, Entwicklungshilfeprojekte zu entwickeln und durchzuführen. Wie der Name schon sagt, sind an der Partnerschaft öffentliche und private Kooperationspartner (z. B. staatliche Stelle und privates Unternehmen, aber auch wohlhabende Privatleute) beteiligt. Es kann sich dabei um Spendenbeschaffung, Forschungskooperationen oder die Vergabe öffentlicher Dienstleistungen handeln.

5.3 Pharmaunternehmen zwischen Kommerz und Philanthropie

Wie bereits weiter oben dargestellt, muss es das Hauptziel eines jeglichen privatwirtschaftlichen Unternehmens sein, die eigene Existenz zu sichern. Nur so kann der formulierte Unternehmenszweck einschließlich der Gewinnerzielung langfristig erreicht werden. Dieses gilt auch für Unternehmen der pharmazeutischen Industrie. Auf der anderen Seite sind Unternehmen in die Gesellschaft eingebunden, was mit einer bestimmten sozialen Verantwortung einhergeht.

Die Übernahme sozialer Verantwortung im Bereich Gesundheit ist Kernaufgabe der WHO. Allerdings ist sie bei deren Erfüllung auf die Hilfe Dritter angewie-

[115] Vgl. Kates, J., Summers, T. (2003), S. 2.

sen. So hat die WHO für Gesellschaften mit weniger entwickelten Gesundheitssystemen zwar die Essential Drug List (EDL) formulieren können. Diese Aufstellung beinhaltet Wirkstoffe, die für die Behandlung von „priority conditions“[116], wie z. B. der von bakteriellen Infekten, AIDS oder Malaria, unabdingbar sind. Die WHO ist jedoch beim Bezug der Arzneimittel von der Unterstützung der Pharmaunternehmen und deren Bereitschaft zur Übernahme von sozialer Verantwortung abhängig.

5.4 Ansatzmöglichkeit der Hilfe durch die pharmazeutische Industrie

5.4.1 Arzneimittelspenden

So kurios es sich auf den ersten Blick anhört, Medikamente stellen in Entwicklungsländern eher ein qualitatives als ein quantitatives Problem dar. Aus diesem Grund müssen Arzneimittelspenden reglementiert werden. Die westliche Bevölkerung und auch die Unternehmen gehen erst einmal davon aus, dass in Notsituationen jegliche Arzneimittel helfen. Dieses ist natürlich nicht der Fall, denn Arzneimittelspenden können auch zu Problemen führen. Häufig sind die Spenden nicht auf die vorliegende Situation abgestimmt und diese unangebrachten Medikamente führen zu Mehraufwand bei der Lagerung, Verteilung und auch Entsorgung. Oft sind hier die zusätzlichen Kosten höher als der Wert der Spenden.[117]

Einige Problemfelder sollen hier kurz aufgelistet werden: Manchmal wurden Arzneimittel aus Lagerbeständen gespendet, deren Verfallsdatum kurz vor dem Ablauf stand und die in Industrienationen nicht mehr verwertbar waren. Da die Verteilung der Produkte viel Zeit in Anspruch nimmt, waren diese dann beim Verwender nicht oder nur noch eingeschränkt brauchbar, eventuell auch begründet durch unterschiedliche klimatische Bedingungen. Gleiche Wirkstoffe werden mit unterschiedlichsten Markennamen, Dosierungen, Packungsgrößen und Anwendungshinweissprachen geliefert. Die Ärzte vor Ort sind mit dieser Vielfalt überfordert. Besteht die Notwendigkeit der langfristigen Einnahme eines Wirkstoffs, kann es sein, dass das bisher gespendete Medikament bei der nächsten Lieferung nicht dabei ist, die Patienten also regelmäßig umgestellt werden müssen mit allen Risiken bezüglich Nebenwirkungen. Weiterhin ist häufig nicht gewährleistet, dass gespendete Arzneimittel auch wirklich beim Patienten ankommen. Sie verrotten in Zwischenlagern oder – noch schlimmer – werden von kriminellen Organisationen und korrupten Regierungen abgefangen und nach Europa zurückverkauft.[118]

---

[116] Vgl. World Health Organization (WHO) (2007), S. 1.
[117] Vgl. World Health Organization (WHO) (1999b), S. 4.
[118] Vgl. Cueni, T. B. (o. J.), S. 3.

Aus diesem Grund wurden 1996 von der WHO in Zusammenarbeit mit internationalen Organisationen Richtlinien für Arzneimittelspenden entwickelt. Dadurch soll die Qualität der Spenden verbessert werden.[119]

5.4.2 Preiszugeständnisse

Wie bereits oben dargestellt ist eine medikamentöse Behandlung für einen Großteil der Bevölkerung in Entwicklungsländern nahezu unerschwinglich. Wer ein Arzneimittel benötigt, sieht sich häufig vor der Wahl, genügend Essen für sich und die Familie zu haben oder gesund zu werden. Die Preise, die von pharmazeutischen Unternehmen für ihre Produkte in den Industrienationen verlangt werden, sind für viele Entwicklungsländer nicht finanzierbar. Aus diesem Grund gibt es in der Zwischenzeit eine Reihe von Unternehmen, die Regierungen, sozialen Einrichtungen und anderen eigene Produkte zu günstigeren Konditionen anbieten. Allerdings müssen diese Einrichtungen sicherstellen, dass die Produkte nur im jeweiligen Land verteilt werden, in das sie auch verkauft wurden. Beispiele für den Bereich der HIV/AIDS-Präparate stammen von Merck und GlaxoSmithKline. Wie bereits weiter oben dargestellt, reicht es in vielen Ländern aber nicht aus, einfach die Arzneimittelpreise zu reduzieren. Flankierende Maßnahmen zur Verbesserung der Infrastruktur und der Ausbildung des Personals sind erforderlich.

5.5 Arzneimittelprogramme der pharmazeutischen Industrie

Es ist nicht möglich, einen umfassenden und aktuellen Überblick über das gesamte Engagement der pharmazeutischen Industrie zu geben. Im Folgenden werden daher zwei Beispiele dargestellt. Als erstes wird ein tabellarischer Überblick über Projekte der pharmazeutischen Industrie zur Bekämpfung von HIV/AIDS in Afrika südlich der Sahara gegeben. Hierbei handelt es sich nicht mehr um punktuelle Engagements. Hier wird Hilfe in einer Größenordnung geleistet, durch die signifikante Verbesserungen erreichbar sein könnten (die Tabelle erhebt keinen Anspruch auf Vollständigkeit). Anschließend wird ein konkretes Projekt für die Indikation Malaria ausführlicher dargestellt, um die Komplexität und den Aufwand eines Arzneimittelprogramms zu verdeutlichen.

[119] Vgl. World Health Organizsation (WHO) (1999b), S. 2.

5.5.1 Programme zur Bekämpfung von HIV/AIDS in Afrika südlich der Sahara

Die von der Krankheit am stärksten betroffenen Staaten südlich der Sahara weisen Prävalenzraten zwischen 0,9 % (Senegal), 18,8 % (Südafrika) bis zu über 30 % (Swasiland) auf. Das Land mit der höchsten Rate außerhalb von Afrika ist Haiti mit einer Rate von „nur“ 3,8 %. Im südlichen Afrika wohnen zwar nur ca. 10 % der Weltbevölkerung, aber über 60 % der Menschen mit dieser Erkrankung. In der Region sind im Jahr 2005 zwei Millionen AIDS-Kranke gestorben, weltweit waren es 2,8 Millionen Menschen.[120] Seit Ausbruch der Erkrankung bis 2004 schätzte man allein in Afrika 15 Millionen Todesfälle. Es wird befürchtet, dass die am schlimmsten betroffenen Länder bis 2020 bis zu einem Viertel ihrer Arbeitskräfte verlieren. Die Ausbreitung des Virus wird durch eine Vielzahl von armutsbedingten Faktoren begünstigt. AIDS/HIV gilt als die größte gesundheitliche Bedrohung von Entwicklungsländern. Eine (nicht vollständige) Übersicht über die Aktivitäten der pharmazeutischen Industrie gibt Tabelle 5.1.

Tabelle 5.1. Programme zur Bekämpfung von HIV/AIDS in Afrika südlich der Sahara[121]

Unternehmen	Programm	Kurzbeschreibung
3M Pharmaceuticals	Phelophepa	Hierbei handelt es sich um eine Klinik auf Schienen, die seit ihrer Gründung 1994 Medikamente und medizinische Leistungen in entlegene Gebiete Südafrikas bringt. 3M betreibt diesen Zug in Partnerschaft mit Hoffmann-La Roche.
Abott Laboratories	Step Forward	Dieses Programm unterstützt weltweit Aktionen gegen HIV/AIDS. Mit 225 Mio. US-Dollar bereitgestellter Cashsumme im Jahr 2003 ist es eines der größten Programme gegen AIDS. U. a. werden die Gelder zum Aufbau von Infrastrukturen, Aufklärungskampagnen, zur Trinkwasseraufbereitung und zur Stärkung der Bildung von Kindern eingesetzt. Abbott arbeitet hierbei mit vielen verschiedenen Partnern aus Wirtschaft und Regierung zusammen.
	Abbott Access	Seit 2001 hat Abbott mit diesem Programm HIV-Schnelltests und antiretrovirale Medikamente (ARVs) in 68 Länder der Erde, darunter

[120] Vgl. Joint United Nations Programme on HIV and AIDS (UNAIDS) (Hrsg.) (2006), S. 8, 15, 506–530.

[121] Vgl. Grau, A. K. (2005), S. 89–93, auf Basis von Pharmaceutical Research and Manusfacturers of America (2004), S. 6, 9, 12–17, European Federation of Pharmaceutical Industries and Associations (EFPIA) (Hrsg.) (2002), S. 24, 26, 30, 31, Verband Forschender Arzneimittelhersteller (VFA) (Hrsg.) (2003), S. 22, 24–26, 28, 30, 31.

Tabelle 5.1. *(Fortsetzung)*

Unternehmen	Programm	Kurzbeschreibung
		alle betroffenen afrikanischen Länder, geliefert. Bis 2003 wurden 6,6 Mio. Tests in mehr als 55 Länder ohne einen Cent wirtschaftlichen Gewinns für das Unternehmen verschickt.
	Abbott Determine	Im September 2003 wurde eine Kooperation mit Boehringer Ingelheim eingegangen, in welcher vereinbart wurde, die Mutter-Kind-Übertragung in 68 Entwicklungsländern zu bekämpfen. Hierfür wurden und werden Schnelltests und ggf. ARVs zur Verfügung gestellt.
	Tanzania Care	Abbott arbeitet bei diesem Programm daran, die Infrastruktur der Krankenhäuser in Tansania wieder bzw. erstmals herzustellen, so dass eine Versorgung von AIDS-Kranken möglich ist. Ferner wird das Krankenhauspersonal auf die Anforderungen, die HIV/AIDS mit sich bringen, geschult. Dieses Programm wird in Zusammenarbeit mit der Regierung und lokalen Organisationen verwirklicht.
Boehringer Ingelheim	Mother-Child-Prevention	Das Unternehmen hat einem südafrikanischen Generika-Unternehmen eine Lizenz erteilt, die es erlaubt, ein Generikum des HIV-Medikaments Viramune herzustellen.
Bristol-Myers Squibb (BMS)	Secure the Future (STF)	Seit der Gründung 1999 kümmert sich das Programm um die Bedürfnisse der von HIV/AIDS betroffenen Mütter und Kinder. U. a. werden Hilfszentren für HIV-infizierte Kinder gegründet. Im November 2003 vergab BMS sechs regionale Stipendien in einem Gesamtwert von 30 Mio. US-Dollar, welche für Programme zur Vorbeugung, für Bildungs- und Hilfsprogramme eingesetzt werden immer mit dem Ziel, möglichst effektiv Müttern und Kindern zu helfen. U. a. wurde mit einem dieser Stipendien ein „low cost CD$“-Test entwickelt, der dazu dient, die Funktion des Immunsystems der Patienten zu überwachen. Die Lizenz für diese Produkt wurde dem „South African National Health Laboratory Service“ erteilt.
GlaxoSmithKline (GSK)	France Foundation	Diese Stiftung unterstützt eine Vielzahl von Programmen, die HIV-infizierten Menschen in Afrika Zugang zu medizinischer Hilfe ermöglicht.

Tabelle 5.1. *(Fortsetzung)*

Unternehmen	Programm	Kurzbeschreibung
	Positiv Action (PA)	Dieses „Dachprogramm" beinhaltet eine Vielzahl von kleineren Programmen, die überwiegend regional angesiedelt sind und sich ausschließlich mit der Aufklärung über HIV/AIDS in allen Bereichen innerhalb der Krankheit selbst und seines Umfelds beschäftigen. Diese reichen von Gesprächskreisen für betroffene Menschen bis dazu, dass darauf geachtet wird, dass die Problematik der Krankheit in Entwicklungsländern nicht aus den Köpfen der Entscheider in den Industrieländern verschwindet.
	HOPE	„Health Opportunities for People Everywhere", kurz HOPE, wurde von GSK gegründet und wird von BMS und Pharmacia (jetzt Pfizer) unterstützt. Es beschäftigt sich mit der Kinderimmunisierung, der Prävention von lebensbedrohlichen Erkrankungen und der Verbesserung der Pränatalen Versorgung.
	Weitere Programme	Weiter verkauft GSK ARVs zum Selbstkostenpreis in die 63 ärmsten Länder der Welt. Im Dezember 2002 wurde der Preis von Combivirum 62 % auf 62 US-Cent pro Tag reduziert. 2003 vergibt GSK Lizenzen an ein Generika-Unternehmen (Aspen Pharmacare), welches die hergestellten Generika sowohl im öffentlichen als auch im privaten Sektor vertreiben darf. GSK unterstützt 27 klinische Studien in Entwicklungsländern, um die Verwendung von AVRs in ressourcenschwachen Gebieten zu testen. Ferner wurden weit reichende Studien über die Verbreitung und Behandlung von HIV/AIDS durchgeführt sowie über die Mutter-Kind-Übertragung.
Hoffmann-La Roche	CARE	Mit dem CARE-Programm (The Cohort programme to evaluate Access to anti-Retroviral therapy and Education) unterstützt Roche gemeinsam mit der „PharmAccess International" die Erweiterung des Zugangs zur HIV-Therapie. Das Programm, welches Roche selbst zu 100 % finanziert, bildet weiterhin u. a. Ärzte aus und weiter, behandelt Begleitinfektionen und ermöglicht Patienten, ein Leben lang die benötigte Therapie gegen die Krankheit zu erhalten.

Tabelle 5.1. *(Fortsetzung)*

Unternehmen	Programm	Kurzbeschreibung
	Weitere Programme	Roche setzte sich als eines der ersten Unternehmen mit Erfolg für einen Preisreduktion bei ARVs ein. Ebenfalls betreibt Roche die liberalste Lizenz- und Patentpolitik aller Pharmaunternehmen mit dem Ziel, möglichst unbürokratisch Hilfe in den von AIDS am stärksten betroffenen Regionen der Welt zu leisten und den Menschen einen Zugang zu medizinischer Hilfe zu ermöglichen.
Johnson & Johnson (J&J)	Call to Action	In diesem Programm geht es ebenfalls um die wichtige Prävention der Mutter-Kind-Übertragung. Gemeinsam mit der „Elisabeth Glaser Pediatric AIDS Foundation" werden in Entwicklungsländern Frauen getestet und ggfs. mit ARVs behandelt, damit die Übertragungsgefahr auf ihre Kinder reduziert wird.
	Weitere Unterstützung	Das Unternehmen arbeitet mit einer Vielzahl von Regierungen, internationalen Organisationen und NGOs zusammen, die sich gegen eine Ausbreitung von HIV/AIDS einsetzen. Hier ist als außergewöhnliches Beispiel der Kampf gegen eine Mund- und Rachenraumkrankheit anzuführen, die viele HIV-Infizierte befällt und die verheerende Auswirkungen haben kann, da sie den Menschen oftmals die Möglichkeit nimmt, Nahrung aufzunehmen und offene Wunden herbeiführt. Ebenfalls arbeitet J&J mit „HIV South Africa" zusammen, um auf lokaler Ebene angesiedelte Hilfsorganisationen auszubilden und zu überwachen. Das Programm rekrutiert Leute, die in den Gemeinden von Tür zu Tür gehen, um die Menschen über HIV/AIDS aufzuklären.
Merck & Co.	ACHAP	Seit 2000 unterstützt Merck gemeinsam mit der Regierung Botswanas sowie der „Bill & Melinda Gates Foundation" Botswanas Antwort auf die AIDS-Epidemie im eigenen Land. Das Programm beinhaltet u. a. Projekte wie das Aufstellen von 10.500 kostenlosen Kondomautomaten, Trainings für medizinische Mitarbeiter, die Implementierung von Wissensplattformen und Anti-Stigmatisierungskampagnen durch das nationale Bildungssystem und die Medien sowie die Unterstützung kleinerer Stipendien, welche sich mit der Gründung von Initiativen auf Gemeindeebenen auseinandersetzen.

Tabelle 5.1. *(Fortsetzung)*

Unternehmen	Programm	Kurzbeschreibung
	Enhancing Care Initiative	Eine Partnerschaft zwischen der „Merck Foundation" und dem „Harvard AIDS Institute", die sich in ressourcenschwachen Ländern um die HIV/AIDS-Eindämmung bemüht, wurde 1998 gegründet und hat bislang 5 Mio. US-Dollar eingesetzt. Hierzu ziehen sie Experten aus den unterschiedlichsten Bereichen zusammen, um möglichst effizient gegen die anstehenden Probleme vorgehen zu können. Die kombinierte Kraft aus Wirtschaft (Merck) und Wissenschaft (Harvard) ist hierbei ein entscheidender Vorteil.
	Weitere Programme	Wie alle anderen Unternehmen senkte auch Merck die Preise für seine ARVs und verfolgt eine soziale Patent- und Lizenzpolitik. Seit März 2001 verkauft Merck seine wichtigsten Medikamente ohne Profit und seit 2003 zu reduzierten Preisen auch in 73 weitere Schwellenländer.
Pfizer	Diflucan Partnership Programme	Pfizer gibt seit Jahren über die Regierungen der wirtschaftlich ärmsten Länder Diflucan ab. Dies ist zwar kein Medikament, welches direkt gegen AIDS wirkt, allerdings bekämpft es die beiden gefährlichsten Krankheiten für HIV/AIDS-Infizierte in der Dritten Welt: Pilzinfektionen durch Meningitis und die Mund- und Rachenraumkrankheit.
	International Health Literacy Grant	Die Pfizer-Stiftung unterstützt innovative HIV/AIDS-Promotionsprogramme zur Gesundheitsvorsorge.
	Global Health Fellow	Gegründet 2003 versucht Pfizer mit diesem Programm möglichst viele Spezialisten aus allen erdenklichen Bereichen zusammenzubringen, um gemeinsam gezielt gegen Krankheiten wie HIV/AIDS zu kämpfen.
	Infectious Diseases Institute	Gemeinsam mit der „Academic Alliance for AIDS Care and Prevention" und der „San Francisco AIDS Foundation" unterstützt Pfizer den Aufbau eines medizinischen Lehrkrankenhauses.

5.5.2 Malaria-Programm Novartis

Neben AIDS ist Malaria eine der größten ökonomischen und sozialen Bedrohungen insbesondere in Entwicklungsländern. 40 % der Weltbevölkerung leben mit dem Risiko, an Malaria zu erkranken. Es kommt jährlich zu 350–500 Millionen Neuerkrankungen. 60 % der Fälle und 80 % der malaria-bedingten Todesfälle sind in Afrika zu verzeichnen.[122] Besonders betroffen sind Kinder und Schwangere. Die ökonomische Belastung der afrikanischen Länder wird auf 12 Mrd. US-Dollar pro Jahr geschätzt. Dabei muss man sagen, dass die Erkrankung weitgehend heilbar ist, sofern die drei Hauptstrategien der Prävention und Behandlung von Malaria umgesetzt werden. Die drei Strategien sind:

- die Verbreitung von Insektiziden durch das Versprühen in und außerhalb von Wohnräumen und die Nutzung von insektizid-behandelten Insektenschutznetzen
- das Trockenlegen von Feuchtgebieten
- die Behandlung mit Arzneimitteln

Die Artemisinin-basierte Kombinationstherapie (ACT) ist nach Einschätzung der WHO die effektivste verfügbare Behandlung und wird daher als Mittel der ersten Wahl von der WHO empfohlen. Bei einer Behandlung mit ACT kommt es zu Heilungsraten von über 96 % nach den ersten drei Tagen der Behandlung. Allerdings ist die Behandlung mit ACT 10 bis 20mal teurer als die Behandlung mit Chloroquin, dem bisherigen Behandlungsstandard. ACT wird unter dem Handelsnamen Coartem® (Handelsname in nicht-malaria-endemischen Ländern: Riamet®) von Novartis in Zusammenarbeit mit der WHO vermarktet.

Anhand des Produkts lässt sich das Problem der Arzneimittelversorgung darstellen, welchem sich die Pharmaindustrie in Entwicklungsländern gegenübersieht. Dazu ist es notwendig, genaueres über die Entstehung von Coartem®, die enthaltenen Wirkstoffe und die Herstellung zu erfahren.

Coartem® besteht aus zwei Wirkstoffen, dem Artemisininderivat Artemether und Lumefantrin. Artemisinin-basierte Kombinationstherapien sind wirksam gegen die gefährlichste und in den Südsaharastaaten häufigste Form der Malaria: die unkomplizierte P. Falciparum Malaria.[123] Artemisininderivate wurden in China entdeckt und für die Anwendung am Menschen weiterentwickelt. Dasselbe gilt für den zweiten Wirkstoff Lumefantrin. Dieser wurde von Wissenschaftlern der Academy of Military Medical Sciences in Peking synthetisiert und bereits 1980 mit Artemether in Tablettenform kombiniert. Aufgrund eines anderen Wirkungsmechanismus ergänzt Lumefantrin die Wirkung von Artemether und soll der Bildung von Resistenzen der Malariaparasiten gegenüber Artemether so lange wie möglich vorbeugen. Allerdings wurde das Artemether-Lumefantrin Kombinationspräparat vom chinesischen Militär unter Verschluss gehalten.

[122] Vgl. World Health Organization (WHO) (2005).
[123] Vgl. World Health Organization (WHO) (2006), S. 17–18.

Erst 10 Jahre später gelang es der Ciba-Geigy AG (seit 1996 Novartis) ein Lizensierungsabkommen zu schließen, um die Wirkung der Artemether-Lumefantrin Kombination in Studien zu erforschen und eine Markteinführung weltweit vorzubereiten. Die fertige Tablette sollte von Ciba-Geigy selbst nahe Peking produziert werden, wohingegen die Produktion der Wirkstoffe Artemether und Lumefantrin an chinesische Pharmaunternehmen vergeben werden musste. Da die Arzneimittelproduktion in China jedoch nicht den westlichen Qualitätsstandards entsprach, wurde bis 2005 ein Schweizer Subunternehmen mit der Lumefantrinherstellung beauftragt. Die Herstellung in der Schweiz und der Transport nach China erhöhten die Kosten für Novartis und erschwerten es, Coartem® zu einem Preis anzubieten, der für Entwicklungsländer finanzierbar war.

Dennoch konnte Novartis im Mai 2001 einen Vertrag auf non-for-profit Basis mit der WHO abschließen. In diesem machte das Unternehmen Preiszugeständnisse, indem es sich zur Lieferung von Coartem® zu Herstellungskosten verpflichtete. Die WHO übernahm die Verteilung sowie medizinische und technische Beratung in den Zielländern in Afrika. Damit konnten die Verteilungsprobleme zwar nicht umgangen werden, Novartis konnte sich aber im Wesentlichen auf die Herstellung von Coartem® konzentrieren.

Aber die Behandlung mit Arzneimitteln war und ist, wie oben erwähnt, nur ein Teil der WHO-Strategie, um die Ausbreitung von Malaria einzudämmen, da sie erst eingreift, wenn die Parasiten bereits in den Körper gelangt sind. Um Menschen vor den Überträgern der Parasiten zu schützen, wird die Behandlung mit Coartem® mit Maßnahmen zum Insektenschutz (Insektenvernichtung mit DDT / Verteilung von Insektenschutzgittern und -netzen) kombiniert. Die Wirksamkeit dieser dreiteiligen Strategie belegen die Zahlen aus der südafrikanischen Kwa-Zulu Provinz sowie aus Sambia.

In Kwa-Zulu konnte ein 86 %iger Rückgang der Malariafälle im Jahr 2002 (78 % im Jahr 2001) und in Sambia in ländlichen Gebieten ein Rückgang der malariabedingten Todesfälle um 87 % erreicht werden.

Die finanzielle Unterstützung des Global Fund to Fight AIDS, Tuberculosis and Malaria ermöglichte es Sambia, Coartem® an die Malariakranken zu verteilen, um den bisher im Einsatz befindlichen Wirkstoff Chloroquin zu ersetzen. Aufgrund von Fehlern in der Verteilung und Einnahme des letztgenannten Wirkstoffs lag die Rate an chloroquin-resistenten Malariaparasiten vor der Einführung von Coartem® bei 60 %. Aus Angst, dass sich eine vergleichbar hohe Resistenz auch bei der Artemether-Lumefantrin-Kombination einstellt, wurde es nur in ausgewählten Bezirken verteilt. Trotz der eingeschränkten Versorgung mit Coartem® ging die Zahl der Neuerkrankungen laut Dr. Sipilanyambe, einem leitenden Arzt des Zambia Malaria Control Programs, 2004 im Vergleich zum Vorjahr um 10 % zurück. Bei den malariabedingten Todesfällen war eine Reduktion von 50.000 auf 33.000 festzustellen.

Die Arzneimitteltherapie kann nur Teil einer umfassenderen Strategie der WHO zur Prävention und Kontrolle von Malaria sein. Aber im Erkrankungsfall führt die Behandlung mit ACT zu Heilungsraten von über 96 % bei guter Verträglichkeit und ist damit fast ohne Alternative. Für viele Regionen mit arzneimittelresistenten Parasitenstämmen ist dies die einzig wirksame Therapiemethode. Eine schnelle Fiebersenkung sichert das Überleben von stark geschwächten Patienten und Kindern, während der rasche Rückgang der Parasiten im Blut die weitere Ausbreitung der Erkrankung verhindert.

Auch wenn die Übernahme sozialer Verantwortung zu den beschriebenen Erfolgen führte, geht Novartis bei dem Engagement in Entwicklungsländern finanzielle Risiken ein und die Anforderungen an die Produktion sind erheblich: So ist die Produktionskapazität von ACT seit 2001 von nahe Null auf 100 Mio. Behandlungen angestiegen. Die Produktionskapazität kann aber nicht jährlich vollständig genutzt und in Behandlungen umgesetzt werden, da die Gesundheitsinfrastruktur in den betroffenen Ländern noch stärker auszubauen ist und der Weg von der Produktion zum Patienten noch der Verbesserung bedarf.

Außerdem ist die Lagerfähigkeit von Coartem® mit einer zweijährigen Haltbarkeit der Wirkstoffe eingeschränkt. Mit der Produktion kann auch nicht kurzfristig begonnen werden, da die Dauer des internationalen Produktionsprozesses einschließlich der Gewinnung von Artemisinin aus der Pflanze Artemisia annua 14 Monate beträgt. Eine kurzfristige Reaktion auf Malariaepidemien ist aber nur möglich, wenn Coartem® in ausreichender Menge vorgehalten wird, mit dem Risiko für das Pharmaunternehmen, dass der Vorrat nicht abgerufen wird, verfällt und Nachproduktion der verfallenen Einheiten finanziert werden muss. Eine Alternative bestünde darin, nur geringe Mengen an Coartem® zu lagern, auf die Gefahr hin, dass der Vorrat bei einem Ausbruch der Krankheit mit zahlreichen Betroffenen zur Neige geht, was ethische Bedenken und somit Zweifel an der Übernahme der sozialen Verantwortung aufkommen ließe. Die von Novartis gewählte Vorgehensweise ist ein Mittelweg: Produktionsentscheidungen werden auf der Grundlage von Bedarfsprognosen getroffen, damit sowohl das finanzielle als auch das Risiko einer Unterversorgung abgeschwächt werden können.

5.6 Abschließende Bemerkungen

Ist es Altruismus, der die Pharmaunternehmen treibt, entgegen ihren wirtschaftlichen Interessen in den Entwicklungsländern in einer Vielzahl von Projekten tätig zu sein? Ja, vielleicht aber nicht ausschließlich. In den Unternehmen arbeiten Menschen, die ebenso einen ethischen Anspruch haben wie die sonstige Bevölkerung. Das gilt auch für die oberste Unternehmensleitung und die Kapitalgeber, die bis zu einem gewissen Grad auf Erträge freiwillig verzichten können. Aber vielleicht ist das „Gute tun" wirtschaftlich gar nicht so unsinnig. Als erstes stellt das Engagement in den Entwicklungsländern einen klaren Imagegewinn in der Öffentlichkeit dar, der in den Industrienationen zu zusätzlichem Geschäft und einem besseren Standing führen kann. Außerdem hilft man durch die Programme bei der (wirtschaftlichen und gesellschaftlichen) Entwicklung der Länder. Falls diese mittel- oder längerfristig wieder auf die Beine kommen, gibt es durchaus eine gewisse Wahrscheinlichkeit, dass man sich erinnert, wer Helfer in der Not war und die besonders aktiven Unternehmen haben dann eventuell die Chance auf neue Geschäfte. Entwicklungshilfe kann damit auch als Entwicklung der zukünftigen Märkte angesehen werden, wenn auch zugegeben werden muss, dass der Zeithorizont dabei extrem lang sein wird.

Viele Fördermaßnahmen der Industrie werden über unternehmenseigene Stiftungen abgewickelt. So sind zum Beispiel Bristol-Myers Squibb, Merck & Co. und Novartis mit Stiftungen zur Förderung von Entwicklungsländern aktiv. Das Malaria-Programm von Novartis läuft ergänzend zum Stiftungsengagement. Diese Unternehmen sind positive Beispiele, aber man kann auch erkennen, dass für weiteres Engagement noch Raum ist. Allerdings zeigt das Malaria-Programm von Novartis auch, dass die Förderung von Entwicklungsländern durch pharmazeutische Unternehmen sich nicht auf Fördergelder beschränkt, sondern dass man die Übernahme von wirtschaftlichen Risiken, wie sie das Coartem-Beispiel verdeutlicht, ebenfalls hinzurechnen muss.

Abbildungsverzeichnis

Teil A: Rahmenbedingungen unternehmerischen Handelns in der pharmazeutischen Industrie

Teil B: Funktionen im pharmazeutischen Unternehmen und seine Besonderheiten

Teil C: Vertriebswege und Handelsstufen

Teil E: Spezielle Fragen zu Markt und Unternehmenssteuerung

Teil F: Internationale Aspekte

Tabellenverzeichnis

Teil A: Rahmenbedingungen unternehmerischen Handelns in der pharmazeutischen Industrie

Teil B: Funktionen im pharmazeutischen Unternehmen und seine Besonderheiten

Teil C: Vertriebswege und Handelsstufen

Teil E: Spezielle Fragen zu Markt und Unternehmenssteuerung

Teil F: Internationale Aspekte

Abkürzungsverzeichnis

AABG	Arzneimittelausgaben-Begrenzungsgesetz
ABAG	Arzneimittelbudget-Ablösungsgesetz
ABDA	Bundesvereinigung Deutscher Apothekerverbände
AD	Außendienst
AEMPS	Agencia Española de Medicamentos y Productos Sanitarios
AFFSaPS	Agence francaise de securite sanitaire des produits de sante
AIFA	Agenzia Italiana del Farmaco
ALD	Affections de Longue Duree
AMA	American Marketing Association
AMG	Arzneimittelgesetz
AMK	Arzneimittelkommission
AMR	Arzneimittelrichtlinien
AMWHV	Arzneimittel und Wirkstoffherstellungsverordnung
AOK	Allgemeine Ortskrankenkasse
API	Allgemeinmediziner, Praktiker, Internisten
ApoG	Apothekengesetz
APU	Abgabepreis des pharmazeutischen Unternehmers
AR	Assessment Report
ASL	Aziende Sanitarie Locali
ASMR	Amélioration du Service Médical Rendu
ATC	Anatomisch-Therapeutisch-Chemisch
ATMPs	Advanced Therapy Medicinal Products
AVB	Allgemeine Versicherungsbedingungen für klinische Prüfungen von Arzneimitteln
AVP	Apothekenverkaufspreis
AVWG	Arzneimittelversorgungs-Wirtschaftlichkeitsgesetz
AWB	Anwendungsbeobachtungen
BAH	Bundesverband der Arzneimittelhersteller
BdP	Bundesverband der Pharmaberater
BDSG	Bundesdatenschutzgesetz
bfai	Bundesagentur für Arbeit
BfArM	Bundesinstitut für Arzneimittel und Medizinprodukte
BGB	Bürgerliches Gesetzbuch
BGHZ	Bundesgerichtshof in Zivilsachen
BIP	Bruttoinlandsprodukt
BKK	Betriebskrankenkasse
BMG	Bundesministerium für Gesundheit

BPI	Bundesverband der Pharmazeutischen Industrie
BRIC	Brasilien, Russland, Indien, China
BSSichG	Beitragssatzsicherungsgesetz
BVDVA	Berufsverband Deutscher Versandapotheken
CAT	Committee for Advanced Therapies
CEPS	Comité économique des produits de santé
CFR	Code on Federal Regulations
CHMP	Committee for Medicinal Products for Human Use
CIP	Comisión Interministerial de Precios de los Medicamentos
CMD	Coordination Group for Mutual Recognition and Decentralised Procedure
CME	Continuing Medical Education
CMS	Concerned Member State
COMP	Committee for Orphan Medicinal Products
CP	Centralised Procedure
CPMP	Committee for Proprietary Medicinal Products
CPP	Certificate of Medicinal Product
CPR	Comitato Prezzi e Rimborso
CRM	Customer Relationship Management
CRO	Contract Research Organisations
CT	Commision de la Transparence
CTD	Common Technical Document
CTS	Commissione Tecnico-Scientifica
CVMP	Committee for Medicinal Products for Veterinary Use
DALY	Disability-adjusted life year
DAR	Draft Assessment Report
DAV	Deutscher Apothekerverband
DDD	Defined Daily Dose
DDT	Dichlordiphenyltrichlorethan
DKV	Deutsche Krankenversicherung AG
DMP	Disease Management Programme
DOT	Days on Therapy
DP	Decentralised Procedure
DRG	Diagnosis Related Group
DTC	Direct to consumer
DTP	Direct to patient
EBM	Einheitlicher Bewertungsmaßstab
eCTD	electronic Common Technical Document
EDL	Essential Drug List
EG	Europäische Gemeinschaft
EGA	European Generic Medicines Association
EGV	EG-Vertrag
EK	Ersatzkasse
EMEA	European Medicines Evaluation Agency
EPO	Erythropoetin

EU	Europäische Union
EuGH	Europäischer Gerichtshof
EWG	Europäische Wirtschaftsgemeinschaft
FAR	Final Assessment Report
FDA	Food and Drug Administration
FSA	Freiwillige Selbstkontrolle für die Arzneimittelindustrie e. V.
F&E	Forschung und Entwicklung
G-BA	Gemeinsamer Bundesausschuss
GCP	Good Clinical Practice
GG	Grundgesetz
GKV	Gesetzliche Krankenversicherung
GKV-WSG	GKV-Wettbewerbsstärkungsgesetz
GLP	Good Laboratory Practice
GMG	GKV-Modernisierungsgesetz
GMP	Good Manufacturing Practice
GOÄ	Gebührenordnung Ärzte
GP	General Practitioner
GRG	Gesetz zur Strukturreform im Gesundheitswesen
HAP	Herstellerabgabepreis
HAS	Haute Autorité de Santé
HEOR	Health Economic & Outcomes Research
HIV	Human immunodeficiency virus
HMA	Heads of Medicines Agency
HMPC	Committee on Herbal Medicinal Products
HNO	Hals-Nasen-Ohren
HQ	Headquarters
HRG	Health Resource Groups
HTA	Health Technology Assessment
HWG	Heilmittelwerbegesetz
ICD	International Classification of Diseases
ICH	International Conference on Harmonisation
IGES	Institut für Gesundheits- und Sozialforschung
IFA	Informationsstelle für Arzneispezialitäten GmbH
IIT	Investigator Initiated Trial
IKK	Innungskrankenkasse
IMIG	Institut für Marktforschung im Gesundheitswesen
IMS	Institut für medizinische Statistik
INN	International Nonproprietary Name
IOP	Investigator Originated Proposal
IQWiG	Institut für Qualität und Wirtschaftlichkeit im Gesundheitswesen
IST	Investigator Sponsored Trials
IT	Informationstechnologie
IuD	Information und Dokumentation
JRAR	Joint Response Assessment Report

KOL	Key Opinion Leader
KPI	Key Performance Indikatoren
KV	Kassenärztliche Vereinigung
MA	Marketing Authorisation
MBO	Musterberufsordnung der deutschen Ärzte
MHLW	Ministry of Health, Labour and Welfare
MPG	Medizinproduktegesetz
MRFG	Recognition Facilitating Group
MRP	Mutual Recognition Procedure
MVDA	Marketing Verband Deutscher Apotheker
MVZ	Medizinisches Versorgungszentrum
M&A	Mergers & Acquisitions
M&V	Marketing und Vertrieb
NCE	New Chemical Entity
NGO	Non-Governmental Organisation
NHS	National Health Service
NICE	National Institute for Health and Clinical Excellence
NIS	Non-interventional Study
NIT	Non-interventional Trial
NME	New Medical Entity
NUB	Neue Untersuchungs- und Behandlungsmethoden
OECD	Organization for Economic Cooperation and Development
OLG	Oberlandesgericht
OOPD	Office of Orphan Products Development
OTC	over-the-counter
PAFSC	Pharmaceutical Affairs and Food Sanitation Council
PASS	Post-Authorization Safety Studies
PCT	Primary Care Trusts
PDCO	Paediatric Committee
PDD	Prescribed Daily Dose
PEI	Paul-Ehrlich-Institut
PHAGRO	Bundesverband des pharmazeutischen Großhandels e. V.
PhRMA	Pharmaceutical Research and Manufacturers of America
PIC	Pharmazeutische Inspektions Convention
PIMS	Profit Impact of Market Strategies
PIP	Paediatric Investigation Plan
PKA	Pharmazeutisch-Kaufmännische Angestellte
PKV	private Krankenversicherung
PL	Package Leaflet
PMDA	Pharmaceuticals and Medical Devices Agency
PPRS	Pharmaceutical Price Regulation Scheme
PR	Public Relations
ProdHaftG	Produkthaftungsgesetz
PSUR	Periodic Safety Update Reports

PTA	Pharmazeutisch-Technische Assistenten
PZN	Pharmazentralnummer
QALY	Quality-adjusted life year
QoF	Quality and Outcomes Framework
QRD	Quality Review of Documents
RMS	Reference Member State
RNA	Ribonukleinsäure
ROI	Return on Investment
RSA	Risikostrukturausgleich
RV	Rentenversicherung
RVO	Reichsversicherungsordnung
Rx	verschreibungspflichtig
SDGCMPS	Subdirreción General de Calidad de Medicamentos y Productos Sanitarios
SGB	Sozialgesetzbuch
SMC	Scottish Medicines Consortium
SMR	Service Médical Rendu
SPC	Supplementary Protection Certificate
SPI	Strategic Planning Institute
SSN	Servizio Sanitario Nazionale
SWOT	Strengths, Weaknesses, Opportunities, Threats
TEPs	Tissue-Engineering-Produkte
TGA	Therapeutic Goods Administration
THM	Traditional Herbal Medicines
TNF	Tumornekrosefaktor
TOP	Therapieoptimierungsprüfungen
TRIPS	Trade-Related Aspects of Intellectual Property Rights
TTK	Tagestherapiekosten
T2A	Trafication á l'activité
UAW	Unerwünschte Arzneimittelwirkung
UN	United Nations
UNAIDS	Joint United Nations Programme on HIV and AIDS
UNCAM	Union nationale des caisses d'assurance maladie
UV	Unfallversicherung
VAD	Verband der Arzneimittelimporteure Deutschlands
VFA	Verband Forschender Arzneimittelhersteller
VwVfG	Verwaltungsverfahrensgesetz
WHO	World Health Organisation
ZNS	Zentrales Nervensystem

Literaturverzeichnis

Accenture (2001): Speed to Value: Delivering on the Quest for Better Medicines. London

Accenture Health & Life Sciences (2005): Die Bedeutung der Generikaindustrie für die Gesundheitsversorgung in Deutschland. URL: http://www.accenture.com/NR/rdonlyres/C55589E4-D171-42DE-8DD0-ACABD5B3851/0/Generika_in_D_2005_Accenture.pdf [Stand 14.03.2008]

Actelion AG (2004): Actelion – Growing beyond Tracleer, Company Presentation, 12.01.2004

Actelion AG (2005): Actelion – Annual Report 2005

Actelion AG (2006): Actelion – Annual Report 2006

Actelion AG (2007): Actelion – Half Year financial results 2007

Adam, H., Henke, K.-D. (1994): (§ 31) Konzertierte Aktion im Gesundheitswesen. In: Schulin, B. (Hrsg.): Handbuch des Sozialversicherungsrechts. München, 845–851

Aggarwal, S. (2007): What's fueling the biotech engine. Nature Biotechnology, 25, 1097–1104

AgV (Hrsg.) (2001): Medikamentenverkauf im Internet. URL: http://www.agv.de/politik/patientenschutz/polmedinternet.htm

Ahari, S. (2007): Following the Script: How Drug Reps Make Friends and Influence Doctors, In: Plos Medicine 4, 4, 621–625

American Marketing Association (AMA) (o. J.): Dictionary of Marketing Terms. URL: http://www.marketingpower.com/mg-dictionary.php?SearchFor=marketing&Searched=1

AMR (2008): Richtlinien des Bundesausschusses der Ärzte und Krankenkassen über die Verordnung von Arzneimitteln in der vertragsärztlichen Versorgung („Arzneimittel-Richtlinien/AMR") in der Fassung vom 31. August 1993. Bundesanzeiger 1993, Nr. 246: S. 11 155 zuletzt geändert am 15. November 2007 veröffentlicht im Bundesanzeiger 2008; Nr. 16: S. 296 ff

Amtsblatt der Europäischen Gemeinschaft (2000a): Verordnung (EG) Nr. 141/2000 des Europäischen Parlaments und des Rates vom 16. Dezember 1999 über Arzneimittel für seltene Leiden.

Amtsblatt der Europäischen Gemeinschaft (2000b): Verordnung (EG) Nr. 847/2000 der Kommission vom 27. April 2000 zur Festlegung von Bestimmungen für die Anwendung der Kriterien für die Ausweisung eines Arzneimittels als Arzneimittel für seltene Leiden und von Definitionen für die Begriffe „ähnliches Arzneimittel" und „klinische Überlegenheit".

AMWHV (Arzneimittel- und Wirkstoffherstellungsverordnung) (2006): Bundesgesetzblatt Jahrgang 2006 Teil I Nr. 51, ausgegeben zu Bonn am 9. November 2006

Andrade, S., Gurwitz, J., Fish, L. (1999): The effect of an Rx-to-OTC switch on medication prescribing patterns and utilization of physician services: The case of H2-receptor agonists. Medical Care, Vol. 37, No. 4, 424–430

Andreae, C.-A. (1981): Anmerkungen zum Stellenwert ökonomischer Überlegungen im Gesundheitswesen, dargestellt am Beispiel der Kosten-Nutzen-Analyse. Wiesbaden

Apo-Bank (2004): Pharma-Standort Deutschland: Von der „Apotheke der Welt" zum Arzneimittelimporteur? Düsseldorf.

Arora, A., Ceccagnoli, M., Cohen, W. (2003): R&D and the Patent Premium. National Bureau of Economic Research, Working Paper No. 9431. Cambridge

Arrow, K. (1962): Economic welfare and the allocation of resources for invention. In: Nelson, R.: The Rate and Direction of Inventive Activity. New York

Arzneimittelgesetz (2002) in der Fassung der Bekanntmachung vom 12. Dezember 2005 (BGBl. I S. 3394;), zuletzt geändert durch Artikel 2 des Gesetzes vom 20. Juli 2007 (BGBl. I S. 1574), URL: http://www.gesetze-im-internet.de/amg_ 1976/index.html [05.05.07]

Arzneimittelrichtlinie (1993): Bundesanzeiger Nr. 246 vom 31. Dezember 1993, zuletzt geändert am 3. August 1998 (veröffentlicht im Bundesanzeiger Nr. 182 vom 29. September 1998)

Arzneimittelzeitung (2002): Importabgabe: Die öffentliche Hand zahlt drauf, 4.Juli 2002

Arzneimittelzeitung (2008): Nach Stagnation 2007 wieder Zuwachs, 24. Januar 2008

AT Kearney (1998): Patent expiry and the battle against generics – Strategies for protecting market share and profits. Chicago.

Auster, R., Leveson, I., Sarachek, D. (1969): The Production of Health, an Exploratory Study. Journal of Human Resources 4, 4, 411–436

Bae, J. (1997): Drug patent expirations and the speed of generic entry. Health Services Research, Vol. 32, No. 1, 87–101

Bahner, B. (2006): Honorarkürzungen, Arzneimittelregresse, Heilmittelregresse: Ärzte in der Wirtschaftlichkeitsprüfung. Berlin, Heidelberg, New York

Barak, A., Wilson, G. (2003): Pricing policies to handle patent loss or expiry. International Journal of Medical Marketing, Vol. 3, No. 3, 245–249

Bauer, H., Fischer, M. (2001): Ein Ansatz zur simultanen Messung von Kannibalisierungs-, substitutiven Konkurrenz- und Neukäufereffekten am Beispiel von Line Extensions. Zeitschrift für betriebswirtschaftliche Forschung, Vol. 53, No. 8, 455–477

Baum, H.-G., Coenenberg, A. G., Günther, T.(2006): Strategisches Controlling, 4. Auflage. Stuttgart

Baumann, J. (1996a): Strategische Überlegungen zur Vermarktung von hochpreisigen multi-source-Arzneimitteln – Teil II. Die Pharmazeutische Industrie, Vol. 58, No. 6, 475–479

Baumann, J. (1996b): Strategische Überlegungen zur Vermarktung von hochpreisigen multi-source-Arzneimitteln – Teil III. Die Pharmazeutische Industrie, Vol. 58, No. 7, 568–572

Bea, F. X., Haas, J. (2001): Strategisches Management, 3., neu bearbeitete Auflage. Stuttgart

Beck, E., Seiter, S., Wartenberg, F. (2007): Rabattverträge und ihre Auswirkung auf den GKV-Markt. Pharm. Ind. 69, Nr. 8, 897–901

Becker, W. (1994): Die europäische Einigung und die Unionsparteien. Von den Anfängen in der Nachkriegszeit bis zur Gegenwart. In: Historisch-Politische Mitteilungen – Archiv für Christlich-Demokratische Politik 1, 135–154

Bengt, D. (2000): Pharmaceutical Patents in Europe. Stockholm.

Berg, C. C. (1981): Beschaffungsmarketing. Würzburg, Wien

Berg, H. (1986): Bilanz der Kostendämpfungspolitik im Gesundheitswesen: 1977–1984. Wissenschaftliches Institut der Ortskrankenkassen (WidO) (Hrsg.), Sankt Augustin

Berg, W. (1997): Gesundheitsschutz als Aufgabe der EU, Entwicklung, Kompetenzen, Perspektiven. Baden-Baden

Berndt, E., Pindyck, R., Azoulay, P. (2003): Consumption externalities and diffusion in pharmaceutical markets: Antiulcer drugs. The Journal of Industrial Economics, Vol. 51, No. 2, 243–270

Berndt, R., Altobelli, C., Sander, M. (1995): Internationale Kommunikationspolitik. In: Hermanns, A., Wissmeier, U. K. (1995): Internationales Marketing Management. München. S. 176–224
Bertsch, K. (2002): Die Rolle der medizinisch-wissenschaftlichen Abteilungen: Fachliche Betreuung im Lebenszyklus eines Medikaments. In: Schöffski O., Fricke, F.-U., Guminski, W., Hartmann, W. (Hrsg.): Pharmabetriebslehre. Berlin, Heidelberg, New York
Berwick, D. M. (2001): Not again! Preventing errors lies in redesign – not exhortation. British Medical Journal 322, 247–248
Beske, F., Michel, C. (1998): Bedarf und Überkapazität im Krankenhaus. In: Arnold, M., Paffrath, D. (Hrsg.): Krankenhausreport '98. Aktuelle Beiträge, Trends und Statistiken. Stuttgart u. a., 59–79
Biopro Baden-Württemberg GmbH (2006): Biotechnologie als Innovationsmotor der Pharma-Industrie. URL: http://www.bio-pro.de/de/life/thema/02313/index.html [Stand: 11.12.2007]
Blume, H. u. a. (2002): „Gute Substitutionspraxis" (GSP) – Leitlinie. 3/2002 Deutsche Pharmazeutische Gesellschaft e. V. URL: www.dphg.de/lib/dphg_leitlinie01_gsp_02-1.pdf.
Boehringer Ingelheim (2008): Werte durch Innovation. URL: http://www.boehringer-ingelheim.de/unternehmensprofil/vision/werteinnov.htm [Stand 29.3.2008]
Bohle, T. (2001): Die Bedeutung der Rechtsform des Krankenhauses sowie der Chefarztverträge für Struktur und Organisation der Krankenhausleitung. In: Eichhorn, S., Schmidt-Rettig, B. (Hrsg.): Krankenhausmanagement. Zukünftige Struktur und Organisation der Krankenhausleitung. Stuttgart, New York, 153–179
Boston Consulting Group (2001): Wettbewerbsfähigkeit Deutschlands als Standort für Arzneimittelforschung und -entwicklung, München.
Brandmeyer, K. (2003): Pharma trifft Marke. Markentechnik für den Gesundheitsmarkt. München
Brast, C. (2006): Post Merger Integration betrieblicher Forschung und Entwicklung (F&E). Wiesbaden
Braun, G. (Hrsg.) (1999): Handbuch Krankenhausmanagement: Bausteine für eine moderne Krankenhausführung. Stuttgart
Braun, T. (2007): Pille unterwegs. In: medbiz 03, März 2007, 8–9
Breyer, F., Ulrich, V. (2000): Gesundheitsausgaben, Alter und medizinischer Fortschritt: eine Regressionsanalyse. Jahrbücher für Nationalökonomie und Statistik, 220 1, 1–17
Breyer, F., Zweifel, P. (1999): Gesundheitsökonomie, 3. Auflage. Berlin, Heidelberg, New York
Breyer, F., Zweifel, P., Kifmann, F. (2005): Gesundheitsökonomik, 4. Auflage. Berlin, Heidelberg, New York
Bruhn, M. (1990): Marketing. Grundlagen Fallstudie Problemlösungen. Wiesbaden
Bryan, L., Fraser, J., Oppenheim, J., Rall, W. (2000): Die neue Weltliga: Wie Unternehmen von grenzenlosen Märkten profitieren. Frankfurt a. M.
Bundesgesetzblatt (2003), Teil 1, Nr. 55: Gesetz zur Modernisierung der gesetzlichen Krankenversicherung (GKV-Modernisierungsgesetz – GMG), 2190–2258
Bundesinstitut für Arzneimittel und Medizinprodukte (1998): Empfehlungen zur Planung, Durchführung und Auswertung von Anwendungsbeobachtungen. (12. November 1998)
Bundesinstitut für Arzneimittel und Medizinprodukte (2007): Gemeinsame Empfehlungen des Bundesinstitut für Arzneimittel und Medizinprodukte und des Paul-Ehrlich-Instituts zur Planung, Durchführung und Auswertung von Anwendungsbeobachtung, Entwurfsfassung vom 9. Mai 2007
Bundesministerium für Arbeit, Gesundheit und Soziales (1998): Qualität im Gesundheitswesen, Möglichkeiten und Grenzen der Zusammenarbeit auf EU-Ebene zur Erreichung eines hohen Gesundheitsschutzniveaus in den Mitgliedstaaten. Konferenzunterlage. Wien

Bundesministerium für Gesundheit (1996): Bekanntmachung über die Zulassung von parallelimportierten Arzneimitteln im Rahmen eines vereinfachten Verfahrens. In: Bundesanzeiger Nr. 10 vom 16. Januar 1996, S. 398.

Bundesministerium für Gesundheit (2001): Fragen und Antworten zur gesundheitspolitischen Diskussion. Berlin.

Bundesministerium für Gesundheit (2007a): Vorläufige Rechnungsergebnisse der gesetzlichen Krankenversicherung nach der Statistik KV 45 1.–3. Quartal 2007. URL: http://www.bmg.bund.de/cln_041/nn_601100/SharedDocs/Download/DE/Datenbanken-Statistiken/Statistiken-Gesundheit/Gesetzliche-Krankenversicherung/Finanzergebnisse/kv45-3q07,templateId=raw,property=publicationFile.pdf/kv45-3q07.pdf.

Bundesministerium für Gesundheit (2007b): Anlage zur Pressemeldung vom 03. Dezember 2007. URL: http://www.bmg.bund.de/cln_040/nn_1170698/SharedDocs/Download/DE/Presse/Pressemitteilungen/Presse-2007/Anlage-pm-3-12,templateId=raw,property=publicationFile.pdf/Anlage-pm-3-12.pdf.

Bundestagsdrucksache 12/3937 (1992): Erster Bericht des Bundesministeriums für Gesundheit zur Entwicklung der Beitragssätze in der gesetzlichen Krankenversicherung und zur Umsetzung der Empfehlungen und Vorschläge der Konzertierten Aktion zur Erhöhung der Leistungsfähigkeit, Wirksamkeit und Wirtschaftlichkeit im Gesundheitswesen (Erster Bericht nach § 141 Abs. 4 SGB V)

Bundestagsdrucksache 12/8570 (1995): Zweiter Bericht des Bundesministeriums für Gesundheit zur Entwicklung der Beitragssätze in der gesetzlichen Krankenversicherung und zur Umsetzung der Empfehlungen und Vorschläge der Konzertierten Aktion zur Erhöhung der Leistungsfähigkeit, Wirksamkeit und Wirtschaftlichkeit im Gesundheitswesen (Zweiter Bericht nach § 141 Abs. 4 SGB V)

Bundestagsdrucksache 13/11256 (1998): Dritter Bericht des Bundesministeriums für Gesundheit zur Entwicklung der Beitragssätze in der gesetzlichen Krankenversicherung und zur Umsetzung der Empfehlungen und Vorschläge der Konzertierten Aktion zur Erhöhung der Leistungsfähigkeit, Wirksamkeit und Wirtschaftlichkeit im Gesundheitswesen (Dritter Bericht nach § 141 Abs. 4 SGB V)

Bundestagsdrucksache 9/1300 (1982): Bericht der Bundesregierung nach Artikel 2 § 6 des Krankenversicherungs-Kostendämpfungsgesetzes

Bundesverband der Arzneimittel-Hersteller e.V. (BAH), Bundesverband der Pharmazeutischen Industrie e.V. (BPI), Verband Forschender Arzneimittelhersteller e.V. (VFA) (Hrsg.) (2003): Verhaltensempfehlungen für die Zusammenarbeit der pharmazeutischen Industrie mit Ärzten, URL: http://www.vfa.de/verhaltensempfehlungen [Stand 17.07.07]

Bundesverband der Arzneimittel-Importeure (BAI) (2002): Presseerklärung vom 15. August 2002

Bundesverband der Pharmazeutischen Industrie e.V. (BPI) (div. Jahrgänge) : Pharma-Daten 2002–2007. Berlin

Bundesverband des Deutschen Versandhandels (2007): Pressekonferenz: Entwicklung des E-Commerce in Deutschland (BtC), Düsseldorf, 29. Oktober 2007. URL: http://www.versandhandel.org/uploads/media/2007-10-29__Charts_E-Commerce_Deutschland_07.pdf.

Bundesverband Deutscher Versandapotheken (2007): Arznei-Versandhandel: Status Quo, Stand 1. Oktober 2007. URL: http://www.bvdva.de/fileadmin/content/pdf/Daten_und_Fakten_zum_Versandhandel_okt_07.pdf.

Bundesvereinigung Deutscher Apothekerverbände (ABDA) (2001): Die Apotheke. Zahlen, Daten, Fakten. Eschborn

Bundesvereinigung Deutscher Apothekerverbände (ABDA) (2007a): Apothekenwirtschaftsbericht 2006. URL: http://www.abda.de/fileadmin/downloads/PDFs/Diener_Endfassung.pdf.

Bundesvereinigung Deutscher Apothekerverbände (ABDA) (2007b): Zahlen, Daten, Fakten 2006. Berlin

Bundesvereinigung Deutscher Apothekerverbände (ABDA) (2007c): Jahresbericht 06/07. URL: http://www.abda.de/fileadmin/downloads/PDFs/2007_DAT/071018_ABDA_Bericht_03.pdf [Stand 07.03.2008]

Bundesvereinigung Deutscher Apothekerverbände (ABDA) (div. Jahrgänge): Zahlen, Daten, Fakten. URL: http://www.abda.de/zahlen_daten_fakten.html

Bundesverfassungsgericht (2005): 1 BvR 347/98 vom 6.12.2005, Absatz-Nr. (1–69). URL: http://www.bverfg.de/entscheidungen/rs20051206_1bvr034798.html

Bundeszentrale für politische Bildung (BpB) (1996): Entwicklungsländer, Informationen zur politischen Bildung, Nr. 252. Bonn

Burdon, M., Sloper, K. (2004): The art of using secondary patents to improve protection. International Journal of Medical Marketing, Vol. 3, No. 3, 226–238

BW Bank (2000): Europäische Pharma-Industrie. Herausforderung Biotech: Chancen und Risiken für Big Pharma. Stuttgart

Carlsten, A., Wennberg, M., Bergendal, L. (2004): The influence of Rx-to-OTC changes on drug sales – Experiences from Sweden 1980–1994. Journal of Clinical Pharmacy and Therapeutics, Vol. 21, No. 6, 423–430

Cassel, D. u a. (2006): Weiterentwicklung wettbewerblicher Strukturen im GKV-Leistungsmarkt. Ein interdisziplinäres Gutachten im Auftrag des AOK-Bundesverbandes. Endbericht vom 12. Mai 2006. Bonn

Cassel, D., Wille, E. (2007): Für mehr Markt und Wettbewerb in der GKV-Arzneimittelversorgung. Gesundheit und Gesellschaft-Wissenschaft, 1/2007, 7, 23–30

Caves, R., Whinston, M., Hurwitz, M. (1991): Patent expiration, entry, and competition in the U.S. pharmaceutical industry. Brookings Papers on Economic Activity – Microeconomics, 1–66

Classen, C. D. (1995): Ethikkommissionen zur Beurteilung von Versuchen am Menschen: Neuer Rahmen, neue Rolle. Medizinrecht (MedR), 148–151

Committee of Ministers to Member States on the Development and Implementation of Quality Improvement Systems (QIS) in Health Care, Council of Europe (1998): Recommendation No. R (97) 17. 23./24. Juli 1998. Bad Tatzmannsdorf

Cooke, E. (2001): The European Regulation on Orphan Medical Products. Pharmaceutical Policy and Law, Vol. 3, 11–17

Coopers & Lybrand (1995): Business Strategy. London

Crisand, M. (1996): Pharma-Trends und innovatives Pharma-Marketingmanagement – Strategische Neuausrichtung einer ärztegerichteten Marketingkonzeption. Wiesbaden

Cueni, T. B. (o. J.): Patente sind kein Hemmschuh für arme Länder. URL: http://www.inerpharma.ch/de/pdf/2.3.2.-d-Access_TC_030124.pdf [Stand 08.06.05]

Cullis, J. G., West, P. A. (1991): The Economics of Health. Chippenham

Dalhoff, M. (1997): Die Regelungen zur Steuerung der gesetzlichen Krankenversicherung – eine Orientierungsanalyse. Arbeit und Sozialpolitik, 51 (11–12), 25–50

Dämmrich, A., Bowden, M. E. (2005a): A Rising Drug Industry. Chemical Heritage Foundation. URL: http://pubs.acs.org/cen/coverstory/83/8325/8325intro.html [Stand 01.04.2008]

Dämmrich, A., Bowden, M. E. (2005b): The Pharmaceutical Golden Era: 1930–60. Chemical Heritage Foundation. URL: http://pubs.acs.org/cen/coverstory/83/8325/8325intro.html [Stand 01.04.2008]

Danzon, P. M. (1998): The Economics of Parallel Trade. Pharmacoeconomics 13, 3, 293–304

Darba, J., Rovira, J. (1998): Parallel Imports of Pharmaceuticals in the European Union. Pharmacoeconomics Suppl. 14, 129–136

Datamonitor (2004): Benchmarking Best Practice at Patent Expiry in the US – Maximizing Return on Investment of Late-Stage Lifecycle Management – Strategy Selection, Best Practice Slidepack. New York u. a.
de la Haye, R., Herbold, M. (2000): Anwendungsbeobachtungen, Leitfaden für die praktische Durchführung. Aulendorf
de la Haye, R., Herbold, M. (2006): Anwendungsbeobachtungen, Leitfaden für die praktische Durchführung, 2. Auflage. Aulendorf
Dean, J. (1976): Pricing Policies for New Products. Harvard Business Review 54, 141–153
Deans, G. K., Kröger, F., Zeisel, S. (2002): Merger Endgames – Strategien für die Konsolidierungswelle. Wiesbaden
Deloitte (2007): Der pharmazeutische Großhandel: Fit für einen veränderten Markt
Desenzani, L., Larsen, G. (1994): Strategische Allianzen: einzeln erfolgreich, zusammen unschlagbar. Landsberg/Lech
Deutsch, E. (1998): Medizinrecht. Arztrecht, Arzneimittelrecht und Medizinprodukterecht – Bürgerliches Gesetzbuch zu § 823 ff. BGB ProdHaftG, 4. Auflage
Deutsch, E. (1999): Medizinrecht. Arztrecht, Arzneimittelrecht und Medizinprodukterecht, 4. Auflage. Berlin, Heidelberg, New York
Deutsch, E. (2001): Die Sorge für den nicht einwilligungsfähigen Patienten – eine Aufgabe der Ethikkommission? Recht der Medizin (RdM) (Zeitschrift Österreich), 106–113
Deutsch, E., Lippert, H.-D. (2001): Kommentar zum Arzneimittelgesetz (AMG). Berlin, Heidelberg, New York
Deutsche Krankenhausgesellschaft (2000a): Krankenhausrecht. Düsseldorf
Deutsche Krankenhausgesellschaft (2000b): Positionen der Deutschen Krankenhausgesellschaft zur Weiterentwicklung im Gesundheitswesen, 3. geänderte Auflage. Düsseldorf
Deutsche Krankenhausgesellschaft (2000c): Zahlen, Daten, Fakten 2000. Düsseldorf
Deutsches Krankenhausinstitut (2000): Krankenhaus-Barometer, Frühjahr 2000. Düsseldorf
Deutsches Krankenhausinstitut, I+G Gesundheitsforschung (1999): Begleitforschung zur Bundespflegesatzverordnung 1995. Düsseldorf
Di Masi, J. A. (1995): Trends in drug development costs, times and risks. Drug Information Association Journal, 29, 375–384
Di Masi, J. A. (2001b): Risks in new drug development: Approval success rates for investigational drugs. Clinical Pharmacology & Therapeutics, 69, 297–307
Di Masi, J. A., Grabowski, H. G. (2007): The cost of biopharmaceutical R&D: Is biotech different? Managerial and Decision Economics, 28, 469–479
Di Masi, J. A., Grabowski, H. G., Vernon, J. (2004): R&D Costs and Returns by Therapeutic Category. Drug Information Journal, 38, 211–223
Di Masi, J. A., Hansen, R. W., Grabowski, H. G. (2003): The Price of Innovation: New Estimates of Drug Development Costs. Journal of Health Economics, 22, 151–185
Di Masi, Joseph A. (2001a): New drug development in the United States from 1963 to 1999. Clinical Pharmacology & Therapeutics, 69, 286–296
Di Masi, Joseph A. (2001b): Risks in new drug development: Approval success rates for investigational drugs. Clinical Pharmacology & Therapeutics, 69, 297–307
Diesfeld, H. (2001): Gesundheit und Krankheit in Entwicklungsländern – Rahmenbedingungen und Konzepte. In: Diesfeld, H., Falkenhorst, G., Razum, O., Hampel, D. (Hrsg.): Gesundheitsversorgung in Entwicklungsländern – medizinisches Handeln aus bevölkerungsbezogener Perspektive, 2. Auflage. Berlin, Heidelberg, New York, 1–55
Dietz, W., Fabian, B. (1999): Das Räderwerk der Europäischen Kommission, 3., völlig neubearbeitete und erweiterte Auflage. Bonn
Diller, H. (2007): Grundprinzipen des Marketing, 2., überarbeitete und erweiterte Auflage. Nürnberg
Doepner, U. (2000): Heilmittelwerbegesetz, 2. Auflage. München
Dörrbecker, K., Fissenewert-Gossmann, R. (2001): Wie Profis PR-Konzeptionen entwickeln. Das Buch zur Konzeptionspraxis. Frankfurt a. M.

Drummond, M. F., Sculpher, M. J., Torrance, G. W., O'Brian, B. J., Stoddart, G. L. (2005): Methods for the economic evaluation of health care programmes, 3rd edition. Oxford
Drummond, M. F., Teeling Smith, G., Wells, N. (1989): Wirtschaftlichkeitsanalyse bei der Entwicklung von Arzneimitteln. Bonn
DZ Bank (2007): Branchenstudie Pharma. Neue Marktordnung: Regulierung und Liberalisierung. Frankfurt a. M.

Ecker, T., Preuß, K. J. (2007): Agenda 2012: B2B – das neue Außendienst- und Marketing Paradigma (II). Pharma-Marketing Journal 2007, 4, 114–120
Eichhorn, S., Schmidt-Rettig, B. (2001): Krankenhausmanagement. Zukünftige Struktur und Organisation der Krankenhausleitung. Stuttgart, New York
Einwag, M. (o. J.): Krankenhauswesen. In: Schulz, R. S. (Hrsg.): Das Grüne Gehirn, Loseblattsammlung (49. Ergänzungslieferung). Starnberg
Elbers, R. (2004): Wie fördert Europa die Entwicklung neuer Arzneimittel zur Behandlung seltener Erkrankungen? Vortrag beim BPI Workshop Orphan Drug / Compassionate Use, 27.01.2004, Frankfurt
Enquete-Kommssion des 11. Deutschen Bundestages (1990): Strukturreform in der gesetzlichen Krankenversicherung. Endbericht. Bonn
Environment Directorate OECD (1998): OECD-Principles of Good Laboratory Praxis (as revisited 1977). Paris; umgesetzt in nationales Recht durch die Chemikalien – Verwaltungsvorschriften – Gute Laborpraxis (GLB) vom 29.10.1990. Bundesanzeiger Nr. 204 vom 31.10.1990
Erbacher, M. (2006): Soziale Verantwortung in der Pharmaindustrie, Verhaltensanalyse der Großkonzerne im Bereich der Orphan Drugs (Diplomarbeit). Zürich.
Erbsland, M., Ried, W., Ulrich, V. (1998): The Impact of the Environment on the Demands for Health and Health Care. An Empirical Analysis for Germany. In: Zweifel, P. (Hrsg.): Health, the Medical Profession, and Regulation. Dordrecht, 3–34
Erlei, M., Leschke, M., Sauerland, D. (1999): Neue Institutionenökonomik. Stuttgart
Ernst & Young (2000a): Convergence. The Biotechnology Industry Report. London
Ernst & Young (2001): Integration. Ernst & Young's Eighth Annual European Life Sciences Report 2001. London
EU-GCP (1995): ICH Topic E6 Note for Guidance on Good Clinical Practice (CPMP/ICH/135/95). Date for Coming into Operation: 17 January 1997
Europäische Kommission (2003): Paralleleinfuhren von Arzneispezialitäten, deren Inverkehrbringen bereits genehmigt ist. Mitteilung vom 30. Dezember 2003
Europäische Kommission, DG Enterprise, Pharmacos (2007): Register der zur Therapie seltener Leiden anerkannten Arzneimittel, URL: http://pharmacos.eudra.org/F2/register/alforphreg.htm [28.12.2007]
Europäische Kommission, Public Health (2007): Commission staff working document on the experience acquired as a result of the application of Regulation (EC) No 141/2000 on orphan medicinal products and account of the public health benefits obtained Document on the basis of Article 10 of Regulation (EC) No 141/2000; Comments from public consultation
European Agency for the Evaluation of Medicinal Products (1999): EMEA – Budget for 2000, Adopted by the Management Board on 20. December 1999
European Agency for the Evaluation of Medicinal Products (2000a): 3rd Meeting of the Committee for for Orphan Medicinal Products, Press Release Nr. 3, In: EMEA – Press Release
European Agency for the Evaluation of Medicinal Products (2000b): EMEA – Budget for 2001, Adopted by the Management Board on 20. December 2000
European Agency for the Evaluation of Medicinal Products (2001): EMEA – Budget for 2002, Adopted by the Management Board on 18. December 2001

European Agency for the Evaluation of Medicinal Products (2002): EMEA – Budget for 2003 Adopted by the Management Board on 19. December 2002
European Agency for the Evaluation of Medicinal Products (2003a): EMEA – Budget for 2004, Adopted by the Management Board on 18. December 2003
European Agency for the Evaluation of Medicinal Products (2003b): Report on the first 3-year mandate of the Committee for Orphan Medicinal Products (COMP), April 2000 – April 2003
European Agency for the Evaluation of Medicinal Products (2004): EMEA – Budget for 2005 Adopted by the Management Board on 19. December 2004
European Agency for the Evaluation of Medicinal Products (2005): EMEA – Budget for 2006 Adopted by the Management Board on 19. December 2005
European Agency for the Evaluation of Medicinal Products (2006): EMEA – Budget for 2007 Adopted by the Management Board on 19. December 2006
European Agency for the Evaluation of Medicinal Products (2007a): 85th Meeting of the Committee for Orphan Medicinal Products, Press Release
European Agency for the Evaluation of Medicinal Products (2007b): Explanatory Note on Fees payable to the EMEA
European Federation of Pharmaceutical Industries and Associations (EFPIA) (Hrsg.) (2002): Non-exhaustive list of initiatives carried out by the pharmaceutical industry to combat health problems in the developing world. URL: http://www.efpia.org/4_pos /access/Inventory%20May2002.doc [Stand 11.06.05]
European Federation of Pharmaceutical Industries and Associations (2003): The Pharmaceutical Industry in Figures – Key Data 2003 update.
European Federation of Pharmaceutical Industries and Associations (2007): The Pharmaceutical Industry in Figures – Key Data 2007 update.
European Generic medicines Association (EGA) (2005): EP vote on paediatrics: Better medicines for children with stronger safeguards. URL: http://www.egagenerics.com/pr-2005-09-08.htm.
European Generic medicines Association (EGA) (2007): Handbook on Biosimilar Medicines. Brüssel
European Health Management Association (EHMA) (2000): The Impact of Market Forces on Health Systems. Dublin
European Parliament (1999): STOA Publications – Orphan Drugs – PE 167 780/FinSt.

Falk, K. (2005): Erfolgsfaktoren für das Management einer Produktneueinführung in Europa. In: Müller, M. (2005): Europäisches Pharmamarketing. Ein Leitfaden für Manager der pharmazeutischen Industrie und Beteiligte des europäischen Gesundheitswesens. Wiesbaden. S. 243–254
Feiden, K. (1998): Betriebsverordnung für pharmazeutische Unternehmer, 5. Auflage. Stuttgart
Fenwick, M. (1998): OTC Strategies. London
Ferrándiz, J. (1999): The impact of generic goods in the pharmaceutical industry. Health Economics, Vol. 8, 599–612
Financial Times (2008): Push for 10% drug price cut. URL: http://www.ft.com/cms/s/0/ef28a50e-bcad-11dc-bcf9-0000779fd2ac.html?nclick_ check=1 [Stand 07.01.08].
Fink-Anthe, C. (1994): Generika im Trend. Die Pharmazeutische Industrie, Vol. 56, No. 1, I/5–I/6
Fischer, D., Breitenbach, J. (2003): Die Pharmaindustrie. Heidelberg, Berlin
Fischer, D., Breitenbach, J. (2007): Die Pharmaindustrie: Einblicke – Durchblicke – Perspektiven, 2. Auflage. München
Fissenewert, R, Schmidt, S. (2006): Konzeptionspraxis. Eine Einführung für PR- und Kommunikationsfachleute – mit einleuchtenden Betrachtungen über den Gartenzwerg. Frankfurt a. M.

Food and Drug Administration (2003): Number of Active INDs at the Close of the Calendar Year. 19 March 2003. URL: http://www.fda.gov/cder/rdmt/cyactind.htm [Stand 05.08.2003]

Forum Gesundheitspolitik (2007): Pharmareferenten: Die meisten Ärzte würden ihr Fehlen vermissen. URL: http://www.forum-gesundheitspolitik.de/dossier/index1021.htm [Stand 10.08.07]

Frank, R., Salkever, D. (1997): Generic entry and the pricing of pharmaceuticals. Journal of Economics and Management Strategy, Vol. 6, No. 1, 75–90

Frankfurter Allgemeine Zeitung (2002): Pfizer kauft Pharmacia und mehr dazu. 16. Juli 2002, Nr. 162, S. 12

Fricke, F.-U. (2000a): Der gesundheitspolitische Nutzen von Evaluationsstudien. In: Schöffski, O., Schulenburg, J.-M. Graf v. d. (Hrsg): Gesundheitsökonomische Evaluationen, 2. Auflage. Berlin, Heidelberg, New York, 471–496

Fricke, F.-U. (2000b): Gesundheitsversorgung im 21. Jahrhundert. In: Recht und Politik im Gesundheitswesen 6, 4, 99–104

Fricke, F.-U. u. a. (2002): Aut idem. Arzneimittelkosten sind nicht alles. Gesundheitsökonomie & Qualitätsmanagement 2002, 7, 88–90

Fricke, U., Schwabe, U. (2006): Neue Arzneimittel. In: Schwabe., U., Paffrath, D. (Hrsg.): Arzneiverordnungs-Report 2005. Berlin

Friesewinkel, H. (1992): Pharma-Business. Berlin

Friesewinkel, H., Schneider, E. (1988): Das Pharma Marketing Buch. Kulmbach

Fugh-Berman, A., Ahari, S. (2007): Following the Script: How Drug Reps Make Friends and Influence Doctors, In: Plos Medicine 4, 4, 621–625

Gambardella, A., Giuri, P., Mariani, M., Giovannoni, S. (2006): Study on evaluating the knowledge economy: What are patents actually worth – The value of patents for today's economy and society. Siena, Brüssel

Gassmann, O., Reepmeyer, G., von Zedtwitz, M. (2004): Leading pharmaceutical innovation – Trends and drivers for growth in the pharmaceutical industry. Berlin u. a.

GCP-Verordnung (2004): Verordnung über die Anwendung der Guten Klinischen Praxis bei der Durchführung von klinischen Prüfungen mit Arzneimitteln zur Anwendung am Menschen (GCP-V). Bundesgesetzblatt Jahrgang 2004 Teil I Nr. 42, ausgegeben zu Bonn am 12. August 2004

Gedenk, G. (1987): Einflussfaktoren auf den Imitationswettbewerb am Arzneimittelmarkt in der Bundesrepublik Deutschland – Eine theoretische und empirische Untersuchung. Frankfurt a. M. u. a.

Gehrig, W. (1987): Pharma-Marketing. Instrumente, Organisation und Methoden. National und International. Zürich

Genzyme Corporation (div. Jahrgänge): Quartalsberichte 1/2002–2/2007.

Glaeske, G., Jahnsen, K. (div. Jahrgänge): GEK-ArzneimittelReport. Sankt Augustin

GMP (2008): EU Guidelines to Good Manufacturing Practice, Medicinal Products for Human and Veterinary Use. Implementation of ICH Q9 guideline as GMP Annex 20, March 2008

Gold, M. R., Siegel, J. E., Russel, L. B., Weinstein, M. C. (Hrsg.) (1996): Cost-effectiveness in health and medicine. New York

Göhrlich, H. D.(1994): Anzeige von Nebenwirkungen aus klinischen Prüfungen nach der 5. AMG Novelle. Pharma Recht 11 (Pharma R), aktuelle Seiten I–II

GPI medic*scope (Hrsg.) (2000): Permanente Tagebuchstudie mit 10.000 Patienten (OTC).

Grau, A. K. (2005): Strategien multinationaler Pharmaunternehmen – Programme zur Bekämpfung von Krankheiten in Entwicklungsländern, unveröffentlichte Diplomarbeit. Universität Erlangen-Nürnberg. Nürnberg

Greene, A. Siegel, J. (2000): Pharmaceutical Industry. Drug Discovery: The Key to Long-Term Financial Success. Wasserstein Perella Securities, Inc., New York

Greiner, W., (2000): Die Berechnung von Kosten und Nutzen im Gesundheitswesen. In: Schöffski, O., Schulenburg, J.-M. Graf v. d. (Hrsg.): Gesundheitsökonomische Evaluationen, 2. Auflage. Berlin, Heidelberg, New York, 159–174

Greiner, W., Schöffski, O. (2000): Grundprinzipien von Wirtschaftlichkeitsuntersuchungen. In: Schöffski, O., Schulenburg, J.-M. Graf v. d. (Hrsg.): Gesundheitsökonomische Evaluationen, 2. Auflage. Berlin, Heidelberg, New York, 205–229

Greiner, W., Schöffski, O. (2007): Grundprinzipien einer Wirtschaftlichkeitsuntersuchung. In: Schöffski, O., Schulenburg, J.-M. Graf v. d. (Hrsg.): Gesundheitsökonomische Evaluationen, Dritte, vollständig überarbeitete Auflage. Berlin, Heidelberg, New York, 167–191

Grice, H. P. (1975): Logic and Conversation. In: Cole P., Morgan, J.L. (1975): Speech acts (Syntax and Semantics, Bd. 3). New York, 41–58. Dt.: Logik und Konversation. In: Meggle G. (1993): Handlung, Kommunikation, Bedeutung. Frankfurt a. M., 243–265

Grill, M. (2007): „Ich kann Ihnen das Medikament nicht geben“, Stern 2007, 41, 254–257

Groeben, H. v. d. (1982): Aufbaujahre der Europäischen Gemeinschaft. Das Ringen um den Gemeinsamen Markt und die Politische Union (1958–1966). Baden-Baden

Grossman, M. (1972): On the Concept of Health Capital and the Demand for Health. Journal of Political Economy 80, 2, 223–255

Guminski, W., Rauland, M. (2002): Produktlebenszyklus und die Möglichkeiten seiner Gestaltung. In: Schöffski O., Fricke, F.-U., Guminski, W., Hartmann, W. (Hrsg.): Pharmabetriebslehre. Berlin, Heidelberg, New York

Hagn, D., Schöffski, O. (2004): Orphan Drugs – Eine Herausforderung für die Arzneimittelindustrie in Europa. Nürnberg.

Handelsblatt (2001): Von Genen und Gewinnen. Düsseldorf

Harms, F., Drüner, M. (2003): Pharma-Marketing: Innovationsmanagement im 21. Jahrhundert. Stuttgart

Harms, F., Gänshirt, D., European Health Care Foundation Zürich und Health Care Competence Center Zürich (Hrsg.) (2004): Zukunftsperspektive Pharmamarketing. URL: http://www.e-commerce-systeme.de/healthcare.nsf/C8895E0C9D9DBAB3C1257154004D0018/$File/zukunftperspektive_pharmamarketing.pdf

Harms, F., Rohmann, S. (2003): Zukunftssicherung. In: Harms, F., Drüner, M. (Hrsg.): Pharmamarketing – Innovationsmanagement im 21. Jahrhundert. Stuttgart, 73–119

Hart, D. (2000): Therapieoptimierungsprüfungen. Der Onkologe 8, 778–782

Hartmann, W. (2002): Aufgaben und Ziele der quantitativen Marktforschung. In: Schöffski O., Fricke, F.-U., Guminski, W., Hartmann, W. (Hrsg.): Pharmabetriebslehre. Berlin, Heidelberg, New York

Hauptverband des Deutschen Einzelhandels (o. J.): 4,50 € (vor Steuer) bleiben übrig als Gewinn. URL: http://www.einzelhandel.de/servlet/PB/menu/1003077/index.html.

Häusel, H.-G. (2005): Think Limbic!: Die Macht des Unbewußten verstehen und nutzen, 4., überarbeitete und ergänzte Auflage. Freiburg im Breisgau, München u. a.

Häussler, B. u. a. (div. Jahrgänge): Arzneimittel-Atlas. München

Hayek, F. A. v. (1968): Der Wettbewerb als Entdeckungsverfahren. Kiel

Heck, A. (1999): Strategische Allianzen: Erfolg durch professionelle Umsetzung. Berlin

Hehner, B. (1991): Kontakte Ciba-Geigy Jg. 8, 4. Wehr

Heide, E. (2005): Keine Dinosaurier werden! Pharma-Marketing Journal 5/2005

Henke, K.-D. (1988): Funktionsweise und Steuerungswirksamkeit der Konzertierten Aktion im Gesundheitswesen (KAiG). In: Gäfgen, G. (Hrsg.): Neokorporatismus und Gesundheitswesen. Baden-Baden, 113–157

Hoch, D., Watson, M. (2006): Sanofi Pasteur MSD – Gardasil®, the vaccine that can prevent cervical cancer, approved for use in the European Union. Conference Call am 28. September 2006. URL: http://en.sanofi-aventis.com/Images/060928_gardasil_en_tcm24-13764.pdf

Hof, B. (2001): Auswirkungen und Konsequenzen der demographischen Entwicklung für die gesetzliche Kranken- und Pflegeversicherung. Gutachten im Auftrag des Gesamtverbandes der Deutschen Versicherungswirtschaft. Köln

Hoffmann, W., Roventa, R., Weichsel, D. (2003): Marktveränderungen und Konsolidierungswelle in der Pharma- Industrie: Kommt der Mittelstand bald unter die Räder? URL: http://www.corfina.de/downloads/Studienergebnisse-lang-Ho-Ro-Wei-Marktveraenderungen_und_Konsolidierungswelle_Pharma-050104.pdf [Stand: 23.10. 2007]

Höfling, W., Demel, M. (1999): Zur Forschung an Nichteinwilligungsfähigen. Medizinrecht 12 (MedR), 540–546

Hofmeyr, J., Rice, B. (2000): Commitment-led Marketing. Chichester

Hollis, A. (2002): The importance of being first: Evidence from Canadian generic pharmaceuticals. Health Economics, Vol. 11, 723–734

Hölmstrom, B. (1979): Moral Hazard and Observability. Bell Journal of Economics 10, 1, 74–91

Homann, M. (2000): Generikasubstitution und Arzneimittelwettbewerb – Eine empirische Untersuchung der Preis- und Verordnungsdeterminanten. Wiesbaden

Horatius Flaccus, Quintus (1985): Sämtliche Werke. München, Zürich

Hotez, P. J., Molyneux, D. H., Fenwick A., Ottesen E., Ehrlich Sachs, S., Sachs J. D. (2006): Incorporating a Rapid-Impact Package for Neglected Tropical Diseases with Programs for HIV/AIDS, Tuberculosis, and Malaria. In: PLoS Medicine 3 (5), 576–584

ICH (1995): ICH Topic E8 Note for Guidance on General Considerations (CPMP/ICH/291/95) adopted: Sept. 97

ICH (1996): Tripartite harmonised ICH guideline (E6) finalised in May 1996

ICH (1996): Guideline for Good Clinical Practice (GCP). URL: http://www.ifpma.org/pdfifpma/pb.pdf

ICH (1997): ICH Topic E 6, Guideline for Good Clinical Practice (1997): Note for Guidance on Good Clincal Practice (CPMP/ICH/135/95), coming into operation January 1997

ICH (2000): ICH Topic Q7A Step 5 Note for Guidance Good Manufacturing Practice for Active Pharmaceutical Ingredients (CPMP/ICH/4106/00 – released for consultation July 2000)

IMS Health (2001): Health Data. Frankfurt. http://www.imshealth.de

IMS Health (2006): IMS Pharmaceutical Princing & Reimbursement 2007 – A concise guide. London

IMS Health (2007): Preiswettbewerb bei Generika in Deutschland – Studie für den Verband Pro Generika e. V.

IMS Health (2008): Flashlight Contract Management, 6. Ausgabe, 2008

Institut für Business Intelligence (2004): Empirische Studie: Integrierte Unternehmensplanung – Status Quo und zukünftige Anforderungen. Arbeitsbericht Nr. 3/2004. Furtwangen u. a.

Institut für Marktforschung im Gesundheitswesen (IMIG) (2005):

Institut für Mittelstandsforschung (2007): Materialien BDI-Mittelstandspanel – Ergebnisse der Online-Mittelstandsbefragung Frühjahr 2007 (Langfassung). URL: http://www.ifm-bonn.org/etomite/assets/documents/IfM-Materialien-174.pdf.

IQWiG (2007): Allgemeine Methoden. Entwurf für Version 3.0, 15.11.2007

IQWiG (2008): Methodik für die Bewertung von Verhältnissen zwischen Nutzen und Kosten im System der deutschen gesetzlichen Krankenversicherung. Zur Stellungnahme, Version 1.0, 24.1.2008

Jakubowski, E., Busse, R. (1998): Health Care Systems in the EU – a comparative study. Working Paper for the Directorate General for Research of the European Parliament, SACO 101 EN. Luxemburg

James, B. (1982): The marketing of generic drugs – A guide to counter-strategies for the technology intensive pharmaceutical companies. London

Jansen, S. A. (1999): Mergers & acquisitions: Unternehmensakquisitionen und -kooperationen; eine strategische, organisatorische und kapitalmarkttheoretische Einführung, 2. durchges. Auflage. Wiesbaden

Jilma, B. (2004): Mitglied des COMP, Österreich, Mail vom 03.05.2004

Joint United Nations Programme on HIV and AIDS (UNAIDS) (Hrsg.) (2006): 2006 Report on the global AIDS epidemic. Genf

July-Grolmann, M. (2002): Strategische Planung im pharmazeutischen Unternehmen. In: Schöffski, O., Fricke, F., Guminski, W., Hartmann, W. (Hrsg.): Pharmabetriebslehre. Berlin, Heidelberg, New York, 153–164

Jung, H. (2006): Allgemeine Betriebswirtschaftslehre. München

Jung, K. (1998): Bundesausschuss der Ärzte und Krankenkassen – Entscheidungsgremium der gemeinsamen Selbstverwaltung in der vertragsärztlichen Versorgung der gesetzlichen Krankenversicherung (GKV). Gesellschaftspolitische Kommentare (gpk) 9/1998, 3–42

Kamien, M., Zang, I. (1999): Virtual patent extension by cannibalization. Southern Economic Journal, Vol. 66, No. 1, 117–131

Kamke, K. (1998): Bundesausschuss gewinnt an Bedeutung. Deutsches Ärzteblatt 95, Heft 1/2, A27

Kamke, K., Hutzler, D. (1999): Die Richtlinien des Bundesausschusses der Ärzte und Krankenkassen. In: Berner, B., Herles, D., Hess, R., Hutzler, D., Kamke, K. u. a.: Die vertragsärztliche Versorgung im Überblick. Köln, 251–331

Kates, J., Summers, T. (2003): Global Funding for HIV/AIDS in Ressource Poor Settings. Washington, DC

Kaufer, E. (1976): Die Ökonomik der pharmazeutischen Industrie. Baden-Baden

Kern, A. O., Beske, F., Kupsch, S., Hallauer, J. F. (1997): Zur Neubestimmung des Leistungsumfangs der gesetzlichen Krankenversicherung – Gesundheitsziele, Leistungskatalog und Selbstbeteiligung. Kiel

Kerres, M., Lohmann, H. (2000): Der Gesundheitssektor: Chance zur Erneuerung. Wien, Frankfurt

Kersting, W. (2000): Gerechtigkeitsethische Überlegungen zur Gesundheitsversorgung. In: Schöffski, O., Schulenburg, J.-M. Graf v. d. (Hrsg): Gesundheitsökonomische Evaluationen, 2. Auflage. Berlin, Heidelberg, New York, 25–49

Kettler, H. (1999): Updating the cost of a NCE. Office of Health Economics. London

Kettler, H. (2002): Using Innovative Action to Meet Global Health Needs through Existing Intellectual Property Regimes, Study Paper 2b, URL: http://www.iprcommission.org/papers/text/study_papers/sp2b_kettler_study.txt [Stand 20.02.2004]

Kloesel, A., Cyran, W. (1998): Arzneimittelrecht. Stuttgart

Kloesel, A., Cyran, A. (2005): Arzneimittelrecht. Stuttgart

Knappe, E., Optendrenk, S. (1999): Der Einfluss des demographischen Wandels auf die Kranken- und Pflegeversicherung. In: Grünheid, E., Höhn, C. (Hrsg.): Demographische Alterung und Wirtschaftswachstum. Schriftenreihe des Bundesinstituts für Bevölkerungsforschung, Bd. 29. Opladen, 157–179

Kobelt, H. (2007): The contribution of parallel distribution to a safe supply chain, Vortrag anlässlich der PharmaLog in Barcelona, 28. November 2007.

Kohn, L., Corrigan, J., Donaldson, M. (Hrsg) (1999): To err is human: building a safer health system. Institute of Medicine, National Academy of Sciences, Washington DC

Kommission der EG (1993): Mitteilung der Kommission über den Aktionsrahmen im Bereich der öffentlichen Gesundheit. KOM (93)559 endg.. Brüssel

Kommission der EG (1998): Bericht der Kommission: Soziale Sicherheit in Europa 1997 – Zusammenfassung. KOM (1998) endg.. Brüssel

Kommission der EG (2000): Mitteilung der Kommission über die gesundheitspolitische Strategie der Europäischen Gemeinschaft vom 16. Mai 2000. KOM (2000) 285 endg., 2000/0119 (COD). Brüssel

Koopmanschap, M. A. (1994): Complementary analyses in economic evaluation of health care. Rotterdam

Kopmann, U. (1997): Nachgefragt: Konzertierte Aktion und Sachverständigenrat. Es ist ruhig geworden um den runden Tisch des Gesundheitswesens – Sachverständige mit Sonderaufgaben. Medikament und Meinung. Oktober 1997, 3

Kori-Lindner, C., Berlin, M., Eberhardt, R. u. a. (1996): Pharmakoökonomie. Informationen der Fachgesellschaft der Ärzte in der Pharmazeutischen Industrie e. V. (FÄPI) – FÄPI-Projektgruppe „Pharmakoökonomie". Die pharmazeutische Industrie 58, 12, 1069–1079

Kori-Lindner, C., Eberhardt, R. (2007): Planung und Durchführung von nicht-interventionellen Untersuchungen bzw. Anwendungsbeobachtungen. Pharm. Ind. 69, 11, 1239–1247

Korzilius, H., Rieser, S. (2007): Pharmaberater: Für manche Fachmann, für andere Buhmann. Deutsches Ärzteblatt, URL: http://www.aerzteblatt.de/v4/archiv/artikel.asp?id=54218 [Stand 02.08.07]

Kotler, P. (1972): Marketing Management. Analysis, Planning, and Control, 2. Auflage. Englewood Hills

Kotler, P. (1992): Marketing-Management-Analyse, Planung, Umsetzung und Steuerung, 7. Auflage. Stuttgart

Kotler, P., Bliemel, F. (1999): Marketing Management. Stuttgart

Kotler, P., Bliemel, F. (2007): Marketing-Management, 12., aktualisierte Auflage. München u. a.

Krämer, W. (1996): Hippokrates und Sisyphus. Die moderne Medizin als Opfer ihres eigenen Erfolgs. In: Kirch, W. Klient, H. (Hrsg.): Rationierung um Gesundheitswesen. Regensburg

Krafft, M. (2001): Pharma Marketing. In: Tscheulin, D.K., Helmig, B. (Hrsg.): Branchenspezifisches Marketing: Grundlagen – Besonderheiten – Gemeinsamkeiten. Wiesbaden, 635–660

Kroth, E. (1997): Situation der klinischen Prüfungen in Deutschland. Die pharmazeutische Industrie 12, 1022–1026

Kummer, C. (2005): Internationale Fusions und Akquisitionsaktivitäten: Historische Entwicklungen, Verbreitung und strategische Intentionen. Wiesbaden

Küpper, J. (1998): Der Marketing-Switch pharmazeutischer Produkte – Chancen für forschende Unternehmen. Wiesbaden.

Kupsch, S., Kern, A. O., Klas, C., Kressin, B. K. V., Vienonen, M., Beske, F. (2000): Health Service Provision on a Microcosmic Level – An International Comparison – Results of a WHO/IGSF Survey in 15 European Countries. Kiel

Labbé, M. (2002): Neuordnung und Konsolidierung in der ‚Pharma-Bioteconomy'. In: Schöffski, O., Fricke, F., Guminski, W., Hartmann, W. (Hrsg.): Pharmabetriebslehre. Berlin, Heidelberg, New York, 365–374

Lampert, H. (1998): Lehrbuch der Sozialpolitik, 5. Auflage. Berlin, Heidelberg, New York u. a.

Lampert, H., Althammer, J. (2004): Lehrbuch der Sozialpolitik, 7., überarbeitete und vollständig aktualisierte Auflage, Berlin, Heidelberg, New York u. a.

Landesbank Berlin (2007): Unternehmensportrait International – Pfizer. Berlin

Laufs, A., Uhlenbruck, W. (1999): Handbuch des Arztrechts, 2. Auflage, München
Leipziger, J. W. (2007): Konzepte entwickeln. Handfeste Anleitungen für bessere Kommunikation. Frankfurt a. M.
Leone, R. (1995): Generalizing what is known about temporal aggregation and advertising carryover. Marketing Science, Vol. 14, No. 3, G141–G150
Lettau, H.-G. (1998): Grundwissen Marketing, 8. Auflage. München
Leu, R. E., Doppmann, R. J. (1986): Die Nachfrage nach Gesundheit und Gesundheitsleistungen. In: Gäfgen, G. (Hrsg.): Ökonomie des Gesundheitswesens. Schriften des Vereins für Socialpolitik, N. F., Bd. 159. Berlin, 160–175
Levin, R., Klevorick, A., Nelson, R., Winter, S. (1987): Appropriating the returns from industrial research and development. Brookings Papers on Economic Activity. Washington D. C.
Liang, B. (1996): The anticompetitive nature of brand-name firm introduction of generics before patent expiration. The Antitrust Bulletin, No. 3, 599–635
Lieb, W. (2007): Innenansichten: Pharmareferenten. URL: http://www.nachdenkseiten.de/?p=2206#more-2206 [Stand 10.08.07]
Linde, U. v. d. (2007): Pharmavertrieb im Umbruch: Rabattverträge & Key Account Management. URL: http://www.phagro.de/Standpunkte/Warenstroeme/PTI%2007-11-07%20Prinzip%20des%20vollversorgenden%20PharmaGH%20v4.pdf
Lindner, R. (2000): Die Pharmakonzerne wollen ihre Rolle als Entdecker nicht aufgeben. Aber die Biotechnologieindustrie übernimmt immer mehr Forschungsaufgaben. Frankfurter Allgemeine Zeitung 108
Loscalzo, J. (2006): The NIH Budget and the Future of Biomedical Research. The New England Journal of Medicine, 354, 1665–1667

Maeder, T. (2003): The Orphan Drug Backlash, Scientific American, Nr. 5, 71–77
Mansfield, E. (1986): Patents and innovation: An empirical study. In: Management Science, 32, 2, 173–181
Marx, P. (2000): Erstattung von Arzneimitteln in Deutschland. Health Economics in Prevention and Care 0, 0, 16–19
Maywald, C. (2007): Ausbilder Pharmazeutisch-technische Assistenten. Regensburg
McCarthy, J. (1960): Basic marketing: A managerial Approach. Homewood
McCarthy, J. (1964): Basic Marketing: A Managerial Approach. Homewood
Mc Guire, H., Henderson, J., Mooney, G. (1988): The Economics of Health Care. An Introductory Text. London
MediaTransfer (2001): e-bus. Hamburg
Meffert, H. (1982): Marketing. Einführung in die Absatzpolitik. Wiesbaden
Merz (2008): Unternehmensphilosophie. URL: http://www.merz.de/unternehmen/philosophie/ [Stand 29.3.2008]
Miller, H. I. (2006): As biotech turns 20. Nat. Rev. Drug Discovery, 1, 1007–1008
Minghetti, P., Giudici, E., Montanari, L. (2000): A proposal to improve the supply of orphan drugs. Pharmacological Research, 42, 1, 33–37
Mintzberg, H. (1994): The Fall and Rise of Strategic Planning. Harvard Business Review Jan/Feb 1994, 107–113
Mirrlees, J. A. (1976): The Optimal Structure of Incentives and Authority within an Organization. Bell Journal of Economics 7, 1, 105–131
Mothes, K. G. (1984): Pharmastrategien im Wandel. Siegburg-Seligenthal
Motola D., De Ponti F., Rossi P., Martini N., Montanaro N. (2005): Therapeutic innovation in the European Union: analysis of the drugs approved by the EMEA between 1995 and 2003. British Journal of Clinical Pharmacology, April 2005, 59(4), 377–378
Mrazek, M. (2001): The impact of differing regulatory frameworks on post-patent pharmaceutical markets in the United Kingdom, United States and Germany 1990 to 1997. London.

Müller, M. (2005): Europäisches Pharmamarketing. Ein Leitfaden für Manager der pharmazeutischen Industrie und Beteiligte des europäischen Gesundheitswesens. Wiesbaden
Müller-Bohn, T., Ulrich, V. (2000): Pharmakoökonomie. Stuttgart
Münch, W., Rinsche, G. (1989): Europa – unsere Zukunft. Ein Traum wird Wirklichkeit. Herford.
Muurinen, J. (1982): Demand for Health: A generalised Grossman Model. Journal of Health Economics, 1, 1, 5–28

Neubauer, G. (1999): Private im Vormarsch. krankenhaus umschau 3, 175–179
Neubauer, G., Rowy, R. (2000): Ökonomische Aspekte von Rehabilitation. In: Bengel, J., Koch, U. (Hrsg): Grundlagen der Rehabilitationswissenschaften. Berlin
Neye, H. (2007): Schleichwege: Wie Werbung die Therapie entscheidet. Niedersächsisches Ärzteblatt. URL: http://www.haeverlag.de/nae/ n_beitrag.php?id=1543 [Stand 17.09.07]
Niesel, K., Gürtner, K. (Hrsg.) (2007): Kasseler Kommentar Sozialversicherungsrecht. München
Novartis AG (div. Jahrgänge): Quartalsberichte 1/2002–2/2007.

Oberender, P., Hebborn, A. (1994): Wachstumsmarkt Gesundheit. Therapie des Kosteninfarkts. Frankfurt
OECD (2000): Health Data. Paris
Olson, M. (1971): The Logic of Collective Action. Cambridge
OlsonOrganization for Economic Cooperation and Development (OECD) (1990): Health Care Systems in Transition: The Search for Efficiency. Paris
Orlowski, U. (2000): §142 SGB V. GKV-Kommentar, 113. Erg.-Lfg., April 2000. Heidelberg
Osterkamp, R. (2001): Das deutsche Gesundheitssystem im internationalen Vergleich. Ifo-Schnelldienst 54, 10, 9–16

Paling, M. (2001): The role of advertising in branding pharmaceuticals, In: Blackett, T., Robins, R. (Hrsg.): Brand medicine – The role of branding in the pharmaceutical industry. Basingstoke, 113–129
Pammolli, F., Magazzini, L., Orsenigo, L. (2002): The intensity of competition after patent expiry in pharmaceuticals. A cross-country analysis. Revue D'Économie Industrielle, 99, 2, 107–131
Pammolli, F., Orsenigo, L., Gambardella, A. (2000): Report European Prospective: Global Competitiveness in Pharmaceuticals. Luxemburg, Brüssel
Pantenburg, S. (2000): Unternehmensmanagement aus institutioneller Sicht. In: Eichhorn, P., Seelos, H.-J., Schulenburg, J.-M. Graf v. d. (Hrsg.): Krankenhausmanagement. München, Jena, 104–125
Pepels, W. (2001): Produktmanagement, 3. Auflage. München
Peter, S. I. (2001): Kundenbindung als Marketingziel: Identifikation und Analyse zentraler Determinanten, 2., überarbeitete und aktualisierte Auflage. Wiesbaden
Pfizer (Hrsg.) (2007a): 2006 Financial Report. URL: http://www.pfizer.com/files/annualreport/2006/financial/financial2006.pdf
Pfizer (Hrsg.) (2007b): 2006 Annual Review. URL: http://www.pfizer.com/files/annualreport/2006/annual/review2006.pdf
PHAGRO, Bundesverband des pharmazeutischen Großhandels (2007): http://www.phagro.de/Impressum_Haftung.aspx
Pharmaceutical Research and Manufacturers of America (2001a): Pharmaceutical Industry Profile 2000. Washington, DC
Pharmaceutical Research and Manufacturers of America (2001b): Press release of the Pharmaceutical Research and Manufacturers of America, February 13, 2006. URL: http://www.phrma.org/news_room/press_releases/r%26d

_investments_by_america%92s_pharmaceutical_research_companies_nears_record_%2 440_billion_in_2005/ [Stand 14.03.2008]
Pharmaceutical Research and Manufacturers of America (2003): New Drugs in Development series. Washington, DC www.phrma.org/newmedicines (PhRMA, 2001–2003)
Pharmaceutical Research and Manufacturers of America (2004): Global Partnerships – Humanitarian programs of pharmaceutical industry in developing nations. Washington, DC
Pharma Pricing & Reimbursement (2007), Vol. 12, Cambridge
PKV24 (o. J.): Bilanzkennzahlen PKV. URL: http://www.pkv24.org/Bilanzvergleich.php [Stand: 13.01.2008]
Pohlmeier, W., Ulrich, V. (1992): Determinanten des Gesundheitszustands. Ein empirischer Ansatz zur Outputmessung im Gesundheitswesen bei partieller Information. Zeitschrift für Wirtschafts- und Sozialwissenschaften 112, 2, 219–238
Portal der Europäischen Union (2007): Vertrag zur Gründung der Europäischen Gemeinschaft. URL: http://europa.eu/scadplus/treaties/eec_de.htm [Stand 11.03.2008]
Preißner, A. (2001): Marketing im E-Business. München
PricewaterhouseCoopers (1999): Marketing to the Individual. London
PricewaterhouseCoopers (2004): Corporate Finance Insights: Pharmaceutical Sector – Annual Report 2003. URL: http://www.pwc.com/gx/eng/about/svcs/cf/pwc _pharmainsights04.pdf [Stand 23.10.2007]
PricewaterhouseCoopers (2007a): Pharma 2020: The vision – Which path will you take? URL: http://www.pwc.de/fileserver/RepositoryItem/PHARMA%202020%20FINAL.pdf ?itemId=1972678 [Stand 14.12.2008]
PricewaterhouseCoopers (2007b): M&A Insights – Analysis and Opinions on global M&A activity from our network of local advisers. URL: http://www.pwc.com/uk/eng/about/ svcs/cf/PwC-Pharma-Insights-2007.pdf?utr=1) [Stand 23.10.2007]
Pro Generika (2007): Marktdaten 2006/2007. Berlin
Pro Generika (2008): Marktdaten 2007 Kurzanalyse Entwicklung im GKV-Arzneimittelmarkt vom Januar bis zum Dezember 2007. URL: www.progenerika.de/de/publik/ims. html
Prognos AG (2006): Import von Arzneimitteln: Einsparungen für das Gesundheitswesen und Auswirkungen des Gesundheitsmodernisierungsgesetzes. Basel.
pSivida (Hrsg.) (2007): ASX/Pressemitteilung – pSividas Cashflow im 1. Quartal bis 31. März 2007 – Ankündigungen und Highlights. URL: http://www.psivida.com/News/ download/ASX/ASX_Release_pSivida_Q3_2007_Cash_flow_Commentary_ DEUTSCH.pdf

Raasch, C. (2006): Der Patentauslauf von Pharmazeutika als Herausforderung beim Management des Produktlebenszyklus. Wiesbaden.
Rahner, E. (1980): Umfang der Selbstmedikation in der BR Deutschland. Pharmazeutische Industrie 42, 12, 1233–1239
Ratzel, R., Lippert H.-D. (2001): Kommentar zur Musterberufsordnung der deutschen Ärzte (MBO). Berlin, Heidelberg, New York, Tokyo
Rechtsverordnung über die Amtsdauer, Amtsführung und Entschädigung der Mitglieder der Bundesausschüsse und Landesausschüsse der Ärzte (Zahnärzte) und Krankenkassen vom 10. November 1956, Bundesgesetzblatt (BGBl) 1956, I, 861; BGBl 1980, I, 282
Rehmann, W. A. (1999): Arzneimittelgesetz (AMG). München
Reidy, J. (2007): Following the Script: How Drug Reps Make Friends and Influence Doctors. Plos Medicine 4, 4, 621–625
Ried, W. (1998): Comparative Dynamic Analysis of the Full Grossman Model. Journal of Health Economics 17, 4, 383–426
Rieger, H.-J. (2001): Lexikon des Arztrechts, 2. Auflage. Heidelberg

Rote Liste (2001): Arzneimittelverzeichnis für Deutschland (einschließlich EU-Zulassungen). Aulendorf

Sachverständigenrat für die Konzertierte Aktion im Gesundheitswesen (1997): Gesundheitswesen in Deutschland, Sondergutachten 1997, Kostenfaktor und Zukunftsbranche, Band II: Fortschritt und Wachstumsmärkte, Finanzierung und Vergütung. Baden-Baden

Sachverständigenrat für die Konzertierte Aktion im Gesundheitswesen (2001): Bedarfsgerechtigkeit und Wirtschaftlichkeit. Band I: Zielbildung, Prävention, Nutzerorientierung und Partizipation. Band II: Qualitätsentwicklung in Medizin und Pflege. Gutachten 2000/2001. Baden-Baden

Sachverständigenrat für die Konzertierte Aktion im Gesundheitswesen (1988): Medizinische und ökonomische Orientierung. Vorschläge für die Konzertierte Aktion im Gesundheitswesen. Baden-Baden

Sachverständigenrat für die Konzertierte Aktion im Gesundheitswesen (SVRKAiG) (2000/2001): Zielbildung, Prävention, Nutzerorientierung und Partizipation. Gutachten Band 1. URL: http://www.svr-gesundheit.de/gutacht/gutalt/sg00.htm

Sachverständigenrat zur Begutachtung der gesamtwirtschaftlichen Entwicklung (2000): Chancen auf einen höheren Wachstumspfad. Jahresgutachten 2000/2001. Stuttgart

Sanofi Pasteur MSD (2008): Das Unternehmen. URL: http://www.spmsd.de/impfen/das_unternehmen/content-117952.html [Stand 04.01.2008]

Schaper-Rinkel, W. (1998): Akquisitionen und strategische Allianzen: alternative, externe Wachstumswege. Wiesbaden

Schenke, W.-R. (1996): Verfassungsrechtliche Probleme einer öffentlichrechtlichen Monopolisierung der ethischen Beratung bei klinischen Versuchen am Menschen. Neue Juristische Wochenschrift (NJW), 745–755

Schirm, R. W., Schoemen, J. (2005): Evolution der Persönlichkeit: Die Grundlagen der Biostruktur-Analyse, 11. Auflage. Luzern

Schmidt, F., Egler, M., Geursen, R. G. (2002): Preisfindung nach Ramsey als Erklärungsansatz und Rechtfertigung für Preisunterschiede im europäischen Pharmamarkt. Pharm. Ind. 64, Nr. 6, S. 513–519

Schmoly, E. (2005): Wandel der Unternehmensorganisation infolge des globalen Wettbewerbs. Dargestellt am Beispiel der chemisch-pharmazeutischen Industrie. Marburg

Schneider, D. (2005): Unternehmensführung und strategisches Controlling – Überlegene Instrumente und Methoden, 4. Auflage. München

Schneider, M., Hofmann, U., Biene-Dietrich, P., Späth, B., Mill, D. (1999): Die deutschen Arzneimittelpreise im europäischen Vergleich. Augsburg

Schneider, U. (1998): Der Arzt als Agent des Patienten – Zur Übertragbarkeit der Principal-Agent-Theorie auf die Arzt-Patient-Beziehung. Wirtschaftswissenschaftliche Diskussionspapiere 2/98, Rechts- und Staatswissenschaftliche Fakultät, Ernst-Moritz-Arndt-Universität Greifswald

Schöffski, O. (1990): Wirtschaftlichkeitsuntersuchungen von Arzneimitteln. Prinzipien, Methoden und Grenzen der Gesundheitsökonomie. Hannover

Schöffski, O. (1995a): Design pharmakoökonomischer Studien. Gibt es Standardisierungen? Krankenhauspharmazie 16, 3, 89–94

Schöffski, O. (1995b): Die Regulierung des deutschen Apothekenwesens. Eine ökonomische Analyse. Baden-Baden

Schöffski, O. (1996): Consequences of Implementing a Drug Budget for Office-Based Physicians in Germany. Pharmacoeconomics 10, Suppl. 2, 37–47

Schöffski, O., Uber, A. (2000): Grundformen gesundheitsökonomischer Evaluationen. In: Schöffski, O., Schulenburg, J.-M. Graf v. d. (Hrsg): Gesundheitsökonomische Evaluationen, 2. Auflage. Berlin, Heidelberg, New York, 175–203

Schöffski, O. (2007a): Grundformen gesundheitsökonomischer Evaluationen. In: Schöffski, O., Schulenburg, J.-M. Graf v. d. (Hrsg.): Gesundheitsökonomische Evaluationen. 3., vollständig überarbeitete Auflage. Berlin, Heidelberg, New York: Springer, 65–94.

Schöffski, O. (2007b): Lebensqualität als Ergebnisparameter in gesundheitsökonomischen Studien. In: Schöffski, O., Schulenburg, J.-M. Graf v. d. (Hrsg.): Gesundheitsökonomische Evaluationen. 3., vollständig überarbeitete Auflage. Berlin, Heidelberg, New York, 321–334

Schöffski, O., Greiner, W. (2007): Das QALY-Konzept als prominentester Vertreter der Kosten-Nutzwert-Analyse. In: Schöffski, O., Schulenburg, J.-M. Graf v. d. (Hrsg.): Gesundheitsökonomische Evaluationen. 3., vollständig überarbeitete Auflage. Berlin, Heidelberg, New York: Springer, 95–137

Schöffski, O., Schulenburg, J.-M. Graf v. d. (Hrsg.) (2007): Gesundheitsökonomische Evaluationen. Dritte, vollständig überarbeitete Auflage. Berlin, Heidelberg, New York

Schölkopf, M., Stapf-Finé, H. (2000): Stationäre Versorgung im europäischen Vergleich. Das Krankenhaus, 11, 870–874

Schulenburg, J.-M. Graf v. d. (1995): Kostenanalyse. Modelle und Methoden der ökonomischen Bewertung. Der Kassenarzt, 27/28, 40–41

Schulenburg, J.-M. Graf v.d., Greiner, W., Jost, F., Klusen, N., Kubin, M., Leidl, R., Mittendorf, T., Rebscher, H., Schöffski, O., Vauth, C., Volmer, T., Wahler, S., Wasem, J., Weber, C. und die Mitglieder des Hannoveraner Konsens (2007): Deutsche Empfehlungen zur gesundheitsökonomischen Evaluation – dritte und aktualisierte Fassung des Hannoveraner Konsens. Gesundheitsökonomie & Qualitätsmanagement 12, 285–290

Schwabe, U., Paffrath, D. (1999): Arzneiverordnungsreport 1998. Berlin

Schwabe, U., Paffrath, D. (Hrsg.) (div. Jahrgänge): Arzneiverordnungsreport. Heidelberg

Scott Morton, F. (1999): Entry decisions in the generic pharmaceutical industry. Rand Journal of Economics, 30, 3, 421–440

Shire PLC (2005): Annual Report 2005

Shire PLC (2006): Annual Report 2006

Shire PLC (2007): Quartalsbericht 1/2006–2/2007

Siegwart, H., Neugebauer, G. (1999): Mega-Fusionen: Analyse – Kontroversen – Perspektiven, 2. Auflage. Bern

Simon, H. (1995): Preismanagement kompakt: Probleme und Methoden des modern pricing. Wiesbaden

Simonet, D. (2002): Licensing agreements in the pharmaceutical industry. International Journal of Medical Marketing, 2, 4, 329–341

Smigielski, E. (1981): Zur Problematik der Globalsteuerung im Gesundheitswesen unter besonderer Berücksichtigung der Konzertierten Aktion im Gesundheitswesen. Die Ortskrankenkasse, 13, 521–526

Smit, C. u. a. (1998): Biomedical Research And Orphan Medicinal Products. Baarn

Somaya, D. (2002): Theoretical perspectives on patent strategy. College Park, MD.

Spaethe, T. U. (2001): Die Pharmaindustrie und die Biotechnologie: Analyse der Veränderungen in der Industriestruktur (Dissertation). Regensburg.

Statistisches Bundesamt (Hrsg.) (2000): Statistisches Taschenbuch Gesundheit 2000. Wiesbaden

Statistisches Bundesamt (Hrsg) (1998): Gesundheitsbericht für Deutschland. Stuttgart

Statistisches Bundesamt (Hrsg) (2000): Statistisches Jahrbuch 2000 für die Bundesrepublik Deutschland. Stuttgart

Statistisches Bundesamt (Hrsg.) (2007): Statistisches Jahrbuch 2007 für die Bundesrepublik Deutschland. Stuttgart

Statistisches Bundesamt (Hrsg.) (verschiedene Jahrgänge): Diagnosedaten der Krankenhauspatienten. Wiesbaden

Statistisches Bundesamt (Hrsg.) (verschiedene Jahrgänge): Grunddaten der Krankenhäuser und Vorsorge- und Rehabilitationseinrichtungen. Wiesbaden

Stegmann, R. (2002): Der Erfolg von Unternehmenszusammenschlüssen: Kritische Faktoren und Handlungsempfehlungen. Wiesbaden
Stein, I. (1992): Motive für internationale Unternehmensakquisitionen. Wiesbaden
Stiftung Warentest (Hrsg.) (2001): Pillen preiswerter einkaufen. Test 5, 88–90
Stiftung Warentest (2005): Auwwweh! Test 3, 86–92
Stros, M., Hari, J. (2005): Fokus Wachstumsunternehmen: Analyse, Bewertung, Portfoliomanagement von Beteiligungen in Pharma Biotech und Medtech. Zürich
Sürmann, H., BKA (Hrsg.) (2007): Arzneimittelkriminalität – ein Wachstumsmarkt? Köln
Suh, D.-C., Manning, W., Schondelmeyer, S., Hadsall, R. (2000): Effect of multiple-source entry on price competition after patent expiration in the pharmaceutical industry. Health Services Research, 35, 2, 529–547

Tengs, T. O., Adams, M. E., Pliskin, J. S. u. a. (1995): Five-hundred live-saving interventions and their cost-effectiveness. Risk Analysis 12, 3, 369–390
Terhorst, E. (2000): Wahlfreiheit und Wettbewerb in der Privaten Krankenversicherung. Berlin
The World Bank (1993): World Development Report 1993 – Investing in health. New York
The World Bank (1997): World Development Report 1997 – The state in a changing world. Washington DC
Thorpe, K. E., Florence, C. S., Joski, P. (2004): Which Medical Conditions Account for the Rise in Health Care Spending? Health Affairs Web Exclusive (25 August 2004), W4-437–W4-445
Treuhand Hannover GmbH (2007): Apotheken-Kooperationen 2007

United Nations Development Programme (UNDP) (Hrsg.) (2004): Human Deveploment Report – Human Development Indicators. New York
United Nations Childrens's Fund (UNICEF) (Hrsg.) (o. J.): Informationen: AIDS – Das Schweigen brechen. Köln
U.S. Congress, Office of Technology Assessment (1993): Pharmaccutical R&D: Costs, Risks and Rewards. OTA-H-522. Washington, DC
UBS Warburg (2000): Accelerating Biopharma R&D. Drug Discovery Tools. London
UBS Warburg (2001a): An Introduction to the Pharmaceutical Industry. London
UBS Warburg (2001b): The Biotechnology Handbook. „Blue Sky“ Potential? London

Velkova, A., Wolleswinkel-van den Bosch, J. H., Mackenbach, J. P. (1997): The East-West life expectancy gap: differences in mortality from conditions amenable to medical intervention. International Journal of Epidemiology 26, 1, 75–84
Verband der Arzneimittelimporteure Deutschlands e. V. (VAD): Gegen Falschinformationen. Pressemitteilung vom 18. August 2003. URL: www.vad-news.de/reform5a.html [Stand 11.03.2008]
Verband der privaten Krankenversicherung (2000): Zahlenbericht 1998/99. Köln
Verband der privaten Krankenversicherung e. V. (Hrsg.) (2007): Zahlenbericht 2006/2007. Köln
Verband Forschender Arzneimittelhersteller e. V. (VFA) (1997): Klinische Forschung in Deutschland – Eine Standortbestimmung (Zur Sache 2). Brühl
Verband Forschender Arzneimittelhersteller e. V. (VFA) (1999): Forschung für das Leben, 3. Auflage. Bonn
Verband Forschender Arzneimittelhersteller e. V. (VFA) (2000): Arzneimittelrecht aktuell. Berlin
Verband Forschender Arzneimittelhersteller e. V. (2002): Parallel- und Reimporte im Arzneimittelmarkt: Gesundheitspolitik auf dem Irrweg. URL: http://www.vfa.de/download/SAVE/de/politik/artikelpo/reimporte.html/reimporte.pdf [Stand 11.03.2008]

Verband Forschender Arzneimittelhersteller e. V. (VFA) (2003): Zur Sache 9: Gemeinsam für Gesundheit und Entwicklung, Forschende Arzneimittelhersteller verbessern die Gesundheitsversorgung in Entwicklungsländern. Berlin

Verband Forschender Arzneimittelhersteller e. V. (VFA) (2007a): Statistics 2007. Die Arzneimittelindustrie in Deutschland. Berlin

Verband Forschender Arzneimittelhersteller e. V. (VFA) (2007b): VFA-Empfehlungen zur Verbesserung der Qualität und Transparenz von nicht-interventionellen Studien. URL: http://www.vfa.de/de/forschung/nis_vfa_empfehlungen.html [Stand: 10.03.2008]

Verband Forschender Arzneimittelhersteller e.V. (VFA) (2007c): The pharmaceutical industry in Germany. URL: http://www.vfa.de/download/SHOW/de/presse/publikationen/e-statistics/e-statistics-2007.pdf

Verband Forschender Arzneimittelhersteller (2007d): Ziele des VFA. URL: http://www.vfa.de/de/vfa/ziele.html [Stand 11.03.2008]

Vertrag über die Europäische Union in der Fassung vom 2. Oktober 1997 (Vertrag von Amsterdam). BT-Drs. 13/9339. Amsterdam

Vertrag über die Europäische Union vom 7. Februar 1992 (Vertrag von Maastricht). BGBl. 1992 II S. 1253. Maastricht

Victor, N., Schäfer, H., Nowak, H. (1991): Arzneimittelforschung nach der Zulassung. Berlin

Volk, W. (2002): Rechtliche Aspekte des gemeinsamen Marketing. In: Schöffski, O., Fricke, F., Guminski, W., Hartmann, W. (Hrsg.): Pharmabetriebslehre. Berlin, Heidelberg, New York, 339–347

Vollert, K. (1992): Das „Defender-Modell" zur Formulierung von Verteidigungsstrategien forschender Pharma-Unternehmen nach Inkrafttreten des Gesundheits-Reformgesetzes. Die Pharmazeutische Industrie, 54, 2, 100–106

Wagstaff, A. (1986): The Demand for Health: Some New Empirical Evidence. Journal of Health Economics 5, 3, 195–233

Walluf-Blume, D. (2002): Orphan Drugs – FuE im Dienste der Patienten. Deutsche Apotheker Zeitung, 1021–1023

Walsh, G. (2006): Biopharmaceutical benchmarks 2006. Nature Biotechnology, 24, 769–776

Walter-Sack, I. (1997): Aufgaben und Arbeitsweise einer Ethikkommision nach der Änderung der Berufsordnung der Ärzte in Baden Württenberg und Inkrafttreten des Medizinproduktegesetzes sowie der 5. Novelle des Arzneimittelgesetzes. Medizinrecht (MedR) 7, 301–304

Wartenberg, F., Weißenfeldt, F., Carius, R. (2006): Weltweiter Wandel pharmazeutischer Märkte erfordert neue Marketing und Vertriebsansätze. Pharm. Ind. 68, 5, 538–541

Wasem, J. (1997): Möglichkeiten und Grenzen der Verwendung von QALY-League-Tables bei der Allokation von Ressourcen im Gesundheitswesen. Arbeit und Sozialpolitik, 1–2, 12–20

Watzlawick, P., Beavin, J. H., Jackson, D. D. (1969): Menschliche Kommunikation. Formen, Störungen, Paradoxien. Bern, Stuttgart, Wien

Weinholt, H. (1972): Marketing – Ein Lehrgang in 12 Lektionen. Herbruck, St. Gallen

Welge, M. K., Holtbrügge, D. (2006): Internationales Management – Theorien, Funktionen, Fallstudien, 4. überarbeitete und erweiterte Auflage. Stuttgart

West, P., Mahon, J. (2003): Vorteile des Parallelvertriebs für Kostenträger und Patienten. York Health Economics Consortium

Wetterling, T. (2004): Rechtsprechung zur Verabreichung von Medikamenten außerhalb der zugelassenen Indikationsgebiete („Off-label Use"). Fortschritte der Neurologie-Psychiatrie, 72, 5, 255–259

WHO (2000): HFA-Database. Kopenhagen

WidO (Hrsg.) (2001): Modellrechnung des WidO zu Versandapotheken. Bonn

Wild, J. (1982): Grundlagen der Unternehmensplanung, 4. Auflage. Reinbek bei Hamburg
Wild, S. u. a. (2004): Global Prevalence of Diabetes: Estimates for the Year 2000 and Projections for 2030. Diabetes Care 27, 5, 1047–1053
Wille, E. (1996): Anliegen und Charakteristika einer Kosten-Nutzen-Analyse. In: Schulenburg, J.-M.Graf v d. (Hrsg.): Ökonomie in der Medizin. Stuttgart, New York, 1–16
Wille, E., Mehnert, A., Rohweder, J. P. (1994): Zum gesellschaftlichen Nutzen pharmazeutischer Innovationen. Frankfurt a. M.
Wille, E., Ulrich, V. (1991): Bestimmungsfaktoren der Ausgabenentwicklung in der gesetzlichen Krankenversicherung. In: Hansmeyer, K.-H. (Hrsg.): Finanzierungsprobleme der sozialen Sicherung II. Schriften des Vereins für Socialpolitik, N. F., Bd. 194 II, Berlin, 9–115
Wissenschaftlicher Beirat beim Bundesministerium für Wirtschaft und Technologie (2000): Aktuelle Formen des Korporatismus. Berlin
Witte, P. U., Schenk, J., Schwarz, J. A., Kori-Linder, C. (2000): Ordnungsgemäße klinische Prüfung. Berlin
Witzel, R. (2006): Relationship Marketing in der Pharmazeutischen Industrie. Wiesbaden
World Health Organization (WHO) (1999a): The World Health Report 1999: Making a difference. Genf
World Health Organisation (WHO) (1999b): Guidelines for drug donations, 2. aktualisierte und überarbeitete Ausgabe. Genf
World Health Organization (WHO) (2000): The World Health Report 2000: Health Systems: Improving Performance. Genf
World Health Organisation (WHO) (2006): Guidelines for the treatment of malaria. URL: http://www.who.int/malaria/docs/TreatmentGuidelines2006.pdf [Stand 03.04.08]
World Health Organisation (WHO) (2007): WHO Model List of essential medicines. URL: http://www.who.int/entity/medicines/publications/08_English_indexFINAL_EML15.pdf [Stand 02.04.08]
Wurche, S. (1994): Strategische Kooperationen: theoretische Grundlagen und praktische Erfahrungen am Beispiel mittelständischer Pharmaunternehmen. Wiesbaden

Zeiner, R., Wartenberg, F. (2007): Marketing Excellence im Schatten der Gesundheitsreform. pharmind 69, 5, 526–537
Zeller, C. (2005): Vorlesung Wirtschaftsgeographie Wintersemester 2005/06. Institut für Geographie. Universität Bern
Zweifel, P. (1982): Ein ökonomisches Modell des Arztverhaltens. Berlin, Heidelberg, New York
Zweifel, P. (1994): Eine Charakterisierung von Gesundheitssystemen: Welche sind von Vorteil bei welchen Herausforderungen? In: Oberender, P. (Hrsg.): Probleme der Transformation im Gesundheitswesen. Baden-Baden, 9–43

Stichwortverzeichnis

Autorenverzeichnis

Aitken, Murray
IMS Health
901 Main Ave., Suite 612
Norwalk, CT 06851, USA
E-Mail: maitken@imshealth.com

Bartram, Michael
Simon-Kucher & Partners
Haydnstrasse 36
53115 Bonn
E-Mail: mbartram@lycos.de

Bauer, Eckart, Dr.
ABDA – Bundesvereinigung Deutscher Apothekerverbände
Jägerstr. 49/50
10117 Berlin
E-Mail: e.bauer@abda.aponet.de

Bierbaum, Martin
Universität Erlangen-Nürnberg
Lehrstuhl für Gesundheitsmanagement
Lange Gasse 20
90403 Nürnberg
E-Mail: martin.bierbaum@wiso.uni-erlangen.de

Däinghaus, Ralf
DocMorris
Voskuilenweg 131b
6416 AJ Heerlen, Niederlande
E-Mail: ralf.daeinghaus@docmorris.de

Dambacher, Erich
FLOKI GmbH
Eberlestr. 10
65817 Eppstein
E-Mail: erich.dambacher@floki-gmbh.de

de la Haye, Rainer, Dr.
TYRELL GmbH
Hohenzollernring 84
50672 Köln
E-Mail: r.delahaye@tyrell.eu

Dierks, Christian, Prof. Dr.med. Dr.iur.
Dierks + Bohle, Rechtsanwälte
Walter-Benjamin-Platz 6
10629 Berlin
E-Mail: dierks@db-law.de

Ehlers, Alexander, Dr. Dr.
Ehlers, Ehlers & Partner
Rechtsanwaltssocietät
Widenmayerstr. 29
80538 München
E-Mail: munic@eep-law.de

Ehrnstorfer, Oliver
medical relations GmbH
Hans-Böckler-Str. 46
40764 Langenfeld
E-Mail: oliver.ehrnstorfer@medical-relations.de

Fricke, Frank-Ulrich, Dr.
IMS GmbH & Co. OHG
Health Economics & Outcomes Research
Hefnersplatz 10
90402 Nürnberg
E-Mail: fufricke@de.imshealth.com

Gabriel, Silvio C.
Novartis Pharma AG
Malaria Initiative
Novartis Campus
CH-4056 Basel
E-Mail: silvio.gabriel@novartis.com

Gebauer, Alexander
Merz Pharmaceuticals GmbH
Eckenheimer Landstraße 100
60318 Frankfurt/Main
E-Mail: alexander.gebauer@merz.de

Geller, Jörg
Kohl Medical AG
Bahnhofstr. 4–6
66706 Perl
E-Mail: jgeller@kohlpharma.com

Guminski, Werner
TNS Healthcare GmbH
Landsberger Str. 338
80687 München
E-Mail: werner.guminski@tns-global.com

Hagn, Daniel
Universität Erlangen-Nürnberg
Lehrstuhl für Gesundheitsmanagement
Lange Gasse 20
90403 Nürnberg
E-Mail: daniel.hagn@gmx.de

Heinemann, Antje-Katrin
Ehlers, Ehlers & Partner
Rechtsanwaltssocietät
Widenmayerstr. 29
80538 München
E-Mail: munic@eep-law.dc

Hofmann, Hermann
Pro Generika e. V.
Unter den Linden 21
10117 Berlin
E-Mail: hermann.hofmann@progenerika.de

Kohorst, Anja
Universität Erlangen-Nürnberg
Lehrstuhl für Gesundheitsmanagement
Lange Gasse 20
90403 Nürnberg
E-Mail: anja2255@aol.com

Löschmann, Peter-Andreas, PD Dr.
Wyeth Pharma GmbH
Wienburgstr. 207
48159 Münster
E-Mail: loescpa@wyeth.com

Mähr, Wolfgang
Celesio AG
Neckartalstr. 155
70376 Stuttgart
E-Mail: wolfgang.maehr@celesio.com

Petersen, Gudula, Dr.
Wyeth Pharma GmbH
Compliance and Medical Services
Wienburgstr. 207
48159 Münster
E-Mail: petersg@wyeth.com

Pirk, Olaf, Dr.
IMS GmbH & Co. OHG
Health Economics & Outcomes Research
Hefnersplatz 10
90402 Nürnberg
E-Mail: opirk@de.imshealth.com

Raasch, Christina, Dr.
Institut für Technologie- und Innovationsmanagement
TU Hamburg-Harburg
Schwarzenbergstr. 95
21073 Hamburg
E-Mail: raasch@tu-harburg.de

Regenold, Jürgen, Dr.
Dr. Regenold GmbH
International Regulatory Affairs
Am Berg 4
79410 Badenweiler
E-Mail: juergen@regenold.de

Reichelt, Andreas, Dr.
IMS GmbH & Co. OHG
Health Economics & Outcomes Research
Hefnersplatz 10
90402 Nürnberg
E-Mail: areichelt@de.imshealth.com

Rossmy, Marcel, Dr.
Celesio AG
Neckartalstr. 155
70376 Stuttgart
E-Mail: marcel.rossmy@celesio.com

Sauer, Florian, Dr.
Simon-Kucher & Partners
Life Sciences Division
Haydnstrasse 36
53115 Bonn
E-Mail: florian.sauer@simon-kucher.com

Schamp, Karen, Dr.
Dr. Regenold GmbH
International Regulatory Affairs
Am Berg 4
79410 Badenweiler
E-Mail: karen.schamp@web.de

Schiel, Daniel
IMS HEALTH GmbH & Co. OHG
Darmstädter Landstr. 108
60598 Frankfurt/Main
E-Mail: dschiel@de.imshealth.com

Schöffski, Oliver, Prof. Dr.
Universität Erlangen-Nürnberg
Lehrstuhl für Gesundheitsmanagement
Lange Gasse 20
90403 Nürnberg
E-Mail: oliver.schoeffski@wiso.uni-erlangen.de

Schröder-Bernhardi, Detlef
IMS HEALTH GmbH & Co. OHG
Sales & Consulting
Darmstädter Landstr. 108
60598 Frankfurt/Main
E-Mail: dschroeder-bernhardi@de.imshealth.com

Seiter, Simone, Dr.
IMS Health GmbH & Co. OHG
Darmstädter Landstr. 108
60598 Frankfurt/Main
E-Mail: sseiter@de.imshealth.com

Thierolf, Christoph, Dr.
Commerzbank AG
DLZ 2 / Trading Center
Mainzer Landstraße 153
60327 Frankfurt/Main
E-Mail: christoph.thierolf@commerzbank.com

Utsch, Oliver
TNS Healthcare GmbH
Landsberger Str. 338
80687 München
E-Mail: oliver.utsch@tns-global.com

Weißenfeldt, Frank
IMS HEALTH GmbH & Co. OHG
Darmstädter Landstr. 108
60598 Frankfurt/Main
E-Mail: fweissenfeld@de.imshealth.com

Wolf Sussman, Jana
JWS Consulting Nürnberg / San Francisco
Rückertstr. 10
90419 Nürnberg
E-Mail: sussman@t-online.de

Zeiner, Ralf, Dr.
IMS HEALTH GmbH & Co. OHG
Marketing & Data Source Management
Darmstädter Landstr. 108
60598 Frankfurt/Main
E-Mail: rzeiner@de.imshealth.com